昆山市地方文献丛书

〔康熙〕昆山县志

昆山市地方志办公室
昆山市档案馆 编

广陵书社

图书在版编目（CIP）数据

〔康熙〕昆山县志 / 昆山市地方志工作办公室，昆
山市档案馆编. -- 扬州 : 广陵书社，2024. 11.
（昆山市地方文献丛书）. -- ISBN 978-7-5554-2446-8

Ⅰ. K295.34

中国国家版本馆CIP数据核字第2024YF1611号

书　　名	〔康熙〕昆山县志
编　　者	昆山市地方志办公室　昆山市档案馆
责任编辑	邹镇明
出 版 人	刘　栋
出版发行	广陵书社
	扬州市四望亭路 2-4 号　　　　邮编　225001
	（0514）85228081（总编办）　85228088（发行部）
	http://www.yzglpub.com　　E-mail:yzglss@163.com
印　　刷	无锡市海得印务有限公司
装　　订	无锡市西新印刷有限公司
开　　本	889 毫米 × 1194 毫米　1/16
印　　张	29.75
字　　数	638 千字
版　　次	2024 年 11 月第 1 版
印　　次	2024 年 11 月第 1 次印刷
标准书号	ISBN 978-7-5554-2446-8
定　　价	320.00 元

《〔康熙〕昆山县志》编审人员

主　审：单　杰

主　编：朱建忠

副主编：吴　莺　苏　晔　程　知

成　员：徐　琳　杨伟娴　何旭倩　杨　蕾

　　　　孙叶锋　徐大军　邹镇明　景　旭

序　言

2022 年 4 月，中共中央办公厅、国务院办公厅印发《关于推进新时代古籍工作的意见》，提出："做好古籍工作，把祖国宝贵的文化遗产保护好、传承好、发展好，对赓续中华文脉、弘扬民族精神、增强国家文化软实力、建设社会主义文化强国具有重要意义。"

旧志是古籍中的一大门类，"一邑之典章文物，皆系于志"（《〔弘治〕将乐县志·后序》）。 昆山历史悠久，人文荟萃，历代先贤为我们留下了丰富的地方文献，其中流传至今的昆山历代县志、乡镇志、专志有 50 余种。对于方志部门来说，承担旧志整理工作，既是义不容辞的职责，更是一种使命和担当。

1994 年 5 月，昆山市地方志编纂委员会等部门组织专家学者，联合点校出版了《〔康熙〕昆山县志稿》，使得这部志稿在编成三百多年后，终于得以刊行面世。然而，受当时条件所限，参考文献局限，整理本尚存一些疏漏。2022 年 6 月，苏州市地方志办公室印发《关于全市旧志整理工作的实施方案》，统筹部署全市旧志点校出版工作。有鉴于此，2023 年，昆山市地方志办公室决定重新整理出版《〔康熙〕昆山县志稿》（据底本改名为《〔康熙〕昆山县志》），并委托广陵书社具体组织实施，以期给读志、用志的相关人士提供一部更为精良完善的整理本。

推进旧志保护传承和转化利用，将旧志整理使用融入当前社会发展大局，深入挖掘传播其中的历史文化价值是当前的一个重要课题。希望此次《〔康熙〕昆山县志》的整理出版能够让更多人接触、阅读、了解方志，"让书写在古籍里的文字都活起来"，也希望它能为走好新时代的昆山之路提供历史借鉴和文化认同。

昆山市地方志办公室

2024 年 11 月

整理前言

《〔康熙〕昆山县志》二十卷，清董正位修，叶奕苞纂。

在清代以前，昆山共修过十一部县志：宋代两部，项公泽修《〔淳祐〕玉峰志》、谢公应修《〔淳祐〕玉峰续志》；元代一部，杨谦纂《〔至正〕昆山郡志》；明代八部，其中殷奎、范能、蒋明、季箎所修四部昆山志书及王同祖修《昆山续志》已经散佚，存三部，分别是顾潜纂《〔弘治〕昆山县志》十四卷、方鹏纂《〔嘉靖〕昆山县志》十六卷、周世昌纂《〔万历〕重修昆山县志》八卷。

清康熙九年（1670）六月，董正位由选贡任昆山知县。董正位，号黄洲，开平卫人。莅任之初，适逢江南水旱频仍，饥黎载道。他殚心筹画，捐设煮赈，又申请豁荒减额，免除积欠的租税，所举深得人心。他十分重视昆山地方文脉传承，曾捐资刊刻归有光的《震川先生全集》。董正位任昆山县令时，距成书于万历四年（1576）周世昌所纂《〔万历〕昆山县志》已近一百年。清朝至康熙年间，政局趋于稳定，各地纷纷编修志书，江南地区的《江南通志》《苏州府志》等志书亦陆续纂修或刊刻。在这样的背景下，《昆山县志》的纂修工作被董正位提上议事日程。由他主持，延请邑中文士盛符升、叶奕苞等人，开始了编纂工作。惜乎邑志尚未完成，董正位即于康熙十四年七月以积逋被劾免官。董正位去任时，志书尚未脱稿，后由叶奕苞续成。康熙二十二年，杭允佳接任昆山县令时，命人重录了一部，厘为二十二卷。因此，《〔康熙〕昆山县志》既被称为董《志》，又被称为杭《志》、叶《志》，又或者被称为盛《志》。盛符升（1615—1700），字珍示，号诚斋，世居淀山湖。明崇祯三年（1630）补邑诸生，清康熙三年（1664）进士。先后问学于张溥、夏允彝、徐汧等名家，学问有根柢。董正位倡导修志时，盛符升正居于家，受聘参加编纂工作。不久他离开昆山，外出任官，志书后来主要由叶奕苞纂修成。叶奕苞（1629—1686），字九来，号凤雏、半园，别署二泉居士、群玉山樵，为明正统时期昆山名臣叶盛七世孙。他师事同邑葛芝、叶宏儒，工诗赋杂著，学有根柢。兼通经史，擅诗文词曲，尤精金石、书画。他与同时期的姜宸英、施闰章、陈维崧及同里徐开任、归庄等士子流连觞咏，文采辉映。董正位委托叶奕苞编纂志书时，他刚四十出头，年富力强，实为一时之选。他孜孜矻矻，不敢懈怠，参稽考订，用力最多，为此书之功臣。《〔道光〕昆新两县志》称他纂修志书"隶事必求其实，家世必详所自"，特别是他对于"全邑区图考尤条分缕析，为他志所不及"。

《〔康熙〕昆山县志》纂成后，一直未能刊刻成书，仅以抄本存世。据本志稿顾惇量跋称，雍正初年，曾有人以红格誊写原本，重价出售。抄本流布不广，流传至今的更是极为罕见。目前存世的数部抄本，分藏于国家图书馆、上海图书馆、苏州图书馆等藏书单位。其中，国图和上图藏本，分别被收入《国家图书馆藏地方志珍本丛刊》及《上海图书馆藏稀见方志丛刊》。《江苏历代方志全书》本亦据国图藏本影印。苏州图书馆藏本，因为有顾惇量、潘道根、王德森以及无名氏等人批注、校补，内容最为完整。国图本、上图本和苏图本均为二十卷，无页码。

有关《〔康熙〕昆山县志》的卷数，存在着各种说法。《〔道光〕昆山新阳两县志》卷三十八《著述目》"叶奕苞"条下作"《昆山志稿》二十二卷"，《〔光绪〕昆新两县合志》卷五十《著述》因之。《中国地方志联合目录》著录国图、上图抄本均为二十卷，纂修者著录为"杭允景"（实为康熙间邑令"杭允佳"之误）；著录苏图藏本，则误作二十五卷，纂修者为"盛符升修，叶奕苞纂"。苏州图书馆藏本前有王德森《识》，对本志稿编纂和流传过程作了大略介绍："此志稿为康熙时昆邑令董公正位委盛、叶二公所编辑。董公去任，书未脱稿，叶公独续成之，世故以叶《志》名之。然未登梨枣，抄本绝少。乾隆初，顾登修《昆新合志》时，始以重货购得之，其可珍贵已如此。今再更兵燹，几易沧桑，而复见于世，不尤重可宝哉？此书为顾氏旧藏，道光中，潘晚香先生借读而手校之，改补极完备，后归潘氏。今所流传者，大抵潘氏所藏书也。"王德森（1856—1943），字严士，号鞠坪，昆山人，精岐黄，悬壶疗病数十年，又富著述，自刻《岁寒文稿》八卷，皆有关昆山地方史事。一般认为，所谓二十卷本、二十二卷本，实则是同一部志稿，只是重录整理时的分卷差异。

志稿未经刊刻，倡修者董正位又未及脱稿即被劾去任，因此《〔康熙〕昆山县志》并没有像一般志书那样有主修者和纂修者等人撰写的序言，仅在《卷首》列有"昆山县原纂志稿姓氏"："昆山县原任知县上谷董正位重定，昆山县知县古越杭允佳重录，前翰林院编修徐开禧锡余，吏部候选进士盛符升珍示，太学生叶奕苞九来、苏州府学生员徐与岗子威、太仓州学生员王洄宛仲、昆山县学生员朱钟仁（原姓邱）、昆山县学生员叶方蔚敷文同修。"除了董、杭两任县令外，其余均为地方知名文士。

《〔康熙〕昆山县志》采用门目体的编排方式。门目体又称纲目体，各类目平行排列，相互独立，无所统属。每一门目前有简短文字，说明立类宗旨，提纲挈领，要言不烦。这种修志体例，缘于康熙十一年（1672）清廷颁谕全国各省修志，以备《大清一统志》采用，并要求以刊于顺治十七年（1660）贾汉复所修《河南通志》为范本，贾《志》

体式即门目体,该体例遂被全国修志官员所采纳,成为清初修志的"天下式"。门目体以其较少的层次,结构简洁,从而更便于阅读。《〔康熙〕昆山县志》断代,《职官》到董正位止,《田赋》止康熙十二年,《科第表》则由潘道根等人增补至雍正二年(1724)。全书约60万字,内容依序为:卷一昆山沿革表、沿革考、星野、疆域、山(附墩、墟)、水;卷二城池、公署、乡保(附市镇)、坊巷、桥梁、井泉;卷三水利;卷四户口、田赋上;卷五田赋下;卷六风俗(附占候、方言)、物产;卷七学校(附祭器、学田);卷八科第表(附皇清武榜、明季武榜);卷九岁贡、荐举、恩典、荫胄、兵防;卷十坛庙、祀祠、寺观;卷十一冢墓、古迹、第宅园池;卷十二职官、名宦;卷十三名贤;卷十四、卷十五名臣;卷十六节行、孝友;卷十七文学、隐逸;卷十八游寓、列女、艺术、方外;卷十九、卷二十艺文,末附祥异、杂纪。各门目下酌分小类,如《艺文》中又细分疏、序、记、书、议、论、述、说、对、赞、书后、赋等文体。其《乡保》一门,将昆山全县7个乡14个保161个村,一一详列其名。昆山是著名的江南水乡,河道密布,湖泊众多,吴淞江、娄江横贯东西,淀山湖、阳澄湖、傀儡湖等大小湖泊遍布全境。既享有鱼盐之利、舟楫之便,唐宋以后,更是东南财赋渊薮、国家赋税重地。同时,也因为纵横交错的大小河流,历史上水灾频仍,百姓饱受其苦。自古以来,昆山积累了丰富的治水经验,更不乏郏亶这样的水利专家。本志于《水利》一门,不仅胪列境内江、湖、荡、瀼、浍、塘、浦、河、港、泾、浜、潭、漕、沟、娄、湾、口、坝、堰等名称,并详细记载主干14条与支流122条的长度、水面阔度及河床宽度;其《艺文》部分,还收录了归有光《水利论》、俞允文《治水述》等重要的水利文献,这些都为后世水利建设提供了详尽而准确的史料。

在昆山地方史上,潘道根无疑是一位举足轻重的人物。道根字确潜,一字潜夫,号晚香、饭香,晚号徐村老农,清苏州府新阳县人。生于乾隆五十三年(1788)正月初九,卒于咸丰八年(1858)七月十三日。民国年间,为纪念这位先贤,曾将其生前居住地命名为晚香乡(又称道根乡)。中华人民共和国成立后,行政区划累经变迁,现属昆山市周市镇。潘道根穷毕生精力,网罗乡邦掌故,拾遗补漏,考订讹误,分门别类地增入志乘之中,厘清了许多昆山地方文献传承中存在的问题,为昆山邑志编修提供了丰富的资料。他据搜集的资料,撰述成众多的著述。据江庆柏主编《江苏艺文志》统计,潘道根平生自著和辑编有60余种,其中如《道光昆新两县志补遗订讹》《玉山景物略》《马鞍山景物略》《昆山城隍庙续志》《昆山名贤墓志铭》《昆山先贤冢墓考》《昆山名家诗人小传》,等等,都是有关昆山地方史料的重要参考资料。他的大量著述,基本以稿本、抄本的形式流传,长时间被收藏者深置箧中,为常人罕觏。近年来,随着大量深埋于公私收藏机构的史料不断重见天日,学术界和昆山地方历史研究者对于潘道根的生平及其所作贡献有了新的认识。

1994 年 5 月,昆山市地方志编纂委员会、苏州市图书馆、苏州大学地方志研究室,以苏州图书馆藏潘道根等人的增补本为底本,组织专家学者,联合点校,由江苏科学技术出版社出版。

2022 年,根据苏州市地方志办公室部署,昆山市地方志办公室启动新一轮县志整理工作,决定组织专家对本志进行重新整理。新的整理团队由广陵书社编审孙叶锋牵头,编审徐大军,编辑邹镇明、景旭组成。此次整理,在参考江苏科学技术出版社整理本的基础上,重新校对了苏州图书馆藏本的内容,并参照《江苏历代方志全书》本的编排顺序,又从《〔乾隆〕昆山新阳合志》《〔道光〕昆新两县志》《〔光绪〕昆新两县续修合志》等史料中,对相关内容作了对勘。由于本志内容庞杂,底本编排较乱,且原抄本及后人增补的部分字体不易辨识等客观原因,更主要的是整理团队的学识所囿,尽管编校者付出了最大的努力,整理错误仍然在所不免,恳请读者批评指正。

整理凡例

一、本次整理以苏州图书馆藏二十卷抄本为底本,以《江苏历代方志全书》据国家图书馆藏抄本影印之《〔康熙〕昆山县志》为参校本,并参考宋《〔淳祐〕玉峰志》、元《〔至正〕昆山郡志》、明《〔弘治〕昆山县志》、明《〔嘉靖〕昆山县志》、明《〔万历〕昆山县志》、清《〔乾隆〕昆山新阳合志》、清《〔道光〕昆新两县志》、清《〔光绪〕昆新两县续修合志》和二十四史等文献资料进行校勘补充。

二、江苏科学技术出版社整理本,改正了原稿中不少错误,增补了部分内容,此次整理时,进行了参考。

三、底本上有顾悼量、潘道根、王德森以及无名氏等人批注、校补多种,对于原稿进行了较有价值的订正和补充,一般予以保留。底本上批注、校补笔迹多样,有朱、墨两种颜色,难以区分具体责任人,整理中不再区分。批注、增补文字,均在原插入处标〔 〕,以示区别。校改文字,有价值者(如形近字的改正、前后文相同名词的统一、删除重复文字等情况),一般径改;如两可或误改者,则不改正文,根据需要出校记说明改动情况。

四、此次整理,对异文之处进行了校勘,异文两通者,不改正文,出校记说明。记载事实出入较大或相背者,出校记说明。底本的讹、倒等错误直接改正,并出校记说明。

五、对底本中形近而致讹的字如“己、已、巳”“奕、弈”“莱、菜”“祜、祐”等,根据语境径改。对多次出现但前后文不一致的人名(如杨维桢、杨维祯)、地名(如至和塘、致和塘)等,统改为能确定的正确名称(杨维桢、至和塘)。均不出校记。

六、异体字、俗体字,除人名、地名等专有名词外,一律径改为通行简体字。凡避讳字,径改。

七、衍字,可确定者,标( );存疑者,出校记说明。

八、底本内容有脱漏者,如通过其他文献或前后文可以补入者,直接增补,并出校记说明;如无法补入者,能确定脱漏字数的标以相应数目的□,不能确定字数的出校记说明。

目 录

卷　首[1]

王德森识

此志稿为康熙时昆邑令董公正位委盛、叶二公所编辑。董公去任，书未脱稿，叶公独续成之，世故以叶《志》名之。然未登梨枣，抄本绝少。乾隆初，顾登修《昆新合志》时，始以重赀购得之，其可珍贵已如此。今再更兵燹，几易沧桑，而复见于世，不尤重可宝哉？此书为顾氏旧藏，道光中，潘晚香先生借读而手校之，改补极完备，后归潘氏。今所流传者，大抵潘氏所藏书也。甲寅正月上旬，昆山王德森识于吴门之市隐庐。共二十卷，订十册，友人托销。

顾惇量跋

此书名曰杭《志》，旧名董《志》，亦名盛《志》，又名叶《志》。雍正初年，有人以红格誊原本，得重价售我家怀劬先生。未几，谁何借去，久而不归，未可闻矣。欲求其次，购之有年，然他家珍藏，未敢动问也。乾隆戊辰小春，而邑父母修志之举，谋既定矣，余亟命访闻此帙，知已越境。而湖州书贾辛上珍闻风而至，据云："闻有义举，委曲购求以得者，如不见用，又将他适矣。"夫此书，余向在友人案头屡屡见之，不信其落贾人之手也。嗟乎！先贤之名不可泯，而于修志之役，实有足助焉者。姑信贾人之言，请怀劬先生以重赀售之。十月廿一夜记。

昆山县原纂志稿姓氏[2]

昆山县原任知县上谷董正位重定

昆山县知县古越杭允佳重录

1　底本无"卷首"二字，此为整理者所加。此后两篇题名亦为整理者添加。《江苏历代方志全书》影印本（此后简称国图本）无此部分内容。

2　国图本无此内容。

前翰林院编修	徐开禧锡余
吏部候选进士	盛符升珍示
太学生	叶奕苞九来
苏州府学生员	徐与岗子威
太仓州学生员	王洄宛仲
昆山县学生员	朱钟仁原姓邱
昆山县学生员	叶方蔚敷文同修[1]

旧志原序[2]

邑人潘道根确潜甫借读校字

宋《〔淳祐〕玉峰志》凌万顷序[3]

郡县必有志,独昆山无之,岂前人之长不及此哉?期会之事,有急于此,则谓之不急也亦宜。然往无所稽,来无所据,识者每以为叹。永嘉项公出宰兹邑,百废具兴,一日下扣图经事,以万顷尝缉叙一二,盖略焉而未备也。掌仪边君尤勤于搜访,遂相与编次,期年乃成。本古经郡志所有,而益以耳闻目见之可考者,大概公之修创增益为多。昔人以笏比甘棠,后之览者犹笏然,则是志为不徒作矣。博雅之士,尚订正之。

淳祐凌万顷〔叔度书〕序。

《〔淳祐〕玉峰志》项公泽跋

昆山为吴壮邑,地险而俗劲,田多而赋重,凋弊积有年矣,故于稽古载籍之事多缺焉。考之《吴郡志》,虽附书一二,其详不可得而闻。公泽承乏学制,每与乡校诸友,议斯缺典,欲网罗补苴,然方有公事,未遑也。直学凌君、掌仪边君,俱有俊誉,慨为己任,搜访掇拾,斯已勤矣。地理标名,财赋之件目,尝与参订,至若废置、因革、人物、异闻,视昔为详。将求印证于多识前言往行者,俄及瓜,惧失其传,而二君之劳孤矣,始锓诸梓,以俟方来,庶知今者果不谬,古者犹可质云。

淳祐壬子中和节,东嘉项公泽谨跋。已上凌《志》。

---

1 同修,底本"同修"在"敷文"前,据文例改。

2 国图本无此部分内容。

3 底本无标题,标题为整理者添加,以下各序、跋同。

《〔淳祐〕玉峰续志》谢公应跋

玉峰有志尚矣，淳祐壬子，编类于凌君直学之笔，刊镂传信，距今逾二十稔。咸淳壬申，余捧檄代庖斯邑，翻阅是书，颇有遗佚。若派买之公田拨隶；若学校之创主学、建直舍；或述前辈之诗而曰"载诸杂咏"者，有不见全璧之叹；或题伦魁之名而不编入《人物》者，有斡弃周鼎之疑。是皆累于时之所不及，失于见闻之所不逮尔。余因以续志属之边君，边君曰："某有志于此久矣，敢不自力。"乃会萃古书，搜览今籍，三阅月而书成，增入者三十余条，改定者二十余条。混混乎风土之攸宜，总总乎事物之备举。理该文核，纲举目张，其长公训导诠释杂咏亦一新之。余重芟拜观，不忍释手，谨命工绣梓，以寿其传，后之览者，与我同志，嗣而续之，庶斯文之不泯也。

是岁中秋日，合沙玉渊谢公应谨跋。

《〔淳祐〕玉峰续志》边实序

石湖先生志吴郡，常与龚、滕、周诸君子相铨次。有某人持某事求入志，不得，遂哗曰："《志》非石湖笔也。"石湖笑不辨。昆志之作，向出于二人之手，事词或未一。今夏，不揆续修，将以厘前误而纪新闻。或有议其擅者，其于议吴《志》者，若相反焉。于此可以知，后进之视先达，天地之相辽绝也。于其锓梓之毕，书以自讼此意。

边实敬书。已上边《志》。

元《〔至正〕昆山郡志》杨维桢序

昆山州杨才，抱其先人履祥公所著州乘凡二十二卷，因其友袁华谒予钱塘，曰："先君常以州之志籍多散漫疏漏，更而新之，积劳于是者盖十余年，而获成此编。今州监字罗帖木尔将寿诸梓，吾子与才系同出浦城文公十世后，幸惠一言引诸首。"

予谓金匮之编，一国之史也；图经，一郡之史也。士有不出户而知天下之山川疆理、君臣政治、要荒蛮貊之分类，由国史之信也；不入提封而知其人民城社、田租土贡、风俗异同、户口多少之差，由郡史之信也。然则操志笔者，非有太史氏之才，孰得与于斯乎？吾曩入吴，窃见公所著《宋朝蓍龟之录》凡若干卷，今之修史者购之而未得也。又有《帝王图辨》《素王道史》《姓氏通辨》行于时。吁！公之博学有史才可占矣，宜其成是书也。立凡创例，言博而能要，事核而不芜，与前邑志不可同日而较工拙也。且我闻昆山自县升州，户版与地利日增，租赋甲天下郡县，市贾之舶萃焉，海漕之艘出焉，庸田水道之利害在焉。忠臣烈女，代不乏绝；鸿生硕士，争为长雄。不有史才者出任笔削，何以为是州之信史哉！

吁！是书之得托[1]者，[今]亦幸矣，故余不辞为之叙[2]。抑予又闻公所著《蓍龟》为采书使者赚而去之，赏爵罔及焉。此才之不平，而公九泉之憾也，故并序及之。

公讳谭，字履祥，自号东溪老人。

元至正三年春，会稽杨维桢序。[3]已上杨《志》。

明《[宣德]昆山县志》杨寿夫序

古者疆里有图，郡邑有志，夫岂无故而然，俾后人按图索志，则疆理郡邑虽广，其间风俗、土产、景物、人材、文章、名数、沿革，靡不一览如指掌，此图志之作，文献足征，诚不为无所补也。姑苏古吴国，为东南诸郡之冠，昆山又苏之大邑，传志非有作者，而欲博该事物之详，又岂可得焉。昔宋虽旧有志，失之太略，不足参订互考，寥寥数百年，未有为之增益。洪惟太宗文皇帝，丕承太祖高皇帝，统御寰宇，文运聿新，制作明备，隆古之所莫及，乃于永乐丁酉，诏示天下郡邑，蒐考旧志，或有未周，即加采辑，增附类进，盖欲因之纂修大一统志也。于是昆山合新旧志编摩成集者，范能、盛[颐]、屈昉等辈也。厥后，司训季篪仲怡为之校正讹舛，补苴漏遗。辑成，惧所传未广，适主冬官事桐成李君延祐，暨郡佐渤海王君佐、天台潘君叔政，同见是书始末该博，乃属诸缙绅而言曰："是邑之志，参酌古今，诚为详细，然卷帙颇繁，非资有力为之刊行，则前功将尽弃矣。"于是县太夫吴仲郢、李贵、夏浩、张鉴、叶后辉捐俸锓梓，谋以寿传。费浩，莫克就绪。值邑士龚思齐氏博雅好义，助资以成其美，不惟俾斯志有益于今，而且广传于后也，岂不伟欤？事竣，久未有为发引以达其意者，中书舍人朱君仲[昭]言其详，求予序以冠于端，不敢固辞。

余披观之，自县治至太仓城，俱画图。其图凡六卷帙，始于沿革，终于题咏，凡十有八，辞增而畅，事备而核。学士大夫端坐在窗几，而欲知此邑风土江山，以为操弄翰墨之助，若一览之，如执璇玑以观天运，如据要会以睹方来，皆不劳余力而尽在目中，益信数君子修辑参订之功，锓梓寿传之美，俱为不浅。迨我圣朝纂修大一统志，得有考据附入篇什，以垂训于百千万世之久，亦岂不有所资焉？是为序。

宣德癸丑七月望日，行在翰林编修杨寿夫序。

---

1 托，底本讹作"记"，据《[至正]昆山郡志》（此后简称《至正志》）改。

2 故余不辞为之叙，底本原缺，据《至正志》补。

3 自号……序，《至正志》作"'东溪老人'其自号云。至正四年秋七月，泰定李黼榜赐第二甲进士会稽杨维桢叙"。

《〔宣德〕昆山县志》季箎序

太宗文皇帝御天下之十有四年，诏郡邑各蒐缉其封域沿革、山川胜概、人物出处，与夫公宇、寺观、坊桥之废兴，鸟兽、草木、贡赋之所产出，条为凡例，类纂以进。《昆山县志》，时则有淞南范能仲能，玉峰盛颐养蒙、屈昉季恒等，以宋边实旧志附益新事，编摩成集，悉上送官。自是以来，无全书可见。县尹任侯景和，庶政之暇，搜访图经，乃得新志于仲能所，惜点窜涂擦，纷错无绪，爰命箎重加校雠，以备稽阅。箎不揆谀闻，参之旧经以撮其要，酌之斯志以著其详，繁焉以芟，华焉以摭，胪分汇聚，总之为一十八卷。凡所载，悉依旧志；所损益者，援据之失实、讹疑之相承而已。然一人知识，宁无漏遗，尚俟博雅君子以补其不逮，为将来皇明大一统之志出，则是编当取以覆酱瓿耳。

宣德五年，邑庠训导海虞季箎书。已上季《志》。

《〔弘治〕昆山县志》虞臣序

郡邑之有志，犹国之有史也，典章文物于是乎在，故自孔子之圣，而犹病文献之不足征。然则载籍者，真有国有家者之不可以或废欤！昆山，古娄县也，素号繁庶，宣德初，常熟季箎来典昆学，常为作志。景泰中，邑人蒋明复作新志，迨今又五十余年矣。

江右吴侯以名进士来莅兹土，思古名贤必因俗为治，顾惟邑志日就散逸，或乃取舍失宜，统纪无次，将何以省风俗而美教化？时监察御史顾君孔昭，以疾在告家居，且勿药矣，乃请重为修辑，于是捃摭旧闻，搜抉近事，惟公惟慎，罔有或遗。其凡例虽本之二志，其裁制则务合众心，中复增入封赠，重恩典也。书成，嘱予为序。

夫星土之法既有九野，则在地者必有高山大川为之限隔，风气为之不通，民生其间，亦各异俗。故《周礼》既设有职方氏以掌天下之图，辨其邦国、都鄙、财用、谷蓄之数，以周知其利害，而又有外史以掌四方之志，土训以诏地求，诵训以知地俗，凡此皆因俗为治之意也。降及后世，训、史之职既废，政亦苟简，则夫郡邑之志，要亦不失夫古之遗意。盖非是，则风俗之浇淳、人才之高下、户口之登耗、疆域之沿革、学校之废兴，举懵懵焉莫之或知，虽有贤哲生于其后，亦无自以取证其言，则郡非其郡，邑非其邑，人文渐乖，制度灭裂，其与裔夷荒徼相去无几矣。今是书之成，发新例以尊国典，本旧文以存故实，其言约，其事备，语风俗则重耕织而略浮夸，语人才则先德行而后文艺，语名宦则进循良而退刻薄，语节义则舍浮名而采实行。凡此之类，不一而足，皆所以补前志之不及，粹然其为不刊之书也。其余山川名胜、纪述题咏，靡不具载，使后之为政者得以持循，生于斯地者有所观法，是志之有裨于昆也，夫岂可以一二计耶？

《诗》云："虽无老成人，尚有典刑。"予昆产也，拭目于兹久矣。幸侯之斯举，真知所务而又喜是书不为徒作，故不辞而为之序。

时弘治甲子，邑人虞臣书。

《〔弘治〕昆山县志》吴祺序

顾侍御先生修《昆山志》成逾月，上京师，出示祺，且命序诸末简。祺素受先生知，敢不承命？窃谓志以纪事，一邑之内，事无纤巨，凡关系政治风教者，所在毕录，俾往者不可诬，来者有足征，断断乎不可苟也。昆志久已散逸，祺承乏之初，搜抉往迹，将考俗以敷政，阐幽以表化。深念志为阙典，因请于先生，得观成书，读之不能释手。何者？先生自翰林庶吉士拜今职，泛览史传，是非去取，胸中已有定论。其于兹志也，旧者存之而弗袭其陋，新者续之而弗遗于微，讹者正之，疑者阙之，不必其迹之皆同。而凡可以振作风教、裨益政治者，一毫无所于苟。旁取曲证，昭鉴横陈，允为千百载一邑不刊之信史，岂直纪载事类而已哉！况夫先生刚毅夙成，人不敢干之私，而家学承传浑厚纯正，不采摘以为奇，不钩致以为高，邑之故老豪杰复质之以考订其所闻。故其所著，典则森严，文彩彪炳，率皆出乎人人。自念昔官永平，滥修，不期月而成，然繁委潦浅，不足垂训。读是志，盖有愧焉。然所得亦多矣，姑撮此以识岁月，因亦以自庆云。

弘治十七年，知昆山县事丰城吴祺书。已上顾《志》。

《〔嘉靖〕昆山县志》方鹏序

国朝修昆志者三人，季《志》远矣，蒋[1]不足征也，惟顾为近之而太略焉。补其所遗，续其所不及，以成一邑之完书，此其时乎？顾予非其人耳。前令杨侯仁甫不知余之非其人也，而专委之。编次垂成，侯适以召去。今侍御王侯子正继至，请于郡守肃斋王公刻而传焉，将使吏兹土者得有所考以行其政。按[2]城社则思守焉，核民数则思养焉，访习俗则思教焉，修贡赋则思敬焉，稽祀典则思正焉。前乎吏兹土者，善必特书之，则思齐焉，或不书则思惧焉，此二侯之深意也。抑吾昆民生物产，与他邑等耳，惟人材之盛则实倍之，故于是独详焉。将使承胤祚[3]者起象贤之心，其闾井者奋向往之志，巨公硕儒，接迹而出，以增兹邑之重，斯其上也。其次一命之荣，一艺之善，亦得以厕名其间，则夫人皆当感发而兴起，以求自异于齐民而后已也，岂可生无益、死无闻，而负此

1　蒋，底本讹作"将"，据《〔嘉靖〕昆山县志》（此后简称《嘉靖志》）改。

2　按，《嘉靖志》此前有"是故"二字。

3　胤祚，《嘉靖志》作"胤绪"。

文献之地哉！此则操笔者之微意也。鹏也抱疴衡门，旧学荒落，殊惧采择不精、纪载不备、劝惩无法，以孤盛举。然秉公持正之心，则不敢不自尽矣，以此获罪，吾知不免焉，而亦不敢辞也。

是役也，杨侯倡之，王侯成之，皆能以文学饰吏治[1]，而揭三尹夔、梁文学介亦与有劳焉，法皆得附书。

嘉靖十七年四月，邑后学方鹏谨序。[2]以上方《志》。

《〔万历〕昆山县志》申思科序

余生中州，往往阅载籍，所称东南之美，辄若望见而不获至焉。比当为吏，得昆山，则跃然以喜曰："昆之文献甲东吴旧矣，是吾夙昔所愿游而不得至者。今一旦吏于其土，顾不幸欤？"及既至，奉科条唯谨外，乐与其贤士大夫游，而知东南之美不独以地也。退而考其图志，意必有当于今昔所见闻者而反缺焉。旧志自宋淳祐至今代嘉靖间，作者凡五六人，自方太常后迄今垂四十年，寥寥乎未之续也，岂以其文献称天下而顾犹有所不足耶？余益心窃图之。俄有纂修郡志白二台者，台檄诸府，府檄诸县。会学宪陈先生被命过家，因举所善上舍周君以告曰："是有等于载笔数年矣。"遂躬往求得之。又以学校乃公论攸关，而乡先生为众言所准，既请博士王君与二三生者共加搜辑，复是正于王比部、陈水部二先生，为卷者凡八，为目者凡四十有四。书既成，编以上诸府，而府志所豁八州县，猝难集也。因以俸余刻之邑中，而檄同寅郭君董之。

夫以余之向往东南有日矣，既幸而窃禄于此，交其贤士大夫以快畴昔之志，而又有人焉，举其山川、谣俗、人伦、风物之美，古今升降沿革之宜，续为一书，以备一邑之文献，而余适享其成，岂非幸之幸者欤？顾惟浅拙，奉职无状，不足以遗后之君子。独以为是书之成，将使后之征于今，不若今之征于昔之难也，昔之征而弗备，不若今之征而备也。僭书以引其端。若周君及诸姓氏则已别疏矣，故不著。

万历四年冬十月朔旦，赐进士第、文林郎、知昆山县事洧川申思科序。

《〔万历〕昆山县志》王宇序

《昆山县志》凡八卷，太学君周世昌撰。先是顾侍御《志》十八卷，方太常《志》十六卷，以参相校雠。而世昌《志》于名宦、节烈、古今人学行事业为独详，又其为文

1　文学饰吏治，《嘉靖志》作"文饰吏者"。

2　《嘉靖志》落款为"皇明嘉靖十七年，岁次戊戌夏四月吉旦，赐进士出身、中顺大夫、右春坊右庶子兼翰林院修撰、经筵讲官、编纂御札、同修会典、前山西按察司副使、奉敕提督学政致仕、后学方鹏谨序"。

多举要而删冗，敛实而黜华，信乎可传之书也。盖世昌藏于家旧矣。万历四年，为洧川申侯治昆之五年，政成，访求而得之，复请正于王学博允庵、王比部华松、陈水部春野三先生者。侯知其书与众合也，遂刻之，与侍御、太常二书并传于邑。而名为《新志》，盖世昌之自叙为嘉靖戊戌以来四纪之籍缺而作。今以志义考之于侍御、太常之书，补所遗而续所未及，间复附以新意，盖不为无本而灿然者，故其书不得不贵。乃承侯命而为之序曰：

夫志者，其本在于民生风化之要，其用在于典章文物之间。故与之为舆表、民数、赋贡、物产、官师、选举、艺文之属，以待其有征者，莫不一出于人理；与之容保教思，以资于治者，莫不一出于人情。故贤守令、贤士大夫者，风化之所寄，而理情之所萃也。古者宦迹卑、名德损，则国不可以为国。方是时，非无典章文物也，卒于毁顿陷灭而不振。然则典章文物者，先王有之，而非所恃以为国也。信乎宦迹名德为立国之桢干而风化之首先者欤！吾昆以文献甲于吴中，其衔命而来仕者，含智而挺生者，粤自晋隋以来，盖不独才足一官、行足一乡而已也。而炯焕于是者，若而人巨伐殊勋，奇节伟行，凛乎其与玉山娄水相流峙，有非长令、丞尉之所能限，显晦、升沉、修短之所能拘，故其人为不朽也。而其他无可概见者，卒与零露同晞、蜉蝣共化，曾不足以当齐民之一瞬，名与身而俱亡也久矣，其不可慨也乎？夫有所衮钺于古者，未有能逃于今者也，则有所衮钺于今者，斯亦不能贷于后之人矣。

夫学史者，将以明古今之劝诫也，而可不畏乎？余故推世昌之《志》而为著贤者之所宜劝、不贤者所为诫以传之者，使知天下之无巨伐殊勋、奇节伟行而不可为，而有志不朽，以求无负文献于兹土者，庶乎有以自发也哉。侯所檄士，龚子邦衡、沈子孝、顾子允焘、张子文柱，并能选言辨义，扬扢编摩。而邑贰郭君维屏则转错为资，与有善成之劳焉。或云例皆得书也，故为之书。

万历丙子冬十月既望，赐进士出身、中宪大夫、奉敕整饬海州等处兵备、辽东行太仆寺少卿致仕、邑人王宇书。

《〔万历〕昆山县志》周世昌序

昆山古无志。宋淳祐壬子，直学凌君万顷、掌仪边君实始承项侯公泽之请，为《志》三卷。越二十年，谢侯公[1]应复加续补。嗣后代有纂述，然历岁滋久，或散轶而无传，或详略有未当，识者不能无遗论焉。世昌翻阅之余，爰思太常方公修举之后，今将四纪，衣冠文物之盛，政教兴革之宜，惟久而湮没是惧。乃搜访古志，得六七家，更取记事之

---

1 公，据前文及史事增补。

史，考订摭拾，附以迂疏一得之见，辑之以便观览、示子孙，非曰可传也。学宪霁岩陈君偶见之，遂以闻于邑侯申父母。侯曰："此缺典也，吾有志焉久矣。"亟命世昌足完之，且教之曰："志，记也，记邑之事也。不患无文，而患无实，得其实，因其文而述之，斯为善矣。若徒徇以己私，参以己作，又奚贵乎？"斯言也，侯固深知为志之难。而世昌顾非其人也，惟侯之命不敢违，遂忘其谫陋，汇为一十二卷，而呈政焉。然此特具其梗概云尔。昆为三吴望邑，缙绅章缝之士，吐词为经者比比而是，必有援古证今，斟酌损益，勒成一代之典以副侯之盛举者出焉，而又何借于此也。然则是编也，其祭祀之刍狗乎。

万历二年甲戌长至日，邑后学汝南周世昌识。已上周《志》。

卷 一

昆山沿革表

昆，古娄地。娄为吴属，自武王封太伯于吴，都句吴，城姑苏，而娄为近地。越灭吴，故秦以吴属会稽郡，仍治吴，领县二十六，娄其一也。历汉及晋，总以娄名，至梁大同而始称昆山。自是以来，为县为州，代有升降，分割剖析，仅存其半焉。备著之表。

历代	纪　年	沿　革	县	州	郡
夏		杨州之域。			
周	吴阖闾元年	勾吴。	娄。《传》曰：星名。地名，以地有娄江，上应娄宿，故名。		
秦	始皇二十六年	分天下为三十六郡，以吴属会稽郡，治吴，领县二十六[2]，娄其一也。	娄。顾夷《吴地记》：娄，别作嵝，今嘉定即嵝城乡。娄、嵝，音相近误也。		
汉	高帝六年	废楚王信，分其地，以淮东等城为荆国。	娄。		
	十一年	国除，复为会稽郡。	娄。隶会稽郡。		
	十二年	复为吴国，封子濞为王。	娄。		
	景帝前三年	吴王濞反，伏诛。国除，复为会稽郡。	娄。隶会稽郡。		
	新建国元年	新莽改县为治。	娄治。隶吴郡。		
东汉	建武中	郡领县十二。	娄。隶吴郡[3]。		
	永建四年	分浙江以西为吴郡，领县十三[4]。	娄。隶吴郡。		
吴		郡领县十五。	娄。隶吴郡。		
	宝鼎元年	割阳羡七县属吴兴，郡领县八。	娄。隶吴郡。		

1　国图本卷一子目较底本少且顺序有异。国图本卷一子目依次为"星野""沿革""疆域"，与底本相同子目其内容差异巨大。故此卷以底本为准，基本不参校国图本。

2　六，底本无，据上文添加，有批注："领县二十六，'六'字，疑'四'字之误。"

3　东汉永建四年（129）析会稽郡另置吴郡，娄县始隶吴郡。此前娄县应隶会稽郡。

4　三，底本为墨笔圈出，有批注："'三'字，误也，当作'二'。《续志》：娄，讹写'安'，后人于'无锡'字下续增'娄'字，遂改'十二'为'十三'。卢《志》不知'安'为'娄'字之讹，遂疑安县之所在，其实无此县也。"

历代	纪 年	沿 革	县	州	郡
晋	太康元年	平吴，分天下为十九州，吴为杨州，统县十一。	娄。隶吴郡。		
	大兴四年	东晋为吴国。	娄。		
宋	永初中	郡领县十二。	娄。隶吴郡。		
	大明七年	置南徐州。	娄。隶南徐州。		
	大明八年	以吴郡隶杨州。	娄。隶杨州。		
齐	建元元年		娄。隶杨州。		
梁	天监六年	增置信义郡，以娄县地分置信义县，潜人何之元为信义令。	娄。隶吴郡。信义。	信义。	
	大同二年	改娄县为昆山县，县境有昆山，故名。今分属华亭界。	昆山。隶吴郡。信义。	信义。	
	承圣二年		昆山。隶吴郡。信义。	信义。太守周铁虎。	
	绍泰中		昆山。隶吴郡。信义。	信义。太守周文育。	
陈	祯明元年	分置吴州。	昆山。隶吴州。信义。	信义。	
隋	开皇九年	改吴郡及信义郡为苏州。	昆山废。信义废。	信义废。	
	开皇十八年	复置昆山县，郡领县五。	昆山。隶苏州。	吴州。	
	［炀帝大业元年］	［复改苏州为吴州。］			
唐	武德四年	杜伏威平李子通，苏州置总管，领县四。	昆山。隶苏州。	徐州吴郡。	
	天宝十年	太守赵居贞奏割昆山县之南境及嘉兴、海盐二县地，置华亭县。	昆山。隶苏州[1]。		
	大历十三年	苏为雄州，领县七。	昆山。升紧，隶苏州。		
	会昌四年		昆山。升望，隶苏州。		
	乾宁四年	钱镠据苏、杭等州，遵封为吴越国王。	昆山。隶苏州。		
	天祐元年	封钱镠为吴王。	昆山。隶苏州。		
梁	开平元年	封吴王钱镠为吴越王。	昆山。隶苏州。		
	贞明二年	吴越自称为中吴府。	昆山。隶中吴府。		
唐	同光二年	属吴越国，吴越改元宝大，升中吴军，领常、润等州。	昆山。隶中吴军。		
	长兴二年	吴越改元宝正。	昆山。隶中吴军。		

1　天宝元年（742），苏州改名吴郡，昆山县隶于吴郡。

历代	纪　年	沿　革	县	州	郡
宋	开宝八年	改平江军节度使，仍为苏州，属江南道。	昆山。隶苏州。		
	太平兴国三年	吴越王钱俶纳土，封俶为淮海国国王，属两浙路。	昆山。隶苏州。		
宋	政和五年	以苏州为帝节镇，敕升平江府，领县六。	昆山。望，隶平江府。		
	嘉定十五年[1]	太守赵彦橚、提刑王棐奏析县之安亭、春申、平乐、醋塘、临江五乡置嘉定县，郡领县六。	昆山。望，隶平江府。		
元	至元十四年	该宣抚司为平江路总管府，领县如故。	昆山。隶平江路。		
	元贞元年	升昆山、常熟、吴江、嘉定四县为中州。		昆山。隶平江路。	
	延祐元年	行省参政高昉奏迁昆山于太仓，去旧志东三十六里。		昆山。隶平江路。	
	至正十六年	先是张士诚僭据，改国号曰周，改元天祐。至是令伪将[2]高智广守昆山。是岁海寇犯境。		昆山。隶平江路（隆平府）。	
	至正十七年	知州费复初复昆山州治于旧所。		昆山。隶平江路。	
	至正二十二年	太尉府辟卢僧孺为昆山知州。			
明	洪武元年	元至正二十七年辛巳[3]，平江南，执张士诚，费复初率众归附。改平江路为苏州，领县二、州四。		昆山。隶苏州府。	
	洪武二年	复以昆山等四州为县。	昆山。隶苏州府。		
	弘治十年	巡抚朱瑄奏割县之东北二乡有半，及常熟、嘉定地置太仓州。			
皇清	顺治二年	豫王平定江南，县丞阎茂才率众归附。	昆山。隶苏州府。		

1　嘉定十五年，《〔弘治〕昆山县志》（此后简称《弘治志》）、《嘉靖志》、《〔万历〕昆山县志》（此后简称《万历志》）均作"嘉定十年"。
2　伪将，底本作"仪将"，据《嘉靖志》《万历志》改。
3　至正二十七年辛巳，底本作"元统二十四年丙午"，据《沿革考》改。

沿革考

邑之为吴壮县，自周秦以来旧矣，幅员袤广四百里而赢。或称娄，或称昆山，或称信义；或为县，或为州，或为郡；或治昆山之下，或治马鞍山下，或治太仓，建置不一。自唐以来，一分为华亭，再分为嘉定，三分为太仓。土田既盛而赋役滋繁，识者忧凋敝焉。此古今事势之异也，作《沿革志》。

昆山县，今在苏州府城东七十里。帝颛顼以来，自江以南至海，皆扬州之域，周为吴属邑，其称娄者，不知昉于何时。考之《禹贡》，三江，一为娄江，是以江得名也。或以娄为二十八宿之一，以上应娄宿得名。或曰邑有嫪城乡，嫪、娄音相近。皆未可信。自周泰伯以采药来奔，始号勾吴。至五世孙周章，武王封为吴子，传至阖闾益强大，始城姑苏，名其城之东门曰娄门。季《志》云：县以娄门为名。或云娄城为寿梦所筑也。元王四年，越灭吴，属越。显王三十六年，楚灭越，以其地封春申君，属楚。秦并天下，分郡三十六，置会稽郡，治吴，领县二十四，娄隶焉，娄之称县始此。今县东北三里，有娄县村，相传古县治也。或曰秦置嫪县。

汉高帝六年，封从兄贾为荆王，改会稽为荆国，属荆。贾死，国除，仍属会稽郡。明年，封兄子濞为吴王，属吴。景帝前三年，濞诛，国除，仍属会稽郡。武帝元封元年，分天下为十三州，扬州会稽郡，治吴，领县二十六，娄隶焉。见班固《汉书·地里志》。王莽篡汉，改县为娄治。光武建武十一年复旧名，属扬州会稽郡。顺帝永建四年，分浙东为会稽郡，浙西为吴郡，郡治吴，领县十三 [1]，吴、海盐、乌程、余杭、毗陵、丹徒、曲阿、由拳、永安、富春、阳羡、无锡、娄。娄隶焉。

三国属孙吴，封其臣张昭、陆逊并为娄侯，今其庙尚在娄县村云。历晋、宋、齐，州郡数迁，县名不改。

梁武帝天监六年，增置信义郡，即分娄县地置信义县，以何之元 [2] 为信义令是也。或云信义治常熟，省娄县入焉。梁增置州郡甚多，所谓"百室之邑，遽立州名；三户之民，定张郡号"。当时已共笑之。或云县西十八里有信义村，俗讹为真义，亦为进义，即古郡治也。

大同元年，始析故娄地置昆山县，建治昆山之北，在今华亭县西谷水之东。昆山为陆机兄弟生处，取"玉出昆冈"之义，此昆山之名所由始也。

隋文帝开皇九年，罢信义郡，改吴郡为苏州，而昆山、信义之县俱废。十八年，复置

---

1 领县十三，朱笔改作"领县十二"，并删去"永安"二字。

2 何之元，墨笔改作"何元之"，非。

昆山县，隶苏州。炀帝大业间，改苏州为吴州，旋改为吴郡。

唐高祖武德四年，杜伏威以其地降，仍改苏州，领县四，昆山隶焉。玄宗天宝元年，改为吴郡。十载，太守赵居贞奏割昆山南境及嘉兴、海盐二县地，置华亭县，此昆山之始析也。昆山今在松江府西北二十三里长谷之东，人皆以"小昆山"呼之。昆山县治遂移建马鞍山之阳，此县治所由昉也。代宗大历十三年，升县为紧。二千户为紧。武宗会昌四年，升县为望。三千户为望。

昭宗乾宁四年，钱镠据苏、杭等州，封吴越王，县属焉。光化元年，淮南将秦裴拔昆山而守之。秋九月，镠遣将顾全武帅兵攻城不下，引水灌城，城坏乃降。梁贞明二年，吴越以苏州为中吴府。后唐同光二年，升为中吴军，县并属焉。

宋太祖开宝八年，改平江军为苏州，县隶如故。宁宗嘉定十五年[1]，太定赵彦橚、提刑王棐，奏割县之安亭、春申、平乐、醋塘、临江五乡置嘉定县，此昆山之再析也。

元世祖至元十四年，改平江府为平江路。成宗元贞元年，以户满三万，与常熟、吴江、嘉定等县同升为州。仁宗延祐元年，行省参政高昉奏迁昆山州治于太仓，去旧治东三十六里。今太仓卫基。顺帝至正十六年，张士诚据吴，遣将高智广守之。十七年丙申，知州皮福复迁州治于马鞍山下。二十七年，明太祖讨张士诚，知州费复初率父老诣军门归附。

洪武元年，改平江路为苏州府，直隶京师，昆山州属焉。二年，改州为县，至今仍之。孝宗弘治十年，巡抚都御史朱瑄、巡按御史刘延赞，奏割县之湖川、新安二乡，惠安乡之半，及常熟、嘉定二县地，置太仓州，此昆山之三析也。

按：前代自娄县改为信义，自信义改为昆山，其地颇大。既而分立华亭，地去半，犹管一十四乡五十二保。既而分嘉定，又分太仓，管乡七、保一十四而已。然尚称大县者，田赋浩烦，粮额三十六万有奇也。

皇朝顺治二年，平江南，郡县皆定，改南直隶为江南省，设布政司，县属苏州如故。〔雍正三年，两江总督查弼纳，因苏、松、常财赋重地，特请分大县，事具题，昆山分出新阳。城内大西门、北门、东门属昆山；小西门、朝阳门、东南门属新阳。城外以吴淞江为界，南为昆山，北为新阳。此昆山之四析也。〕

按：县之名娄，以附娄江而城也。既而改为昆山，以迁治昆山之下也。今县在马鞍山阳，仍复娄江旧地，去松江之昆山已百里。松江府分华亭为娄县，又与娄江相去甚远，两县之名交失其实矣。

唐陆广微《吴地记》云："昆山县，乡曰全吴，水曰新阳。"今治东三里有新阳江，各志俱讹写"新洋"。今颁号"新阳"，实据古志以名，与昆山互雄，士民生产，复见一番生色矣。

1　嘉定十五年，《弘治志》《嘉靖志》《万历志》均作"嘉定十年"。

星　野

《天官书》以二十八舍主十二州,斗、牛、女属扬州,地连千里。昆邑一隅,何事别有占候?然感应之理,定有所属,其观象审变,以答天心、立民命,固为政者所当先也。采旧志所载,作《星野志》。

黄帝分星次,斗十一度至婺女七度,曰须女,又曰星纪,于辰在丑。郑氏《注》曰:"星纪,吴越也。"《尔雅》:"星纪,斗、牵牛,吴分野。"《史记·天官书》:"吴、楚之疆,候在荧惑,占为鸟衡。"《正义》云:"荧惑、鸟衡,皆南方之星。"衡,[1]柳星,或云张也。西汉《地里志》:"吴地,斗也;越地,牵牛、婺女也。"汉蔡邕曰:"斗六度至女二度为星纪。"费直曰:"斗十度至女五度为星纪。"《晋·天文志》曰:"斗十二度至女七度为星纪。"《石氏星经》云:"斗星七,其杓上衡下为权,主吴分野。"《春秋纬·文耀钩》云:"蒙山以东,至于南江、会稽、震泽,属权星。"唐一行云:"吴越当淮海间,为南纪之终,星纪为之分。"宋《天文志》:"天市垣东西各列十一星,其东垣南第六星主吴越。"明刘基《观象玩占》:"分星次:星纪,吴分野。"

按:分野之说,郑氏谓之星土,星所主之土也。考之于古,如越得岁而吴伐之,史墨知其必亡。福德在晋而符坚寇之,符融策其必败。东汉熹平初,荧惑入南斗,其占为兵。唐建中末,荧惑入南斗,色如血,其占为旱。以至宋之建炎,斗、牛间有紫气,高宗驻跸,孝宗诞生,皆吴事之彰彰者也。故附识之。

疆　域

州县分疆,各有定域,独昆山一邑,迁徙不常,分割三见,封域所届,当按年以辨,作《疆域志》。

宋县境东西六十三里,南北一百三十里。东至嘉定县界三十六里,西至长洲县界二十七里,南至华亭县界八十里,东南至华亭县界二百里[2],北至常熟县界五十里,西南至长洲县界五十里,西北至长洲县界六十里,东北至海门县界一百五十里,以海为界。自宋以前未分华亭、嘉定,广袤四百余里,今无考。

1　荧惑、鸟衡……衡,底本无,据国图本补,且引文与《史记正义》合。

2　东南至华亭县界二百里,宋《〔淳祐〕玉峰志》(此后简称《淳祐志》)卷上云:"东南到嘉兴府华亭县一百里。"

明弘治十年，分太仓州，县境东西四十五里，南北一百二十五里，共管里三百三十八。东至太仓州界二十里，西至长洲县界二十七里，南至华亭县界淀山湖八十里，北至常熟县界七浦塘三十六里，东南至上海县界四十五里[1]，东北至太仓州界二十里，西南至长洲县界五十里，西北至常熟县界四十五里。至江南省水陆路共六百六十里，至京师水路四千一百六十二里，陆路三千五百三十六里，至苏州府治七十五里，至松江府治一百五十里，至太仓州治四十里、常熟县治一百十里、上海县治一百五里。

山墩附、墟附

县以山名，而县中之山实马鞍山，非昆山也。然山产奇石，凿之复生，镵而濯之，莹洁如玉，邑称玉峰，正不必借胜云间矣。自唐以来，题咏甚众，其他散在郊野者，不可谓培嵝非山。墩、墟附见。

马鞍山，在今县治西北一里，广袤三里，高七十丈。凌《志》云："在县西北三里，或未筑城时去山尚远也。"〔山不可动也，县治亦未移也，三里之说，特宋时丈尺小耳。〕刘澄之《扬州记》云："娄县有马鞍山，天将雨，有云来映此山，山亦出云应之，乃大雨。"至今犹然。县境连接湖海，而孤峰特秀，四望皆百里无所蔽。其阳旧有慧聚寺，山上下前后，皆择胜为僧舍，云窗雾阁，间见层出，吴人谓真山似假山，大略见宋县令盖峒《山图记》及唐孟郊、张祜诗。宋皇祐中，王安石以舒倅被旨来相水利，夜秉炬登山，阅张、孟诗和之，遂为山中四绝。〔万乘驻跸于玉昆，为千古之荣，宜搜罗备载。圣制有七言诗，石刻在真义塘南。〕山之阳有[2]慧聚寺。今废。山巅有华藏寺，有浮图七级、玉泉井、大小石浮图。登临胜处，旧以古上方为冠，百里楼、月华阁、妙峰庵次之，又有弥勒、翠微、宋僧冲逸所居。连云、凌峰、垂云、凝云、西隐诸阁，及芝华、丰年、风月、凌虚诸亭，叠浪、夕秀、压云、翠屏、留云、翠筏诸轩。寺中有岩隐、少休、清辉、慧照、素琴诸堂，名公各有题咏。宋淳熙间，月华、上方继焚。明洪武中再毁。南有桃源洞，北有凤凰石，西有一线天，东有东岩，西南有文笔峰。宋孝宗时魁星见此，卫泾登第。上有春风亭，太常卿夏㫤建，近废。此一山奇绝处。山之阳向无树木，明正统间，知县罗永年植柏千章，名郎官柏。山产奇石，玲珑秀巧，质如玉雪，置之几案间，好事者以为珍玩，号"昆山石"。按：巧石多生山腹，傍山之人称山精者，每深入险径以取之。按：凌《志》云："近年来得石如玉，是马鞍山可以出玉，当有机、云其人者出焉。"可见元以前石

1　东南至上海县界四十五里，有批注："今东南至青浦县界，应改正，里数俟考。"又："至井亭港，接松江府青浦县界，五十里。"

2　山之阳有，底本有墨笔划去此四字。

未之显也。明季开垦殆尽,邑中科第绝少。今三十年来,上台禁民采石,人文复盛。闻近复有盗凿者,后之君子所当严为立防者也。山中名胜诗文详后。[马鞍山顶凌霄宝塔为一邑之镇,旧志俱略,今宜考订创修事迹,特书之。又山中古迹甚多,邑人周翁韩乌多所考究,宜撮其精要增入。玉峰为文献之邦,阐扬古迹,润色太平,宜为华国文章。如从前周《志》之陋,不可使闻乎邻国也。]

文

盖峬[《山图记》]:慧聚,二浙之名刹,肇迹于梁天监中。耆旧互传,昔者法师慧向驻锡之地,谋建塔庙,力所未给,精切诚至,俄有鬼神之助。一夕雷电大作,怒风恶雨,明而视之,宏基崛成,殿之阶是也。观其衰碨礧积,嵌嵌在苍崖崇岗之垠,直逾引绳,方迈截矩,剖厕镌镂,了无瘢痕,隐隐隆隆,颓然似巨鳌之俯伏,不敧不颇,背负柱石,殚巧穷妙,信非人力之可致。是以自时厥后,乌奕蝉联,日增月崇,底今大备。寺之疆境,据昆山之西北,宝势屹嶪,依马鞍山缭绕而上,高七百尺[1]。茂林修竹,松桧藤萝之隙,又有灵苗佳卉,珍蕤秀蔓,自红自绿,霜霰不凋。佛宇僧室,疏旷爽快之处,蔽红阳而翳绿影者,棋布枇比,几三千楹。经画缔构,工亦瑰玮,乃若跻蹑烟霞,偃仰风月。轩堂亭榭,台阁楼观,往往横跨杰出,旁峙挺立,若鸟之翔,如兽之蹲。甚者驾虚排空,玲珑缥缈,层层叠叠,银朱金壁之相耀,乍显乍晦于翠云紫霭之巅。加以巨海处其左,重湖居其右,俯瞰淞江之汹涌,侧顾阳山[2]之巉屼,朝化暮变,供秀气而借清光,指掌之间,四望百里,真天下雄壮奇伟之观也。然而姑苏一隅,地极僻侧,弗类乎杭之天竺、润之金山,当冠盖之冲临、车航之会萃,乃非凡之胜概。包蕴停蓄,止见于近,未闻于远,量彼较此,为之不平。[适]主事僧法全刻图于石,踊跃执笔,从而道其始末,庶或流派,传之四方,且俾好事者燕坐几席,仿佛乎登朱桥、步碧砌,审众水之环山,想孤峰之擎寺,必称其洒落峻峭,蔑一点埃壒之气,可以俦天竺、俪金山,并驾而同驰,靡分先后,盖亦扬善成美之志也。虽然,模之于画,述之于书,寄象寓数,特其糟粕,殆有画之书之莫穷莫尽之妙,潜藏默喻于象数之表,观者自得。斯图也,岂独夸诧是招提而已耶,固以见国家太平一百六十年之盛,神功圣德,格于上下,覆护涵毓,无垠无涯。故兹山邑水乡,幽闲荒陋之地,尚克辟绀舍而集缁徒,为民祈福,有如是居,有如是景。呜呼休哉!知县事盖峬记,[时]政和元年冬十一月旦。

诗

陈省华:四望平川独一峰,峰前潇洒是莲宫。松声竹韵千年冷,水色山光万古同。客到每怜楼阁异,僧言因见鬼神功。县民遥喜行春至,鼓腹闲歌夕照中。

范周:万叠青鸾压巨昆,四垂空阔水天分。夜光晴带三江月,春色阴藏百里云。桂子鹤惊空半落,天香僧出定中闻。不将此境评张孟,三百年来属老文。

夏原吉:昆阜遥看小一拳,登临浑欲接青天。神钟二陆人材秀,势压三吴地位偏。岩溜下通僧

---

1 七百尺,《淳祐志》卷下作"七百丈"。
2 阳山,《淳祐志》卷下作"杨山"。

舍井，林霏近杂市廛烟。几时重着游山屐，来访当年种玉仙。

孙实：片玉峰高翠欲流，更穷绝顶望神洲。天开西北风云合，地坼东南日月[1]浮。灌木水村鸟乱下，长林楼观凤曾游。于今风物非畴昔，万井烟花碧海头。

徐贲：故旧相违西复东，登临偶得此时同。钟声响落松阴外，帆影来从海气中。山鬼洞寒销劫火，石僧龛冷闭香风。可怜节届重阳近，斜日秋明万叶红。

沈以潜：嵯峨千仞蓦凌空，沧海西来茂苑东。势转江流三里外，翠分岚影半城中。岩前有洞仙家近，溪口无花钓艇通。闻说幽人茅屋底，卷帘相对咏无穷。

吴宽：昆冈玉石未俱焚，古树危藤带白云。小洞烟霞藏木客，下方箫鼓赛山君。千家居屋黄茅盖，百里行人白路分。更上双峰最高处，沧溟东去渺斜曛。

冯允中：拄汉撑天翠削成，石楗谁易玉为名。根蟠吴楚江淮坼，地占东南秀气并。层阁鹤巢增突兀，上方龙护易阴晴。凭谁唤起王摩诘，诗画从容细与评。

吴祺：卓哉奇绝峰，佳气时融融。孕兹一方秀，屹为诸山雄。下极人楚丽，中藏石玲珑。流盼旷原壤，信知造化工。

杨备：云里山光翠欲流，当时片玉转难求。卞和死后无人识，石腹包藏不采收。

王世贞《登马鞍山，以"山高月小"为韵》四首：

落日犹命屦，爱此城内山。初携惠连往，寻以长瑜还。清磬杳蔼外，行人苍翠闲。扶醒遇邻圃，独树梅花间。

危坐揽群秀，天风吹布袍。吴江匹练白，泖塔孤茎高。斗酒寒不醉，剑歌短益豪。谁怜今仲蔚，此下有蓬蒿。

冯策凌绝崖，呼觞陶嘉月。疏林叩幽牝，冷然中心悦。暝色坐来改，飞鸟时自没。望望逼城嚣，徘徊不能发。

久矣甘尘栖，兹焉忽世表。披襟当淡荡，纵屐探窈窕。落日樵采竟，归路牛羊小。何以见幽惊，入门复栖鸟。

王伯稠：萧条病骨废登山，此日秋空忽再攀。高磴松云箕踞得，一天清籁啸歌还。白窥泖色苍茫外，青指吴峰落照间。不尽雄心千古在，野夫休笑鬓毛斑。

娄坚：残霞明远树，积水接荒畦。侧首危崖出，回头小径迷。

文笔峰。周复俊《马鞍山志》云："在翠微之东，小塔之西。宋孝宗时，魁星见于此峰，卫文节公果大魁天下。"

郭翼：借得登山灵运屐，乾坤眺望倚巉岏。上方日落楼台碧，积雨春深草木寒。战马中原连万国，风樯巨海隔三韩。寥寥宇宙怀今古，堕泪之碑几度看。

---

1 日月，底本作"日月日"，据文意删后一"日"字。

王志庆《同宋澄岚登文笔峰》：春山翠霭入虚无，伐木相携倚可娱。客带奇情雄海岱，峰标拳石愧菰芦[1]。万家藏水君应见，一线扪天我却输。如此风光如此伴，华堂重得绘新图。

紫云岩。周复俊《志》云："山之西南，千仞屹立，翘翘紫翠，秀石千层，若塑若叠。予行四方，阅山水多矣，每娄门还棹，遥睇斯岩，便秀色揽结，神情萧远，上干云霄，阊阖可通矣。"

一线天。在紫云岩，石壁千仞，中折一隙，自下望之，隙中见天，仅如一线。

桃源洞。在马鞍山阳，以太湖石叠成。相传创自宋郑准。元泰定间，邑人陈俊卿重叠，中可布席。明正统间，邑人戴恂重修。

知县杨子器《记》：昆山在华亭，晋陆机与弟云生其下，人比之"玉出昆冈"，故名。今昆山，古之娄县，有山名马鞍山，非昆山也。马鞍山秀出平地，峰峦岩岫，吐云抹烟，殆天作神造。唐张承吉、孟东野题诗上方。宋元来，楼阁亭馆，随风雨幻化，惟名载简册尔。一日，蹑蹬而登，举武稍西，山坳平处，即翠微阁故址。下瞰石洞，洞以太湖石积垒而成，向南立石，若窗棂通明。内为石室，圆若瓮牖，幽邃可栖禅衲。自上历石级而下，迂曲历洞腹，从西出，延袤数十丈，俗相传称桃源洞。石奇诡，为有力者所取去，洞因不支，颓塌芜废。县人戴恂于正统壬戌，即故址建小殿，奉玄武神。其子经以阴阳训术，致仕家居，命之修治，以绍前迹。绕洞种桃李，春时华开，纷红缀白，掩映苍崖翠壁间。予政暇入山，搜奇选胜，题诗刻石上，因旧称"桃源"名"洞天"，盖拟诸名山洞天云。经请予为记留洞中，予以忧去昆山，不果为。今移六霜，马鞍山色，常若接眼界。兹来常熟，去昆山伊迩，追记其事，命经刻之。弘治十一年冬十一月日。

张鎣：谁点苍崖胜，桃源小洞天。拂枝浮夕露，卧石起春烟。壁霭珠花度，萝寒玉乳涓。攀缘幽窦黑，疑别有山川。

长阳洞。俗名刘公洞。[刘公洞在马鞍山上，与一线天相近。石上有隶书"刘公洞"三字。其石面西而俯，人莫能见，自关帝庙西而下，寻之可得。此云俗名"刘公洞"，误。]

刘谐《记》：刘子居昆山之明年，每陟山巅，凝眸而远望，已乃曳履山径石窦间，崎岖不辍，意闲且适。偶西岩一洞，狭径屈曲而入，空阔可寻丈，而洞南石硿空明，下透二百尺，俯瞰平地，则人[迹]蠕蠕然，木末纤纤然，城垣委宛，一带可引，而广陌长川烟岚风日之变幻，诚可掌擎而颐吸也。缘石硿出洞口，顾峭峰矗立，奇崛环抱，空翠秀绝，若远若近。其郑旦、夷光重珥而妒怜，则又倏若生憎；其要离、专诸藏器而蓄锐，则又旋若起慄；其乃季札、子游，星簪玉佩，相与契阔而俱无言。已乃缘嵚崟为曲磴，可纡回下上而亟往游焉，若天下之美尽在是者。有客曰："兹望姑苏，依约青霭中，回注巨海，苍苍茫茫，无际可睹也。"刘子曰："嘻，客将效余以大美耶？谓余为无知也，抑余知天物无极而适于性、率于命矣。长乐、安阳之华丽，俎山、鸥波之弋射，伯业之雄图，骚人其何与？然而江波堕月，霜树啼鸟，今几夜矣。而余兀然洞中，曾未觉有蟭螟之竞，又恶知夫莫有小大，而自视为不足，木叶飞涛，

1　菰芦，底本作"菰芦"，当为形近而讹，据文意改。

浮空而突出者,非海土之岱舆、员峤、方壶耶? 至人之所居,自非橐籥五行,而得一还虚,其孰能形化神飞而出乎天地之外哉? 而客惟襃然夸诩,只益妄也,而揽余之默存也。夫惟是乾坤垂象,而作《易》者泄玄机,夫日瞳昽而东出,云气为依,至西则真精著而夕照明。夫月阴也而含阳华,则现于庚方,西南得朋乃与类行,兹洞实当其处,是宜表为长阳洞。"万历己卯,麻城刘谐记。

凤凰石。在山北。

元郭翼《次杨廉夫韵》:大星坠为凤,叠浪耀灵景。独立白玉冈,如在赤霄顶。硿礑丹穴开,磅礴翠蟂并。浑浑玉在璞,庚庚金出矿。宁支织女机,孰作补天饼。屃赑若负力,拥肿或病瘿。蜀图雄八阵,周象重九鼎。鲸骇昆明池,莲表太华井。来仪欲巢阁,览德久延颈。架海功莫神,沉郭恐未醒。山花杂五色,祥云覆千顷。金鹊徒为瑞,雨燕漫飞影。铁崖铁作心,吐句何奇警。寄语山中人,诗法当造请。

王伯稠:天外有凤凰,独立自徘徊。渴饮沆瀣浆,饥餐昆仑芝。噰噰鸣赤霄,若奏钧天回。举世那得见,百鸟安相猜。

九苞五色彩霞翻,一朝披日还飞来。玉峰之山小山耳,岂有竹实堪饱梧桐栖? 肉眼大笑等凡鸟,化为巨石何崔嵬。千秋睥睨白云表,清飙长啸如鸣哀。君不见,石根鬼火青荧夜,枯树老鸦啼哑哑。

老人石,旧名判官峰。

叶国华:君应万石长,颓暮亦端然。漱以云根液,交推坯上仙。俯躬难劝驾,晞发就孤悬。叠浪推迁处,烟岚伴大年。

人天相与肖,硁骨幻为灵。遂使岩岩叟,长看冉冉停。鸠扶辞汗漫,鹤化得沉冥。自者高人目,犹惭土木形。

龚先:步虽凌绝壁,背似负朝晖。风雨无家久,人民相识稀。三生存不坏,七日凿应非。五老庐山在,从之可振衣。

玲珑石。本山产,黄沙洞为上,鸡骨片次之,葡萄花又次之,为世珍玩。久禁凿采,今虽重价购求,不可得矣。

曾几:昆山定飞来,美玉山所有。山祇用功深,刻划岁时久。峥嵘出峰峦,空洞闭户牖。几书烦置邮,一片未入手。即今制锦人,在昔伐木友。尝蒙投绣段,尚阙报琼玖。奈何不厚颜,尤物更乞取。但怀相知心,岂惮一开口。指挥为幽寻,包裹付下走。散帙列岫窗,摩挲慰衰朽。

郑元祐:昆冈曾韫玉,此石尚含辉。龙伯珠玑服,仙灵薜荔衣。一泓天影动,九节润苗肥。阅世忘吾老,苍寒意未迟。

张雨:昆丘尺璧惊人眼,眼底都无嵩华苍。隐若连环蜕仙骨,重于沉水辟寒香。孤根立雪依琴荐,小朵生云润笔床。与作先生怪石供,袖中东海若为藏。

归庄:昔之昆山出良璧,今之昆山产奇石。出璧之山流沙中,产奇石者在江东。江东之山良秀绝,历代人才多英杰。灵气旁流到物产,石状离奇色明洁。神工鬼斧研千年,鸡骨桃花皆天然。侧成堕山立成峰，大盈数尺小如拳。奇石由来为世重，米颠下拜东坡供。今日东南骨髓竭，犹幸此石不入贡。贵玉贱石非通论，三献三刖千古恨。石有高名无所求，终老山中亦无怨。世道方看玉碎时，此石休教更衒奇。嗟尔昆山之石今已同顽石，不劳卞和来纵迹。

岩阴堂。李乘：寒帟高悬绝点埃，贮藏秋色枕山隈。僧眠石室衣生雾，客步莎亭迹印苔。占竹鸳雏容得老，采花蜂蝶枉教来。澄怀观道如痴者，兀坐忘归忽自咍。

慧照堂。李乘：眼亦不碌碌，耳亦不碌碌。云外野鸟幽，霜中岁寒绿。何必面南山，贞理明明足。客问慧照名，僧拈一枝竹。

少休堂。李乘：无欠无余丈室幽，鸡鸣而动晦而休。利名涉处尘尘热，香火缘中日日秋。只解结跏临竹石，懒将叉手对公侯。有人乘问禅宗旨，告道明明百草头。

素琴堂。僧简公约名此堂。

李乘：长官发已星，强持牧羊箠。故山荒草堂，为贫不知耻。衮衮敲朴庭，缨裾渍尘滓。子贱更可高，七弦不离指。今日到僧房，阴森翠堆几。数拳解巑岏，一泓粗清泚。瑞草不知名，芬芳胜兰芷。天籁更自然，世音亦何俚。长官趣如何，依稀琴在此。返思子贱琴，未免尚宫徵。弹与不弹间，一切聊尔耳。兀望纵无言，汤汤寓流水。

郏侨：素琴之堂虚且清，素琴之韵沦杳冥。神闲意定默自鸣，宫商不动谁与听。堂中道人骨不俗，貌胜形端颜莹玉。我常见已醒心目，宁必丝桐弦断续。呜呼！靖节已死不复闻，成亏相半疑昭文。阮手钟耳相吐吞，素琴之道讵可论。道人道人听我语，纷纷世俗谁师古。金徽玉轸方步武，虚堂榜名无自苦。

翠屏轩。李乘：轩对南山昼不扃，山迎轩笋展如屏。高低楼阁安三宝，向背峰峦倚五丁。秋雨松林似水墨，春风花谷具丹青。谁人坦腹来高枕，笑傲羲皇任醉醒。

叠浪轩。在山北，下瞰湖瀼，一碧千顷，名公骚客，往往觞咏于此。今湖皆成田，旧观尽改，人拆字为"车干水，宜良田"，是其谶云。

刘改之：僧房矮占一窗幽，不见当年叠浪浮。湖已为田知幻化，律更以教示精修。白莲何日来同社，顽石无时不点头。可惜能诗张孟辈，却无一字此间留。

夕秀轩。李乘：逍遥金地与人疏，山静风光碧有余。开筑当年看锡卓，焚修今日听星居。灵株瑞草人难识，明月清风室更虚。坐久半天琼珮响，冷冷此理属真如。

郭章：柳暗西津桥步斜，长川练练若萦蛇。晓来不为东风恶，与子留连待月华。

压云轩。张景修：白云原未高，香砌等林梢。侧脚随山径，低头认鹤巢。客清茶破睡，僧瘦笋供庖。诗句非吾祖，何人继孟郊。

李乘：路峻山穷顶，岩低木露梢。半天修日观，一室分枝巢。帆去归渔市，钟来报寺庖。世间荣瘁事，寒暑转烟郊。

全阙山头辟一轩，轩间身世两超然。阶临霭霭张公市，檐接青青广乐天。风晼近林容虎啸，雨腥低洞有龙眼。坐看起处分明甚，不羡王维到水边。

释之彝：阑干横碍鸟飞迟，砌下危根老更奇。僧在上头忘岁月，不知山脚雨多时。

胡清：谁构危亭压翠微，画檐直与暮云齐。有时一片岩隈起，带与老僧山下归。

凌峰阁。李乘：海上飞来据马鞍，灵鳌独坐碧屏顽。几年真宰雕镌就，尽日高僧指顾间。去市红尘三里远，供人青眼一轩悭。半峰有窟龙为宅，云在檐头恣往还。

冲邈：缔构拥苍岑，空林一径深。岚蒸四壁润，云锁半窗阴。都寂世尘影，但清天籁音。若教支遁买，应倍沃州金。

西隐阁。赵彦端：西风数客一阑干，秋色翛然得细看。潦水倍知寒事早，夕阳更觉晚山寒。小留待月钟无遽，半醉题诗烛未残。忆得向来幽独处，黄精未熟客衣单。

翠微阁。李乘：胜境僧添岂偶然，已前无屋事金仙。巨灵擘到三千丈，向老基来八百年。远远别山来白足，重重峻宇出青莲。端严石像庵犹在，若个寻庵复坐禅。

月华阁。李乘：依稀瑶径通云隙，藓石模糊数千尺。昂者如飞俯者驰，叠叠寒空翠光滴。影高中逗日月辉，阴砌草灵春不识。王屋壶中髀浅深，来者增添爱山癖。有人隐几每忘饥，姓名自愧樊中客。结庐纵拟续琴歌，却忆猿惊旧山侧。

连云阁。李乘：摇摇曳曳白云轻，檐外多般弄晦晴。龙与去来无定影，僧将舒卷伴真情。雪留莹彻层霄在，云散森罗万象清。试问主僧还解否？毗那消息正分明。

百里楼。在山巅。

张銮：信美还吾土，凭阑亦快哉。村村烟树合，面面水田开。人世几临望，渔舟常去来。无寻鹿树迹，娃阁更蒿莱。

东斋。释道川驻锡于此。

李乘：峭绝山根野水傍，阑干瞰水有山房。鱼藏似识秋风冷，僧睡那知世路忙。金磬一声清恋竹，石矶数级碧皴霜。耻垒未忍轻归去，班嗣垂纶此兴长。

又：鹭飞万顷碧光中，楚楚缁庐枕水穷。事外有缘三迳邈，眼前无碍九霄通。转山僧过筇携雨，载月渔归席挂风。一切世间虚幻事，隔堤请看数枝红。

西斋。李乘：老后名山付卧游，偶携谢屐此寻幽。每思南岳潮周子，何暇东林访惠休。苔护栖禽苍石老，竹供延客碧云秋。主僧不用贪行脚，只此休闲可白头。

西庵。李乘：野蔓盘青上短檐，客来径草旋锄芟。禽饥闻磬来疏砌，僧饱携筇过别岩。茶鼎引烟薰纸帐，竹窗漏月射径函。西庵门外如何景，香香寒溪一叶帆。

东岩亭。在东麓□□间，邑人顾澡建，年久颓废。崇祯末，顾宗伯瑞屏复事诛茅，疏泉洗石，开径艺花，构亭阁数楹，点缀高下，题曰"乐彼之园"。一时名流，竞相题咏，模刻成集。春秋游赏，听人登陟。后自兵燹，渐复毁坏，今仅存者十无二三矣。

张采《东山为顾宗伯赋》：观静通山性，东西天作奇。侧行峰畔路，平坐石边池。草木苍生托，鱼禽童子宜。已将心迹净，不待远公知。

春风亭。在文笔峰上，宋知县潘友文筑。明太常夏㫤悬车时修。万历初，知县申思科重建，并立石坊。今坊存，亭废。

龚诩《与王忠孟共饮春风亭》：山水千重复万重，少年相别老相逢。春风亭下一杯酒，山色不如人意浓。

万历年，知县方豪以水灾改名"望秋亭"。

黄云：亭次望秋秋已成，穰穰禾稼满田平。寒栖雪树鸟声乐，晴度云天雁陈横。剩水残山阳动脉，黄童白首色回生。一生治迹兼文誉，盈耳弦歌绍武城。

思贤亭。在山后，元僧䜣公建。

殷奎《记》：昆山一邑之胜曰马鞍山，孤峰阗焉，拔出于百里之甸，危巅卓锥，峭壁积铁。其奇秀视中吴诸大山，顾若蔑之而轶其上，以故人之来者，乍见辄夺目焉。然自其一山较之，其登览之胜，又莫最西隐。盖山负县北郭，而西隐据阳崖为飞阁，高楠刺天，丘壑在下，境界空阔，泉石靓幽。游者自阛阓喧哄而出，骤一泊此，其意适神爽，有不容言说者。故贤士大夫之至吾邑者，又多赏胜于斯。唐人孟东野、张承吉题诗处曰"上方"。上方旧址，近并西隐，其胜固可想见。宋皇祐间，王丞相以使事至县，中夜秉烛入山，读二子诗和之，高风逸韵，遂为古今绝唱。上方之废已久，往年西隐又灾，而上方东偏一亭尚存，此思贤之所以名也。夫古人之登兹山者众矣，独三子者之贤，使人慕之至今，岂不以诗耶？孟诗穷而后工，张亦晚始善，荆公虽不待是而传，而疲精殚思，故亦不下二子。吁！一诗之能成之不易且若此，况不止于诗焉者乎。顾诗人之风韵，使人慕之而不忘，则哲人君子道德之高致，宜何如其思也。

今年春，县大夫呼公登斯亭，乐之，徙倚之顷，簿书鞅掌之劳，爽焉若失。于是读断碑之遗句，访三子之遗踪，茫然长思，似欲追而从之游也。乃托道人智䜣，求其画像而置诸屋壁，使人知境之所因，而胜者尤在于斯也。䜣公喜事能诗，请予为记，以示[1]来者为有劝矣。予曰："诺。"与之。

项鹭：上方欲访题诗处，西隐先寻结社缘。洗树云通林下路，开窗山碍屋头天。旧游零落辰星列，胜景追思劫火年。今喜汝归相慰藉，小亭且复榜思贤。

玉泉亭。在山巅。弘治间知县徐瑢建，后邑人张承芳修。

顾潜《记》：吾邑名昆山，取诸华亭九峰之一。陆士衡云"婉娈昆山阴"者是也。自唐割置，山在华亭邑境，而吾邑仍旧名，乃以域中马鞍山者当之。又以山产异石，坚确莹洁，因取"昆仑出玉"之说，别名"玉峰"，斯固傅会云耳。顾自海上至苏城，夷旷二百里许，惟马鞍拔起数千寻，岩壑奇秀，林薄阴蔼，含精藏云，灵润嘉谷，陟巅南望，九峰皆在几下，谓非邑之镇欤？

山故有井，深窈巨测，泉冽而甘，俗传下通海脉，理或然也。邑人赠南昌同知张府君德行，饮而

1　示，据《〔光绪〕昆新两县续修合志》（此后简称《光绪志》）卷十二及文意补。

嘉之，尝云："山既玉名矣，泉，山出也，独非玉乎？"遂呼为"玉泉"，而且以自号焉。府君没四十余载，泉亦就湮，瓶缶不至，其冢孙太学生流芳，登览至是，抚然叹曰："此山之旧迹也，此吾先公所嗜而托以自况者也，久废不修，咎不在予耶？"募工下浚，自余出瓦砾数百畚，泉复觱沸。既又构亭覆之，置楯护之，榜曰"玉泉"。亭之右为楼三楹，虚其上以待游者，下则以居守者。谒予记之。

夫玉备诸德，圣贤所贵。泉之用为饎爨沤涷灌溉者不一，府君之托以自况，将玉以为德，而泉以为用乎？德，其修诸身为裕后之基，而用其究于子若孙乎？昔秦宪副廷赞之铭府君墓，谓其豪迈萧爽，遇事不平，意气奋发，义所当为，即毅然为之，不顾利害。而数奇履危，操心虑患，以终其身，其有得乎缜密以栗、廉而不刿者矣。既二子并登科第，人固拟之蓝田双璧。伯氏济民倅南昌，焯著政誉，擢思南守；仲氏养民为定海令，锄强植弱，皆有及人之泽。今太学君业成行修，荣进伊迩，诸弟侄负特达而俟收汲者尚三十余，府君之所遗源源不匮如是，表之以与兹山同不朽也固宜。

予尝纂邑志，马鞍在宋元时，亭馆弥望，巨公名士，赋咏可考，百余年来，芜废殆尽。是举也，虽张氏贤子孙不忘其先之故，而后将有好事者闻风继作，以复还旧观，则于山宁无助乎？予辈亦时得以壶觞杖屦，徜徉其间，彼洵美而非吾土者，无庸远适矣。并书以为记。

玉山高处。在山巅。陈康伯筑亭，杨铁崖题扁。

谢应芳：神仙中人铁笛老，为尔玉山双眼青。玉山高处挂手板，铁笛醉时围肉屏。天生丹穴凤为石，东望黑洋鲲出溟。一代风流有如此，名齐西蜀子云亭。

改翁亭。在山中，邑人侍御方凤建。

玲珑石亭。在山北，知县杨逢春刻文于内，禁采石者。

流憩亭。在山阳之半，明崇祯年间邑人王逊建，归昌世题额。

郎官柏。胡濙《记》：姑苏昆山县华藏住持僧天如，不远数千里致其所画兰蕙、缄词，以翰林待诏沈庆赍诣南宫，征予记之："寺居玉峰之岭，距邑治仅二里许。往时殿堂廊庑，金碧交辉，林木蓊郁。历年既久，廊庑倾圮，荆莽莽然，樵人牧竖，骈肩接踵。山之上下，断碑古墓，累累相枕，不蔽风日，居人祭扫，倍增凄怆。寺亦凋弊弗振。正统丙辰，广阳罗永年延龄，由兵马副指挥使来宰是邑，才足有为，志足有守，故能为民造福，兴利除害，建立事功。四境之内，百废俱举，物阜民安。间至兹寺，徘徊顾瞻，慨然兴叹曰：'吾为邑长，使古刹荒凉，冢墓暴露，固吾责也。'遂下令禁民樵采，凿石开道。捐俸赀为倡率，乃市柏十余万株，罗植盈山。逮今畅茂，郁郁苍翠，烟云掩映，居民德之，号为'郎官柏'。昔宋有寇准，为巴东县令，尝植双柏于庭，民犹号为'莱公柏'。今邑宰所植之柏，盈满山川，宜乎名公巨卿，咸为诗文以赋咏其美，寺之重兴亦借乎植柏之荫也。愿乞一言以纪其事，庶俾传于永久。"

予惟召伯巡行南国，尝憩甘棠之下，后人慕其德化，戒之以勿翦勿伐。今延龄之德，爱护斯柏之心，又岂止如甘棠而已哉！且柏有坚贞之操，凌霜傲雪，耸堥昂霄，与凡佳木奇卉，畅茂于和煦之时，红紫烂然，一经凛冽，即时摇落者，霄壤不侔矣。惟与松竹为侣，挺然独秀于隆冬凝冱之际，故竹有"君子"之称，松有"大夫"之号，惟柏未闻其名。今因邑宰延龄之植，住持天如之请，则"郎官"之名始肇于此，岂不从兹与"君子""大夫"之号并称于无穷哉？

［山之植柏在正统间，为郎官柏。后邑侯吕公又增植松，蓊蔚茂盛，荫庇百年，直至世宗初始废。前明张鲁唯有《吕侯松记》石刻，内载顾文康公培护山脉、吕侯种松事甚详。今此石刻幸存，宜增入。］

张和：君不见，河阳花，胡马蹴踏余尘沙。君不见，邗江柳，一夕霜风变枯朽。何如罗侯种柏盈我昆，佳气郁郁山长春。草间翁仲仰深庇，泉下髑髅怀重仁。层阴扶疏覆荒土，夜半精灵作人语。乔柯秀拂寒空云，黛色遥连翠微雨。穹碑用表吴民情，大刻都著郎官名。我欲狂歌诵侯德，千载芳声播南国。

陆容：白云黄叶路重重，片石犹存万树空。山下郎官常不乏，几时佳气复葱茏。

张銮：昭代栽花客，名流柏谷中。青青瞻郭外，楼阁晚山空。合比栖鸟著，曾谁挂剑雄。却令泉下者，终日叹悲风。

［江南巡抚孙光祖《晓眺》诗碑，旧在春风亭内，今碑已仆，在皇亭礓礤下。"东行山郭试登楼，万井苍苍气象浮。为语刘郎勤下榻（指邑丞刘谐），孤城极目总关忧。"］

状元松。周复俊云：松乃顾文康公未第时手植，山阳石多土少，皆不生。其阴则乔柯隆干，蔚然山林，保障公登第后，人遂名为"状元松"。

古昆山，在旧县东南，高一百七十丈，周围八里。《舆地广记》云："陆氏之先葬此，机、云生焉。人以'玉出昆岗'比之，故名。"机诗云"仿佛谷水阳，婉娈昆山阴[1]"是也。县号"玉峰"以此。今属松江府娄县。

卜山，在县治西北一里，俗名土山。凌《志》云："在县西北一里。"周百步，高三丈，上有卜将军庙。详《祠庙》。［卜山即卜将军庙基，后有墓，有碑记，宜增入。］

高墟山，在县西北十五里朱塘乡三保，高三丈余，上有大石，宋按察使盛德肆依此为园，名依绿园。

周恭：野田禾黍正油油，蔓草寒烟暗古丘。湖水北来秋自阔，县山东下晚将浮。未斜乌帽身先醉，欲插黄花鬓已羞。地下果埋高力士，玉环妖骨是谁收。

秦柱山，在县南三十里，高二丈。上有烽火楼基，相传吴时以望海寇。《吴录》云："亦名秦望山。"《舆地志》云："秦始皇尝登此望海，因名。"季《志》云："秦望为会稽郡名山，祭名也，此特傅会耳。"

薛据：南登秦望山，目极大海空。朝阳半荡浴，晃朗天水红。溪壑争喷薄，江湖递交通。而多渔商客，不悟岁月穷。振缉迎早潮，弭棹候远风。予本萍泛者，乘流任西东。茫茫天际帆，栖泊何时同。将寻会稽迹，从此访任公。

赵灵山，以县西南三十里，吴淞江南，高一丈五尺，盖土山也，上有兴福寺。见《寺观》。

1　婉娈昆山阴，《淳祐志》卷上作"春恋春山阴"。

六鳌山，在县东南石浦，俗呼六巧山，旧名状元山。以卫泾居此也。知县杨子器改今名。

东山，在县东南车塘里能仁寺后，高二丈余。宋范遂良[1]读书筑亭其上，号曰"墨庄"。

娲妇山，在县东十八里，周围四十丈[2]，高一丈五尺，上有娲妇庙。今大泗村有女娲圣姑庙，山不可考。

千墩，在县东南三十六里沘川乡，其北三十里，地名木瓜，有墩九百九十九，与此合为千墩，因名。永乐中，太常少卿袁复被旨浚千墩浦，乡民德之，易名少卿墩。

叶湜：少卿墩上望江湄，画舫多来此处移。南峙凤凰山朵朵，东连渤海水弥弥。五丁端借神功力，万姓无愁垫溺时。主圣臣良遭际日，亘天盘地立丕基。

连朴：少卿墩号喜新闻，远挹沧江接海门。地脉润分南淀水，山光晴接北昆云。芃芃禾黍高低垄，蔼蔼桑麻远近村。一自重臣经济后，芳名伟迹镇长存。

绰墩，在县西北十八里朱塘乡，相传唐黄幡绰墓。详《冢墓》。

郭翼：绰墩树色青如荠，荡里张帆晓镜开。乌目峰高云北下，白沙湖阔水西来。菰蒲打雨鸣还止，鸂鶒迎船舞却回。好入桃源张渥画，只惭扬马是仙才。

高启：淳于曾解救齐城，优孟还能念楚卿。嗟尔只教天子笑，不言忧在禄儿兵。

周南老：谈谐多滑稽，启宠纳慢侮。笑取玉环欢，伯乐育胡舞。天宝志欲满，侈心日益蛊。宫车远播迁，魄丧渔阳鼓。胡为王门优，有此一坏土。遂令村之民，犹能三反语。

墩[3]

青墩，在县北十五里积善乡，今呼青墩庙。

庙墩，在县西南十里积善乡。庙下隐伏巨石。

汤墩，在县东南六十里全吴乡，今以名村。

唐墩，在县东南三十六里全吴乡，吴淞江南。

相墩，在县西南二十五里朱塘乡。

尖墩，在县东六里惠安乡。

石墩，在县东南六十里沘川乡。

长墩，在县北十五里积善乡。

凤凰墩，在县吴淞江南，今名姜里墩。互见《冢墓》。

李长墩，在县西南一十五里，登其顶，大江在目。其土色黄而坚致，里人多取用之，今渐平。

1　范遂良，此为朱笔所改，底本原作"范良遂"，非。

2　四十丈，《淳祐志》卷上作"四十步"。

3　墩，底本无，据文例增补。

逃鹿墩,在县东北三十六里惠安乡。今无考。

十八里墩,在县西南一十八里至和塘傍,今平。[方《志》不载。]

天女墩,在县东南一十八里惠安乡洪庄村。见《古迹》。

墟 [1]

兵墟,在县东二十里惠安乡,相传吴王曾屯田兵于此,故名。[俗讹为丁墟。]

戴墟,在县西南三十里。

水

吴号泽国,《水经》所谓"万水所凑,触地成川"者也。我昆旧称娄县,以江得名,而吴淞经其南,于三江实居其二。其他为湖为荡,及瀼、塘、泾、浦、港、渎、河、浜之属,错伍诸乡。今详其大者,而小者附焉。

娄江,一名下江,今名至和塘,江水贯入县城,乃《禹贡》扬州三江之一。蔡氏《传注》首称娄江。昆山旧名娄县,东门外尚存娄县村,张昭、陆逊俱封娄侯,是一证也。如《史记正义》、顾夷《吴地记》、唐仲初《吴都赋》,所言娄江,俱未明畅。惟朱长文《吴郡续图经》云:"昆山塘,自郡城娄门至昆山;东入海者,娄江也,俗讹为刘家港。"殷奎《昆山县志》云:"县治西,岁久湮塞,居民围而为田。宋至和中,又筑堤成塘,娄江故道,不复见矣。"盖宋元以前,并未有以昆山塘至刘家港为娄江者,朱长文始明言之,殷奎复慨叹之。故《姑苏志》云:"太湖之水,从吴县鲇鱼口,北入运河,经郡城娄门,历昆山、太仓,东至天妃宫出海者,为娄江。凡娄门以东百里,俗呼至和塘。又东八十里,曰刘家河,皆娄江也。"永乐初,夏忠靖开夏驾浦,浚新洋江,使吴淞江之水北入娄江。崇祯末,刘河湮塞,而娄江之水反南入吴淞、北入七鸦口矣。今刘河既开,娄江东行如故。

吴淞江,在县南九里,亦《禹贡》扬州三江之一,旧名松江。《史记正义》云:"苏州东南三十里有三江口,一江西南上七十里至太湖,曰松江,古笠泽江也;一江东南上七十里至白蚬湖,曰东江,亦曰上江;一江东北下三百余里入海,曰娄江,亦曰下江。于其上流分处号三江口。"而顾夷《吴地记》又云:"松江东北行七十里,得三江口,即今县南之三江渡,以新洋江南下合流处为三江口。"方氏、周氏二《志》皆云:"吴淞江,盖古东江。旧志以为娄江者,非。"又云:"一名新江,宋时常置新江驿于华翔。今华翔去吴淞仅百步。是也。"不知旧志以吴淞为娄江者固非,即方、周二《志》以为东江者

---

1 墟,底本无,据文例增补。

亦误，盖东江在上，故曰上江，娄江在下，故曰下江，而淞江居中。按：太湖自吴江县长桥东北合庞山湖者，乃吴淞江之源。又东南分流，出白蚬湖，入急水港，由薛淀湖而东南入海者，为东江，其故道具在，即单锷所谓"开白蚬江，使水由青龙江入海"者是也。淞江由庞山湖出大姚浦东北流，三折成三江，俗名上清江、中清江、下清江，入昆山西南分为剿娘江，五里许合流，过石浦，出安亭江，由江湾入海，即所谓淞江，特"松"字傍添"水"字，以取异于吴江县长桥外之松江耳。以三江之形势言之，吴淞在东江、娄江之中，自西东下，最为径直，故太湖之水从吴淞入海为多。古之论水利者必云海潮一日两至，潮去沙存，必上流迅激，则入海处水势雄壮，可敌潮汐，遂欲撤长桥以快其流。盖自溧阳置五堰，而宣、歙之水不入太湖；宜兴开夹苎干，而湖水西下常州十四斗门，径趋江阴而下杨子江。又崇德坝成，而浙中诸山之水来亦纡缓，故太湖东下之水柔软无力，潮沙淤积，江身渐高，所以旋开旋塞也。古今水势变更，郏亶、单锷之说，已难更泥。明永乐初，夏忠靖导吴淞以入娄江，正苦其海口易塞也。今则导吴淞以入黄浦，则海潮不能遽入于江，可免淀淤之患，然必支分派衍之水，使尽行开浚，则吴淞如古迅驶，其百世之利乎！或开或塞，并详《水利门》。

[宋叶时亨：短棹夷犹落照间，不堪吟望发愁端。雁行影没暮天阔，蘋叶香残秋水寒。朝市触途成险棘，风波投足却轻安。白鸥盟在容寻理，急办烟蓑与钓竿。]

[卢熊：早发木兰桡，江行趁落潮。雨分牛脊近，云隔马鞍遥。弟妹成疏阔，交朋竟寂寥。慢持昌歜酒，那得客愁消。]

卢昭：客槎无路到天津，五斗依然不救贫。敛版进趋惭大吏，沿门呼索愧穷民。酒边落拓寻真趣，诗里平章作好春。自笑小材还小用，姓名容得上麒麟。

新洋江，在县东南六里，本有故道，钱氏时尝浚治之。南接吴淞江，北入太仓塘，由刘家河达于海。

倪宗正《新洋江与方思道联句》：新洋江水清见底，方。新洋江上芦花雨。舟人报潮平，倪。旋把风帆举。彩筵映江箫鼓声，方。壮哉万里潮天行。冠盖如云拥蘋渚，倪。锦帆霭霭旌旗明。僚友各长跪，方。愿照双玉瓶。以此有限酒，倪。饮吾无穷情。方。

剿娘江，在县西南十五里，即吴淞江回旋处。相传有老龙引子入海，至华翔浦，龙子跃而前于母，故名。

淀山湖，亦名薛淀湖，在县东南八十里。北岸属昆山，东由太盈浦入千墩浦，北由赵田湖入千墩浦，并达吴淞江。其南岸属华亭、青浦，西接太湖之水，自白蚬港经急水港入湖，东由拦路港入三泖，即古东江也。东西三十六里，南北十八里，周围凡二百里。今吴淞江之流既微，千墩浦之北泻者，皆返而南下，淀湖之水，尽往三泖，由黄浦入海矣。宋淳熙间，校书郎罗点［以二县奸民］占湖为田，立法开治，即所谓围田也，以有妨水利，决其围而废之。

卫泾：疏星残月尚朦胧，闲入烟波一棹风。始觉舟移杨柳岸，直疑身到水晶宫。乌鸦天际墨千点，白鹭滩头玉一丛。欸乃一声回首处，青山浑在有无中。

陆容：千顷平湖一叶舟，清和风日可人游。九峰青拥晴云出，一水光涵大地浮。泉石旧踪寻野寺，烟霞余癖寄芳洲。十年空负江湖乐，肉食惭无济世谋。

孙俊《淀湖八咏》：淀湖风景讶天成，水秀山明万古情。岚树光中禅刹耸，鳌峰烟寺。浪花堆里客帆轻，薛殿风帆。数行征雁横秋月，雁横秋月。几个闲鸥浴晚汀。鸥泛晴波。洲渚渔蓑披雪钓，渔蓑钓雪。野田农未带云耕，农未耕云。春回杨柳摇金色，杨柳春风。风度蒹葭作雨声。蒹葭夜雨。此景此情吟不尽，仙游何必到蓬瀛。

阳城湖，东属昆山，在县西北三十里，与包湖、傀儡荡相接，其所通之湖凡十，在其南者曰吴泾、真义浦、朱昌泾，在其北者曰张茜泾、上元泾、巴城泾、雉城泾，自尤泾入于大虞，自梁思浦入吴淞江。今按郡城娄门东至维亭，湖水无处不入娄江也。

袁华《集湖光山色楼赋阳城湖诗》：海虞之南姑苏东，阳城湖水清浮空。弥漫巨浸二百里，势与江汉同朝宗。波涛掀簸月惨淡，鱼龙起伏天晦蒙。雨昏阴渊火夜烛，下有物怪潜幽宫。度雉巴城水相接，以城名湖胡不同。想当黄池会盟后，夫差虎视中原雄。东征诸夷耀威武，湖阴阅战观成功。陵迁谷变天地老，按图何地追遗踪。我来吊古重太息，空亭落日多悲风。虎头结楼傍湖住，窗开几席罗诸峰。鸡鸣犬吠境幽闃，嘉木良田青郁葱。渔郎莫是问津者，仙源或与人间通。时当端阳天气好，故人久别欣相逢。玻璃万顷泛舟入，俯览一碧磨青铜。莼丝鲈鲙雪缕碎，菱叶荷花云锦重。恩赐终惭鉴曲客，水嬉不数樊川翁。酒酣狂吟逸兴发，白鸥惊起菰蒲中。相国井烟烽火暗，郎官水涸旌旗红。此中乐土可避世，一舸便逐陶朱公。更呼列缺鞭乘龙，前驱飞廉后丰隆。尽将湖水化霖雨，净洗甲兵歌岁丰。

沈周《过阳城湖》：芳辰二三客，飞橹泛空明。野酌临流动，春湖带雨行。浪中汀树乱，船里湿云生。吾欲观天趣，悠然留去情。

巴城湖，蒋《志》云："一名包湖，在县西北二十五里，与傀儡荡相接，西自施泽泾通阳城湖，南自尤泾出至和塘，东自温焦泾出雉城湖。"方《志》云："包湖在巴城湖西，今已成田。"

郭翼：巴城湖头日欲曛，巴王坟下水如云。渔船归去打双桨，鸥鸟翻回飞一群。野旷天开秋历历，霜清木落雨纷纷。杜陵飘泊谁知己，搔首风尘正忆君。

雉城湖，在县西北十八里，上接阳城湖，东北入大七浦，达于海。方《志》云："今成田。"按：今田圩有以雉城为名者。

鳗鲡湖，在县西北十八里，西接阳城湖，南入小虞浦，北入江家瀼。方《志》云："与雉城湖俱成田。"

度城湖，在县东南七十里，又名度城潭，当淀湖之西北，北自石浦、道褐浦、萧市浦，入吴淞江。

陈湖，在县西南七十里，自界浦、渡头浦入吴淞江。湖中有三乡垛，上有庙，为长、昆、吴三县交界处。

傀儡湖，亦名荡。在县西北二十四里，西纳阳城诸水，与巴城湖相接，东北入七浦塘。

秦约：晨起东湖阴，放浪随所之。日光出林散霏翳，晃朗澄碧堆玻璃。天风忽来棹讴发，岸岸湾碕浴鹅鸭。中峰叠巘与云连，西墩嘉树如城匝。主人湖上席更移，醉歌小海和竹枝。文鱼跳波翠蛟舞，疑是冯夷张水嬉。微生百年何草草，傀儡湖头几绝倒。逝川一去无还期，长啸不知天地老。酒阑横棹复扬舲，菖蒲洲渚花冥冥。鸡皮鹤发漫从汝，且读楚骚招独醒。

双洋荡，在县西南三十六里，上接大慈泾，北由泾浦入吴淞江。

盛荡，在县南六十五里，西接大直浦，东由合浦入范家漾。

白荡，又名白家田，在县南三十六里，双洋荡东，西接陈湖，南达朱砂港，汇为巨浸。

范青漾，一名范家田，亦名赵田湖，在县东南七十里，南连淀山湖，一望巨浸，北为千墩浦口。俗名新开河。

朱寀漾，在县南三十里全吴乡，北自东宿、西宿二浦，会于棠梨浦，入吴淞江。

柏家漾，在县北十八里惠安乡，南自新洋江入吴淞江，西自牛尾泾、清水泾、樱桃塘入鳗鲡湖。方《志》云："今成田。"

胡峰：风雨留人阻去程，扶衰上冢遇清明。柏家漾里犹掀簸，那得江神不世情。

江家漾，在县西北二十里积善乡，南连鳗鲡湖，北入七浦塘。方《志》云："今成水田。"

夔家漾，载郏亶《水利书》。今无考。

至和塘，即娄江故道，又名昆山塘，自郡城娄门至县治西北，凡七十里，南北连湖漾，向无陆途，甚为民患，宋至和中筑塘。

大石浦，在县东南三十里，北承吴淞江，南接三林港，出淀山湖。

道褐浦，在大石浦西，俱南北通江湖，为七保一带泄泻要津。

小虞浦，在县西南三里，南出吴淞江，北通至和塘。昔时潮汐南北两来，易于淤淀，宋咸淳间，郡守黄万石于严村湾置闸，至今有"闸头"之名，闸两崖之石具在金童桥西。亦名小虞，实一水也。

夏驾浦，在县东南二十里。永乐初，夏忠靖公开凿，倍广于昔，因号尚书浦。

范能：尚书浦口汇成泓，浚导还能继禹功。波影摇空星拱北，湍声动地水流东。耕锄已复修农业，灌溉何烦借雨工。从此不须忧垫溺，谣歌千载仰清风。

千墩浦，在县南四十里。永乐初，夏忠靖公开凿如矢，至今通利。时知县芮翀协力开浚，有功于民，因改八王渡曰郎官渡。

偶桓：郎官渡口树亭亭，曾为郎官系彩舻。匹练萦连三泖白，联螺晴漾九峰青。风传渔唱来前渚，雪压鸥群下别汀。老我犹存钓鳌手，持竿从此欲浮溟。

范能：郎官渡口听讴歌，尽说郎官德政多。山作马鞍横玉阜，江拖练带落银河。万夫疏凿今重见，千古声名久不磨。从此熙熙民乐业，天时地利日相和。

瓦浦，在县东南三十六里，东出鸡鸣塘，西通乔子浦。十一、十二等保，地高河少，以此浦为蓄泄，年久不治，渐至淤塞。今知县董正位开浚通利。详《水利门》。

积善乡第一保、二保：

城内市河四，塘二，浦一，泾三，浜三，港一，濠一。

东市河、西市河、南市河、北市河。环县治后河，旧志但云市河，即玉带河也。康熙初开浚，后渐淤塞。[东市河、西市河，即玉带河，乾隆□年重浚，有碑记可考。其碑在朝阳门内一小庙中，庙有匾，书"清云城"三字，即其处。]至和塘。[自西门出东门。]许墓塘、旧通王昌泾，以城断。迎钟浦。旧通至和塘，以城断。[东禅寺前迤东之水，旧通东水关，今淤中断。]木人泾、山塘泾、[马鞍山麓。]状元泾。筛谷浜、[县西二百步，俗名师姑浜。]杨家浜、许家浜。茴香港。卜山之东。里城濠。即金潼港。

城外塘十一，浦二十四，泾二十一，港四。

至和塘、[已见。]顾墓塘、夹潮塘、汉浦塘、茆沙塘、葑塘、新塘、四塘、斜塘、娄县上塘、娄县下塘。戴浦、须浦[1]、秦浦、金城浦、大虞浦、小虞浦、[已见。]溢浦、新漕浦、李箕浦、马仁浦、李禄浦、熊庄浦、老鸦浦、浪墅浦、潭市浦、朱明浦、庄浦、葛浦、曹浦、广浦、冯浦、寒浦、丁丫浦、陈段浦[2]。黄昌泾、龙泾、尤泾、[至和塘南北。]东泾、双泾、牛瓦泾[3]、聪明泾、邵黄泾、黄墓泾、白马泾、曹家泾、潘泾、湖泾、石人泾、吴泾、景泾[4]、丁泾、斜泾、丁泽泾、梅星泾、盛泾。清水港、白塔港、斜港、澜漕港。方《志》作浦。

按：大虞浦在县西南九里，北出新塘，南出吴淞江。小虞浦在县西南二里，北出新塘，南出吴淞江。昔年以潮沙南北两来，浑潮涨塞，宋咸淳间，于严村湾置闸，尚存"闸头"之名。今潮信不至，水势大异。

朱塘乡第三保、四保：塘六，浦十四，泾三十三，港三。

驸马塘、雉城塘、圣王塘、古塘、官塘、陈墓塘、黄渎塘。界浦、梁王浦、景浦、蒋浦、心渎浦、[顾《志》改新渎。]平乐浦、[薛庄浦。今称薛浦，"薛"与"摄"音近，俗讹作"摄"，非。]华翔浦、韩溪浦、东罗浦、西罗浦、石榴浦、淙浦、赵浦。上元泾、顾市泾、刁泾、华家泾、张

1　须浦，旁有朱笔注："一作项。"

2　丁丫浦、陈段浦，朱笔改"浦"为"泾"。

3　牛瓦泾，朱笔改"瓦"为"尾"。

4　景泾，"景"旁有朱笔"晏"字。

港泾、师姑泾、鳗鲡泾、施泽泾、黄茜泾、温焦泾、五千泾、三千泾、雉城泾、全吴泾、东吴泾、西吴泾、杨巷泾、尤泾、仓泾、殷泾、张泾、黄芦泾、羊丫泾、罗庄泾、朱舍泾、大渭泾、大南泾、小南泾、庙泾、新泾、相泾、横泾、光泾。武城东、西港，蒲港。

全吴乡第五保、六保：塘一，浦二十一，泾十二，港八。

四塘。白莲浦、大直浦、小直浦、浪浦、下张浦、顾仙浦、渔涟浦、甘子浦、界浦、赵浦、洼浦[1]、诸天浦、新漕浦、西宿浦、东宿浦、斋浦、渡头浦、刹力浦、凡规浦。陈墓泾、直上泾、季星泾、界泾、张沼泾[2]、大慈泾、新泾、潘昌泾、邵泾、徐泾、张漫泾、管泾。韦塔港、朱砂港、合塘港、黄泾港、界浦港、山经港、戈家港、凌庄港。

洴川乡第七保、八保：塘五，浦十，泾十八，港四。

石塘、曲塘、古塘、碛碙塘、横泾塘。萧寺浦[3]、大石浦、小石浦、道褐浦、[已见。]陆虞浦、溢浦、千墩浦、[已见。]善浦、牛脊浦、若里浦。王墓泾、白段泾、傍学泾、庄碙泾、杨枪泾、泖泾、黄泥泾、坊巷泾、寺巷泾、小钱泾、马墩泾、一名陶墩泾。王土泾、方盛泾、八千泾、度城泾、张泾、寺泾、庙泾。大漕港、小漕港、平林港、潮山港。一名金山港。

按：千墩浦在县西南三十六里，南接范青漾，北入吴淞江。永乐初，夏忠靖公开凿，今水皆南行矣。

武元乡第九保、十保：塘四，浦二十一，泾四十一，港二。

郭泽塘、茹律塘、行孝塘、车塘。白雉浦、棠梨浦、夏驾浦、[已见。]合浦、大湖浦、小湖浦、[4]墅渎浦、张鹿浦、北亏浦、夏侯浦、市浦、大瓜渎浦、小瓜渎浦、黄墩浦、天明浦、茅老浦、东茅老浦、宋浦、陶仁浦、小陶仁浦、徐浦、平巷浦。城进泾、钱泾、邵庄泾、东全泾、大小横泾、黄邹泾、西杨间泾、小蒋泾、陈从泾、黄泥泾、彭段泾、泥桥泾、木叶泾、庙丫泾、新丰泾、马新泾、陈颜泾、陆巷泾、独儿泾、汪庄泾、南北殷泾、马塘泾、菱段泾、顾皋泾、胡浦泾、四段泾、东阳泾、白西段泾、新泾、薄泾、殷泾、赶泾、郭泾、戴泾、赵泾、庄泾、李泾、甲泾、像泾[5]、巷泾、庄家泾。洛议港。[腰港。]

永安乡第十一保、十二保：塘六，浦二十九，泾五十三，港一，浜一。

朱昶塘、鸡鸣塘、行孝塘[6]、郭泽塘、曾塘[7]、横塘。黄墅浦、三林浦、顾墓浦、大瓦浦、小

---

1 洼浦，朱笔改"洼"为"注"。

2 张沼泾，朱笔改"沼"为"治"。

3 萧寺浦，朱笔改"寺"为"墅"。

4 大湖浦、小湖浦，朱笔改"湖"为"胡"。

5 像泾，《淳祐志》卷上作"何泾"。朱笔注："一作何泾。"

6 行孝塘，《淳祐志》卷上作"黄孝塘"。

7 曾塘，朱笔改"曾"为"曹"。

瓦浦、北矮浦[1]、潘孙浦、大小须浦、陈连浦、白填浦、徐公浦、大顾浦、金灶浦、鸭善浦、木瓜浦、北陈浦、白鹤浦、武桑浦、眉浦、邹浦、蔡浦、彭浦、沈浦、蒋浦、姚浦、杨浦、究浦、卢浦、金浦[2]。严庄泾、张师泾、木瓜泾、西泗泾、西六泾[3]、蔡墓泾、中城泾、石丫泾、官路泾、新开泾、薛家泾、田浅泾[4]、若墩泾、庙丫泾、朱洞泾、马湖泾、连水泾、泗桥泾、陆绪泾、安亭泾、朱村泾、据庄泾、交段泾、南交殷泾[5]、鱖洞泾[6]、流娘泾[7]、妙安泾、东西潘泾、丫鱿泾[8]、谢湖泾、牛洞泾、韩村泾、塘子泾、庄墓泾、董段泾、螺蛳泾、朱至泾、潮庭泾、黄丫泾、寺泾、乙泾、坋泾、谈泾、蔡泾、马泾、丫泾、刁泾、全泾、戈泾、汗泾、鲍泾、吴泾、陆泾。朱泗港。陆家浜。

惠安乡第三十保：河二，塘六，浦七，泾二十五，港一，浜一。

奤子河、金鸡河。行孝塘、古塘、郭泽塘、茹律塘、新塘、官塘。白苎浦、秧浦、低里浦、中赵浦、南北赵浦、郏浦、胡浦。罗庄泾、中落泾、徐泾、夏公泾、张乌泾、菱门泾[9]、钱泾、杭泾、朱家泾、斜泾、新泾、盛泾、时泾、蒋泾、湛泾[10]、吴家泾、横泾、历塘泾、枯竹泾、庙泾、凤泾、混泥泾、邵泾、燕泾、黄泾。宋家港。鸭脚浜。

1　北矮浦，《淳祐志》卷上作"北瀞浦"。墨笔亦改"矮"为"瀞"。

2　金浦，《淳祐志》卷上作"全浦"。

3　西六泾，朱笔改"六"为"陆"。

4　田浅泾，朱笔改"浅"为"溇"，《淳祐志》卷上作"田娄泾"。

5　南交殷泾，朱笔改"殷"为"段"。

6　鱖洞泾，朱笔改"鱖"为"鳅"。

7　流娘泾，朱笔改"娘"为"浪"。

8　丫鱿泾，朱笔改"丫"为"丁"。

9　菱门泾，朱笔改"菱"为"芰"。

10　湛泾，前有墨笔添"南北"二字。

卷　二

城　池

设险以守国，重门以御暴，城郭之制，由来尚矣。昆山古无砖城，屡被寇祸。至明嘉靖间，始城之，倭寇难旋作，得以固守。筑城之效，国与民实嘉赖之，有民社者，可弗究欤？

古图经云："县故有城，在东南三百步。"郡志云："吴子寿梦所筑。"凌《志》云："相传娄县犹有城基，其田尚有'城里田'之称。"观此，似又在今治东北娄县村。梁大同初，改娄县为昆山，乃移建于此。唐光化元年三月，淮南杨行密将秦裴，以兵三千人拔昆山镇，戍之。九月，吴越将顾全武帅万余人攻之，引水灌城，城坏食尽，裴乃降。按此，则自宋以前未必无城，或土城耳。季《志》云："宋时列竹木为栅，至今东南门有'南栅湾'之名。"元延祐元年，移州治于太仓。至正十二年闰三月，浙东海寇方国珍直抵太仓，劫昆山，旋去。十六年，复犯境。十七年，知州费复初复州治于昆山，始筑土城，周围二千二百九十九丈，凡一十二里二百七十六步，高一丈八尺，濠周围二千三百五十九丈，深五丈[1]，广六丈，城有东、西、南、北、东南、西南凡六门。明弘治四年，知县杨子器建楼其上，名东曰宾曦，西曰留晖，南曰朝阳，北曰拱辰，东南曰迎薰，西南曰丽泽。嘉靖五年，邑人副都御史周康僖公伦，以县濒海要地，且寇盗屡发，民数惊恐，疏请筑砖城。嘉靖十七年，邑人大学士顾文康公鼎臣亦请于朝，时巡抚欧阳铎、巡按陈蕙、郡守王仪，于沿海州县无城者次第举事，而独先昆山。会王公迁臬宪留吴，至县相度规计，葺旧基，甃以砖石。经始于嘉靖十八年二月，完工于十九年五月，周围计长二千三百八十七丈，高二丈八尺，广杀其半，计一十二里有畸。为旱门六、水门五，为雉堞四千五百八十七垛，城濠如旧。

方鹏《筑城记略》曰：昆山为苏属邑，城之有无，古莫可考。五代时为盗所据，官兵灌城而降，则知常有土城。宋时围以木栅，则知虽土城亦废。元末，海寇猖獗，始筑土城御之。历岁既久，渐复于隍，识者兴叹。侍御陈公蕙按节至昆，奋欲改筑，乃谋于巡抚都御史欧阳公铎、郡守王公仪，共图坚久不坏之规，以为奠国庇民、永远无穷之利。既而陈公亲履其地，指授方略。今侍御赵公继本代之，则保

1　五丈，《嘉靖志》卷一作"五尺"。

障之心益切，而劝惩之典益密矣。县尹鲍君龙，兼总诸务，克殚厥心。其财无取诸民，取诸郡邑公帑之余。其役无劳诸民，凡子来者，偿其直；富而乐助者，旌其义；有罪而矜疑者，则听其赎焉。自嘉靖己亥二月始事，即故城遗址而更筑之，万夫争先，四面齐发。入木于土，累石于足，封砖于表，大异前观矣。其为旱门有六，其为水门有五，而楼橹之峻，扃钥之严，亦周不备。计用白金四万八千余两，至明年庚子五月告成焉。于是公私底宁，内外咸靖，如震凌之有帡幪，反侧之措衽席，亦曰休哉。虽然，筑之固难，保之尤难。吏兹土者，他日遇不测之警，必将竭忠秉节，与民守之，城存与存，按堵如故，庶不负斯筑矣。不然，则虽金汤之险，雉堞之雄，于我国我民何赖焉。此又诸公所深望于后人者也。是为记。

嘉靖八年，知县郭楠于宾曦门外置水关一座，上有门楼三间，扁曰"天风海涛"，今废。

宾曦门水关之南，[内外]俱有濠，[城]介[两]濠之间，海潮悍激，土疏善崩。知县鲍龙白于巡按舒汀，广其址，自下达巅，用石及砖灰筑之，中实以土，凡三十有二丈。周凤鸣《记》。

丽泽门楼，旧在城门上，嘉靖二十七年，以学宫方向有碍，知县朱伯辰言于巡按饶天民，移建于东二十步水关之左[1]，名曰"潮维"。

沈大楠《记》：嘉靖戊申，县大夫南昌朱公伯辰，以进士莅吾邑。期年，六事允修，四民乐业，尤留心于校士。越明年己酉，大修学政，邑博广右蒋君仲哲、江右刘君天孚、全君士龙暨诸生梁介等，以先建城楼在学宫之右，堪舆家谓科目有妨，乃列呈于宪台，爰启于朱公。公曰："真多士之盛举哉。"即更建于左，而楼以"潮维"名焉。蒋君等来征文以纪远，沈子曰："是可纪也。"已乃绎诸人文，稽诸往哲，而僭为吾道之正论，以复其请。

夫吾道在学校，正气与天地常存，人文同日月并运，而学者之学吾道，惟知有仁义道德而已，文章勋业而已。吾道有隆替，斯人材有盛衰，要在士君子作于前者有玮瑰[2]之望，而后人材之继于后者有感发之勇；倡于上者有振举之功，而后人材之承于下者有兴起之盛。议者不察，以吾昆人材颇不逮古，遂委咎于气运之臧否、地势之强弱。吁！此徒以天时地利言，而非吾儒以道言也。何也？昆山学校创始于宋，灵秀攸钟，人材辈出，名臣硕辅，如宋文节卫公泾，我朝文庄叶公盛，巍然以仁义道德佐明主，文章勋业名当世，卓乎不可尚已。及我孝宗朝，则有文简毛公澄、玉峰朱公希周、文康顾公鼎臣，相继以状元及第。会元则有学士陆公，而吾子绍庆亦忝窃以解元领乡荐。已用者茂建勋华，未用者时方脱颖，亦云盛矣。至朱大夫以菁莪化育，协谋矢谟，相其阴阳，更加迁置，楼虽旧，址维新，位厥巽，面厥阳，一转移之间，而焕然其改观焉。是诸先哲既树立于前，而朱大夫

1　东二十步水关之左，朱笔改为"水关之东二十步"。
2　瑰，底本作"环"，据《光绪志》卷一及文意改。

又振举于上，则自今伊始，济济多士，能无感发兴起乎哉？必将新耳目，广心志，迎朝旭以睹圣道之大明，候海潮以探圣道之有本，崇仁义道德以为基，务文章勋业以为宇，与文节、文庄诸公媲休匹美，以流泽百世。而朱大夫之德政，殆与斯楼斯石同垂于不朽，岂不与有荣哉？若曰斯楼之成也，徒以壮学宫，备观美，息群议，而多士无所感发兴起焉，则责有攸在，而楼之改与不改，非所问矣，岂建立者之初意哉？

城成后十有三年，倭寇奄至，乡民迁入城内者俱免屠戮。知县祝乾寿守御两月，寇退，增筑六门月城及敌台二十六座、窝铺二十五座，又以东、南、北三隅相去旷远，建敌[楼]三所，今存二：正北、东北二所存，东南一所废。

崇祯八年，知县叶培恕以城垣缺坏，捐俸金，属国子生周公缵、叶德仍修葺。公缵自捐银三百两，买巨石压雉堞上，至今坚固云。

顾锡畴《记略》曰：昆邑旧止土城，自先文康公请于朝，始创筑焉。累石甃砖，规模坚峻，城成而岛寇内犯，赖守以全。迄今（二）百年[1]，虽时修葺，不过奉行故事，用是日圮，雉堞不完，楼橹隳废。岁在乙亥，鸳水叶侯初下车阅视，戚然忧之，因进邑绅士谋曰：“西北枕戈，中原带甲，邦有城如是，可弗殚力缮治乎？是役也，非县官躬督不可。然钱谷旁午，戴星罔眼，当请乡之才德兼隆者任之。”难其人，邑士大夫咸以绪卿周君公缵、伯绳叶君德仍对，侯乃具礼币造门延请。二公亦忻然就命，尽力经理，倡助劝输，不避怨，不避劳，未期月而楼橹垣堵焕若一新，内外城濠浚治深广。绪卿又谓：“堵墙砖甃易毁，非有以镇压之不可。”乃自捐三百金，伐石数千枚，以冠雉堞之上。既告成，侯上其事于两台，特加褒异。噫！侯之知人善任，二君之殚诚效能，不负侯托，卒使金汤永固，国家屏翰，先文康旧勋藉于勿坠，为烈岂浅鲜哉？崇祯丙子春记。

公　署

官之有署，所以临民而出政也。昆治自宋绍兴以前不可考矣，后此之迁徙兴废，其时、其地、其人乌可弗详？而仓庾馆铺之属，凡在官者皆附见焉。惟学校则另载，重文教也，作《公署志》。

县治在城之中，宋绍兴二十六年知县程沂重建。

昆山知县叶子强《[邑令题名碑]记》：昆山，秦娄邑也，天下壮哉县。五季云扰，四方鏊于兵，吴越虽保有所履，然诗书仁义之事缺焉。国家文经海内，始严令守，淮海王以版图归，时边公仿治吴最，首赐玺书，褒徙以来，尚旄头紫微间，能即学立夫子庙，北门王公元之记之。故此地翕然趋于文，

1　二百年，文康公顾鼎臣筑城于嘉靖十七年（1538），至崇祯丙子（1636），相距98年，“二”字当为衍文。

至今好学而知礼，尚孝而先信，乃有昔之流风焉。疆岸海江，夷旷沃衍者数百里，一山巍然，怪石错立，井井阛阓间，又有室屋林壑之胜，士大夫自京都来官者乐之，观游咏歌，未觉身远。其歆艳者，至合省寺赋祖帐之诗，由此以相以辅，小即言语侍从之班，踵相蹑也，而其意依然。于是二百年间，风流缊藉，[续续可记。又建炎间鲁独不侵，]荐绅北来，乐其土风而居之，宦游间多胜事，益号佳邑。属岁县计虙束，须入者闻其名，相与骇汗，若蹜甚畏，岂先后难易若是不同耶？亦才术限量之或异耶？不然，则今之所谓不足，非古所病耶，曷其趋违异见如此？汉之郎官，上应列宿，出宰百里；晋之舍人、洗马，妙天下选，然不更为长吏，不得为台郎。今天子重字民之官，褒庸旌善，使观瞻者以为荣，顾力所底尔，因仍规畏，其可哉？子强至之逾年，劳于耳目思虑之外，乃喟然而叹："信学力之未至，则谋诸前人以矩范焉。然所传止有崇、观间，益稽史牒碣识，得自雍熙以次五十有六人，序而镌之石，尚俾来者[知]前辈优游，庶几勉之。"淳熙丙申六月，缙云叶子强记并书。

旧传其地为孟尚书故宅[1]，今犹祠孟尚书于寅宾馆。元元贞二年，升县为州。延祐元年，行省参政高昉奏迁州治于太仓。至正间，海寇连次犯境。十七年，知州费复初移复昆山旧治。明吴元年，就设州治。洪武二年，复改为县，知县王公瑾始增广之。

皇朝顺治二年六月，县丞阎茂才赍印归附。至闰六月，民乱，杀官焚治，堂库俱为灰烬。讨平后，县官寓居民房，相沿十有余年，所存门廊、内衙、佐贰厅舍，塌毁一空。康熙六年，知县王仲槐始事复兴，魏熙复行增建，今虽粗具，未得旧制之十二三也。

邑人湖广督学佥事李可汧《记》：凡国家大制，地方重务，修饰易，创举难，创举于物力丰裕之时易，创举于物力俭啬之际难。虽然，非所语于大才力留心国是者也，有大才力留心国是者，谓创举其必不得已之务，不见其难也。创举其人情欢赴之，事不朽于千古，经大法于一时，尤不可辞以难也。如吾昆县治，宋元时废置不常。至前朝洪武年间，知县王公公瑾、芮公翀、呼公文瞻，宣德、万历年间知县罗公永年、申公思科，先后建设增广，咸时值物力丰裕，故举之不甚难。而其公宇峙娄江之阳，作东南之望，枕山面水，几百年来，岿然灵光，语所称"人杰地灵，物华天宝"者，皆诸公之力有以裹之。

大清乙酉年间，邑人不戒于火，遂而鞠为茂草。凡县大夫莅我土者，正值户口凋瘵时，皆侨寓乡先生谕德顾公故第，因循二十余年。乃古越王公名仲槐、号植三者，恺悌慈祥，真古之遗爱也。受职临兹，下车停舍，周览顾公堂庑，即怆然动谢文靖五亩之感，且谓县治，一方之瞻望存焉，百里之政治出焉，风气之盛衰，民俗之醇漓系焉，此不可因循不建兴也。古者天子设官分职，必先辨方正位，体国经野，以为民极，而正月始和。则悬治象于两观，使万民观象而读法，故百里诸侯建社稷，立宗庙，外有皋门、应门，如《诗歌》所称"有伉将将"者，孰非使人观悬象而竦然哉，此更不可因循不建兴也。是以时虽物力维艰而不以为难，毅然力任，谋诸耆老，商之乡大夫，捐其俸资，即故址而相度之，经营之，鸠工庀匠，不日落成。自大门、钟楼、仪门、两庑，以及宾馆、神堂，外历阶而上，大堂、后堂、外寝、

1　孟尚书故宅，墨笔改作"晋尚书删定郎孟嘉故宅"。

内寝，咸巍然翚飞而矢棘，焕然霞举而虹腾。犹未已也，复相县治左右，有玉带河，故道阏塞，不可不通其脉浚其流也。于是畚锸云兴，环一城而疏瀹之，使四方来游者，见翼翼新治，玉峰作屏，以滴翠碧水环抱而回澜，不更有以增其胜哉？而实非徒以宏其制、美其观也。

自此工落成，而观象读法之民，晓然于三物六行之宜敦，于以广教化，美风俗，兴太平，将古之所谓辨方正位、体国经野以为民极者，吾公不且思日赞以佐皇锡极于无方也哉？而又何能诿其难，不振兴其役哉？是举也，合邑士庶快其事，将跻堂介寿，征序于余而记其略，俾后之览者，知王公之居官勤敏能仕[1]如此。康熙六年九月记。

谯楼三间。即县门也。宋嘉熙丁酉，圮于大风。淳祐丁未，知县徐闻诗具材欲建，不果。己酉，知县楼条重建，侍郎楼治书额。洪武三年，知县呼文瞻[2]改曰"永宁楼"。景泰四年，知县吴昭重建。弘治中，知县徐聪修。嘉靖初，毁于火，知县杨逢春改为大门三间。万历三年，知县申思科建楼立匾，知县程达复改为门。顺治初年废。康熙六年，知县王仲槐重建。

仪门五间。顺治初年废，康熙五年，知县王仲槐重建。

戒石亭。[今树大堂前甬道上。]南面刻"公生明"三字，背刻"孟昶令箴"四语。康熙十年，知县董正位建。

正堂三间三轩。旧名琴堂，宋知县李伯长改名"平政堂"。顺治二年闰六月毁。康熙六年，知县王仲槐重建，名曰"亲民堂"。

穿堂三间。明洪武中，知县芮翀建。宣德中，知县罗永年开拓故基，重构崇广。顺治二年闰六月毁。康熙六年，知县王仲槐重建。

后堂三间。旧名读书堂，宋知县叶子强建，又名清心堂。顺治二年闰六月毁。康熙六年，知县王仲槐重建。

典史厅三间。在正堂西，后为西库，藏兵器火药。顺治二年闰六月，乱民于此处起火，焚烧一空。

架阁库五间。在正堂东，顺治二年闰六月毁。

两库廊，共一十四间。在正堂左右，今俱废。

知县衙。在正堂后，顺治初废。康熙七年，知县魏熙建内厅三间，内屋三间，及从屋厨[湢]之属。十年，知县董正位又捐俸修葺，增置略备。

县圃。在县治内东偏，宋知县叶子强筑。锦香亭、弦歌亭、蕴辉亭、乐全亭。在县圃内。周承勋《题蕴辉亭》：瓦砾频年积，锄耰十辈功。旋移低地碧，颇杂亚枝红。对酒逢寒食，凭栏接暖风。墙悭天自阔，堪送北飞鸿。松竹林。宋知县项公泽建。已上并废。

县丞衙二。一在正堂东北，一在正堂西北，今俱废。

---

1 仕，朱笔改作"任事"。
2 呼文瞻，底本作"呼文赡"，据前后文改。

主簿衙三。今俱废。

高士轩。宋淳熙间，主簿吴坚建，刻朱晦庵作同安簿事实于壁间，今废。

典史衙。旧在正堂西南，后移正堂东簿衙内，今废。

县尉司。在县治南，内有隐斋、笑月亭、分翠轩，皆宋县尉王齐舆建，今废。

寅宾馆一所。在仪门外东南。明万历元年知县申思科建，门一座，厅三间，穿堂一间，内有孟尚书像，朔、望率僚属参谒之如旧制。［邑人王执礼记。］顺治初废。康熙十年，知县董正位重建，厅三间，门一座，仍祀孟尚书焉。

县令题名碑。明嘉靖二十一年知县宋伊立，邑人大理寺寺丞周凤鸣有《记》。

［皇］清县令题名碑。康熙十二年，知县董正位有《记》。

申明、旌善二亭。旧在县西。嘉靖间，知县杨逢春改建县门外左右。顺治初废。康熙十一年，知县董正位重建。［今废。］

鼓楼一座。在县门外东街口。［今废。］钟楼一座。在县门外西街口，明隆庆六年知县申思科建，并铸大钟，晨昏有警。后知县程达废西街之楼，而以钟并悬东楼。顺治初，以晨昏不复鸣钟，楼亦随废。

吏员房舍五十间。在东廊后。［今废为民房，犹称东吏舍。］

狱房一所。在仪门外西偏。

羁候铺□间。向在宾馆南，顺治中废。犯无轻重，总系于狱。康熙十二年，知县董正位移建狱房之西，以寄轻犯，民无囹圄之苦。［今废。］

督学试院。在县治东南荐严寺左，即范石湖书院。宣德间，知县罗永年为巡抚、侍郎周忱改建，名巡抚行台。后为督学校士之署，遂呼为试院。顺治初，学使不出巡，署旋废。顺治十五年，督学张能鳞重建。大门五间，土地祠三间，仪门五间，大堂五间，［康熙。］轩三间，穿堂三间，后堂五间，巡书房三带，内衙门一座，厅五间，左右厢，大楼五间，名旭升楼。左右厢楼，大门外左右班房、鼓亭、辕门，东西牌坊二座。苏松督学佥事张能鳞有《记》。

东西瓦厂二十四间。顺治十五年督学道胡在恪建，钱谦益有《记》。［乾隆□年增建。］

察院，在儒学坊茅家桥东，有重门，有厅，有穿堂，有后寝，为唐儒学故址。宋元祐初，移建儒学于县西南。洪武四年，知县呼文瞻改建察院。弘治癸亥，知县吴祺重修。郡人杨循吉记。顺治以来，按臣裁而衙署亦废。［雍正□年，即其基建昆山县常平仓。］

水利分司。在半山桥西，即宁海驿基。弘治甲子，知县吴祺立为分司。嘉靖二十九年倾圮，三十七年改建于荐严寺西，外门、仪门、廊房、正堂、后堂、穿堂、庖湢俱全。郡人都穆有《记》。凡巡按至，则此署为刑厅［公馆］。年久不修，亦就颓废。［雍正□年，即其基建新阳县常平仓。］

公馆。在县治东南。弘治初，知县杨子器毁东岳庙，改为丞簿听政之所。邑人陆容记。今仍为东岳庙。

　　玉峰仓。在县治南。其地旧为济农仓，为府馆。明初之仓有黄泾、至和、金潼等处。宣德间，巡抚周文襄公以各仓四散，不便征收，总移西门外旧玉峰仓内。嘉靖三十三年，倭寇烧劫，知县祝乾寿移置今所。四十三年，复罹火灾，知县彭富重造仓三百二十余间。仓有官厅二所，各有正厅、后寝。

　　水次仓。在西门外。旧名玉峰仓，宣德间，巡抚周文襄公将各仓并入此处，共仓六百五间。弘治八年，知县张㻞重建三十间。九年，本府同知李复贞续建五十间。设公馆二所，一为正统间主簿王日升建，一为景泰三年典史史诚建。又土地祠一所。嘉靖倭乱之后，移仓入城，其地为演武场。今东南二处傍河，仍设官仓，名"水次"以别之耳。［县新建社仓应查明增入于此。雍正年间建设营房汛地，亦应增入。］

　　府馆。明弘治年间建，邑人吴瑞记。今为玉峰仓。

　　济农仓。今为玉峰仓。王前峰《志》云："宋常平仓地。"周《志》云："以社学改建。"

　　预备粮储二仓。俱在县治北柴巷内，洪武二十三年，知县周至道建。

　　金童仓。在东南门外。

　　义役仓。在东南门内。已上五仓俱废。

　　铺舍九处。明万历三年，知县申思科重建。县前总铺、马泾铺、㿔子铺、陶仁铺、车塘铺、曹渡铺、陆家浜铺、尤泾铺、真义铺。

　　问潮馆。在丽泽门外驷马桥西。宋淳熙中，有一道人诵谶云："潮过维亭出状元。"昆虽近海，自古无潮，绍兴中，始有潮至邑下。侍御李衡向闻谶，乃告知县叶子强，遂筑馆于水滨，潮果大涌，远过维亭。明年甲辰，卫泾大魁天下，子强有《记》。淳祐十年，知县项公泽修。明景泰三年，知县吴昭复修。弘治初，潮复连岁过维亭，于是毛文简、朱恭靖、顾文康连次大魁，有五科三状元之验。嘉靖二十二年，知县宋伊复鼎新之。顾梦圭《记》："每科秋闱，邑令设宾兴宴应试士，以鼓乐送至问潮馆，酹酒而别。"今馆虽废，此礼尚存。

　　候潮馆。在东门外，嘉靖二十二年知县宋伊建，张寰有《记》。今废。

　　文会馆。在县治东。弘治初，知县杨子器建。邑中有斯文会，月一举之，有室浅不能容者，子器撒淫祠，以建此馆，使邑士胥会于此，而己亦与焉。邑人吴瑞为《记》。［今废。］

　　巴城巡检司。在县西十五里高墟村，洪武三年置，今徙真义铺东。旧有烟墩十二座：李长坟、绰墩、状元泾、圆村、俞巷村、真义、景村、严家桥、黄巷、徐公桥、夏尖、新村。

　　石浦巡检司。在县东南四十里石浦镇，宋祥符间设。洪武二十二年，巡检舒琇始建。景泰间移置千墩浦口，嘉靖中复徙吴家桥。旧有烟墩十一座：诸天浦口、石浦口、夏家口、陆巷口、唐梨泾、新塘口、张浦口、刁婆口、潭港口、大直港、千墩浦。

　　阴阳学。在县治东南通阛桥东，嘉靖中徙置景德寺西南。［署今废。］

　　医学。在县南五十步。元大德十年，州判李钦建。明嘉靖中徙署毛家桥东察院河南。［署今废。］

惠民药局。一在平桥，一在县南。官蓄药材，设医士掌之，以济使臣及贫病之人。今废。

僧会司。在荐严寺内。

道会司。在清真观内。

宁海驿。初在太仓。宣德六年，移置县治西北。弘治十五年，巡抚都御史吴一贯奏革。

养济院。即故安怀坊，在县治东南罗汉桥西。[孤老巷内。]明洪武七年创，以养颠[连]无告者。

乡　保市镇附

昆之诸乡，一割于唐而为华亭，再割于宋而为嘉定，三割于明而为太仓，今之所存约半矣。而延衺尚广，犹称望邑。城中已详《坊巷》，郭外之地亦未可略也。乡保村落之名，一仍旧志，惟市镇则稍异，岂百年间有废兴欤？抑向特略之也？作《乡保志》，而市镇附焉。

积善乡领第一保、第二保，村二十一：

娄县、圆明、王巷、蔡巷、施巷、朱沥、郎墅、季巷、雍里、吕巷、庙墩、唐庄、石牌、北新渎、杨家[巷]、杨巷、溢渎、蔚洲、长墩、顾墓、支巷。

朱塘乡领第三保、第四保，村一十九：

毛巷、巴城、顾巷、杭头[1]、高墟、新渎、绰墩、真义、界牌、武城、景村、蔡巷、庄巷、平落、黄渎、华翔、薛庄、张巷、杨庄。[白方、高家田、南新田、北新田、古巷、朱家圩、郁家港、新泾岸、田垛、陆家港、三家邨、征里、北城、马庄、朱墓、夏里、姜巷、生田、杨家庄、蒋巷。四保：薛庄、马庄、圩头、北圩、姜巷、黄潭、白坊、杨家庄、景村、杨庄、朱家圩、新泾岸、三家邨、郁家巷、菉葭港、高家田、南心田、北荸田、朱亩、真里、田垛。]

全吴乡领第五保、第六保，村二十三：

弓巷、萧巷、横泾、杨巷、刹力、姜里、金涂、大慈、陈墓、盛荡、周巷、洞圻、韦塔、东高、赵灵、薛浦、张潭、莫巷、陈巷、汤墩、金巷、上段、塘泾。[较方《志》少唐村、千墩、吴桥、张浦、凡规、少里、柯村七村，多东高一村。]

泖川乡领第七保、第八保，村二十四：

陈巷、孟巷、周荡、夏甲、萧市、陶湛、叶荡、南徐、碛磭、王家、杨村、盛泾、八王、秀王庄、度城、裴庄、汤巷、溢浦、善浦、首墓、唐家甲、古卯、太平、陆虞浦。[金家庄、井亭港、谢麓。]

武元乡领第九保、第十保，村二十七：[方《志》领村二十四。此照□志，少冯庄、陈墩、姜巷、

1　杭头，朱笔改"杭"为"航"。

征里、古巷、刀泾六村，多蔡巷一村。]

陶仁、芦家、朱巷、于家、东王、沙葛、景巷、徐里、车塘、何庄、道印、朱张、东张、姚巷、许家、董村、奚村、王家、韩泾、孔巷、徐家、杜巷、罗巷、许张、夏界、强巷、鲍巷。

永安乡领第十一保、第十二保、第十三保，村二十九：

陈巷、姚陆、潘巷、木瓜、西张、梅段、韩泾、严巷、祁巷、于巷、顾墓、吴郏巷、景巷、陶巷、徐庄、南戴、曹村、沈巷、唐家湖、唐巷、周巷、黄巷、顾巷、东冯、毛巷、卫巷、新村、韩村、三徐。

十四保起，至二十保止，当是分隶嘉定，旧志不载，[亦]无[可]考。二十一保起，至二十九保止，分隶太仓。

惠安乡领第三十保，村十八：

吴庄、兵墟、董村、谷息、陆浦、长段、豸洗、杨庄、后罗、王里、柏家、吴家、腰溇、横泾、东谷、泗里、何村、唐村。[洪庄、大泗、胡浦。]

市　镇

半山桥市。在县治西北，百物咸聚，交易者日昃始散。

周市。在县东北二十里。

陆家浜市。在县东南十二保夏驾浦南，创于宣德初年，客商货物咸自他郡而来，颇称繁庶。

市心。在宝月桥南。后市。在后市桥西。[后市。在莼菜桥北，后市桥西。集街市。在县治东北。顺治中建试院于荐严左，遇岁科两试，士子麋至，百货骈集，因名其街曰集。通阆桥以西列鬻弓箭，□弓箭集。粤匪后，试院废，市亦废。]红桥市。在县西北。已上三市，今并废。

旧志载都场、永安二市，今并无考。

昆山镇。在县治东南。钱氏时设防遏使主之，元时亦设昆山镇巡检司，[明]洪武初革去。[昆山镇，凌《志》云即荐严寺基。]

兵墟镇。在县东南十八里，东通[太仓]，南接吴淞江。旧有税课子局，今废。

泗桥镇。在县东南四十里[1]。商贾辏集，旧有税课子局，今废。

石浦镇。在县东南四十里，南通淀山湖，北枕吴淞江。巡检一员[2]，今仍旧。

安亭镇。在县东南四十五里，与嘉定县接境。旧有税课子局，今废。

蓬阆镇。在县东南三十里。洪武初，瓦浦有土神牌随潮漂至其地，因名牌落。[以涉方言为讳。]弘治间，知县杨子器易今名。以上俱载旧志。

1　四十里，朱笔改为"三十六里"。

2　巡检一员，朱笔改为"设巡检司"。

真义镇。在县西二十里，商贾辏集，市居腹里，殷阜盛于他镇。旧志见《村》。

巴城镇。在县西北二十里，东北通七丫，西南为傀儡、阳城。盐盗出没，设巡检司，今仍。旧志见《村》。

千墩镇。在县南三十六里，地属为区。

吴家桥镇。在千墩南六里，地属岗区。

甪直镇。在县西南三十六里。镇本为长洲县甫里，而东栅则昆之余区、阳区地也。

陈墓镇。在西南四十余里，亦属长洲县，而东栅为昆之成区。旧志见《村》。

张浦镇。在县西南二十余里，地属致区。

上明田镇。在县东南四十里，地属律区。

已上九处皆花布米盐之所辐辏，商贾贸易之所也。集附近乡村，郁然成市，较兵墟、泗桥诸镇倍盈，今并载。[1]

坊　巷

古者度地居民，故城有途巷。所谓坊者，义取于坊，盖以名经界，防纷越也。旧志但载道路之名，而有司建立以表彰人物者不与焉，今并存之，以见邑中人物之盛。作《坊巷志》。

坊[2]

同升坊。县治正南。天启□年，知县闵心镜建，刻本邑县令名、历科进士名。平政坊。平桥南。宣化坊。旧在平桥北，正统中，知县吴昭移酒坊桥南。道德坊。县治东，至州东桥。齐礼坊。县治西，至玉镇坊。春和坊。平桥东，至茅家桥。武宁坊。平桥西，至秦迪桥，俗名酒店巷。登春坊。平政坊西[3]，俗名管家巷，今名里仁巷。又新坊。平政坊东，今名夏家巷。日新坊。酒坊桥东，至通阛桥。通德坊。酒坊桥西，至景德寺，南至片玉坊。明德坊。宣化坊东，至德润坊。厚俗坊。陈老桥东，至莼菜桥。片玉坊。陈老桥西，至儒学东。登平坊。仓桥南，至道德坊。安定坊。安定桥西，至鳌峰桥。玉镇坊。鳌峰桥南，至齐礼坊。太平坊。富春桥南。富德坊。安定桥南。积善坊。甫库桥南。宝信坊。宝月桥南。德润坊。后市桥南。娄丰坊。东门下塘北栅湾。旌孝坊。万寿桥东。宋淳祐间，邑人荣孝子割股救母，邑令谢公应建坊以表之。贵德坊。通阛桥东，至罗汉桥。

1　已上……并载，朱笔改为"以上九处皆花布鱼米贸易之所也，蔚然繁庶，不减城市，较兵墟、泗桥诸镇倍盛，今并增入"。

2　坊，底本无，据文例补。

3　平政坊西，朱笔改为"平桥东南"。

兴仁坊。东城桥南。[兴仁坊，《新志》："道塘巷。"凌《志》："东城巷南。"季《志》："东城桥南。"]安荣坊。罗汉桥南，旧名姚家巷，今又名甲子巷。进贤坊。在儒学东南。孝感坊。在片玉坊，今不可考。宋宝祐中，邑人曹椿年割股救母，县令胡㷍立坊以表之。朝宗坊。迎薰门内南栅湾，至通济桥。余庆坊。莼菜桥东，至道济桥。兴贤坊。丽泽门内儒学东。儒学坊。茅家桥东，至东城桥。忠正坊。县治东北赵忠简公府前。荣锦坊。甫库桥南。二坊见王前峰未刻《志》，今无考。

已上俱旧志所载街坊之名。其表彰人物之坊，详后。

状元坊二。一在茅家桥，一在县后，为朱希周、顾鼎臣立。太卿沾恩坊二。一在积善坊，一在县前，为夏㫤立。司空坊。在平政坊，为侍郎王永和立。廉宪坊。在通阛桥东，为按察使王英立。方伯坊。在平政坊，为布政王汝霖立。司马坊。在罗汉桥西，为侍郎虞祥立。承恩、昼锦坊二。在鳌峰桥北，为主事吴凯立。世禄坊。在平政坊，为主事卢彭祖立。紫薇坊。在富春桥南，为按察使项璁立。双豸坊。在富春坊北，为张和、张穆皆官宪副立，先名双桂。传胪坊。在富春桥北，为张和立。会魁坊。在富春桥北，为张穆立。会元坊。在酒坊桥下，为陆钊立。进士坊十五。为卢瑛、叶盛、沈祥、郑文康、高敞、吴瑞、吴愈、虞臣、朱栻、陆昆、项璁、王秩、许立、张经、杭东立。尚书坊。改宣化坊，易今名，为朱希周、顾鼎臣、周伦立。都宪坊。在茅家桥下，为周伦立。起凤、宫谕二坊。在县后，为顾鼎臣立。经元坊。在儒学前，为方鹏立。宫庶坊。在南新渎，旧名文选坊，为方鹏立。京兆坊。在西南门外，为府丞高敞立。归荣坊。在罗汉桥西，为参政虞臣立。玉署文英坊。在县前，为□□□□。绣衣坊五。为御史王倬、周璁、周伦、顾潜、方凤立。柱史坊。在会仙桥下，为御史朱观立。台宪坊。在半山桥南，为佥事周愚立。联璧坊。在县治东，为张汝舟、张汝粟立。天衢坊。在鳌峰桥下，为王琳立。仪凤坊。在县治后，为御史顾潜立。翔凤坊。在半山桥南，为顾邦石立。鸣凤坊。在县治后，为按察使顾梦圭立。金榜传芳坊。在宣化坊北，为吴瑞、吴兰立。科第联芳坊[1]。在县治前，为柴奇、柴太立。世沐天恩坊。在道德坊，[即西寺巷。]为梁昱、梁纨立。伯仲同芳坊。在山前，为王秩、王稷立。桥梓同荣坊。在县治前，为夏文振立。状元宰辅坊。在县治后，为大学士顾鼎臣立。乌台肃纪坊。在茅家桥东，为御史朱栻立。青琐纳言坊。在察院前，为给事中朱隆禧立。文魁坊。在小西门外，为进士孙琼立。文英坊。在望山桥南，为进士瞿泰安立。登瀛坊。在富春桥南，为进士沈祥立。联芳坊。在儒学后，为进士夏遂立。昼锦坊。在北门外，为进士龚理立。进士坊。在北门外，为举人金奎立。文辉坊。在县治南，为举人陈翌立。及第坊。在宁海驲东，为举人赵勉立。观化坊。在县治南，为举人周泰立。双璧坊。为举人赵博、赵勉立。同荣坊。在察院西，为举人朱昊立。登俊坊。在登平坊内，为举人沈律立。挺秀坊。在半山桥南，为举人徐哲立。世美坊。在西寺巷内，为举人梁昱立。攀桂坊。在东南门外，为举人朱芹立。飞黄坊。在甫库桥，为举人徐泰立。沐恩坊。在富春桥东南，为举人黄竑立。钟秀坊。在东门外，

---

1 科第联芳坊，"联芳"旁朱批"双璧"二字。

为[天衢]举人陈浩立。**文锦坊**。在鳌峰桥北，为举人黄琳立。**文英坊**。在北塘上，为举人陈琉立。**联桂坊**。在东南门外广惠桥南，为朱萱立。**方伯坊**。为顾梦圭立。**柱史坊**。为顾潜立。俱安定坊内。**父子文宗坊**。为顾潜、顾梦圭立。**三辅文宗坊**。[在县治后。]为顾潜立。**勋德名臣坊**。[在道塘桥西。]为叶文庄公立。旧名文庄坊，六世孙国华、重华改建。**仪部坊**。为王任用立。**宫寮坊**。为王定鼎立。**玉堂骢马坊**。为方鹏、方凤立。三坊俱在半山桥西。**尚书里坊**。为周康僖公立，在东城巷内。**天官大夫坊**。为李宪卿立，在片玉坊内。**督抚三楚坊**。为支可大立，在西关马头。**进士坊**。为朱□□立，在州东桥北。**贞节坊**。为王时雨妻封安人项氏立，内即祠。**贞节坊**。为沈象贤妻王氏立，在通德坊内。**旌孝坊**。为李文诏立，片玉坊内。**循良世显坊**。为阚云立，在东门外。

[二十年来，皇仁广被，恩旌节孝，建坊不可胜计，或宜一一增入坊巷之后，或宜于节孝名氏下注明已未建坊，及在某村某街。此条大须商酌画一。]

巷

东城巷。东城桥北，今尚书里。**北仓巷**。北仓桥南，□登平坊。**柴巷**。半山桥南。**东寺巷**。罗汉桥东。**东仓巷**。州东桥北，东至察院后。[按《图》是今绣衣巷。]**李侍御巷**。通阆桥东，[宋李衡所居。]俗名南师姑巷。[1] **金童巷**。唐家桥南。**州厅巷**。贵德坊东。旧志与《图》俱无考。[2][鹤颈湾巷，在贵德坊东北，今废。]**杨编箕巷**[3]。春和坊北[4]，以巷多狗屠，俗呼为狗肉巷，今知县董正位劝民改业，更名慈悲巷。**后市巷**。[今改名碑亭街。]明德坊东，通后市桥。**醋库巷**。旧志《图》："在进贤桥北，今名石幢巷，以巷口竖一石幢也。"**西寺巷**。景德寺前，即通德坊。**弓手巷**[5]。西寺巷东北，今俗名九步三湾。**郁家巷**。片玉坊内。按《图》在官仓之东，今无考。**潘家巷**。旌孝坊内，按《图》是今北师姑巷。**顾二耆巷**[6]。《志》："在太平坊内。"按《图》是今伊家巷。**姚家巷**。《志》："在安荣坊北，坊内又□，旧名姚家巷。"按《图》是今太平巷，未知孰是。[7]**陈卖羊巷**。《志》："太平桥西，西通登平坊。今呼西太平巷。"**秦家巷**。《志》："在旌孝坊内。"《图》："在登平坊东，陈卖羊巷北，今呼任家巷。"**邓家巷**。《志》："在进福桥[南]。"《图》："在桥北，今呼[南北]巡检巷。"

已上俱载旧志，俱在至和塘以南。其旧志未载而今通行者，详后。

1　俗名南师姑巷，为朱笔删去。

2　旧志与《图》俱无考，为朱笔删去。

3　杨编箕巷，《淳祐志》卷上、《嘉靖志》卷三均作"杨编笄巷"。

4　北，朱笔改为"内"。

5　弓手巷，朱笔改"手"为"矢"。

6　顾二耆巷，朱笔改"二"为"义"。

7　坊内又……孰是，朱笔改为"按《图》是今太平巷"。

玄坛巷。平政坊西，内有玄坛庙。孤老巷。余庆坊北，内有养济院。狄家巷，舒巷。俱玉镇坊西。聪明巷，红布巷。[一称红市巷。]俱柴巷内。杨家巷，邹家巷，葛家巷。俱留晖门内下塘。白家巷，火烧巷。俱儒学北。方家巷。南栅湾北。邵家湾。见《郑介庵集·高平桥》。

至和塘北，旧无坊巷之名，想民居未聚，尚是田畴也。今者生齿日繁，世家大姓，俱傍塘卜宅，甲第联云，几等宣平贵里，然止有东西大街，而南北小巷仅一二处耳，详后。

许家巷，奚婆巷。俱东塘。柏家巷。中塘。马路。西塘。

[巷名正多，此何其漏也，定是抄者之讹耳。俟考。]

[坊巷之妙，莫此为最准，他旧志如方、周不及也，今宜悉照此写而后尾补酌。]

桥　梁

城内外诸水，虽一苇可杭，而蹇裳则病涉，成梁贵必以时也。若青鸟家言，则关锁地脉，蕴蓄灵秀，尤必需焉。昆水西来，郡东二桥之兴废，遂关吾邑之科名。新洋江北，玉柱塔东，曾谋设桥而娄人请止，则桥梁之系于邑重矣。况增建重修，皆属义举，纪之以存往迹，并劝将来也。

东新桥。在县治东北。

秀峰桥。在县治西北，俗名西新桥。

富春桥。俗名高板桥，在县治东北。季《志》云："明洪武三十年，知县梁端修。"考桥下有周文襄公忱、况太守钟题名，邑人邵钫献铭，系黄彦修捐赀于正统三年重建。见沈鲁志《彦修墓志》。

半山桥。在县治西北，明永乐九年，知县芮翀修。天顺五年，里人归克爱重修。

郑文康《序》：昆邑之胜在马鞍山，而半山桥为山之喉襟焉。云半山者，以县治至山，当路之半也。山之胜，云窗雾阁，层见层出，自唐宋郡县志登载已然。中有孟郊、张籍留题诗文，有王荆公和章，其为胜可知。至胜国末，旧观虽多陈迹，而城中士女，至今花时菊节，携酒上冢，登高望远者故在也。往则率从桥而北焉，舍是则迂僻秽污，轩骑不通，谓非喉襟而何？虽然，此特燕游者耳，未足以见其要。至其城隍之祠，厉鬼之坛，驲使之馆，皆随山前而列，县大夫有事告谒，祭飨迎送，亦从桥而北焉，又非喉襟而何？此特命吏之事耳，犹未足以尽其要。若夫九乡之民，近者数十里，远者百余里，所需菜、粟、布、帛、鸡、豚、薪、刍、果、蔬、茶、盐之类，以其所有易其所无者，咸趋桥而为市焉，此民庶饱暖、安定、养生、送死所系，其要如此，使坏而弗修，则居者困而行者阻，民无依归，市无贸迁，虽有命吏，亦将何以使民足用，士女何以及时为乐哉？天顺辛巳岁，雨久水涨，梁断而柱危，主县者患而谋治焉。逾年，财费民劳，绩用弗成。会主者以墨去，佐县者曰："事诚在我，不得老成人，终弗克就绪。"乃起归公克爱，俾理其事。乃夙夜经营，劳瘁弗惮，环石为梁，而柱仍其旧焉。几半载而告毕工，于是县之命吏，县城中士女及九乡之民，遹观厥成，靡不赞叹材公。噫！韩昌黎作《方桥》诗，其词曰："非阁亦非舡，可居兼可过。君欲问方桥，方桥如此作。"退之儒者，何能事于此乎？识者知其以宰制天下自况。克爱掌乡赋三十年，民帖帖而治，正大公平，隐然古之良吏，宜其于修桥小事何有，使其有官为政，其方桥之制亦存于心久矣，肯以乘舆济渡哉，惜其老而不复仕也。

顾恂诗：彩虹高驾炫晴霞，壮观昆城百万家。四海波涛通浩荡，半山车马斗繁华。势摇坤轴金鳌重，影落泉宫玉练斜。我欲乘流从此去[1]，银河深处泛灵槎。

上四桥跨至和塘。

三元桥。俗名小高板桥，在富春桥东南。明隆庆六年建。

万寿桥。明永乐九年，邑人陈永修。

望山桥。明永乐九年，邑人陈永修。

太平桥。明永乐八年，邑人周胜二建。

州东桥。元大德九年，邑人吴用成修。

茅家桥。明洪武三十四年，知县芮翀修，邑人朱衍建亭筑室于桥上。

通阓桥。明洪武十五年，邑人史子明建。

后市桥。载季《志》县治图，桥尚存而无考。

莼菜桥。明洪武十年，邑人杨子昌建。

上九桥跨县治东市河。

金相桥[2]。在半山桥西。明洪武十三年，邑人罗成修。

清风桥。明洪武五年，邑人蒋富修。

明月桥。明洪武四年，邑人周子政修。

张家桥。明洪武六年，邑人赵诸孙重建。

普通桥。明洪武二十年，邑人陶华修。

上五桥跨县治西市河。

东城桥。俗名北道堂桥，在县治东南。明洪武二十年，邑人胡亨一建。

甫库桥。明洪武十五年，邑人顾福建。

平桥。在县治正南。明永乐八年，知县芮翀修。

秦迪桥。明洪武二十四年，邑人支安重修。

采莲桥。旧名永福桥，在李侍御巷北。明永乐十二年，邑人王惠重建。

上五桥跨县治南市河。

1　我欲乘流从此去，底本原作"我欲从流乘此去"，为朱笔、墨笔乙正。

2　金相桥，《嘉靖志》卷四作"全相桥"。

安定桥。在县治东北。明洪武五年，邑人徐守铉修。

北仓桥。元至正五年，邑人徐达建。

鳌峰桥。俗名乐输桥。明洪武七年，邑人陈百川建。

上三桥跨县治北市河。总名玉带河。

宝月桥。在县治东南。明洪武八年，邑人马福建。

酒坊桥。旧名致和桥，又名梦感桥。元至正三年，邑人叶盛《赋得梦感桥送王世美》诗：鞭石为梁不记年，精灵何处已茫然。曾将吉梦当时献，赢得佳名后代传。元宪登科夸渡蚁，相如题柱重升仙。君行试听乡人说，才大于今济巨川。

景德寺桥。元至正三年，僧自心建。

上三桥跨县治南第二重市河。

唐家桥。在莛菜桥西南。明洪武二十八年，邑人高升建。

陈老桥。俗名陈段桥。明洪武二十六年，邑人杨子盛修。康熙十二年，知县董正位重修。

惠政桥。旧志在景德寺南。明洪武五年，邑人周达卿建。

进贤桥。［惠政桥西。明洪武二十年，邑人吴福建。］

进福桥。明洪武二十年，邑人吴福建。

上五桥跨县治南第三重市河。

众安桥。跨里城濠。明万历十二年建。

里城河桥。在归太仆墓东南。明弘治年建。

通济桥。又名广济桥，俗名南道堂桥。宋嘉祐五年，邑人张成建。康熙十二年，邑人叶奕苞修。

兴福桥。俗名龙亭桥。元至正二年，僧希颜建。

罗汉桥。元至正二年，僧希颜建。

上五桥跨县治东南支河。水自迎薰门入，西由众安桥达玉峰仓、后市河及东市河，北由里城河桥至养老段东北永寿桥，出至和塘。

荐严寺香华桥。在寺前。

环秀桥。在香花桥东，夏太卿墓前。

上二桥跨县治东南迎钟浦。水由罗汉桥南转东，绕城出至和塘。

永安桥。明嘉靖七年，里人张承秀建。

威凤桥。明崇祯十四年建。

文虹桥。明崇祯十四年建。

上三桥跨迎钟浦南七塔河。水由兴福桥南转东，绕城出至和塘。

永寿桥。在养老段东北。

戊己桥。俗名撩钟桥。元至正十一年，邑人任初修。

流庆桥。在王元桥东南。元至正五年，邑人费兼善修。

上三桥在县治东北。水由养老段西南来，东出永寿桥，入至和塘，西出戊己桥，入东市河。今塞。

舞雩桥。俗名学桥。明宣德五年，典史董常修。

开元桥。在高平桥西南。

高平桥。旧志在报国寺西，相传因高平郁氏墓故名。明洪武二十五年，邑人何清之修。

无不利桥。明洪武二十六年，邑人祝氏修。

高桥。[筛谷浜南。]

拱翠桥。西新桥北筛谷浜口。

迎喜桥。跨前浜，景德寺后。康熙十二年建。

大善桥。跨前浜。康熙十二年建。

状元桥。跨状元泾。

迎仙桥。旧志在县西南延福庵东。明永乐八年，县丞王珂修，今无考。

上十桥跨县治西支河。水自丽泽门入，由迎喜桥东入南市河及西市河，由无不利桥北至拱翠桥，出至和塘，另由状元泾东北出高平桥。

见山桥。俗名小桥。明洪武七年，邑人金大年修。

会仙桥。俗名观桥。宋乾道七[1]年，道士翟守真建。

泗安桥。元至正二十一年，邑人顾荣三建。

相里桥。明万历三十二年，邑人张栋建。

燕尾桥。顺治十一[2]年，里人□□□建。

黄家桥。明洪武四年，防御官李得建。

上六桥跨县治北山塘泾。水由至和塘北入山塘泾，出拱辰门。

城隍庙香花桥。元元贞二年，僧与闾建。

杨家桥。在香花桥西。明洪武四年，僧本觉修。

板桥。在香花桥东。明洪武二年，邑人金名修。

上三桥跨马鞍山前山塘泾。

山溪桥。跨马鞍山后山塘泾。明洪武二十年，邑人刘元吉修。

众安桥。在县治北柴巷内，俗名天心桥。明永乐三年，邑人杨子华建。原跨许家浜，今塞。

许墓塘桥。在县治东北，跨本塘。明洪武五年，僧大心建。

1　七，据《光绪志》卷九补。

2　一，据《光绪志》卷九补。

奚婆桥。在县治东北，跨木人泾。宋嘉定八年，邑人奚氏建。

已上诸桥俱在县城内。

城外吊桥。六门外，跨城濠，俱有木桥，今两堍筑石，高二丈余。

金童桥。在县城大西门外，跨小虞浦。明洪武十六年，邑人沈荣修。

驷马桥。在县城小西门外，跨至和塘。宋咸祐十年，主簿刘棠建。

玉虹桥。在县城东门外，跨至和塘。相传梁大通中建，顺治五年圮，十三年，里人周思、卢荣增修。

文惠桥。在东门外。明万历三十二年，里人奚文惠建。

迎恩桥。在县小西门外，跨小虞浦。

太原桥。在县小西门外。

荣阳桥。在太原桥西。

通文桥。今名咸井桥，在小西门外。

阜民桥。在水次仓南。

应山桥。在水次仓后。

东盈桥。在水次仓东北。上四桥，旧志俱在西关玉峰仓外，今改名水次，而玉峰仓移在朝阳门内。

利民桥。在县城北门外。

虾蟆桥。在正南朝阳门外。

进福桥。在今虾蟆桥西。

积善桥。明万历四十五年，里民沈屠狗建。

积福桥。顺治六年，里民支奉庵募建。

陶众桥[1]。[即积寿桥。]顺治七年，里民支奉庵募造。

潘家桥。明崇祯十年，里民潘振溪捐造。

永安桥。明崇祯九年，里民秦和阳捐造。

广惠桥。俗名王官人桥，在东南门外。

普济桥。迎广惠桥。

新漕桥。在广惠桥东。

草堂桥。在普济桥南。

须浦桥。在旧超化庵西。

香花桥。在旧超化庵前。

清龙第一桥。在县东南六里，跨横塘。嘉靖十三年建。

---

1 陶众桥，朱笔改"众"为"家"。

永济桥。在清龙桥北，跨横塘。明万历四十三年，里人陈时臣建。

横塘桥。跨横塘。明万历二十四年重建。

秦浦桥。在吕巷村。

九里桥。即尤泾桥，在县西十里，跨尤泾。明永乐十一年，县丞王珂修。

真义桥。今名盛安桥，在县西二十□里，跨真义浦。明永乐十一年，县丞王珂修。万历三十九年，魏尚贤修。

寿安桥。在县西二十二里。明吴元年，顾原纯建。康熙九年，里人黄泓修。

广灵桥。在县西绰墩山前。明万历四十年，邑人支守礼建。

界浦桥。在县西界浦上。万历四十年，邑人支守礼建。二桥有知县祝耀祖《记》。

虹桥。在县西北二十里，跨温焦泾。明永乐九年，里人周道真建。

武城桥。在县西北三十九里。明洪武二十四年建。

张庄溇桥。在县西北三十六里。明永乐十四年建。

永宁桥。在县西南二十里。明永乐二年，里人庄福修。

唐泾桥。在县西南一十五里。明洪武二十七年，里人龚荣二修建。

新渎浦桥。在县西南十三里。明永乐十年，里人龚荣一建。

广顺桥。在县西南赵灵兴福寺前。明洪武二十三年，僧智新建。天启四年，里人马良玉修。

七家桥。或云戚家桥，在赵灵东南。明洪武六年，里人尤仲卿建。

兴隆桥。在县西南张浦镇。明万历四十七年，里人俞海松建。

聚福桥。在赵灵西南。顺治十年，邑人张立芳、邱渊建。

永安桥。在县西南周巷村。明万历三十三年，邑人王子秀建。

福隆桥。在周巷村。明万历四十一年建。

麓里桥。在周巷村。明崇祯三年建。

迎阳桥。在周巷村。康熙十一年建。

同邱桥。在县西南同邱村。明嘉靖二十一年，里人孟选建。

道济桥。跨大直浦。顺治六年，邱渊建。

万安桥。跨张漫泾。顺治九年，谭仪、邱渊建。

众安桥。在县西南陈墓村，跨界浦。明永乐七年，里人顾克让建。

济众桥。在陈墓村，跨界浦。明永乐五年，里人郭子敬建。已上二桥，西堍属长洲县，东堍属昆山。

天宁桥。在陈墓村。明永乐五年，里人郭子敬修。

正阳桥。在县西南甪直镇。跨阳、雨二区。明崇祯元年，里人许仲让建。顺治十一年，里人严爱云修。

郎浦桥。在县西南盛荡村。明洪武四年，里人邵七建。

中正法华桥。在县南洼浦。元至正二年，邑人许氏建。明永乐四年，邑人袁大修。

诸家桥。在县南二十五里张潭浦。明永乐四年，里人王荣二建。

泾浦桥。在县南二十五里。元至正八年，里人许八建。

三墩桥。在县南二十三里。明永乐四年，里人李子正建。

刁家桥。在县南三十里沈巷村。明永乐六年，里人陆兴一建。

东宿浦桥。在县南三十六里。明永乐十五年，里人孙添泽建。

西宿浦桥。在县南三十六里。明永乐十四年，里人陆显宗建。

道褐浦桥。在县南一十里[1]。明洪武六年，里人季庸[2]建。

万寿桥。在县东南西横塘。

同善桥。在西横塘。

新河桥。在西横塘。上三桥俱系康熙六年，里人钱惟善建。

太平桥。在县东南季巷村。嘉靖七年建。

状元桥。在季巷村。明万历四十年，季士魁建。

淞南第一桥。在县东南千墩浦，俗名张家桥。明永乐四年，范仲能建，今废。

永福桥。在县东南千墩镇。明崇祯元年，里人徐宾阳建。

证愿桥。在千墩镇永福桥南。明崇祯十年，里人顾绍芬临殁，命子叶墅兰服建。

吴家桥。在千墩镇南。相传卖浆吴翁始建木桥，明万历三十八年，里人沈松源改建。

光禄少卿徐应聘《记》：千墩镇南有吴家桥，不知其所自起。其地则辖于昆，南接淀山，北通吴淞，江湖水道之要，舟车辐辏，商贾云集，而居民之往来斯桥者，昼夜不绝。岁久渐圮，几有覆溺之虑。沈君松源悯焉，求巨材葺而新之，不二十年而倾圮如故，于是谋易以石，为久远计。期年功就，里人德之，乃构亭伐石，欲传其事，而走笔京师，征记于余。

余维里中胜事，固宜纪其详以劝来者，乃为记曰："沈之先自汴徙吴，居吴淞江上，以孝弟力田闻，家不逾中产。至松源而稍大，好行其德，里中饥者食之，寒者衣之，乡之人因颂之矣。乃观吴桥之将废，悯行役之维艰，撤而新之，谋诸巨石，纵之长约三十丈，阔二丈有奇。工须万指，费及千金，独身肩任，计日告成。人皆曰：'此一乡之善士也，可以风矣。'夫世之席权势、拥高赀以遗于不可知之人者，何可胜道，即好善乐施，亦必有所为而为之。如松源一布衣，内不邀誉于乡里，外不求助于四方，赴义若渴，捐金如芥，以成巨工，后之览斯记者，相与勉于为善而耻于恃尊，或由乎此也。予家向曾小筑吴桥，松源居相望，异日倘得请归里，幅巾杖履，岁时往来，与君昆季登兹桥而眺望，

良足乐也,是用为记。"

广安桥。在吴家桥南一里。明崇祯二年,里人邵圆尊、吴起良同建。

陶家桥。在广安桥南三里。相传唐陶岘居浦上建。明万历年间,里人沈松源、陶时庸改建,诸寿贤记。

横港桥。在县东南六十五里。康熙五年,徽州休宁人洪世臣、郑三魁建。

大鸦桥。在县东南杨及泾西。

黑龙桥。在杨及泾南。[黑龙桥,一名青龙桥,今人所称。]

放生桥。在县东南井亭港桥南堍,属青浦县。

状元桥。在县东南石浦镇。宋祥符元年,卫文节公泾建。元至正二年,邑人胡道茂修。

接官亭桥。在石浦镇。宋祥符元年,卫文节公泾建。

石浦桥。在县东南四十里。元至正十七年,里人胡茂卿建。

望江桥。在县东南三十七里,跨金灶浦。元至正十八年,里人张庸建。

陆虞浦桥。在县东南七十里。明洪武十年,里人王伯钧建。

行孝塘桥。在县东南。明洪武元年,里人祝其建。

永安桥。在县东南兵墟镇。元至正十三年,里人凌均善建。

保安桥。在兵墟镇。元至正十二年,里人唐子敬建。

南夏驾桥。在县东南三十二里。明永乐九年,里人张善宁建。

南石桥。在县东南泗桥镇。明永乐六年,里人邵宗绍建。

安里桥。在县东南十八里,跨车塘。

孔巷石桥。在县东南孔巷村,跨车塘。

井亭桥。在县东南钟家泾上。明洪武十二年,里人林有道建。

永安桥。在县东北周市镇。顺治十七年,邑人叶国华建。

万寿桥。今名东新塘桥。在县东北,跨新塘。明崇祯十三年,里人邹道人建。

新塘桥。在县北十八里。明宣德四年,邑人高以平、朱孟昭建。

已上俱在城外。

浮桥。一在祝思渡,跨新洋江,东往嘉定等处。一在三江口,跨吴淞江,南往千墩各镇。一在形渡,跨吴淞江,西南往角直、长洲等处。志中所载,皆系石桥。已上三桥,并跨大江,架木高广,故附载焉。然吴淞江自古无桥,桥成草积,潮沙易聚,虽济来往,终非水利所宜,不若仍旧渡舡之善也。[亦一说,然如再生和尚大建祝思渡口桥,虽未坚固即毁,然其功亦不可没也。至于宜建与否,非大识大计不能断也。即如胥门万年桥,亦创所未有矣,宜考焉。]

井　泉

玉泉井。在马鞍山上。宋淳熙七年,僧妙因凿。

陆潜井。在县治东南甫库桥东。宋咸淳二年,邑人陆潜凿。

王桥井。在县治东南普济桥东。宋咸淳四年,邑人王得凿。

王珠井。在县治东南通阛桥东。宋端平三年,邑人王珠凿。

罗家井。在县治东杨篦箕巷。宋绍熙元年,邑人罗端凿。

陆资井。在县治西南成达坊内。宋绍熙四年,邑人陆资凿。

何寅井。在县治北鳌峰桥下。宋嘉祐十一年,邑人何寅凿。

张家井。在县治西北马鞍山前。宋绍定二年,邑人张忠凿。

义泉井。在县治东南岳庙前。宋淳祐三[1]年,邑人陆任凿。旧有亭,今废。

吕家义井。在县治西南邓家巷内。宋嘉定十三年,邑人吕珍凿。

解元井。在县治东北柴巷内,井栏刻"义井,先承常王解元建造"。宋嘉定十二年,里人陈令葵重修[2]。

沈家井。在县治西北半山桥北堍。元至正元年,邑人沈发凿。

颜氏井。在县治西北半山桥西公馆东。元至正十三年,邑人颜英凿。

祝氏井。在县治东北富春桥北堍高真堂内。明洪武二十六年,邑人祝氏凿。旧有亭,今废。

双井。在卫文节公祠前。成化中凿,邑人黄云有《记》,各有亭。

惠民双井。在县署前申明、旌善二亭南。明万历中,知县申思科凿,久已湮塞。康熙九年,知县王仲槐重浚。康熙十一年,知县董正位重建亭于上。

陈家井。在景德寺内东偏。明隆庆六年,邑人陈王政凿。

紫骝井。在县治东南东城桥北堍。明崇祯十四年,邑人叶奕荃、叶方恒凿。时亢旱,奕荃兄弟卖所乘马凿此井,故名。

愿丰井。在县治东北望山桥北。明崇祯十五年,大荒大旱,邑人王泂凿。

双眼井。在县治西北半山桥北。僧协机凿。

咸井。在小西门外咸井桥北,旧名通源。

畍浦井。在县治畍浦东祝公祠墓上。康熙十二年,里人潘慕山凿,建亭曰"荫远"。

杨巷井。在二保杨巷村,井上有亭。已上二井,往来者坐汲称便。

义井。蒋《志》云:"县城内外有井二十四处,八角石栏,上刻'义井'二字,若今之广济桥下、

1　三,据《嘉靖志》卷四补。

2　陈令葵重修,朱笔改为"陈令葵浚,王士骐解元重修,故名"。

万寿桥东、太原桥北、景德寺内、土山庙前,犹有存者。相传先朝有富翁凿之,便一方之民,惜其姓氏今无可考订。"

海眼泉。在县北马鞍山前,俗名三眼井。宋开宝六年,邑人宋德重修。

留爱泉。在小西门外驷马桥下。宋淳祐十年,主簿刘棠凿。后人思之,故名。

白泉。在县治东勋德名臣坊北,邑人叶国华茧园内。明崇祯八年,国华掘地得泉,味甘色白,有名贤题咏。

叶国华:细自虚岩落,划然何处潴。岂从抚掌得,似有隔云疏。月涨乳花内,春渐秀雪初。曾听庐岳瀑,此意或笺予。

陈儒宾:本是无源醴,宁当众壑潴。灵膏掊石出,玄乳带花疏。名在图经外,邮来水递初。一瓶如见遗,消渴或躅予。

王志庆:林塘据城邑,十亩结荒苔。已觉山长住,忽传泉自来。松声凉白月,茗色艳惊雷。永夜人无寐,潺潺咏溯洄。

[仁寿井。在至和塘九里桥,上覆以亭。康熙年间,里人朱九牧捐资浚,以便往来憩汲,侍御徐树庸记。]

卷　三

水　利

水利源委

　　吴地带江襟海,中汇为太湖。《禹贡》:"淮海惟扬州,三江既入,震泽底定。"苏郡属扬州,震泽即太湖也。受浙西六郡之水,其发源自天目,势如建瓴,其委流入东海,泄如尾闾。溯源导委,惟三江为咽喉。三江之说,汉唐以来论辨互异,吾昆归有光《水利书》、王同祖《三江考》,援引分疏为独详。按:自吴江长桥东北合庞山湖,出白蚬江,入急水港,由淀山湖迤入于海为东江。唐开元初筑捍海,而东江已塞。自庞山湖通大姚浦东北,流三折经昆山剿娘江,过石浦出安亭,至嘉定江湾,由上海黄浦入于海为吴淞江。自郡之娄门经昆山至和塘,由太仓刘家河入于海为娄江。此与顾夷《吴地记》[1]考证无异。若就昆言昆,西受太湖之委,两江贯注南北,诸湖漾众水环射,更以土田低洼,受水如盘盂。又邑之东南与太、嘉接壤,塍身高阜,一遇淫潦,水皆倒流,而西以昆为壑,皆因三江淤塞之故也。邑人王焕如号称掌故,其辑《水利全书》极为淹博,亦复精确,叙水脉云:"昆山之水皆自杨城[2]湖而来,湖西属长洲县,东界昆山。其西纳元和塘、尚泽荡;南纳吴泾、真义浦、黄浦、朱昌泾。又南通大虞浦、下里浦;北纳张茜泾、上元泾。湖之东,包湖、傀儡荡二水合而为一,东巴城湖、鳗鲡湖、施泽湖,自巴城湖而入;尤泾、温焦泾自鳗鲡湖而入,为柏家瀼;大泗瀼、牛尾泾、江家瀼自施泽湖而入,为碧泽潭;其南至和塘,塘之南即吴淞江。又南通淀山诸湖之水,由夏驾浦东北入刘家河,此昆水之大概也。"夫国家赋役皆出于田,民以田为命,田以水为命,污邪之畴,农人告匮,岁即丰稔,亩入担石,半输公府,歉即仰屋。迩年以来,十常八灾,追逋山积。康熙九年,震泽扬波,海潮腾涌,昆田高低尽淹,即邀恩蠲折,而国与民交病矣。尝读吴岩奏疏,条陈水利事宜,指其切要者四事。郏亶精于水利,所言六得六失载旧志,皆深中窾会。昔之论水利者,谓太湖水口茭芦围田,首宜开浚;三江故道沙土淤塞,

---

1　吴地记,《隋书·经籍志二》作"吴郡记"。

2　杨城,《嘉靖志》卷三作"阳城"。

急宜疏导。若夫昆之土田，西北常苦潦，东南常苦旱，低乡宜高筑岸塍以防水，高乡宜深浚干河以通水。然董治之法，惟在良有司，而兴大利、除大害，则在诸大臣。近奉纶音，轸念江南疾苦，停征蠲赋，又允抚臣题请留漕数万金，督开淞、娄两江，向之涨为平陆者，已得迅流而下，盖自夏忠靖、海忠介以后，再见之伟绩也。两江入海既经开浚，而昆之水道为塘为港，千支万派，若干河不治，支河不通，则水之蓄泄终失其利。故塘以行水，泾以约水，塍以御水，埭以潴水，遇淫潦可泄以去，逢亢旱可引以灌，庶三农永庆、国计永登矣。

合县水利图。

城内水利图。

水道分界

吴淞江分界水口

按《全书·吴淞江图》，属昆山者：西自界浦，与长洲分界；迤行而东，其南岸水道曰杨家港、时来港、安然港、西金家浜、大头港、小直港、少里浦、洛浦、大直浦、张浦、诸天浦、同邱浦、平阳口、鹤浦、小新塘、汤浦、蒋浦、漳潭浦、西浦、千墩浦、旧制江中有闸。脊浦、善浦、大浜浦、荡里浦、华庄浦、陈解浦、篡上浦、陈巷浦、萧市浦、通经浦、文浦、道褐浦、小浜浦、孟泾浦，至大石浦，与青浦县分界；其北岸水道，自界牌与长洲县分界，迤行而东，曰简浦、摄浦、真义浦、尤泾浦、陆家浜、径村浦、大虞浦、小虞浦、杨柳浦、蚂蚁浦、大潭、何泾、小浜、新洋江、西洋泾、南泾、团泾、新河港、西杨黎浜、陶仁浦、陈郎浜、络索浜、古闸口。方家浜、宋浦、天明浦、毛老浦、龙王庙、夏家浦、木瓜浦、真浦、砖街浦、金家浜、陈巷浜、朱明浦、鸡鸣塘、陈天浦、亦浦、杨浦、翔浦、黄市浦、蕉江、[赤浦、]瓦浦、永怀寺。北潎浦，至徐公浦，与嘉定县分界。自夏驾口至孙基浜，共长一万三千七百零一丈，于天顺三年开通。

历朝讲求水利，首重吴淞一江，而昆山居江之中段，西受太湖之水，东入于海。王焕如《图说》云：昆山壤地居苏郡之中，形如釜底，水道深广，不逮长洲、吴江而污潴倍焉。雨未经旬，丘塍尽没，一逢巨浸，登玉峰而目不睹青黄，农人虽勤治田力，窘培壅缺失，刈获恒余。就一邑而言，北境低区多于南境，然南境之邻于长洲、青浦者，其产卑洼亦难名状。历稽往牒，水年必厄，尤病于吴淞淀淤，西南二境之水横溢白茆，阻密西北无涯之水并来，仅娄江一线引注入海，游流于[于]徐徐，能敌驱放之猛急乎？谈水利者，至昆邑真可痛哭流涕。按：娄江自明季末年刘河口涨沙阻塞，直至太仓吴塘，海潮匀水不通，所云一线引注入海，此万历年事也。

按：夏忠靖公治水不全用力吴淞江者，盖是时江流尚未淤也。正统六年，周文襄公始治吴淞江，立表江心，尽去壅塞。天顺四年崔都御史恭、弘治七年徐侍郎贯、嘉靖元年李尚书充嗣凡三浚，自后水政不修，江流日塞，自徐公浦至黄浦出海处，俱成平陆，土人皆庐墓其上。至本朝康熙十年，抚臣马裕题请开浚，董其事者守道韩某、布政慕天颜，共襄厥功。凡用留漕银，民开所费，亦与公家相并云。

娄江分界水口 [1]

按《全书·娄江图》：西自界浦，与长洲县分界；其南岸水道曰真义浦、黄渎、平乐浦、尤泾、大虞浦、小虞浦。东南绕城为运河，西折西北贯城，而东为至和塘，出东水关，至玉虹桥，曰胡村；东为新洋江口、咸子泾、金鸡河、罗庄泾、千步泾、已上诸港并通吴淞。兵墟泾、南黄泥泾、南泥塘，又折而东南至界浦，与太仓州分界；其北岸自界浦迤而东，曰真义浦、直通巴城傀儡荡、城斜堰等湖荡。西亭子港、东亭子港、十五淹、西石溇、东石溇、九里桥河、六里垫河 [2]、大虞浦、三里桥河、白马泾、驷马桥水口，一折而北即至和塘，东入水关，西通巴城斜堰湖，入常熟界；其东自玉虹桥北岸曰夹潮塘、江梢[河]、驸马泾、金鸡河、杭塘泾、庙丫泾、清水港、北黄泥泾、北泥塘至吴塘，与太仓州分界。

王焕如《图说》云：娄江，一名下江，亦《禹贡》三江之一也。自苏城娄关而东，直达刘河入海，凡一百八十里。两岸港脉如蛇，是专受震泽西来之水，或由陆泾坝、沙湖、夷亭、真义浦，或由吴淞江、界浦，或由小虞浦，或由新洋江而入，谓之南路水；或由官渎泻阳城湖，水东行至傀儡、巴城等湖荡，出真义十五淹、高墟等港而入，谓之北来水。今止就昆山分界处分其水口如此。娄江水利关系太、嘉、昆之咽喉，不独泄太湖之洪流，亦东吸海潮以滋浸灌。自明季壅塞，水道不通，而昆之东南一带田俱版荒，课逋民窜。至康熙十一年，抚臣具题与吴淞一例开浚，海潮渐通，然自盐铁口至吴塘沿州西一带，内河尚浅，潮汐纤细，非力为深浚，旋就淤涨，当事者宜留意焉。

七鸦水口

吴郡泄水之要道，三江之外，苏有三十六浦，在常则有十四溇。若夫七鸦口，界在常熟、昆山之间，西受阳城诸湖之水以入于海。弘治十年，姚文灏力为开浚。时昆令张鼒果作疏导之事，常熟令杨子器又以旧治昆山素达水道，厥功告成。自刘河久淤，海舟出入皆由七鸦，至今赖之。

新洋江水口

江在县东六里，南自三江口，北至娄江玉柱塔，其东岸曰车塘、瓜渎、白芒浦；其西曰横塘、葛家渡、红庙渡，其流溉于冈身，其余支派皆通运河。

---

1 《嘉靖志》卷三云："至和塘即娄江故道，又名昆山塘。"
2 六里垫河，朱笔改"垫"为"店"。

丈额河形

昆山县城内河

至和塘、自留晖门起，至宾曦门水关，长六百九十丈三尺，面阔四丈，底阔三丈。许墓塘、长六十六丈，面阔二丈，底阔一丈四尺。山塘泾、长三百九十一丈，面阔二丈，底阔一丈四尺。迎钟浦、长三百三十四丈六尺，面阔一丈五尺，底阔一丈。新桥河、长一百五十丈七尺，面阔四丈，底阔三丈。学前河、长一百九十三丈三尺，面阔二丈五尺，底阔一丈四尺。南市河、长三百二十丈，面阔二丈，底阔一丈四尺。前后筛谷浜、长二百七丈，面阔二丈，底阔一丈四尺。西寺酒坊河、长一百三十一丈八尺，面阔一丈五尺，底阔一丈。里城河、长一百七十二丈八尺，面阔二丈，底阔一丈五尺。东市通阓河、长三百四十四丈，面阔二丈，底阔一丈五尺。进福南仓归家桥河、长三百九十八丈六尺，面阔二丈五尺，底阔一丈五尺。北仓河、长二百二十九丈四尺，面阔二丈，底阔一丈五尺。东城河。长二百一十丈，面阔一丈五尺，底阔一丈。

昆山县城外各乡河

干河：城濠。周围长二千六十一丈，面阔五丈不等，底阔三丈，自大东门起，小西门为运河。

支河：蔡泾、长九百八十丈，面阔四丈，底阔二丈。[1] 澜漕、长一千三百丈，面阔四丈，底阔二丈。金鸡河、长二千七百丈，面阔五丈，底阔三丈。中洛河、长九百丈，面阔三丈，底阔一丈五尺。汉浦塘、长三千一百四丈，面阔五丈，底阔三丈。黄昌泾、长一千八十丈，面阔四丈，底阔二丈。横塘、长二千一百六十丈，面阔四丈，底阔二丈。朱泾、长八百三十丈，面阔三丈，底阔一丈五尺。韩浦、长三百丈，面阔三丈，底阔二丈。朱明浦、长三百丈，西阔一丈五尺，底阔一丈。汛漕、长九百丈，面阔二丈，底阔一丈三尺。夹潮浦、长三百七十八丈，面阔二丈，底阔一丈五尺。石人泾、长一百二丈，面阔二丈五尺，底阔一丈五尺。孙泾浜、长六百七十六丈，面阔三丈，底阔二丈。牛尾泾、长六百丈，面阔三丈，底阔二丈。溢渎、长一百八十四丈，面阔三丈，底阔二丈。牛盛泾、长五百六十四丈，面阔三丈，底阔一丈。黄盛泾、长一百三十二丈，面阔三丈，底阔二丈。侯泾、长一百五十丈，面阔二丈，底阔一丈五尺。凡泾、长二百丈，面阔二丈，底阔一丈二尺。九里泾、长一百七十五丈，面阔三丈五尺，底阔一丈五尺。杖明泾、长一百七十四丈，面阔二丈，底阔一丈二尺。梅新泾、长二百七十丈，面阔三丈，底阔二丈。南梅泾、长二百八十丈[2]，面阔三丈，底阔二丈[一尺]。胡泾、长二百三十八丈，面阔三丈，底阔二丈一尺。黄泥泾。长三百九十丈，面阔三丈，底阔二丈。

干河：鸡鸣塘。自吴淞江起，至徐公浦止。长三千二十六丈，面阔四丈六尺，底阔二丈五尺。

支河：古木河、长一千二十丈，面阔二丈，底阔一丈二尺。蔡浦、长九百八十五丈，面阔二丈，底阔一丈二尺。邹浦、长一千一百丈，面阔二丈，底阔一丈二尺。黄墅浦、长一千二百七十丈，面阔

---

1 面阔四丈，底阔二丈，朱笔改"四"为"五"，改"二"为"三"。

2 长二百八十丈，朱笔改"二"为"四"。

二丈，底阔一丈二尺。

干河：朱泵塘。自瓦浦起，至徐公浦止。长一千一百五十九丈，面阔三丈，底阔一丈五尺。

支河：钱浦、长七百五十一丈，面阔三丈，底阔一丈五尺。寒石塘。长七百七十二丈，面阔三丈，底阔一丈。

干河：陈泾，自泗泾起，至虹泾止。长八百八十丈，面阔二丈，底阔一丈。

支河：陈浦、长三百八十丈，面阔二丈，底阔一丈。湄浦北段、长一百五十丈，面阔二丈四尺，底阔一丈二尺。湄浦南段。长八百八十丈，面阔二丈，底阔一丈二尺。

干河：至和塘，即运河，自留晖门水关口起，至三里桥止。共长七百八十七丈五尺，面阔七丈，底阔四丈。

支河：双航泾、长一千八十丈，面阔三丈，底阔一丈五尺。赵浦、长八百九十五丈，面阔四丈五尺，底阔三丈。洛浦、长二百丈，面阔三丈，底阔一丈五尺。顾宣港、长二百丈，面阔三丈，底阔一丈五尺。薛浦、长二百一十丈，面阔三丈，底阔一丈五尺。华家溇[1]、长二百二十丈，面阔三丈，底阔一丈五尺。盖浦、长一百五十丈，面阔三丈，底阔一丈五尺。张公底里浦、长五百五十丈，面阔四丈，底阔二丈。罗庄泾、长一千六百五十丈，面阔四丈五尺，底阔二丈五尺。横泾、长二百六十七丈五尺，面阔四丈，底阔二丈五尺。朱家泾、长二百六十七丈五尺，面阔三丈，底阔一丈五尺。千步泾、长二千三百一十七丈，面阔五丈，底阔二丈。平乐港、长七百六十六丈，面阔四丈，底阔二丈四尺。烧人港、长六百三一丈，面阔四丈六尺，底阔二丈。龚淮浜、长八百五十丈，面阔三丈，底阔二丈。唐泾、长一千九百三十五丈，面阔四丈，底阔二丈。清水港、东属太仓界。长六百三十二丈，面阔四丈，底阔三丈。太平河、长四百四十丈，面阔三丈，底阔二丈。庙浜、长一百八十二丈，面阔三丈，底阔二丈。白苧浦、长一千五百丈，面阔三丈，底阔二丈。侯沦浜、长一千一百八十丈，面阔二丈五尺，底阔一丈五尺。姚长浜、长六百五十丈，面阔二丈五尺，底阔一丈五尺。东金港、长四百丈，面阔三丈，底阔二丈。唐村港、长一百九十八丈，面阔三丈，底阔二丈。徐眉泾、长五百丈，面阔三丈，底阔二丈。六八泾、长三百丈，面阔三丈，底阔二丈。石头潭、长五十丈，面阔三丈，底阔二丈。西金港、长八十三丈，面阔三丈，底阔二丈。天仙溇、长一百六十丈，面阔三丈，底阔二丈。张乌泾、长七百二十丈，面阔二丈，底阔一丈二尺。黄泥港。长四百九十一丈，阔三丈，底阔二丈。

干河：千墩浦，自吴淞江起，徐泾口止。长二千三百七十二丈三尺，面阔七丈，底阔四丈。

支河：溢浦、长一千一百丈，面阔四丈，底阔二丈。沅陀泾、长五百五十八丈五尺，面阔三丈五尺[2]，底阔二丈。蒋泾、长七百六十六丈五尺，面阔三丈三尺，底阔一丈六尺。大段港、长二百六十四丈五尺，面阔四丈四尺，底阔二丈二尺。杨庄泾、长三百一十八丈五尺，面阔四丈，底阔二丈。信漕、

---

1 华家溇，朱笔改"溇"为"港"。

2 尺，底本作"丈"，据文意改。

长二百六十七丈，面阔四丈，底阔二丈。蔡夏港、长二百二十五丈，面阔三丈，底阔一丈七尺。南瓦浦、长二百三十六丈五尺，面阔二丈五尺，底阔一丈三尺。汤泾、长五百六十丈，面阔二丈，底阔一丈二尺。漳潭河、长一千二十丈，面阔三丈，底阔二丈。新塘、长一千三百八十六丈，面阔三丈，底阔二丈。陆虞浦、长一千一十二丈五尺，面阔四丈，底阔二丈。善浦、长五百七十丈，面阔三丈，底阔二丈。张明泾、长一百七十三丈，面阔三丈，底阔二丈。姚家泾、长一百八十八丈，面阔三丈，底阔二丈。石里泾、长四百六十丈，面阔三丈，底阔二丈。平林港、长三百丈，西阔三丈[1]，底阔二丈。鸟墩泾、长六百七十八丈，面阔四丈，底阔一丈六尺。牛漕泾。长六百一十丈，面阔三丈，底阔二丈。

干河：小虞浦，自北通至和塘，南至吴淞江止。长一千五百五十丈，面阔五丈，底阔三丈。

支河：诸天浦、长八百四十八丈，面阔五丈，底阔三丈。凡规河、长五百五十丈，面阔三丈，底阔二丈。张浦、长一千二百四十二丈，面阔三丈，底阔二丈五尺。马仁浦、长七百六十丈，面阔三丈，底阔二丈。杜盛浦。长四百三十丈，面阔二丈五尺，底阔一丈五尺。

干河：大瓦浦，自赤泾口起，至吴淞江止。长五千四百七十丈五尺，内四百四十丈，面阔七丈，底阔三丈；又四千七百三十丈五尺，面阔四丈，底阔二丈，与太仓州北界交错。除该州应开六百一十丈，本县止应开四千八百三十五丈五尺。

支河：蓬温泾、顾昌泾、长五百八十三丈，面阔三丈，底阔一丈五尺。陈潼泾、长五百丈，面阔三丈，底阔二丈。周家泾、长二百三十一丈，面阔二丈，底阔一丈二尺。蔡墓泾、长四十五丈，面阔二丈，底阔一丈二尺。

干河：北澥河。长六百七十丈，面阔二丈，底阔一丈二尺。

干河：大石浦。自吴淞江起，至白米泾止。长二千二百五十丈，面阔五丈，底阔三丈。

干河：道褐浦，自吴淞江起，至白米泾止。长三千四百四十四丈，面阔八丈，底阔四丈。

支河：郁家泾。长六百丈，面阔三丈，底阔二丈。

干河：夏驾河，自赤泾口起，至郭泽塘止。长二千四百五十丈，面阔七丈，底阔二丈[2]。查夏原吉浚吴淞江，水由夏驾而东北，入太仓之青鱼墩，出南马头刘家河入海。

支河：陶仁浦、长六百一十八丈，面阔三丈六尺，底阔二丈。西黄泾、长五百六十五丈，面阔三丈五尺，底阔二丈。汝沛浦、长六百二十丈，面阔三丈，底阔一丈五尺。陆家泾、长二百八十丈，面阔三丈，底阔一丈五尺。郁河浦、长三百丈，面阔三丈五尺，底阔二丈。徐浦、长六百一十二丈，面阔四丈，底阔三丈。杨间河、长九百五十八丈，面阔三丈，底阔二丈。瓜渎、长九百七十丈，面阔三丈，底阔二丈。唐家浜、长二百三十八丈，面阔二丈，底阔一丈。洛议河、长三百六十六丈，面阔三丈六尺，底阔二丈。宋浦、长七百二十四丈，面阔二丈，底阔一丈五尺。夏浦、长四百七十九丈，

---

1 丈，底本作"尺"，据文意改。
2 底阔二丈，朱笔改"二"为"三"。

面阔三丈,底阔一丈五尺。章泾、长三百丈,面阔二丈,底阔一丈二尺。里泾、长五百丈,面阔二丈,底阔一丈二尺。车塘、长一千六百丈,面阔四丈,底阔二丈。马路泾、长二千三百丈,面阔四丈,底阔二丈四尺。庙丫泾、长四百丈,面阔二丈,底阔一丈二尺。小夏驾河、长七百三十二丈,面阔四丈,底阔二丈四尺。汪庄泾、长三百丈[1],面阔三丈,底阔二丈。小瓜渎、长四百四十丈,面阔四丈,底阔二丈四尺。钱家溇、长一百二十八丈,面阔二丈五尺,底阔一丈五尺。黄蒲溇。长三十六丈,面阔二丈五尺,底阔一丈五尺。

干河:徐公浦。自吴淞江口至张监桥止。长一千八百三十八丈,面阔五丈,底阔三丈。

支河:泗泾、长八百丈,面阔四丈,底阔二丈。安亭浦、长一千一百五十七丈,面阔五丈,底阔三丈。时泾、长三百一十二丈,面阔二丈,底阔一丈二尺。梅段泾。长六百三十九丈,面阔三丈,底阔二丈。

已上诸水,共一百三十六,为干者一十四[2],为支者一百二十二,皆系江湖贯注,脉络相通,有关水利,故备考以资开浚。其河形俱照隆、万间官核丈尺,若吴淞、娄江,别为详考,其纡曲小水,但存其名,兹不载入。

治水纪绩

唐天祐元年,吴越钱氏命都水庸田司督撩浅夫浚治新洋江,兼浚横塘,通小虞浦。

宋至道二年,知苏州陈省华议筑昆山塘。

天禧二年,江淮发运副使张纶督知苏州,孙冕经划于昆山、常熟,导诸港浦泄湖水入海,复岁租六十万斛。

至和二年,昆山主簿丘与权筑昆山塘。皇祐间,发运使许某建议命王安石相视上奏,至是与权奋然身任,知郡事吕居简、知昆山钱纪同心计划,始克成塘,因名至和。自娄门至昆山六十余里,建桥梁凡五十二。

嘉祐三年,转运使沈立开顾浦。四年,昆山县丞沈吴名开新江。六年,两浙转运使李复圭、知县事韩正彦大修至知塘,浚白鹤汇。

崇宁四年,司封员外郎李公传等,疏导三江。提举两浙水利郏亶重浚白鹤汇。

大观元年,命疏导松江。三年,中书舍人许充凝开淘吴淞江,置闸。

宣和元年,知县吴昉修至和塘。

乾道元年,诏开昆山新洋江、至和塘。知平江府沈介奏状。五年,增置撩湖军兵专一管辖,不许人户佃种菱芡包围堤岸。

---

1 三百丈,朱笔改"三"为"四"。

2 为干者一十四,以上所列实为十三条干河,故诸水总计实为一百三十五条。

淳熙六年,发运使魏峻疏至和塘,东自夹潮塘,西至戴墟浦,亘四十余里。

元至元十三年,宣慰司朱清导娄江。

大德二年,诏都水庸田使董修筑田围,疏浚河道。八年,浙省平章政事燕只吉台彻里浚决吴淞江。十年,行都水少监任仁发浚吴淞江。

至治三年,诏开吴淞江、淀山湖及诸河渠,在昆山州者十一道,该工二万七千零。

泰定元年,行省左丞儿只班、知水利前都水少监任仁发浚治淀山湖。

至正元年,都水庸田使左答纳失里浚吴淞江。二十年,平江路通判邰肃大修昆山田围。

明永乐二年,户部尚书夏原吉治水吴淞南北滩涂及安亭等浦,又疏夏驾浦,掣吴淞之水北达娄江。

正统五年,巡抚周忱开修顾浦。六年,开塘泾、至和塘、黄昌泾、鳗鲡江,一时并浚。

天顺三年,巡抚崔恭浚吴淞江,檄苏州知府姚堂、昆山知县周敏、嘉定知县龙晋浚江,自夏驾口至白鹤港、卞家渡四千六十七丈;又自卞家渡至庄家泾五千五百六十七丈;又松江府自大盈浦至吴淞江巡司二万二千丈;又自新泾西南至蒲汇塘入江四千丈,并阔十四丈、深二丈;自曹家沟平地凿至新场至万余丈,深阔并与江同。

成化八年,巡抚毕亨、巡按郑绍、佥事吴瑞浚吴淞江,自夏驾口至徐公浦,凡一百三十里。十年,毕亨开吴淞江自夏驾口至西庄家港,共计一万一千七百七丈。嘉定分开六千三百五十三丈。

弘治四年,提督水利工部尚书徐贯与水利工部主事祝华,会同巡抚何鉴、知府史简开吴江长桥水窦,流太湖之水以及吴淞江。凡江口丛生荻苇,蔓延数千亩,悉垦除之。又开超钱塘,自昆山之太仓城外南关起,至嘉定之外冈,以此泄娄江之水,共长十八里。又起长洲、吴县、吴江、常熟四县夫十万五千余人,挑落白茆,并斜堰、七浦塘,长二万三丈余。按:昆山水利,吴淞一江以泄西南之水,斜堰、七浦以泄东北之水,若长桥水窦一淤,则吴淞之上流不通;白茆久塞,则浦堰之水不泄。徐公相厥形势,奏厥大功,继起者难其人矣。

弘治七年,徐贯开浚吴淞、白茆等江港。贯发民夫二十万浚吴江长桥水口,导左湖之水入淀湖、昆承、阳城等湖,而开吴淞江,并大石、赵屯等浦泄淀山湖,水由吴淞入于海。开白茆港,并白鱼浜、鲇鱼口等处,泄昆承湖水以注于江。开七浦、盐铁等塘,泄阳城湖水以达于海。设导河夫于沿塘,每年于均徭内编银贮库,以备修工雇募之用。

弘治八年,巡抚朱瑄淘三江、浚下流,杀湖水东泄之势,修娄江堤。十年,姚文灏修至和塘,东自新洋江口起,至九里桥,凡长四千九百六十五丈,用人夫九万六千五百工,计工直糜钱一百三十五万。十一年,工部郎中傅潮浚至和塘,并各泾、浦,曰尤泾、横泾、董昌浦、大虞浦、大石浦、徐公浦、顾浦，深比旧加倍。

嘉靖元年，巡抚工部尚书李光嗣，同分督水利郎中颜如环浚吴淞江，自夏驾口起，龙王庙旧江口止，共长六千三百三十六丈二尺，阔一十八丈，深一丈二尺。又开太湖上流七十二溇。又开赵屯、道褐、大盈等浦，以泄下流。

二年，林文沛开大虞浦，长一千八百二十二丈，以泄阳城湖水以入娄江。又与上海县同开吴淞江淤塞二段，共长四千三百七十七丈，使淀湖之水由江入海。

嘉靖四年，提督水利佥事蔡乾浚黄昌泾、土社塘、注浦、道褐浦，苏、松二府各有开浚。二十四年，巡按吕光洵开大瓦浦以溉昆东之田。二十五年，巡抚欧阳必进檄常熟县协助工力，置斜堰闸，石闸南北广二十四尺，东西广加五尺，闸之南向北，石堤纵十二丈五尺，西北俱称，是以捍冲激。按：设闸以防北来之海潮，自白茆塞而西北之水不通，今堰址尚存。三十六年，兵备佥事熊桴浚瓦浦。

隆庆二年，昆山浚全吴乡诸浦，循吴淞江两旁诸浦，帆归浦、张浦、诸天浦、同丘浦及溇泾浜并，乡人光禄寺署丞孟绍曾捐资开浚，不支官镪。

隆庆三年，巡抚海瑞大开吴淞江，共长一千五百七十一丈，查旧额阔三十余丈，议开一半，河面阔十五丈，底阔七丈五尺，深一丈五尺六寸，共计工银六万，仅两月而成，檄发各州县赃赎，并导河夫银、无碍银。五年，巡视下江兼督水利御史林应训浚吴淞江，自昆之漫水港至嘉定徐公浦止，长四十五里，面阔二十丈，深一丈二尺。又建千墩、夏驾口二闸，共银二万四千九百八十两，钱八万三千有奇，皆取办四府导河夫修河米、吏民超参辩复纳例及各衙门赎锾等项。林公于吴中水利建功最大，兹录其一端耳。

万历三十九年，知县祝耀祖筑至和塘，自城西问潮馆起，至长洲界浦，长三十三里，甃石成堤。四十三年，长洲知县胡士容筑塘，自娄门至昆山界，炮石建桥凡四十五里。

天启四年，知县闵心镜浚运河，自松江入境，运道长三千九百三十四丈八尺，阔一十二丈不等，支用导河夫银佐工。七年，巡抚李待问，檄太仓知州刘彦、昆山知县秦士奇，同嘉定谢三宾申详导河夫银贴助民力，浚夏驾河，长五千五十八丈，阔一十二丈，加深五丈。

崇祯元年，同知署昆山蒋尔第浚瓦浦，长六千四百二十丈，阔一十二丈不等，详支导河夫银佐工。十年，巡抚张国维重修至和塘。十六年，知县杨永言开浚夏驾河，南自吴淞江龙王庙起，北至小瓦浦，东通青鱼泾太仓界。时岁值大旱，河形久塞，东南土田多荒，永言照邑田津贴起夫力为开浚，至今赖其利。督工者邑庠朱集璜，殚厥心力，殉甲申之难，显灵为河神。

本朝康熙十年，巡抚马祐开浚吴淞江、刘家河，于海口置闸。知县董正位开大瓦浦，时开吴淞江，照田调用各县人夫。知县董正位申详抚道，免昆山人夫以浚瓦浦，官给工力之半。

吴淞、刘河淤塞已久，东南水利全湮。康熙九年，湖水滔天，自浙之嘉、湖及苏、松两郡，高低田塍尽没，饥民载道。浙抚范承谟移咨江南督抚两院，具题开浚，奉旨留漕折银数万，以济河工。吴淞江自徐公浦起至黄浦出海，娄江自太仓天妃宫至海口，皆于平地开凿，为工甚难。其深阔较原额可得十之五六，但所挑河泥多近拨两岸，恐雨淋潮激复被坍塌，是在后之贤者留心修筑，庶垂永利矣。

［雍正五年三月，钦差大人都统李淑德、两广总督孔毓玑[1]、东抚陈世琯开浚刘河，太仓、镇洋、嘉定、宝山共出夫二万名；昆、新两县贴夫五千名；官给每工银五分，余皆该县图书包办，约四五旬竣工。初苦繁费，而自后屡遭大水，不至全没者，始亦开浚之功也。］

［昆山水利议］[2]

［本朝孙元凯］

［昆山壤地，居吴郡之中，西迎太湖之水，东又扼于沿海冈身，所谓形如釜底是也。自吴淞壅淤，则西南之水横溢；白茆阻塞，则东北之水迸来。仅娄江一线，纤纤徐徐，引注入海，而近已填塞于海沙，则为昆山计，将如之何？四境田畴，惟东南壤接嘉定者，高亢苦旱；其南境之邻长洲、青浦者，即多卑洼。至于北乡，皆障水成田，水弥弥行堤外，常高于田数尺，暑雨一昼夜，几与江通。每大浸时，登玉峰一望，茫然为湖。农家鸡栖水窟，仅见屋角如螺耳。范成大《水利围田说》云："今之岸塍，去水无几，人单行犹侧足，坎坷断裂，累累如蹲羊伏兔。佃户贫下，至东作时举质备粮种，安所得余力及畚锸。妇子持木枚探污泥，补缀空缺，累块亭亭，一蹴便陨，谓之作岸，实可怜笑。霖雨时至，便与江湖同波。"嗟乎！此言其于昆邑低乡不啻如图绘也。是宜于边邻湖瀼处增筑长堤，使高五六尺，基广七八尺以上，必于岁冬水涸潦干时，手足所及，土皆可取，历春夏半年，虽有盲风淫雨，土已坚定，较之临时补缀，客土杌捏，岂可同年而语哉？至于东南高旱之地，惟在疏浚港沟，以引三江之水，大开吴淞、娄江，以利入海之道。使旱有所潴，潦有所泻，则高田常稔，而下田亦鲜患矣。］

1　孔毓玑，《清史稿》卷二百九十二作"孔毓珣"。

2　本篇及下篇《城内水道议》均以红格稿纸誊写，字体、版式有明显差异，且书口有"昆山新阳合志"字样，当系自《〔乾隆〕昆山新阳合志》（此后简称《乾隆志》）卷三十六移入者。查国图本无此两篇。江苏科学技术出版社整理本将此两篇冠以"水利文献"。

［城内水道议］

［孙元凯］

［昆山固娄曲古邑聚也，马鞍一峰，崒然峙于其北，而至和塘水从留晖门至宾曦，横贯于其中。自至和塘引之北达于拱辰门者，曰山塘泾；自至和塘引之南环于县治者，曰市河，俗称玉带河；其东近宾曦，引之南折而达于迎薰者，曰东城河；其西近留晖，引之南折而达于丽泽者，曰前、后筛谷浜。东城河尚有涓流而中灌于察院前者，西北已淤。前筛谷浜尚成通衢，而东注于后浜，及钱相、清风、明月三桥者，皆为居民所填占，构市廛于上。近丽泽门内，自舞雩桥达于陈老桥、莼菜桥者，尚通舟楫，而莼菜已东达迎薰门者，壅绝矣。启元桥以西，可达于状元桥，而高平桥以东，达于酒坊桥，贯于宝月桥者，壅绝矣。张家桥以西可达于无不利桥，而平桥以东，达于毛家桥，贯于北道堂桥者，壅绝矣。譬如人身，胸膈障绝，则百脉不灵，何以浚江湖之秀而通往来之利哉！至于玉带河淤塞，而县无行取之官，邑鲜高陟之宦，民无殷富，邑被干戈，其为腹心之患，有不可胜言者。从来主篆者屡欲疏之，而阻于豪门、大姓、市侩、奸徒，不能遂其事，大可叹也！若非大破情面，上请宪檄，按故道于版图，复河流于往昔，拆其占造之基，夷其霸筑之址，昆城水利日坏一日矣。倘其假开浚之名，肆苞苴之实，占屋不卸，占基不凿，虚应故事，贻害无穷，非生所乐闻也。至于环城浚濠，皆分引娄江之水，其自西南至东，直达玉虹桥者，即松江、太仓州运道，尤不可不时加疏浚也。］

水名分疏

名江者三：吴淞江、新洋江、剿娘江。

名湖者八：淀山湖、南属青浦。度城湖、马泾湖、包湖、巴城湖、鳗鲡湖、雉城湖、阳城湖。西属长洲县，东属昆山。

名荡者十四：双洋荡、白荡、盛荡、傀儡荡、亦名湖。郭荡、三分荡、西洋田荡、萧散荡、黄泥荡、葛家荡、陈墓前荡、陈墓后荡、阮家荡、杨仕荡。

名瀼者五：范家瀼[1]、朱寠瀼、柏家瀼、江家瀼、大泗瀼。

名㳇者十［四］：东溢㳇、西溢㳇、北新㳇、黄㳇、西黄㳇、溢㳇、东黄㳇、曹㳇、蛇㳇、官㳇、墅㳇、木瓜㳇、小瓜㳇、沪㳇。

名塘者五十一：至和塘、即娄江。七浦塘、北接常熟。山塘、甫里塘、马塘、上社塘、杭塘、历塘、西曹塘、西泾塘、东泾塘、许墓塘、顾泾塘、夹潮塘、石泽塘、马沙塘、汉浦塘、茆沙

---

1 范家瀼，《嘉靖志》卷三作"范青洋，旧名范家田"。

塘、今名毛屎。葑塘、大虞塘、六和塘、樱桃塘、孝义塘、横塘、官塘、四塘、东横塘、斜塘、娄县上塘、娄县下塘、杨林塘、驸马塘、雉城塘、圣王塘、古塘、曲塘、石塘、碛碶塘、横泾塘、车塘、郭泽塘、菇律塘、王孝塘、东曹塘、朱泉塘、鸡鸣塘、舍浜横塘、行孝塘、新塘、泥塘、吴塘。

名浦者一百八十一：夏驾浦、千墩浦、祥五浦、八尺浦、奇子浦、官墅浦、济浦、漫水浦、木瓜浦、戴浦、杜盛浦、溢渎浦、须浦、汉浦、秦浦、薛家浦、大虞浦、小虞浦、李箕浦、马仁浦、字禄浦、熊庄浦、老鸦浦、漕渎浦、浪墅浦、迎钟浦、蛇浦、任中浦、马路浦、潭市浦、韩浦、朱明浦、庄浦、葛浦、曹浦、广浦、冯浦、寒浦、真义浦、界浦、[长洲分界。]下里浦、墅浦、景浦、西设浦[1]、东设浦、心渎浦、丁浦、盖浦、良里浦、刹力浦、蒋浦、薛庄浦、平乐浦、即夏里浦。社城浦、卢浦、金浦、霜浦、锦溪浦、黄潭浦、白苎浦、秧浦、中赵浦、南赵浦、华翔浦、渡头浦、韩溪浦、西罗浦、石榴浦、三林浦、淙浦、赵浦、直浦、甪直浦、支浦、大直浦、小直浦、帆归浦、洛浦、浪浦、俞家浦、明浦、陈安浦、西涨浦、东涨浦、汴浦、张浦、滕浦、顾仙浦、诸天浦、薛浦、兵浦、罗力浦、亭洋浦、鱼连浦、同丘浦、甘子浦、漳潭浦、新漕浦、宋浦、一名芝浦，一名注浦。石幢浦、稍里浦、邵浦、甘册浦、宿浦、齐浦、横浦、大石浦、小石浦、道褐浦、陆虞浦、棠梨浦、溢浦、华庄浦、陈澥浦、善浦、牛春浦、春疑作脊。若里浦、潘村浦、太湖浦、小湖浦、白雉浦、张鹿浦、比弓浦、夏侯浦、市浦、天明浦、黄墩浦、杨闾浦、墅渎浦、陶仁浦、茅老浦、东茅老浦、宋浦、平巷浦、徐浦、洛舍浦、古木浦、砖街浦、城进浦、黄墅浦、鸭鳝浦、顾墓浦、大瓦浦、小瓦浦、北矮浦、潘孙浦、大须浦、小须浦、陈连浦、白莲浦、萧墅浦、留婆浦、北澥浦、徐公浦、嘉定分界。大顾浦、金灶浦、即盆浦。留灶浦、大瓜浦、北陈浦、白鹤浦、武桑浦、梅浦、陈源浦、张家浦、西宿浦、东宿浦、桑浦、邹浦、蔡浦、彭浦、沈浦、姚浦、杨浦、究浦、郏浦、胡浦、安亭浦、低里浦、澜漕浦。

名河者三十一：东市河、西市河、南市河、徐八道河、张河、顾宣河、严家河、黄墩河、兵墟河、章河、杨村河、白莲河、奇子河、新河、东新河、石牌河、太平河、汛漕河、庙河、唐家河、跄开河、甘子河、金鸡河、高墟河、九里桥河、三里桥河、牛桥河、马路河、洛议河、新开河、大南河。

名港者一百十三：清水港、白塔港、斜港、西泾桥港、东泾桥港、十乍人港、沿家港、龚家港、平港、景山港、马婆港、戈家港、邱家港、慢水港、陆泾港、安港、寺港、杨村港、马巷港、石墩港、徐家港、东横港、亭平港、陈墅港、武城港、蒲城港、菱港、赵灵港、帆归港、张河港、李舍港、槐树港、檀树港、冯栗港、裴庄港、潮生港、马港、诗墩港[2]、双漕港、老鸦港、

1　西设浦，"设"旁墨笔批"薛"字。

2　诗墩港，朱笔改"诗"为"许"。

中巷港、西方港、大漕港、平林港、潮山港、雉城港、赵巷港、叶师港、菂家港、支家港、雷家港、庄港、打开港、严家港、横瞻港、南庄港、白方港、杨庄港、洙泗港、宋家港、王家港、及墅港、斜泾港、毛沙港、北横港、渡船港、俞巷港、三家址港、蒋港、丁家港、木行港、大段港、唐市港、车塘港、白老鼠港、黄家港、西金港、陆家港、九曲港、唐村港、金山港、鲍家港、冯家港、盛家港、陈巷港、耘田港、黄家港、莫家港、屋田港、鸡庄港、华翔东港、华翔西港、马堰庄港、老鸦窠港、酌水庙港、计家墩港、西盛港、东盛港、西戈家港、东戈家港、西清水港、长嘴港、杜痴港、张家舍港、上明田港、横塘港、沙盆港、夏家港、钟家港、北斜港、穿心港、度城后港、花田港。

名泾者五百有一：山塘泾、木人泾、尤泾、曹渎泾、司马泾、丁丫泾、牛车泾、陈段泾、王巷泾、黄昌泾、陆家泾、李巷泾、菜花泾、沙泾、金坟泾、王巷泾、龙泾、双泾、牛尾泾、唐泾、学堂泾、郏浦斜泾、张胡泾、鱼直泾、牛轮泾、聪明泾、郜黄泾、黄墓泾、东郜黄泾、钱家泾、米立泾、官渎泾、白马泾、陈墓泾、潘泾、侯泾、董家泾、仙人泾、西侯泾、沈巷泾、牛阳泾、石梅泾、张居泾、卞里店泾、湖泾、蔡丫泾、石人泾、景泾、界牌泾、吴泾、儿市泾、李源泾、丁泾、张婆泾、千步泾、王仁泾、稍马泾、古娄泾、斜泾、潘笠泾、丁泽泾、梅心泾、穿心泾、孙泾、五戒泾、杨秀泾、顾全泾、宋泾、朱沥泾、驷马泾、西蒋泾、盛泾、渔连泾、上元泾、顾市泾、澜泾、康泾、曹泾、曹间泾、杨襄泾、五里泾、翁家泾、九里泾、长寿泾、状元泾、刁泾、古泾、华家泾、葛泾、通彝泾、驸马泾、陆泾、榆树泾、石狮泾、张庄泾、泥塘泾、张信泾、张巷泾、师姑泾[1]、周家泾、鳗鲡泾、徐惟泾、梅里泾、李思泾、老鸦泾、长泾、章泾、施泽泾、黄茜泾、温焦泾、五千泾、三千泾、雉城泾、前吴泾、东西吴泾、杨巷泾、仓泾、殷泾、及墅泾、莲池泾、黄芦泾、姜老泾、杨丫泾、罗庄泾、朱舍泾、大渭泾、大南泾、小南泾、长对泾、放生泾、金丝泾、前巷泾、庙泾、桐泾、古塘横泾、古塘泾、辛家泾、毛泾、官泾、山池泾、光泾、张蔓泾、直泾、管泾、小徐泾、汪家泾、南漫泾、北漫泾、王家泾、邵里泾、直上泾、葛上泾、吴巷泾、杨华泾、横丫泾、寸心泾、季心泾、界泾、张冶泾、盛家泾、施泾、姜里泾、马尾泾、荡泾、张钓泾、盛漕泾、大慈泾、新泾、潘昌泾、邵泾、徐泾、刹力泾、东白米泾、庵泾、滕老泾、沈连泾、竹墩泾、东管泾、西管泾、董泥泾、庙堂泾、王墓泾、白段泾、傍学泾、陈隆泾、韩家泾、东横泾、西横泾、石牌泾、戴段泾、夏段泾、梅简泾、郭荡泾、茶曹泾、庄碶泾、葛蒲泾、泖泾、南庙泾、北庙泾、东庙泾、西泾、石官人泾、安里泾、斜路泾、周泾、陈庄泾、茹香泾、朱泾、水路泾、陈门泾、黄泥泾、坊巷泾、寺巷泾、南乌墩泾、北乌墩泾、古子泾、锦泾、六千泾、杨村泾、陆墓泾、吴贤泾、南横泾、许沙泾、方泾、大漕泾、小钱泾、陶塾泾、黄土泾、请粮泾、徐姑泾、东泾、汤泾、支泾、心泾、乌墩泾、良泾、香花泾、北尤泾、西白米泾、

---

1 师姑泾，朱笔改"姑"为"古"。

七浦泾、叶泾、方盛泾、八千泾、大潭泾、千万步泾、施家泾、双巷泾、郁家泾、诸昌泾、黄钓泾、汉泾、马连泾、北管泾、梅星泾、寒泉泾、马跳泾、度城泾、张泾、白蜡泾、百劳泾、里泾、刁泾、李家泾、斗门泾、草罗泾、江庄泾、章河泾、邵庄泾、印泾、东全泾、石灰泾、杨心泾、神童泾、马路泾、大蒋泾、连水泾、陈从泾、小蒋泾、西杨间泾、黄邹泾、彭段泾、沈桥泾、颜巷泾、杨泾、金镜泾、姚家泾、木叶泾、庙丫泾、独儿泾、秀才泾、搭头泾、赵段泾、杏泾、新丰泾、马新泾、陈颜泾、陡门泾、官鸭泾、陆巷泾、汪庄泾、南北殷泾、徐公泾、齐眉泾、孟泾、马塘泾、菱段泾、顾皋泾、东段泾、葫芦泾、五界泾、顾潮泾、午泽泾、史泾、湖浦泾、白西段泾、东阳〔泾〕、大新泾、上央泾、钱思泾、慈泾、诸泾、姜老鸦泾、温招泾、诸木泾、四段泾、蛇淏泾、葑泾、雉泾、钱泾、干泾、夹泾、郭泾、内钱泾、戴泾、赵泾、黄墩泾、洋漕泾、李泾、黄澄泾、甲泾、何泾、巷泾、腰泾、庄家泾、严庄泾、张师泾、木瓜泾、西河泾、西陆泾、吕公泾、陈泾、韩泾、顾昌泾、瞿庄泾、蔡墓泾、中城泾、石丫泾、官路泾、新开泾、薛家泾、度城庙泾、田溇泾、若塾泾、野儿泾、鸭头泾、高泾、赤泾、安亭泾、杜家泾、徐家泾、葑泾、<small>前有此未知孰是。</small>鹤田泾、许家泾、董段泾、梅段泾、朱同泾、马湖泾、戚虞泾、横村泾、迮泾、中泾、泗泾、焦墩泾、南潘泾、吴潭泾、周义泾、西沙泾、赵屯泾、南徐泾、泗桥泾、陆绪泾、朱村泾、严家泾、寺巷泾、北徐泾、麻城泾、北潘泾、六如泾、窑灶泾、朱新泾、张靡泾、牛腰泾、石溇泾、万六千泾、东麻城泾、据庄泾、支段泾、南支段泾、戴巷泾、张连泾、牛草泾、项连泾、管家泾、倪家泾、王胡泾、陈树泾、何庄泾、朱思泾、严泾、鳅洞泾、流浪泾、妙安泾、东潘泾、西潘泾、丁乱泾、谢胡泾、牛洞泾、螺蛳泾、北庄泾、庙段泾、丫泾、六集泾、戴家泾、朱至泾、潮庭泾、黄丫泾、寺泾、乙泾、北泾、谈泾、张老泾、蔡泾、金泾、马泾、丫泾、黄封泾、许子泾、雍里泾、戈泾、汗泾、鲍泾、市泾、吴庄泾、薛丫泾、黄草泾、外泾、何店泾、千泾、狄家泾、陆泾、庄泾、中路泾、杭塘泾、张妙泾、色泾[1]、萧泾、严段泾、沙泥泾、夏公泾、张乌泾、茭门泾、陆华泾、孟连泾、顾垂泾、猪头泾、川洪泾、石头泾、杭泾、朱家泾、凤泾、蒋泾、时泾、川泾、湛泾、吴家泾、庙河泾、横泾、历塘泾、枯竹泾、大莳泾、小莳泾、洗段泾、丰泾、侯家泾、混泥泾、燕泾、黄泾、小黄泾、盛彭泾、朱泽泾、戴项泾。

名浜者七十九：筛谷浜[2]、唐家浜、马家浜、汤家浜、钱王浜、砖街浜、罗浜、浦家浜、潘段浜、陈巷浜、六和浜、竹墩浜、和尚浜、何家浜、李家浜、陶家浜、黄家浜、郁家浜、郭泽塘浜、西陈浜、王家浜、陈家浜、叶家浜、朱浜、学堂浜、小凌浜、相公浜、高淞浜、徐家浜、北亭浜、螺蛳浜、薛家浜、许家浜、邵家浜、掘剩浜、北塔浜、金家浜、舍浜、张家浜、曹礼浜、张童浜、宋家浜、侯家浜、周家浜、章浜、陆家浜、卢家浜、倪家浜、马家浜、鸭脚浜、杨家

1　色泾，朱笔改"色"为"包"。

2　《嘉靖志》卷三云："筛谷浜，在县西二百步，俗名师姑浜。"

浜、孙泾浜、吴家浜、三千浜、陈郎浜、唐家浜、方家浜、西毛老浜、新浜、陶墩浜、杨树浜、三里浜、黄沙浜、蔡家浜、桃花浜、郏家浜、小娄浜、庄家浜、护竹浜、丁家浜、安然浜、盛浜、孟家浜、邵安浜、万家浜、牛车浜、杨林浜、虾蟆浜。

名潭者五：黄潭、漳潭、大潭、李白潭、吴潭、万丈潭、在更楼桥。五魁潭。东寺后。

名漕者九：湖漕、汛漕、洋漕、澜漕、［横漕、］南漕、姚章漕、双漕、马鞭漕、大漕。

名沟者五：郏沟、隔沟、蒲沟、鲍家沟、前舍沟。

名溇者二十二：溇之名不可胜纪，兹就其有关水利者志之。火烧溇、鸭头溇、田溇、张家溇、西汀溇、龙骨溇、方家溇、掘头溇、赵思溇、石溇、黄泥溇、万八溇、马婆溇、严家溇、腰溇、陆婆溇、六千溇、丫溇、学堂溇、舍下溇、界溇、杨家溇。

名湾者二：鹤头湾、吴家湾。

名口者二：七鸦口、船坞口。

名坝者一：冯家坝。

名堰者二：斜堰、马堰。

卷 四

户 口

丁者,民数也。《周礼》献民数,则拜而受,宜首重矣。然吴中土沃民稠,例不尽人入册,家有几口,籍仅一丁,故事然也。迨明季赋法变,而丁随田辨,增减之数尤忽焉不考,故止存田《志》所载。万历以后,并入税粮部中。皇朝赋法仍旧,故亦不另详。

宋祥符间。户一万六千三百四十八,口十万八千六百九十三。

庆元间。户三万八千九百四十二,口一十二万[1]。

淳祐间。户四万五千三百六十三[2],口十三万四千五百。

元缺。

明洪武间[3]。户九万九千七百九十,口三十九万三百六十四。

永乐间。户七万八千八百六十四,口三十三万六千五百五十九。

宣德间。户六万七千一百零三,口二十三万四百八十四。

正统间[4]。户六万四千一百一十七,口二十三万九千五百五十九。

景泰间。户六万六千三十七,口二十四万二百五十一。

天顺间[5]。户七万三百三十六,口二十三万八千七百九十一。

成化间[6]。户七万六千八百六十九,口二十三万八千七百七十九。

弘治间[7]。户八万五千六百三十六,口二十六万四千四百二十九。弘治十年,新设太仓。分去户二万六千三百五十四,口七万五千六百七十。

1　口一十二万,据《嘉靖志》卷一补。

2　六十三,《嘉靖志》卷一作"六十八"。

3　洪武间,《嘉靖志》卷一作"洪武九年"。

4　正统间,《嘉靖志》卷一作"正统七年"。

5　天顺间,《嘉靖志》卷一作"天顺八年"。

6　成化间,《嘉靖志》卷一作"成化八年"。

7　弘治间,《嘉靖志》卷一作"弘治五年"。

正德间[1]。户七万九千八百四十二，口一十三万三千九百七十四。

嘉靖间。户八万七千六百八十，口一十四万五百六十。

隆庆间。户八万一千四十三，口一十三万二千八百二十八。

万历间。数见《税粮》门，后同。

按：故明役册有老丁，曾玄相传，历世不销者也；有附丁，有田则立，产尽即销者也。自康熙元年行均田法，而丁数亦均入图、甲，随田输银，老丁尽废矣。《全书》开载有当差之丁，有事优免之丁。夫民之有丁在籍者，十不一二，公家事勾差亦不按册上之丁。缙绅举贡，例当优免，亦不见所免之丁在何图、何甲。册有虚名，人无实惠，亦不之问，愈以知吴人所重在赋，不在丁也。

田赋上

昆赋之重，曷始乎？始于明也。元季吴多富民，维昆尤众。自淮张破而骤加郡赋，昆亦从之，名为仇张，实属民矣。考旧志，如知县芮翀奏免包荒田粮十八万三千有奇，此永乐间事；知府况钟奏减秋粮十五万三千有奇，此宣德间事。时加赋未久，递有减除，后且为定额矣。至于民贫赋逋，逃亡相继，田日荒而赋如故，令兹土者实难。今考自宋以来税粮之数，并列于篇，则明赋加重十倍于前，其时属吴民不较然乎[2]？后之君子其急思所以振拣之，作《田赋志》。

田地荡科额数

田

三斗三升五合，田九千五百一十九顷五十八亩七分七厘二毫。共平米三十一万八千九百六石一斗八升八合六勺。

三斗二合六勺，田九十五顷二亩五分三厘六毫。共平米二千八百七十五石四斗六升七合四勺。

三斗，田一十八顷二十八亩五分五厘九毫。共平米五百四十八石五斗六升七合七勺。

二斗八升，田四顷一亩九分一厘三毛。共平米一百一十二石五斗三升六合六勺。

二斗六升一合，田六顷五十亩二分九厘九毛。共平米一百六十九石七斗二升八合。

二斗五升五合，田一顷八十六亩三分。共平米四十七石五斗六合五勺。

二斗五升六勺，田八十七顷九十亩三分四厘九毫。共平米二千二百二石八斗六升一合

1　正德间，《嘉靖志》卷一作"正德七年"。

2　其时属吴氏不较然乎，朱笔改"时属"为"特厉厉"。

四勺。

二斗五升，田六十七顷三十八亩九分三厘七毫。共平米一千六百八十四石七斗三升四合三勺。

二斗二升七合，田三十七顷八十二亩三分二毫。共平米八百五十八石五斗八升二合五勺。

二斗二升二合五勺，田七十顷七分三厘九毫。共平米一千五百五十七石六斗六升四合四勺。

二斗二升，田六百三十八顷二十五亩四分八毫。共平米一万四千四百十一石五斗八升九合八勺。

二斗一升二合，田四十四顷五十七亩八分八厘六毫。共平米九百四十五石七升二合。

二斗八合七勺，田九顷二十四亩三分四厘六毫。共平米一百九十二石九斗一升乙合。

二斗，田二百六顷四十三亩二分四厘二毫。共平米一百二十八石六斗四升八合四勺。

一斗八升，田一顷八十六亩三分。共平米三十三石五斗三升四合。

一斗七升，田二十九亩三分一厘七毫。共平米四石九斗八升二合九勺。

一斗五升九合四勺，田一十顷七十亩六分三厘三毫。共平米一百七十石六斗五升八合九勺。

一斗五升三合，田七亩一分一厘七毫。共平米一石八升八合九勺。

一斗五升，田一十四顷七十二亩八分九厘六毫。共平米二百二石九斗三升四合四勺。

一斗四升三合一勺六抄，田九十六亩四分六厘四毫。共平米一十三石八斗九合九勺。

一斗四升一合三勺，田八十亩五分七厘。共平米一十一石三斗八升四合五勺。

一斗二升五合六勺八抄，田五十九亩二分五厘九毫。共平米七石四斗四升七合七勺。

一斗，田一百五十七顷五亩一分八毫。共平米一千五百七十五石五斗一升八勺。

八升，田二十一顷四十六亩五分七毫。共平米一百七十一石七斗二升六勺。

五升一合五勺八抄，田一十八亩四分七厘。共平米九斗五升二合七勺。

五升，田二顷二亩三分一厘。共平米一十石一斗一升五合九勺。

三升，田八亩九分六厘二毛。共平米二斗六升八合九勺。

地

二斗二升，地一百五十四顷九十五亩五分三厘一毛。共平米三千四百九石一升六合八勺。

一斗三升一合五抄，地七亩七分七厘。共平米一石一升八合二勺。

一斗三升，地四分。共平米五升二合。

荡

三斗三升五合，荡一十九顷一十一亩二分四毫。共平米六百四十石二斗五升三合三勺。

三斗三升，荡二亩二分五厘一毫。共平米七斗四升二合八勺。

三斗二升五合二勺一抄，荡一十五顷八十八亩八分八厘四毫。共平米五百一十六石七斗二升二合。

三斗，荡八亩九分七厘一毛。共平米二石六斗九升一合三勺。

二斗九升八勺五抄，荡二顷三十五亩一分九厘四毫。共平米六十八石四斗六合二勺。

二斗八升，荡三亩二分二厘三毫。共平米九斗二升四勺。

二斗七升九合五勺，荡六十七亩五分六厘一毛。共平米一十八石八斗八升三合三勺。

二斗六升二合三勺，荡六顷一十三亩二分八厘四毫。共平米一百六十石八斗六升四合四勺。

二斗五升，荡一顷六十六亩五分二厘六毫。共平米四十一石六斗三升一合三勺。

二斗三升，荡一顷四十二亩一分。共平米三十二石六斗八升三合。

二斗二升，荡二十顷二十二亩九分一厘六毫。共平米四百四十五石五升一合四勺。

二斗一升，荡八十八亩四分五厘。共平米一十八石五斗七升三合。

二斗三合九勺，荡一十一亩七分七厘。共平米三石四斗。

二斗，荡七十顷九十三亩五分九厘一毫。共平米一千四百一十八石七斗一升八合二勺。

一斗九升，荡五顷四十一亩五分六厘一毫。共平米一百二石八斗九升六合六勺。

一斗八升三合，荡四十亩四分三厘。共平米七石三斗九升八合七勺。

一斗八升二合[五勺]，荡三十四亩五分五厘。共平米六石三斗五合四勺。

一斗八升，荡三十亩四分四厘二毫。共平米五石四斗七升九合六勺。

一斗七升，荡七顷四十八亩七厘九毫。共平米一百二十七石一斗七升三合四勺。

一斗六升，荡七亩七分二厘。共平米一石二斗三升五合二勺。

一斗五升，荡五十四顷四十七亩九分四厘五毫。共平米八百一十七石一斗九升一合八勺。

一斗四升一合三勺，荡一顷五十三亩五分三厘。共平米二十一石六斗九升三合八勺。

一斗四升，荡二十亩九分九厘。共平米二石九斗三升八合六勺。

一斗三升，荡一十六顷四亩七分八厘四毫。共平米二百八石六斗二升一合九勺。

一斗二升，荡四顷二亩四分六厘九毫。共平米四十八石二斗九升七合。

一斗一升，荡四亩。共平米四斗四升。

一斗，荡一百八十二顷六亩三分二厘九毫。共平米百八十二石六斗三升二合九勺。

九升六合三勺，荡一十七亩五分六厘。共平米一石六斗九升一合。

八升，荡四顷九十四亩五分九厘六毫。共平米三十九石五斗六升七合七勺。

七升五合，荡五十三亩四分五厘。共平米四石八合八勺。

七升，荡五顷三十五亩七厘四毫。共平米三十七石五斗二合一勺。

六升，荡四十一顷二十九亩九分八厘六毫。共平米二百四十七石七斗九升九合二勺。

五升七合，荡二亩一分六厘七毫。共平米一斗二升三合五勺。

五升三合三勺，荡五顷一十八亩九分九厘四毫。共平米二十七石六斗六升二合四勺。

五升，荡六十三顷九十五亩二分五厘八毫。共平米三百一十九石七斗六升二合九勺。

三升二合三勺，荡八十四亩一分六厘八毫。共平米二石七斗一升八合六勺。

二升，荡七顷六十亩三分五厘二毫。共平米二十二石八斗一升六勺。

以上系《赋役全书》原额。

康熙五年丈增田荡科额数

田

乙顷七十三亩七分七厘七毫。

三斗三升五合，田二分。该平米六升七合。

三斗，田二分四厘。该平米七升二合。

二斗五升，田二亩五分四厘五毫。该平米六斗三升二合五勺。

二斗二升，田一亩。该平米二斗二升。

二斗，田二十七亩六分七厘五毫。该平米五石五斗三升五合。

一斗五升，田六十五亩一分六厘七毫。该平米九石七斗七升五合。

一斗，田五十亩五厘。该平米五石五合。

五升，田二十六亩九分。该平米一石三斗四升五合。

荡

三斗三升，佃一亩。该平米三斗三升。

六升，荡四亩五分。该平米二斗七升。

五升，荡二亩五厘。该平米乙斗二合五勺。

按：田则之高下，《全书》开载虽详，而业户按亩输粮，紊乱已久，百无一准矣！其弊始于买卖之时、推收之际，卖有主更易者，有里书飞洒者，有点仆移换者，种种不可究诘。更有虚粮之累，大家立户动经年所，出入既多，经管不一。稍不精察，必有遗漏。积丝忽而成分，积毫厘而成亩，始焉不觉，终为版籍赔累无穷矣。百年之弊，欲于一旦清之；千万人之弊，欲借一二人清之。苟非贤令主持，贤士大夫佐理，殚几人之虑，竭累年之功，恐难洞彻，今且有其机矣！廉公不染，刚执不挠，精察不蒙，其庶几乎？

前朝税粮数

宋景德祥符间。夏税，丁身盐钱三千六百余贯，绢一万五千三百四，绸七百七十四，绵一千三百两。秋苗米一十万石有奇。

庆元间。夏税比前一倍其数。绵比前十倍其数。秋苗米比前加八十担。

嘉定间。夏税，折帛和买钱六万三千一百三十三贯九百五十七文。秋苗米五万九千八百四十七石五斗九升。

咸淳间。夏税，绢七千一百四十四匹三丈一尺二寸。秋苗米[1]五万四千四百五十七石二斗一升六合。

元本州该田一千六百四十五围。延祐四年，行经理法，悉以上、中、下三等八则计亩起科。

明洪武间[2]。田地一万二千五百四十一顷四十三亩七分。夏税，丝二万七千九百二十两六钱八分八厘零，麦二万一千六百七十[四]石八斗六升五合六勺，豆一十七石五斗六升二勺[3]，钞四百一十五贯一十六文，菜子一十五石四斗九升，蓝靛九百九十二斤八两。秋粮，米正耗五十一万四千二百六十石九斗六升三合零。

永乐间[4]。田地二万五千四百二十六顷四十八亩。夏税，丝四万五千一百九两八钱八分零，麦一万九千六百六十二石三斗四升二合，钞四百七十五贯七百三十文九分九厘。秋粮，米正耗五十七万七千二百八十四石四斗三升二合四勺，桑丝二百四十六两四钱三厘。花果树三株，钞三百文。

宣德间[5]。田地一万六千一百六十三顷六十九亩六分三厘三毫。夏税，丝四万六千七百九两七钱五分三厘，麦一万九千六百六十二石四斗六升七合，钞五百三贯六百四十六文。秋粮，米为宽恤事，减除一十五万三千七百四十四石七斗三升一合三勺。此即周文襄、况知府由算奏减之数，实征米四十二万九千四百三十七石一斗三升六合三勺，马草八万八千四百三十二包五斤，桑丝二百四十六两四钱三厘，花果树钞三百文。

正统间[6]。田地一万六千八百八十七顷二十四亩三分八厘二毫。夏税，丝五万二千四百五十九两三钱六分五厘，麦一万六千七百一十五石五斗二升一合五勺二抄，钞六百五十二贯六百三十一文。

---

1 米，据《嘉靖志》卷一补。
2 洪武间，《嘉靖志》卷一作"洪武四年"。
3 升二勺，据《嘉靖志》卷一补。
4 永乐间，《嘉靖志》卷一作"永乐元年"。
5 宣德间，《嘉靖志》卷一作"宣德十年"。
6 正统间，《嘉靖志》卷一作"正统七年"。

秋粮,米正耗四十一万二千六百九十六石四斗六升五合九勺,马草九万八千八十包五斤一十一两七钱一分,桑丝二百四十六两四钱三厘,花果树钞三百文。

景泰间[1]。田地一万七千六百六十二顷六十九亩二分九厘。夏税,丝五万五千二百一十九两二钱八分九厘一毫七丝,麦一万六千七百一十六石三斗九升二合三勺五抄,钞一千四百七十五贯七百二十八文五分七厘。秋粮,米正耗四十一万五千七百八十二石六斗三升三合三勺八抄,马草一十万一千二百七十九包二斤三两八钱九分二厘,桑丝二百四十六两四钱三厘,花果树钞三百文。

天顺间[2]。田地一万七千六百五十顷一十亩。夏税,丝五万五千五百四十五两六厘,麦一万六千七百一十六石七斗二升九合五抄,钞二千六十七贯六十二文八分。秋粮,米四十一万五千九百八十一石八斗三升八合二勺,马草一十万二千四百五包五斤一十五两二钱五分六厘[3],桑丝二百四十六两四钱三厘,花果树钞三百文。

成化间[4]。田地一万七千八百六十四顷二十七亩九分九厘八毫。夏税,丝五万五千五百八十一两一分六厘,麦一万六千七百一十七石六斗二升四合二勺,钞二千七十三贯三百三十九文四分。秋粮,米四十一万六千三百六十三石九斗九升三合二勺,桑丝二百四十六两四钱三厘,花果树钞三百文。

弘治间[5]。田地一万七千八百七十顷三十亩八分七厘八毫。夏税,丝五万五千五百九十八两九钱七分一厘七毫,麦一万六千七百一十七石六斗二升九合六勺,钞二千七十七贯六百六十五文二分五厘。秋粮,米四十一万六千三百九十一石五斗三合,桑丝二百四十六两四钱五厘,花果树钞三百文。

弘治五年,设太仓州,分去官民田地五千二百二十一顷一十六亩零。夏税,一万五千四百九十五石,桑丝二万一千一百七十两。秋粮,米一十二万七千五十四石,农桑丝一百八十七两,马草三万六千六百九十七包七斤有零。

正德间[6]。田地一万二千一百四十九顷四十亩五分四厘四毫。夏税,丝三万五千五百五两四钱六分三厘,麦一千一百一十一石八斗七合八勺,钞一千六百六贯八百五文九分八厘。秋粮,米二十九万六千四百五十二石五斗四升九合三勺,桑丝一百八十三两七钱五分七厘五毫,花果树钞三百文。

嘉靖间[7]。田地一万二千一百四十九顷四十亩五分四厘四毫。夏税,丝三万五千五百五

1　景泰间,《嘉靖志》卷一作"景泰三年"。

2　天顺间,《嘉靖志》卷一作"天顺六年"。

3　五分六厘,据《嘉靖志》卷一补。

4　成化间,《嘉靖志》卷一作"成化八年"。

5　弘治间,《嘉靖志》卷一作"弘治五年"。

6　正德间,《嘉靖志》卷一作"正德七年"。

7　嘉靖间,《嘉靖志》卷一作"嘉靖元年"。

两四钱六分三厘，麦一千一百一十五石八斗七合八勺，钞一千六百六贯八百五文零[1]。秋粮，米二十九万六千四百五十二石五斗四升九合三勺，桑丝一百八十三两七钱五分七厘五毫，花果树钞三百文。

嘉靖十六年，户部题复礼部尚书顾鼎臣题："财赋出于东南，而苏、松视他郡为尤重；田粮定于版籍，而欺阴洒派等弊在今日为尤多。盖官吏更代不常，而里书飞诡益甚，致小民税存而产去，大户有田而无粮，害及生民，大亏国计。奉旨行抚按官，着各该知府亲诣州县，用心清核。"是年，巡抚欧阳必进[2]议以八事定税粮，以九事考里甲，以二事定均徭，厘为赋役册。民间输纳，止分本折二色。此一条鞭征及《赋役全书》之所自始。至三十三年，加编练兵银；三十六年，加编工部四司工料银。

隆庆间。田地一万二千六百四十七顷三亩五分八厘九毫。夏税，丝三万五千六百三两八分一厘七毫，麦一千五百一十一石三斗六升一合二勺，钞一千七百五十贯二十五文四分八厘。秋粮，正耗米二十九万三千六百五十四石四斗九合六勺，桑丝折绢九匹二丈九尺六寸，花果树钞三百文。

万历间。人丁五万一千三百六十五丁，内优免一千八十丁，实五万二百八十五丁。田地一万一千七百一十顷九十九亩七分五厘七毫。共平米三十六万九千五百四十四石一斗七升七合六勺，内有无处［减则］荒粮八千四百六十九石七斗七合，永折从缓征解外，实熟平米三十六万一千七十四石四斗六升五合六勺。派征本色米一十八万五百五十六石六斗二升五合零；派征折色银八万七千一百一十二两二钱四分[3]三厘零。另编练兵兵饷银一万三百六十九两九钱七分二厘零。另编贴役扛解银四千七十五两八分九厘零。

荒粮折银。四千一百六十一两四分三厘零。

均徭项下。人丁，一丁编银二分三厘二毫七丝六忽一微四纤一沙四尘；田地，每亩编银七厘七毫五丝八忽七微一纤三沙八尘；荡佃，每一亩编银三厘八毫七丝九忽三微五纤六沙九尘。岁用银力二差，共银九千六百八十四两一钱二分六厘二毫零。

里甲项下。人丁，一丁编银一分一厘四毛三丝九微九纤六沙二尘七埃；田地，一亩编银三厘八毫一丝三微三纤二沙九埃；荡佃，一亩编银一厘六毫五丝五忽一微六纤六沙四埃五渺。共岁用银四千九百四十七两七钱二分二厘零。

三年一轮编。本府朝觐银二十六两五钱七分零，本县朝觐银一百四十九两；本府考试生童银五两，本县考试生童银一十两；府、县饯行会试旧举人每名三十两，府县宴待应试生员每名四两八分零；应天府场屋银九十两一钱三分二厘，协济科场银一百七十二两五钱五分五厘。

万历十九年，因征关白，加编兵饷银每亩三厘。关白既平，遂免征不派。

---

1 零，朱笔改为"九分八厘"。

2 欧阳必进，《嘉靖志》卷一作"欧阳铎"。

3 分，据《光绪志》卷七及文意补。

万历四十六年,加编边饷银每亩三厘五毫。四十八年,又户部加编银三厘五毫,工部加编银一厘,每亩共九厘,谓之九厘地亩银。

天启四年,加派辽粮每正改兑米一石,加征一斗五升,又加征米一石,耗米一斗五升。

崇祯十二年,又加带八升辽粮米。十三年,又于八升外加派加一五耗米。十四年旱灾,邑绅徐开禧具疏恳停折抵兑三款略:

请停者何?户部新派照粮均输本色练米是也。练米之役,做辽粮带运例,额运一石,责零外带八升,苏松四郡共派米八万余石。察此项充蓟、保诸镇额需外,实盈余数万石。本部稍一撙节,便可不时接济,况以边镇剩余者为穷民,一豁免,推之兵、工二部。天启年间,新加每亩一厘,悉与停止。在朝廷涓滴之惠,即予遗浩荡之泽矣。请折者何?光禄寺粳糯米及府、部、院各衙门糙粳米是也。察民运白粮,有供用内官酒醋诸库局,皆系上供,非可轻议。如光禄寺派米,半给官俸,且多陈因,改折一年,尽可充用。至府、部、院诸臣,积俸所入,尚需捐措,岂有不恤民隐,而争此余糈。即通行南京各项正耗春办,尽允折色,是可苏民力也。请改抵者何?以籼米、麦、豆搭解漕粮是也。臣乡米价,贵至三两三钱,取盈于民,势必误兑。近闻江广籼米,渐有至者,性硬多实,堪资宿饱,计给军需,何必尽土米耶?向来山东有小麦、杂粮搭兑之例,近江北各被灾处,准以麦、豆抵米,虽麦价一两三四钱,较之纳米,数殊悬绝。江南诚依此例,所省实多,但须一顿完纳,不得零星找欠,又须分别装载,不得夹杂混收,是在临时酌行耳。时下部议,但得准行,嘉惠在民,四郡德之。

崇祯十三年,兵部尚书杨嗣昌督师剿寇,每亩加编练饷银一分。至十五年免征。

按:派款目向有米、麦、豆、草、丝、绢等项。自嘉靖十七年立一条鞭征之法,遂一概言米,终万历朝会计,无大增减。至启祯之际,兵兴辽左,寇满中原,三饷叠增,赋自而益重,今日考究,籍去固不足征,辙覆尤宜殷鉴。故皇朝取民有制,一准万历初年也。

卷 五

田赋下

皇清税粮数

三吴秋粮之数，几数十倍于夏税。故明定例，每岁秋收之后，先办漕粮，至次年二月漕兑毕后，始征折银，谓之压征。迨崇祯末，于秋冬之间，即征本年之折，谓之借征，已非旧例，民方苦之。皇朝初，仍秋后开征之例，至顺治十四年，巡按御史马公题准冬三月办漕，而本年之折，以正月开征，不惟秋粮预征，并夏税亦预征矣。自此州县之考成日促，小民之典贷难供。兼之水旱频仍，流离死绝，有不忍言者。幸今诸宪台洞恤民隐，有条议缓征之说。然拘于成案，难复旧规，从兹以往，正未知通变补救之何术也。

顺治二年，奉巡抚土为皇恩普被，首重薄赋等事，本年应征税粮、徭里钱粮，分别应蠲、应征数目，开具于后：

原额会计夏税、秋粮本色正耗米麦豆共一十六万八千六百三十三石六斗四升一合零。六月以前，应蠲四分。查该县因大兵经过，又蠲三分，共该免米一十一万八千四十三石五斗四升一合零。实征三分，米五万五百九十石一斗零。

折色原额会计，起存、岁用、扛役等银，共一十万一千四百六十两四钱一分一厘零。六月以前蠲四分，因大兵经过，又蠲三分，共免银七万一千二十二两二钱八分七厘零。实征三分，该银三万四百三十八两一钱二分三厘零。荒粮折征三分在内。

徭里项下，银差、力差，共原额银八千七百九十五两九钱一分零。六月以前蠲四分，因大兵经过，又蠲三分，共免银六千一百五十七两一钱三分七厘。实征三分，共银二千六百三十八两七钱七分三厘。

练饷兵饷，原额二万一千四百五十五两三钱七分九厘。六月以前，应免四分，该银八千五百八十二两一钱五分；应征六分，该银一万二千八百七十三两二钱二分六厘；又［原额］协济操江兵［饷银一百三十八两，蠲免四分，实征］银八十二两八钱。

兵饷原额银三千七百五十八两二分四厘。六月以前，应免四分，该银一千五百三两二钱九厘；应征六分，该银二千二百五十四两八钱一分四厘。

每人丁一丁征徭里银一分一厘三毫五忽零。

顺治四年，复九厘地亩，征银一万四百三十九两九钱二分七厘零。扛银在内。

顺治七年，本色漕白南粮存留米麦豆等，共派征一十六万六千九百六十二石三斗四合零。折色金花、京边官布等起存银一十万八千七百三两二钱六分八厘。

练兵兵饷银二万三千六百四十八两一钱五分一厘零。

新增军器民料银七百七十五两七钱。

九厘地亩并扛银，共一万四百三十九两九钱二分七厘零。

均徭里甲银一万二千二百四十一两九钱二分一厘零。

每人丁一丁征均徭里甲银二分九厘二毫。

无处[减则]荒粮，折征银四千二百三十二两六钱八分零。

顺治十一年，本色漕白南粮存留米、麦、豆等，共派征一十七万八千二百一十石二斗六升二合零。折色金花、京边官布起存等银，一十万八千七百一十一两四钱七分八厘零。

九厘地亩并扛费银，共一万六百四十五两八钱四分三厘零。

均徭里甲银一万七百七十三两五钱五分五厘零。

荒粮折征银数同前。

人丁一丁征徭里银二分五厘四毫四丝九忽零。

顺治十三年，编刊《赋役全书》，本折起存细数：

丁口旧志户口、田赋分作二部，今从新刊《赋役全书》并入。

原额人丁五万一千三百六十五丁。内除乡绅、举、贡、生员优免人丁一千二百二十六丁半，今奉文止免本身一丁，该五百七十六丁，余存六百五十丁半，并吏承不免，该银二十两一钱四分四厘零。又编审新增一百二丁，该银三两乙钱五分八厘。实在当差人丁五万一百九十一丁半，该银一千五百五十二两六钱五分三厘零，共银一千五百七十五两九钱五分五厘零。（每丁编银三分九厘六丝九忽二微零。）

田地一万一千一百七十三顷二十九亩二分三厘，荡五百四十一顷九十一亩五厘四毫。

共平米三十六万九千五百四十四石一斗七升二合六勺，内除无处减则荒粮八千四百六十五石三斗六升一合五勺，照例不派本色，每石折征银五钱，共该银四千二百三十二两六钱八分七毫五丝。

熟平米三十六万一千七十八石八斗一升一合一勺。

共该条折兵饷银一十三万一千一百九十两四钱八分零。

共该九厘地亩银一万四百三十九两九钱二分七厘零。

共该徭里银一万九百二两一钱五分六厘零。

优免田地内,扣出不准免征徭里银二百五十六两三钱六分四厘。

概县田地、人丁二大总,共征银一十五万八千五百九十七两五钱六分五厘三毫四丝八纤二沙二渺八漠。

顺治十六年,户口、人丁总数同,优免同,新增同。不优免丁,并新增丁,共征银二十三两三钱二分,于实在人丁上征银一千五百五十二两六钱五分零。

徭里项下,不准优免田内征银二百五十六两三钱六分四厘,不搭钱。余田地荡共征银一万一千五百五十六两八钱七分四厘零,银七钱三分搭征。

九厘地亩共征银一万六百四十五两八钱四分三厘零。

折色练兵银共一十三万四千七百一十七两七钱一厘零。起解者征银存留本银七钱三分搭征,荒粮折征数同。

田、丁、地亩、秋粮四项,并荒粮,共征银一十六万三千九百八十五两九钱三分。

另征办料银一千四十九两七钱八分七厘零。

本色米麦豆,共一十七万八千一百三十石三斗五升六合零。

康熙元年,工部题用灰石银于漕米内改折正耗米起解,每石折银一两二钱,仍征五米银六分,十银一钱。

康熙二年,户口、人丁数同,优免数同。奉文止免本身一丁,该三百五十五丁,余存八百七十一丁半,并新增人丁,共九百七十三丁半,派征银二十九两六钱六分六厘零。于实在人丁上征银一千二百八两五钱一分七厘零。又征钱三百一十九贯四百五十文零。

徭里项下,不优免田地荡,内征银二百五十二两二钱八分一厘零。另征解外余田地荡,共征银八千九百九十五两三钱一分零。又征钱二千三百七十七贯四百二十文零。

九厘地亩银一万六百四十五两八钱四分三厘零。

折色兵饷银,共一十三万三千八百一两一钱一分零。又征钱六千三百二十三贯二百八十六文零。

荒粮折征银数同。

本色米麦豆,共一十八万三百六十三石五斗六升六合零。

康熙八年,户口、人丁数同,优免数同。止免三百八十丁,余八百四十六丁半,并新增,共征银二十九两三钱一分二厘零。于实在人丁上征银一千五十九两一分八厘零。又征钱四百五十二贯一文零。

徭里项下,不优免田地荡数同,并五年丈增,数见料额条后。共征银二百五十八两二钱五分八厘零，不搭钱。余田地荡共征银七千八百八十二两六钱零。又征钱三千三百六十四贯三百八十七文零。

九厘地亩，_{数同二年。}新丈增折实田上征银一两六钱五分一厘零。无处荒粮，抚院于康熙五年具题，蠲豁新丈增田荡，该本色米麦豆一十五石五斗九升七合零，折征银八两五钱一分三厘。

折色兵饷等银，共一十三万五千六百二两二钱三分二厘零。又征钱三千一百六十七贯七百三十二文零。

工部题用灰石，改折漕粮正耗米三千六十四石五升一合，折银四千一百六十七两一钱九厘零。

本色米麦豆，共一十七万五千八百二十二石一斗六升七合零。_{灰石折米在内。}

康熙十二年，户口、人丁原额数同，优免数同，新增数同。不优免并新丈丁共征银二十三两三钱二厘零。实在人丁征银一千二百九两六钱二分一厘零。又征钱三百一贯一百四十五文零。

徭里项下，不优免及新增田地，另征银，_{数同八年。}余田地荡共征银九千三两五钱八分六厘零。又征钱二百四十一贯五百一十八文零。

九厘地亩银。_{数同二年。}

新丈增田地荡，该本色米麦，并漕项五米，共折色银，_{数同八年。}漕项十银九钱三分七厘零。

折色兵饷等项银一十二万八千四百八十七两四钱三分九厘零。又征钱一万一千六百八十五贯一十五文零。

漕项十银一万四千一百八十一两九钱六分二厘零。

四部办料银一千二百八十九两一钱五分六厘零，扛垫银一百五十四两八分二厘零。

灰石折漕米，_{数同八年。}折银三千六百七十六两八钱六分一厘零。

本色米麦豆正耗一十七万五千八百二十二石一斗六升七合零，_{灰石米在内。}漕粮正耗项下五米七千九十石九斗八升一合零。

款项前后银钱数目，俱从各年由单抄录。

折色起解存留各项数

户部项下，夏税折银共四千七百四十五两九钱八分六厘零。

户部项下，秋粮折银共六万六千四百三十九两五钱六厘零。

礼部项下，共银四百一十四两六钱二分一厘零。

兵部项下，共银六百四十两四钱一分二厘零。

工部项下，共银三千二百八十五两九钱四厘零。又四司料价，起至斧刃砖料，止计三款，共银四千一百五十六两一钱八分零。

〔又〕七分折色胶银五两五钱二分一厘。

户部项下，办料银一千四百五十二两二分三厘零。

礼部项下，办料银五两一钱五分二厘[1]零。

工部项下，办料银一十八两二钱二分零。

纱绫料价银一千一百八两六钱六分一厘零。

已上解京款项。

轻赍米折银一万三千七十八两三钱七分六厘。

折色七分芦席银三百四十八两六钱九分一厘。

本色三分芦席银一百七十五两八钱一分一厘。

楞木、松板银二百二十四两六钱四分七厘零。

江北卫分过江水脚六升米，折银二千三百九十两二钱八厘九毫。

改兑二升耗米，折银六十三两八钱八分二厘零。

折色七分芦席银二十二两三钱五分九厘零。

本色三分芦席银一十一两二钱七分三厘零。

苏太镇三卫浅船民七料银六百六十四两七钱一分一厘。

已上轻赍随漕款项。

白粮募船水脚及新编经费二项，共银一万四千二百九两一分四厘零。

解南改解北部齐头稻草，折银九两三分。

农桑丝绢十一匹，折银七两八钱五分四厘。

光禄寺茶叶，折银一十二两六钱四分五厘。

光禄寺灯草，折银一两四分三厘。

已上解南改解北部款项。

凤阳仓麦，折银三百四十七两八钱一分零。

凤阳仓米，折银七百三十二两二钱三分二厘零。

扬州仓米，折银七百二十六两二钱一分八厘。

镇江仓麦，折银一百五十八两二钱三分四厘。

淮安仓河工二升米，折银六百五十六两七钱五分四厘零。

1　二厘，朱笔改为"三厘"。

镇江府修河一升米，折银四百四十两四钱六分八厘零。

已上协济河工米麦折银款项。

马役银一千七百四十七两二钱九分二厘。

已上协济驿站款项。

南白粳米贴役银一十五两六钱三分七厘零。

兵粮糙米贴役银八两八钱九厘零。

里豆贴役银八两九钱四分零。

各卫糙粳贴役银四百四十八两七钱六分五厘零。

已上南糙贴役款项。

原解南仓麦、农桑绢、公侯禄等银三千五百六十七两九钱九分四厘。

已上解南折色兵饷款项。

抚标各营兵饷，银二万六十二两三钱六分五厘零。

操江兵饷银二百一两四钱三分。

已上各营兵饷款项。

本府永丰仓军储银二千二百二十两一钱四分三厘零。

太仓军储仓军储银一千四百六十八两五钱三分零。

镇海军储仓军储银一千一百九十九两一钱二分一厘零。

刘河所军储银三十八两四钱四分四厘零。

已上存留折色款项。

姑苏、平望驿夫、水夫工食银九百一两八钱七分，遇闰加银三百八十四两。

祗应过关米银四十五两五钱三分七厘。

修船银六十七两八钱四分九厘。

水陆各营船械银四百一十六两八钱零。

已上存留支给款项。

织造侍郎俸银二十五两，全裁解部，加解费五分。

巡抚操银一百四十两，遇闰加银一十二两六钱六分六厘零。

巡按书吏廪给银五十七两六钱，遇闰加银四两。

巡盐蔬菜、烛炭银二十两，遇闰加银一两六钱六分六厘零。

学道心红纸张银五十五两，遇闰加银四两一钱六分六厘零。

钞关户部巡拦一十名，共银三十六两，遇闰加银三两。轿夫四名，共银二十八两八钱，遇闰加二两四钱。

督粮道书吏廪给银二十一两，遇闰加一两七钱五分。又裁解户部银二十一两。不注解费。

兵备道轿伞扇夫七名,共银四十二两,遇闰加银三两五钱。又裁解户部银八两四钱。不注解费。

本府知府员下,各役工食银一百二十两,遇闰加银十两。又裁解户部银四十两八钱,解费八钱一分六厘。

管粮同知员下,廪俸工食银四百一十八两五钱五分六厘。全裁解部解费银八两三钱七分一厘。

知县俸银四十五两,遇闰加银三两七钱五分。薪银一十八两四钱九分。又裁解户部银一十七两五钱。心红纸张银二十两,遇闰加银一两六钱六分六厘零。又裁解户部银一十两。修宅家伙银二十两,全裁解部。送上司伞扇银一十两,全裁解部。书吏一十名,共银七十二两,遇闰加银六两。又裁解户部银五十七两六钱。门子二名,共银一十二两,遇闰加一两。又裁解户部银二两四钱。皂隶一十六名,共银九十六两,遇闰加银八两。又裁解户部银一十九两二钱。马快八名,共银一百三十四两四钱,遇闰加银一十一两二钱。又裁解户部银九两六钱。民壮五十名,共银三百两,遇闰加银二十五两。又裁解户部银六十两。灯夫四名,共银二十四两,遇闰加银二两。又裁解户部四两八钱。禁子八名,共银四十八两,遇闰加银四两。又裁解户部银九两六钱。修理仓监银二十两。轿伞扇夫七名,共银四十二两,遇闰加银三两五钱。又裁解户部银八两四钱。库书一名,银六两,遇闰加五钱。又裁解户部银六两。仓书一名,银六两,遇闰加银五钱。又裁解户部银六两。库子四名,共银二十四两,遇闰加银二两。又裁解户部银四两八钱。斗级四名,共银二十四两,遇闰加银二两。又裁解户部银四两八钱。通共知县员下,岁给银八百七十三两四钱,遇闰加银七十一两一钱一分六厘零。裁解银二百五十一两六钱九分,加编解费银五两三分三厘零。

县丞俸银四十两,遇闰加银三两三钱三分三厘零。薪银八两二钱二厘。裁解户部。书办、门子、马夫各一名,皂隶四名,共银四十二两,遇闰共加银三两五钱。又共裁解户部银八两四钱,共加编解费三钱三分二厘零。

主簿俸银三十三两一钱一分四厘,遇闰加银二两七钱六分。书办、门子、马夫各一名,皂隶四名,共银四十二两,遇闰共加银三两五钱。又共裁解户部银八两四钱,共加编解费银一钱六分八厘。

典史俸银三十一两五钱二分,遇闰加银二两六钱二分六厘零。书办、门子、马夫各一名,皂隶四名,共银四十二两,遇闰共加银三两五钱。又共裁解户部银八两四钱,共加编解费银一钱六分八厘零。

儒学教官二员,俸银各三十一两五钱二分,共六十三两四分,遇闰加银五两二钱五分三厘零。斋夫六名，共银七十二两，遇闰加银六两。膳夫二名，共银四十两，遇闰加银三两三钱三分三厘零。学书一名，银七两二钱，遇闰加银六钱。门子五名，共银三十六两，遇闰加银三两。喂马草料每员一十二两，共二十四两，遇闰加银二两。

巡检二员，俸银各三十一两五钱二分，共银六十三两四分。遇闰加银五两二钱五分三厘零。书办各一名，皂隶各二名，共银三十六两。遇闰共加银三两。又共裁解户部银七两二钱，加编解费银一钱四分四厘。

已上新定经费款项。

余剩银三百八十四两六分八厘零，拨充抚标兵饷，加编解费银七两六钱八分一厘零。

抚院供应银三十九两七钱七分，全裁解部，加编解费银七钱九分五厘零。

漕院供应银二十两，全裁解部，加编解费银四钱。

姑苏驿关米银一十三两一钱六分一厘。

龙衣船修理料银一十六两八钱七分零。

导河夫银二百两。

本府造税粮书册、纸张、工食银八两三钱九分三厘。

司道算造、会计各项册籍、纸张银四十两。

县学门库夫五名，共银二十九两，全裁解部，加编解费银五钱八分。

本府禁子二名，共银一十四两四钱，全裁解部，加编解费银二钱四分八厘。

本县铺兵五十一名，共银四百五十九两，遇闰加银三十八两二钱五分。

本县河下轿伞夫一十四名，共银一百两八钱，遇闰加银八两四钱。

本县扛夫一十六名，共银一百七十二两八钱，遇闰加银一十四两四钱。

本县河下皂隶四十名，共银一百二十四两，遇闰加银一十两三钱三分三厘零。又裁解户部银一百二十四两，加编解费银三两四钱八分。

本县巡司号兵四十八名，共银二百二十三两二钱，遇闰加银一十八两六钱。又裁解户部银一百二十二两，加编解费银二两四钱四分八厘。

本县河下牵夫一百三十四名，共银九百六十四两八钱，遇闰加银八十两四钱。又裁解户部银四百八十二两四钱，加编解费银九两六钱四分八厘。

本县仙船水手一十二名，共银八十六两四钱，遇闰加银七两二钱。

本县走递马一十五匹，每匹夫料银二十八两八钱，共银四百三十二两，内裁解户部银一百四十四两，加编解费银二两八钱八分，实给银二百八十八两，遇闰加银二十四两。

本县巡盐、巡捕、民壮二十名，共银一百四十四两，遇闰加银一十二两。

本县河下灯夫一十名，银一十八两八钱，遇闰加银二两四钱。

本县习仪、拜牌、接诏、讲书香烛银八两。

看守公馆门子二名，银六两，遇闰加银五钱。

春秋祭祀银一百六十九两五分三厘。

乡饮酒席银一十五两。又裁解户部银一十五两，加编解费银三钱。

岁贡盘缠银一十七两一钱四分二厘零。

岁贡牌坊银六十两。县学二年一贡，正贡一名，牌坊、酒席、盘缠银一百一十七两；陪贡一名，盘缠银三两。每年分编前数。

儒学廪膳生员膳银八十两，全裁解部，加编解费银一两六钱。

廪生二十名，每名一十二两，共银二百四十两，内裁解户部银一百六十两，加编费银三两二钱，实给银八十两。朔望香烛银三两六钱，遇闰加编银七钱二分。

余剩抵充抚标兵饷银一百六十三两二钱一分九厘，加编解费银三两二钱六分四厘零。

孤贫柴布银二百两，全裁解部，加编解费银四两。

本府中伙银一百两。

兵道公费银六十两，全裁解部，加编解费银一两二钱。

供应上司下程中伙银五百两。内扣四十两，为司府造册、纸张之用。

本县备用银五百两，全裁解部，加编解费银一十两。

上司按临委官查盘米菜银三十两。

上司阅操犒赏银一十二两，全裁解部，加编解费银二钱四分。

各上司卷箱、牌面架、扛银五两。

抚院观风银三十三两七钱五分，裁解户部银三十三两七钱五分，加编解费银六钱七分五厘。

学院岁考银三十三两七钱三分，又裁解户部银二十三两七钱五分，加编解费银六钱七分五厘。

考试武生供应银一十两。

本府考试季考[银]三十三两七钱五分，又裁解户部银三十三两七钱五分，加编解费银六钱七分五厘。

本县季试银三十三两七钱五分，又裁解户部银三十三两七钱五分，加编解费银六钱七分五厘。

桃符门神、土牛春酒银二两五钱，又裁解户部银二两五钱，加编解费银五分。

新书节炭银五十六两，又裁解户部银三十四两，加编解费银六钱八分。

修理各衙门银八十两，全裁解户部，加编解费银一两六钱。

青田长单银二十两。

学院塔厂供给银一十五两，又裁解户部银三十五两，加编解费银七钱。

工部漆罗匠银二十一两六钱，扛银三钱二厘四毫，遇闰加银一两八钱。

布政司朝觐银一两三钱六分九厘，又裁解户部银二两五钱三分九厘零，加编解费银五分零。

按察司朝觐银三钱一分七厘零，又裁解户部银六钱三分五厘，加编解费银一分二厘零。

本府朝觐银二两九钱五分二厘零，又裁解户部银五两九钱四厘，加编解费银一钱一分八厘。

本县朝觐银一十六两五钱五分五厘零，又裁解户部银三十三两一钱一分一厘零，加编解费银六钱六分二厘零。

江宁府场屋银三十两四分四厘零。

协济科场银三十七两五钱四分九厘零。

协济武场银二十六两六钱六分六厘零。

府县考试童生银二两五钱，又裁解户部银二两五钱，加编解费银五分。

已上本县支给，并裁省解部二项。

优免丁粮，解部充饷银二百七十九两六钱七分七厘零。

已上俱每年照编数。

府、州、县饯行会试举人，每名酒席、盘缠银三十两。

新中式举人，每名坊仪银一百五十五两二钱。花红、旗、匾、牌坊、酒席及各上司行贺，通在此内。

新中进士，每名坊仪等项银一百二十四两。

新中武进士，每名坊银五十两。

旧科武举会试，每名路费银一十八两。

新科武举会试，每名路费银二十四两。

府、州、县宴待应试生员，每名银四两八分二厘。内盘缠三两，舟金五钱，卷资三钱，宴待花红酒席二钱八分二厘。

已上三年一轮编。

按旧府志，田地之名，有官、有民、有抄没三等。赋之轻重，每亩七斗三升起，至一升止，共十一则。自宣德〔七〕年恩诏，凡一斗以上者，减十分之二；四斗以上者，减十分之三。时周文襄公抚吴，与知府况钟曲算题减，计昆山减一十五万三千七百四十余石。又昆旧志云：昆山田粮有正有耗，名为七则，正重者耗轻，正轻者耗重，此周文襄公所酌派也。然法久弊生,轻重颠倒。嘉靖中,巡抚欧阳铎、知府王仪,行牵耗之法,而科则之轻重一变。今概县之田,皆称官田,民与抄没之名俱废。科则计三十余条,而十一则、七则之额亦改。自故明万历以后,国用日促,取民之制日繁,更不轻言减免矣。查旧案,昆山尚有林御史减额一项,此于万历六年,特差督理水利兼管巡江,开浚吴淞江,行部到昆,目击十二、十三保等处人民逃散,田地荒芜,因缮疏入告,求减荒粮。彼时明君贤相何难,即与捐除。乃郡县所议,抚按所批,谆谆以无缺原额为急,欲于荒田议减,则于沿江新涨,先议升科,升科不足,于概县人丁、田地出辨抵作工部四司料银,此不过荒熟那派,以致一二等保耆粮,有"六区高乡,水利疏通,田稔民富,反减粮额;低乡连遇水灾,田荒民窜,反加料银"等语,是减于此而增于彼,名减而实不减也。不独平米之额不减,且验派之数渐增。以新旧《赋役全书》比对,万历年间,每名派折银二钱三四分不等,今书则三钱七八分不等。朝廷无加之名,民间有加之实。其故在物价、米价之低昂,加银朱,旧价每斤五钱,《全书》每斤三两,朱不增而价增矣!解南米石,向征本色,今改折征每石一两五钱,米不增而价增矣!以此例推,减不抵增,民力所以日诎也。查《全书》采办物料,原有照时值公估之例,今物价、米价与征数相悬,司民牧者,苟留心议及,一反掌间嘉惠无穷矣。

杂项课程数

芦课银二百三十六两七钱二分六厘六毫。

按:昆邑向无此项钱粮,缘土虽洼下,尺寸皆重课,不若江滨、海澨,有沙滩洲子,丛生芦荻,可同年语也。自顺治四年,督理芦政,巴、马二公按临苏属,强郡县以开报,县令不敢触误宪檄,将各区里书封闭公署,责令开报。里书遂以先年林御史勘免无主荒田,及先朝赐葬茔墓,尽作芦荡,造报升科,仍分上中下额,计概县科银二百二十四两五钱一分七厘四毫。又于康熙元年清察芦政,达、李、遍三公按临查丈,据县字号等区续报,升课银一十一两三钱五分九厘八毫六丝。又于康熙四年据调区续报,升科银八钱五分五厘。三项共升前数。数据户房开报。

匠班银三百三十四两八钱。数见各年由单。

按:此项向系本邑工匠输纳。故明初年有征匠赴京供作之例。至成化年间,工部奏准输班工匠有愿输银价者,免其赴京充役。有京匠、准匠之名,每名每年有征银九钱者,有征银四钱五分者,匠各有籍贯姓名,今因籍废无考,前系里甲包赔。

牙税银一百五十两。数据户房开报。

按:郡志有商税,县设税课局司局。嘉靖年间,知府胡缵宗改议于城市各行铺户办纳门摊,折征钞银,即此项也。向无定额。于康熙元年,抚院题定。自顺治十七年起,每年实征前数。

典税。据户房开报。

商人在昆开张典铺，每一典岁完课银五两。开闭不时，多少不等，亦无定数。

田房税。据户房开。

此项凭民间交易，大约契价一两，完税银三分。既成买卖，将契投县，按数输税，乃得过割。康熙元年，定均役之法，民间户田五年不得出入。官税无征，民更苦之。今仍旧例，交易复通，税银亦无定数。

水面粮。数载《赋役全书》。

三石四升四合三勺，此项自渔户出。

本色米麦豆数

原额夏税麦三百五十七石七斗五升九合八勺八杪。此项协济镇江仓，虽属夏税，仍于十月间在漕米内征解，不另征编。

原额黑豆一百三十四石二斗六合五勺。此项同南各卫仓。白粳米于六七月启征。《全书》编本色经收，衙门要折银，故县官亦例征银。经收之吏，即领解之役，价无定数，故批文仍开本色，征收之法，按甲均派，粮户预完给票，临兑扣销。

原额秋粮米一十七万七千九百七十五石二斗三升二合一勺零。

牵滩米二十石五斗一升。

斛给细数开后：

正兑米九万七千六百七十二石七斗一升五合，加四耗米三万九千六十九石八升六合。

改兑米六千二百六十二石九斗八升三合。加三耗米一千八百七十八石八斗九升三合。

协济扬州仓米六百三十二石一斗一升二合零。

协济镇江仓麦。即前夏税麦。

南各卫仓白粳正米一百五十六石三斗七升四合零。白耗米三十一石二斗七升四合九勺零。春办米三十七石五斗二升九合九勺零。[1]

夫船米六十二石五斗四升九合八勺零。

黑豆夫船，加耗米四十四石七斗三升五合五勺。

兵粮糙粳米一百三十二石一斗四升二勺零。

1　此后底本顺序混乱，江苏科技出版社整理本因之，此据国图本正。

南各卫仓糙粳正米六千九百五十五石八斗六升六勺。

苏太镇三卫所余军储，改充镇标兵饷米四千二百二十三石三斗一升二合九勺。

局匠口粮米六百九石二斗一升，遇闰加米五十七石五斗一升七合四勺。顺治八年，于各卫军储内扣出。

本府永丰仓军储，行月粮贴运米七百石。

镇海军储仓军储，行月粮贴运米二千七百一十五石八斗六升六合八勺。

孤贫口粮米七百二十石。计二百名，每名三石六斗，派征前数。

按：秋粮款项不一，其最大者，漕兑征输之际，官评系焉，民命悬焉。皇朝三十年来，其利弊可约略数也。定鼎之初，年丰谷贱，民弱军强，交兑时往往多索赠耗米钱，而米价日轻，旗丁愈横，耗倍于正，视为固然。中产所收，不满二斛，尽出以供，犹虞不足，民自此以田为阱矣。直指秦公讳世祯，欲剔其弊，请行官收官兑之法，初议正耗米一百石，另赠米五石，银五两。后四府会议，另赠米五石，银十两。具疏上闻，部覆奉旨，准为定例。乃弁丁积悍勒索如初，至顺治十五年，直指马公讳腾升，再疏请行，邑侯王讳简，极力遵奉，逝波稍挽。康熙八年，耆粮吴鉴等复再将漕兑利弊呈控制台麻。九年，耆粮顾周祯又将条议具呈各宪，力请实行官兑。至十年，巡抚马、藩司慕、督漕同知师，始尽革阳奉阴违之弊。邑侯董凛奉宪檄，洁己为民，弁丁虽侧目睨，终无隙可乘，而凶锋始戢。于是漕弊厘剔殆尽。巧而强者，无所用其有余；弱而拙者，又何虞其不足？法既画一，民自歌呼矣。慨夫漕规之坏，虽属弁丁之贪横，而印官实有以启之。盖前此诸令，每欲于漕政中设法自润，南军各项，另立经承。轻粮反索重耗，弁丁有所借口。惟董侯矢天誓日，无丝毫自利，不立名色，不设经承，上台且洞悉其清慎，弁丁亦焉容恣其婪索耶？自漕政肃，而岁省民间四五万石，更愿自今以往，慎终如始，即继是职者，踵前砥后，无俟用一缓二，行见耕九余三，民以日富，国以日足矣。

白　粮

内官监上白熟粳正米六百三十三石七斗五升四合。

供用库白粳正米二千三百七十石九斗八升七合。

酒醋局白糯正米四百九十二石九升二合。

光禄寺白粳正米二千二百三十六石七斗七升九合。白糯正米三百七十二石七斗九升六合六勺。

府、部、院等衙门糙粳八分正米二千一百七十七石五斗七升有零。

王禄白粳正米六百三十八石七升五合，糙粳正米一百六石八斗八升八合。前朝民运，每白正米一石，加白耗米三斗；又正耗米一石，加春办米二斗；糙粳米一石，加耗米二斗。每正米一石,加夫船米四斗,夫船银一钱七分九厘九毫零,车脚夫银三钱四分五厘,贴役银三钱五分。因民运艰苦,后议增耗米二斗。皇朝定鼎,照依官运总漕、巡、抚、按、粮道等官会议,将各衙门粮米,每石共派白耗米五斗,春办米二斗,糙耗米四斗,其余夫船、车脚等项,悉行减去,止改给募船水脚饭米。

白耗米四千二百八十六石三斗四升五杪九撮。春办米一千二十三石五斗三升四合八杪。

运船水手饭米六百五十石一斗二升九合一勺六杪五撮八圭二粟。照漕粮例。每正米一石,给饭米七升二合,编征前数。

募船水脚粮一万一千七百三十八两四钱四分三厘零。每正米一石,募船水脚银八钱,添篁提溜银二钱,车脚等银三钱,三项派征前数。

总部白粮,府佐一员,公费、人役工食银二百二十八两五钱七分一厘五毫。

协部白粮,县佐一员,公费银一千三百两。

书皂快一十名,工食银二百四十两。

门子一名,工食银一十两八钱。

看船粮夫三十六名,工食银四百三十二两。计船十八只,每船二名,每名一十二两,派征前数。

量斛、束包、挑运夫三十六名,工食银二百五十九两二钱。每船二名,每名七两二钱,派征前数。

已上白粮项内,共征米一万五千九百八十九石五斗七升五合零。

共征银一万四千二百九两一分四厘零。款项次序,本折数目,俱从《全书》抄录。

按:白粮自来民运,明季解户,往往以北运破家。苏松兵备程据议有改请官解之详。巡抚黄具疏题请,议成而未及奉行。皇清鼎新,每事恤民,官运白粮,悉采故明之议而施行之,官民两便。其征解之数,各仍旧额。顺治年间,曾将白粮折征起解,尔时米价适高,每石议折银二两。江南谷贱,民间苦之。康熙五年,科臣杨雍建抗疏极言白粮改折之累民,幸圣明洞鉴如伤,随降俞旨,永不折征,万姓尸祝不替。每年起解,府用总部官一员,县用协部官一员。往年给发经费,县有陋规,故协部征收,亦不无需索。至康熙九年,董侯一洗故习,主簿崔承诏亦不滥费民间分文,粮户德之。十一年,崔复领解,即筛手、斛手酒钱一二文,并行裁革,佐贰中廉能若此,仅见者也。直道在民,口碑无间,急宜申请宪台,加之褒奖,风励各属,允洽舆情。

徭　役

法立则弊生,弊极则法变,政皆然也。徭役尤甚。稽古察今,世愈降而后日繁。嘉靖变法，前志讥之，用之不善，民且狼顾，近则熙皞而衽席矣。风气旋转，贤者司之，考其时，想其人，祝有攸归耳。

唐正役，以百家为里，设里正一人。五百家为乡，设乡正一人。在邑居者为坊，别置坊正；在野者为村，别置村正。

宋初役制，皆仍唐旧。

押录。贴书。坊正。祗候。分手。贴司。引事。厅子。书司。手力。乡司。乡戛。戛刺。当直人。轿番、散番等，请给于县库；茶酒、帐设、邀唱，请给于税务。杂职。弓手。牢子。禁子。斗级。市巡。所由。斗子。拦头。务司。酒匠。栅子。直司。脚力。凡保正追会之事。僧直司。承受寺院事件。役钱。县管催积善、朱塘、全吴、新安、惠安五乡，共六千六百五十贯一十二文。县丞厅管催泖川、永安、武元三乡，共一千九百九十贯五百文。自熙宁行保甲，罢耆户长，壮丁以等第出钱雇人代役，谓之免役钱。旧无名色，而出钱者，名助役钱。又于额外增取二分，以备他用，谓之免役宽剩钱，于是法始变。至元祐，复耆户长，壮丁钱尽归公上。而法尽变，民避役如避［寇，举世尽然，端平既正疆界，乃按籍选差，于是因宝］庆。义役之旧，一［以］乾道诏书从事，排年任役，率田供费，条画列之规约，宸旨丁宁，一一具载之，曾未二十年更革，几无复遗，而受害者大抵如故。

元役制，县各四隅，坊设坊正，乡设乡正，保设主首，专以输税粮追会公事，大率以粮多者为役首。其次为贴役。其杂役则弓手、祗候、禁子、斗子、戛刺、铺兵、船夫、防夫、马夫。

明役制，皆仍元旧。嘉靖十四年法大变。

均徭正役银差。银四千八百四十两。正役力差。银三千七百一十两八钱。里长。十户为里[1]长，共三百三十八里。甲首。十年轮役一次，谓之经催排年，已上黄册排定。膳夫。南京国子监十名，每名银十两，南京礼部该司类收，转发本县儒学二名，每名银六十两。斋夫。本县儒学六名，每名银十二两，闰月每名加银一两。柴薪皂隶。南京各部四十二名，每名银十二两；南京兵部该司类收，转发织造衙门二名，每名银十二两；县征银解府，转解本府［一］十五名，每名银十二两；本县一十五名，每名银十二两。已上闰月每名加银一两。柴薪皂隶同。直堂皂隶。南京各部一十七名，每名银十两。南京兵部类收，转发本府八名。每名原编银八两，议减二两。兵备道一名，该银八两。弓兵。南京五城兵马司二十六名，每名银八两五钱，南京兵部该司类收，转发本县直堂二十五名，每名原编银八两，议减二两。巡盐民壮、弓兵二十名，每名银一十两。巡司巡盐弓兵，巴城、石浦二司共六十名，每名银一十两。差操民壮一百八十名，每名银七两二钱。禁子。

1　里，底本缺，据国图本补。

南京刑部看监四名，每名银十两。南京刑部该司类收。雇役本府司狱司六名，每名银八两。本县八名，每名银八两。**门子。**本县都察院二名，每名银四两。本县察院二名，每名银四两。本县分司二名，每名原编银四两，议减一两。本县公馆二名，每名原编银四两，议减一两。本县八名，每名银三两。本县儒学六名，每名银五两。本县启圣公祠敬一箴亭二名，每名银五两。**富户。**六十三名，每名银三两。**京料解户。**本县一名。北京一等、二等料，各县每名解银五百两。三等、四等料，每名解银八百两。五等料，每名解银一千两。南京各加五之一。自嘉靖十六年为始，审编造册送院。**贴解户。**本县八名，银四百八十两。**库子。**浒墅钞关一名，银三十两。本县二名，每名编银二十两。本府三名，每名银五两。**马夫。**本府七名，每名银四十两。本县七名，每名银四十两。**斗级。**本府五名，每名银五两。本县济农仓四名，每名编银一十五两七钱。嘉靖十六年，见在米谷一万一千九百一石零。**钟鼓夫。**二名，每名银三两。**夫隶。**一百二十名，每名银七两二钱。**急递铺兵。**县前铺五名，在宣化坊。尤泾铺四名，真仪铺四名，马泾铺四名，矞子铺四名，共二十一名，每名银六两。**防夫。**胥门递运所六名，每名银六两。**巡拦。**知府王仪裁革，已上并系正役。**县总。总书。书手。粮长。**征收二税。**老人。**给以教民榜文，每月朔则鸣铎警之。**坊长。**在邑则谓之坊长。**塘长。总甲。小甲。火夫。青夫。**已上并系杂役。

万历以后，法又稍变，如田多之户，签点金砖差、白粮差、官布[1]差，田少者点收银差。十年一审役，以户之消长为役之重轻，签点既定，挨年充当。

新朝役法，大约本前朝之旧。自嘉靖变法以后，民间总是输银代役，然里长之役，一应杂泛差遣，终年承值地方事务，亦必责成，如[2]人命、强盗，其尤大者也。间有充是役而破家者，皆前此奉行之不善，非立法之不精。外有耆民、塘长、经催、粮长、图书诸小役，耆民有收兑之责；塘长有开浚之责；经催任通图条银之完欠；粮长任五甲漕米之完欠，迟误有责，空缺有贴，熟区尚可，荒区之累为最。节奉抚院韩、马，藩司慕，将诸役名色一概革去，银则甲比，漕则甲兑，公不误而民不扰。官家大事，如修理城垣、开浚河道、建闸筑坝诸大工，皆动支公帑，雇夫承役，不惟无妨时病农之嫌，抑更有济贫救荒之惠。此各宪实心爱民之经济，乃皇朝第一善政也。

卷五

---

1 布，底本缺，据国图本补。

2 如，底本缺，据国图本补。

卷 六

风 俗附占候、方言

风俗之变，时为之也。由今视昔，非其旧矣，然古风不可不存。而流俗日弊，当知所返，是在主持之君子。因参考古今，作《风俗志》。

昆山自昔号壮盛，吴诸邑之最繁剧者。其俗仍泰伯、季札之风，崇尚礼逊，无复好剑争斗之旧，其民务耕织、有常业，然多奢少俭，竞节物，信鬼神。凌《志》。

士风愈醇，民俗素朴，士以及讼庭、登酒垆为耻，民以务孝养、勤本业为事。边《志》。

君子尚礼，庸庶敦庞，故其风俗澄清，而道教隆洽。或曰人并习战，以五月为斗力之戏，各料强弱，事类讲武。今亦无此风矣。季《志》。

仕者重名检，薄荣利，民务耕织、渔贾，鲜游手游食之习。顾《志》。

家知读书，人知尚礼。君子以静退为乐，而恶久淹；小民以含忍为强，而厌终讼。乡村女妇最为勤苦，凡耘耨、刈获、桔槔之事，与男子共其劳。官府有召，则男子避去，使老妪当之。至于麻缕、机织之事，男子亦素习焉，妇人或不及也。亲友有疾，共祷城隍祠，名保状。有丧，则发引之日，相率祭于道，退各享余，不烦丧主。其最厚者，赠以舟舆、佣仆、布裘之类，故丧礼易成焉。方《志》。

邑之俗，大较尚朴而质，礼啬而俭，去古不远。其吉凶仪典，类多弥文，则好华丽者为之也。王《志》。

士耽文学，民勤稼穑，礼节之行，俱从简易。比年以来，习尚稍异，黜素崇华，好讼佞佛。周《志》。

陆机诗云："风土清嘉。"《第五伦传》云："俗多淫祀。"叶子强《题名记》云："好学而知礼，尚孝而先信。"

叶文庄公盛以昆山古称文献，循及我朝，仕者益多，若吏部尚书余熿，兖州知州卢熊，山东参政林钟，沁州知州吕昭，金事吕旦，中书舍人朱吉，金乡训导、前御史范从文，孝弟行于家，忠诚信人主，教化在学者，惠泽在生民，有不暇举，姑举其居乡之略言之：余吏部父以艺称，吏部造谒乡曲，辄致声曰："故余待诏子来拜。"居忧，官府事如不闻，惟访其师殷强斋诗文，编录以传，出入不御车马。卢兖州常扁舟遍村落间，访核府志事迹，见里中长老及衣冠儒者，每延之上座曰："齿少，法当坐下。"林参政训导昆庠诸士，一写染之能，一韵语之工，即揭诸讲堂，号于人曰："是某生之为，余不能及也。"吕沁州父子，居乡如居官，非义纤芥不取。金事卒，乡人醵金葬之。范先生晚自文学休致归，闭户著书，对客辄求是正其修谱事。朱先生素贫，亲友有负租抵罪者，鬻书以赴其急。呜呼！老成凋谢，典型日远，后生晚出，未能无愧于诸先达，而于诸先达之风，安得不喜谈而乐道之？

右送朱、徐二君序略。

黄丹岩先生曰："昆山昔称望县，风俗之厚冠七邑。"以先辈之事言之，秦文仲为文赠友，誉之稍过，殷大章、卢公式遂与绝交。吏部尚书余茂本，见乡人恒以名自道。陕西廉使王浚伯辞县大夫宴，径赴邻翁之招，曰："县治具易，邻贫，吾享其诚。"吕沁州告其子金事[1]且曰："儿如以利自污，虽三牲九鼎，吾其吐之。如廉溪毛盂，饭亦享也。"安节龚公代父补黑衣之数，既老归乡，言及旧君，辄悲且泣。叶文庄公公差至苏，买小舟归，谒亲友，舍车而徒。张副使节之每升官，必祭其授经师，委巷小家，屈趾过门致殷勤。至于士大夫称呼必以字，行坐必以齿，后辈于前辈称先生。有工作，不役乡人，正统、天顺间尚然。载文集。

朱侍御蘧庵文曰："昆之先辈，多以忠厚相尚，礼貌衣冠，皆优于列邑。"孙秋官蕴章浙江勘事回，便道至昆拜其亲，舍驿舟而另买一航。王方伯民望以给事往占城，封拜归，驿舟摆列仪从，必尽去之，其谨畏如此。载《臆见杂录》。

许孝廉岊怀伯衡曰："前辈厚德，多非恒情可到。"朱恭靖家居时，文宗按临，其夫人曰："儿辈考试，可对府县一言。"公摇手止之曰："且低声！毋使苍苍闻之。有势力者行请托，将置孤寒何地乎？"卒持不可。又顾观海先生之子尝制纱衣，先生见之问："针工何物？"工曰："软纱也。"先生告同官曰："世情日变，今且有软纱，可异也！"时为软纱已久，先生才见之耳。载《江行录》。

昆山之俗，先辈皆尚淳朴，重名节，即有明之季，如张给谏栋、诸仪部寿贤、归孝廉子慕、张烈愍振德、顾元城天叙、蔡忠襄懋德、王忠愍焘、顾钱塘咸建、夏方伯万亨、朱节孝集璜、陶文学琰，皆矫矫风节，起顽立懦，一时皆以为宗。中更世变，邑多风鹤之警，士大夫胁息避祸。一二廉静之士，或隐居乡曲，不入城市，有幸而得全其志者。辛丑有奏销一案，半归废斥，大都以名义自处。虽登两榜，官禁林者，卒安贫困、守澹泊，时或出入徒步，不自矜炫。然里巷狡猾不逞之徒，见绅士无所畏避，因反陵轹之，绅士亦俯首让焉。又风俗之变也。

1　此后底本顺序混乱，江苏科技出版社整理本因之，此据国图本正。

以吉凶大礼言之，前朝士大夫家犹行冠礼，今不复讲矣。然考古冠制，正不必以束网子为加冠也。三加之礼，次用皮弁，何不可仿古而行之乎？婚礼之有拜门、求允，即古之纳采、问名也。有下定、有大行盘，即古之纳征、纳吉也。有道日，即古之请期也。将婚则有催妆，亲迎则向雁而拜，皆不大远于古。惟踏甑、跨鞍、斩蔗、迎龙、接宝、传彩席、撒帐、上花幡诸仪，俱俗礼不经。丧家开吊，多遍请邑客主丧，谓之陪宾。每日张筵犒赐，烦费甚多。至吊客所具仪物，丧家概谢不受，故率赁之肆中，或用空柬，以至无行贫生，借吊丧希赠赍，俗称丧鬼，皆丧礼之大坏者。然士大夫居丧，或三年不御酒肉，不近博塞诸戏具。其有易服从吉、听乐预宴者，则相诧为异事，犹有古风。平日祀先，惟二至之祭为古礼。若清明、十月朔展墓，及中元、下元、除夕诸祭，皆循俗行之而已。郑进士文康《娶妇俗礼歌》五首："莫跨鞍，莫跨鞍，跨鞍未必家平安。鞍高足小跨不过，露出绣鞋人共看。东家娶妇有鞍跨，西家无鞍争笑话。谁知一跨心胆粗，乱走胡行都不怕。呜呼！跨鞍不如不跨好，俗礼纷纷奚足道？""莫问龙，莫问龙，问龙龙在龙窟中。掀天头角役雷火，引入宅来何处容？总使宝龙能带宝，谁解降龙与龙讨？只有煌煌颔下珠，看得贪夫眼中饱。呜呼！宝龙岂是池中物，肯逐妇人同入宅？""莫进宝，莫进宝，进宝书中无可考。妇家有宝当自进，借取夫家亦何好？古人真宝真可怜，今人假宝徒纷然。妇人孝顺是真宝，进与舅姑无价钱。呜呼！宝兮宝兮无尔献，三日入厨来进膳。""莫搂饭甑，莫搂饭甑，饭甑破时如破镜。甑里深藏是何物，搂出捏成假银锭。甑虽有眼喜无口，入得门来便教搂。少年新妇恃力强，故向人前擎好手。呜呼！莫叫甑破不可为，白中免使良人炊。""莫传彩，莫传彩，两席相传礼安在，媒婆前引拌婆随，传入洞房齐喝采。人家娶妇在传家，不在容颜如舜华。前席舒开后席卷，呼作龙须徒尔夸。呜呼！新郎有彩莫铺地，留制班衣老莱戏。"

佞神多尚赛会，莫盛于四月十五日。相传是日为马鞍山神生日，邑中自城隍总管诸神，皆舁像朝于庙前，自半夜始，至晓乃罢。舁夫趋走如飞，举国若狂，前后三日为率。次为五月十八日，有贤圣会，会有二：有清真观者为北会，在朝阳门外南坛者为南会，神名皆同，而会首各异。两会尝相遇争道，辄相殴击，或至神像皆毁，人多负伤，讼累不解。后乃议分路而行，各不相遇，争端乃息。六七月间，有土地会，好事者扮台阁、马队故事，互相争胜。顺治年间，小民创为阴司上纳钱粮之说，自四五月，便舁各乡土地神置会，首家号征钱粮。境内诸家，每纳阡张若干束，佐以钱若干文。至六七月，赛会舁神像，各至城隍庙，以阡张汇纳，号为解钱粮，而以钱为会费。其他若东岳、关帝、城隍、金总管、张仙、五路通达司、三元帝君、龚贞老官人、周孝子等会，不可枚举，而金、龚二神传系本邑人，尤他邑所无也。

士大夫称呼前辈，皆以字，后乃不敢呼字而呼号，后又不敢呼全号，而止呼一字为某老。今则里巷细人、童稚少年，相称必曰"某老"矣。柬帖自署，前辈于平交，多称眷生，惟确有年谊者，乃称年家。今则应称眷生者，皆增侍教二字，或改称眷弟。不论年谊有无，并署年家。至年节贺帖，并无称呼，止书姓名曰"某人拜贺"而已。又见叶氏所藏文庄公时遗柬，凡生者吊死者，皆称阳眷生，今不复见。至男子吊女丧，亦概称眷某。近日归元功[1]谓男女无通名礼，止当致帖丧主，中云"奉吊尊慈太夫人"或"尊阃某夫人"，人皆称为有礼，然亦未有踵行之者。

士尚文学，凡延师课子弟，必虔必慎。入学开馆，无有过正月初十日。科名之盛，自宋卫文节公始，至明弘正间，有五科三状元，为四方所称。近自己亥至癸丑，一状元三探花，六科四鼎甲，亦前此所罕见也。邑独少会元、榜眼，然以邑人而居太仓，如陆太常钶、吴司成伟业皆以一人兼之。解元则沈学宪承庆、周进士汝砺、李太史胤昌为最著。相传形家言，谓城中玉带河不可塞，学宫红墙不可使民家蔽之，西仓小桥不可用石块，而山中所产巧石，尤不可过为开凿，以近事征之颇验。然邑之科名虽盛，而盖藏之家，百无一二。又以为山首瘦削，故秀而多贫。邑中士流，多商贾，少门第；多仓庾，少仕者；词林多，科道少。即四方之贾于昆者，亦书笔多，钱币少。

邑之为民害者，曰衙蠹、曰豪奴、曰打降、曰土官。市井拦路，横主买卖者，曰白赖。开场诱人赌博者曰囊家。借捕纵盗者曰放线，皆民间蟊贼也。又有最卑贱而病民者，曰丐头、曰青夫、曰盘夫。丐头在养济院及各寺庙、各乡镇皆有之。专伺人家吉凶事，率其徒索勒酒食及犒赏银钱，稍拂所欲，诟厉随之。青夫者，承应各马头之牵夫也。恃其无赖，生事扰民，人莫敢忤。至借堂票、索工食，凶恶尤甚，每与丐头为党，迎春日舁太岁以索钱，倡为"太岁临门、一岁不宁"之说，要挟无已。东南门外，尤深苦之。盘夫者，为丧家舁棺之夫也。各有头目，自分疆界，丧家不得乱雇。每舁一棺，定索高价，大家多至数十金，小户亦五六金乃止。今方设为厉禁，诸害渐息。后之君子不可不知也。

邑旧有斯文会，月一举之，以宴缙绅。又有延龄会，以宴耆老。元季二会合而为一，总名文会。朱泽民德澜[2]有《请诸儒文会启》可考也。至明弘治时行之不废。有室浅不能容者，知县杨子器撤淫祠，建文会馆于县治东，使邑士人胥会于此，而己亦与焉。其后，有非士类亦厕其间者，于是清流多不屑与，而会遂废，馆亦不可得问矣。又有吊古会，亦月一举，分祭诸先贤无后者之墓，后更名儒绅会，今亦久废矣。慕古君子，苟能寻旧盟而复古典，亦敦俗之谊。朱泽民《请诸儒文会启》：兹以句吴江左之甲郡，古有三让之遗风；《曲礼》天下之一经，时书六行以兴德。官师虽具以大典，乡人合讲其常仪。郁郁乎三代之文，实为有叙；济济乎一城之众，岂曰无人。式厚士风，请敦文会。盖闻朝以爵贵，乡以齿先。非高年无以达尊，非厚德无以服众。非醴酒无以致敬，非具膳无以合欢。宜就月初，请从众约。尊卑礼让，长幼叙陈。有小

1　归元功，即归庄，字玄恭，"元"乃避康熙讳。
2　朱泽民德澜，《嘉靖志》卷十"朱吉"条下："父德润，字泽民。"

善则相勉其行，有微过则众正其失。讲经论史，庶流千载之淳风；酌酒赋诗，聊举一时之盛事。愿闻礼式，用列会仪。

邑有同善会，其法始于梁溪高忠宪公。明季，邑诸绅老仿而行之。每岁一季一举，人出其赢余，以九为数，盖计日积一，则三月当余九。出银者多至九两，少止九分。出钱者称是。至会日，悉储之主会，散给邑中之贫不能为生者，而以其余制匾褒奖已故及现在忠孝节烈之家。即于会日，公请一老成有望者敷讲六谕。崇祯十六年夏季，知县万日吉主会，乡先生顾天叙主讲，为最盛。鼎革后，此会旋举旋废。至康熙九年，邑被水灾，民大饥，于是官绅复举行同善会，饥民资以活者甚众。至今此会不废，而邑长另于朔望诣明伦堂行讲约礼，故同善一会止于助贫而已。知县万日吉《复诸绅士敦请顾筍洲先生主讲书》：吉小子无知，德薄而修凉也。大道之志窃有焉而未逮，尚冀诸君子之发蒙订顽，以保有此质也。其敢曰余其有觉，具训于蒙士乎？夫是役也，非齿有德者，不在此位。尚齿则先国老，国老而德足矜式，言足听闻。顾筍翁于是乎而获有辞于诸弟子矣。其辞之言曰："年衰也。"辰之初，巳之末，假以二时，小子吉捧茶而待，诸弟子次第执觞壶而从，其得优游于开谕乎？若虑拜跪之不良，则老者不以筋骨为礼矣。抑是役也，固以训夫乡之父老子弟也。筍翁端坐其上，吉与诸大夫、诸孝廉、茂才，拱立于左右，使我父老子弟敛容而谋曰："是俨然师保之位者，固吾乡之齿有德之顾筍翁也。是负墙而隅坐者，固吾乡之大父母，与夫诸大夫、诸孝廉、茂才，而执弟子礼于顾筍翁不衰也，而我侪亦不可以不如是也。"是所以教让也，所以敬有德也。敬让之道得而国治矣。一举而二善备，诸同志其为我竭诚尽慎而敬以请。

占　候[1]

正月元旦，鸡初鸣，皆放爆竹开门。悬祖先影像于堂，黎明肃衣冠，男女参拜。毕，始贺尊长。乃率子弟谒宗党、亲戚，各投刺于门，曰贺岁。客至，点茶多用豆枣。禁扫地、求火及针剪。是日宜阴。谚云："岁朝乌六秃，五路大熟。"初三日，始开市汲井。初八夜，看参星，卜旱涝。十四日，以糯谷爆釜中取花，名字娄，又名卜流，云卜流年休咎也。十五日为上元节，昼设布幔于街市，列绮丽，曰彩色。夜张灯，各为巧丽。鸣金鼓达旦，曰闹元宵。绕街最多者，为老子灯，以纸肖寿星、八仙、三义诸像于竹竿，点烛其腹，童子执之，百十成群，导以锣鼓，声若鼎沸。是夜家家祀灶，为接灶。女子请壁姑娘问吉凶。

二月八日，为张大帝生日，多有风雨酿寒，云大帝请客逢辰日，上天有迎客风、送客雨之说。十二日为花朝，若天气晴明，则百果、百谷无损。

三月清明前二日，为寒食。新丧过七七未逾年者，皆设长粽以祭，新葬者亦然。是日，

1　占候，底本无，据文例增补。

插麦于门，男女皆佩戴之。清明日插柳亦然，人家率儿女，携酒肴、楮锭，又以纸剪长缕，曰挂钱，谓墓祭，曰扫墓，又曰挂墓。

四月初八日，畏夜雨，雨则伤小麦，谚云："小麦不怕神共鬼，只怕四月初八夜逢雨。"大抵是月雨多损麦，然邑多低乡，宜麦者少。北乡尤利早稻，转喜雨。十三日为千人会，乡城男妇年老者，皆携果物至山王庙前，不论谁何，互相赠遗，曰结缘。十五日，则为山王会，群神像之舁而来朝者以数百计，而莫多于城隍神，其陈印垂绥，称本县显佑伯者数十。

五月端午日，食角黍，饮菖蒲雄黄酒。仍以酒喷洒墙壁，云祛毒虫。为雄黄囊，又为符花列五毒像，女子佩戴之。堂中悬神符，皆以禳邪疫。亦有龙舟竞渡之戏，向时六门各制一舟，今半之矣。入夏至为时，一作点。言农时也。时有三，初时雨为迎时，末时雨为送时。迎时雨常旱，送时雨常涝。谚云："高田只怕迎时雨，低田只怕送三时。"若中时而雷，谓之腰报，亦多主雨。谚云："中时腰报没低田。"昆田多低，故尤畏送时雨及腰报。又俗以芒种后遇壬为黄霉。夏至后遇庚为出霉。前半月为霉雨，后半月为时雨。遇雷电谓之断霉。此时地气蒸湿，物多浥烂，须通风日乃免。二十日为分龙日，分龙后雨多不遍，俗呼过云雨，又云夏雨隔田晴也。

六月六日，浴猫犬于河，云去蚤虱。是月宜极热。谚云："六月不热，五谷不结。"

七月七夕，女妇以凤仙花染指甲，搏糖面作花，以油煎之令脆，曰巧果，相为馈遗。十五日为中元节，人各荐亡，为盂兰盆会。处暑日喜雨，谚云："处暑若还天不雨，总然结实也无收。"惟北乡有瓜熟稻，至是将登场，忧多雨。

八月，农家祭土谷神，名青苗社。是时喜晴，故白露日雨，则主歉。又稻秀时忌风。谚云："稻秀只怕风来摆，麦秀只怕雨来淋。"十五日为中秋节，遇天晴，则游人争集山前踏月，人家各设台烧香。十八日为潮头节，游人观潮于新洋江口。盖向者海潮直达真义村，故邑人于潮盛日为此游。自刘家河塞，邑久无潮，今虽经开浚，而潮犹未至昆也，然新洋之游相沿不废。

九月九日，食花糕，名重阳糕。士大夫为登高会，皆集马鞍山前，亦有寻菊花、尝新酒者。是日喜晴，谚云："重阳无雨一冬晴。"又云："九月十三晴，钉靴挂断绳。"

十月朔，为下元节，人无贫富，皆祭其先，亦有为墓祭者。有田之家，始于是月开仓收租。

十一月冬至节，拜贺尊长如正旦，亲朋多相馈送。时则富家有施棉衣者。

十二月朔日，乞儿扮男妇为灶公、灶母，噪于人家，云保平安，至二十四日乃止。相传即古傩于乡者。是月舂米藏廪舍，可经岁不坏，曰冬舂米。又喜雪，主来年丰，杀蝗虫子。谚云："腊雪是被，春雪是鬼。"二十四日，祓房尘，乃谢灶神，焚灶帖。又有涂面扮钟进士逐鬼者,云辟祟,至除夕乃止。除夕,祀祖先及家神,焚苍术辟瘟丹,易桃符,封井禁勿汲。插冬青、柏枝、芝麻箕于檐端,以石灰画白米囤或弓矢于地,以祈年禳灾。又以石灰盛布囊印地,曰白驴迹。每门倚长炭,名把门炭。围炉至中夜,曰守岁。闭门则举爆竹三声。

方《志》谓,元旦人家具彩笺于案,贺者书名而出。是日或次日束薪于长竿为高炬,观火色赤白以占水旱。争取余烬置床头,谓宜蚕,故名照田蚕。初三日,无论贵贱,俱赴城隍庙,名谒庙。十五日,众集巴城寺占岁丰凶,甚验。

旧志曰:宋时岁节、冬至,县官率乡之缙绅士友,聚拜于明伦堂,会茶而散。礼仪雍容,长幼有序,他邑所无。自乐庵李公行之,久而不废,逮七十余年。县尹项公泽复捐金置租,以充所费,今亦不可见矣。

方 言[1]

方言之近古而异于他方者:语了曰哉。《书经》:"股肱喜哉,元首起哉。"语了曰且。《诗经》:"只且狂且。"音嗟。又语余曰那。《世说》:"公是韩伯休那。"不曰弗。《中庸》:"弗知弗措也。"数人罪过曰抚选[2],《左传》:"弗去惧选。"杜注:选,数也。[又曰数说。如汉高之数项羽。]指人曰其,《论语》:"非其罪也。"又曰伊。《诗经》:"觏伊人兮。"木片曰柿。《晋书·王浚传》:"木柿蔽江而下。"音废。饭粒曰米糁。《庄子》:"藜羹不糁。"桑感切。满足曰彀。古以弓满为彀。两合无漏曰吻。出《庄子》。亦作缗,俗云吻缝。美陨切。十五日曰月半。出《礼记》。劳苦曰擗仆。《孟子》:"仆尔亟拜。"[整理曰修娷。音捉。《唐书》:"修娷部位。"]以肩举物曰揵。出《史记》。音乾。不舒展曰缩朒。退后亦曰缩朒。《汉书·五行志》:"王侯缩朒。"佣工曰客作。《汉书·匡衡传》:"乃与客作。"打击甚曰鏖。《汉书·霍去病传》:"舍短兵,鏖兰皋下。"颜注:鏖者,苦击而杀之。击而挤干作闹,曰击毂。[3]《国策》:"车毂击,人肩摩。"[指环曰手记。《诗·郑笺》:"后妃群妾,以礼御所,女史书其日月,授之以环。当御者著于左手,既御者著于右手。"今俗亦称戒指。]厚砖曰甋砖。《魏书·扈累传》:"以甋砖为障。"畏惧曰寒毛卓竖。《晋书·夏统传》:"不觉寒毛尽戴。"众多曰多许。《隋书》:"天下何处有多许贼。"许,音同浒。《诗经》:"伐木许许。"所在曰场许。《世说》:"桓大司马先过王刘诸人许。"污秽曰恶臭。《大学》:"如恶臭。"臭,俗转近触。声闹曰击戛。《书经》:"击戛鸣球。"清雅曰宿留。《唐诗》:"宿留洞庭。"秀音秀溜。称我曰侬。《湘山野录》:"钱王歌永在我侬心子里。"热不透曰温暾。《楚辞》:"暾将出兮东方。"音吞,日初出。[唐王建诗:"新晴草色暖温暾。"]物相类曰一样、能。《汉书》:"不相能,谓不相

---

1 方言,底本无,据文例增补。

2 抚选,墨笔改"抚"为"敷"。

3 击而……击毂,墨笔改为"人物作闹声,俱曰击毂"。

合也。"俗相比曰能，取相合意。如今曰乃今。《汉书》："吾乃今知皇帝之贵也。"两手取物曰掇。《易》注："掇，自取也。"盖物曰礉。[亦曰匧。]出《汉书》。石盖也。音感。[不慧曰呆。《唐韵》："小呆大痴。"]粗蠢曰笨。《宋书·王徽传》："亦有粗笨之语。"音朋，去声。种秧曰莳。古注：植也。热酒曰汤。《韵注》："热水灼也。"去声。[以醓腌物曰盐。去声。《内则》："屑姜与桂，以洒诸上而盐之。"]缺齿曰齾。见《韵书》。牛瞎切。吃食曰噾。出《礼记》。大啜也。如此曰是盖。古文承接通用。死曰过世。《晋书·秦苻登传》："陛下虽过世为神。"嘲笑曰阿喦喦。亦招呼声。

异古异他方而义稍通者：此所以曰呼吸道。取语脉相应意。走曰上。俗音。自云间来，取上程意。看曰张、曰望、曰睃。[1] 张，取开眼意。望、睃，与看意相通。睡曰困。取僵伏意。[睡，声曰惛涂。]藏曰圹，或作园。取深穴意。忍曰熬。取煎迫意。转曰跋。取移足意。积物曰顿。取顿舍意。巧曰搂搜，曰尖钻。皆取得窍意。[伶俐曰即溜。自夸曰卖美。事幸相值曰偶凑。谓人不能曰无主张。谓人有疾曰无张主。作事无据曰没雕当。]贮物曰坐。取放下意。置物曰安。取平稳意。[完全曰囫囵。布帛薄者曰浇。]点茶酒曰筛。取出物意。[门之关曰闩。]首饰曰头面。取饰容意。[托盘曰反供。]指物曰那。拿，去声。犹言那个。[家伙曰家生。]住处曰窠坐。取藏身意。[阶级曰僵礙。此处曰间边，彼处曰箇边。]男人揖曰唱喏。取声喏意。女人拜曰屈。去上声，取屈曲意。戏谑曰蛮，取鄙俗意。又曰取笑，取，音同楚，取笑乐意。又曰草，取草率意。又曰搂。取牵惹意。[躲避曰伴，宜作叛。速走曰跌。]强出尖曰行霸。取雄据意。[非常事曰咤异。]移物曰捅。取进前意。不料理曰喇麻。西域之名，亦蛮意。富曰从容。取宽展意。[遇可喜事曰利市，亦曰造化。得利曰赚钱。锄地曰倒地。]日曰日头。取尊阳意。月曰月亮。取明意。怠惰曰邋遢。明初有张邋遢，取阘茸不理意。谢人曰聒噪。取搅扰意。帮话曰搭嘴。取救搭意。祭牲曰牲少。取少牢意。屈抑曰郁捘。取困屈意。在曰来到。取不去意。极主曰得势。犹他处曰紧、曰狼，取威势非常意。折纸曰夭。夭亦折也。以杓取水曰舀。遥上声，《字汇》："杅白也"，盖借用之。[数钱五文曰一花。呼六畜总曰众生。众作平声。]

异古异他方而义难通者：何人曰啰个。何物曰爹个。那里曰啰里。怎的曰那涝，又曰那亨。或谓即"宁馨"二字，按语气亦不相通。在此曰来里。何说曰那话。恰才曰姜才。状貌曰意里。纠缠、逼迫曰擂堆。了曰子。执物曰当。去声。按物曰揿。妄语曰赵。苟细曰兜搭。不洁曰喇搭。一番曰一泼，有几番者曰头泼、二泼。热物曰顿。物浮曰氽。吞上声。稠密曰猛。鞋曰鞋脚手。物曰牢曹。闲游曰白相，又曰鼻相。怒曰气。掷物曰豁，又曰彭，又曰乳。当入声。上曰浪。如言书上、台上，则曰书浪、台浪。柴余曰拉撒。烹饪曰挣理。在行曰畧得。沮毁曰打破鬼。多言曰饶格喇。多事曰掀格喇。物多曰一拍喇。能曰本事。

1　看……睃，墨笔改为"窃视曰张，远视曰望，近视曰睃"。

事难处曰间架。摸物曰搂。

反言者：神气不振曰葳蕤。二字本荣盛意。举箸曰按。宰牲曰活。不要曰极要。决不肯曰不知阿肯。决无曰不知阿有。以上三语，明季始有之，亦风俗自淳而浇之一端。

名不正者：呼妻父为伯伯。呼侄为孙。呼外孙为甥。呼曾孙为玄孙。呼神道为佛，为菩萨。呼肉为菜蔬。[音师。]呼医曰郎中。呼镊工曰待诏。呼马鞍山为昆山。

讳言而变其名者：讳散，呼伞曰竖笠。讳滞，呼箸曰快。讳死，呼洗曰净。讳没，呼抹布曰展布。讳挫，呼醋曰忌讳。讳穷，呼蚕曰赚积。讳离，呼梨曰秋白。讳极，呼屐曰木套。

翻语为字者：团为夺栾。孔为窟笼。盘为跋栾。精为即零。村为秋根，讥人村俗也。呼为唔涂。

借喻者：陪堂帮衬曰箴片。闯席曰吹木屑。武断曰横撑船。瞒人曰抢眼皮。桑软[1]曰衣皮。雷同附和曰一窝蜂。无用曰跕跌倒。夹杂曰夹篙撑。糊涂曰葫芦提。群饮曰扛匦。存私得钱曰网巾圈。无知曰黑漆皮灯笼。外貌好曰金漆粪桶。懊悔曰惜思还魂[2]。妇人健争曰磕枪头。

音存古而异于他方者：儿，音同倪，又音同以。死，音同洗。争，音侧羊反。暑、鬼，音同举。大，音同惰。作，音同做。兄，音同况。归、龟，音同居。那，去声。烹、庚、更、彭、朋、肓、争、撑、铮、声、生、行、横、羹、耕、坑、莺、城等字，并阳韵。梗，养韵。硬、盛，并漾韵。石、白、百、宅、尺、赤、拆、格、客、射、额、择、掷、迫、柏、陌、麦、吓、只、画、碛、责等字，并药韵。

音异他方而非古者：认为召。税为世。授为胄。江为冈。疟为愕。吹为痴。庄为臧。葵为蘧。人为迎。赊为沙。遮为诈。平声。蛇为茶。伤为丧。忌为忙。尝为藏。王为降。降为杭。任为迎。水为暑。癸为举。耳为你。二为腻。取为楚。蟹为海。罢为败。去为弃。贵为句。胖为滂。去声。孝为好。巧为考。让为娘。去声。唱为仓。去声。肉为恶。觉为阁。日为逆。月为额。热为稔。物为没。铁犁为铁赖。儇利为赖。枇杷为弼杷。

字音口诵不正者：之为兹。支为孜。章为妆。诗为思。微为肥。文为焚。纸为子。是为士。旨为梓。矢为使。始为史。齿为此。吾为鹅。笋为损。永为勇。义为异。帜为恣。岳为鹤。山为三。玉为蚰。朔为索。卓为竹。琢为竹。剥为卜。握为屋。万为饭。晚为凡。上声。几为几。鱼为余。徐为齐。无为符。武为拊。黄为王。胡为何。

1　桑软，墨笔改"桑"为"柔"。

2　惜思还魂，墨笔改"思"为"尸"。

吕为李。问为忿。去声。爱为碗。年为妍。沿为言。襄为蹇。宁为迎。宏为红。赏为爽。未为吷。外为坏。

音异而字亦讹者：围为圩。都为保。鄙为图。姪为侄。浦为埠，又为步。愈为越。太为忒。晃为奤。地名，有奤子。创为及。地名，有杨及泾。一带为一搭。掌故为帐簿。核桃为胡桃。恼鸦为老鸦。恼鸦之名，本与喜鹊为对。

音不异而字讹者：盘博为盘剥。钩销[1]为吊销。姥为妈。

物　产

扬土涂泥，昆尤洼下，水深壤薄，亦何所产？然男勤稼穑，女务擗绩，布缕粟米，实赋财之源，与逐末为生者异矣。故首自五谷，次及布帛，凡可以利用厚生者，皆得并列，作《物产志》。

五谷之属

粳稻。古名稌。吴俗有"清明浸种，谷雨下秧"之谚。插莳之期，高乡有麦，以芒种后水乡无麦，且防黄梅雨。至以芒种前，早不能先立夏，迟不可过小暑。至刈获之时，各随稻色，早在处暑，迟亦霜降。若水深沉没，又不可以时候限矣。香粳。气极香，斗和一升，芬芳郁列。白稻。有早、晚二种，芒长而粒大。天落黄。无芒。鸭嘴黄。今名半芒，粒大。红莲。米赤而味香，早熟。紫芒。米有红、白二种。闪西风。早十日。又名雀不知，言其熟最早也。处暑内刈。瓜熟稻。丈水红。性耐水，低乡多种之。昆比他邑独低，故漕米有三红、七白之令。薄十分。黄粳籼。秸细，堪为拴绳织屦之用。糯稻。古名秫。观音糯。羊苏糯。水晶糯。榧子糯。灶王糯。芒谷俱黑。飞来糯。稃有两翼。香子糯。亦以气香得名。

麦。九十月下种，芒种前熟。惟高乡种之，计三种。大麦。古名来早熟。小麦。古名半有、长箕、白壳、掺梅、火烧头等名，熟迟。穬麦。熟于二麦之间。荞麦。七月下种，九月熟。赤茎、白花、黑子，得霜即枯。

穄。古名稷，小米也。苗类黍，穗如稻，北地所产，近亦有之。

粟。俗名芦粟，苗类薏苡而长。有粳、糯二种。乡人磨其实以作饼饵。鸡头粟。俗名番麦，苗与粟相似，四月种，八月熟。花在苗端，苞中有赤须而无花，结实如推，附推累累如珠。又名珍珠粟。

豆。古名菽，有数种。蚕豆。俗名寒豆。九月种，明年蚕时熟。豌豆。俗名。小寒种，熟与麦同时。江豆。四月种，五六月熟。刀豆。以实刑相似，故名。食其嫩美，若待豆成，仅堪作种。扁豆。郡人呼为延篱豆，八九月间佳味也。青豆。黄豆。赤豆。

1　钩销，墨笔改"钩"为"钓"。

季《志》以油豆腐载入物产，腐为四方所有，而油煮，独昆人所造尤良，至今他处仿效者总不能及。

菜之属

韭。出圆明村者佳。夏杪摘茎，名韭花，隆冬摘芽，如鹅黄色，质脆味鲜，他方所无。葱。蒜。薤。莴苣。茄。苋。芫荽。芋。有水、旱二种。薯蓣。俗名山药。甘露子。香芋。落花生。茨菇。荸荠。茭白。芥菜。芦菔。波菜。芝麻。有白、黑二种。竹笋。

瓜瓠之属

西瓜。旧志杨庄者佳，今则以圆明村者佳。近闻十二、三保高乡亦种之。东瓜。南瓜。俗名饭瓜，荒岁可代饭，穷乡每取以充饥。丝瓜。生瓜。甜瓜。黄瓜。香瓜。青穰青肉者佳。壶芦。瓠也。有圆匾而大可为盘，容斗许者，有柄长盈尺者，有曲柄而为杓者，有细腰如浮署顶者，有极小而圆，为鸽负之铃者，有细蒂大腹，中解之作杓用者。

果实之属

桔、柚、柑、橙虽有之，而或移或嫁，非土产也。

梅。有三四种，消梅为最。杏。桃。有金、银、五月、墨、幡、半斤、李、光、雪数种，而水蜜为最。李。银杏。石榴。有红、白二种。枣。柿。有大、小、火珠、海门诸种，而方柿为最。葡萄。类天而包淡者佳。香橼。有夏、冬二种。香橼至明年三月后香，珍藏之，可接早桂。

竹之属

燕竹。燕来时发笋，萌之最早者。笙竹。五月发笋，萌之最晚者。护居竹。笋味最佳，材不堪用。紫竹。斑竹。水竹。篾最佳，且不畏水。粉筋竹。淡竹。叶与竹沥入药用。凤尾竹。方竹。黄金间碧玉。慈孝竹。一年两生。冬笋生于丛外，夏则生丛中。

木之属

松、楠、柏、桧，在在有之，非土产也。

杨。柳。椿。有香、臭二种。桐。楮。朴。槐。榆。樟。楝。皂荚。实可去秽，闺中所必需。乌桕。古名守宫槐，叶夜合。冬青。

花之属

木樨、牡丹、山茶、茉莉，家家树之，非土产也。

蔷薇。有红、白各种,黄者为贵。玫瑰。花可制以点茶。木香。凌霄。芙蓉。腊梅。槿。有紫、白二种,俱千叶。紫藤。紫薇。

卉之属

莲。水仙。洛阳。渥丹。萱。有各种。虞美人。葵。有蜀、锦、秋三种。芍药。菊。种极多,自古有谱。鸡冠。有红、黄、十锦三种。秋色。有红、黄、十锦三种。美人蕉。闽种也,陈雁湖携归,将五十年矣。

鳞介之属

鲭、鳎、鲢、鳊,池塘所蓄,宴会所用。种自上江来,非土产也。

鲫。鲤。鳜。鲻。鲈。斑。似河豚而较。鳗。鳝。箭头鱼。虾虎。二种出吴淞江,自江淤而种绝。今经开浚,潮汐复通,旧物当仍产耳。朱鱼。赤、白、花三种,蓄之盆盎,以为珍玩,名有数品,入格者佳。有一头而值白金数钱者。鼋。鳖。鼍。似鳖而身有黄色纹。虾。蟹。产蔚村者佳。至秋深,味极肥美。

禽之属

雁、燕、鹤、鹰皆他方所产,去来有有,譬之流寓,可不载也。

鹅。鸭。鸡。家禽。鹊。鸦。纯黑者为慈乌,白胆者声性俱恶。斑鸠。鹡鸰。黄莺。白头。鸳鸯。鹭鸶。十姊妹。黄头。身小而善斗,人蓄之以赌,常胜者有"将军"之号。鹌鹑。鱼虎。即翡翠。雀雉。百舌。鸽。野鸽名仓灰,人家蓄者,种不下数十。有以毛色胜者,有以健飞胜者,好事家蓄以相炫。邑有陈献之,性嗜鸽,搜求不惮千里,购置不惜多金,著有《鸽谱》一卷。辨其毛,表其性,衡其品,定其价,与夫饮食所宜,疾痛所自,无不详且核焉。

兽之属

牛。羊。犬。猫。家蓄。獾。猬。黄鼠。松鼠。老鼠。兔。獭。

布之属

棉布。五、六、七保,十二、十三保之人,俱以纺织为业。六、七保所织尤佳。苎布。东乡、北乡俱以沤麻为业,官机为最。

药之属

蒲公英。蛇床子。何首乌。车前子。益母草。忍冬藤。石决明。黑牵牛。香附子。

地丁。

虫之属

旧志不载，然蜂、蚁知君，螽期多子，及时而变，当候则名，亦造化所寄，聊附存之。

蚕。夏税虽有桑丝，然地不植桑，间有养者，仅取其茧，以作花胜彩符之用。蜜蜂。性以房聚，产子则分，时在谷雨前后，第一房蜂众而易成，渐分渐寡，虽成房，恒不得过寒也。分时随其所止，非人力可致，收时以斗，或小木桶诱之，令入后用板作方築，层之置之，空其下築，以通出入。居檐庑向阳处，加意护持，每房岁可得蜜五六斤。摘蜜以小满后，须留半，以备冬食。农家往往蓄之，以取自然之利。此虫之可以养人者。蝶。变化多奇，未可种养。蝉。形声各别，约有三种。萤。络纬。俗呼纺织娘。蟋蟀。善斗，人竞蓄之，以金钱决胜负。斗时设集，好事者若狂。常胜而不负者，谓之将军。一头有值几十金者。相其形色，以别强弱，以定贵贱。有文人曾作《谱》。按：虫类甚多，凡为人所畏，与人所憎者，皆不足纪，并不入志。

［赢虫之属］

［滑吏。奸胥。臭监生。不通秀才。臭花娘。狗头财主。猾僧。骚师姑。以上昆山土产，比他处尤良。］

卷　七

学　校

学校之建，以育人才、佐王化，文治之大端也。秦、汉不可考矣。自晋而降，大率简略，迨宋雍熙，而教养两备，其得士为尤盛。元、明之际，州、县异名，官既改设，地亦时迁，人才总由此出，作《学校志》。

文庙、儒学，俱在县西南二百九十步。唐有文宣王庙，在县治东七十五步，即今察院。以兵火废。初，贞观四年，诏州县皆立孔子庙。时国学释奠，皇太子为初献，以邑人祭酒张后允为亚献。二十一年，诏州县释奠，咸以博士祭酒官奏，县学以令丞、主簿、尉三献。咸亨元年，诏州县皆营孔子庙。开元二十七年，诏谥曰文宣王。先是废周公祭，而夫子位坐西牖下未改，至是二京国子、天下州县，夫子始皆南面。大历九年，大理司直王纲为县令，重建学于庙垣之右，设博士以训学徒。梁肃《昆山县学记》：学之制，与政损益。故学举则道举，政污则道污。昆，吴东鄙之县，先是县有文宣王庙，庙之后有学室。中年兵馑荐臻，堂宇大坏，方郡县多故，未遑缮完。其后长民者，或因而葺之，以民尚未泰，故讲习之事，设而未备。大历九年，太原王纲以大理司直兼县令，既释奠于庙，退而叹曰："夫化民成俗，以学为本，是时不崇，何政之为？"乃谕三老主吏，整序民，饰班事，大启室于庙垣之右。聚五经于其间，以邑人沈嗣宗躬履经学，俾为博士。于是，遐迩学徒，或童或冠，不召而至，如归市焉。公听治之暇，则往敷大猷以筹之，博考明德以翼之。优而柔之，使自求之；揭而厉之，使自趋之。故民见德兴行，行于乡党[1]，洽于四境，父督其子，兄勉其弟，有不被儒服而行，莫不耻焉。金曰："公之设教，向其末不坠其本，易其俗不失其宜也。"《传》曰："本立而道生。"昔崔瑗有《南阳文学志》，王粲有《荆州文学志》，皆表儒训，以著不朽，遂继其流为《县学记》，俾来者知我邑经艺文教之所以兴[2]。黄巢之乱更五季，五六十年，庙学俱废。

宋雍熙四年，知县边仿因遗址重立庙。王禹偁《重修文宣王庙记》：夫圣人之生，必受天命，有位者天使之，化民为一时也，三五帝王之谓乎。是以穷于旅臣，终于陪臣，非不幸也。向使居帝王之位，行尧舜之风，则颜闵之科，犹元凯之举也；两观之诛，犹四凶之罪也。自然道至而我无为，化

1　行于乡党，朱笔改"行"为"始"。

2　兴，朱笔后补一"也"字。

行而人不知,时之歌者必曰:"何力之有?"后之美者必曰:"无得而称也。"虽流而为典谟,形之乎简册,亦不过"浚哲文明,温恭允塞"而已,岂复有祖述宪章之道流于后代乎? 故于生民以来,未有如夫子者也,秉笔之士安得轻议其德业欤? 吴之诸郡,姑苏称其尊;郡之属邑,昆山出其右。杂以鱼盐之利,溉乎朝夕之池。昔在皇唐,是为名邑;降及钱氏,兹惟上腴,距海之民斯阜矣。然而庠序或缺,儒素弗兴,实仓廪而礼节未知,既富庶而教化不至,为邑之长得无愧乎? 县大夫边公,世为儒流,时号甲族,自起家之调,历宰邑之资,所在播其能名,侪类惊其久次,大采之望未易知也。皇上嗣位之明年,淮海王如京师且献图籍,尊王室也。皇上思泰远人,精择循吏,铜墨之任,尤难其才。始得公以宰吴,吴民受赐,降玺书以劳之,旌善政也。秩满受代,将选于天官,会兹邑有令尹之乏者,二千石命公以承乏,且叙政绩闻诸冕旒,未几即真之命,免常调也。公因民所利,期月而治。以为人者教之本原,儒者教之先务,苟非师严而道尊,乌可移风而易俗哉? 先是文宣王庙,但有基址,尽为榛芜,废而不修六十年矣。公乃出俸金以营之,同僚悦随,群吏弗违。乃庀工徒,乃度财用。一亩之宫,芟蔓而出之;数仞之墙,树土而揭之。殿堂既严,门阙斯备。丽以丹漆,饰以垩墁。制度合乎礼文,力役当乎农隙。乃像素王,被华衮,垂珠旒,王者之制彰矣。乃状十哲,冠章甫,衣缝掖,儒者之服备矣。庙之兴也既如彼,像之设也又如此。粤上丁之晨,行释奠之礼。所以列笾豆,陈簠簋,洁牲牢,具罍洗,赞币有数,尸祝有辞。八音作而人贺[1],三献终而神悦。礼无违者,道不虚行。观之如堵墙,化之犹影响。俎豆之事修矣,礼乐之道兴矣。十室之邑,期忠信以如丘;一变之风,阐诗书而及鲁。议者曰:"吴地裸国也,昆山海隅也,旧染霸俗,未行儒风,非明君以文德敷万邦,非贤宰以儒术化百里,又安能遵先王之教,移小国之风哉?"禹偁幸忝德邻,熟闻异政,爰旌茂绩,俾述斯文。雅言虽在于圣门,不朽愿刊于贞石。咸平四年,加谥[2]为至圣文宣王,诏锡九经于州县学,复诏改至圣。景祐四年,郡守范仲淹请立郡庠,于是诏县司更置学,丽先圣庙如郡庠。庆历四年,诏令州县并得立学,于是县设主学等职。时虽置主学,或用令佐兼之,或举仕人,故以初管学事系衔,委于漕司,而未[3]隶朝廷也。元丰四年,坏于风潮。元祐初,知县杜采移建县治西南,庙堂、斋庑、庖廪,凡四十楹。崇宁间,又置学长、学谕、学宾、直学、斋长、斋谕各一人。大观元年,颁"八行八刑敕令碑"。政和中,御书"大成殿"赐扁。绍兴二十八年,郡守蒋璨名讲堂曰"致道",仍书学扁。知县程沂修辟垣墙外门。张九成《重修学记》:右通直郎知平江府昆山县事程公沂咏之,文简公之曾孙、伊川先生之侄孙也。绍兴二十八年七月十二日,作书抵余,曰:"沂闻为政莫先于教化,教化莫先于兴学。吾邑有学,卑陋不治,甚不称朝廷所以尊儒重道之意。学门之外有社坛、斋厅,掩蔽于前,气象不舒。沂乃移于社坛之西,辟其门坛,广袤十余丈。又以东建学外门,周植槐柳;增崇殿门,营治斋宇,气象宏伟,殿堂斋庑,鼎鼎一新。遇月旦,则率县官诣学。请主学者分讲六经,

---

1　人贺,朱笔改"贺"为"和"。

2　谥,底本作"溢",据国图本改。

3　未,国图本作"永"。

与诸生环坐堂上以听焉。时知府事待制蒋公名其堂曰'致道',并书学榜以宠贲之。呜呼！可谓盛矣。"又曰："先生昔学于大儒，其所见闻，非俗儒比，愿以其所闻者，明告于我，我将有以大之。"余曰："我老矣！从抱末疾，旧学荒落，顾何以副子之请？虽然，不可以虚辱也，辄以闻于师者，以告左右，左右其择焉。窃常以为，学者当以孔子为师，当以孔子为学。孔子之学，非谓博物洽闻，饰章绘句，过高自标，直[1]视四海为无人，攘臂而言曰'吾仕宦致将相，吾富贵归故乡，吾当记三箧于渡河，赋万言于倚马'，此正俗儒之学。孔子之学，乃不如是，当熟诵孔子'若圣与仁，则吾岂敢'之说，子夏'掬溜播洒'之说，孟子'徐行后长'之说，以求孔子之心可也。是谓孔子之学。若乃学如马融、如陆淳，博如许敬宗，文如班固、如柳子厚，亦可矣。而依梁冀而助武氏，而事窦宪而附王叔文，此吾侪之所羞道，而孔子之罪人也。咏之以为如何，如其不然，当明以教我。"乾道改元，知县李结重修。范成象《重修学记》：皇朝在祖宗时，郡国得置学官弟子员，选贤以教者，举天下才五十有三所，而苏居其一焉。昆山实为苏之邑，其承休尚矣。县有学，在门之内。雍熙中，翰林王公常记素王庙，文章焕烂，丰碑屹如也。政和中，徽宗皇帝所书"大成宝章""云汉昭回"，扁榜峨然也。然濒海之俗易趋利，业儒者盖寡。异时以学入仕者，越数十年时一慰寂寥耳。齐鲁之变不同，风土之宜异也。粤自化龙南渡，乾旋坤转，万灵骏奔，海若波立，荡瓮决塞，百川理顺，由是此邦潮汐流通，沟浍交会，学之向背二水，殆有濉涣之美焉。自兹文物之兴渤然，士争以儒学自奋，接屋连墙，弦诵如市，随计公车，束书桥门者，率数倍他邑。奉常赐第，连大比不乏人，近岁尤辈出。岁时闾里盍簪，至环席皆前进士，昔所无有也。以笃近之效渐嫩俗，力半而功倍也。学更数政，弗问弗遑，日圮月摧，风雨弗支。乾道改元，河阳李侯为邦之二年也，搜愿刊弊，无废不兴，疏源导利，专务以惠爱恤隐，虽遇大旱，其民弗疵，邑且治。喟然谓同列曰："百里，古子男之国也。命令政教，以是而出，所以助王化，使民向方者，岂屑屑吏能宜称哉？况我属奉制书，此道固先劝相矣，如之何弗敬？"会有浮屠氏以货殖自丰者，非法，官籍之，赀以缗积，田以顷计。侯乃请郡，愿以赀治废而田为供。太守吏部沈公方以儒雅润色为治，嘉侯之意，亟言上而从之。侯躬度材，鸠工指授，斧斤杅镘，趣事纷举，经营于良月之初朔，一再告而阁宇崇成。门阙沈如，廊庑矗如，殿陛有序，飞甍翼如。横经肄业，有堂有舍，像设俨列，器陈合仪。凡所尊崇，规模备具。乃会邑之缙绅缝掖，释菜于先圣先师，礼成弗怨，万目交耸，洵欤盛哉！斯文之壮观也。成象依仁里居，获与荣观，侯以纪岁月，请于不腆之文，既辞弗获。窃谓古者四民，一耕而三食之。工商服劳，食焉而无愧，食功也。士独无所为，食之不惟无愧，又加敬焉，岂不有大功乎？孟子曰："无君子，莫治野人，无野人，莫养君子。"俾三人者，其作于于，其食易易，系君子为之本，士之功顾不大矣哉？亦有非古之民而食人之食，其人已病矣，又从而渔猎之，如木之有蠹，枝叶未害，本已先拨，为治者当谨视而剔去之。今李侯剔其蠹而培其本，是真知所以为治者欤！本固矣，则英华之发，又将增是邑文物之光，不止夸衣冠之盛于畴昔而已矣。宜有魁磊豪杰之士出，如吴前闻人一二巨公，以功名德业，焜耀宇宙者，

1　直，底本作"置"，据国图本改。

今而后或见之，毋忽其所自。邑人皆曰："昔郑子产不毁乡校，三年人犹诵之。今李侯之惠吾邦也如是，吾之诵之，奚俟三年?"李侯闻之，以为不然。一日晨入，揖诸生而进之曰："昔无庐，今大厥居;昔无以为养，今有储。愿诸君朝于斯，夕于斯，议于斯，诵于斯。朝于斯，夕于斯，所以居尔业而谋尔躬也;议于斯，此余之所乐闻也;诵于斯，以俟后之来者。"君子以李侯为知言云。故余喜而并书之。李侯名结，字次山。左朝奉郎提举荆湖南路常平茶盐公事吴郡范成象撰。淳熙间，知县叶子强、周承勋，绍熙间知县李稠相继修之，各有记。庆元五年，知县章万里又修之，改"致道堂"曰"明伦堂"。莫子纯《重修县学记》:壮哉! 昆山之为县也。挺结峻绝，白石如玉。沃野坟腴，粳稻油油。控江带湖，与海通波。山川孕灵，人物魁殊。则所谓玉人生此山，山亦传此名。著于荆国文正公之咏，岂徒殊荣于往号，抑亦延光于将来也。洪惟我朝用儒立国，考辟雍、泮宫之制，京师、郡国皆立学，饰祠庙以奉先圣，阐黉宇以育多士，崇稽古之洪道，茂长世之善经。由是文治勃兴，炳然与三代同风。犹虑湛恩之未广，声教之未洽也，申命县司，更置学，丽先圣庙，如郡国之制。景祐四年之诏也。嘉猷四塞，六合时雍，沐浴膏泽，潜润德教，祁祁生徒，济济儒术，而昆山世载其美焉。藻拣天庭，考四海而为隽，折琼芝而继佩，固众芳之所在也。日引月长，鲜克修事。夏弦春诵，家自为学。先圣之居，亦窘风雨。朝奉郎知县事章君万里，大惧不任，以坠教基，授模梓匠，凤严神栖，饰南端之特闻，立应门之将将。华观相邀，采题交辉。乃营新堂，乃恢廊庑。浚以玉瓒，缭以崇垣。奢未及侈，规遵王度。是以经始勿亟，成之不日。庀工于庆元五年六月，而以八月毕之，于显新宫，既冈且康，思欲复之而无致，申之而有裕也。于是指供给之赢赀，斥圭租之美价，易民田凡二顷，括奸民隐占之田，溢三顷;民之讼田，法当没入者，复溢其二顷。畇畇菑町，既夷且大，俾其储积供侍，久而可继也。又为之新馆舍之器用，洁祭祀之边豆，亦衣布之余财，而匪重费于公也。既壮其室，亦丰其仪。躬率诸生，行释菜礼，告奠于圣灵，昭事是肃，敬谨威仪，示民不佻，煌煌乎兹文容之壮观，而王制之巨丽也，而后乃知大宋之德馨，咸在于此。仁风行而四达，义方激而退鹜，声名布濩，溢浃邑区。菲言厚行，陶化染学。昭光振耀，立事立功。效当年之用，以对前修之纯淑。则崖风穴水，不特清越余声而已，宜伐石以志，使是道也，不替于后。章君以子纯尝参吴门之幕，乃列其事来告，俾书之。六年三月〔宣教郎秘书省正字〕莫子纯记。淳祐初，知县徐闻诗修，重书学匾，有六斋:曰居仁、由义、效忠、履信、咸德、致道。六年，御书白鹿教条，颁天下郡县立石。咸淳间，知县林桂发又建学厅于东北隅，增祀先贤，扁"尊道""贵德"二祠。七年，知县张复之始裁定主学俸给月支省米一十九石，更不支钱，自训导以下，岁给有差。

元至元十三年，置蒙古字学，时行省辟王梦声典教。兵燹之后，堂宇斋舍大约圮坏，梦声极力修葺。二十四年，水大浸学田，所入不足供用，以己资佐之，不复取偿学廪。在任八载，学宫一新，今棂星门内、明伦堂前银杏皆梦声所植也。元贞二年，升为州学，设教授一员，其余职事悉受礼部行省宣慰司札付。大德十一年，诏尊孔子，加大成至圣文宣王。延祐元年，州移太仓，知州翟廷玉谋徙学，不果。王安贞至，就治所之北重建学宫。龚璛《昆山州新学记》：延祐改元三月，平江路昆山州移治于太仓，诏天下科举取士之初年也。有司聿新而未有学，朔望驰谒，旧学非便。是年冬，相台王侯安贞来守是州，大惧无以作人才而承上意。矧兹带江控海，商货之区，漕舟之津，既庶且富，莫先于教州之士。平江路学道书院山长王大年，处州路儒学教授杜熙，直学陶公甫，学宾陶正甫，请各视其力，相与成之，不以烦公家。度地治所之北，远去阛阓，秀色疏达，创大成殿，傍翼两庑，前辟重门，像先圣先师，绘从祀诸贤。又范尊、爵、罍、洗，具严庙制。鸠工傰功，费夥矣。侯曰："止。吾岂竭人力以树风化哉？州旧学岂不能偕迁于此？顾乡校不毁，因之以赢诸生，庶乎其并存也。学尝率钞以修旧，吾以修旧委米廪，则以钞起新学，且以纾众志。"而佽助踵至，讲堂、斋宇、直舍、仪门、庖廪之属，次第完美。通为屋五十余楹，置养士田一十顷有畸，士民竞至，膏腴源源而来未已，于是称为一州之学。始于二年四月，迄于三年八月。教授锡山陆介任职勘，状颠末求记。璛以固陋弗获辞，谨按：吴之初，泰伯端委以治周礼，至于仲雍，乃从其俗，春秋之世，遂为侵夺强暴之国。郡县以来，渐效乐土极，而国家休养之盛，虽僻左亦冲要。汉史载：海陵，吴太仓，江南亦有，其地邪，生聚走集，当为之谨庠序也久矣。况于州之既迁，刑政号令所自出，微学则何所本耶？夫二帝三王之传，开物成务之道，建学立师，独为儒者哉？前代失其统，明体适用者亦寡见，谓为迂阔，舍此而它求，常不足以立，治弊而改图，往往复归诸此。盖君臣、父子、夫妇、长幼、朋友之伦，仁义礼智之性，斯道也，所以直道而行也。君子、小人，莫不有学，本末先后，平实昭彻，彼浅薄近似，诚不得而与矣。皇上表四书而会六经，不特九州之内也，必使四海之外，凡有血气，率由于义理之中，明学术，正人心，建万世之太平。士生斯时，抑何幸也！昔之士借曰未有以取之也，取之矣，士将何以待用乎？取其文，文浮于行，不可也。用其材，材充其德，可也。古之学者为己，成己所以成物也。人己之辨，善利之分，知此则科举非利禄而设，学校又岂饮食、[课]试而已哉？侯由宰邑最，入郎省，周行直清，视邦选侯，明治要，望于吾党甚厚。噫嘻！其亦兴于仁让矣乎。工费田亩，详于别珉，尚俾来者有考于斯。元统二年，诏内外兴举学校。至正十七年，州复旧治，知州费复初仍于旧址开扩鼎建。杨维桢记：昆山在唐宋为望县，国朝以生齿之庶升州，徙治东仓。至正丙申，东仓毁，州复旧治所，招还流移民，重立宫寺及社稷之坛，伏羲、神农、黄帝之庙，遂新作孔子庙学，礼殿伦堂，重门广庑，斋庐直舍，库庾庖溷，无不毕具。像设先圣先师，绘从祀诸贤，范祭器，理大成乐，无不如法，实今费侯为州三年之所成也。役始至正二十年夏四月，竣事于明年冬十二月。侯既率文武僚友舍菜告成，又命职于校者具书币状颠末，走二百里外谒予文以志。予方悼世变之剧，州县鞠为荆棘，虽邹鲁地不免，矧阻江要海，与寇争尺寸者哉？讫能保障其所如金汤，帡幪其居庐校室如按堵之故，非其人之得守将才，曷致是耶？若侯者是已。《传》曰："守令者，民之师帅也。"侯非师帅之殊尤者乎！吾所乐道也。呜呼！人之所以为人，以有伦也。有国有家者，叙焉斯治，斁焉斯乱。世降道微，邪说暴行满天下，驯致三纲沦，九法斁，人类无以别禽兽。然理出于天者，未尝一息而可灭。予读孟子书，知先王学校之教矣，其言曰：三代之学"皆所以明人伦也"。时方崇功利，薄仁义，则又告之曰："未有仁而遗其亲，义而后其君者。"推其效，可使制挺以挞秦楚之坚甲利兵，人心天理之可恃也如此。《诗》曰："既作泮宫，淮夷攸服。"又曰"在泮献馘""在泮献功"。又知古者文、武匪二致也。侯于用武之秋，不敢斯须忘文教，是可书已。费侯名复初，字克明，东平寿张人。世长千夫于镇江，盖有文武才干者。是役也，同知州事梅英实赞其成。时判官丁复初，教授陶植，提控案牍陈善，都目沈继祖、谢宏道也。诗曰：维吴支邑，昆在北东。东薄于海，捍海作邦。陵谷以变，井邑以迁。人民鸡犬，往而复还。邑有庠序，鞠为草莽。治必有教，复我黉宇。展也费侯，克帅充师。文事武事，匪曰两岐。在昔受成，献功献馘。我教既成，我战必克。化民服敌，孰负孰荷。侯曰噫嘻，岂不在我。我部百里，我心一家。衣冠俨雅，笾豆静嘉。天经不教，国纪攸叙。如子从父，如弟子听传。维昆有石，维石有铭。铭以著迹，遹观厥成。

　　明洪武二年，改州学为县学，又革元朝学正等官，设教谕一员、训导二员。以儒士为之，至宣德间，以会试乙榜及岁贡六选任，额设廪膳生员二十人，增广生员二十人，附学生员无定数。镌设科分教令式于学，仍降卧碑制书刻于石。三年，诏孔子封爵如故。春秋二丁，知县率其属，及学之师生行释奠礼，以充国复圣公、郕国宗圣公、沂国述圣公、邹国亚圣公配，颁乡射礼仪于学宫，于是遂设射圃，圃内有观德亭，月朔望，师生习射以观德。五年，颁乡饮礼于学宫。十一年，颁乡饮仪令。每岁孟春之望、孟冬之朔，官行于学宫，士庶行于各乡。学宫行礼，以知县为主，据本处致仕官年爵高者为僎，年高有德者为宾，其次为介，又次为众宾。又选有德者一人为司正。二十通文字者，讲读律令。十五年，诏宋元学田，并给诸民，置儒学仓。县岁拨正米三百石，教谕、训导各月俸三石。宣德初，教谕曹升修戟门，县丞吴仲郢建神库于戟门外西。正统初，知县罗永年修两庑。景泰元年，知县吴昭改建大成殿。三年，复增建号房一十五间于学门外东。成化间，巡按御史张淮命有司增修。谢迁《重建昆山县儒学记》：昆山县学，在城之西南，本宋元以来故址，国朝正统、景泰间，知县吴昭〔者〕尝改建焉。殿堂斋舍咸具，历岁既久，颓敝滋甚，有司〔者〕未之能新也。成化癸卯，今副都御史襄城张公淮，时以监察御史节按历兹邑，见而叹曰："是而不为，将安为乎？"适县无长吏，即命府判沔阳邵福、春陵季智董其事，鸠工市材，购邻地以拓其基，创新易敝，增隘就广，辨方正位，期年而落成。其重门大庭，巍然学宫之前者，曰大成殿，殿之旁两庑列焉。堂有三：曰明伦、曰育贤、曰退省。斋有二：曰居仁、曰由义。设门于退省堂之前，曰自修。筑亭于射圃之上，曰观德。而凡乡贤之祠，师生之舍，庖廪之次，罔不完且美焉。盖为屋以楹计者百三十有九，垣以丈计者二百三十。至于笾豆、簠簋之属，亦考《博古图》式，参以今制，更造二百四十余器。当时未有记其事者，项巡抚都御史四明朱公瑄，行部至昆，周览庠舍而叹张公之功有不容泯焉无传者。于是知县张侯鼐适以考绩来京，遂承朱公之命，请予文以纪之。予惟自古帝王之理天下，莫不以求贤为务，然不先养士而能得贤者，未之有也。学校者，士之所居，以业其业者也。《语》曰："百工居肆，以成其事。"士无可居之地，而能致力于学者鲜矣，又焉得贤才以为国家用？有能作兴学校如张公者，厥功不已多乎？昆山为姑苏巨邑，素称文献，贤才辈出，代不乏人，载诸简籍，班班可考。其尤著者，理学如李衡,志节如范成大,勋业如卫泾,皆一时之杰。士生斯地,向方乐学,有由然矣。矧又有为之作兴者哉,固宜奋迅激昂,千倍于寻常也。然学之道奈何,曰是不难知也。今夫室必有匾,劝戒存焉。诸生藏修游息,朝斯暮斯,顾其名而思其义,接乎目而警乎心,登明伦之堂,则思我之伦果能明矣乎?入居仁、由义之斋,则思吾之仁果能居、义果能由矣乎?蹯自修之门,则惕然曰:"身其有未修耶?"憩观德之亭,则瞿然曰:"德其有未成耶?"动静语默,不愧乎退省之私。切磋琢磨,不负乎育贤之意,用是而日勉焉。以古之圣贤,与乡之先达自期待,虽所至不能尽同,要之皆实学也。外此而为学,则非我之所知也已。予既述其事之始末,并以是为诸士子励云。弘治九年,诏建启圣庙。嘉靖十年,诏去圣贤像,用木主,并革封爵,止称先师孔子。十五年,知县杨逢春重建教官廨,添设号房于东北。万历三年,巡按御史邵陛、知县申思科,悉修殿堂、斋庑,增修殿前露台。邑人陈允升记:今上即位之三年,喟然叹兴于学,以崇化励贤为务,乃本祖宗旧典而申饬之,训词深厚,视昔有加焉。于是中外督学使者,若郡县学官,皆以今令从事,而一时海内靡然向风矣。先是,洧川申侯思科,以名进士来令吾昆,甫至,未遑他务,首于学宫之南,除道设垣,以屏芜牧。然窘于约束,无以大称厥意。及是为请于巡按御史余姚邵公,公欣然曰:"此盛举也。"立以赎锾若干畀之,具诸所兴作,悉下如县议。侯又以白于督抚永丰宋公,学宪太原褚公,泊督储杨公、兵宪王公、郡守吴公,咸嘉与之如邵公焉。乃鸠工聚材,戒期兴事,礼殿、讲堂、门庑、斋舍,卑者崇之,败者易之,缺者完之,漫漶者明之。自外徂内,咸为一新。始于是年之某月,而考于明年之某月。当其未竟也,而邵公已代,继之者令御史魏郡郭公来赞成事。侯于是具本末,走书楚中,请予为记。余虽不敏,然窃从事于此矣,其敢以辞?夫昆,吴之东邑也。吴自太伯、虞仲以礼让立国,其后言子游北学于鲁,而仲尼之道以南。自是以来,彬彬称文献矣。名卿钜儒,代不乏人。其间学校之废立,官司之能修举与否,皆未暇论。然豪杰之士,容有无所待而兴者。《传》曰:"百工居肆,以成其事。"学校者,士人之肆也。今天子雅意造士,新制赫然,而奉行者究宣恩施,惟恐或后,为之新其登泽奔趋、讲诵肄习之所,而使朝夕焉于此,可谓居之以肆矣。如是而事之弗成,岂其兴之而反莫能兴耶!生豪杰之乡,闻仲尼之学者,知其必不尔也。斯言也,余常以告全楚之士矣。因申侯之请,既为记其岁月,复以告吾邑之士游于新宫者焉。侯令昆,多循政,此其大者,而邵、郭二公,尤皆有意劝学兴士,实克始终之。董是役者,则郭丞维屏也。崇祯十三年庚辰,知县叶培恕、教谕吕兆龙、训导张鹏翼、周秉绪,倡捐兴修。其在学经营勤劳者,生员陆讷、盛名世等;储材力、司出入者,国学生李仲羖;新两庑木主而正之者,生员叶荃、顾绛、归庄。

皇清顺治十五年戊戌,学道张能鳞捐俸倡修。张能鳞《修学记》:昆,古娄邑也。玉峰为翰,控江襟湖,山川汇灵,人物秀美。昔人称斐叔则朗朗如玉山上行,其昆山之谓欤?唐时,邑故有文宣王庙,久而湮废,至[宋]雍熙始复其旧。庆历中,更崇其制焉。世世因之,罔敢失坠。迩自兵兴以来,戎马所蹂躏,烽火所摧残,俎豆一席,其不废为蔓草者几希。今天子崇儒重道,大发帑金,修国学,因敕天下及时修学。予陛辞之日,常草四事入奏,其一先敦教化,而教化之敦,莫先学校,是以遍檄郡邑，奉宣德意，虽公帑空虚，莫不权宜设法，捐俸以为之倡，况昆为三吴望者乎？因进学博谋之，庀材鸠工，不费公帑半缗，而子来率作，欢声若雷。凡殿楹戟门，讲艺之堂，栖士之舍，将将翼翼，视昔尤加隆焉。首春及秋，工竣，学博来告成于予。予曰："嗟乎！士之所以为学，亦犹是也。"古王者临雍释菜，宪老乞言，复散其学于四方，而一其人于诗书道德之林，教化行而人材出，其为功岂第涂塈丹臒而已耶？孟子曰："人之有是四端，犹其有四体也。"又曰："古之人，修其天爵，而人爵从之。"后之学者或声色货利溺其心，邪说诐行夺其志，先王之道，汩没不彰，其为患又岂风雨兵火而已哉。夫士置身庠序，以待国家之用，要当破庸人之论，毅然以斯道为己任。倘以诵习为功名之径，其不同于风雨兵火者，又几何矣。昆士自汉唐以来称朴茂，学士大夫相继起，敦尚行谊，是以发为文章、为事业，熙熙然著于当时，而声施奕世者，不可殚述。然而习俗移人，识者不无江河之虑焉。今者庙貌维新，济济多士，游于斯，读其书而法其行，使为师者得以施其教之之方，而良有司得以尽其劝惩之道，由是发为文章，为事业，忠孝节义，垂芳迈烈，而辉映前人者，必自此始。岂山川之气，磅礴郁蒸，襄时筱簜瑶琭之属，不钟于物而钟于人，人胜而物莫能胜，其道有固然者哉。是役也，邑侯、学博共襄厥志，绅衿皆量力而输之。始其事者，司教李君思恭也。成之者，本邑侯徐君邦俊、司教王君鲲化。始终鸠傃者，司训张君希哲。而诸生则屠元协、赵元璧等，皆协力以董厥成者也。故并记之。顺治十五年□月吉旦。康熙九年，提督顺天学政蒋超疏请先圣四科十哲遗像，因明时易木主，砌后壁中，应复请出安设。奉旨准行，于本年八月内，教谕吴谧同知县董正位，择吉启壁，请出安设。至十一年五月，县学率先捐俸倡修大成殿，装塑圣贤遗像一十五位。捐助乐成者，邑绅李可汧、盛符升等，生员屠元协、丘钟仁、归定世等。倡捐经营兼司督理者，周康僖公裔孙周维鼎。彩绘丹臒，焕然一新，庙貌规模，秩如有象。[1]

大成殿三间。[雍正十三年邑人顾登捐修。]两庑共十二间。[久废。雍正十二年冬，教谕刘元沛，绅士唐德宜、德敏劝募重建。]棂星门三座。戟门三间。东西石牌坊二。东"尼山莹玉"，西"泗水通源"，今圮。泮池。旧在明伦堂前玄云石下，后改凿棂星门外。隆庆六年，知县申思科于池四围置石栏、石墙。[雍正十年，邑人唐德宜、德敏倡募浚筑。]启圣庙。在大成殿西，康熙十二年，教谕吴谧捐俸重修。[康熙三十年，改封王爵，额曰"崇圣"，邑人王喆生倡募重修。]神库。在东庑北。神厨。在戟门外东偏。明伦堂三间三轩。在大成殿之后。[雍正十二年，教谕刘方沛同邑人唐德宜等募建，刘方沛记。]卧碑。顺治九年，礼部颁行。十四年，教谕王鲲化、训导张希哲奉行立石于明伦堂之右。玄云石。在明伦堂前，高丈余，玲珑古怪，俨若奇峰，卫文节公西园旧物。知州费复初移置于此，陈曾撰铭。进士、举人、岁贡题名碑三座。并在明伦堂。万历三年，知县申思科立石撰记。居仁、由义二斋。在明伦堂左右。育贤堂。在明伦堂之后。尊经阁。在育贤堂后。明弘治四年，

---

1 此处上有眉批：康熙五十年，添塑徽国公朱熹像于十哲之次。乾隆□年，添塑有子若像于朱子之上。

知县杨子器建。嘉靖六年,教谕杨华修。[雍正十一年,邑人顾登捐修。学使张廷璐记。]教谕衙。在明伦堂右。训导衙。在明伦堂西南。康熙三年,官汰署废,今复。祭器库。在明伦堂后。儒学仓。在明伦堂后。

祭器附

铜钟。铜象樽。铜牺尊。铜笾。铜铏。铜登。铜爵。铜簠。铜簋。锡器。铜炉。小铜炉。铜瓶。铜杓。青酒樽。铜罍洗。铜盆。漆盘。铜算。铜汤罐。铜斯禁。竹笾。木豆。烛台满堂红。帛箱。

敬一亭。射圃亭。聚星堂。在教谕衙内。与成堂。在训导衙内。[雍正十年,邑人唐德敏募修,训导杨日儒莅任,得以栖止。]乡贤祠。在明伦堂西。向废,现在修复。名宦祠。在明伦堂东。仪门三间。面东。康熙七年,教谕吴谥详请学道梁儒批给学租修茸。儒学大门。旧在大成殿东,宣德初,本府同知张徽移戟门外,垒石为基,共建三间。

尊道祠。在儒学内,宋淳祐己酉,摄令吴坚建,祀濂溪、明道、伊川、横渠、考亭、南轩。初名六先生祠。先是,潘彚征宰邑,奉朝旨建六先生祠于学,事不果,止绘像于南庑,至坚始克成之。咸淳丁卯,知县林桂发又增康节、温公、东莱三人,改尊道,今圮。

贵德祠。在儒学内,摄令吴坚建,祀陆龟蒙、张方平、范仲淹,初名先贤祠。咸淳中,知县林桂发移张方平于守令祠,复增范成大、卫泾、陈振元。至顺中,教授陈礼撤毁,与尊道祠同时废。明宣德中重建,后复废。按:陆龟蒙有别业在长洲之甫里,今长洲白莲寺乃其故宅。宋明宿[1]《甫里先生碑铭》亦曰"长洲苑下,松陵水边",其为长洲人无疑。吴坚不考,列祀昆学,既已失之。而凌《志》遂谓龟蒙祠在甫里全吴乡,益谬。盖甫里三之二属长洲吴宫乡,三之一属昆山全吴乡,二县虽接壤,然祠在吴宫,不在全吴,《志》辨之极是。

贤守令祠。在儒学内,祀宋郡守黄侍郎万石,县令张方平、叶子强、潘友文。宋开禧中建,嘉定中增巫自修[2],宝祐初增项公泽,咸淳中复增林桂发,后废。明宣德初重建,随废。

堵公祠。为堵应麟建,在训导衙内。[雍正十二年,移建明伦堂东。]状元坊。在大门东。解元坊。在大门南。会元坊。在大门北,顺治甲午风灾圮。

学田

宋庆元六年,知县章万里捐俸买民田几二顷,括奸民隐占之田溢三顷,民之讼田

---

1 明宿,国图本作"朝宿"。

2 下文有"巫似修",当系同一人。

法当没入者复二顷，籍之学宫，以为新馆舍置器用、洁粢盛之需，此学田之所自始也。详莫子纯《记》，见前。嘉泰间，知县吴概搜括旧学租田以供庖廪。袁宗仁《昆山校官养士之碑》：国朝崇儒右文，自都城洎郡邑皆立学，六飞南幸，驻跸武林，吴为股肱郡。昆山，吴属邑，密迩帝都，士风殊盛。乃考邑升大县，令人选阙，授受不苟，得人遂多。有李侯[1]稠、章侯万里，皆前政邑大夫，擅设锦之誉者也。知教化之本能，急先学校，或补修，或增广，不遗余力。一时名儒，大书深刻，铺张而夸耀之，丰碑屹立，可考不诬。今令君吴侯，实继诸贤后，未下车，诣学宫谒先圣先师，延见生员，周视旁睨，慨然言曰："美矣学乎！蔚有泮宫之制，门庑轩陛严整，像设章服耀焕。循左序，历斋舍，升伦堂，阅礼器，簠簋樽罍爵坫，无一不备，此累政所尽心者，何更为哉，特未知养士之原何如耳？"合词对曰："学有田，田有租，以给膳修不乏也。豪民私其利，奸胥隐其籍，莫肯输纳，故时有不继，诸生群萃黉宇，朝诵昼习，夜焚膏油，旬具程课，无顷刻暇，倘使家食，往来道路，安得一意于学？"侯曰："唯唯。吾将搜括旧租，悉奉庖廪。"侯又曰："师严然后道尊，学有长，所以领袁衿佩，传道、授业、解惑，非师而何？"然均布衣也，容有玩易，乃请前进士绍兴户曹朱起宗、临安簿沈诚为主学、为学宾，耸其观听。学长边瀛，先进老成，谈经命题督课，具有法度，其兼训导职掌。袁宗义、沈逢原、严日胡，乡曲所推，列职在学，俱给月俸，以示优异。生徒仆仆拜赐，始卒若一，罔有违阙。且是邑之地环数百里，户口六万，狱讼钱谷，簿书期会，不无事矣，而能委曲规画，教养士类，是岂可浅近窥测也耶？侯考已三[2]书，瓜代有日，诸生怀德，惜侯之去，且虑侯之美意不传也。邑之士大夫从而纵臾之，欲侈其事，丐文于宗仁，不获辞，乃正冠肃容，濡毫伸楮，述其颠末，书而刊之石。吴侯名概，字子直，义兴人，今承议郎。已彼间行为中都官，其政绩备见于当路之所知。兹不复详纪云。绍定四年，郡守邹应博，增置县学租田。郑准《昆山县学租田记》：县有学，学有廪，教而养之，上之加惠于士者厚矣。故学校不修，则春诵夏弦之习废；廪粟不继，则朝齑暮盐之叹兴。二者常相须，而不可以缺一也。吾乡之学，安于庳陋者垂百年。嘉定辛巳，知县事巫君似修始撤而新之，闳丽雄深，十倍畴昔。瑞守陈公寺丞尝欲涉笔登载而弗果。然是举也，役巨而用繁，故于学田未暇增溢，经费之外，所余无几何。由是食鼓声沉，书灯焰熄。朔旦则见大夫率凡有职掌之士，再拜于庭，一揖于堂而退。养既不赡，教安所施？若是又十有余年矣。绍定辛卯，户部郎直秘阁邹公，被君相见知，来牧吴郡。公，醇儒也，其为政似阳城，其好善似乐克，其兴起学校似文翁。粤自下车，未遑他务，事关教养，知无不为。始于泮宫，均逮属邑，捐金殖产，高下有差。明年秋，以二百万钱，俾邑士陈九皋经理其事，得积善等乡良田六十九亩二角十四步，岁租八十九石九斗有奇，视故额几称，昼以禋簠豆之费，夜以给膏油之需。公之推广上恩，作成士类，抑何详且悉也。公之言曰："吾之田，非以不义而得也，盖欲学得有义之租，而人得有义之供也。"公于一政事、

1　李侯，国图本李侯、章侯等，"侯"均作"公"。
2　三，国图本作"一"。

一念虑之间，举不违乎义，义之为用何如哉？呜呼！一介不取诸人，伊尹之义也；万钟何加于我，孟轲之义也。伊尹、孟轲，出处虽异，而所以为义则同，士能克此，不以穷达得丧乱其所为，则亦何往而非义乎？此公之盛心，而士之所当拳拳服膺者也。一日，学宾何旦、直学陆震，持郡符，踵门而告曰："新租之增，为赐侈矣，是宜刻石以寿其传，盍为我记之？"嗟夫！道古今[1]，誉盛德，文士之职也。顾衰迟废学，讵能著文？独念丙辰叨末第，实为公兄尚书公榜下士，又安敢以不文为辞？抑闻之，化民成俗，学之所由设也；理财正辞，义之所从出也。是故养士而无其财，则非所以为学；取民而无其制，则非所以为义。今之所与共理者，惟要途是趋，惟捷径是图，知己而已，于学乎何有？逞鞭朴之威，急征敛之期，知利而已，于义乎何有？饱鲜醉酨，笑与秩终，知自奉而已，于养士乎何有？其间崇儒向道，畏清议而惂游谈，号称留意学校者，不为无人，要亦不过衰科罚之赀，括簿录之产，仅仅为一州计，则已有德色，于属邑乎何有？公则不然，宽以爱民，而无纤芥之过取也；俭以足用，而无秋毫之妄费也。好清净，而游观之弗事也；薄滋味，而厨传之弗饰也。故能因常赋，益常产，以培养士之基。内而一州，外而六邑，廪无不义之粟，学无不养之士。峨冠博带，日涵咏于恩波教雨之中。公之有功于学校，其可浅近论哉？虽然，饱食终日，无所用心，圣门之所深戒，厥既养之矣，则教之固不容缓也。"鲁侯戾止，在泮饮酒"，兹不曰养乎？"载色载笑，匪怒伊教"，兹不曰教乎？既饮食之，又载教之，而使人有士君子之器，斯可矣。夫岂徒铺啜哉？昔昌黎韩愈有言："莫为之先，虽美而不彰；莫为之后，虽盛而不传。"今贤侯置有义之租，为有义之供，以养属邑之士，而属邑之士，不能日望下风，奉承色笑，则所谓教，非贤宰之事欤？宰家世三魁，以儒术饰吏事，必能招名师而为之训导，旌秀士而为之表率，藏修游息，金铸而玉成之，美之彰于先者无穷，而盛之传于后者亦无穷矣。他日公坐庙堂，庇天下之士，而究其所施，士由庠序，觐天子之光，以行其所学，则教养之功、作成之效，岂直一州六邑而已哉？士乎，士乎！可不知所以自勉乎？若夫名遂身荣，志得意满，陈食前之方丈，而弗念斋盐之忧，弃墙角之短檠，而遽忘弦诵之乐，是之谓徇利而违义，非公之所望于士者也，尚相与戒之。淳祐六年，知县楼条增置学租八十六石六斗有奇。十二年，知县项公泽复增学租一百七十六石六斗有奇。开庆间，知县袁玙增建学舍，拘拨田租。景定三年，朝廷创主学为专官，遂分养士之半，以供官吏。明洪武十五年，诏宋元学田，并给诸民，置儒学舍。县岁拨正米三百石，教谕训导各月俸三石。嘉靖四十年，知县张焊以没入官田五百亩充膳学宫。邑绅副使孙云复割己产百亩助之。至万历初年，渐增至七百三十余亩，略载前周世昌《志》。

本县原额义助学田荡共八项七十五亩五分五厘五毫。

一，万历四十二年间，署浒墅钞关、苏州府同知许尔忠捐羡余银，置买学田一项三十四亩四分五厘。

1　今，国图本作"人"。

一，万历年间，抚院、按院捐俸置买学田一顷二十五亩。已上田亩各有佃户承种，每年条银漕米，俱在民甲输纳存余籽粒。计石纳银共一百九十五两六钱七分九厘，向为赡给学校贫生之用，今解藩司学道支销。［雍正十三年，监生顾璇捐两庠田一顷四十亩，通详各宪，除办条漕外，余息岁底汇算分给贫生膏火，后因设普济堂，此田归并堂中。］

卷 八

科第表一

文运之隆,绝今迈古,科名之盛,较他邑为最。十五年中,三科鼎甲九人,而昆居其四,盖士多积学,得屡膺宠荣也。自兹以往,已遇者黼黻至治,未遇者景行前徽。济济师师,惟后贤是望。科第表一。

皇 清	榜 首	殿试进士	乡试中式举人
[顺治二年]			[乙酉科**沈升初**东生,应明孙,长州籍。府学,户部员外。]
			丙戌**陈觉先**[躬乙。青浦教谕,岩如子。]
			余国柱[见《进士》。]
			诸保宥[见《进士》。]
			李瑛[本姓邹。见《进士》。]
			张子循[见《进士》。]
			李篆[良卿。]
顺治四年	吕宫	**李瑛**尹清。授陕西漳县知县。本姓邹。[号希古。]	
		马云举河曲知县。媚轮。	
		余国柱[石臣。]刑部主事。	
		张子循[壬伦。]复姓叶,吴县籍。	
顺治五年			戊子**何酆侯**[汉功。]
			诸豫[见《进士》。无锡县籍。]
顺治六年	刘子壮	**诸豫**震坤,翰林院编修,武进籍。	[**陆鉴**吴县学。]
		诸保宥[贲仙。]	**沈世奕**青城应明子,吴县籍,中式顺天。见《进士》。
顺治八年			辛卯**顾虬**[本姓许。见《进士》。]
			徐与霖巨源,开禧子。
顺治九年	邹忠倚		**陈赟**圣与榜,姓毛,嘉定籍。
顺治十年			甲午**徐元文**[见《进士》。长洲学榜,姓陆。]
			徐斌[见《进士》。吴县人。]
			顾瀛秀[见《进士》。]

卷 八

皇 清	榜 首	殿试进士	乡试中式举人
			何讷[见《进士》。]
			阚选[见《进士》。嘉定学。]
			[张庆孙嘉定学。]
顺治十二年	史大成	李开邺元仗,湖广提学金事,改名可汧。	
		何讷铭三,太原府推官。	
		沈世奕韩倬,编修日讲官。	
顺治十四年			丁酉朱云锦[七襄。]
			叶方蔼[见《进士》。]
			徐与乔[府学。见《进士》。]
顺治十五年	孙承恩	叶方恒嵋初。	
		顾虹竹隐,本姓许。	
		阚选若韩,嘉定学。	
		陆鉴[青印。]	
顺治十六年	徐元文	陆元文公肃,状元,经筵讲官,大学士,本姓徐。	
		叶方蔼子吉,探花,经筵讲官,礼部侍郎,谥文敏。	
顺治十七年			庚子[1]盛符升[见《进士》。]
			张为焕太仓人。[见《进士》。]
			朱玉元式,本姓王。[青浦学。]
			沈龙翔本姓严,常熟人。
			徐乾学顺天中式。[见《进士》。]
顺治十八年	马世俊	顾瀛秀[玉书。]	
		徐斌	
		徐与乔扬贡。	
康熙二年			癸卯诸定远[见《进士》。无锡县籍。][顾书常熟人。]
康熙三年	严我斯	诸定远[西侯。]	
		盛符升珍示。[主事。]	
康熙五年			丙午马鸣銮殿闻。顺天中式。[见《进士》。]
康熙六年	缪 彤		丁璅梦鲤曾孙,中式顺天。见《进士》。
康熙八年			己酉李天叙[大何。]
			顾需枚顺天中式。

---

1 庚子,原稿缺,据国图本补。

皇　清	榜　首	殿试进士	乡试中式举人
			徐秉义顺天中式。
			李叶顺天中式。
			王黄立尔卓。
			王元臣顺天中式,青浦学。[俱见《进士》。]
康熙九年	蔡启僔	徐乾学原一,探花,翰林院编修。元文兄,刑部尚书。	
		顾需枚禹功。	
		张为焕[允文。]	
		王元臣[圣臣,知县。]	
康熙十一年			壬子夏乾御[栾六,徽州府教授。]
			顾洪善[达夫。见《进士》。]
			徐世濂[廉夫,辰溪知县。]
			王缉基[次耿,青浦学。]
康熙十二年	韩菼	徐秉义彦和,探花,翰林院编修。乾学弟。[正詹。]	
		马鸣銮翰林院编修。	
		李叶倚江。翰林院庶吉士,掌宪。改名枏,扬州兴化籍。	
康熙十四年			乙卯王缉植[见《进士》。]
			王圻巩固生,府学,上元教谕。
			陆圻苏州府人。
			沈旭初苏州府人。[见《进士》。]
			王云凤成博。顺天中式。[见《进士》。]
			叶渟顺天中式。[方蔼子[1]。见《进士》。]
康熙十五年	彭定求	顾洪善达夫。	
		王缉植建伯,内阁中书。	
		王云凤[成博。]	
		沈旭初	
		丁琭湘佩,弋阳知县。复姓顾。	
康熙十六年		另行乡试	丁巳柴凤藻云章。
			葛云蔼揆需。
			柴淹济思。
			陈永思孝则,江宁教谕。
			徐炯乾学次子。[见《进士》。]
			李遥毂南禾,惠州知府。

1　子,据下文康熙二十七年"殿试进士"补。

皇　清	榜　首	殿试进士	乡试中式举人
			王哲生顺天解元。[见《进士》。]
			徐树毂乾学长子，顺天中式。[见《进士》。]
			徐经远顺天中式。[本姓陆。见《进士》。]
康熙十七年			戊午赵匡世本姓葛。[贞侯。见《进士》。]
			朱而锜[信旃。见《进士》。]
康熙十八年	归允肃		
康熙二十年			辛酉朱绪濂道源，府学。
			朱奇玉汝条榜，姓金，顺天中式。
康熙二十一年	蔡升元	朱而锜信旃，兵部主事。	
		王喆生醇叔，翰林编修。	
		徐炯章仲，山东学道。北直通永道。	
		徐经远复姓陆，舒成，仕至通政司通政使。	
康熙二十三年			甲子叶弘缵[见《进士》。]
			周日接介蕃，嘉定籍。
			徐树声实均，元文子，顺天中式。
			徐树屏乾学四子，顺天中式。[见《进士》。]
康熙二十四年	陆肯堂	徐树毂艺初，山东道御史外调。	[陈学洙顺天。]
			[魏一川]东之，长洲学。
康熙二十六年			丁卯支神骏智兼，府学。任绥阳知县，卒于任。
			徐树敏府学，乾学三子。[见《进士》。]
			徐树本元文子。[见《进士》。]
			李炳石皆文，中书升曲靖府同知，柟子。顺天中式。
			徐树庸顺天中式。[见《进士》。]
			[缪继让顺天中式。见《进士》。]
康熙二十七年	沈廷文	缪继让[虞良。]任龙游知县。	
		叶淳渊发，方蔼子，翰林检讨。	
康熙二十九年			庚午陈璋一名钟庭，长洲学。
			张德纯青浦学。俱见《进士》。
康熙三十年	戴有祺	赵匡世贞侯，本姓葛，任零陵知县。	
		叶弘缵韦叔，文选郎中，终叙州知府。	
		徐树庸去矜，湖广道御史，掌河南道事，内升京堂。	

（续表）

皇　清	榜　首	殿试进士	乡试中式举人
康熙三十二年			癸酉王之垣函三，经魁，婺源教谕。
			陆缉宗孝绪，经魁，本姓张。
			姜大焕本姓葛，宜兴人。
			宋尧英禹闻，江阴教谕。
			归顾庐礼徵，常熟籍。
康熙三十三年	胡任舆		张台寿南，长州籍。
康熙三十五年			丙子王焜大生。丹徒教谕，长洲人。
			徐昂发顺天中式，长洲学，庠姓管。
康熙三十六年	李　蟠	徐树本道积，翰林编修。	
康熙三十八年			己卯朱周士［见《进士》。］
			俞廷栋永怀，府学。桐城教谕。
			蔡御乾天乘，府学。
康熙三十九年	汪　绎	徐昂发大临，翰林编修，江西学院。	
		［朱周士复姓周。元友，宜章知县。］	
		张德纯能一，常山知县。	壬午刘植敬绥人，徐州学正。
			徐骏府学。乾学五子。［坚蕉。见《进士》。］
康熙四十二年	王式丹	徐树敏师鲁，安阳知县。	
康熙四十四年			乙酉徐陶璋达夫，吴县人。［见《进士》。］
			方景诩［见《进士》。］
康熙四十五年	王云锦		李嗣发复姓周，震平。顺天中式。
康熙四十七年			戊子王景献鹤随，喆生子。［见《进士》。］
			朱永观成，永昌府同知。
			［严禹沛常熟学。见《进士》。］
			龚相玉右璋。［见《进士》。］
			叶均禧履承，淳子。［顺天中式。］
康熙四十八年	赵熊诏	徐树屏敬思，广西提学副使。	
康熙五十年			辛卯沈兆崧丘瞻，经魁。
			［王淑京之垣子。见《进士》。］
康熙五十一年	王世琛	王淑京道舒。富川知县，眉州知州。	［金圣基吴县人。］
		方景诩［殿试违式］革，下科再会试。	

皇　清	榜　首	殿试进士	乡试中式举人
康熙五十二年	王敬铭	恭遇圣祖仁皇帝六旬万寿，二月开科乡试，八月开科会试。	
		徐骏观卿，翰林庶吉士。	癸巳王希正友韩，喆生次子。[官卷。]
			周学易起岩，嗣发兄。
			王跂武卧侯，喆生三子。[官卷。]
			徐修仁用晦，普洱知府。炯子，顺天中式。
			秦培锡九，本姓沈，中式顺天，钜鹿知县。
康熙五十三年			甲午唐德咸佑一，府学，江都教谕。[丁未明通榜，任和州学正改。]
			陈三钦泰瞻，吴县籍。五经卷。
			陈书本姓张，静夫，青浦籍。
			李震宗兴业，现任柳州府同知。顺天中式。[未赴。]
			徐衡咸一，树庸子，顺天。[见《进士》。]
康熙五十四年	徐陶璋	徐陶璋达夫，翰林修撰。	
		方景诩虞谟，再中会试。[鄂都知县，改六合教谕。]	
		龚相玉右璋，戊戌殿试。	
康熙五十六年			丁酉夏时和佩言。
			浦湘霆若，府学，高阳知县。[举孝廉方正。]
			顾枞宛公，太仓人。
			余宪邦嫡姓陆，吴县人。
			汪安钦文，华亭学。
康熙五十七年	汪应铨		
康熙五十九年			庚子徐世溶德裕。
			萧龙江榜姓王，颖达。[上海籍。]
			赵日新本姓张，东明，常熟籍。
			孙倪城广平，府学，现任徐州学正。[见《进士》。]
康熙六十年	邓钟岳		
[雍正元年]	于振	恭遇皇上登极，四月开科乡试，广额三十名。九月开科会试。	
			癸卯汪中鹏万九。[拔贡。]
		王景献鹤随。[广西怀远知县。]	[徐坚常州人，顺天中式，岁贡。]
雍正二年		补前癸卯正科，乡试□月会试。	甲辰徐世瀚北海，顺天中式。

科第表二

隋设进士科,唐及五季无有登是选者,至宋端拱而始发,自是贤豪接踵,代有伟人,其言行显著者,另详人物。科名、官爵,则著于表。

宋	榜首	进 士	诸 科	武科	童子科
端拱元年	程宿	龚识默甫,殿中侍御史。	[淳化龚纬。 咸平龚会元。 天圣郑戬。]		
天圣五年	王尧臣	龚宗元会之,都官郎中,识子。			
嘉祐二年	章 衡	郏亶正夫,比部郎。			
治平二年[1]	彭汝砺	孙载积中,朝议大夫。			
熙宁六年	余 中	龚程信民,完元子。			
崇宁五年	蔡 嶷	龚况浚之,祠部员外郎。程子。			
政和五年	何 栗	唐辉子明,礼部侍郎。俨孙。	[政和糜锴。]		
		黄伟时俊。			
政和八年	王 昂	卫阒致虚,太学博士。			
		张德本复之。			
宣和六年	沈 晦	王葆彦光,监察御史。			
		范雾伯达,秘书郎,左奉议郎。			
建炎二年	李 易	唐烨子光,朝议大夫。辉弟。			
		马友直伯忠,特科武康主簿,监南岳庙宣教郎。			
绍兴二年	张九成	尤著少蒙,承议郎。			
绍兴五年	汪应辰	郏升卿师古,知常州,朝散郎。亶孙。			
		范成象至先,工部郎中。雾侄。			
		王嘉彦邦美。葆侄。			
绍兴八年	黄公度	沈询嘉闻,奉议郎,知瑞安县。			
绍兴十二年	陈诚之	严焕子文。			
		袁鳌可久。			
		陈璹器则。			
		郑希颜君亚。			
		张之才周美,特科。			
绍兴十五年	刘 章	李衡彦平,侍御史。			
		边惇德公辨,特科第三。			
		顾闻彦和,特科。			

---

1 治平二年,《淳祐志》作"治平三年"。

宋	榜首	进士	诸科	武科	童子科
绍兴二十一年	赵逵	成端亮伯准。			
绍兴二十四年	张孝祥	陈九思希鲁,特科。			
		郑缜公玉,知州。			
		范成大至能,参知政事。雩子。			
		乐备功成,将作监薄。			
绍兴二十七年	王十朋	颜度鲁子,工部侍郎。			
		王万必大,葆弟。			
绍兴三十年	梁克家	马先觉少伊。架阁朝奉郎。友直孙。			
隆兴元年	木待问	唐子寿致远,朝议大夫。辉子。			
		郁异舜举。			
		赵彦竦钦仲,石本,一字德豫。			
		赵功高成甫,宣教郎。[一作及甫。]			
		袁宗仁寿卿,国子监书库官,鳌子。			
		姚申之松卿。[1]			
		贺三聘汤辅,宣教郎。			
		李廷直世南。			
		成钦亮仲邻,知陕州,朝奉大夫。端亮弟。			
乾道二年	萧国梁	叶季亨时质。特科。石本作时亨,季质。			吕伯奋榜首,字忠甫。 吕仲堪 吕叔献字恭甫。 兄弟三人同科。
		林梓材卿,特科。			
乾道五年	郑侨	辛机应仲。			
		陈茂英季实。			
		王迈德远。			
		陈九德希皋,九思弟。			
		潘孜道任。特科,承议郎,赐绯。			
		钱永弼叔宪,特科,一名允弼。			
		郏晋卿师尹,特科,升卿弟。			
乾道八年	黄定	范之柔叔刚,礼部尚书。仲淹五世孙。			
		范藻德明。石本字孟明,成象子。			
		宋光远民望。			
		赵善远道卿。			

1　松卿,《淳祐志》作"崧卿"。

宋	榜首	进 士	诸 科	武科	童子科
		秦膺刚和仲,特科。			
		龚明之希仲,特科,宣教郎,赐绯。			
淳熙二年	詹骙	张舜卿汝夔。			
		钱万选少张。			
		钱万顷师元,无为军教授。			
		陈宗召景南,礼部尚书。			
		王嘉谋叔明,特科。			
		陆自新德辉,特科。			
		胡元佐德懋,特科。			
		辛元膺德辰,特科。			
		周良臣君显,特科。			
淳熙五年	姚颖	吴仁杰斗南,国子录。			
		顾澈伯澄,特科。			
			博学宏词科 陈宗召淳熙二年进士。		
淳熙八年	黄由	黄贞卿元吉,特科。			
淳熙十一年	卫泾	卫泾清叔,状元。参知政事阗孙。			
		吕伯奋忠甫。见《童子科》。			
		夏允中彦执。			
		翁谦天益,知盐官县。			
淳熙十四年	王容	李应祥梦龙。衡子。			
		颜叔渊养源。度侄。			
		张左右民,特科。			
		李俸良佐,特科。			
绍熙元年	余复	李起宗扬祖。应祥弟。[安吉丞。]	[赵彦适]		
		颜叔玠景珪。度侄。	[黄泾]		
		赵善蘧卫卿。善远弟。	[高之问]		
		颜叔平景晏。度侄。			
		陈振震亨,太府寺丞。			
		颜悤叔修。[一作仲修。]度弟。			
		朱起宗元振,特科,绍兴户曹。			
		胡椿德进,特科。一作杶。			
		郑允文元修,特科。缜兄。[迪功郎。]			
绍熙四年	陈亮	张松子观。			
庆元二年	邹应龙	郑准器先,中奉大夫。[昆山县开国男。]			
		王芹元采,特科。	庆元四年戊午科举人卫溉泾弟,知沣州。		

宋	榜首	进士	诸科	武科	童子科
庆元五年	鲁从龙	陈贵谊正夫，参知政事。宗召子。[谥文定。]			
		颜叔瑶粹中，叔玠弟。			
		卫沂与叔，泾兄。[奉化主簿。]			
		潘兴嗣显祖。			
		敖陶孙器之，奉议郎，泉州金判。			
		沈晞颜文仲，特科。			
嘉泰二年	傅行简	赵绯君善，直宝章阁。			
		杨昕希点，石本字世南。[一作杨昨。]			
		沈诚天瑞，临安簿。[询孙。]			
			博学宏词科 陈贵谦益夫，秘阁修撰。以两经幸学，恩受上州文学二人。		
			颜叔开景容，特科，度任。		
			林溥景仁。		
开禧元年	毛自知	江元子明，朝请大夫，靖州通判。[董《志》、顾《志》俱作先。]			
		赵汝淳子野。			
		颜叔玙器之，度任。			
		边瀛道卿，特科，悼德子。			
嘉定元年	郑自诚	卫洙鲁叔，右司郎中。泾弟。			
		卫洽晋叔，泾弟。			
		袁宗鲁道卿，特科。宗仁弟。			
		郑扬扬休，特科，天台丞。[天宗正丞举子。]			
			博学宏词科 陈贵谊正夫，贵谦弟。庆元五年进士。		
嘉定四年	赵建大	稽源子长，上舍。			
		吕叔献恭甫，特科。见《童子科》。伯奋弟。			
		胡天选贤卿，特科。营州[1]教授。			
嘉定七年	袁甫	卫洙鲁叔，舟及弟。			
		黄必大昌卿，奉议郎府判。			
		王杲卿晞颜，特科。			
嘉定十年	吴潜	王圭君玉，司封郎大夫。			

---

[1] 营州，国图本作"荣州"。

（续表）

宋	榜首	进士	诸科	武科	童子科
嘉定十三年	刘渭	黄保大和卿，省元。太平教授。必大弟。			
		郑肃文捷，特科。修职郎，知上虞县。［赠朝奉大夫，有诗文集十六卷。］			
嘉定十六年	蒋重珍	蔡珏珍父，内舍。常州通判。［一作严州。］			
		郁云景龙，内舍，安庆教授。异侄。			
		黄洙鲁叔，特科。［一作鲁卿。］	宝庆元年乙酉科举人卫灼泾侄孙，长洲籍。		
绍定二年	黄朴	郁中正叔，内舍。云弟。［一作允叔，瑞州教授。］			
		顾然雍叔，特科。青田簿。			
		沈逢源深甫，特科。荣州文学。			
		郭思义得甫，特科。			
端平二年	吴叔吉	陈拱泰亨，四甲出身，武康簿。振弟。			
嘉熙二年			刘必成右科状元。		
淳祐元年	徐俨夫	边应升子用，特科。奏名第三等。丹阳簿。	淳祐六年丙午科举人陈师尹		
		李潜晋甫，特科。奏名第四等。宝应丞。			
淳祐七年	张渊微	袁逢午中甫，特科。奏名第四等。太学，安吉簿。			
宝祐元年	姚勉	李特昭进叔，舍选，第三甲出身。			
宝祐四年	文天祥	边云遇龙光，第二甲及第。［江阴尉。］			
		王体文尧章，上舍，第四甲出身。			
开庆元年	周震炎	林文龙用雨。	［丁晖黄芝老。］		
景定三年	方山京	凌万顷叔度，第四甲出身，直学。			
		张熹子明。			
咸淳元年	阮登炳	郁绍庭继文。中子。			
		赵崇鲁汝淳子。	［赵崇沔、赵时瓒据《通志》。］		
		郁梦燔敬甫，奏名。云子。	［赵兴珊］		
		高烈和父，石本字建才，太学，前庙释褐出身。			
			宗室覃恩 赵必煮茂可，监请文解铨中出身。		
咸淳四年	陈文龙	徐功甫文敏，奏名。			

元	榜首	廷　试	乡　试
泰定二年			俞焯 元延祐元年甲寅科举人于文传见《进士》。
泰定四年	阿察迹 李黼	俞焯赐同进士出身，授将仕郎，台州仙居县丞。	
至元十三年			张守中洪武初训导，又名大本。

明	榜首	廷试进士	乡试中式举人
洪武三年	徐士全	夏时以中，刑部员外郎。	夏时
			郭畴寿朋，工部员外郎。翼子。
洪武四年			辛亥傅麟次泉，会稽县丞。
			陈永寿夫，镇江府经历。
洪武十七年			甲子王逊［见《进士》。］
洪武十八年	丁　显	王逊见《忠节》。［谦伯，任御史。］	
洪武二十年			丁卯王好谦会同教谕。
洪武二十三年			庚午陆得举福州府学教授。
洪武二十六年			癸酉陈良性初，淮王府纪善。
洪武三十二年	胡　靖		己卯陈善［见《进士》。］
			马昇文昱，沔阳州学正。
			黄本有源。通判。
		陈善敬之，行人。	
永乐元年			癸未杨忠[1]恕行，慈利知县。
永乐三年			乙酉郑庚叔巽，安仁教谕。
			朱泰安见《卓行》。
			吕旦［见《进士》。］
永乐四年	林　環	吕旦［寅伯，河南金事。］见《卓行》。	
永乐六年			戊子张玑循伯，荆府长史。性刚毅，匡辅以正。
			刘珏［见《进士》，江宁县籍。］
永乐九年			辛卯邵珵汝器，刑科给事中。
			杜春孟寅。［长沙教谕。］
			周琛季温，监察御史，升郑府左长史。
			王希士希。
			虞祥［仲祯。乐闲孙。］见《政绩》。
永乐十年	马　铎	刘珏［廷琏，宣府巡抚，户部侍郎。］见《政绩》。	

1　杨忠，《嘉靖志》卷七列为洪武三十五年壬午科乡贡。

明	榜首	廷试进士	乡试中式举人
永乐十二年			甲午戴义以方,汾水训导。
			陈劭宗勉,滕县训导。
			王永和［用节。］见《忠节》。
			朱泉[1][见《进士》。]
			曹瑜克温,平遥教谕。
			许玉温如,黄岩教谕。
永乐十三年	陈循	朱泉［仲昭。］复姓夏。［太常寺少卿。］见《文学》。	
永乐十五年			丁酉黄铎［希声。］见《卓行》。
永乐十八年			庚子吴凯［相虞。］见《卓行》。
			章贤［士希。］见《卓行》。
永乐二十一年			癸卯顾让[见《进士》。]
			张经[见《进士》。]
			王复［廷璧。］
			庐瑛[见《进士》。]
			王资［之深。］见《文学》。
			蒋明［奎章,慈利教谕。］见《卓行》。
永乐二十二年	邢宽	顾让完礼,刑部主事。	
		张经［伯绪。］见《卓行》。	
宣德元年			丙午金奎文昭,日照教谕。
			赵昺叔昭,辉县教谕。
宣德四年			己酉龚理[见《进士》。]
			章衡志行,阳信训导。
			徐牧养正,嘉善教谕,两典河南、福建文衡。
宣德五年	林震	王复［从道,御史。］见《列传》。	
		庐瑛［克修,刑部主事。］见《列传》。	
宣德七年		［王珏见《碑记》。乡科无考。］	壬子徐哲仲智。［秀水教谕。］
宣德十年			乙卯张穆［见《进士》。］
			沈讷［见《进士》。］
			赵勉尧强[2],国子助教,升翰林院编修。博兄。
			周璇以政,常熟籍。
正统元年	周旋	龚理［彦父。］见《政绩》。	
正统三年			戊午张和周贤。
			郑文康庚任。［见《进士》。］
			夏遂［见《进士》。］

1　朱泉,《嘉靖志》卷七作"夏泉"。

2　尧强,《嘉靖志》卷七作"克强"。

(续表)

明	榜首	廷试进士	乡试中式举人
正统四年	施槃	张和[节之。]第二甲第一人。会魁。见《卓行》。	
		张穆[敬之,浙江参政。]和弟。见《列传》。	
		夏遂存良,礼部员外郎。	
正统六年			辛酉叶盛[见《进士》。]
			徐昌[大兴籍。见《进士》。]
正统七年	刘俨	沈讷见《政绩》。	
		徐昌德茂。《通志》在商辂榜。	
正统九年			甲子项璁[见《进士》。]
			王汝霖[见《进士》。]
			陈翊[孟佐,靖房卫教谕,应山王府教授。见《卓行》。]
			朱旻[希仁,昌平州教谕。]见《卓行》。
正统十年	商辂	叶盛[与中,吏部左侍郎。]见《名臣》。[谥文庄。]	陈琦、见《进士》。陈琏见《进士》。皆镇海卫籍。
		陈璇器之[1],刑部郎中。[乡科无考。]	
		项璁彦辉,江西布政使,严毅方正,得岳牧体。	
正统十二年			丁卯孙琼
			沈祥
			瞿泰安
			吴璘[以上见《进士》。]
			梁昱[文辉,平定州知州。]见《孝友》。
			朱芹克诚,永康教谕。[萱兄。]
			周泰[存敬,蒙阴教谕。]见《卓行》。
正统十三年	彭时	瞿泰安伯旸,会魁,刑部郎中。	
		沈祥应桢,刑部郎中,升四川参议。	
		王汝霖民望。见《列传》。[河南布政使。]	
		郑文康[时义。]见《卓行》。	
		孙琼[蕴章,刑部郎中。]见《卓行》。	
		陈锜鼎夫,兵部郎中。[乡科无考。]	
景泰元年			庚午夏玑[府学。见《进士》。]
			赵博[见《进士》。]

1　器之,《嘉靖志》卷六作"汝器"。

（续表）

明	榜首	廷试进士	乡试中式举人
			李秉彝[见《进士》。]
			沈律应和,国子学录。
			陈灏克清,吴桥教谕。
			徐春汝阳,监察御史,梧州知府。
			黄玹叔润。
景泰二年	柯潜	李秉彝好德,给事中,大兴县匠籍。	
		吴璘[1]廷润,浙江按察司佥事,上元县籍。	
景泰四年			癸酉朱萱芥弟。[见《进士》。]
			顾瑾[武攻左卫籍。见《进士》。]
			陈旒用文,新城教谕。劼侄。
			金章云南中卫籍。见《进士》。
			黄琳廷耀,河东盐运司同知。
景泰五年	孙贤	顾瑾季琮。	
		赵博克周,兵部主事。	
		夏玑[德乾,御史。]见《卓行》。	
		钱俊时义,副使。源弟。	
		钱源有本,参议。大宁都司,营州右屯卫籍。[乡科无考,《通志》在黎淳榜。]	
景泰七年			丙子陆镛[见《进士》。]
			沈存元谟,城武知县。
			王永孝思,应城知县。
天顺元年	黎淳	陆镛时鸣,知州。	
			己卯郭瑛廷辉,龙游训导。
			王汝敬经魁,永和子。
			张泰[见《进士》。]
			徐容复姓陆。[见《进士》。]
			吴钺[本姓陆,太仓卫籍。见《进士》。]
			沈蒙以正。
			郭经[见《进士》。]
			金杲德明,淇县知县。
天顺四年	王一夔	郭经用常,监察御事。升湖广按察司佥事。	
天顺六年			壬午王庭[元直,郿州学正。]见《卓行》。
			冯钺[仲举,东安教谕。]见《卓行》。

1　吴璘,《嘉靖志》卷六列正统十三年彭时榜下。

（续表）

明	榜首	廷试进士	乡试中式举人
			沈秩天叙，济阳训导。
			王鉴与修，号复斋。
天顺七年	彭 教[1]	吴釴会元，廷试第一甲二人。复姓陆。见《文学》。	［李昊上元籍。］
		朱萱树之。见《卓行》。［大理寺评事。］	
		张泰亨父。见《文学》。［翰林院检讨。］	
成化元年			乙酉王侨见《进士》。
			管昌［经魁，锦衣卫籍。见《进士》。］
			陆鉴汝昭，东昌府通判。
成化二年	罗 伦	陆容［文量，兵部郎中。］见《政绩》。	
		管昌世隆，太仆寺寺丞，锦衣卫籍。	
成化四年			戊子吴瑞［见《进士》。］
			吴愈［见《进士》。］
			方贤朝用，南阳府通判。
			李鼎惟新[2]，咸宁知县。
			郑膏山龄，吉水县丞。文康子。
成化五年	张 升	朱绅仪中，兵部郎，升莱州知府，锦衣卫籍。	
		李昊［志远。］给事中，升湖广参议，上元县籍。	陈恺镇海卫籍。见《进士》。
成化七年			辛卯秦璯
			虞臣祥孙。
			王倬侨弟。
			姜昂
			高敞［以上俱见《进士》。］
			梁纮尚素，泉州府同知。显子。
			张学时学，遂昌知县。
			吴纶廷言。
			龚绂朝美，青县教谕。理子。
成化八年	吴 宽	高敞德广，应天府尹。宽厚通敏，有大臣之度。	
		姜昂［恒颙，福建参政。见《卓行》。］	

---

1 彭教，《嘉靖志》卷六列天顺八年。
2 惟新，《嘉靖志》卷七作"与新"。

明	榜首	廷试进士	乡试中式举人
成化十年			甲午管琪[见《进士》。]
			孙裕琼子。[见《进士》。]
			杨楷元范,平阳知县。
			归凤应韶,城武知县。
			张汝舟[济民,思南府知府。]见《政绩》。
成化十一年	谢迁	吴瑞[德徵,工部郎中。]见《文学》。	
		秦瑊[廷赞,贵州副使。]见《文学》。	
		吴愈[惟谦,河南参政。]见《政绩》。	
		孙裕德宏,武定州知州。	
		王侨德高,工部郎中。	
		金章相用,监察御史,升广东按察司佥事,云南中卫籍。	
成化十三年			丁酉朱文[府学。见《进士》。]
			朱杙[璲孙。见《进士》。]
			朱瑭汝贵,许州学正。
			高以政养民,上杭知县。
			张翚[云南中卫籍。见《进士》。]
成化十四年	曾彦	虞臣[元凯,四川参议。]见《卓行》。	
		管琪儒珍,湖广左布政。居官清谨,一介不取。	
		王倬[用俭,南京兵部侍郎。]见《政绩》。	
		张翚凤举,陵县知县,云南卫籍。	
成化十六年			庚子王秩[见《进士》。]
			陶缵[见《进士》。]
成化十七年	王华	朱杙[良用,南京御史。]见《政绩》。	
成化十九年			癸卯盛洪
			张安甫[和从子。]
			沈时祥子。
			陆昆
			许立[以上俱见《进士》。]
			黄瑄伯玉[1],后隶太仓州,己未进士,工部主事。
			方岳镇之,宜黄知县。贤任。
			张汝粟养民,定海知县。汝舟弟。
			沈孟仪宗式,乐安知县,后隶太仓州。
			张经文济,南丰教谕。

---

1 伯玉,《嘉靖志》卷七黄瑄字"文贵"。

（续表）

明	榜首	廷试进士	乡试中式举人
			吴彰文著。
成化二十年	李旻	朱文[天昭,湖广副使。]见《政绩》。	
		盛洪[思禹,江西左布政。]见《政绩》。	
		沈瀚[1]容之,建宁知府。[乡科无考。]	
		陈恺企元,兵部郎中。[乡科无考。]	
成化二十一年		[朱恩]	冯琨[2][君美,登州府知府。]见《列传》。
			毛澄[镇海卫学。见《进士》。]
			叶晨廷光。盛子。
			沈僎[公辅,讷任。]见《列传》。
			阚云时望,余干知县。
			王稷惠叔,象州知州。秩弟。
			朱组执中,监察御史,左迁濮州判官。绅弟,锦衣卫籍。
成化二十三年	费宏	王秩[循伯,云南布政。]见《政绩》。	
		陶缵述之,刑部主事,调处州通判。	
		徐璘文璧,监察御史,登州卫籍。	
		陆昆钟玉。	
		沈时元中,泰和知县。祥子。	
弘治二年			己酉顾潜[鼎臣侄。见《进士》。]
			王悌民悦。侨子。
弘治三年	钱福	张安甫[汝勉,邳州知州。]见《卓行》。	[马庆]
		金冕文用,四川按察使副使章弟。	
弘治五年			壬子周伦[见《进士》。]
			周在承德,养利知州。
			陆坤安甫,后隶太仓州,戊辰进士,赠大理评事。容子。
			陆彝用常,太平教谕。
弘治六年	毛澄	毛澄状元。[宪清,礼部尚书。]见《名臣》。[谥文简。]	[吴大有应天。]
			[李熙应天。]
		马庆善征,江西按察使金事。后隶太仓州。	
		黄清源洁,兵部主事。	

1　沈瀚,《嘉靖志》卷六作"沈翰"。

2　冯琨,《嘉靖志》列成化二十二年丙午科。

（续表）

明	榜首	廷试进士	乡试中式举人
弘治八年			乙卯朱希周文子。[见《进士》。]
			沈信[祥孙。见《进士》。]
			吴兰[瑞子。见《进士》。]
			吴蒙养正，潮阳教谕。
			龚震敬修，武冈州知州。绂侄。
			吴鸾廷祥，后隶太仓州，辛未进士。南京礼部主事。
弘治九年	朱希周	朱希周懋忠，状元。南京吏部尚书。[见《名贤》。谥恭靖。]	
		顾潜[孔昭，北直提学御史。]见《文学》。	
		吴大有元亨，湖广参政。璘子，南京籍。	
		沈信循初。祥孙。	
		李熙师文，监察御史，升浙江按察司副使。吴子，南京籍。	
弘治十一年			戊午方凤[鹏弟。见《进士》。]
			杭东[见《进士》。]
			张贵天爵。
			徐璋用光，新蔡教谕。
			龚坤敬承。绂子。
			陶成常熟。
弘治十二年	伦文叙	周伦[伯明，刑部尚书。]见《名臣》。[谥康僖。]	[史良佐] [黄瑄崇明。]
		吴兰佩之，监察御史。瑞子。	
		黄瑄伯玉，工部主事，汀州知府。	
		许立伯基，监察御史，左迁州判，升漳州府同知。	
		杭东启明，济阳知县。	
		史良佐禹臣，金事，江宁籍。	
弘治十四年			辛酉方鹏经魁。凤兄。
			柴奇[泰兄。]
			顾鼎臣潜叔。
			张宽
			周广
			毛震
			盛钟[以上俱见《进士》。]
			陈汝翊[邦辅，桐乡知县。]见《政绩》。

（续表）

明	榜首	廷试进士	乡试中式举人
弘治十五年	康海	盛钟秀夫,礼部主事,左迁泰州同知。	
		高屿子洲,按察使副使,北京籍。	
弘治十七年			甲子魏校经魁。[见《进士》。]
			周愚[见《进士》。]
			张申甫[见《进士》。]
			秦雷起潜,元氏知县。瑊侄。
			吕绘尚素,袁州府通判。
			顾听德辉后。
			陆表天章。
			姜龙太仓籍。
			徐申周翰,刑部主事。左迁湖州府推官。
			徐懋德美,通判,升吉安府同知。
			徐永年舜龄,教谕。
			李惟贞起元,分水知县。鼎子。
			王憬民瞻,黄陂知县。侨子。[太仓州学。]
			高献国贤。[太仓。《通志》在丁卯科。]
弘治十八年	顾鼎臣	顾鼎臣状元。[元和,大学士。]见《名臣》。[谥文康。]	
		魏校[子才,国子祭酒。]见《名臣》。[谥恭南。]	
		周广[充之,南京刑部侍郎。]见《名臣》。	
		张宽德宏,广东按察司佥事。	
		金毂弘载,临清知州,南京籍。	
正德二年			丁卯蔡芝经魁。
			朱观萱侄。
			屈儒[三人俱见《进士》。]
			陶震声远,饶州府通判。
正德三年	吕柟	方鹏[时举,南京太常寺卿。]见《文学》。	
		方凤时鸣,广东按察司佥事。鹏弟。	
		周愚以发,云南按察司佥事。	
		蔡芝时馨,山东按察司副使,调知府,武功中卫匠籍。	
		[姜龙梦宾,云南副使。见父昂传。]	
		张申甫汝翰,大理寺评事,左迁福建布政司理问。安甫弟。	

（续表）

明	榜　首	廷试进士	乡试中式举人
正德五年		[陆伸崇明。]	庚午张寰安甫子。
		安甫又名坤,赠大理寺评事。见父容传。	
			陆鳌
			周凤鸣伦子。
			柴太奇弟。
			周震
			周懋文[以上俱见《进士》。]
			曹祥世期,遂安知县。
			俞璋[太仓。见《进士》。]
正德六年	杨　慎	柴奇[德美,吏科给事中。]见《政绩》。	[顾溱太仓。见《进士》。]
		[任忠原孝,登州卫军籍。贵州左布政,乡科未详。]	
		柴太德宏,刑部主事。奇弟。	
		毛震畏之,新昌知县。	
		周震世亨。[广东参议。]见《政绩》。	
		周懋文存质,秀水知县。	
		俞璋朝相,南京大理寺丞。	
正德八年			癸酉陆冕[见《进士》。]
			顾邦石孔安,南昌府通判。鼎臣侄。[顺天中式。]
			冯玠[君信。]
			朱希皋懋明,南京吏部司务。
			高廉介夫,获嘉知县。
			叶泽宗德,南康知县。
			王应宿昭纬。[太仓州学。]
正德九年	唐　皋	周凤鸣[于岐,大理寺丞。]见《名臣》。[伦子。]	
正德十一年		蒋仪象之,陕西佥事。	丙子晋宪经魁。[见《进士》。]
			顾梦圭[潜子。见《进士》。]
			沈大楠[见《进士》。]
			顾济太仓
			龚天然德中,裕州知州。
			马津徐州籍。
			杨伟允奇,台州府推官。
			夏津通甫,象山知县。
正德十二年	舒　芬	顾济舟卿,行人,刑科给事中。	

明	榜　首	廷试进士	乡试中式举人
正德十四年		［马津］ ［王丹渔］ ［王舜新］ ［陈进］ ［孙舟］	己卯朱隆禧
			王同祖
			张羽
			孙云［俱见《进士》。］
			陈周尚文，新昌知县，改青州教授。
			陶文渊静夫，南京工部主事。［顺天中式。］
正德十六年	杨维聪	陆鳌伯载，光禄寺丞。正德十二年会试中式。	
		张羽子仪，南京刑部主事。	
		张寰允清，通政司参议。［安甫子。］	
		王同祖绳武，翰林院编修，升司业兼司经局校书。复曾孙。	
		屈儒汝为，福建按察司佥事。	
嘉靖元年		［顾溱崇明。］梁卿，给事中，广东佥事。	壬午王爗
			卢梗
			金清［上元县籍。］
			诸邦宪［俱见《进士》。］
			陈镛德振，四川嘉定州知州。
			徐伟士元。
			张情
			尤敷尚虞，诏安知县。
嘉靖二年	姚涞	顾梦圭武祥，江西右布政。	
		陆冕［子端，陕州副使。］见《卓行》。	
		晋宪邦彝，工部主事，左迁台州府通判，转嘉兴府同知。	
		朱观［颐伯，河南布政。］见《政绩》。	
		王爗仲美，湖广参议，大理卿。	
		沈大楠景明，南京吏部郎中，延平福州知府。	
嘉靖四年			乙酉陈儒
			秦鳌
			周复俊在子。［太仓州学。］
			蔡子举芝子。［俱见《进士》。］
			方筑居道，应天府推官。凤子。
			严简廉卿。［顺天中式。］
			诸邦正华伯，保康知县。邦宪弟。［太仓州学。］

明	榜首	廷试进士	乡试中式举人
			陶文治淳甫，文渊兄。［顺天中式。］
			王任用［太仓州学。见《进士》。］
			任泰汉儒，桃源知县。
嘉靖五年	龚用卿	蔡子举直夫，南京太常寺卿。	
		秦鳌子元，兵科给事中，左迁累升福建参议。	
嘉靖七年			戊子王三锡［太仓州学。见《进士》。］
			张意［嘉定县学。见《进士》。］情弟。
			顾履方仲立，赠尚宝司丞。鼎臣子。
			张廷臣元忠，宽子。
			周乾一清，丰城知县。
			沈九锡明鹤。
			金淳云南卫籍。
嘉靖八年	罗洪先	孙云从龙，刑部员外，左迁累升江西按察使。	［李参应明。魏校侄。兰州知州。］
		诸邦宪贞伯，翰林院庶吉士，刑部主事。	
		朱隆禧子谦，兵科给事中，特恩累升礼部侍郎。［栻孙。］	
		张意诚之，山东按察司付使。	
		王三锡汝怀，光州知州。	
		金清廉夫，监察御史。冕子，云南卫籍。	
		陈儒子醇，南京刑部主事。	
		高进惟苌，兵部主事。屿子，北京籍。	
嘉靖十年			辛卯周大礼［山阳县学。见《进士》。］
			吴中英纯甫。
			张擢秀德方，广平知县。汝舟子。
			杨潜克慎。［高阳教谕］
			［俞鸾陕西灵州守御千户所军籍。见《进士》。］
			［沈坤山阳大河卫籍。见《进士》。］
			金瀚［淳弟。］云南中卫籍。［一作上元籍。］
嘉靖十一年	林大钦	周复俊子籲，工部郎中，四川提学付使[1]，升太仆寺卿。	［金世龙府学。］
		周大礼子和，刑部主事，左迁累升按察司副使参政。	

1　提学付使，国图本作"视学副使"。

（续表）

明	榜首	廷试进士	乡试中式举人
嘉靖十三年			甲午王三接［太仓籍。见《进士》。］三锡弟。
			李宪卿［号萝村。见《进士》。］
			邬克忠［时弼，号前郊。广平知县。］
			陆坤陕西兰州卫籍。
			潘德元顺天中式。
嘉靖十四年	韩应龙	王三接汝康，南京礼部主事，升柳州知府。	
		卢梗木伯，南京兵部主事、郎中。	
		［陆坤乡科无考。］	
嘉靖十六年			丁酉全美［府学。见《进士》。］
			周士淹汝亨。广子。
			王宇［见《进士》。］
			孙伟子奇。
			许鹏南翔夫。［日照知县。］
			章士元伯熊。［吴县籍。见《进士》。］
嘉靖十七年	茅瓒	张情约之，南京兵部主事，累升福建按察司副使。	
		李宪卿廉夫，南京吏部主事，累升都察院左副都御史。	
		郭惟清刑部郎中，河南佥事，北京籍。	
嘉靖十九年			庚子归有光熙甫，经魁。［由恩贡。见《进士》。］
			方元儒师鲁，经魁。筑子。
			狄从周［尚文，国子监博士。］
			章宗实若虚。［归化知县。］
			沈熙载邦济。［见《进士》。］
			章美中［吴县籍。见《进士》。］
			沈潞子伯。［南安知州。］
			朱秉孚用诚，翰林院孔目。
嘉靖二十年	沈坤	沈坤［伯载。］状元，翰林院修撰，大河卫籍。	
		俞鸾［应和。］兵科都给事中。［灵州籍。］	
		［金世龙］	
嘉靖二十二年			癸卯沈绍庆子著，解元。［顺天中式。见《进士》。］
			陆梓仲俯。
			周后叔昌甫。震任。［见《进士》。］
			陈时经魁。汝翊任。
			许从龙子云。［嘉定籍。见《进士》。］
			凌邦奇正伯。［见《进士》。］

明	榜 首	廷试进士	乡试中式举人
			赵镛元和。
			葛纶理卿。［长洲县学。见《进士》。］
			丁子载
			李续魏校侄。［中甫，更名时孚，缙云知县。］
			张宪臣［见《进士》。］
嘉靖二十三年	秦鸣雷	全美醇甫,刑部主事。复姓周。	［蔡焕］
		［张侃顾《志》列戊戌榜。］	丙午任临［进卿。］
		［章士元伯熊,吴县人,山东布政使。］	景仲贤贤甫。
			叶恭焕子寅。盛玄孙。
嘉靖二十六年	李春芳	王任用世爵,会魁,太常博士。［太仓州籍。］	［顾章志太仓。］
		章美中［道华。］大理寺评事。［四川副使,吴县人。］	闻应龙征甫,太仓籍。
嘉靖二十八年			己酉山禹［允恭。］
			朱景贤希周侄。［府学。见《进士》。］
			陈志道［子达,元城知县。］汝翊子。
			王继孝［子忠,龙南知县。］鉴曾孙。
			王执礼秩孙。［见《进士》。］
嘉靖二十九年	唐汝楫	周后叔［胤昌。］金华府知府。	
		朱景贤［范之。］兵部员外。	
		沈绍庆子善,云南提学佥事。	
		陈治安超谊,贵州宣慰司籍。	
嘉靖三十一年			壬子秦允亨［孟嘉,临漳知县。复姓丁。］
			徐子英韦仲。
			戴文奎［见《进士》。］
			秦霑光甫。［宁陵知县。］
嘉靖三十二年	陈 谨	王宇子大行,太仆卿。	
		顾章志子行,兵部侍郎,太仓籍。	
		许从龙子云,吏科给事中。	
		凌邦奇［正伯,郧阳府同知。］	
		沈熙载邦济,湖广佥事。	
		戴文奎元明,汶上知县。	
嘉靖三十四年			乙卯周诗与言。［南京工部主事,思州知府。］
			沈大化诚甫。
			戴九容允正。
			赵世贞及泉。
			陈王道
			李希直温甫,顺天中式。
			马致远骥材。

明	榜 首	廷试进士	乡试中式举人
嘉靖三十五年	诸大绶	葛纶理卿，长洲学。	
嘉靖三十七年			戊午徐廷裸［见《进士》。］
			周起凤大理寺司理，本姓龚，太仓州学。［见《政绩》。］
			李邦献道元。
			王一诚［见《进士》。］
			李果硕卿。
嘉靖三十八年	丁士美	张宪臣钦伯，云南按察使。	
		徐廷裸［少浦，浙江参议。］	
嘉靖四十年			辛酉孙守道子学。［吉安同知。］
			王执法子钦，执礼弟。［建宁府同知。］
			张世皞隆卿。
			王炳衡［同祖孙。见《进士》。府学。］
嘉靖四十一年	申时行	孙以仁元学，监察御史，山东登州籍。	
嘉靖四十三年			甲子方范［凤子。见《进士》。］
嘉靖四十四年	范应期	陈王道故夫，工部员外。	赵恕
		王执礼［子敬，应天府丞。］	
		归有光［熙甫。］太仆寺丞。	
		赵恕	
		王一诚明得，戊辰廷试授温州推官，未任卒。	
隆庆元年			丁卯周汝砺解元。［见《进士》。府学。］
			支可大［见《进士》。］
			顾允元懋善。［见《进士》。］
			陈允升［彝曾孙。见《进士》。］
			许承周［见《进士》。］
			高世臣
			冯时雨长洲学。
			伊景禹舜功。伯淮子。［日照知县。］
			张厚德坤甫。情孙。
隆庆二年	罗万化	陈允升［晋卿。］湖广提学。彝曾孙。	王周绍太仓军籍。
		王周绍念颐，刑部郎中。	
		许承周公瑜，萧山知县。	
		冯时雨化之。	
隆庆四年			庚午陈有则经魁。［字懿德，吉安州学正，府学。］
			王炳璇［炳衡弟。见《进士》。］
			顾梦鹤伯鸣。［梦鲤兄，吴县籍。］

明	榜首	廷试进士	乡试中式举人
			唐应元［见《进士》。］
			马玉麟［见《进士》。］
			王文昌［允庆，黄梅知县。］
			顾时化［见《进士》。］
			张国辅应天学。
			朱衍蕃卿。希周孙。［房县知县。］
隆庆五年	张元忭	唐应元子春，黄冈知县。	［顾桐懋材榜，姓姚，太原同知。］
		王炳衡伯钦。［临安知县。］	
万历元年			癸酉顾起淹吴县学。
			顾梦鲤［见《进士》。］
			周道行亨甫。［新会知县。］
			李同芳［见《进士》。］
			朱熙洽顺天中式。［见《进士》。］
万历二年	孙继皋	支可大有功，湖广巡抚，二甲传胪。	杨伯柯淮安，大河卫军籍。见《进士》。
		王炳璇幼文。［德安府知府。］	
		朱熙洽鸿甫，贵州按察司副使。	
		顾起淹希仲。	
		顾梦鲤仲龙。	
		周汝砺若金。京曾孙。	
		方范循道。凤子。	
万历四年		顾国辅见子起元传。	丙子顾绍芳太仓学。
			张栋
			支如璋顺天中式。
万历五年	沈懋学	顾绍芳［实甫。］左赞善。章志子。	
		张栋伯任。宽曾孙。［兵科都给事中。］	
		马玉麟德徵。［云南参政。］	
万历七年			己卯张秉谦［本姓顾。见《进士》。］
			诸寿贤［见《进士》。］
			徐惟濂［见《进士》。］
			包邠［希吉，黎平推官。］
			顾天埈［见《进士》。梦圭孙。］
万历八年	张懋修	李同芳济美，山东巡抚。会魁。	
万历十年			壬午沈天启应天学。
			王亮臣［寅叔，一作寅季，都察院都事。］
			朱世芳［永美，泗水知县。］
			顾允谐［懋尹。］德安知县。

（续表）

（续表）

〔康熙〕昆山县志

明	榜首	廷试进士	乡试中式举人
			徐应聘[见《进士》。]
			顾允杰[懋俊。]偃师知县。
			魏尚贤[履叔。]
			孙绍周顺天中式。[从甫。]
万历十一年	朱国祚	徐应聘伯衡，太仆寺卿。	
万历十三年			乙酉顾震宇五台知县。[宇清。]
			周玄昧[复俊孙。见《进士》。]
			柴尧年[奇曾孙。见《进士》。]
			朱世节
			王承庆
万历十四年	唐文献	顾允元瓯宁知县。[代善。]	
		诸寿贤[延之。]礼部主事。邦宪孙。	
		柴尧年[钦甫。]国子监助教。[同安知县。]奇曾孙。	
		顾绅云南鹤庆府军籍。	
		周玄昧叔茂，云南道御史。复俊孙。	
万历十六年		[沈天启江宁。] [杨伯珂淮安。]	戊子顾绍夔[积甫。]郓县知县。[太仓州学。]
			顾天宿[元昭，连城教谕。]
			顾懋宏[靖父。]莒州知府。蕲州籍。
			顾启元嘉定籍。
			陆梦履[见《进士》。]
			顾天叙[元礼。]元城知县。允元子。
			朱应麟[祥宇，宿松教谕。]
			王临亨[三锡孙。见《进士》。太仓籍。]
万历十七年	焦竑	朱世节[贞甫。]工部主事。	张文柱仲立，号溟池。栋弟，经魁，临清知州。
		徐惟濂[道原。]刑部主事。	
		王临亨[子晋。]杭州知府。	
		陆梦履[元礼。]东昌道副使。	
万历十九年			辛卯王遇宾[见《进士》。]
			戴士杰[仲豪。]郧阳兵备道。
			归子慕季思。有光子。
			柴大履[泰曾孙。见《进士》。]
			顾震宗[德清。]德兴知县。改名霖宇。顺天中式。
万历二十年	翁正春	顾天埈升伯，探花，翰林左谕德。梦圭孙。	
		柴大履行素，兵部员外。太曾孙。[《通志》在朱之蕃榜。]	

（续表）

明	榜　首	廷试进士	乡试中式举人
万历二十二年			甲午陈应期［襟寰，东安知县。］
			陈如京［鄂州、台州推官。允升子。］
			王在公孟凤。［济南府同知。］
万历二十三年	朱之蕃	顾秉谦益庵，中极殿大学士，削籍。	王协康孟安，号游安，顺天中式。
万历二十五年		［李鸿长洲籍。］	丁酉何琪枝伯玉，经魁。［见《进士》。］
			顾起元江宁籍。
			葛锡璠［见《进士》。］
			周玄昭季莹，兴安知州。［玄昈弟。］
万历二十六年	赵秉忠	［顾启元贞复，本姓归，江宁籍。刑部侍郎。启一作起。］	朱文崇［景周，府学，蓬溪知县。］
			陆继魁［仲容。］
万历二十八年			庚子李胤昌解元。［见《进士》。］
			姚国枢澹凡，胶州知州。
			许伯衡屺怀。［府学。见《政绩》。］
万历二十九年	张以诚	李胤昌［文长。］翰林院编修。同芳子。	
		葛锡璠中恬，河南按察使。	
		何琪枝伯玉，刑部主事。	
万历三十一年			癸卯方士骐［介夫，海宁知县。］
			殷聘尹［三起，大理评事。］吴县学。
			王志坚［见《进士》。临亨长子。］太仓学。
			朱大典［俱见《进士》。］
			周光祖［道行子。］
			傅冲之孝辕，嘉定学。
万历三十二年	杨守勤	王遇宾叔元，四川副使。	
		周光祖伯绳，兵部主事。	
万历三十四年			丙午夏之鼎［世准，长洲籍。上元知县，工部主事。］
			陈懋德［复姓蔡。见《进士》。］
			顾天宠［见《进士》。］
			李大昌［山峨。］
			周鼎新仍美。［琼州府推官。］
			王逢［子奇，长兴教谕。］
			陈嘉猷［盟之。］儒子，［府学岁贡。］顺天经魁。［桐城教谕。］
万历三十七年			己酉许观［吉承周子。见《进士》。］
			顾起凤［江宁籍。］
			张鲁唯［见《进士》。］

（续表）

（续表）

明	榜 首	廷试进士	乡试中式举人
			王复曾［孝然，光州知州。］
			张化原伯建。［泰安知州。］
			陈其柱［见《进士》。］
			陈世埈
			李思启［顺天中式。见《进士》。大兴籍。］
万历三十八年	韩　敬	王志坚淑士，湖广提学副使。临亨子。	
		顾起凤	
		陈世埈尚之，广东道御史。嘉猷子。	
		李思启［大衡。］福建道御史。［加太仆寺卿。］	
万历四十年			壬子顾晋瑛韬甫。［震宇侄。］
			沈应明吴县学。［见《进士》。］
			朱日燦静之。［工部主事。熙洽子。］
			马天骥季骧。［承天府同知。］玉麟子。
			陈元钦［世埈侄。见《进士》。］
			金城［顺天中式，浙江汤溪籍。县教谕。士龙子。］
			沈续科［云南临安卫籍。］
万历四十一年	周延儒	陈其柱［国仲。］昌平道参政。时孙。	吴震元长卿。太仓籍，漳州同知。
		张鲁唯宗晓，福建布政。宪臣孙。	
		朱大典［孝常。］广西参政。	
万历四十三年			乙卯朱国辅匡叔。［应麟子。］
			李白春［见《进士》。］
			周球倩玉，英德知县。
			徐师善景修。
			叶国华德荣，工部主事。［恭焕孙。］
			朱大受［见《进士》。］
			陈岩如鲁瞻，冀州知州。
万历四十四年	钱士升	顾天宠原锡，兵部主事。	
		许观吉［叔颙。］工部郎中。承周子。	
		李白春幼白，光禄寺少卿。	
万历四十六年			戊午王永祚［定鼎曾孙。见《进士》。］
			王志宏玄度，德清教谕。［三锡曾孙。府学。］
			夏万亨元礼，江西南昌道。
			沈天英复姓朱，名天麟。［见《进士》。］
			王焘浚仲，随州知州。殉流寇难。太仓学。
			叶重华［香城。见《进士》。］
			周启祥履旋。［泾县教谕。］

明	榜首	廷试进士	乡试中式举人
			顾锡畴[天叙子。]顺天经魁。[见《进士》。]
万历四十七年	庄际昌	沈应明[鸣熙。]兵部主事。绍庆孙。	
		陈懋德公虞,山西巡抚。殉流寇难。复姓蔡。	
		顾锡畴九畴,礼部尚书。天叙子。	
		王永祚源修,郧阳巡抚。定鼎曾孙。	
天启元年			辛酉徐开禧[锡余,号植庵。]经魁。[见《进士》。]
			张鲁得[见《进士》。]
			许士翀文举。观吉子。
			柴胤璧林徵。[尧年孙。]
			杨起鳌贵州中式。
天启四年			甲子顾咸受幼疏。
			沈瓒馨儒。
			周室琳韫美。[玄㫷弟。]
			朱玄桢尔凝。嘉定学。
			冯云起[英曾孙。]长洲学。[见《进士》。]
			何谦[非鸣。]经魁,顺天中式。[见《进士》。]
天启五年	余煌	张鲁得宗自,昌乐知县。宪臣孙。	
		陈元钦伯安,漳浦知县。儒曾孙。	
		冯云起君含,礼部主事。英曾孙。	
天启七年			丁卯沈璇钦哉,户部员外。改名浣先。
			方国祥仲旋,琼州知府。[士麒子。]
			顾夔虞一。
			周室瑜服坚,仪封知县。室琳兄。[府学。]
			朱德洽元翔。
			王志庆与游。临亨子,太仓籍。
崇祯元年	刘若宰	朱天麟游初,翰林院编修。	
		徐开禧锡余,右中允。[日讲官。]	
		陈正中金山卫,官籍。	
		叶重华德玄。[广东副使。]	
		朱大受伯可,湖州知府。	
崇祯三年			庚午王志长平仲。临亨子。[太仓州籍。]
			李亮邦若采。[宁都知县。]
			王棨伟长,扶沟知县。[在公孙。]
			葛鼐端调。锡璠子。
			周鉴明远。
崇祯四年	陈于泰	何谦非鸣,昌平巡抚。	

明	榜　首	廷试进士	乡试中式举人
崇祯六年			癸酉顾咸正端木，延安府推官。咸受兄。[府学。]
			归继登尔复，德清教谕。[有光曾孙。]太仓学。
			黄美中彦宣。[太仓州籍。]
			顾缃遐篆。绍芳孙。顺天中式。
崇祯九年			丙子周天璇苏门。玄晬子。
			马云举[汉翔。见本朝《进士》。]
			徐开裕尔益。开禧弟。[府学。]
			张立廉鸿一。[号永庵]鲁唯子。
			周家玉载璜，仪真教谕。玄昭孙。太仓学。
			己卯王志守玄彻，巢县教谕。志宏弟。
崇祯十二年			陆世鎏彦修。[恩贡。]
			张季琪芳伯。
			李国模范公。
			张立环寰初。鲁得子。
			周鋆汉臣。
			李开邺[尔侯。允昌子。府学。元仕。]
			归斯受伯景。本姓孙。[通州教谕。]
			王庆祚源逢，昌邑知县。永祚弟，太仓籍。
			顾咸建[咸正弟，顺天经魁。见《进士》。]
			徐开远仲舒。应聘孙。[汀州府推官。]
崇祯十五年			壬午周锡上莲。
			魏文心子园。
			陆嘉胤锡琪。
			叶方恒眉初。[重华子。]
			李憼仁基。[本朝胙城知县。]太仓籍。
崇祯十六年	杨廷镒	顾咸建汉石，钱塘知县。殉国难。咸正弟。	

皇清武榜附

甲　科

沈枭己丑。[旭初，号蜚卿，江宁前卫屯田守备。本姓李。]顾熊戊戌，孝宏子。尔策。陆高爵辛丑。[汉封，江西铜鼓石都司佥书。]叶豹文甲辰，道子。[山东临清卫守备。]陈雄略庚戌，亦史。[广东抚标左营守备。]谢时晟癸丑，东范。[江西兴国营守备。]黄维新癸丑，肇西。[浙江安吉营守备。][许潜丙辰，矫侯。]何铤癸丑，青浦籍。发公。[北直棋村营守备，调四川峨边营守备。][赵云龙壬戌,御史。]

乡　科

[李呆乙酉。顾雍辛卯。]葛上标辛卯。[胜柳,湖州领运白粮千总。][陆爵丁酉。]张彪庚子。[本姓朱,抡仙。][叶豹文癸卯。]杨威癸卯。[千里,东昌卫领运千总。]马骏癸卯。[长洲籍,汉如。]唐天如丙午,其仁。何裔丙午,履公。[德州卫守备。]盛王佐己酉。[圣昭,一字襄臣。][谢时晟己酉,号丹涯。]呼时升己酉,枚颖。本姓曹。徐锦己酉。舟绿。[应聘孙,开法弟。]周宗彬己酉。本姓赵。[圣翼。]高德音壬子。[圣秩,千户。][黄维新壬子,徽州籍。见《进士》。何铤讷侄。青浦籍。见《进士》。许潜乙卯。陆缙宗乙卯,孝升。赵云龙乙卯,见《进士》。朱建禹九榜,姓洪,长洲籍。朱之铨彦贞,号云留,天麟孙。董畹芳辛酉。陈元龙甲子。沈滋本姓陆,甲子。字廷葵,青浦籍。潘上骧甲子科,号云从,石浦人。李楫方诚,丁卯。黄世瀚丁卯,岳生。孙无双榜姓金,丁卯,景贤。张猷榜姓方,丁卯。克元。孙钏抡三,丁卯。金皋庚午,文在。徐旦甲午。杨麒太仓籍,甲午。孙泰雍正丙子,履安。]

明季武榜

陈铣嘉靖乙酉科,守鲁,见忠节。王佐才万历癸巳。狼山总兵。南阳。[戴文韬万历戊戌。]顾清宴崇祯庚辰,宝山守备。符孝宏子。[吴芦西少涛,湖广都司。]

明季乡科三中方准武举,兹不载。

乡　科

万历四年丙子陈彦桢汝良,犍为守备。德振曾孙。丙午卅四年陆勋达之。天启元年辛酉朱克建虚白。四年甲子李时荣元敷。崇祯三年庚午王鹏举翼清。九年丙子顾清晏龙媒,见《进士》。王安期廷礼。伊卫国元行。沈翼鹏奕先。夏有光玉如。许青山云东,崇明水师守备。崇祯十二年己卯顾心用之,淮扬水师守备。

卷　九

岁　贡

盖学士读书，孳孳早致通显；而国家取士，往往推用老成。岁贡一途，所以酬穷经之志而广用人之路也，由明迄今，法无变易。恩、拔亦附见焉。

皇清

［朱奇颖兼雨，一字九愚，嘉定籍。山西平遥知县。］

［张履吉鸣雷，无锡人，辛卯副，镇平知县。］

张骅华孟，恩贡。［桐城训导，湖广新宁知县，青浦人，昆山学。］

陈尧祖唐，恩贡，猗氏知县。

沈泰［乙酉岁贡，来安训导。］

何玮枝次玉。［丁亥岁贡。］

朱陛臣子舒，日燦子，任富阳知县。

许士埏起宗，恩贡。

［徐履吉无锡人，拔贡。］

周鳌济伯。

张乘汉章，石埭训导。

堵纪潮［无锡人，甲午岁贡，淮安教谕。邑谕应馘子。］

徐乾学原一，府学，拔贡，见《进士》。

马鸣銮殿闻，拔贡，见《进士》。

［顾琛甲午副，见《进士》。］

［何陆恺公求，甲午副。］

［唐硕粒民，甲午副。］

张安国修敬，任舒城训导。

叶方至仑生，重华子。顺治丁酉顺天副榜。

王志浣幼青，本姓赵。

［陆树淑竹庐，贵池县训导。］

王祈延钱生，廪。

朱曧去非，恩贡。

沈云翔千仞。［庚子岁。］［康熙初补送。］

何绳祖幼绳。

葛鋆稚坚，府学。

［徐芸］

［徐与衮彦国，开禧子。皆顺治间廪。］

李维华本姓杨。

［马敬声启传，云举子，己酉副。］

徐树毂艺初，乾学子，拔贡，见《进士》。

滕凌云赋臣，本姓张，乘子。吴县学，拔贡。［甘泉知县。］

黄孝政复旦，本姓朱，长洲学，壬子副榜，井陉知县。

明

丘骥公骥，刑科给事中。

范从文复之。

范麟应祥，刑部主事。

龚誉叔言，岳州学正，兵科给事中。

章昇日升，殿廷仪礼司序班，调鲁府引礼舍人。

彭英□□，魏县知县。

陶宗顺监察御史 [1]，左迁河南府永丰仓大使。

郁忠彦中，福州府通判，升潮州府同知。

王英［俊伯，山西按察使。］洪武年。

许文英□□，抚州府推官，寻甸军民府通判。

朱均祥［通政司右参议。］

李谨有常，光禄寺署丞。

李瓖［克让。］易州知州。

任子玘□□，豹韬卫主事。

---

1 监察御史，底本作"御史"，据《嘉靖志》卷七补。

金珪□□,金筑¹安抚司吏目。

沈璇衡叔,工部主事。

吴良以贞,广州卫经历。

王毅勉学,漳浦知县。

[魏邦哲宋乡贡进士。]

[张隽令光,太仓学,庚戌岁,蒙城训导。]

[余燧茂本,吏部尚书,见《列传》。]

[孙灏如樗年,壬子顺天副。阳信令,见《政绩》。]

许刚秉中,均州判官。

王浩善养,建宁卫经历。永乐年。

金铸元范,海宁主簿。

唐瑛士恂。

朱通彦达。

顾洵东美。

张琰文美。

周弁景星,历知浦江、连江二县。宣德年。

郁焕景章。[龙骧卫经历。]

唐宗克绍,乐平知县。

陈竞惟谨,竹山知县。

费谨有常,泉州府推官。

沈余庆孝祥,礼部主事,历升湖广参政。

朱昌

支琮[敬将。]

朱达叔达,虎贲卫经历,钧州州同知。

徐建安以宁。

顾英华仲,信丰训导。

张能尚德,新城知县。

陈良本初,长清训导。

杨信以实,杞县县丞。正统年。

张敏志学,黄县教谕。

---

1 金筑,《嘉靖志》作"金竺"。

甘霖用汝,衢州府同知。

倪端以正,庆符,卢氏训导。

龚谨汝器,曲江知县。正统年。

虞常仲伦,兴隆卫经历。

孙宗

吴芳廷实,辰州府训导。景泰年。

吴纯克和,南京营缮所正。

张谦克让,修武知县。

李瑛克润,道州训导。

浦萃廷杰。

王勤勉学,松阳知县。

周康以宁,大冶知县。

陈琏重器,东安知县。

郭瑛廷辉,中顺天乡试,龙游训导。[羲仲曾孙。]

周叙叔伦,开化主簿。天顺年。

范起仁元德,高阳训导。

钟浩有源,黄冈训导,武宁知县。

[金杲孟昭,沔阳同知。]

[吴凯]

[夏昺]

[甘霖用汝,衢州同知,见《孝友》。宣德年。]

蒋鲲宗翰,江华教谕。

王庆元吉,资子,尉氏教谕。

张种成之,和弟,濮州判官。

许翀鸣高,羽林卫经历。

陆豳宗启,永新训导。

诸宽用仁,汉州知州。

赵俨若思,珙县知县。

高嵩维岳。

金晟汝明,都昌县丞。

朱冕日章。

夏鉴[杲子。]

陈琼仲玠。

已上十二人俱应廪膳生，实年四十岁者，准入监读书选用，非常贡也，在成化初年。

王曰敏仁功，石门训导。

钱用尚宾。

［钱用履素，赣州教授。］

朱瑄德敬。［冠带养亲。］

葛芄廷芳，奉化训导。

张注时雨。［潮阳训导。］

陈邵士强，义乌训导。

朱文盛原礼，武义训导。

魏镛丈远，玉山训导。

杨谨德检，兰溪训导。成化年。

陈谏敬言，堂邑训导。

王灏伯诚，冀州训导。

滑渠晋辉，玉山训导。［太仓人。］

顾谅宗信，阳谷训导。

顾式正夫，鼎臣兄，杭州府经历。

盛渠汝明，常山训导。

许翶鸿渐，新喻训导。

龚统朝肃，理三子，新城训导。

黄云

龚经朝赞，统从弟，将乐训导。

周瑞应祥，德兴训导。

张璐德辉，永康训导。弘治年。

周颐性初。［清河教谕，未上，卒。］

卫熙光绩，象山训导，黄陂教谕。［今志弘治年。］

张泽宗恩，鄞县训导。

［张经敬庵。］

周鄂楚英，泰子，万州知州。

王士高勉之。

陈斌廷美，德清教谕。

陈讷敏嘉。

晋鹍凌霄,宣平教谕。

诸玉元美。

周京君大,临安府通判,转道州知州。

张祥惟瑞。

龚承恩孝先,汉阳府通判。

陆中望秀卿,真阳教谕。正德年。

张承秀流芳,汝舟子,潮[1]州府通判。

王宪甫贡卿。

梁鸣鹏九万,纨子。

郑近仁子充,文康孙,瑞安训导。

潘泽天雨,南安教谕。

沈大梁景和,乐清县丞。

梁鸣銮九章,纨子,黄冈教谕。

方玉冈钟昆,蕲水知县。

归有光震川,见《进士》。

周可立必礼,恭子,邹平王府教授。

［支三顾顺天太医籍,高苑教谕。］

支节德符,绍兴府训导。

李表德泽,湘阴训导。

陆中表高卿,历城教谕。

叶良材世德,盛曾孙。

朱诏明徵。

伊潮仲甫。

［陈廷瓛思辨,浙江学正。］

朱柔嘉思禹。［济南教授。］

［叶沂尚新,府学。］

尤彻尚周。

伊伯淮仲孚,沂州学正。［伯淮,即潮更名,实是一人。］

梁介石仲,平阳训导。

顾梦川［禹祥。］府学。

---

1 潮州,国图本作"湖州"。

朱实彰益修，蓬莱训导。

陶子鸣以德，王府教授。

陆文焕光远，新城训导。

赵士杰子修。

周士洄儒允，广子。

王克一博甫，会稽训导。

戚学汝积，府学，东原王府教授。[号中溪。]

毛溥德甫，长山教谕。

徐允嘉尚时，凤阳教谕。

[夏缙廷瑞，壬戌恩贡，太仆寺主簿。以上嘉靖年。]

沈衍庆子裕，仁和训导。

李同芳见《进士》。

陈敬纯吉甫。

朱熙洽见《进士》。隆庆年。

沈曾唯达之，永康训导。

沈曾鲁得之，曾唯弟。

冯梦龙翔甫。[吉州学正。]

何天衢有传。[太平训导。]

[傅逊士凯，嘉定籍，建昌教谕。]

张维翰[宗翰。]

孙绍周

顾允中

李大经[常伯，沂水知县。]

管大武[承烈，金华教谕。]

项伦[临川训导。]

张振德有传。

邵鸿渐[罗江知县。]

陆继皋[乐平知县。]

汤凤瑞

[顾同应宾瑶，两中副车。]

[徐永芳懋儒，丙午副。]

[王庚于载，青浦籍，於潜知县。]

许汝达[升甫，奉化教谕。]

孙允升[儒吉，两举行优，宁国教授。]

狄绍曾[五湖，复姓张，海南训导。]

杨简在[仪征训导。]

[徐永美含儒。]

[薛学闵君叔，壬子副。]

郁应选

严复初[养庵，永明王时官仪制司。]

梁震伯[一卿。]

沈延和[江阴训导。]

[陈嘉猷府学。]

[顾晋瑛壬子贡。]

[周之望渭滨。]

王大锡

朱绍祖[绳武，池州训导，石首知县。]

沈尧封[观澜，安远知县。]

赵弘祖万历年。[徽州教授。][今志载入天启年。]

周龙翼[飞卿，丹徒训导。]

王魁春[阳春知县。]

[周维基孝开，府学，丹阳教谕。]

李亮邦见《举人》。[天启元年拔贡。]

周日章[自闇，长宁教谕。]

陈明廷[公安，丹阳训导。]

潘大鼎天启年。[孟和，饶州教授。]

陆世鎏见《举人》。

金继夔[振玉，分宜训导。]

周维基

王家庆留余。[上海训导。]

王履冲[淡如，华亭训导。]

叶章仍[仲闇。]

朱集璜有传。

朱显宗西琯，有传，府学，衢州府推官。崇祯丁丑。

［顾震宠_{泰叔,府学。}］

［陈邦宪_{吉甫,己卯副。}］

张鲁传_{宗在,鲁得弟。}

顾孝宏_{宏之,绍夔孙,府学。}

卫晋方［_{大升。}］

孙枝芳［_{元实,池州训导。}］

柴墀_{对之。}［_{江浦训导。}］

王嗣曾_{原仍。}［_{执礼曾孙。}］

支万春_{汇昭,如璋子。}［_{甲申恩。}］

顾天逵_{大鸿,咸正子。崇祯年。}［_{廪例。}］

［周钿_{子员,庚午副。}］

［朱捷_{月三,青浦学。}］

［杨植之_{柏生,府学。}］

荐　举

古者里选乡升,即为举之始也,自制科设而此法遂废。明兴,复行之,因荐而辟,量材授职,往往得人,法久仍弛。崇祯末,略仿国初例,然人鲜由之。

［元］

［宋伊文_{文璧,荐为翰林检阅官。}］

［宋旭_{子阳,荐授忠显校尉,海运千户。}］

［王大年_{子丰,举贤良,饶州路儒学正。}］

［瞿智_{睿夫,荐授青龙镇教谕。}］

明

秦约见《文学》。

殷奎见《节行》。

张恕以行,工诗,有《西昆格》。洪武初,以才德征入见,试以《春山□水诗》,立就,称旨,赐彩衣一袭,明日除北平卢龙知县。三年,以老病归。有《醲醨稿》。

顾礼见《名臣》。

孟忠_{廷臣,洪武初以人才荐,授武宁知县。}

王祖卿□□，任行人，开云南路，夷山埋谷，设施为多。子震。

殷箕

卢昭

赵彦可见《节行》。

顾驾见《名臣》。

杨性见《文学》。

陈则见《文学》。

赵允中［克和，刑部员外郎，大理评事。］

卢熙见《名臣》。

易恒见《隐逸》。

朱吉见《名臣》。

夏纶□□，滕县主簿，经弟。

曹亨长通，明敏笃学，任国子学录，改□东教谕。

夏经师道，由秀才举荐，授怀柔知县。

洪英国用，谨重有文，以贤良征。初授□□主簿，升岳州知府。

杨英国英，黄州府知府。

毛质纯用，博学能文，任枣强知县。

金庚西仲，工诗文，应秀才举，为南阳训导，东昌府知事。

范原良宗善，文正公十二代孙，膺茂才举，广州通判，潮州府推官。

顾昭新民，由茂才举，为荣泽[1]知县。

王惠用成，性好学，以荐任鸿胪寺序班。

陈伸延龄，谨厚博学，持论过人，应秀才举，为富阳县丞。

徐原处厚，以文学荐，为大理府学训导。

吕昭见《名臣》。

偶桓见《文学》。

史谨见《文学》。

张节处廉，有文学，应秀才举，任礼科给事中。

石刚介夫，以才荐授兵部郎中，官至抚州知府。

沈丙南叔，嗜吟咏，以才荐授闽清知县，再庆元知县，所著有《白云集》。子余庆。

陆埙见《名臣》。

1 荣泽，《嘉靖志》卷七作"荥泽"。

邵元亨□□,历知福山、石城、怀柔,皆有能声。

张子才□□,应秀才举,《水东日记》云:"石浦人。常上御览诗一律,末句云:'书生老得趋金阙,愿祝皇猷效寸衷。'"

郑思先[欧仲,福建布政使。]

沈芳廷芳,应秀才举,授观察使,终北平左布政。

卢彭祖长婴,以才行荐授武康县丞。永乐初,又以荐授礼部主事,坐事谪阜城为民,寻诣行在冠带听用,以疾卒。彭祖幼传家学,不事藻丽而求以适用,为政亦有父风。

[以上洪武朝。]

王震子东,有传。

[卢熊公式,宛州知府。]

[袁华子英,郡学训导。]

[周原吉道祥,光禄寺典簿。]

[朱均祥见《贡表》。]

[朱复吉仲阳,翰林院典籍。汉阳府经历,庆王府纪善。]

卢充耘[次农。]

卢儒[为己,永乐中荐授中书舍人。]

赵英[允中子,广州府知事。]

夏昺[孟阳,洪武中荐授永宁县丞。后擢中书舍人。]

赵楷宗范,由楷书荐为都昌县丞。

赵远弘仲,由楷书荐授临朐县丞。清修寡欲,终河间府知府。子昺。

王鲁企参,少奉大父樵玉先生家训,长游林松谷之门,习书嗜吟,为益都训导,稷山王府教授。

范从文

张准士平,以贤良荐建安知县,有惠政,卒于官。

陈皞见《名臣》。

梁孟镛□□,历馆陶、万县主簿,民安其政。

卫靖以嘉,以能书荐授中书舍人,直文渊阁,升礼部主事,与修《宣庙实录》,食五品俸。性谨厚,能诗,所著有《公余清兴集》[1]□卷。

周毅近仁,周文襄荐举才行,授工部营缮正,不赴。

盛颐见《名臣》。

陈林南荐为越府良医,一时名人咸与交游。

---

1 《公余清兴集》,底本缺"兴",据《嘉靖志》卷八补。

葛哲明仲,世业儒,尤精医学,以荐授荆府良医。所著有《保婴集》,上之朝。弟睿,亦善医,时称"二葛"。

沈诚敬言,松溪主簿。

[俞敬用礼,尚宝卿。]

[以上永乐朝。]

夏文振德声,大理寺正。

周公冕□□,精数学,与修《永乐大典》,初授詹事府通事舍人,终饶州府照磨。

屈昉见《文学》。

陈助见《文学》。

黄玘廷仪,由贤良荐,为光禄寺署丞,终温州府知府。

张翔元龙,性耿介不群,善楷书,喜吟咏,尤工篆隶,以荐为江西照磨,知欧宁、仙居二县,终泸州知府。所至皆有政绩,冰蘗之操,始终弗渝,遇流俗士,不与交一语。子泽。

徐明季昭,荐授会稽训导,长垣、长寿教谕。致仕归,三邑士问候不绝。

夏佑存贤,临海县丞,礼部铸印局大使。遂兄。

周瓒廷章,郑府伴读,广宁卫教授。

张奎景文,太学生,琰之子。琰未仕卒,奎授徒养母,县举孝廉,授山东茌平县丞。致仕归,有《云陂集》。

周振誉彦声,其先出自春陵,与濂溪同宗。七世祖津,宋待补进士,家昆山。世业医,至振誉,业益精。正统中,征入太医院,擢楚府良医。归老于乡,治危疾有奇效,名满吴下。子裳,克世其业。

梁烨文著,驸马府学录。

[嵇昭克明,滦州知州。]

吕伦□□,太医院医士,秦府良医正。

陆瑄汝敬,以明经荐授利津教谕。

张寅甫汝钦,以明经荐授进贤教谕,国子监学录。

吕昱□□,秦王奏任良医副,改迁荆府良医正。

王成宪□□,初名廷纲,字成宪,以字行。授驸马府教读,后任象山、秀水二县教谕。[成化朝。]

卢志以名医荐,任太医院判,字宗尹。

周复吴子东,太医院冠带医士。[天顺朝。]

王于石介之,太医院御医。[弘治朝。]

支贯通甫,以荐任太医院吏目,升御医。[嘉靖朝。]

朱汉徵方黯。[保举贤良,授上林苑丞,未赴。]

陆逊之子敬,任绵州知州。

［沈善三善，英府教授。］

［戴士绰伯章，荐授训导。万历朝。］

［顾其康眉庵，举贤良方正，授浙江松阳训导。］

［顾绛宁人，以荐授兵部司务。］［崇祯朝。］

［陆安吉叔时，光禄寺署正。］

［王古海水一，中牟知县。］

［陈用极庸斋，兵部司务。］

新朝恩典

余尚德，以子国柱贵，赠刑部郎中。

李翼凤，以子瑛贵，封文林郎、漳县知县。

诸士兰，以子保宥、保豫贵，赠南昌府知府。

何尔昇，以子讷贵，封文林郎、太原府推官。

李孟函，以子可汧贵，赠湖广佥事。

叶重华，以子方蔼贵，赠文林郎、翰林院编修。

徐永芳，以子开远贵，赠文林郎、宝庆府推官。

徐开法，以子元文贵，封儒林郎、翰林院修撰，赠奉直大夫、内秘书院侍读。

前朝恩典

宋

龚程，以子况贵，赠左朝议大夫。

王亿，以子葆贵，赠右中散大夫。

边静，以子惇德贵，赠承事郎。

元

俞君登，以子焯贵，赠从仕郎、昆山州判官。

明

顾浩，以子礼贵，封福建都转运使。

俞得水，以子敬贵，赠尚宝司少卿。

叶明，以孙盛贵，赠吏部左侍郎。

叶春，以子盛贵，赠吏部左侍郎。

陆晟，以子钺贵，封翰林院编修。

王允吉，以孙永和贵，赠工部右侍郎。

王子祯，以子永和贵，累赠工部右侍郎。

夏伯亮，以子㫤贵，累赠太常寺少卿。

陆德贤，以子埙贵，封行在左军都督经历。

高霄，以子敞贵，累封顺天府丞。

虞茂，以子祥贵，赠通政司左参议。

顾子敬，以子让贵，封刑部主事。

王子敬，以子英贵，封监察御史。

沈丙，原任知县，以子余庆贵，赠礼部主事。

龚贤齐，以子理贵，赠工部郎中。

吴公式，以子凯贵，赠礼部主事。

卫士安，以子靖贵，赠中书舍人。

沈方，以子讷贵，赠大理寺左评事。

夏元，以子遂贵，赠礼部主事。

黄铎，以子玘贵，赠光禄寺署丞。

张用礼，以子和贵，赠刑部郎中。

项敏，以子璁贵，赠监察御史。

孙宗，原任知县，以子琼贵，封刑部郎中。

郁赐，以子忠贵，封福州府通判。

沈明，以子祥贵，封工部主事。

瞿刚，以子泰安贵，封刑部主事。

陆裕，以子容贵，赠兵部郎中。

朱能，以子绅贵，赠兵部郎中。

吴鼎，以子瑞贵，赠吏部主事。

秦恭，以子瓛贵，封刑部郎中。

王琳，以孙倬贵，赠兵部侍郎。

王辂，以子侨、倬贵，封工部主事、兵部侍郎。

虞震，以子臣贵，封兵部主事。

管昌，以子琪贵，封中书舍人。

盛恩，以子洪贵，封刑部主事，赠郎中。

姜敏，以子昂贵，赠监察御史。

毛弼，以孙澄贵，赠礼部尚书。

毛昇，以子澄贵，赠礼部尚书。

顾宜之，以子潜贵，封监察御史。

张绅，以子汝舟贵，赠南昌同知。

王诂，以子秩贵，封永康知县。

张恒，以子翔贵，赠仙居知县。

支贵，以子琮贵，封金吾卫经历。

许瓒，以子翀贵，赠羽林卫经历。

高佺[1]，以子屿贵，赠工部郎中。

金铢，以子冕贵，封监察御史。

夏俊，以子玑贵，封太康知县。

徐良，以子春贵，封监察御史。

马颙，以子庆贵，赠监察御史。

许贤，以子立贵，赠海丰知县。

顾大本，以曾孙鼎臣贵，赠太子太保、礼部尚书，兼翰林院学士。

顾士良，以孙鼎臣贵，累赠太子太保、礼部尚书，兼翰林院学士。

顾恂，以子鼎臣贵，累赠太子太保、礼部尚书，兼翰林院学士。

周璩，以孙伦贵，赠刑部尚书。

周绍，以子伦贵，封监察御史，累赠刑部尚书。

朱夏，以子文贵，赠监察御史；以孙希周贵，加赠吏部右侍郎。

朱文，原任副使，以子希周贵，赠吏部右侍郎。

周海，以孙广贵，赠刑部右侍郎。

周文，以子广贵，赠刑部右侍郎。

柴宗庆，以孙奇贵，赠应天府尹。

柴晟，以子奇贵，赠应天府尹。

梁昱，原任知州，以子纮贵，赠奉直大夫。

魏奎，以子校贵，封刑部主事，加四品服。

方麟，原任州员目，以子鹏贵，赠礼部主事。

1 高佺，《嘉靖志》作"高恮"。

周瀛,以子愚贵,赠刑部主事。

蔡忠,以子芝贵,封按察司[1]佥事。

张銮,以子宽贵,封刑部主事。

周叚,以子震贵,赠监察御史。

陆楠,以子鳌贵,封大理寺评事。

张钦,以子羽贵,赠工部主事。

张安甫,原任知州,以子寰贵,封刑部员外郎。

王银,以子同祖贵,赠翰林院编修。

屈辙,以子儒贵,赠大理寺评事。

顾潜,原任知府,以子梦圭贵,封中宪大夫。

陆士达,以子冕贵,赠礼部主事。

晋鹍,原任教谕,以子宪贵,封工部主事。

朱苓,以子观贵,封吉安府推官。

王棠,以孙爚贵,赠南京太常卿。

王潮,以子爚贵,封刑部员外郎,加四品服,赠南京太常寺卿。

沈桢,以子大楠贵,赠吏部郎中。

蔡芝,原任知府,以子子举贵,封通政司左参议。

孙泰,以子云贵,赠刑部主事。

朱绂,原系监生,以子隆禧贵,赠吏科左给事中。

张祯,以子意贵,赠工部主事。

金冕,原任副使,以子清贵,赠中宪大夫。

周元学,以孙复俊贵,赠布政使。

周在,原任知州,以子复俊贵,赠布政使。

秦瓒,以子鳌贵,赠兵科给事中。

徐浩,以子申贵,赠刑部主事。

陈节,以子儒贵,封刑部主事。

周书,以子大礼贵,封兴化知府。

王时旸,以子三接贵,封礼部主事。

李聪,以孙宪卿贵,赠副都御史。

李玉,以子宪卿贵,赠副都御史。

---

1 司,底本作"使",据《嘉靖志》卷八改。

张祥，以子情贵，封刑部主事。

周昆，以子美贵，赠刑部主事。

王时雨，以子任用贵，赠礼部主事。

周慈，以子后叔贵，赠工部主事。

朱希伯，以子景贤贵，赠刑部主事。

王亿，以子宇贵，赠按察司佥事。

顾济，以子章志贵，赠中宪大夫。

许志学，以子从龙贵，封吏科给事中。

葛潮，以子纶贵，赠刑部主事[1]。

张洪，以子宪臣贵，赠户科给事中。

陈唐，以子王道贵，赠光州知州。

王可大，以子执礼贵，赠刑部主事。

陈王政，以子允升贵，赠兵部员外郎。

龚淳，以子起凤贵，赠大理寺司务。

支良知，以子可大赠湖广巡抚。

王法，以炳衡、炳璠贵，赠承德郎、刑部主事。

朱维新，以子熙洽赠文林郎、潜江县知县。

李棠，以子同芳贵，赠布政使。

张士瀹，以子栋贵，赠工科给事中。

顾潜，进士，以子梦圭，封中宪大夫。

诸□□，以子寿贤贵。

顾履方，以子谦亨贵，赠尚宝卿。

顾允默，以子天峻贵，赠奉直大夫、翰林院侍读。

顾履吉，以子谦服贵，赠文林郎、昌化县知县。

周泉，以子玄旸、玄昭贵，赠清丰知县、兴安知州。

顾允元，进士，以子天叙贵，赠元城县知县。

王重鼎，以子临亨贵，貤本身诰，赠奉直大夫、刑部员外。

王贵德，以嗣子临亨贵，赠奉直大夫、刑部员外郎。

陆愚，以子梦履贵，赠刑部主事。

顾谦益，以子咸和贵，赠奉政大夫、顺天府治中。

1　主事，底本用朱笔改作“山东清吏司郎中”。

王廷圭，以子用镕贵，赠奉政大夫、保定府同知。

王炳璿，进士，以子在公贵，赠中宪大夫。

葛应元，以子锡璠贵，封刑部员外郎。〔诏加三品服。〕

李同芳，进士，以子胤昌贵。

王临亨，进士，以子志坚贵，加赠中宪大夫。

朱□□，以子大典贵。〔赠广西参政。〕

周道行，以子光祖。〔赠兵部主事。〕

蔡允忠，以子懋德。〔赠河南右布政。〕

顾咸宁，以子天宠贵，赠文林郎、遵化知县。

许承周，以子观吉。〔赠工部郎中。〕

张宪臣，进士，以孙鲁唯贵，赠福建左布政使。

张志美，以子鲁唯贵，赠福建左布政使。

陈嘉猷，以子世垯。〔赠监察御史。〕

陈延经，以子其柱。〔赠山西参政。〕

朱莱，以子日煤贵，赠中顺大夫、工部员外郎。

李晓，以子白春贵。〔封浙江副使。〕

周士彦，以子明初贵，赠文林郎、英德县知县。

陈一麟，以子岩如贵，封奉直大夫、蓟州知州。

朱□□，以子大受。〔赠湖州知府。〕

叶绍祖，以子国华、重华贵，封工部主事，累赠中大夫。

王燧，以子永祚贵，封承德郎、工部主事。

顾天叙，以子锡畴贵，累封礼部侍郎。

〔徐汝龙，以子应聘贵，封太仆寺卿。〕

朱子静，以子天麟。〔赠翰林院编修。〕

徐永光，以子开禧贵，赠文林郎、右春坊右中允，兼翰林院编修。

何梦得，以子谦。〔赠兵备副使。〕

周公瓒，以子室瑜贵，赠仪封县知县。

荫胄

唐

张镒，由父齐丘荫，授左卫兵曹参军。

宋

郑准，由曾祖居中荫，登进士。

郑竦，由高祖居中荫，中锁院。

王敏学，以荫补官[1]。

王强学，以荫补官。

陈昌世，以荫授太府寺丞。

已上俱见王前峰未刻《志》。

明

夏镃，太常卿杲子，任光禄寺署丞。

王汝贤，尚书永和子，任大理寺评事。

陆爰，少卿代子，任中书舍人。

朱景固，尚书希周子。[任太常寺典簿。]

叶梦淇，侍郎盛孙，任衡州府同知。

周凤起，尚书伦子。

柴辅光，府尹奇孙。

毛希原，尚书澄子，任思南知府。

顾履贞，尚书鼎臣子。

顾谦亨，尚书鼎臣孙，任尚宝司丞。

王用铉，太常卿爚子，任保定府同知。

顾同应，赞善绍芳子。

李孟函，副都御史同芳孙。

葛鼐，廉使锡璠子。

张纯烈，愍公振德子，荫锦衣卫世袭千户。

1 官，底本阙，据国图本补。下“王强学”条同。

兵 防

兵防在昔甚密，以昆边海故也。元设海运，则不特固围，并护漕矣。自分立太仓，兵制渐弛，然初无疏防之害，地势异则保障亦殊也。若因今日之略而忘昔日之详，奚可哉？故备述之。作《兵防志》。

唐昆山镇在县治东南一里，开元中，设镇遏使以统之。今荐严资福寺即其故基。

古开江第一指挥[1]，宋时在县西南二百八十步，元额五百人。初，五代钱氏置都水营田使，主水事，募卒为都，号曰"撩浅"，亦云"撩清指挥"。宋因之。嘉祐四年，置开江兵。八年，两浙转运司请拨望亭废堰兵，隶苏州开江指挥，修至和塘。自朱勔进花石纲，尽夺营卒以往，其营遂空。建中靖国之后，不复招填。绍兴二十八年，知府蒋璨言于朝，《省札》节文：太湖者，数州之巨浸，而独泄以松江之一川，宜其势有所不逮。是以昔人于昆山之东，分二十一浦，分而纳之海，后为潮汐沙积，而开江之卒亦废。天禧间，漕臣张纶尝于昆山县开众浦。景祐间，郡守范仲淹亦亲至海浦，开五河。政和间，提举赵霖又开三十余浦。此皆见于已行。今诸浦湮塞，又非前比，平江积水，两月未退，乞于昆山县招填五百人，仍莅开江指挥。从之。命监察御史任右于常熟、昆山各招填五百人。乾道初，知府沈度请仍招置兵士，常熟、昆山各百人。后徙于本府，而邑之营地遂改为常平仓。明宣德间改为济农仓。

元水军都万户府，在昆山州，至正十三年置，以浙东宣慰使纳麟哈剌为正万户，宣慰副使董拎霄为副万户。

海道都漕运万户府，在府城闻德坊内，有崇明、昆山千户所，设置治本处运粮船户事。

支分兵马司，在昆山州治东，旧称花园堂。门之右，元为蒙古学。

巡检司四所，在城、昆山、石浦、杨林。

明太仓卫，元年十月立，命指挥同知朱文掌之，即元水军都万户府镇海卫。洪武十二年，分太仓卫官军之半，命指挥佥事曹胜掌之，即元市舶司提举。二卫俱在昆山县太仓城湖川乡。弘治间，巡抚都御史朱瑄因地方辽远，军强民弱，奏割县之湖川、新安及惠安乡之半，置太仓州。今卫之屯田子粒悉在昆山。

昆山镇巡检司，在县治西南二百二十步兴贤坊东，洪武十二年革去。后设练兵官，即于其地为署。今废。额设民兵一百八十人，又设巡盐、民壮、弓兵二十人，以县丞领之。后民壮属县丞，弓兵属巡检。

---

1 第一指挥，国图本作"第二指挥"。

演武场，在丽泽门外，旧有演武厅三间，将台一座。今废。县官、练兵官以抚标听用，及武举任之。率土兵每月操练。倭乱后，凡操兵布局出奇，俱以擒倭奏捷为阵法，按君每年出巡，必阅操一次，岁以为常。承平日久，武备废弛，名虽为兵，皆里中游手、赤贫、负贩，不过虚縻饷糈而已。

皇清平定江南，初拨提标官一员，领兵百名，六门守御，以备非常。顺治三年，湖寇猖獗，调吴淞副将沈豹提兵协镇，及寇渐平，而兵亦仍驻吴淞，仍用提标官领兵百名或五十名，防守城池。其乡镇要害处所，另拨官兵分汛，一年一更换。在汛巡缉颇密，盗为敛迹。二十余年来，成法如是，不废亦不更。

卷 十

坛 庙

坛庙曷昉乎？此先王报本劝俗之微意也。风雷社稷，山川之神，粒我蒸民，则祀之；圣贤生而能御灾捍患，施法于民，以死勤事，以劳定国，则祀之。祀典之设，历代所重，不可忽也。祠庙经敕建者，与坛墠之属，有司岁致祭惟谨，职惟有功德之故。而民间之所尸祝，其违合祀典者，盖亦不鲜矣。是用备考其废兴存亡之故，以俟观风者之采择。

社稷坛，在县西南三里，旧在儒学前。宋淳祐间，知县项公泽改建。元至元十六年，定社稷制度，诏太常寺博采旧闻，礼官参酌而折衷之，著社稷仪式，立坛墙祭器，图写成书，名曰《至元州县社稷通礼》。延祐元年，坛随州治徙太仓。至正十七年，州复旧治，知州费复初复置今所。明洪武元年，诏天下并祀坛墠。三年二月，知县呼文瞻承制为坛，其制：坛而不屋，东西南北并二丈五尺，高三尺，四出陛各三级，北向为前，缭以周垣，门四向，围五百十五步。石主一，长二尺五寸，方一尺，埋于坛南。坛之西为神厨三间，宰牲房三间；坛之西北为斋宿房三间，左为水池，右为瘗坎。祝文曰："品物资生，蒸民乃粒，养育之功，司土是赖。惟兹仲春／秋，理宜告／报祀。谨以牲、帛、粢盛、庶品，式陈明荐。"嘉靖二十八年，知县朱伯辰重修。

宋项公泽《记》：邑有社稷，春祈秋报，重农事也。昆冈坛墠，莽为荒墟，鸡犬放焉。遇藏事，则望拜于乡校大成殿之戟门，岂惟祀非其所，神弗克歆，抑且背先圣先师焉。前政尝有意修复，惑于阴阳拘忌之说而未果。愚窃谓，为宰者，膺人民、社稷之寄，平土播谷，神实司之，民实赖之，讵庸不知报本之为急务乎？乃即旧址而经营之。砌筑四墙，创造斋室，周以垣墉，植以松柏，币有瘗所，门有扃鐍。其神位列于斋堂，其祭器寄于邑库，至期取用焉。典祀于是乎严矣。维兹凋邑，营缮孔艰，屡政膜视，今幸肇成。继自今日，以时整葺，毋或因循，期与宗社相为无疆，故书以示来者。

风云雷雨山川坛，在县之正南门外。明洪武元年，诏府县祀山川。二年，诏有司以风云雷雨合为一坛祀之。三年，知县呼文瞻始建。六年，诏并风云雷雨山川之神合为一坛。坛制：崇二尺五寸，方广二丈五尺，四围各一十五丈，高三尺，四出陛，惟南三级，燎坛在坛围东南。余制并视社稷坛而不用石主，出入以南门，神厨、宰牲、斋宿、库房及水池亦皆如之。祭器、牲币则加社稷一坛。后又尝以城隍合祭一坛。祝文曰："惟神妙用神机，生育万物，奠我民居，足我民食。某等钦承上命，忝职兹土，今当仲春／秋，谨具牲醴庶品，用伸常荐。"嘉靖二十八年，知县朱伯辰重修。

邑厉坛，在县治北马鞍山阴，即华藏寺故基。明洪武三年，知县呼文瞻创建。正统中，知县罗永年移于县之北门外。坛制：周围二十五步，高三尺五寸，缭以周垣五十五步，南为坛门。每岁以春清明日、秋七月望日、冬十月朔日致祭。后又尝设乡厉坛共二百七十所。

城隍庙，在县治北马鞍山南，即古慧聚寺鬼运基也。旧在县之南三十步平桥北，庙前有古桧，其来已久。明洪武二年，降制敕封鉴察司城隍显祐侯，未几，改封伯。三年六月，改正神号，止称昆山县城隍之神。祝文曰："惟神正直无私，生民保障，御灾捍患，众所瞻依。某等钦承上命，忝职兹土，今当仲春／秋，谨具牲醴，用伸常荐。"是年，知县呼文瞻移建今所。四年，以城隍合祭于风云雷雨山川坛，及行厉祭，则告于庙而迎神位于厉坛之上，春、秋二时，不复专祭于庙。宣德九年，知县任豫重建。景泰三年，知县吴昭建两庑一十八间。国朝顺治十四年十二月中，毁于火。康熙元年冬，邑人助资重建如旧制。凡邑令莅任，必先期斋宿庙中，至日致祭，并合祭应祀神祇，立誓礼成，而后入署视事。今相仍不改。

明沈鲁《记》：国家受天命，奄有方夏，莫安元元，以统万国，俾分职任功，显幽罔间。惟是大小郡邑、山川、城社，咸秩祀事，与天子之命吏同忧恤之寄焉。其所以代天理物，莫不一极其至，而城隍保民为重，庙祀固在，以义而起。昆山自唐为吴望县，光化中，钱镠攻毁其城。宋世承平三百年，栅竹为防而已。元社将屋，而始城之，城隍则庙于县治南百步。国初，增崇祀典，规制堂宇，徙营马鞍山麓，岁久摧败。宣德纪元之九年，卢龙任侯豫尹兹邑，大修山川之祀，至于庙下，惧日益坠弗举，乃召父老而告之以礼事神之义，虑材计庸，易故而新之以完固。重门后寝，深靓严密，神妥其灵，式歆禋祀。既落成之明年而侯去。十五年而侯之明德克孚，民不忘于恩。于是王惠均泽、高瑞世祥，倡率新之。余曰："吾邑庙祀，惟是显厥灵赫，自改创于今七十祀，吾境内疾疢不兴，风雨时正，六府三事顺成，卧赤子于衽席，职神之由。侯复以忠信成民而礼神，神人延釐，益垂宁只，请于丽牲之碑，以纪成事，俾后为规随也。窃惟天子之命吏，与神同食兹土，相须匡辅，坐堂陛而〔旌别之，与秉明威〕而祸福之，显幽不同，而忧恤之寄同，咸有嘉德。依人而行，则夫神之获安其室，职有由然哉。"其辞曰：有庙奕奕，于山之阳。有赫厥灵，实司其城。惟城惟隍，民保民障。神亦凭依，光霁盼蠁。岁历弥久，颓其室庐。尹哉任侯，为恤为谟。式廓以增，堂寝具考。神有新庙，民有攸告。司邑惟侯，司城惟神。咸底于诚，合于大钧。我民报礼，无怠来者。载书是征，勒之字下。〔正统十三年春月。〕

山神庙，在县治西北马鞍山之阳。梁天监中，马鞍山神为慧向禅师役鬼工筑殿基，一夕而竣,武帝因锡号"大圣山王"。建庙崇祀,则自唐中和二年始。宋崇宁元年,徽宗敕赐"惠应庙"额。自是以后,封神曰静济侯,改封昭惠公,又改封显祐王,甚者加封神妻为妃,累朝诰词具在。淳熙中,叶子强作宰兹土,尝拜于祠下,遇旱涝,祷求辄应,为制《迎送神辞碑歌》以祀。庙屡毁辄建。明洪武初,改称昆山之神,前代封号不经者尽革。每岁夏四月十五日,县设特牲祀之,祝文曰:"有山巍巍,惟神主之。有民总总,惟神福之。诰锡宠褒,以答神休。英爽如在,享祀千秋。"永乐三年五月,庙复毁。宣德五年,县丞吴仲郢等重建。俗旧传,四月望日为神之生辰,遍集城隍诸神,奔走街衢为会,男女若狂者三日。而十五日之黎明尤盛,前一日薄暮,游人至止,蜂屯蚁拥,喧呼达旦。邻邑好事有挈朋鼓棹而来,赁屋聚观者,谓之"看朝山王"。

宋黄裳《记》:盖闻三代迭号,仁义攸归;七国僭称,简牍是诮。或封建子弟,或追赠公侯,居于域中,莫斯为大。然有功于国,有惠及民,后世尊其道者,亦受命无愧矣。大圣山王者,马鞍山之神也。按图经,兹山在县西北隅,平地崛起,高数百丈,屹然而独立,环望邈几千里,渺乎其无垠,峰峦耸奇,草树增茂,为邑中之胜概也。大梁天监中,有吴兴沙门慧向者,脱尘劳千劫,修菩萨万行,携锡而至,卜岩而居。寂寂一室,安处其定慧;耽耽二兽,驯扰其左右。绵历寒暑,皆如始至,向非达观大士,孰能憩于此哉?师尝谓兹山殊胜,可兴佛寺,虽用志弥笃,而力莫能逮。一日,师方宴寝,而山神前现,曰:"愿助千工,以副师意。"是夕,云驱电掣,风挠雷动,骈阗之迹,遍于林莽,朴斫之声,震于岩谷,恍惚中夜,惊悸数里。诘旦,阴翳潜廓,灵基倏成,横裹十七丈,高耸二丈,大小规矩,混然削成,其直如绳,其平如砥,非人功所能致也。邑尹状其事闻,乃以殿之东建神之祠,立神之像,锡命"大圣山王",盖旌其功而表其美也。自兹以还,威灵益著,聪明正直,镇乎百里之境;福善祸淫,庇乎一方之民。凡犹豫者,卜之如衅灵龟;疾疫者,祷之如饵良药。盼蠁之应,昭昭而可验;牲币之祭,纷纷而不绝。及物之惠,斯亦至矣。然而年祀寝远,栋宇隳坏,轩墀蔽乎春草,廊壁鸣乎秋蛩,虽灵之具存,而像亦斯敝。有邑人陈仁绍者,好善不回,积财能散,眄寺宇之栋挠,思缔构以鼎新。令寺主僧志坚,同募居民,以成胜事。僧愿文、清莹者,亦赞其能。笺疏一发,如石投水;施利四来,如川赴海。凡所得者,仅逾千缗,于是鸠工市材,揆日蒇事。岁事未易,斧斤告停,危檐翚飞,累瓦鸳比,窗牖明邃,栾楹赫奕。殿堂广其旧制,廊庑辟乎新规,门阑有阅,左右有序。中塑神像,森卫灵官,威仪聿陈,藻绘斯焕,盖所以答神休而肃祀事也。噫!古之卿士有益于人者,典礼尊其祀焉,矧兹山王,垂数百载而英灵不昧,始施功而成善事,终佑民而享明德,建祠追号,亦其宜矣。前所谓有功于国,有惠及民,后世尊其道者,受命无愧,其斯之谓欤!裳因访旧胥台,薄游是邑,闻其异迹,阙于纪事,既蒙雅请,不获牢让,辞旨浅近,斯为愧焉。时明道二年二月十五日。

黄由《惠应庙诚应记》:余游上庠,乡之贤者,不鄙其愚,多延掎以训子弟。其寓兹邑,盖再阅寒暑,每当暇日,乐于访古,独古慧聚号为名刹,山川之瑰胜,堂殿之宏丽,动心骇目,尝为终日留而不厌。若夫向师之道力所格,静济之神应无方,闻之者老相传,及见之碑志,不容言语赞叹名矣。过岁余，蒙恩策名科级，来归之日，亲旧多临顾。迨今春少闲，始克往见，复访寺之上方，则一时胜概，几致煨烬，特祠宇与佛殿获存。余私窃怅然，扣之寺僧及士大夫言可征者，则云：故岁中秋后二夕，有祝融回禄之警，下视大殿，才寻尺许，风正西北，其势方张，邑人咸集，莫施其力，徒用嗟惋。邑大夫刘公实来莅事，公清纯正笃，以师儒使神人致喜者也，奋然当火，指神祠而告之曰："昔者驾风霆雨雹之威，驱鬼工以立厥址，上栋下宇，弥数百年，神忍使为燔毁，一方其将安仰？"烟焰未息。公又祷曰："兹为邑人植福之所，今以衅致，若不获免，愿移之于令，乞庇斯民。"言未既，而风倏然转为东南，火就扑灭。吁！其亦异矣。天[1]神依人而行，岂苟然哉！惟公诚信孚格，幽明一致，故获应如响，神其可诬？寺僧与乡人贤者合词曰："愿求记之，以著其异，且使知公爱民格神，以诚获应，发于一言之顷，曾不旋踵，回视昔人反风灭火之祥，殆异世同辙。率是以往，将临大事、建大节，图画经济，其不顾身以利天下，天之所以眷赉公者，未易量也。"余不得辞，书此以记其实。公名藻，字德清，金华人，以进士第由官中书，来宰兹邑，其政迹之美，才学之懿，略而不书，其亦可知已。淳熙九年清明后三日。

叶子强《祝神辞》：若有人兮山之陬，骖飞鸾兮驾文虬。云冠兮陆离，衣紫霞兮被明球。周流乎天神乃下，仙缤纷兮来御。神之驭兮欲东，梢急雨兮掖回风。神之驭兮欲止，云开屏兮日穿阤，此邦之人兮云胡不喜。喜飞驭兮倏来，喜既来兮忘归。忆昔兮予怀，望山中兮有所思。（右迎神）

坎坎兮伐鼓，蹁跹兮会舞。吹参差兮波底寒，神之来兮自云间。藉茅兮桂糈，黄金杯兮白玉俎。却腥膻兮不御，杂肴蔬兮粔籹。风攸扬兮芬香，神既乐兮浩畅。霈吾施兮四方，无不足以奚所望。（右祀神）

山之气兮油溶，山之石兮巃嵷。中有炳灵之宫，上可建五丈之旗，下可拍桐鱼与鼓钟。问山宫兮伊始，变化翁忽神之趾。若何人兮披草莱，神役鬼物兮驱风雷。六丁武士天门开，剪石礧块高崔嵬。青山兮在上，水流兮在下。力易兮功坚，女娲之巧兮方补天。曰予未足于愿兮，福庇汝兮千万年。神之力兮毋尔私，四方上下，将惟神之所之。（右颂神）

皇天平分四时兮，神阖辟而翁张。司此下土兮，毋伏阴而愆阳。驱丰隆俾发生兮，凭夷导之鼓舞。高宜桑麻兮，下宜粳稌。劳莫劳兮田我田，乐莫乐兮屡丰年。神之来兮夷犹，持杯琰兮求所求。曷嘘为哈兮啰为歌，凤麟游翔兮絷维蛟鼋。厉鬼逐兮水之澨，神悠然来兮倏然去。吾民报祀兮子复孙，繄神力兮钦于世世。（右祷神）

山中之乐兮不可量，丹玉户兮白云乡。王子兮妃嫱，骖葆羽兮周章。神在山兮草木兴辉，神出游兮云鹤思归。上周乎九天，下穷乎九渊。恍惚兮何寓，思君兮无言。人心兮无常，趋舍兮何知。独于神兮依依，羌千古兮吾与期。雨翻兮旌幢，云卫乎车辀。山中之乐归来兮，尘埃之间不可以久留。（右送神）

周伦《四月十五山神会诗》：四月晴曛笑语温，山神旗鼓太嚣喧。自从祀典昭灵贶，遂有雕车接

1　天，国图本作"夫"。

市村。里社遗风欣复见,小时群眺兴犹存。到门不用焚香祷,愿得和风澍雨繁。

卜将军庙,在县治西土山上,祀唐将军西河卜珍。唐末,珍镇鹿城有功,子伯庸、伯聊并著忠节,没而民思之,请于朝祀焉。水旱厉疫,祷辄应,旧有碑,历世久远,不可辨。宋绍定改元之岁,邑人陆显重勒诸石。明正德中,疫疹浸淫,神屡彰灵异,邑进士晋宪有《记》。嘉靖甲寅,倭寇薄城下匝月,将军显灵,毙倭酋数辈,遂遁去,城赖以完。时知县祝乾寿亲诘其状,知是将军灵异,因奏入祀典,春秋祭享。然庙久日圮,弗遑修茸,万历中,有义民汪惠者,倾家营构,并建祝公祠于堂之西北隅,题曰胜生祠。知县樊玉冲为《记》。

晋宪《灵异记》:鹿城西隅有土山,山阴有翁仲石,旧传唐敬宗时将军卜文超墓,先民因山为祠,岁时伏腊,走拜祠下,盖所以崇先德、定民志也。神听犹响,凡有旱涝疾疫皆事焉。正德己巳、庚午间,岁会百六,四民颟颔,疫疹浸淫。至辛未春,予时为庠生,忽夜梦谒将军于祠,谕曰:"若能挥染乎?"宪唯唯。又辞气欷歔,谓宪尝识举人陆表否,因顾左右,蠕蠕如黄雏鹅状者二,长叹曰:"家口五十二,奈何吾莫能庇者。"再诘旦,急访陆以诏其家,计食指得五十一,又乳母一,协梦中之数。予惊异,乃告之故,相向错愕。越明日,持香楮谒祠,见神主为泥雨淋漓,字不辨四五,二太保者,亦脱落几案间。宪再拜告曰:"挥染之请,敬得旨矣,宪司工司功也。"忽有绘工姜秀者至,谓曰:"子非修神主者欤?"予曰:"然,何以知之?"曰:"将军夜告,明晨有修吾主者至,汝第候之。仆间久得子,是以知也。"予益念神爽式临,乃相与戒约,事事惟严。未几,陆果阖户疫,父子上下,疫者过半。予始悟黄雏鹅者,瘟也,将军为之欷歔者,惜陆也。予惟唐至敬宗,纪纲紊而藩镇强,将军奋孤忠,挟二子东征西讨,折冲御侮,曾不以艰险避,其精忠大节可知,卒以未竟之志,庙食一方,而大著明灵若此。噫!宪得窃正德丙子乡荐,嘉靖癸未登进士,秀子鹏南亦领丁酉乡荐。凡香火之下,一士之出,得以成材,而将军必以为慰耶?不然,何属事于宪、于秀,于陆为慨惜哉?想将军在当时必培植人才,重为国家之用,非特身婴坚锐,除残戡乱而已也。噫!宪何人也,获神交将军于千载之上哉!盖将军英爽之气或为宪偶然托也。回视故事,已逾三十余年,深惧泯泯,爰命伯子骥勒诸坚石,用诏灵贶,亦不敢加损以诬神人。谨按陆显《记》:将军姓卜,讳珍,文超其字。西河人。娶范阳唐氏,生子五,三子皆先将军殁,而所谓四五太保者,伯荣、伯聊也。历事累朝,宝历元年八月十六日无疾而卒,享年六十有九,葬鹿城西隅祖墓。吁!将军生神于国,殁庇于民,正气回合,千载一日,宜足称于世者,因悉书以垂不朽云。

樊玉冲《重修卜将军祠并新建前邑侯祝公祠碑记》:卜将军之祠,予不知何自,下车而讯其事,咸言嘉靖甲寅岁倭横海上,忽蜂集山城下,合邑震危,邑令祝公率子弟坚壁拒之,时已匝月,而贼无退志。且阴异板厂自蔽,穿城下砖甓,图深入焉。恍惚见一武士,称唐胜,怒告吾师,急砍城扳石,毙其魁,寇遂废然奔亡,士亦忽不见。旦日,公谒诸祠,殆将军,而始知曩之助祐吾师者,将军也。冥功共睹,万口为沸,遂得奏在祀典,有司岁岁启蛰为禬,始杀为尝,小民积诚被诹以事神,无休时。余闻而洒然异之。然其居笋而岁遥,堂庑渐剥颓矣。初,谒拜四顾,即见木石层累,其旁将有增梓重芬之状。问左右谁所为，则云："此地有畸珉汪惠，殚力拮据，邑之缙绅父老与吏兹土者，固小有所增，而实其人不惜倾家以为者。"语未竟，惠乃顿膝于前。视其人相貌，丛陋人耳，称："小人之身，未有委蜕，以无庸系情于不可知之人也，而乃竭意于不可知之神，公无讶耶。"余逌然笑，及再至，则已辟堂三楹，寥豁非曩。寻而翼之楼阁，以固其址；寻而堂之南为仪门，稍南袭以重门，逶迤而东南则绰楔高峙，肃如也；寻而堂之西北隅忽创一专宇。余祀将军毕，左右请视新祠，余误以为近世生祠也，行不顾，已知为祝公祠，乃下拜。念岁星四周天而公祠乃建，或谓民非尔神几忘公，余则谓祀公于今日者，乃真不忘公也。为公三酹酒而退，惠请题其额。余曰："兹祠也，胜生祠多矣，可命之曰胜生祠。"工起己丑之春，至壬寅春乃告竣。盖惠无猗氏之积，而徒抱愚公之勇，故历数岁乃就。工未竟而惠即踊跃砺石，请记于余者三而不厌。余时望其来而自笑之，谓彼何人斯，犹有昔人沉碑态耶？久置不问。属余有他怀，偶为登山徘徊，乃不觉怆然有感。夫神效一日之灵，令竭三旬之瘁，民数世而戴之，谁谓民不易德者？吾辈临易德之民，而奚为往往无成绩。人掣吾肘，吾亦分吾志。且阴阳事为内外行，欲兼利名而强膏沐，以是无复成理。如惠本支脿之民，而天断其累心，矢其一念，能为神亢宇，为合邑致报，是志一之明效也。吾向者为笑之，亦恶知后人不有涉岭论世，或此山之下，某烜赫炙手、姣好甚都之人，俱已随春草不可问，而顾犹知有当年修祠之珉者耶？亦安知惠之倾产于神者，不胜诸人终日为子孙作贱隶者耶？余依神之灵，抚祝公之遗珉，忽忽五稔于兹矣，民之羸馁日甚，余牵畏顾绊之念日蕃。余且解组而驰，还视此土，求如惠之数椽留在民间者，而亦不可得。嗟！余不及惠，夫何能无邹湛岘山之悲，因允惠所请而强以不文，并载此情，庶几后之君子获追监焉。是为记。

王逢《卜将军祠诗》：时危短吾裋，薄游东昆野。有唐将军茔，肃肃风露下。木叶金甲动，土花碧血洒。[居然神兵栖，夜嘶石骅马。二蛇顾首尾，势若无御者。当时阵或然，威福亚得假。灵乌拂人首，疏火散村社。]溁溁娄逝波，壮怀托申写。

[王逢《梧溪集·谒卜将军祠小序》：将军姓卜，名文超，唐西河人，有功烈于昆山，因祀焉。则将军之有功于昆，乃其建祠之因。据将军墓志称，葬于昆山西鹿城之□□乡卜山西，明人晋宪《灵应记》以为祖墓，岂将军之先流寓于昆，丘墓在焉，故已有卜山之称？其曰西河人，特追溯其本籍耳。将军位不甚显，故史乘无闻，然当敬宗之世，无足疑者。至碑纪其卒之月日及他云云，则后人附会之耳。]

娄侯庙，在县东北娄县村，祀吴娄侯张昭、陆逊、陆休。元至正二十三年，知州偰偰斯建，后随废。明嘉靖中，知县宋伊鼎重建，复废。庙前古树亦为有力者取去。

殷奎《昆山州作新娄侯庙事状》：娄侯庙者，祀吴将军张文侯昭、丞相陆昭侯逊，及昭子扬武将军休也。按《三国志》：汉建安二十四年，孙权以陆逊为右护军、镇西将军，封娄侯。吴黄龙元年，以张昭为辅吴将军，改封娄侯。嘉禾五年，昭卒，少子休袭爵。据今昆山本古娄县，张、陆三侯，实国于此，质诸祀典，后世宜有血食之奉，而庙貌缺然，千有余年，莫之有举。至正十三年冬十二月，知州偰侯斯始览图志，考典礼，悚然叹曰："忠臣烈士之祭，有国之所崇奉。今岁所下赦书，庙宇损坏，俾之修茸。臣斯幸得承乏此州，有如昭、逊功烈，光于史册，而国泯世远，遂失旧君之祀，甚非明诏所以奖劝忠臣之意。"即下令以赦书从事。乃相州城东北三里娄县故治，有丛祠一区，撤而新之。考三侯冠服之制，像设其中。文侯、昭侯并位南面，扬武西向侑坐。又合庙左佛庐四楹为祠祀斋堂，俾里人教授其间。缭垣四周，前为崇门，题曰"娄侯之庙"。阅明年十月某日，侯率僚友，具牲币以落其成，顾羊豕丽石未有刻辞，谓奎尝参预兹议，使状其事始末，以请文于作者。奎观傲侯是举，所以崇典祀、去淫祠，风励臣子之尽忠，将顺朝家之美意，皆可书也。作为歌诗，镌之乐石，以示永久，礼亦宜之，故不辞而为之状。若夫三侯德业之详，则有《吴志》本传在。

周复俊《登娄侯庙二首》：凉飙起高树，始旭照澄川。浮舻沉霞彩，弭棹遵江湍。延首西北望，禾黍匝丘田。墟峙封茆守，桑竹蔼阡眠。青苍缀远色，林嶂洒松烟。左盼犀璩榜，右睇琳璆镌。徘徊顾寝庙，丹云冒华橼。肃穆俨俎豆，翩翩弭貂蝉。惟馨崇世祀，俯仰式兹贤。洗沐乘昭旷，郊垌俨周旋。方恻陵谷改，甫瞩丹青悬。愧虚白云引，聊荐渌水篇。

黄旗郁牛斗，炎光歘沧殄。三雄矜虎峙，九野酣龙战。桓桓怅公武，内事承英眷。瑾户若矫迹，攀台斥沉湎。投刃旌直说，具僚惕威眄。显名陆元宰，凤昔延州彦。箕裘表风素，帷幄征神变。蜚声动三浦，庸勋盖百县。秣京富才华，兰藻披芳宴。寅亮鼎趾凝，夹辅淮荆莫。撵文晔珪冕，观兵跃组练。河洛屡震叠，巴夔亦呵谴。锡壤疏娄渚，分符龚吴甸。双井漫秋芜，千载洗流泫[1]。朱凤何葳蕤，甘棠转葱倩。爱而不可忘，怅今音容缅。

张公庙，在县东南三里，祀张文定公方平。方平知昆山有惠政，故民祀之。宋时祀公学，后废，邑人改祀于此。岁占水旱，极有灵验。

祠祀[2]

巫侯祠，在儒学内，侯名似修，宋嘉定间邑宰，留意学校，撤而新之，故祀于学后，今废。

柳塘祠，在马鞍山下，祀知县杨子器。先是，子器建野鹤轩于山神庙之左，邑人顾潜记。嘉靖中，巡抚陈凤梧命有司祀子器于内，旋入祀典。县丞石肯构、李三省附祭。

祝公祠，在土山庙右，祀知县祝乾寿，详见卜将军庙。

王公祠，在县东六里玉柱塔之左，祀知县王用章。今废。

聂公祠，在荐严寺左，祀知县聂云翰，万历中建，今移妙喜庵之西南隅。祠为试院，属官厅。

孝介祠，在马鞍山巅，祀知县樊玉冲，万历中建。水旱厉疫，祷辄应。

---

1 泫，底本作"法"，据国图本改。
2 祠祀，底本无，据目录补。

归子慕《记》：马鞍山之巅负古刹，东向翼然，高出万松之上、隆然而立者，故令樊公元之之祠也。公之前历十三令为祝公，嘉靖间倭入寇，昆山几陷，祝公守御甚力，城赖以全。后五十余年，当公治昆，县民汪惠者募金祠祝公，而公为之记，名其祠为"胜生"。盖以今之生祠遍天下矣，死而祠者百无一焉，故以祝公之祠为"胜生"也。及公没，而民竞为公祠，如公所称"胜生"者。公为令，精勤无留事，然不为苛细；禁制豪右不懈纵，然不为文深。一意卵翼小民，如或伤之，劝令息讼，不喜为一切更张，小民供职，熙然乐生。其政要归于节用爱人，县中寂静，好善乐士。至其刻廉，则自洪武以迄于今，不乏廉令，未有如公者也。公生时恒茹蔬，间进二卵，故民之祀公也，荐蔬侑二卵焉。灾害疾病者，祀公咸平，以故民走公祠下无虚日。嗟乎！公既没矣，犹抚民之疾苦若是，况至今生乎！后之嗣公守兹土者，无穷也，闻公之风，其有不恻焉而感、淬然而兴起者乎？则其抚民疾苦独后公乎？则公之泽远矣。祠之经始以甲辰秋八月癸未，而邑诸生顾谦闻我宾、我宾之族子元城令顾天叙礼初，实为百姓董其役，三阅月工告成，属记于子慕。子慕惶恐谢不文且病，未能也。居一年，再登马鞍，徘徊祠下，凭南牖俯临万家，皆公之遗黎，当门而望东城，蜿蜒如带，娄江曲折而东，注入于渺茫。江之左右，畇畇原隰，畎浍纵横，皆公植也。俯仰今昔，不觉泫然，虽病，其容已乎？遂为之记。

王志长《拜樊孝介祠》：雨洗孤峰洁，贞灵可一栖。丛花曾绕甸，冬日尚沿溪。琴韵松边远，童谣麦秀凄。知公愁正剧，无计慰遗黎。

王伯稠：灵祠巀嶪玉山巅，野老椒浆赛祭传。范令游鱼曾出釜，中牟驯雉尚飞田。九霄风动双旗香，万古神将片月悬。拜罢长吟当落日，萧条松柏起苍烟。

张大复：菜公祠下草如烟，雷竹青青挂纸钱。十载甘棠花正发，千门桃李树争妍。冰心肯恋桐乡俎，爱日常开玉阜天。言采闲香间屈指，春来春去十三年。

吴玄冲《掬水祭樊孝介祠》：曾留遗咏在田更[1]，夜夜山头孤月明。松桧老将寒泪石，衣冠久不涴尘缨。若教身后牲牢奉，便与人间鸡鹜争。最是秋潭云液冷，一杯赢得胜兰生。

归昌世：郁郁松杉翼古祠，幽凉犹似畏人知。绿畴尽是甘棠荫，黄口今为父老嬉。美尔千秋同此日，饮公一勺表当时。徘徊小立[2]斜阳里，落落长风下岭迟。

祝公祠，在县西一十八里，祀知县祝耀祖。耀祖筑塘有功，人咸德之，至今犹称祝公塘，祠即建塘上。

郭公祠，祀知县郭文雄。顺治十六年闰三月念三日，邑士民既葬文雄于山之西麓，并立祠，里人葛芝撰记。

卫文节公祠，祀宋太师、秦国公泾。旧在马鞍山华藏寺之左，明景泰二年知县吴昭建，三年，知县黄员通修，后改建于儒学东。成化六年，教谕刘衡奏入祀典，每岁春秋祠

1　田更，国图本作"由庚"。

2　徘徊小立，原稿作"襄□小□"，据国图本改补。

之。祝文曰：“才全经济，学贯天人。扶植世教，羽翼斯文。今兹仲春／秋，谨以牲帛醴粢，祗荐岁事，神鉴不昧，灵其来歆。”嘉靖十五年，知县杨逢春复改建于景德寺西报国寺大殿故址。

　　沈鲁《记》：朝廷崇礼先贤，累下诏所在有司，以时修葺祠宇，除墓道，使人守护如法。昆山县学教谕臣刘衡、训导臣章经奏：“故宋太师、秦国文节公卫泾，生于是县之石浦，早负经世之学，魁多士于淳熙甲辰，登要枢，参大政，中外历仕四十年，所言皆经国远谋，关系世教为甚重。自文正范公后，继‘先忧后乐’之志者，此其人也。方韩平原之势焰薰灼，毁誉舛忤，今年朱元晦斥，明年赵汝愚薨，而伪学之禁日迫，正士接迹远引，犹排击无所容其身。而惟重利禄、轻行检者，附丽以成其私，攘臂偯俜于一时，而无以为善后之计。公以理乱安危之机，间不容穟，直疏利害，请除之，而俒胄、师旦为世大戮矣。尤务搜贤才以立国，长养振作以固不拔之基，讲求大计，规恢远图，而复见扼于弥远之擅国，卒无以售其所言。凤与元晦有契分，至是乞召还，而元晦已卒。复移文新安，梓行所注书。又请为右文殿修撰张栻赐谥，于今三百年，为士者皆能言之。而旧祠在马鞍山，荒凉摇落，神弗宁妥。民有以义起者，为徙置学宫之旁，俾七世孙焓居守。其墓在湖州者，亦已芜没不治。臣衡等稽诸礼典，法施于民则祀之。夫立朝正色，不忘规谏，名谊所在，急于饥渴。故能克殄凶憝，成谋而不居其功；志雪仇耻，自奋以厉不挫之气。其于君臣、父子、夫妇之大伦，至言恳切，恻怛忠厚，而体国之诚，根于天性。乡之先达，为法后进，如此而岁事不修，祀典有缺，使士大夫何以为风厉而世道无所取衷焉。乞量为定立时祭，则象方来，庶不负明诏崇礼之盛意。”上可其奏，命礼部参酌仪注，岁时祀以特牲奠帛，为三献礼，而祠墓彼此咸为严禁，约毋有所毁。本部右侍郎叶盛与公同里，常集公遗事，得其出处大节，而世远湮没者，不能具载。知县唐素、主簿吴钦为劝说协规之士，买田数十亩助修葺费，而焓得永为世业，俾鲁撰词刻石以示远。呜呼！天之生才必资于世用，用违其材则无以自见于世。而论者谓南士懦缓，不及北之刚毅慷慨多大略，是以吴楚之国常不竞于中原。此非定论也。金源氏之方兴，以回山倒海之力见屈于宗忠简公之孤军无援，而敛战不敢南下者累年；李忠定公区处天下事，规模措置，再逾月而毕举，勍敌为之震慑。使二公终用而得尽其才，将内外豪杰慑息听命之不暇，大功之成，夫孰能居其右者？而谓闽越南产迂儒僻士，果无能为耶？金源既衰，北鄙多故，宋虽偏安，而才武雄略之士可扞牧圉者甚众，使公柄用而得与戮力，必能集众谋，修警备，厉锐养威，以作南士之气，使无忘北乡，观形势而决事机，进可以得志，退不失于自强，假以岁月，则大仇可复而宋室可兴矣。夫何高才见疏，寡谋自用，而动不相时，举天下于一掷，卒之败衄之余，没世不振，虽公之明见不爽，悉如平时所料，而才不尽用，所可见者如此而已。呜呼，天乎！是曷故哉？于其祀作歌以侑神。歌曰：“山苍苍兮海茫茫，怀故都兮天一方。中原在远兮不可望，事往人异兮而吾心彷徨。嗟直行以自遂兮，耻狥时而为否臧。苟校功资之得丧兮，夫孰畏乎名德之弗昌？玄云兮翱翔，灵风肃兮来景光。廪有食兮食有堂，修我岁事兮灵其来享。时骎集而不可久兮，吾将返飙轮于帝乡。”

　　朱夏《植梧记》：吾昆故有文节卫公之祠于玉山之巅，岁久日就颓圮，天顺间为风雨所毁，凡昆之号称大夫士者，莫不咨嗟叹息，以未有复之者为恨。成化庚寅，杨侯文宁来知县事，询邑之故迹，慨然有意聿新之。又以庙貌之设，固所以崇德，亦将使乡后学知所师，而祠建于山，年岁间不一登，谁复知之？间有起羹墙之思者，亦几何人哉？乃相地于学宫之左，建屋宇三楹，中祠公像，俾庠序之士，早暮恒接于目，冀其有闻风而兴起者。噫！侯之意亦厚矣哉。予末小子，昔尝陟公故祠，星霜几易，岂胜遐思！兹复登公之堂，拜公之像，一何幸哉！偶得碧梧二株，某不敢自私，敬用植公之庭，于以拟诸莱公之柏、召公之棠焉。况梧乃栖凤者也，公之神灵苟存，则览辉下之，庶几得栖于斯堂也哉。若其参知邦之大政，著绩于当时，表章朱子之遗书，有功吾道，则有国史在，某不敢妄议。

王文毅公祠，在县东南新漕里，祀左朝请大夫、大理少卿王葆。宋乾道中奉敕建。明弘治中，碑亭犹在。嘉靖中倭变毁，祀事寝废。崇祯末，葆之裔孙举人棨等重建。康熙九年，知县董正位下车，具文详府，请于额编祭祀银两内通融酌拨，值岁大祲，中止。考葆行迹，载在史册，允合祀典，所宜亟行兴举者也。

太仓吴伟业《记》：余考《玉峰志》，追慕乡先生殁而俎豆者，景行而私淑之，未有历世绵远、久而弥耀如宋左朝请大夫王公者也。公讳葆，字彦光，其先盖三槐名胄，五世家昆。公第宣和六年进士，为丽水簿。绍兴改元，疏陈十弊，兼请建储，执政伟之，迁宜兴令。时淮浙用兵，供亿繁困，而公策办军需，将士稍戢。后权司封郎，权国子司业，俄拜监察御史，兼崇政殿说书。秦桧柄政日久，阳欲告老，问公。公言："果欲请老，勿论亲仇，举贤自代，诚社稷苍生之福。"桧默然不怿。寻为考功，介然特立，出知广德军。移守汉州，德政洽闻，擢泸南安抚使。逾年，召副廷尉，改浙东提刑，时孝宗隆兴元年也。乾道三年，公以古稀告老，山居宜兴。考终，归窆于先茔，乃县治东南新漕里也。溯公壮年通籍，国事旁午，爱公者幸其身远阙廷，罔贻戚辱，而公志愤偏安，心怀激烈。既而奸相当权，朝臣侧足，公惟亮节清风，扬历中外，侃直不阿，从容进退，岂非浩气中存，独能善养以胜之耶？晚好经学，尤邃于《春秋》，所著《集传》《备论》诸卷行世。平生奖励后贤，允称大儒宗范。没后奉敕崇祀，追谥"文毅"，建祠墓所，朝廷崇德报功，甚盛典也。至明兴，洪武初，玄孙讳逊、讳英，偕列御史台，科第蝉联不绝。弘治中，裔孙成宪重建碑亭，迄今仅存遗址，碑文柱石灭没于风烟蔓草中。田夫、野老虽知为王氏墓，而庙貌不修，祀典寝阙，渐忘其功德所由来矣。癸未秋，系孙泰际成进士，暨其宗弟棨，皆余乡榜同籍，谋新祠宇，而十七世孙胤玉，鸠工肃事，因请为记。余维公立朝大节在国史，居乡懿行在稗乘，而仪容仿佛在宗祧也，可不为鼎新庆乎？呜呼！五百余祀，流风邈矣，而奕叶弥长，芳徽未歇，犹足铭彝鼎而被弦歌也。于是荐绅、耆老喜为公祠落成者，旷世而下有同心也，则公之明德远矣！是为记。

叶文庄公祠，在儒学后，祀吏部左侍郎叶盛。明弘治二年，知县杨子器建。正德十六年，知县尹嗣忠奏入祀典。

吴宽《记》：故吏部左侍郎谥文庄叶公，正统中为兵科给事中。己巳之变，京师戒严，公忠愤激发，数日奏疏七八上，区处兵事，悉中机宜，自是有名于时。后参政山西，擢都御史、南粤巡抚，制御蛮夷，功绩益著。成化初，召为礼部侍郎，改吏部而终。公，苏之昆山人也。既没几二十年，慈溪杨君名父来知县事，自以少知公名，今复令兹土，谓公之为人，天下皆知其贤，况乡人哉？没而祀于乡，礼也。顾学宫后有佛庐当撤者，乃毁弃其像，改公祠，设位于中，岁时率僚属、师生拜而祀之。他日托公之子婿兵部郎中虞君元凯来道其事，而以记请。夫世之仕者，孰不欲急于政事？有政事矣，然无文学以资其识，则所行者不免为俗吏之事；又孰不重乎文学？有文学矣，然无气节以立其德，则所能者不免有文人之讥，故三者，每患人不能兼而有之。公政事载于国史者甚备，已不必论，其书册满家，笃学好古，至忘寝食，所著述专以欧阳为法，纯雅明白，其词蔼然。平生尤慕乡先哲范文正公，身虽已贵，萧然犹寒士也。谄佞之徒，有所倚而起者，恶之不忍与接，其所以自处重矣。是以其名起于当时，传于天下，而士大夫置公于名臣之列，此岂无自而得者，特公以中岁而没，使天假之以年，其见于世者，当又不止于此。呜呼，惜哉！宽初入翰林，及接公而受其诲言，然不久去世，窃以为恨。而名父常有斯文之契者，况其为此又当乎人心，故虽无文犹强书而复之。祠成于弘治三年二月戊戌。

魏恭简公祠，在儒学东，祀太常寺卿魏校明。嘉靖二十五年，巡按御史吕光洵奏入祀典，以时值荒歉，未及营建。次年，知县朱伯辰撤淫祀为之，不日告成，财不伤而事易集，时称美举。工完之日，为文致祭。其词曰："惟神用功，默感圣真。一洗支离，允植天根。渊源明道，祖述大成。惟精惟一，克敬克诚。光于四方，通于神明。道统在是，师范攸存。其载《周礼》，丕振皇灵。发端精蕴，佑启斯文。布帛菽粟，畴识其心。于昭玄穆，维靖典型。有孚颙若，实作吾人。专祠时祀，亿万斯龄。"

朱恭靖公祠，在马鞍山之阳，祀南京吏部尚书朱希周。明嘉靖中，巡按御史周某奏建，后废。崇祯十年，提学御史亓玮具疏再建，载入祀典。

崇功祠，在马鞍山之阳，即慧聚寺法华堂故址，祀太保顾文康公鼎臣。明嘉靖初，鼎臣创议筑昆山城，后倭奴入寇，邑人赖城全活，咸欲立祠以昭报。巡抚都御史张景贤特疏题请，诏可，赐额曰"崇功"，并撰文，春秋致祭。其词曰："惟公昔尝倡议营筑县城，迨至于今，果能捍寇。抚臣上奏，诏允立祠，时当仲春／秋，特修荐事，公灵未泯，尚其来歆。"嘉靖三十八年建。

大学士蜀人赵贞吉《崇功祠碑》：嘉靖间，故光禄大夫、柱国、少保兼太子太傅、礼部尚书、武英殿大学士、赠太保、谥文康顾公初在位时，以东南为财赋之疆，岁输无虑数百余万，国之外府，然壮邑若昆山、常熟、嘉定、上海、江阴，皆滨海无城郭自固，是诚危道。与巡抚按宪臣定仪具奏，凡滨海诸邑无城者，悉就营筑以遏寇虐。时金以公不切时要，惟以昆山为公乡邑，为首城昆山。亡何公薨，而他邑辄竟停寝。后数年，倭果大入，寇纵掠吴越之间。环寇之师率以万计，屠溃相望。而昆山时复被围，登陴拒守六十余日，发梁纵礌，毙其贼帅，贼遂不敢逼城，卒以无恐，而公之弘略远虑，于斯为著，盖非常人所及。耆艾欢呼，以公能更造其父子、夫妇，争言建祠以报公功。由是巡抚都御史张景贤，特为勘据题请，谓公真有御灾捍患之功，且烛于未萌，功最为烈，追报之典，久宜慰答民心。诏可其奏。公之孙尚宝司司丞谦亨复上言："今士民欲建立臣祖父先臣祠堂，实以筑城微功，但寇乱新戢，势难损财动众。臣有空地一区，合自营建，不敢冒用公帑，贻累桑梓，而名额祭文，愿如往时御史萧端蒙请给大学士杨士奇祠额祭文故事，令得春秋致祭，以称朝廷慰答民心之义。"上以公名辅旧臣，事属公举，即下有司出主家钱，营建公祠于本邑马鞍山阳慧聚寺之旧地，仍赐额曰"崇功"，并撰文，春秋致祭。巡抚都御史赵忻、郡守王道行、邑令陈于佐，咸承命以行，总制浙闽都御史胡宗宪助厥成事。经始于嘉靖丁巳，越二年己未而堂成。上下有度，纵横惟序，设遗像以安先灵，置重屋以藏宸翰，斋庑庭垣，各底于式。有司亦既致祭有年，而碑表未立，谦亨仍以书属门人赵贞吉缀为碑铭，以纪成事。窃惟公姿度瑰伟，纬武经文，历官任事，屡启宸聪，六飞南狩，简命在公，留侍东朝，用总百辟，保乂邦家，弼亮三世，是宜昭铭鼎彝，非直一邑之祠祀而已。此特公之一节有以效于乡邑，而民思报之不能忘，奚足以尽公生平哉？贞吉凤叨善诲，谬拔朝端，遥企祠宇，良切思慕，颂述功德，实门人之事也，曷敢有辞？谨竭谫才，撰录懿实，镂诸琬琰。其词曰：穆穆顾公，苞纯蕴灵。敦厚实大，应符挺生。惟岳之峻，惟渊之渟。乃擢其奇，卓为国桢。克明克哲，进陟台衡。戮力亮采，克赞中兴。有弛有张，罔不用贞。睹微知著，以奠全城。娄娄狡寇，枭风骤惊。乘胜冲陷，挫折戎兵。千里萧条，惟生棘荆。惟此一方，迄无迁情。兵无外援，墉不内增。以逸制劳，转危为宁。匪公之谟，曷克自营。昔在南仲，朔方是经。诗人歌之，万世作程。公之景烈，殆与之并。邦人亶思，皇嘉其声。乃建新庙，既肃且清。大糦洁牲，于尝于蒸。羽仪斋庄，礼备乐成。存有显爵，没有大名。穹崇贞碑，爰勒斯铭。俟尔来裔，是式是矜。

安节先生祠，祀处士龚诩，在儒学西。明万历二年建。

安烈祠，在春和坊东，祀死事生员陈淮。明万历三十二年奉敕建，载入祀典。

知县王时熙《记》：明兴二百三十余年，诸生死节者，自逊国伍性原六君子而外，盖不多觏焉。何幸予不佞，莅昆而得陈忠烈先生也。世庙甲寅，倭环昆而垒，势在必克，祝公乾寿倥偬其中，先生躬冒矢石，为士卒先，手歼六雄，鼓声振，贼鸟散。明年乙卯秋，贼复聚吴县，先生裹甲谒军门，请为扫靖之。后大中丞曹公邦辅奇而许之，乃假节先生为前茅，孤军独陷，后队不援，力战而没。余得台使为先生奉旨建祠之檄，而令子孝廉君应期出手疏白其状，乃知先生死节时，孝廉方襁褓，迨甲午举于乡，偕计吏赴都门以事闻，十年始得祠祀之命，盖先生之忠魂浩气已埋没四十余年矣。亟揭官家金，创祠宇于春和坊之东，而孝廉更弃产以佐不逮。鸠工于乙巳之十月，落成于丙午之七月，以牲醴束帛，将圣明褒恤忠烈之命，为志忠烈之本末。先生讳淮，字禹治，别号小质，谥忠烈，时万历三十四年十月己卯。

夏昕《忠烈先生祠堂歌》：长鲸喷雾海若死，腥风茫茫白日紫。髡头赤脚千百群，岛裔啸聚成妖氛。燕尾狐挠铁镝怒，电光双跃飞刀舞。男为鬼兮女为虏，新魂夜夜啼村坞。此日梁都司，群羊搏乳虎。战士悠悠半不归，孤城落落空楼橹。先生慷慨发指冠，誓取么麽来衅鼓。登陴一发歼其豪，长围昼解谁敢骄。寸铁不须烦天子，裹疮鏖战无晨宵。狼瞫挥戈尽辟易，先轸归元血仍碧。三锡徒闻赤绂荣，一死畴为青衿惜。何人草奏上明光，裹日呱呱今七尺。丈夫头颅不博名，公论由来自不平。高薨郁郁俨崇祀，庙堂岂肯轻儒生。当日首鼠更谁在，安得至今大节标青冥。

忠孝先生祠，在山塘泾，祀兵科都给事中张栋，即其居第为之，载入祀典。

张烈愍公祠，在丽泽门外。祀光禄寺卿张振德暨配敕赠贞烈孺人钱氏、敕旌孝烈叔女淑昭、季女淑庆。

双忠祠，在县学东，祀山西巡抚蔡懋德，随州知州、赠太常少卿王焘。

陈氏四贤祠，在马鞍山西麓，祀湖广提学副使陈允升，赠山西参政、举人陈时，赠监察御史、举人陈嘉猷，赠山西参政、学生陈延经。明崇祯九年，巡抚都御史张国维建，春秋致祭。

五贞祠，在马鞍山前，明嘉靖三年建，祀节妇李氏、烈妇薛氏、孝妇黄氏，知府胡缵宗题其额曰"三贞"。十四年，提学御史闻人铨准县学申文增入烈妇郑氏、节妇朱氏，改今名，载入祀典。

三烈祠，在溢渎里，祀烈妇邵薛氏、彭郑氏、王陆氏，明嘉靖中敕建，后祔祭生员周存恒妻郁氏。

贞节祠，在县治东北，祀王节妇项氏。明嘉靖中，邑士夫营建，载入祀典。王世贞《记》：吾王氏之秀曰时雨，仅二十四岁夭。其妇项安人故盛年而寡。或欲夺之，项安人则日夜抱其孤任用，泣曰："吾所不获从地下者，以此子。"任用长而受书，项安人即篝灯荧然，所佐读者，绷缲洮也。任用既有室，项安人夕则阖扉寝，毋置旁婢竟死，曰："生不幸倍所天，吾不忍再两影也。"项安人之拮据于家，以理生最称，而任用贵，稍为散施之，故吴中称节妇非一，而度之无先项安人者。任用[1]为乡贡士，时项安人年六十，有司上其事，礼部核无异，诏特为棹楔旌之。既旌，而任用举进士高第，授太常博士，迁仪部郎，封项安人，始得称太安人云。亡何，任用卒。又七年，而项安人亦捐馆，年八十余。又七年，而邑之士大夫耆老者益慕称项安人，争捐赀为祠以祀，而白之台三使者，俱报可。于是，项安人孙定鼎列所以祠状而问记于余，余不佞，问："古所称以死勤事、御大灾大患、乡先生没而祀者，未闻其有祀妇人女子，则何也？"君子不谓然，曰："丈夫慷慨捐七尺躯以许人，国诚有之，然要得于经传、师友、诵说之素。夫无所明而发于其衷诚者，乃妇人女子也。夫妇人女子即慷慨爱其志甚于爱其生，而弃日一旦之命，不亦侠烈大丈夫哉？然而所发者暂也，处瘠而忘困者夺不终，处沃而志广者夺不终，故妇人女子之得谥为节，难也！今夫秦皇帝至暴狠戾也，然贤巴寡妇清而尊之，为立女怀清台。其云无祠妇人女子，何也？今吴俗沃而易，广其志者也。下女鸣瑟，跕躧倚市门，招邀轻佻；中女工技作奇巧，衣被天下；上女习诗书，雍容环佩。项安人者，诚其中麟凤也。祀一项安人而吴益知有女德，砥砺浣濯，其故而比于谊，此三使者与邑大夫耆老指也。"不佞与王氏与有荣焉，次其语授定鼎，为刻之祠，以示永永。

赵烈妇祠，在儒学后，祀生员赵一凤妻尤氏。

1　任用，底本作"任周"，据前后文改。

有琅琊王世贞撰《传》：赵烈妇尤氏者，娄东名家女也。生而淑媛，精女红，通大义，节风凛凛，亘古流芳。翁镛卿，进士；夫一凤，庠生，读书嗜酒，不别生产，以至卒贫不能授室，脱身赘于尤。时尤氏年甫十六，日夜机杼，不辞劳倦，以佐凤勤读，遂补博士弟子，有俊声，然三试不售，郁郁而死。氏欲殉，有二孺子在，未遂。嗣后二子亡，氏益悲痛，坚欲辞世。因夫未葬，徙居于墓所，视治土方中，昼夜抚棺恸哭。行者伤心，闻者酸鼻。亦有利其色艾以聘乘者，氏大叹咤曰："亡儿不思更名姓，烈妇何曾事二人？"遂将石灰合许按目成瞽，慕之者愧悔无地。岁许，视夫葬毕，即自缢，有解而救之者，复触石裂头而死。噫！始而自毁其容以绝众慕，继乃自缢而死以殉夫葬，节烈慷慨，古今罕觏。比时各宪汇题，奉旨表扬，敕建贞烈祠，照例塑像，春秋奉祭焉。

葛节妇祠，在马鞍山西麓，祀儒生葛纬妻周氏，万历中建，载入祀典。

三贤祠，在石浦镇真如观内，祀卫泾、叶盛、张和，明弘治三年知县杨子器建。

王司徒祠，在景德寺内，祀晋黄门侍郎兼中书令王珉。晋咸和二年，珉舍宅为寺，故祀之。[1] 按《景德寺记》：珉与其兄司徒珣既以虎丘别业为寺，而珉复自表见于此。今郡城亦有景德寺，则珣宅也。

孟尚书祠，见《公署》，在县治仪门外。

尉迟恭庙，在县东北二十里尉州村，俗称景云大王庙。相传尉迟恭生此，故祀之。或云敬德封吴国公，故庙食于此，见《古迹》。

鲁望先生祠，在县西南陈墓村，祀唐高士陆龟蒙。

归昌世《过陈墓谒陆鲁望先生祠》：落日荒湖曲，寒风鲁望祠。古今固不恨，瞻拜雨如期。酒措邨帘近，舟移小港迟。殷勤渭阳谊，相虑有余思。

开封郑氏家庙，在县治南平桥之左。宋中顺大夫郑准建，丞相叶梦得书匾，数传，后不戒于火。明永乐中，准之裔孙壬重建。寻复圮。景泰中，壬子进士文康更□，且筑书院于其旁，日与生徒讲学。文康没，庙旋废，后竟为他姓所据。国朝顺治中，裔孙伯昌求遗址重建。按《礼》：自天子至于官师，皆有庙。及秦灭，先王之制于□，士大夫无敢营庙者。唐渐复兴礼，而五代荡析，庙制久绝。宋听文武官依旧设立家庙，器服仪范有所循依。今世袭弊益偷，其能知家庙之礼者寡矣。如郑之贤者，先后继起而恪奉蒸尝于勿替，其可不为之表章而记载也欤？

刘龙州祠，在马鞍山东麓[2]，祀宋时人刘过，宋嘉定五年建。汤贰卿尝作文遣祭，骚人多题咏，邑人吕大中常裒辑一编，号《楚些遗音》。每岁暮春，县公率寓公邑士具礼致祭

---

1 咸和二年为公元 327 年。检《晋书·王导传附王珉传》载王珉"太元十三年（388）卒，时年三十八"，可推得王珉生于永和七年（351）。由此可知，咸和二年王珉尚未出生，故不可能在该年舍宅为寺，此说谬误无疑。具体可参见孙中旺《虎丘山寺始建年代考》，载《江苏地方志》2015 年第 1 期。

2 麓，底本阙，据国图本补。

以为常，后毁。元知州傸俣斯修复。明洪武中废，宣德中重建。弘治元年，知县杨子器修茸，后复圯。正德中，知县方豪重建，并为碑记。

清远先生祠，在九保西江村，祀孝廉归子慕，即孝廉读书讲学处，今为村民所居。

三皇庙，在县治南陈老桥西，祀伏羲、神农、黄帝。元至正中知州费复初重修，陈秀民撰庙记。明洪武二十六年革。

女娲庙，在惠安乡大泗村娲妇山上。

巴王庙，在县西北巴城村，见《冢墓》。

雍王庙，在雍里村。

吴王庙，在泖川乡度城村。一在永安乡。

陈司徒庙，在积善乡黄昌泾。

吴司徒庙，在惠安乡。

黄姑庙，在县东三十六里黄姑村，详见《古迹》。

梓潼帝君祠，在儒学内东斋之南，明宣德中教谕朱冕建。一在清真观内，宋淳熙元年道士翟守真建。

真武殿，在马鞍山上，顺治中重建。俗旧名赛武当。

东岳庙，在县治东南二百五十步。宋乾道四年，道士翟守真建。明永乐九年，邑人陈德刚重修。弘治元年，知县杨子器毁其像，改建丞簿廨宇，后仍建于荐严寺西。王泰亨《东岳灵应记》：今天下神祇载朝家祀典者，五岳为大，岳之中尤以神异显著、在朝奉祀不绝者，实惟东岳泰山。说者以为岱居阴阳之地，故曰岱；又为五岳之长，众山之宗，故曰宗，明非他岳镇所敢匹也。谨按张华《博物志》：泰山为天帝之孙，神灵之府，主人间富贵、贫贱、死生、寿夭之事。是故神爵开元之诏，礼秩有加；大中祥符之仪，聿隆无替。能使累叶帝王竭心崇奉，有非四岳所敢望者，岂以辨乎五方，设位冠配天之大，画为八卦，建标当出震之区已哉？三吴北滨东海，于东岳尤堪附庸，其神之垂灵而昭鉴，民之崇信而奔走，理或固然，无足异者。楚不有衡岳足祠乎？往年僧怡云为予言："尝至襄阳，襄阳民奉祀东岳惟谨，殿宇宏饰，岁时香火不乏。"信乎！神之灵无往弗届，普天之下，靡不统摄，故能使异乡绝域，近舍其当祀之镇岳，而惟神之祀也。说者以为崇冠群岳，功侔造化，斯言不诬矣。呜呼，休哉！岁甲申，泰负浚仲［灭性］之［讯］，呕血数升，鸡骨［支］床，万无［生理］矣。季秋望之夜三鼓，梦神召予，立而与语曰："汝病行就愈，当为吾作一文纪其事。"已而凤病脱然，遂得苟延日月。心未尝不神之诺是惧，而才力绵浅，思致单弱，搦管辄止。辛卯上春，梦一青衣使者请予，谓："岳帝颇见责君，奈何已诺其文，而忍负之？"予惊问："君何从来？"云："从君家勾一命绝者。"不三日而仆毛华死矣。异哉！予因是亦抱病经年，几至弗起，岂非负诺于神，罪固不可逭欤？用是直记其事，勒之贞石，以昭神之灵，且志予幸云。万历二十年仲夏，邑人王泰亨立。一在车塘，宋绍兴中，范文正公曾孙公武建。至治甲子，里人张逢源重修。一在姜里，宋乾道中建，后毁。明永乐中，里人朱信重建。正统中，子叔和重修。

沪渎龙王庙，在夏驾浦，祀吴淞江之神。元大德中建。明天顺中，巡抚都御史崔恭重修，有《记》。

袁凯《沪渎龙王庙晚眺》：沪渎孤城今已残，独余木叶洒惊湍。风云浩荡时将暮，江水萧条龙亦蟠。千里吴乡多战伐，孤舟蜀客转饥寒。散裘涕泪兼新旧，终日思家敢怨寒。

许承周《沪渎龙王遇沈炼师》：老龙宫殿枕江流，古杏参天景色幽。双闭朱扉堪遣兴，一番黄叶不禁秋。苔痕半蚀题碑字，丹券初分泛[酒]瓯。邂逅仙翁清话久，坐来真觉此生浮。

关公庙，在马鞍山上。

岳武穆庙，在马鞍山西麓。

玄坛庙，在县治南。郡志云："神姓赵名朗，字公明，三国时赵云之从兄弟也。"明嘉靖中重建，其地谓之玄坛巷。

宁济侯庙，在景德寺东。

朱将军庙，在县治西南，相传名泰，为昆山神之侍从，将军始末无考。宋朝累有封爵，明洪武初革。

总管庙，在景德寺东。神，汴人，姓金。初有二十相。公名和，扈宋高宗南渡，侨居昆山，没而为神。其子曰细，第八，为太尉者，理宗朝屡显灵应，遂封灵佑侯。细之子名昌，第十四，初封总管。总管之子曰元七总管，元至正间尝阴翊海运，初皆封为总管，再进封昌为洪济侯，元七为利济侯。方《志》云："其子孙尚在，自当祀之，非齐民所宜滥祭也。"

五通庙，在县东南三百步，今俗称为五圣堂。一在清真观内。

镇兴霸典明王庙，在县治东南二百五十步，今废。明王堂巷，载旧志，亦无考。

寺 观

自释道之教行，而为之宫以奉其像，藏其书，处其徒众者，莫甚于吴。惟昆为最，旧志《风俗》有"俗尚佞佛"之语，今犹然也。第迩年布金者少，宝坊玄馆，颇非旧观，君子览之，亦可以辨民力之益艰矣。用是详其兴废，纪其本末，俾异日有所考云。

景德教寺，在县治西南二百五十步通德坊内，晋咸和二年，黄门侍郎兼中书令王珉舍宅建。东庑旧有王太守祠，即珉也。初名宝马寺，唐国一禅师道钦受业于此。宋景德三年，僧庆耆奏赐今额。内有栖云轩，黄纾仲为记。元至正乙巳，寺毁。明洪武十一年，僧九龄重建涅槃正殿。正统间，嗣僧纪副纲重葺大殿山门，复建东西二方佛殿。旧志：每岁二月作大会，邑人士群聚游观，香施山积、奔走若狂者，旬有五日乃已。今此风歇绝久矣。前此兵马入城，每屯集此寺，大为僧扰，自此而缁侣萧条，佛像剥落，近虽有事修茸，以赀粮不继，旋罢。东北隅静室一所，器用粗备，规条亦肃，云水往来，每憩息焉。

沙门妙声《重建景德寺碑记》：佛教东被，莫盛于六朝。于时公卿大夫，往往施所居以奉佛。苏之昆山景德寺，晋咸和二年司空王珉舍宅所建也。初，与其兄司徒珣既以虎丘别业为寺，而珉复自表见于此云。始名宝马寺，宋景德间，寺僧庆謩请于朝，敕改今额。若唐径山国一禅师、宋雪窦和庵主皆受业兹山，而道著天下，由是寺益重。寺有佛涅槃像，覆以钜屋。在昔承平时，岁以二月作大会，邦人士来游、来观，华香之施，奔走先后者，旬有五日乃已，事具《玉峰志》，盖一方之盛集也。自为寺以来，无水火之厄。元季，至正乙巳冬毁于火，旧构无遗者。国朝洪武五年，以输赋愆期，官藉其田以去，遂墟其地。七年，寺僧九龄始至，顾瞻而叹曰："昔贤之遗垂千余年，二师之化肇基于此，且雪窦稽诸世系实我始祖，此我责也。"于是走谒事佛之人，誓图兴复。未几，远近响应，泉布交至，遂将修承平故事，首建涅槃殿，殿中施七宝床，塑释迦文佛卧像，其上并诸弟子、菩萨、天人、佛母之属，哀恸围绕，缯盖幢幡，严奉如式，俨乎沙罗双树间也。又造《大藏经》，以木为柜，栖置左右，于以表大教，宣布法身不灭之旨。其外则环树松柏，后积土为山，悉复旧制。是役也，经始于戊午之冬，以明年己未秋落成，乃谋伐石，以著成迹，昭示来裔。晋之衣冠，南渡之族，惟王、谢为江左第一。方其盛时，台池第宅，郁乎相望，其诡丽宏杰以示久远者，何如也？曾未几何，已非其故，盖寻其仿佛，固已澌尽而无余矣。贤者犹若此，况其他乎。独其所自托于方之外者，至今存焉耳，得非佛道甚大而清净，愿力之所持者，非世相所能转，庶可传之不朽也欤？龄一念之发，施者靡至，仅及期月，而遂以完告，何其敏哉？又岂非天地山川之灵实有相之道乎？龄字大年，宗天台寺之道，尝主茜泾广孝教寺，有解有行，人用孚化。方庀工时，有僧德传，净士本达，协力居多。大年为予同宗，且旧故，为次第其事如此，俾来者尚有考焉。洪武甲子九月之朔，东皋沙门妙声记。

张寰《题景德寺僧房》：携朋游物外，暂此缓遐征。幻境悲尘劫，空门损世情。啸惊横海鹤，饮窜百川鲸。一任青山老，能禁白发生。

荐严资福禅寺，在县治东南三百步。唐天祐三年，吴越镇遏使刘璠舍宅建，匡禅师开山。五代梁开平三年，改昆福院，贞明五年重修。宋大中祥符元年，敕建慧严禅院，寻赐今额，以奉成穆皇后香火。寺有普照堂，高宗书匾。又有法堂，秘书郎曾旼记。咸淳间，僧道元创七石塔于寺门之外。元泰定二年毁。后至元四年僧希颜重建，辟山门外大路，徙七石塔于官河之南，大建僧堂佛像。元末复毁，惟大殿犹存。明永乐元年，僧道良重修。正统十二年，巡抚侍郎周忱因御书阁故址建毗庐阁，今俗称万佛阁。正德初，知县方豪改题曰"四空阁"，后又易名曰"周公阁"。嘉靖二十五年，又建东西二殿，廊庑俱全。康熙七年十月中毁，今阁尚存。

曾旼《记》：昆山县治之东，有禅院曰慧严，始唐末嗣传师以佛学名一时，故镇遏使刘璠为建院以处之。嗣师既去，其徒以世及续居者百五十余年，屋老而敝，徒不能茸。熙宁四年，主僧惟己请如嗣师故事，复以院待举众之来游。县以闻州，命选于众，乃得慧元禅师，俾以住持。于是四方之士，不召而自集；一境之人，不言而心化。因相与视其屋，州人皆曰："是岂人法之所宜者？"遂谋新之。乡人闻命，乐输以助，先为法堂、寝室，凡二十楹。始事于元丰元年之秋，来岁仲夏二日毕工。师曰："不与俗交，非兴化为人也。则记其事以慰作者之勤，其得已乎？而法堂、寝室，岂特以休者寿者之身，佛之法传乎其中矣。非知我法者，不能为也。"以书属予曰："幸为记之。"予闻释氏之书曰："所言法者，谓众生心，是则摄一切法。"释氏之言心法如此，则我先圣人所谓天下之至神者是也。夫心之为物，微渺寂通，故用之弥纶六虚，废之莫知其所，不古不今，神而无方，信乎广大高明，超于名迹，岂言与书之所能尽哉？是以学者欲其深造乎道而自得之也。当梁之世，释氏之教最为盛时，然学其法者，亦泥乎言，学其书者，亦忘其真。天竺之师达磨始自其国来，其晓人也直示道心，使之研几见独，尽豁幽滞，则广大高明，皆我固有，岂如老身穷年，敝精神于名迹而已者乎？于斯时也，道之不明久矣，闻其风而说之者六通四辟，开如醯鸡之发其覆而见天地之大全，虽中国之士大夫，欲息于道者，亦从之游。故传其法者，所居而众至，所教而诚服，待人之馈而后食，待人之衣而后衣，或泛求于人而人亦不以为厌也。其居之至则崇栋广宇，极其壮丽，敝则众相与新之，而人亦不以为侈也。盖闻其道而心化者，皆将虚己以游于世，则其骄吝之意消，而能尊道轻财，固不足言也。惟此堂室，师之居此，湛兮渊静，朗然明澈。资道之侣，还至而时集，显问于堂，密叩于室，宜其迷者自觉，疑者自信，神悟心照，不知其然。堂室虽无与于人法，亦人法之所依也，则作而新之者，其泽岂易竭哉？

黄溍《佛殿僧堂记》：竺乾之教，初至东土，梵僧惟止于官署。逮其传既久，为其学者日盛，由京师至于省邑，十族之乡，百家之间，大为招提，小为兰若，如星罗棋布。其后又别为禅居，而丛林之规制益备。遽殿崇筵，以妥奉乎像设；穹堂广坐，以安息乎徒众。缔构筑削、雕刻藻绘之功，大抵资于人而后具。其始也必有高行宿德，足以起人之信向，是以王公大人，下及州里好事之家，咸慕而趋焉。不然，何以能使之捐其所有，以成吾之所欲为哉？若夫盈虚有数，成坏相寻，或奋兴于毁败之余，或遂废而不振，则系乎负荷其事者何如耳。平江昆山故州治之东三百步，有大伽蓝曰荐严资福禅寺，以其居城之东隅，谓之东禅。肇自唐天祐三年，镇遏使、尚书左仆射刘公璠舍宅创建，以处匡公禅师。初名昆福，宋大中祥符元年，改号惠严。熙宁四年，又迎致黄龙南公之上足慧公禅师来继法席，四方衲子欲咨决心要者，闻风而至，于是禅门荐起，其徒推为兹山重兴之始祖。所建法堂，常州团练推官、秘书省校书郎曾公晊实为之记。高宗南渡，特为书"普照堂"三大字，故御书有阁，参知政事范公成大读书处。有紫藤，人称之曰"范公藤"。至孝宗乾道元年，乃锡金字额。我朝参用真乘，助成无为之治，所以严护而崇饰之者，视昔有加。泰定二年，以不戒于火，一夕而烬，后十有三年，是为重纪至元之四年，悦堂禅师希颜继为住持，览其荒基断础，荆棘苍然，乃发弘愿，以兹事备述，而上白中书平章政事沙剌班。银青荣禄公慨然从请，而以己俸率先，悦堂遂以得兴复自任，首辟山门外大路，而徙七佛石塔于官河之南，募州人章均、秦祐等施舍，重作大殿，购善工抟土，合色建置尊容，释迦、文无量寿、弥勒当其阳，诸菩萨大弟子侍其侧，左右环以十八阿罗汉，其阴为文殊、普贤、观世音三大士，涌现壁间，金地砥平，绀宇山立，妙相端拱，花鬘四垂。以至正四年之八月落其成，六年二月，时宰上闻天子，特降玺书以护之。复募同州巴城徐君文质，独造僧堂鼓钟之节，床第器械之须，完具如式。持瓶锡而来者云奔海聚，四众欢忭赞叹，请刻于山石，用告后人。悦堂不能拒，则状其颠末，使来请记。盖东禅在昆山，最为名刹，既有高行宿德倡导于前，又得人负荷其事而扶植于其后，是宜见者闻者，不惮于输财荐货，以废为兴。今殿堂已还旧观，将以睹胜缘、生净信者，而致力于其所未备者，他日屡书，不一书也。悦堂，四明昌国之洪氏，由儒入释，幼从无惠印禅师得度，其说法则嗣东屿海和尚。相是役者，耆德文源。至正八年十月癸亥日记。

方凤《东寺怀古》：城隈废寺不知年，曾擅娄东第一禅。怪石槎牙盘古树，僧田芜没筑新阡。壁残画影添蜗篆，碑染苔痕洗蚀镌。莫问兴亡堪涕泗，且拈杯酒落花前。

周凤鸣：高楼一上俯千门，海色岚光尽吐吞。接地风峦含雨气，倚天衫桧长云根。龟螭赑负穹碑寮，龙象鳞皱古庙存。鸿雁忽来秋思爽，棹歌渔唱满江村。

范成大《夜步东寺之西》：人家帘幕夜香飘，灯火萧疏照寺桥。满院月明春意好，小楼吹笛近元宵。

又《东禅廊夜二绝》：淡云如水雾如尘，残雪和霜冻瓦鳞。织女无言千古恨，素娥有意十分春。一声黄鹤夜深归，栖鹊惊飞触殿扉。北斗半垂楼阁外，飞幡直欲上云飞。

周伦《毗庐阁避暑》：东林禅阁胜，逃暑似逃禅。挥麈消长昼，谈棋忆昔年。洗天经宿雨，匝地写新泉。到此忘三伏，重开月夜筵。

王伯稠《万佛阁登眺》：飞阁欣重构，层霄势独崇。咄嗟开浩劫，森列怪神工。宛似凌河汉，还疑接混濛。高檐流白日，彩甍焕丹虹。双树标空界，诸天拥化工。莲花金相涌，月魄玉毫通。伏座青狮狎，披鞍白象雄。修罗嗔倚剑，魔母笑窥栊。赞叹游人聚，瞻依下土同。凭虚万象出，入槛八荒空。碧雾深秋洗，黄云大地中。长林吐远岫，寒渚隐轻艭。杳杳鸣霜雁，凄凄凋露枫。鸟声归暮照，铃响斗天风。睹此嵯峨相，因知广大功。乾坤惊幻泡，今古失雕虫。徙倚随清磬，淹留坐碧丛。因兹得妙觉，真悦自无穷。

华藏讲寺，在马鞍山顶凌霄塔前。旧名教院，又名般若。宋宣和间信法师者创建，为十方贤首讲寺，遂易今名。本在山之北麓即今邑厉坛慧聚寺子院，岁久倾圮，明洪武十三年僧大雅移建于此。永乐十年，僧宗易始建山门。正统十三年，僧祖昌来继讲席，开拓故址，大建前殿三间，天王殿一所，规模具备，乃捐衣钵，增置水田、山地百亩，命徒道暹谨守，以供常住之用。崇祯九年，僧达初倾囊修葺，大殿焕然一新。内有卧云阁，踞寺之胜，与百里楼近，通政司参议张寰题匾，后废。万历三年，知县申思科重建。

凌霄塔，创于梁天监中，僧慧向开山。时嗣后，兴废之迹无可考。明嘉靖末，僧严曙、行人方圆静相继募修，至隆庆四年，工始竣。旧止五级，至是增级而六。万历二十二年，僧净心重修，会间左之金钱云集，甫逾年，工遂告竣，益增级而七，窣堵之全体始成，后渐坏。康熙十一年，僧自培发愿重修。

许承周《重建卧云阁记》：邑故以昆山名，然昆山今在华亭境内。而邑西北隅峭然拔起者，则马鞍山也。山之巅有阁五楹，在百里楼之右，背负浮图，面临大野，颇据一山之胜，而前志漫无记载，莫知创于何时。旧名曰云卧，后更曰卧云。予犹见张通参书额揭之楣间，然亦莫知为何人所定矣。岁月滋深，日就倾圮，无有能新之者。洧川申侯来宰吾昆，方三年，百废具兴，自夫子庙学、先贤祠墓，若廨舍、钟鼓、桥道、坊井之属，不能悉举，皆亲为经画，公帑不足，又捐俸以继之。一日登山，见此阁倾废，益喟然叹息于斯焉。士大夫闻之，皆曰："此邑里事，而以厪邑侯虑，吾等之耻也。"遂相与捐金，而乡先生宪副孙公董其役。乃尽撤其旧而增斥之，为阁者七楹，为堂者三楹。堂与阁平，由堂入阁，不拾梯级。忽在无际，壮丽宏大，侈于前观，未二月而告成。于是侯及孙公皆来，以记属于余。余惟昔人名阁之意，不知其所取，以今观之，则高甍巨桷，巍然于朝烟暮霞之间，庶几所谓卧云者，或在于此。然予尝与客登斯阁矣，凭高四望，百里来集，东则娄江，混混汤汤，放乎大海，扶桑日出之地，若望见焉。而北则虞山，商巫咸、吴仲雍所藏处也。西则震泽诸峰，若近若远，出没于湖波之上。而南则万家之邑，棋布星罗。俯首览之，如在衽席。盖士之得志于时者，按其山川，察其土俗，油然有宜民宜人之思焉。如未得志，亦足以发其意气而畅其幽郁，则此阁之建，岂徒资于景物以诧游者而已哉？侯所谓得志于时者，其善政不一书，此特修举废坠之一耳。若诸士大夫，感侯之化而乐于捐金，孙公年已八十，先邑之人而乐于从事，是皆可书也。

易恒《题昆山新迁华藏寺》：兹山莫海壖，高处宅金仙。历劫浮图笔，经时古寺迁。烟霞深一境，楼阁近诸天。翠积祇园树，苍擎华岳连。巨鳌当胜地，孤鹜起平川。玉气阴晴见，灯光昼夜传。空花皆是幻，水月不离禅。暮影飞蓬逝，余花落照悬。独寻方外友，已断世间缘。坐久谈玄理，松花落座前。

王伯稠：古刹寄苍崖，兹土出尘浊。双树垂碧阴，微风冷然作。播影摇白云，禽声弄幽薄。方丈何空虚，阒寂似岩壑。贝叶开莲台，天香下台阁。泠泠孤磬音，杳杳度寥廓。诸生静无事，趺坐诵般若。一聆微妙言，顿解生灭缚。倏然净居天，长爱清凉乐。

梁贲《题古上方》：偶穿谢屐上层峦，一洗尘埃眼界宽。山色不随今古异，森罗犹觉助郊寒。

滕继《新晴登玉峰塔院》：一水决辰外，乍晴如醉醒。临溪照净练，陟巇到高清。翠霭俯深樾，黄云迷远汀。超然信尘表，风抉[1]袭泠泠。

张銮《百里楼卧云阁》：结构雄林末，凭将鸟道齐。秋烟两浦碧，夜火半城迷。槛后翻清籁，檐间出旧题。何当宽杖履，白日伴云栖。

周诗《雪后登卧云阁》：天路凭虚磴，春城雪尚留。寒光[2]迎日动，晴影射峰流。郊句看难辨，河山望欲浮。倾杯忽烂漫，落影度前丘。

1　抉，国图本作"袂"。
2　光，国图本作"辉"。

已上城内，俱存。

慧聚教寺，在马鞍山下，梁天监十年沙门慧向建。相传向从吴兴来，寓山之石室，二虎侍侧，欲建寺未能，忽有神现，请助千工。是夜风雨暴作，暗鸣之声，闻于数里外。迟明，殿基成，延袤一十七丈，高丈有二尺，巨石矗然，其直如矢。事闻，武帝因命建寺，赐今额，仍赐铁炉绣佛，田二顷，山一所，木千株，敕张僧繇绘龙于四柱。唐会昌中寺废，以柱藏郡中。大中五年，太守韦曙奏复建寺，赐金书字牌、铜钟，复以柱还寺。寺半叠石为虚阁，缥缈如仙府，宋淳熙中，一夕雷火毁，自唐以来名贤题咏碑刻，及殿柱雷火篆书、杨惠之天王像、李后主所书匾榜悉烬。殿前二楼曰经台、钟台，匾皆李后主所题。寺焚，楼亦废，止存山王殿。端平中，寺庙俱再焚。淳祐中，复建大佛阁，颜曰"神运大雄"，刑部侍郎楼治书。元至正二十二年再毁，内有远绿轩，杨维桢为记。明洪武初，移建城隍庙于此。二十二年，僧昙倕重建佛殿于东偏，见《一统志》。嘉靖中，法华堂仅存，知县杨逢春撤毁佛像，改立名宦祠，随又改为崇功祠，祀顾文康公。

唐王洮《天王堂记》：有释氏子宅于马鞍山下者，一日忽扣太原王生洮，促足角坐，涵意欲泄不能者数四，顷乃作曰："欲以天王堂事劳笔端。"谨按释氏书云："天王生于阗国，作儿童时尤能血镞射妖，遂去走天竺，遇金仙子，授记护阎浮提，补多闻王。腾云跨汉，报鬼拈魔，霞帜雪戟，指勾拳[1]泮，竟镇妙高，北面水晶宫中为药义官长。"吁！奇怪事。孔门弟子惭于语，然儒以正直为神，今天王能射妖摧魔，用壮护世，是亦正直也，复何惭之有哉？按：马鞍山涌出平原中，绝顶晴望他山百余里，缘接培塿，或沟穿塍织，坦然铺出，复多奇石，支垒危柱。释氏筑室，凿倚山半，今天王堂实翼西北隅，盘伏岳笃，屹然柱空，金精狞狷，力溢膺腕，磊卒象伍，作为部落，堂宇宏丽，四檐飞翚，麻灵庇像，若睒睗披甲担戈，立于烟霭。洮因劳其费，进曰："非某力能，皆邑民为之。"塑实成于张弘度，堂实成于俞师甫。吁！大凡力于耕者一人，切于获者三人，岂偶然于天王哉。释氏子姓阙，号清建，姓赵号良颐[2]。时唐大中三年记。

宋盖玙《慧聚寺山图记》：慧聚，二浙之名刹，肇迹于梁天监中。者旧互传，昔者法师慧向驻锡此地，谋建塔庙，力绵未给，精切诚至，俄有鬼神之助。一夕雷电大作，怒风恶雨，明日视之，宏基崛起，成殿之阶是也。观其衰魂礌积，钦嵌在苍崖崇冈之垠，直逾引绳[3]，方迓截矩，剞劂镌镂，了无瘢痕，隐隐隆隆，颓然似巨鳌之俯伏，不敧不颇，背负柱石，殚巧穷妙，信非人力之可致。是以自时厥后，鳌奕蝉联，月增日崇，底今大备。寺之疆境，据昆山之西北，宝势屹业，依马鞍山缭绕而上，高七百尺，茂林修竹，松桂藤萝之隙，又有灵苗佳卉，珍蕲秀蔓，或红或绿，霜霰弗凋。佛宇僧室，疏旷奥快之处，蔽红阴而黟绿影者，棋布枇比，几三千楹。经画缔构，工亦瑰璋，乃若跻蹑烟霞，偃仰风月。轩堂亭榭，台

1　拳，《淳祐志》卷下作"摧"。

2　颐，《淳祐志》卷下作"颉"。

3　绳，底本作"纯"，据《淳祐志》卷下改。

阁楼观，往往横跨杰出，旁峙特立，若鸟之翔，如兽之蹲，甚者驾虚排空，玲珑缥缈，层层叠叠，银珠金璧之[相]耀，乍显乍晦于翠云紫霭之间。加以巨海处其左，重湖居其右，俯瞰淞江之汹涌，侧顾阳山之巑岏，朝化暮变，供秀气而借清光，指掌之间，四望百里，真天下雄壮奇伟之观也。然则姑苏一隅，地极僻侧，弗类于杭之天竺，润之金山，当冠盖之冲临，车航之会萃，乃非凡之胜概。包孕停蓄，止见于近，未闻于远，量彼较此，为之不平。适主寺僧法全刻图于石，踊跃执笔，从而道其始末，庶几流派传之四方，且俾好事者燕坐几席，仿佛乎登采桥，涉碧砌，审众水之环山，想孤峰之擎[寺]，必称其洒落峻峭，蔑一点尘埃之气，可以传天竺，侣金山[1]，并驾而同驰，靡分先后，盖亦扬善成美之志也。虽然寄之于画，载之于书，特其糟粕耳，盖有书画之所莫能穷其妙者在也，岂特夸诧而已耶？因以见国家太平一百六十年之盛，寄象寓数，神功圣德，格于上下，覆护涵育，无垠无涯，故兹山邑水乡，幽闲荒陋之地，尚克辟绀舍而集缁徒，为民祈福，有如是居，有如是景。呜呼，休哉！政和元年十一月记。

释辨端《慧聚寺圣迹记》：宋至道二年冬，端自杭州送贰卿琅琊王公归阙，路止于苏，遂谒太守尚书户部员外郎陈公颂，为政有仁爱，故四方籍籍有声名，咸皆仰望事，欲走奔诣其馆而识其面者众矣。端亦既见之，果若旧识，因而盘桓于是邦，得游其属邑。三年春三月[2]，届于昆，寓慧聚寺。未数日，公听理之暇，出[巡]水塘，相继而至，又得陪从嘉赏，周览古迹，且目其孤峦奇秀，屹立天际，曰马鞍山也。群岫相去皆百里而远，极巅四视，东连溟渤，西接洞庭，原湿沟塍，坦然铺著。初至寺，升殿寻读碑记，厥石断坏，其文残阙，年月名氏，皆蔑然也。乃询诸寺人，有耆年宿齿者，征以旧传，得唐人博陵崔子向所记之文，略叙其事。先是梁天监十年，有帝之门师吴兴沙门慧向，入居内寺，一旦归老至此山，有息焉之志，因放锡禅坐于山胁石室间，以二虎为侍。师方运筹，思立精舍，忽有神人现师之前，曰："愿施千工，以成其事。"是夜风雷震吼，林木怒号，近山之人，[闻朴斫之声，翌日而奇石矗叠，广阶骈城，其方截如也。]延袤一十七丈，高显一十二尺，盖山王之役神工也。时知县[3]异其事，闻刺史，奏武帝，因造其寺[焉]，遂立正殿于其上，敕张僧繇绘龙于四柱，每云阴天暝，则鳞甲皆润，[濈濈]然及有浮萍者。或曰多兴疾雷、鼓巨浪于江海间，后又敕张僧繇画锁以制之。洎唐武宗会昌中，诏毁天下佛宇。大中五年，宣宗皇帝重阐释门，故寺僧清江以灵迹闻，郡守常公[4]于是奏再兴焉。凡今殿阁像设，非梁制也，惟神砌存焉耳。观其神迹规制，皆穷奇极巧，游者观之，莫不魂惊魄骇，苟非向师至德，曷克臻此？抑非山王灵感，又乌能成其如是耶？郡守陈公，闻异来睹赞叹，谓端曰："前记湮没，来者昧其所从，请撮其实，垂于永久。"端乃挥毫以书。至道三年孟夏记。

元陆垕《重建慧聚寺记》：圣天子嗣大历服十有二年，慎简耳目。臣行宣政院事于杭，钦奉国家尊崇释教之意，凡有贿进尸阿兰若者，是屏是黜，泾渭一分，间无愧色。乃命甲乙相授之刹，悉自择其

---

1 传天竺，侣金山，《淳祐志》卷下作"俦天竺，俪金山"。

2 三月，朱笔改"三"为"二"。

3 知县，朱笔改为"宰县者"。

4 常公，朱笔改"常"为"韦"。

[清净]徒，使长治。昆山州马鞍山慧聚寺僧启嵩实应岁选，既祗事，访金石旧文，罔有攸征，大惧湮没无传，弗克彰明于后，以图来言，曰："公知吾创立之[由]乎？吾祖慧向禅师，成行昭于梁时，武帝延入内庭而师事之。历年既久，告归，晏坐山中石室，二虎侍卫。一日，思构精舍，忽神灵现形，愿致千夫工。是夜，风雷撼赫，林木怒号，有司上其事。天监十年，诏建寺。唐会昌[中]废。大中旋复。宋淳熙、端平洊毁，栋宇内外，大小俱为瓦砾。于是张僧繇龙柱，杨惠之天神塑像，吴越所创塔，南唐所创经钟台、上方、妙峰、翠屏、夕秀、凌峰、垂云诸轩阁遗迹，荡无一存矣。淳祐七年，神运大雄氏殿始成。咸淳八年，门庑成。国朝至元廿四年，石像观音殿成；元贞二年，经藏殿成；大德三年，至尊多宝佛塔成。嵩也属主斯役，请文用垂不朽。"余辞谢不获，因记。岁庚寅二[月]，集事行吴属邑注观焉，寺犹未克完，既完矣，可勿记乎？尝闻夏后氏之王天下也，铸鼎象物，使民入川泽山林，不逢不若。而梁唐以来，乃有鬼献厥址，龙让其湫，开浮屠氏道场者，此固方外之士，至诚所感，然其事亦异哉。世运推移，精庐净馆，或废或兴，系乎其时，抑存乎其人。兹寺之兴也，偾者起，堕者复，土木瓴甓之所经营，金碧丹膗之所藻饰，拮据将茶，积岁月而底于成，僧勤且劳，为可尚矣。况遭时盛明，极寅奉之诚，其兴也固宜，遂为历序颠末，使来者有考焉。建殿僧良琎，建塔僧延福、希范，运经藏僧本荃。今住持僧启嵩，嘉定人也。大德十年良月既望记。

边明《重建大佛宝殿记》：佛法自汉时入中国，暨梁而塔庙始盛。后世其徒尊事之，盛饰为杰阁邃宇，穷奢极靡，识者尤其僭。然其为说以慈悲为主，持祸福两端警世俗，使之相率为善，是亦可尚也已。凡人之心多好善，闻佛所说，皆大欢喜，凡土木之役，盖有不命而愿力，不祈而荐货者。虽然，佛之兴废者天也，而兴其废者人也。名刹笋立，梵旅云集，闻钟鱼歔斋受供，储衣钵，厚殖生，较锥刀，纤悉甚于贩夫，有能独知所事而尊之，亦难矣，则其役之成乌可以无记？昆山县治北三里曰马鞍山，梁天监中，吴兴慧向禅师拥二虎卓锡此山，欲卜精舍，忽山神现形，愿助鬼工千夫，筑殿基址。是夕，风雷震撼林木，山下人听运石声，诘旦而基成，广十七丈，高一丈二尺。事闻于朝，武帝诏因地立寺，以"慧聚"为额，给田与木，估其赍，佛殿、僧庐，次第毕举。寺于一邑为胜概，而殿于一寺规模尤雄伟，骚人墨客，更唱迭和，今班班可考。寺凡两毁于回禄，端平甲午间，佛殿尽爇，苍崖古术，凄烟断础，过之者欲薙榛棘，疏瓦砾而经营之，卒以废役钜烦而止。良琎少祝发双浮屠，数受业兹寺，慨然以兴废为己任，首已赍倡好善者，叩楗棚，无不倾心乐施，其所谓胜因化愚、惠力摄悭者欤？费且粗备于邑，布衣蔬食，川浮陆走，筏木陶甓，鸠工考事。梓人勤且慎，就役之工，讫事不哗。即叠石旧基，架宝殿于其上，其半则断石为柱，高与基等。凌虚矗立，飞檐外敞，丹楯环护，累栋重霤，金铺玉题，奇巧幻出。中以奉三世佛像，旁塑文殊、普贤、迦叶、观音诸大阿罗汉，妙相庄严，实落成于淳祐丁未九月庚申，侍郎楼公[治]扁曰"神运大雄氏殿"，今为祝圣寿都道场所。[继又于]殿左右创两挟阁，列诸天二十位。迨宝祐甲寅，殿始毕工。余昔闻良琎行持水陆，救拔幽滞，每有响验，空施利供，长堂普法，圣凡无吝色。又尝手书大华殿诸经，[看]施方便，事皆随意。前乎此，如浴院、竹堂、廊庑类，悉力募造。盖其誓愿弘深，故能率人；心志专，故能成事。然是役也，犹绵历十有余年而后就，则兴废之不易，果如此也。或语余曰："佛经以坐禅为上，助众为下，今良珙之为是役，信劳矣。至于有所动作，竭其力以疲其神，则非空寂无为之谓也。"吁！是不然，以心传心，先觉之不学而知也；以形化心，后觉之有行而悟也。儒家师孔子者也，琳房真馆，像而事之，而后人知焉老子之学，而道德之说益明。彼见其像之设也，则肃然而敬心生，有所倚辅，以扶植其教，故能传之数千载而不绝。然则殿之兴废，其所关者大矣。良珙来质于余焉，为书其本末，而因以告吾儒之尊其师者，必若良珙而后可。良珙，儒姓谈氏，嘉定县人。宝祐六年戊午四月吉日。

唐孟郊《马鞍山上方》：昨日到上方，片霞封石床。锡杖莓苔青，袈裟松柏香。暗磬无短韵，画灯含永光。有时［乞］鹤归，还访逍遥场。

张祜《慧聚寺》：宝殿依山险，凌虚势欲吞。画檐齐木末，香气压云根。远影窗中岫，孤烟竹里村。凭高聊一望，归思隔吴门。

宋王安石：僧蹊蟠青苍，莓苔上秋床。露寒[1]饥更清，风蔰远亦香。扫石出古色，洗松纳空光。久游不忍还，迤逦寇盖场。　峰岭互出没，江湖相吐吞。园林浮海角，台殿拥山根。百里见渔艇，万家藏水村。地偏［来］客少，幽兴祇［桑］门。

明高启：鸣钟警远方，枯僧兀趺床。石姿生寒棱，松子落古香。殿锁山雨气，楼迎海皦光。遥望苍苍城，愁是车马场。　烟敛城初出，潮来野兽吞。危樵缘磴角，倦衲憩松根。刹表藏林寺，钟闻隔岸村。画龙飞去久，空掩殿堂门。

张鋆：石上莲花发，崔巍建此宫。古□骑象位，合柱画龙空。不火垂千劫，弥天现六通。只今钟与磬，隐隐暮云中。

王穉登：粉渫藏青嶵，相依胜侣行。雷焚寺里塔，潮打石边城。地想金曾市，山将玉得名。故乡无百里，已有白云生。

张宪臣《慧聚寺听讲》：丛林开象教，慧化觉迷方。振锡依岩树，翻经坐石床。天花纷坠影，水月静摇光。为得无生趣，浑忘白日长。

周南老《慧聚寺》：梁寺依山岭，叠构传鬼役。殿左随龙化，遗址尚神迹。云归海气昏，石涧藓花碧。林空坐春隐，钟鱼鸣午寂。僧房见山图，佳胜皆目击。独有雷火篆，灵异人莫识。

李堪：方寺有远名，欲游先梦生。飞猿洞底啸，灵鸟云间鸣。影密楼台众，香繁草树荣。何年照佛火，灿灿常光明。　石林高月坐，苏阁疏磬鸣。宿鸟梦难就，定僧魂更清。香风动花影，岩瀑飞玉声。逢夜坐来短，但余天外晴。

［杨］彝老《游慧聚寺》：压云开半殿，宝炬辉金幢。峭拔山无对，玲珑寺不双。钟声清恋坞，林影冷摇窗。老愧诗魔在，登临讵易降。

赵彦端《雪后饮水慧聚寺》：雪后山更佳，冷松及修竹。茫然枝上鸟，伴我梦亦熟。阴崖得寒乳，

1　露寒，朱笔改"寒"为"翰"。

夜半胜醽醁。惜无同心人，共此一杯玉。

蔡准：雪晴山色一重重，因暇寻幽访古踪。神垒石基成宝殿，柱图灵品感真龙。僧居渐远林间地，客枕曾闻月下钟。会得登临便无事，门前流水照青松。

杨备：驻锡栖云石室中，楼台一片画屏风。禅师道德知多少，不尔山神肯助工。

蒋晞颜《慧聚上方》：小桥官[柳]绿无□，袖手东风日正长。料理只今谁我到，只宜煎茗坐禅房。《[古上]方玩月》：明月自当千里共，如何独得占婵娟。只应飞阁侵天半，此外谁能近月边。

张方平：夜色秋光共寂寥，水村篱落晚烟交。拄筇回首来山路，行看斜阳隐树梢。

报国讲寺，在景德寺西，旧在县治西二百七十步，名九品观堂。相传其地本屠沽所聚，寺僧师谅一夕梦有神人披发执戈而告曰："此地当作道场，师何不究心兴一观堂，名以九品，凿池为沼，当有石塔现。"寤而言之，协力建造，果得石塔数层，上刻"元干僧师谅九品观堂"。元泰定甲子，嘉兴路僧判筌公改建于此。时有僧古明，以天台之教开山，创十方讲刹，奏于朝，敕赐今额，后毁。明洪武二十三年，僧九龄重建。正统中，僧宗纪重修。嘉靖三十四年，知县杨逢春撤毁佛像，改立宋卫文节公祠。

沈周《诗》：东昆不到两年强，六月来游是趁忙。城里谁家无暑地，水边人说有僧房。入门认竹天光晚，借榻眠松夜气凉。造次题诗才一过，不知三过几时偿。

华严寺，在县治西南二百九十步高平桥北。

郭翌《雪后游华严寺》：快雪时时西日微，阴阴碧殿锁林扉。山中云白好留客，枝上野梅寒拂衣。经床无风花自落，璃田如海鹤争飞。诸郎授简皆能赋，况复东林此会稀。

永怀报德禅寺，旧在县治西南二百步。宋建炎三年，弓手翟道川纵去贼因，遂出家为僧，募像建此，名普贤教院，题"景德"。寺内有诸天阁，范浩然为记，后敕赐今额，以奉显恭皇太后香火。时高丽国进阴阳柏两株，高才二三尺，高宗以赐王绹，绹种于寺之大殿前，后柏高与殿齐，每岁花实，左右株互换。明洪武中，寺废。永乐中，僧文绣移置于县南三十五里双江白莲浦。

新安尼寺，在县治东二百步通阛桥东。梁天监二年置。唐会昌五年废，大中七年重建。宋绍定中，寺被焚，惟观世音像岿然不坏。淳祐中复建。《玉峰志》云"四月八日，尼寺设饭供茶，名无碍会"，即此。内有檐卜堂，杨维桢题诗。顾仲瑛《拜石坛记》云："后至元戊寅四月，下院访尼僧岩叟于城东之庵，云即故宋周太尉宅也。"

宝庆院，边《志》曰："县治西南三百步，本逸野堂故址，后归邑人郁允恭与弟允文，乃舍建十六观堂。宝庆中，敕赐今额，赵琳为记。"谢侯应《续志》又谓"兹说非是"。未知何据。

拥翠庵，在马鞍山之阳，明洪武四年僧本觉建。

妙峰庵，在马鞍山巅凌虚亭下。

延福庵，在县治西南二百步，元至正四年，僧淳厚建。明正统中，僧道良又增建观音殿三间、外门一座。

已上城内，俱废。

清凉庵，在马鞍山后。本玉山庵故址，明天启中已为酒肆，日杀生灵无算。丁卯年归邑人方伯张鲁唯，即改僧庐，延僧德修主之，建三圣、地藏、十王等殿，改今额。

妙喜庵，在马鞍山西南麓，明万历三十五年，邑人封员外葛应元建。员外子锡璠官兖州，署有屋三楹，多怪，历任无敢居。员外日坐其中，讽诵《药师经》不辍，自此怪遂绝。归昆之日，遂塑药师佛像，供奉于此，名西药师庵。近天山□禅师从常熟中峰至，改今名。

胜莲庵，顺治初女僧无歇恒禅师创建。师父母及夫家皆邑显宦，弃俗出家，以禅律教戒尼众，遂成法席，道行为诸方推重。庵在许墓塘北。

青莲禅院，即古东药师庵，明万历年间，陈学宪霁岩创始，至康熙元年，檀护李氏重建。

已上城内，新建。

能仁教寺，在县东南一十五里[1]，唐天祐二年魏长者舍宅建，明法师开山，名罗汉禅院。后唐长兴二年，改德义院。宋大中祥符元年，改今额。明洪武二十年毁，二十三年，僧永年重建。景泰三年，灵芝生旁，有周唐僖公伦书院。

王同祖《过车塘能仁寺观可贞书院》：野寺寒烟碧，江村落日黄。古松苍玉色，飞观紫霞光。胜地依莲社，香林结草堂。潜夫欲乘兴，时泛剡谿航。

圣像教寺，在县东南三十五里[2]沪渎。晋建兴二年，有迦叶、维卫二石佛，泛海逆水而来，止此，数百人不能举，光彩七昼夜，佛书所谓"吴中二佛"是也。众迎像置郡城开元寺。里人赵罕舍所居建寺于此，因迎像奉之。事闻，敕赐今额。梁贞明四年重修。宋宝庆中寺毁。晋、梁碑刻无存，石佛仍徙郡城开元寺。明洪武十七年，僧法询重建。

俞允文《游圣像寺》：野寺始独到，新晴欣麦凉。芳筱青丛丛，竹阴覆房廊。寒[云]剪高翠，过雨桐花香。川梁通焕景，林殿疏夕阳。耳目暂清眼，都将尘垢忘。何时来永栖，故迹舍何乡。

许承周《圣像越上人祇洹精舍》：我闻胜观佛，是名维卫尊。能超九大劫，□为七佛首。复次迦[叶]波，首付法眼藏。世尊拈花时，破[涕]独笑歌。二圣生西方，流转百劫内。开度诸有情，百千万亿众。复于未来世，化身游震[旦]。菩萨悯群迷，无去亦无来。何以明其因，昔晋建兴岁。昆山沪渎中，忽然有二像。乃自泛海来，曾不假桴筏。似石复非石，趺坐莲花座。种种诸庄严，妙相无不备。夜放大光明，遍彻东海界。渔人惊见之，奔告诸道俗。缁素悉来迎，赞叹未曾有。像归开元寺，地仍以像名。

1　一十五里，《淳祐志》卷下作"三十五里"，《嘉靖志》卷四作"三十里"。
2　东南三十五里，《淳祐志》卷下作"东北二十五里"。

因之建迦蓝，四种起崇信。江无生灭相，在彼即在此。所以泛海者，与世作津梁。欲人离苦海，从之远彼岸。二圣即千圣，以像表无像。无像而有像，妙在有无际。迄今千余载，其徒曰鎏公。独于教衰复，力守思尼藏。法孙越上人，金春而玉应。能发大弘愿，百废次第举。首建五楹门，额曰祇洹舍。材覆诸工费，曾不持历施。上栋及下宇，在一弹指顷。乃至诸景物，无所不摄受。君贤士大夫，慕法而来者。辄施清净床，香茗以为供。与披西竺［书］，大阐二圣教。当来雨大花，共证无上果。事成具有述，复来请不已。我为说是偈，莫作言语观。

娄坚《读书圣像寺》：自余谢尘嚚，竭采信幽［赏］。野寺灌莽中，闲房间虚敞。凉风生庭除，秋气一何爽。颇从禅诵余，慧性得开朗。即理理自如，随缘缘自往。无为碍诸有，时入颠倒想。

方豪：何年浮圣像，像徒寺留名。匹马冲风到，群僧冒雨迎。楼台红树顶，烟火绿葭浜。一曲松云操，萧然病骨清。

周伦：野寺吾今到，空床对许支。蒲团间听偈，州阁静谈诗。云洞龙归夜，松林鹤到时。

妙杳：清宵耿不寐，尘外有遐思。[1] 到寺江村暮，溪桥出定禅。香台双树直，油幕一灯圆。竹雨幽鸣玉，松风响奏弦。楞严未须诵，真觉解玄玄。

柴奇：十里祇园遥在望，古佛光明千岁像。逶迤石径溪流深，层楼缥缈诸天上。老桧修篁秀色齐，风帆月艇吴淞西。香销清梵檐铃语，寒云漠漠晚风凄。晨钟暮鼓恒催送，野菜香粳修佛供。何当重过话三生，小舟明发敲河冻。

方凤：十年名刹梦中游，此日相过正麦秋。松竹［垂］阴山阁静，幡幢悬影石坛幽。旋烧玉［版］怀坡老，闲讽金诠识贯休。多少清狂因病阻，不堪归兴似王猷。

王伯稠《圣像寺梅花盛开赠顾德甫》：兰若幽栖江浦渍，罗浮春色借氤氲。花横水月千枝夜，气作空香万片云。树底翠禽惊断梦，笛中清曲怨离声。知君不减何郎兴，可得新诗一寄闻。

顾绍夔：野寺萧条独掩关，坐临流水听潺湲。高低禾黍寒烟里，来往行人落照间。远树自依青嶂合，片帆时带白云还。不须更说无生法，趺坐焚香意自闲。

叶国华：自理春船泽畔心，螺［蛄］闻处忆花林。菰蒋水曲藏村落，榆柳风柔夹殿阴。晴濯药栏僧钵韵，间披书带客［眸］青。□□欲认梅花□，麦野青遥未易寻。

方豪《赠圣像寺僧》：草堂［只两］间，放着蒲团坐。坐来方苦吟，不觉檐月堕。

张文柱：祇林石上珠龛□，每借清风为卷舒。四十二章翻译遍，觉时身内有真如。

延福教寺，在千墩浦秦柱山之阳。梁天监二年，里人王束舍宅建，僧从义开山，名曰"波若"。五代梁开平二年重修。晋天福二年改名"般若"。宋大中祥符元年，敕改今额。有浮图七级。元末寺毁，惟浮图存焉。明洪武中重建。永乐二年，户部尚书夏原吉治水江南，至昆山，寓此寺，不陈仪从，独坐一室，诵读如经生。有乡民数辈来寺游观，杂坐其

---

1 底本此处空一格，当有阙文。

旁,已而问尚书何在,僧曰:"读书者是也。"民惊窜,原吉殊不为意。

皇甫汸《延福寺逢琴僧》:维舟探[野]寺,取径度溪桥。宿雨鸣才歇,寒云湿未消。琴声入林曲,幡影隔花遥。流水原无着,归心缓落潮。

方豪《坐千墩塔》:千墩墩上塔层层,高入青霄碍野鹰。我欲登之观四海,秋风病骨未堪胜。

徐波《夜步千墩塔下》:晴径微微出,心知野寺通。篱疏防突犬,砌冷怯吟蛩。目满无人处,僧归落叶中。孤蓬如露宿,相苦是西风。

无相禅寺,在石浦镇。梁天监十年建,后毁。后唐天福二年重建。旧名宝乘寺,宋大中祥符元年,改赐今额。元至正中复毁。明洪武中,僧以宁重修。旧志:寺近里人卫文节公泾居第,有术者言"无相"二字雅不利,泾果终于参知政事,而不及大拜,适符其言。

方豪:古寺名无相,浮生尚有官。题诗聊寄迹,对酒不成欢。叶氏谱犹在,杨生文可刊。状元桥上过,石浦水漫漫。

徐开禧:古刹衰颓久,日长静掩扉。金容带雨暗,午后听钟稀。寺迥惟残竹,僧寒只破衣。野蒿处处满,桥下踏歌归。

延祥教寺,在县东南四十里鸡鸣塘北。梁天监中,里人辛氏舍宅建,名曰绍法寺,后废。五代钱氏宝正中重建。宋大中祥符元年,改赐今额。元末废。明洪武十一年,僧德润重建。

福严禅寺,在县东南七十里碛磩村。初名院,元至元元年僧友三[1]建。明洪武十九年,僧泽云重修。永乐[五]年,僧信源重修。正统九年,僧晓堂重修,又建天王殿、雷音阁、剪松轩、昙华堂,旁有翠云[2]山房,最胜。崇祯末,寺已颓,有僧恒修,苦行自励,始而持淡斋,既复持水斋,邑人朱集璜感其诚,为作募疏,工用大集,殿宇一新。

叶国华:栋宇悬浩劫,苍凉野鸽栖。朔风双树合,淀水一桥堤。物力惊时壮,宗传识旧题。回思先烈在,排难靖残黎。

陆容:移舟来看九峰青,古寺幽沉试一经。画堵半颓支碧殿,残碑欲断倚朱櫺。阶前老树如僧腊,海上浮槎即使星。极目湖天诗兴远,片云孤鹤过华亭。

赵灵兴福教寺,在县西南六十里,唐大中十年僧崇德[3]建。寺在赵灵山上,故名。旧以禅院称,后改寺额。五代间废。宋太平兴国二年,重建三世佛殿、两庑。元照律师买田八顷为寺产,用给僧食,立甲乙住持,以次传业。明洪武改元之岁,寺复废。十二年,僧智彰重建。三十年更建佛殿。

---

1 友三,《嘉靖志》卷四作"友山"。
2 翠云,朱笔改"云"为"筠"。
3 崇德,《嘉靖志》卷四作"宗德"。

黄云《赵灵山兴福寺记》：赵灵在县治西南六十里，以山名而无石，意前代积土而成，特起平壤，隆若丘阜，四望皆水环之。寺据其阳，曰兴福。旧以禅院名，唐大中十年，僧宗惠肇建，后改寺额，莫考何时。废[于五季]。宋太平兴国二年，重建三世佛殿两庑。元照律师买田八顷为寺产，给僧食，立为甲乙住持，以次传业，为经久计。洪武改元，僧困于赋役，[徒]众流徙，而寺复废，故田质于区民周成。成以事籍没，而无田矣。十年，世跻于平，僧之流徙者东归。十二年，僧智彰住持，以复寺为己任，乃去草茇棘，修基奠址，募创佛庐及山门、迦蓝堂，时竭力赞之者，则有善士马信之、张文明焉。二十四年，[有旨]归[并]，僧徒云集，而寺复与他名山等矣。三十年，更建佛殿，迄今百年，栋梁朽挠，瓦石弊阙，丹青漫漶，桥梁倾损。后僧思蹈前规，凡所当事，咸悉力承任，朽挠者[崇]隆，弊扉者完固，漫漶者炳焕，倾圮者砥饰，观者叹服。予自弘治至正德廿年之间，尝三过焉，僧待余益恭。己巳十月望，同项君惟忠，借宿山房，[瀹茗清言]，极其殷勤款待[1]，诘朝发舟，师作礼向余曰："兹山不知作于何岁，兹寺自唐[以]至[皇]明，历年七百，其兴废之迹可以考见者载于县志，然未有特笔备书为之记者，敢以累先生。"予谢而诺焉。五年庚午春二月，复来征记。呜呼！先佛教立自西域，彼盖卓有所见，以一切[有]皆空为行，则备尝艰险，其道乃成，盖不假于言也。慨世情悉为牵爱所缚[2]，若走迷途、泛苦海，一念慈悲，不得已而有言，多即物为喻，使人因言悟入，明见洞照，实践觉地，是释部皆佛所[说]，举世尊之以为[经者]，实迷途之日月，苦海之舟航也。予尝味佛言，得佛心，若见佛于圆寂光中，亲领其指授，知其一言非不足，万言非有余，然学佛者昧焉，惑焉，拘焉，执焉，徒习其言焉，安能由其径之捷而入焉？佛教广被，华夷崇重，有寺以安像，有函以度经，经残而复全，像毁而复饰，寺废而复兴，此在形器之外变幻，相寻于无穷，正佛之所以[眇]而空之者，何足深慨！惟礼像而必求其心，翻经而必求其旨，则流通超脱，像设、经言两忘，而我即佛，佛即我矣。不然，则堕于昧惑拘执之守，终身由之，而教愈晦，道愈远矣。余儒者，学宗周、孔，素存经世之志，有见于佛云出世之一法，故终言之。信乎近世廉布宪之喻佛为黄金、老为白玉、儒为菽粟布帛为明切。在某者，毋违佛教，其知贵之如金玉，而加精进哉。

方豪：斜日发陈墓，黄昏登赵灵。松房待山月，渔火落江星。高论对才子，漫游呼病僧。炉薰风细细，蟋蟀响前庭。

张廷臣：窜迹寻幽径，清歌倚梵林。片帆停树杪，孤鸟没江浔。岭云晴嫋嫋，墙竹夏阴阴。趺坐谈禅理，真如见佛心。

周复俊：暂依莲社遽尔还，萝室烟霞旧忆攀。晓渡关河随白马，春回岐路识青山。江村古寺斜阳外，香阁残径独树间。官思茫茫何必问，沧波惟尔共鸥间。

莲池院，在县西南五十里，地名陈墓。宋嘉泰中，孝宗妃陈氏葬此，故建，命僧守祀。

1　极其殷勤款待，朱笔改为"极殷勤之欢"。
2　慨……所缚，朱笔改为"慨世人欲染爱牵，悉为世故所缚"。

有莲池八景。

超化庵，在县东南三里，宋淳熙中，僧善果建。明正统五年，僧慧镜重修，且构井亭于山门之外。后改名和丰庵。每岁芒神，土牛俱于此庵装造。立春前一日，县官从此迎入。

王临亨：春日招提道，凄凉野寺前。清流声作磬，古木定为禅。破壁幽苔尽，残碑细草穿。深宫飞锡远，那得买山钱。

草堂庵，在县东南一里。宋宝庆五年，僧演义建。明宣德中，僧净所增建大殿三间，后废。崇祯十年，邑人王永祚捐赀重建，改名茶庵。康熙七年，报名达部。

睦和庵，在县东关外东北，离城四五里，在汉浦塘之左旁。隆庆年间，有生员卢氏、顾氏领袖同邑人，共襄所建。[卢即蔡方烨之外家，今第莎村之北有卢氏废宅址在焉。其东为陈家村，即忠襄公父之外家，故忠襄三世皆冒陈姓。]于天启年间，有僧妙庵重建大殿，并铸佛像。[崇祯十五年，邑人蔡懋德同侄方烨等重修。]于清初顺治年间，有隐岩禅师，复兴改造，重修山门、后殿。

西隐庵，在吴家桥西。

太师庵，在七保石浦镇内。

叶荡庵，在淀山湖东。

绍隆庵，在县南三十五里，元至正间，普明禅师建。明永乐中，僧文琇移置永怀寺额于此，改称永怀寺，翰林学士王达善为记。正统中，住持尚宗重修。

积庆庵，在县西一十里，地名平乐。宋淳熙二年，僧志钦建。

集庆庵，在县西南十五里新渎村，宋淳祐二年，僧德韶建。内有里贤祠、礼部祠，宫保吴一鹏为记。

崇宁庵，在县西北巴城湖之左，宋崇宁中建，土人至今每年正月十五占岁丰凶必验。[崇宁寺，元末里人丁道坚舍宅六亩建，延虎丘古铭和上住持，旧称崇宁庵。至明，古铭徒孙某重行修整，请于朝改为寺。天顺□年，征仕郎直隶苏州府儒学教授临川黎扩撰碑记，尚存。]

已上城外，俱存。

东林寺，在真义，元顾仲瑛建。仲瑛即祝发于此。

大弘积庆善寺，在县西南三十里，地名葛丛。俗讹葛颂。元泰定甲子，僧惟实建，奎章学士虞集记。

慧严禅院，本名大光庵，在县西南一里半。宋隆兴初建，因荐严寺改额，移慧严之额于庵，遂为禅院。僧如说重修。郡守黄侍郎万石欲废院为咸淳闸，郑开国竦力言于郡，乃得复在，止废院额为咸淳庵，以[竦]先世曾舍田租八十石专奉郑氏香火故也。所拨隶闸局米，仍取贮院廊。又作小斗门于问潮馆前，欲障浑潮。今并废。

广慈庵，在留晖门外，元至正二十年昆山州济农仓副使蒋德润建。明景泰中，里人王均泽重建。嘉靖初废。

沈周：山近不能登，芙蓉隔夜灯。胸惟藏磊块，诗欲写崚层。寄赏还客酒，为邻却羡僧。明朝如不去，步步与云升。

周恭：灌木环精舍，诸天佛日灵。无香不种火，有句漫留屏。檐卜天花白，棕榈鬼面青。虚空万声雨，人生酒初醒。

郑文康：水近招提也自幽，好山只作殿东头。天花香散庭阶雨，檐树凉生枕簟秋。野老辞家容入社，县官出郭爱停驺。梅花窗下僧灵澈，笑倒贪夫老未休。

圆明庵，在县东南五里，宋宝庆初朝散大夫陈振建。

法喜庵，在县西二十里，宋嘉熙二年僧普寿建。

大乘观音庵，在县西南二十里，元至正间僧普明建。

广福庵，在县西十五里，宋端平二年益禅师建。

已上城外，俱废。

海潮庵，在惠安乡之河村。初名潮音庵，明万历十五年玉林道人建为说法之所，地系邑人顾绍芾奉母孙孺人喜舍。精舍甫立，随即荒落。崇祯中，达初夔法师嗣主庵事，建置僧田，增修堂宇，终隐于此。其孙了参守之，平洋木和尚题曰"东皋"。

梦庵老人顾绍芾《海潮庵记》：万历丁亥，有玉林道人欲延法师讲经，苦其庐隘，因求我家东郊菜地，谋建精舍而延之。太夫人素信三宝，数于华藏作佛事。华藏古刹，即道人山巅居也，故舍为讲院，中更荒落。道人之徒一云者，慨然奋曰："前人创建不易，何忍鞠为茂草。"渐次葺治，[堂后]艺竹[数百竿，庭前]广植木奴。数年之后，蔚然深且秀也。大野临其前，娄江流其后，玉峰居其左，玉村植其右，[1]春阴正合，秋爽方新，尤可舒眺而忘忧焉。无何，一云物故，达初嗣之。此地二亩稍赢，昔为太夫人之所舍。余老矣，不可不疏其始末，以告后人。此产自崇祯丁丑后，竟归僧户，与余家无涉，识此为信，有如皦日。又住庵达初上人，自买庵下川字圩田五亩一分，置之常住，永为净众饘粥之需，并嘱余缀于贞珉之尾，以告其子孙，曰："此产与庵俱不朽物矣，为后人者，宜增扩之，不宜有他念。"[如悖违，霆不去，豽必入。崇祯丁丑孟冬，梦庵老人顾绍芾书，时年七十五。]

释洪恩《道经海潮庵》：人皆隆世誉，予独厌浮名。绿竹疏帆影，长杨拂橹声。临流通水郭，侧畔枕山城。避地无如此，枫林暂尔行。

莫是龙《过海潮精舍》：修竹长杨映碧川，坐来清昼永如年。虚堂市远人声断，小砌风微树影圆。笔砚更偿闲里债，茗堂聊借静中缘。落花啼鸟春如许，却诵新诗忆昔贤。

皇甫铁《过海潮庵访达大师》：万竿修竹法云间，一带疏篱曲水湾。愿以茂林为觉苑，肯从人境立名山。花飞讲席黄龙舞，草遍香台白马迁。趺坐石床临月影，客来不送楚桥间。

1　玉峰……右，朱笔改为"玉峰踞其右，浮屠植其左"。

程喜璲《访达初法师于海潮庵》：江月酣林水透霜，水晶禅院旧绳床。晓来僧起啼鸦散，佛面残灯飏紫光。黄叶清风瑟瑟班，宿云残月有无山。烟峦自是闲家具，施与林僧任往还。

一宿庵，在宾曦门外，明万历四十三年里人曹大铺等买地建。《内典》云："浮屠人不三宿桑下，示无住也。"名庵之义取此。僧性定住持，大铺等又捐赀，置北、比、东、西、冈、称、食等圩田一百一十亩零，以供饭僧放生之用。本府给帖，除办粮外，一应差徭俱免，俾接众不辍。天启初，诏修实录，知县王忠陛特将建庵始末纂册内，邑人廉使葛锡璠有《一宿碑记》。

镬隐庵，在宾曦门外玉柱塔北，二胜修禅师栖隐处。师本邑李氏之子，弃儒为僧，得法于牧云禅师。后入闽，命其徒尊古守之，入闽七年而化去。其友葛芝撰《镬隐庵记》，比之生公之虎丘、道林之支硎云。

选佛场，在宾曦门外玉虹桥南。本陈氏废园，老屋三楹，风雨不撤。顺治中，性空臻禅师驻锡于此，命名"选佛场"，云间御史王广心施佛像。自是驻防苏州固山大李录、苏松水师总兵张大治等，相继助缘。初建东禅堂，次建大殿及西禅堂，又次建韦驮殿东西两翼小楼，最后建大悲阁，太仓王时敏书匾。邑之张立廉更募置田五十亩零，为永远接众之资。邑之新创梵宇，惟此最钜。

玉柱塔，在宾曦门外，旧有望江庵。[僧本源开山。]明万历十一年[1]，僧本源募建[2]。时台使、郡邑之长，及通邑巨室皆有助，而中丞李同芳为领袖，越十有五载[3]而告成，后渐圮。万历四十七年正月上浣，雷电旋绕，火照[4]三昼夜不绝，识者谓天意欲更新之。僧无闻仍请同芳撰疏募修。崇祯二年，僧寂然再修。又复四十余年，风雨飘摇，岌岌乎有不支之势，修葺之功，是所望于今之长者。

安禅庵，在丽泽门外驷马桥北，明崇祯十年，邑中大姓助赀建。当时有老僧安然者，立愿创庵，接待禅侣，久之竟如其志。[景德寺僧宏坦董其事。]迄今垂四十年，中经兵燹，接众不辍，邑人礼部尚书顾锡畴记。

法雨庵，在丽泽门外水次仓北。[旧为参政马玉麟鹦适园，后归其女夫徐永芳。]顺治年间，邑人姓[5]徐氏舍园建。[僧法志开山。]

已上城外，新建。

---

1 十一年，朱笔改为"九年"。

2 僧本源募建，旁有朱批"与塔同时"。

3 十有五载，朱笔改为"七载"。此处有批注："据张大复碑记，经始于万历九年冬十一月，凡七年告成。"

4 火照，朱笔删去。

5 邑人姓，朱笔删去。

清真观，在县治西北一里会仙桥东，即宋放生池也。乾道七年，道士翟守真自天台来，止此，见池水澄泓，池旁地脉从马鞍蜿蜒而集，遂募缘鸠工，创立真武殿。又适得民家樟木一段，锯出，俨具圣形，备披发握剑之相，遂装绘供奉。淳熙元年，增置三清殿及两庑山门，是岁敕赐"清真观"匾额。初移常熟县清真观废额改置，赐额之后，清真观之名遂定。嘉定四年，知观马拱辰建昊天阁，朝奉郎陈振记。元大德壬寅毁。延祐中，知观钱益谦重建，承事郎杨维桢记。明洪武二十年，清理道教为正一丛林。永乐二年，高真及两庑并为大风雨所圮。六年，道会张宗源重建，又于放生池东建玉皇阁。宣德四年正月后为风雨所圮，七年主观徐善渊重建。嘉靖二十年毁，惟高真殿独存，后邑人方凤等复助建玉皇殿。万历辛亥，道会黄应魁等重修。其殿前露台，则天启中邑民朱忆楼垒筑。内有竹州馆，为一观之胜，其建置年月无所考。明初已废，正德中杨炼师重建。

宋仁宗《御书放生池碑》：朕惟诞节放生祝寿，乃臣子忠爱。赐宴食品，自有仪式。如闻州、军、县、镇，缘此广务烹宰，殊失好生之义。今宜戒敕，不得多杀物命，一如景祐三年诏书，务令遵守，仍于所在放生池刻石。

县令项公泽《跋御书放生池碑》：臣恭惟仁宗皇帝泽润四海，仁及群生，乃以景祐三年十一月己亥朔，诏天下乾元节宴设，量事烹炮，毋得过杀物命。皇乎休哉！好生大德，不遗微小，所以寿吾宋于万年之脉者，在是也。于时中外之臣靖共岂弟，推广上意，若民若物，涵濡恺泽于有生之内。肆惟皇上遵守家法，亲洒宸翰，俾诞节设宴，一遵景祐三年诏书。大哉王言，上以续仁祖生生之泽，下以遂万有生生之性。臣尝管窥蠡测，窃谓圣德之妙，溥博无私，仁民而爱物，皆此一念充之。皇上昔以训廉、谨刑二铭董正吏治，兹仁民之本源也。今戒烹宰，仍于所在放生池刻石，其爱物之著见乎。臣承恩试邑，禽奉德音，敬摹勒于清真观放生之所。昭回之光，焜耀百里，云飞川泳，同跻寿域，臣敢不对扬休命，奉行宽大，讵容徒使恩及禽兽，而功不至百姓，有负于圣天子一视同仁之盛心乎？庸敢推明圣心，并载于下方。淳祐十年正月望日跋。

陈振《清真观建昊天阁记》：昆山，古娄县，梁天监分置信义，至大同又分信义置昆山。按图志：晋陆氏之先葬于此山，后机、云兄弟以文鸣，时人以比"玉出昆冈"，故号曰昆，梁因以名县。及唐天宝，割昆山、嘉兴、海盐地置华亭县，山随以[徙]，昆山名县[固存]。今县西北有山，阶升级拾，游观所萃，盖自是马鞍山，而昆山之山，正占籍华亭云。循县西行一里许，少折而东，得道家者聚庐，曰清真观。观有阁杰出，曰昊天阁，嘉定四年正月知观事马拱辰、副刘道暎所建也。其广六寻，其深四寻，其崇六寻有二尺。凡阁之材用，木以章计者一千四百九十有三，竹以竿计者五百八十有六，苇以束计者四百有四十，甓之数万五千三百有二十，瓦之数七万有五千，工之数二千二百八十有四，合凡他费，为缗钱一万有奇。饰以金朱，绘以黄绿，上帝处中，被服衮龙，仙官绅履，左右翼卫，嵌空为台，三面扶阑。振尝夜醮真上，月星低垂，天地收籁，步虚清越，佩声和锵，是心油油，以敬以肃。阁之建，顾不足妥灵隤祉欤？观为放生池，振儿时间一至，小亭孤立，度以浮梁。乾道七年，道士翟守真来自天台，睨县家四维，欠薰崇香火地，始丐诸官，[劝]躬经理，十[有]五六就绪。淳熙初元，外大父左史李公帅寓公士民状瞿君有操行，迁常熟，县故道观额榜曰"清真"，而推瞿君主之。当是时，先君尚无恙也。阅三十一年而马君嗣，又九年刘君嗣。至是栋宇之制，[盖]十备八九[矣]，而阁尤高明壮丽者也。噫！佛老氏行乎中国久矣，佛氏设为天堂、地狱，祸福感召，[以阖张人心，]人怵其说，骈首畏慕。老氏学长生不死，而神仙得道之士，蝉蜕埃壒，影响不接于人，故今之名[刹宝]坊，所在棋布，辇金输粟，实繁有徒。至于闲馆真祠，寥寥郡县，斧斤舂筑，或旷岁月不一闻，由此观之，鸠工集事，二氏之难易较然矣。清真自瞿距刘，用力三世，而外大父而下若先君，无虑廿有八人，指计微一存者，独往来达道，岿然寿宫，不曰难乎。振于是有感焉，则又曰："虽然，绩底于勤圮于益，志植于强肆于安。刘君乎能念前人所以寿，其后者乎朝修有所翻阅，有经祝皇之寿，酬施者之勋，考击钟鼓，弗渝少分，若是则厥未成者，将不日而成之，况其已成者乎？苟或不然，食饱而衣鲜，暑簟而寒毡，忘厥由来，以嬉以恬，若是，则虽已成者，惧弗坚且久也，况其未成者乎？君请择于斯二者。"刘君矍然敛衽，曰："旨哉！而今而后，道暎所不命其徒相与致夙夜以从事斯语者，有如阁。"嘉定八年九月己巳立。

元杨维桢《昆山清真观碑》：吾昆山清真观者，宋放生池[之所]也。乾道七年，赐紫道士天台瞿守真住其所，守真斥[大]之，建堂皇其中，塑位玄武像，上以祝厘一人，下以为五方民荣禬，得常熟县清真观梁普通时废额，观因以名。越二十年，观营造十八，相其力者嗣师马拱辰、刘道暎也。大德壬寅，昆自阳侯之变，灾及观。越四年，知观事钱益谦更建三清、玉皇殿阁，及治亭、池、廊、庑之属，登吕仙人所书扁额无恙。益谦之孙曰日升继成之，创置[者]方丈之室，灵星之阁，修者太乙、二圣、梓潼、祠山之祠，石梁山门，无不完整。[丛房复室，云被雾隐，灵旒神塑，龙委蛟柱。]襟以海峰之孤峻，带以水木之静深，实为仙灵之所都，而吴支邑之所无也。大人长者，输金及土田相之，产且有籍，而徒且有养矣。今年，日升持观之图，介予友袁华拜维桢当湖之上，曰："清真自瞿开山，距今凡二十有五传矣，乍兴乍废，迄获全盛，历凡三百有余年，而纪载之笔，未有所托，幸得子之文章书之坚珉，副在典册，以贻吾后[之]人于无穷也。"维桢稽放生之说，出于流水长者，老氏之流以之推上帝好生之德，亦仁施一事也。今日升之徒嗣法于瞿者，又以禬禳秘策，致时休祥，弭物札丧，非广是仁者欤？[世之谈老子法者，类以齐彭殇，一死生，又谓搥提仁义，可乎？于乎清真为放生，推仁生成，化育与天地同，宜其寝庙门观，为昊天上帝像设之崇者，不为僭也。][然]事关国典，适遇其人以兴，又适藉其人以盛，嗣法如日升之徒，益有以大神休奉祀典，是不可以不书也。[异日邀命，颁上所赐玺书，护宗门以示龙光，于汝前闻人未晚也。]日升字景明，吴之士族，益谦其从父也，秋阳老人其自号云。余既为书颠末，复缀以诗。诗曰：气母一兮天之根，窈冥冥兮清为门。一生水兮玄武神，神之亚兮昊天之仁。仁之生兮万物始，流风霆兮澍雨水。泛布濩兮无方，心周流兮四被。放生兮洲池，曰流水兮慈且悲。体不杀兮神武，开三纲兮祝之。成庙兮奕奕，俨宸居兮南面。以翼斡阴阳兮翕辟，川岳就理兮三辰顺则。五种大有兮人康食眠，飞潜泳止兮四海其渊。惟神司北兮相我后元，长历服兮于千万年。

明黄云《重建竹洲馆记》：昆山清真观，在前代住观者多高道，而名人多所游历。旧有竹洲馆，古昔不见于纪录，故莫考其何人建置而名不章。至正辛丑，会稽杨公廉夫为其侄子曰性者二母寿，见其先世命牒故物书于清真竹洲馆，由是知馆名竹洲者，观之胜处也。意其废在洪武初年，百五十年矣。顾起元藏其遗墨而以惠余，性有文不传。婿梁氏有二子，梁氏世宦家，询其后，亦洪武末徙辽东，是遗墨者无所于属焉。正德八年春二月，携似今住持杨炼师曰："杨公假馆书此，其形虽化，其神固存，宜复馆之旧，俟其神之游、灵之栖乎。师非性之族，而姓所同也，千载之上，安知其非同所出乎？此纸不当他属，留为馆之镇，以补观之故事。"师曰："洲不改，竹可种，馆之重建何有？"移一寒暑而馆成，文徵明篆题之。但种竹未茂而盈数起，元传神置，象满鲁缟，歌《卫风·淇澳》以为乐，推余作馆记。或以地非洲之所宜名，竹非洲之所宜种，今观之基，乃宋放生池之所，水遍南北，环东西，望之若居于洲者，然地宜名乎洲，洲宜种乎竹，竹在洲上，又与水宜于竹洲乎。馆下临池，水增奇胜，于人间亦奚不宜哉？若时之变而阴晴，人之交而往来，物之动而飞泳，又无一之不宜也，矧竹之清虚，于师之所谓道者，不以之领悟哉。此达人大观所以识天地此生之浮，见古今同尽之实，超然物表，视馆之昔成而毁，今毁而成，付之茫茫大化，万有起灭，曷常为形拘而迹滞耶？有抱王子猷之癖者，径造借着而不问主人，慎毋厌绝以昭玄度，则逸趣协沧洲，几乎仙矣。余志存乎经世而不试，欲用万青，简断尼父，获麟绝笔，究钺是非，成一家言，藏之馆中，以诏来裔，愿勿辞蕢伐，铁史在白云乡有知，当骑苍龙，驾赤虬，重游以追往躅，必以予为旷世而相感，深得此心之同然者。馆名因杨之文而著，故馆复而记，必本于杨之事。玉山不坏，竹洲斯固，真迹永存，鬼神守护，雷电安得下取，贵要安得豪夺哉？凡附于馆而得书者，予知其滋不朽矣。

俞允文《清真观访李明不遇》：竹里过仙馆，真游想玉台。近人青霭散，骇涧白云来。暗草含苔长，幽花冒雨开。高踪渺难值，松径屡徘徊。

柴奇《清真观灾》：十日不出门，顽阴复四野。当昼驰市人，北面骇奔马。呼童出问讯，云是[烂额]者。清真会仙坛，郁[攸]鼓烈冶。东风更助虐，须臾地尽赭。忆昔家食时，旅寓蔽松槚。竹洲集同游，书卷消长夏。忽忽五十年，恋恋情不舍。铁史留志文，蒲江托诗社。虹飞放生池，榜揭吕仙写。而我梦仙童，飘飘乘鹤下。地灵仙迹存，境静市喧寡。云胡烈焰中，天瓢[客]倾泻。竹洲莫留题，羽篸旷祝嘏。以兹变与灾，天心安可妸。

张宪臣：乘秋常叩白云关，此日仍依太乙坛。山色入帘[浮]紫翠，风声隔户响琅玕。台空细把金茎润，烟冷[频]将石髓餐。未有神仙留秘诀，漫随方外觅金丹。

柴奇：放生池上月华圆，一派秋声直树巅。闪闪梵灯明远岫，依依[渔]火散平川。海天澄廓奔鲸吼，风露苍茫驾鹤还。闭户斋心浑未得，焚香[重诵]悟真篇。

赵彦端《与诸公会饮昆山放生池亭》：初疑山遥遥，不知日车永。杖藜起衰病，适此氛翳屏。北山喜觌面，倒屣客不领。欢[然]呼断桥，快把风柳影。扁舟载幽具，一面纳倒景。荷香已坐足，不待花破颖。潜鱼出银刀，盈月上金饼。琴闲得新弄，棋醉有新警。长笛者谁与，喧静同一境。行歌带亦适，还坐烛初耿。吾曹困重阴，湿处混蛙黾。忽逢天宇宽，况此星斗冷。酒为何翔倾，大胜汲寒井。诗成西园句,浩若转修绠。君[看]万象色,回首森巳暝。吾观岂异兹,瓶罂[勿]三请。

卢蒲江:面面清池阔,层层翠树稠。短蒲荷与嫩,狭径竹能幽。听屐鸟飞起,敲窗鱼出游。城中[那]有此,一到一迟留。

秦约:碧水池头秋水深,芙蕖万柄翠生阴。玄田种子俱成玉,琪树开花巳满林。道士步虚苍玉佩,仙人吹笛水龙吟。西台风雨清无梦,隔竹声闻捣药禽。

杨维桢:放生池上晚披襟,五月凉风草树阴。玉井水寒船作藕,葛陂雨过杖成林。双双并命烟中下,瑟瑟蜒蜓夜半吟。道人当昼洗砚石,自临青李与来禽。

郭翼:放生池上应五月,烂熳花开坐夜长。月出金盘擎露影,天高玉井散清香。云边小淑瀛洲近,镜里微波太液洁。准拟王乔借飞舄,仙游从此恣翱翔。

偶桓:殿阁峨峨转夕晖,放生池上客来稀。应知羽士登真去,独见山童汲涧归。云冷松巢空鹤氅,雨荒丹灶长苔衣。野人素有烟霞癖,欲向玄关共息机。

蔡仍:放生池上开轩坐,节气如春属仲冬。阁近波光迎翡翠,山连云气浴芙蓉。仙坛野鹤来巢子,石洞长松欲化龙。剪烛赋诗清不寐,又听玄馆送晨钟。

陈秀氏:清真观里放生池,想见芙蕖覆水时。龙女踏云翻锦段,故人错翠织风漪。香涵水槛三更月,露洗斋宫五色芝。惆怅来游众芳歇,江山摇动为题诗。

祝允明:疑真疑幻海中洲,只恐人间无此[丘]。殿影四垂浮碧沚,钟声十里出丹楼。仙人示像书仍在,道士无鹅[字]少求。圣境今宵为旅客,幸[来]何事不微留。

吴瑞:红楼紫殿郁参差,虹驾飞桥欲度疑。字剩仙姿玉皇阁,水流余响放生池。天文悬象光冲斗,地气钟灵秀产芝。千树碧桃开未尽,洞中谁把凤箫吹。

周伦《清真观水阁》:旧游三十载,每忆观门西。水阁今重到,花源路不迷。壁诗悬榜右,坛树拂云齐。别院调笙管,焚香要品题。

王世懋《题竹洲馆》:朱宫碧宇昼阴阴,竹里泉声处处深。一自吹箫仙去后,至今风雨作龙吟。琅玕千尺斗峥嵘,碧岭斋宫近太清。此日子猷须啸咏,不妨还问主人名。

杨子器《送玄隐住持清真观》:仙珮珊珊下九天,归寻洞府旧桃源。青牛初驾天将曙,白鹤高飞日正暄。足跨蓬瀛三万里,口谈道德五千言。拜章先见明春榜,还报昆山出状元。

徐申《送存真子南还》:荏苒风光二十年,此心常为白云悬。遥知野鹤依丹灶,拟渡飞虹访洞仙。春水北来瞻日月,名山南去任风烟。乘闲好写参同契,他日相逢共讨玄。

[清真观雷殿,宋孝宗乾道七年建,至大清乾隆二十一年,共历五百九十五年。太乙殿道士孙鼎复捐募修造。]

玉山道院,在城隍庙左,右即清真观,分派于此。

已上城内,俱存。

月华道院,在卜山下,宋熙宁五年道人陈正真创建。咸淳间,邑民王礼撤而新之,以奉真武，请于礼部，名玉虚道院，内供吏部陈澹轩像，又立北斗、梓潼、魁星祠于其中，后又改名月华。

真圣道院，在县治西，宋咸淳二年建，元至正间，里人［黄］本初重修。

以上城内俱废。

西乾道院，在马鞍山阴，顺治中辟谷道人吕毖流寓在昆，爱此乡风土，昆人士亦敬爱之，相与捐赀，构得园一区，式剪荆榛，大立玄馆，为道人礼斗修炼之地，工未竣而道人羽化。［吕毖羽化在木渎梓庵，肉身尚存。］五十三代天师张洪任觐还，适驻苏州，是锡西乾为额，时顺治十八年也。后三年复至，给札道士，设立住持。康熙七年列名报部。

已上城内，新建。

真如观，在县南四十里石浦镇，宋庆元间宋颖建。明永乐十四年，里人唐道胜重建。弘治三年，知县杨子器创祠于内，以祀卫文节泾、叶文庄盛、张筱庵和，名三贤祠。

鹿城道院，在［丽泽门外］社稷坛东。明成化中道会陈永中退居之所，知县杨子器匾其堂曰"城市山林"，即今官厅。

洞明道院，在县东南六十里沔川乡，宋景定四年建。元至元元年里人金士瞻修。

玄元道院，在十三保，元至正辛卯道士周道甫建。

明真道院，在三十保兵墟村。［今废。］

已上城外，俱存。

灵应普照观，在县东北一里。宋嘉定二年，邑进士翁谦凿地得石函，中有青圭，因建道院。宋宁宗御书观额，又书止堂匾，赐主者易如刚。

崇真观，在巴城。［现存。］

琼真女冠观，在巴城。

广福道院，在县西南。宋乾道八年里人陈昱建。

修真道院，在泗桥镇。宋咸淳八年建，元至元壬申，道士钱日升重建。

延祐道院，在县南，宋延祐甲寅周天从建。

朝真道院，在县南张潭村，宋庆元间里人陈氏建。

玄真崇福道院，在泗桥，宋延祐甲寅吴贵谦建。

迎真道院，在吴淞江南，地名唐村。明成化二年，道士刘应玄建。

已上城外，俱废。

卷十一

冢　墓

封树之制，所从来尚矣。文王泽及枯骨，凡兹累累而托于土者，皆无可或蔑也，矧名贤之兆，其敢忽诸？若夫季武子寝成，社氏之葬，在西阶之下，《书》《传》纪焉，胡独后代也。故《周礼》有墓大夫之职，掌凡邦之墓域而为之图。而累朝历申樵牧之禁，前人雅志吊古，有遇残碑断石，必为之洗剔，模读而谨护，其藏于勿坏者。昆邑饶灵杰马鬣之封，郁然在望，择其有关风纪者著于篇，或遗迹仅存，深人感怆，亦并识之。

巴王墓，在三保巴城村。旧有巴王庙，凌《志》云："农人于庙下垦土得断碑，云彭府君墓，在巴王墓南。由是知庙下有墓。但巴王彭府君，莫知其详。"

唐溧阳令陆元感墓，据旧志云："神龙三年卒，葬昆山。右拾遗靳翰志。"

黄番绰墓，在县西北绰墩村。《中吴纪闻》云："唐伶人黄番绰葬此。其里人至今能作三反语。"明高启《咏黄番绰墓诗》：淳于曾解救齐城，优孟能令念楚卿。嗟尔只教天子笑，不言忧在禄儿兵。郑文康《分得黄番绰墓送客》：天宝年中一老伶，孤坟三尺旧题名。沉香亭畔曾供奉，太液池边得从行。蜀道马骓尘滚滚，梨园人散草盈盈。置君夜雨淋铃曲，三叠阳关自有情。

按：番绰一伶人，其遗垄何足道？然逞其妖艳，至使太平天子一旦蒙尘，播迁于万里之外，此亦万世之鉴也。且能化村氓为三反语，易世不更，所谓王豹处淇而河西善讴，绵驹处高唐而齐右善歌者非耶？末技之移人如此，可胜太息！

姚仙客妻张夫人墓，在马鞍山北凤凰石下。明天顺中，棠邑训导陈谏将葬其父，金溪知县助凿山，得砖志，曰："夫人，京兆人。值安史乱离，宗族崩丧。夫人幼岁避地江南，祖考名爵无得而称，爰及不惑，归于姚氏。贞元七年十一月二十八日终于私家，春秋六十有六，以十二月二十八日葬于马鞍山北原。子长曰清，次曰昕。"后有铭十二句，皆四言，不书撰人姓名，中有"天不祐善，落我舜华"，疑仙客自撰。谏为文祭而掩之，避三尺为穴兆，郑文康极称之。

卜将军墓，在西鹿城卜山下。尝有人得断碑，略云：府君姓卜名珍，字文超，西河人。生伟异，有大志。敬宗时，纪纲顿委，藩镇骚然，将军奋孤忠，雄勋盛烈，为世所重。宝历元年终,葬于西鹿城卜山,礼也。《铭》曰:森森古柏,宛转龙岗。孤云垂盖,日月悬光。千秋万古,呜呼夜长。

秘书郎姜府君墓,在姜里村凤凰墩下。明嘉靖中,村人赵宗谅取土墩下,得墓石一方,其略曰:府君姓姜氏,讳希业,字可大,吴中人也。先祖辙,唐中宗朝封扶阳郡王。父某,守虞城县。府君即虞城长子,仕吴越为观察巡官,以秘书省校书郎致仕。宋乾德六年正月十六日,卒于姜里村之私第。岁己巳季春,窆于祖宅西凤凰墩北云。

宋高平郁祚墓,在积善乡土山南。今高平桥西。郁在宋为昆故家,与开封之郑、濮阳之张、陈留之边并称。迨元季播迁,即子孙亦不知先世墓域之所在。明正统中,邑文学吴芳庭实家畦菜,得故冢志石,见题云"高平郁氏之墓",乃宋政和六年葬郁祚者,墓志铭俱存,系祚族弟承议郎师醇撰,与谱合,由是墓归郁氏。叶文庄公《水东日记》、陆文量《菽园杂记》并载此事甚详。又得太仓郁禾《家乘》所载《义庄范从文复墓序》,益知郁之为望族审矣。明范从[文]《复墓序》略曰:高平郁氏有讳圆者,任唐太子校书郎,随其子为平江推官,遂家焉。至讳祚者始徙昆山。没,葬积善乡土山之南,子孙蕃昌,遂为巨族。其间登进士为名宦者,世济休美,奕叶深远。邑志家乘,可谓大备,子孙祔葬,其冢累累。逮元季,有迁海虞之南沙者,有迁海滨之茜泾者,丧乱频仍,蒸尝拜扫,旷焉疏[1]阔,几六十七稔。谱牒虽具,兆域无征,为其后者物色而不可得。白云之感,未尝不形诸梦寐。正统四年春,有得其志墓之石者,考其向葬岁月,乃泝宋政和四年,迄今三百余祀,实为南沙派,即沙溪郁震十三世祖墓也。震闻之,惕然恐,凄然悲,即偕其弟巽迁居,令尚宾率子姓躬诣墓所,具牲醴拜奠。于是崇其封植,缭以周垣,表出入之路,固扃钥而致谨焉。因合里族故旧,宴享其侧,尽欢而后已。呜呼!三百年之墓,享绝而复,续得贤子孙重为封植。苟非积德累仁,何以致之?为子若孙者,能体前人之志,守而弗替,虽历千载,吾知其岁治而不之变也。

司农丞郏亶墓,在今太仓州大北门内。

文恭公王绹墓,在金潼桥南白马泾北。

侍御史王葆墓,在县东南新漕里,内阁直学士张震撰志铭。顺治中有狂生邻墓,密盗圹中物,王氏裔孙共鸣于官,因大加修治,申禁樵牧。元吕昭《咏王御史墓诗》:有宋建皇极,汴京郁嵯峨。仁化浃遐迩,林林英杰多。昆山虽僻左,士风粹而和。明经擢高第,踵接肩相摩。御史乡先生,学术正不颇。立传究终始,备论订舛讹。粤在宣和间,袞然中巍科。初主丽水簿[2],言事何委佗。说书辅春坊,执法居谏坡。从容答时相,直气凌太阿。范公在馆下,诘责加切磋。卒为廊庙器,词源浩江河。高第沙随程,入室非操戈。《宋史》书列传,文毅谥弗磨。世变陵谷迁,百年无几何。城南

---

1 疏,底本讹作"竦",据国图本改。

2 簿,底本讹作"薄",据国图本改。

新漕里，荆榛埋铜驼。景行世仰止，高风激颓波。门墙既有限，樵牧安敢过。再拜重兴感，临风动悲歌。荒苔封断碣，太息为摩挲。　明殷奎诗：御史《春秋》学，脱略专门陋。见诸行事间，大用亦未究。气直沮权相，忧深旷储副。复墓非为眩，所思在耆旧。

孝子周津墓，在小虞浦杨巷村。

侍御史李衡墓，在县东南圆明村。元至正中墓已废，知州偰傒斯葺之。后复废。明弘治中，江西布政使项璁墓在其后，其子共辰以先贤体魄所藏，村氓不识，樵牧无限，特为封树立石，大书以表之，丹岩先生黄云撰碑阴记。崇祯中，知县万曰吉复表之。殷奎诗：李公读《论语》，探道悟幽微。政推守令最，名重谏诤司。生平性跌荡，之死气不衰。表树限樵牧，善政故在兹。　袁华：散步城南门，始得圆明里。冢上木已拱，泉下者谁氏。披榛踏宿草，羡门半貏豸。勋阀表于石，云是侍御史。方行敦古学，名衡其姓李。世家本江都，娶妇居娄浍。射策明光殿，看花长安市。出宰施善教，矧肯猛政理。至今松陵月，清光照江水。拜命登霜台，白简冠獬荐。上言论奸佞，手将逆鳞批。势障狂澜回，屹立中流砥。五贤一不肖，赋咏光传记。挂冠归乐庵，著述惜寸晷。硕学邃《易经》，集传发微旨。岂惟淑后进，千古垂范轨。九原不可作，清泪何潹潹。乡里众富儿，厚葬从奢侈。黄肠题辏密，券台文绣被。可怜土不干，荒烟横断北。后世仰高躅，庶激俗靡靡。复墓限樵牧，何异于朱子。　郑文康：乐庵江都人，来作昆山客。布衣三十余，言行皆道德。王公双眼如镜明，一见遂识人中英。即令女弟侍巾帨，不久竟成天下名。州县屡迁官，台阁荐膴职。甘心民事恤饥寒，苦口君身论阙失。一朝谢病解朝簪，托身便筑圆明庵。自言腊月三十日，散场似与禅和参。哀哉！三百年荒丘久无主，猛欲问梅花，梅花寂无语。於乎！白石烂，沧海枯，先生之名不可磨，先生之名不可磨！　郭外东南隅，行行仅六里，土地颇高肥，泉流亦甘美。昔人爱此民风和，王公薤露时来歌。谁知兴废眼前事，旧坟渐少新坟多。杨生一乡彦，考磐在空谷。官田时趁雨中耕，父书夜向灯前读。乐庵之墓屋东头，人物吾邦第一流。杨生怀贤悯芜秽，有时岁事来恭修。斯文在斯人，斯人不可作。我欲荐梅花，梅花已零落。於乎！三尺法，天下知，先生之封谁敢夷，先生之封谁敢夷！　方凤：麦饭殷勤为洒坟，千年一脉重斯文。道存匡济堪华国，身在江湖亦致君。燕蹴残花春寂寂，潮回极浦水汪汪。纸灰飞尽人归去，片片轻风挂落晖。　朱夏：石版深藏秘阁翁，孤坟谁伴夕阳中。性愚牧子来为主，无数牛羊下笛风。

陈墓，在县五保湖水中，当锦溪之口，有墩。相传宋嘉泰中，孝宗妃陈氏葬此，构莲池院。郡人文徵明《陈妃水冢诗》：谁见金凫水底坟，空怀香玉闭佳人。君王情爱随流水，赢得寒溪尚姓陈。

龙洲先生刘过墓，在马鞍山东。宋嘉定五年，县令潘友文、主簿赵希懋葬之于此，并立祠。后祠与墓皆废。元至正间，知州偰傒斯、费复初相继表焉。明弘治中，知县杨子器重加封表，尝赋《满庭芳》一阕刻于壁，一时士大夫争为诗纪其事。时适有龙泉教谕刘祐会试来昆，谒龙洲祖墓，黄云赠之以诗。上蔡吕大中《宋诗人刘君墓碑》：诗能穷人，尚矣。

有生而穷者，有死而穷者。借车载家，蹇驴破帽，此生而穷也。耒阳荒土，采石孤坟，此死而穷也。龙洲刘先生讳过，字改之。家徒壁立，无担石储，此所谓生而穷者；冢无岩隈，荒草延蔓，此所谓死而穷者。先生何穷之至是哉？然横用黄金，雄吞酒海，生虽穷而气不穷；诗满天下，身霸骚坛，死虽穷而名不穷。乃知先生之穷，异乎常人之穷也。往往至先生墓者，吊之诗，酬之酒，至于花时胜赏、宴酬之余，买豪杰之名而已，未有特叩禅关，芟夷荆棘，表先生坟者。吁！先生之骨岂终理没于空闲寂寞之滨也哉？予也读先生诗，慕先生名，于是以琴书易片石，为先生志。先生之坟，即东斋后也。今不立于墓侧，而立于东斋之岭涯者，以僧房多扃钥故耳，庶使江湖诗友知有诗人之墓在焉。嘉熙二年五月十五日，上蔡醒狂吕大中志。从而铭曰：芝兰之馨，梅花之清。先生之名，凛然如生。　　杨维桢《龙洲先生墓表》：先生名过，字改之，庐陵人。宋南渡后，以诗侠名湖海间。陈亮、陆游、辛弃疾，世称人豪，皆折气岸与之交。宰相周必大闻其人，欲客之门下，不就。故人潘友文宰昆山县，延致先生，先生雅志欲航海，因抵县宿留焉。先生卒，县主簿赵希懋以友文所购钱三十万买地马鞍山以葬，遂立祠东斋。久而墓与祠俱废。更一百四十余年，为至正十三年，州人顾瑛、秦约、卢熊等闻之州，州下其事，征诸图籍，正其厉域，表大石其上，题曰"宋龙洲先生刘公之墓"。越六年，寺僧立塔其所。今知州费复初令僧迁胳，复其墓，且表树焉。遣客殷奎谒予，求表墓辞。予昔往来娄间，屡询其遗墓弗得，今幸墓复，予何辞于言？或谓公一穷诗流耳，其诗又局于季宋陋习，仅如五季罗昭谏耳，何以表树后人哉？予曰："不然，取人以辞，不若以节。公尝抗疏光宗，请过宫，屡与时宰陈恢复方略，勇请用兵，谓中原可一战而取，奈不用去。正类昭谏力劝钱尚父以春秋讨贼之义，义士为之激泣，可以辞客少之乎！"吾以是复奎，使归告费侯，刻石为表。　　郭翼诗：岩岩马鞍山，下有龙洲坟。图经索灵迹，窈窕松岗原。昔人志其墓，字字思义言。文章固余事，耆硕尚能传。百年井邑改，故物或不存。鬼神为呵护，英灵岂终泯。东斋得故地，树石表高阡。青山亦汶观，蓬颗复欣欣。处士梅花祠，明白采石魂。仁贤宜有后，天道胡可论。中原望不极，临风耐松樽。黄鹤忽飞来，翘首西江云。　　王逢：阴崖鳖裙披，萧寺压其左。前无容马地，而公灵安妥。绰有高世风，荷锸誓埋我。恩恩献陵疏，泛泛岳阳舸。竹西旌佩间，为士非琐琐。我来竹吟久，顾影叹复坐。上下百年余，同遇时坎坷。疏岚冒川暝，归凫跕跕堕。愁焉上孤舟，星流乱渔火。　　苏大年：平生四海刘龙州，高卧百尺无龙楼。买酒载花游黄鹤，江山依旧风云愁。区区礼乐嗟南渡，江水奔流自东去。英雄潦倒竟何成，留得当年旧游处。墓头无石写征西，墓中无金狐夜啼。迷人荆棘不见路，伤心禾黍秋凄凄。浮云梦境翻今古，子孙散落归何所。有酒如渑醉世人，一滴谁浇坟上土。斯文契谊千载同，驱除樵牧封玄宫。苍苔松骨亦解语，何以报德酬诸公。梨花寒食东风晓，野烟苍莽迷芳草。行人来往读残碑，仰天共叹英雄老。君不见五陵无树起秋风，消沉万古夕阳红。何如马鞍山边一尺墓，多谢诸公肯垂顾。　　陈谦：马鞍之山玉为岗，枯松树下谁家郎。龙州雷电卯金种，随地星斗争光芒。生来读书目数行，弃金如土惟空囊。妻儿啼饥不暇省，烽火日夜忧边疆。丈夫有气吞余子，悲歌慷慨长安市。满眼寒芜单父台，仿佛曾从高与李。扣阍上书动天听，肯为和亲受驱使。功名自许还自笑，依然槁项怀才死。尔来一百四十年，无人洒饭东冈阡。却凭才子扫铭碣,为向吴侬索墓田。刘郎刘郎不易得,剪纸招魂一凄恻。开禧到今今若何,处处张旗收盗贼。化鹤归来应有言,落花何许是家园。枭鸣虎斗风尘静,怪底空名百世存。　郑元祐:宋渡南如晋永嘉,屈辱更甚残栖鸦。贤才尽毙贼桧手,君相甘同鲁妇髽。孝皇悲愤痛莫雪,士逃窜诛能几家。翁也诸侯老宾客,有泪每落西风筇。南楼载酒桂花晚,经纶志在言非夸。且将南山抉虎穴,岂但东海刳鲸牙。长歌之悲过恸哭,况闻远雁来龙沙。林苏与白出处异,便欲呼起能无哗。醉乡生死忘今古,酒肉莤香鱼可叉。和亲自有祈请使,经天非无博望槎。瞠视乾坤谢轩冕,松骨深瘗山之涯。娄江东流深蕴玉,翁也墓此谁疵瑕。荒坟无人洒麦饭,废冢有树开梨花。荧荧鬼磷出松坞,想翁来游路匪赊。　潘纯:夷门王气横江来,秋风落尽梁宫槐。凤凰山头驻青盖,海门楼阁空中开。五国城荒雪如席,寒拥旌裘两宫泣。帛书不系雁南飞,衰草黄云淡无色。君臣自谓虞重华,不识何如司马家。凤笙龙管将进酒,玉兰羯鼓方催花。白头遗老空惆怅,铁锁长江幸无恙。狱中谁救岳将军,人间知有秦丞相。缙绅之士皆污颜,山林气压居庸关。那知义胆忠肝者,弗在貂蝉玉佩间。何人好事高千古,爱此淳风似邹鲁。咸阳寂寞汉诸陵,惭愧刘郎一抔土。　沈愚:玉山绝顶高崔嵬,西望不见姑苏台。青枫阴沉崖谷暝,绿水回绕川原开。云边遥闻天乐度,下方或讶仙人来。〔下方〕城郭在何许?蜂屯蚁阵飞黄埃。吾生未逢偃傥士,壮心空慕英雄才。龙洲先生祠宇下,断碑残冢理荒苔。临风把酒酬幽魄,长林落日猿声哀。　王越:昭王宫阙高崔嵬,求贤尚筑黄金台。此心为在雪遗耻,府库渐丰疆土开。当时宋都偶失守,渡江白马东南来。蕲王已老岳王死,谁能伏剑清气埃。先生何为重恢复,区区欲展经纶才。百年事往名未泯,殡宫暮雨生青苔。栖霞岭上更凄惨,白杨无主秋风哀。　曾蒙简:宋季妖祸甚马嵬,奸臣僭逾铜雀台。宗室分崩限南北,天地黯惨何由开。西江刘郎湖海客,提策叫排闾阖来。臣心直欲雪国耻,臣力可以祛边埃。奈何当时斥不用,徒俾后世称良才。玉山倥侗好奇士,追寻断碣摩苍苔。苍苔满眼白骨朽,一曲高歌千古哀。　朱夏:龙洲志节何巍巍,旅游曾过吴王台。可怜身世值离乱,飞尘障天昏不开。宗泽云亡岳飞死,谁率部曲勤王来。欲收功名效尺寸,献书字字无俗埃。奈何权奸主和议,渡江竟遗经济才。虺肩斗酒聊自适,老死岩壑埋荒苔。徘徊东冈古祠下,载酒企仰心含哀。　张銮:乾坤同涕泪,聊寄白云身。世事消黄土,风流傍古人。野声双涧雨,远火四山磷。寂寞残碑下,开花细草春。　凌万顷:曾随荐鹤上天阍,肯信兹山泣断魂。百岁光阴随酒尽,一生气概只诗存。冢倾平地藤萝合,碑倚空岩露雨昏。纵使纸灰那得到,落花寒食不开门。　秦约:龙州先生湖海士,矫矫高风绝代闻。持节去为金国使,封书曾感献陵君。筹边英略生前志,垂世文章死后勋。坏冢年来虽洒饮,愁看棘树锁寒云。　杨维桢:读君田日伏阙疏,唤起开禧无限愁。东江风雨一杯酒,大地山河百尺楼。龙川状元曾表怪,冷山使者忍包羞。白鹤飞来作人语,道人赤壁正横舟。　偶桓:远寻遗墓入烟林,几度临风感慨深。草暗颓垣春放犊,霜寒宰木但栖禽。清江载雨孤舟梦,异国登楼万里心。泉下刘郎呼不起,吟成哀句一沾襟。　吕诚:黄雀矶头风雨秋,中原一望使人愁。群臣谁决和亲议,九庙犹衔误国羞。慷慨鲁连宁入海,凄凉王粲重登楼。荒冈四尺先生墓,再拜酬之双玉舟。　顾鼎臣:风风雨雨渡江来,涕泪中原首重回。斗酒自宜怀楚璧,十金谁为筑燕台。

英雄气概名空在，零落衣冠事可哀。闻说令君追往躅，忍教祠墓总蒿莱。　　桑悦：牢落江湖剩此身，偏安世界寄清樽。忠言岂意君门达，高谊能消相府尊。春雨苍虬乘侠气，秋霜孤鹤吊诗魂。贤侯特起高山念，仁政潜薰枯骨温。　　黄云：远从蓟北向吴东，片玉山前邂逅逢。水接银洪江鸟白，日悬金饼海云红。微光允矣龙洲谱，怀祖观乎马鬣封。万壑千岸清宦况，看花得意候春风。　　郑文康：一篇醉渡浙江词，不是寻常句读师。空有故人三十万，等闲尽付酒家儿。　　杨子器《满庭芳》：世路崎岖，功名蹭蹬，天涯踪迹无聊。贫寒彻骨，犹幸有绨袍在。叵奈老苍情薄，风尘里困杀英豪。惆怅旅魂飞散，更楚些难招。　　悠悠千载，下有知己者，想象风骚。漫摩挲断碣，细认前朝庙貌。重新无复香火事，付与吾曹。从今后，大家照管，风雨莫飘飘。

　　莲峰先生易斗元墓，在马鞍山西麓。陈谔《题刘龙州易莲峰墓》：改之太初墓，相望玉峰南。同是庐陵客，皆年五十三。高风凌峭壁，清韵薄寒潭。回首幽冥路，双碑空翠岚。　　方鹏：肩舆冉冉度前峰，狭径回盘似蚁封。荒冢是非空想像，暮春童冠且雍容。诸孙远在先朝盛，知己多于后世逢。眼见中原未收复，至今余愤尚填胸。　　朱夏：咸淳进士号莲峰，一尉卑栖小县中。旧陇漫嗟新易主，诗书遗泽未应穷。

　　靖州通守江元墓，在县南二里须浦之西原。元衢州开化人，宋开禧乙丑射策丙科，积官至靖州通判，以浙中汪寇未靖，依母家葬此，后变为尼姑庵。明正统中，官夫筑义冢，误发其藏，好义者瘗为掩之。郑文康《吊江公墓诗》：昆南城外二里许，一水遥遥是须浦。浦旁有地名墩头，原是前人一抔土。旧时土墩今已平，乡民尚唤墩头名。何年创作尼僧院，近日攻开长夜城。城中主翁愁见日，露出城门一方石。大书深刻数十行，爵里姓名明且白。世家云是衢州人，托体此邦依所亲。谁道历年才二百，桑田变海海扬尘。君不见南渡诸君何失德，山陵尽付杨家贼。三泉机弩亦徒然，读罢志文三太息。

　　文节公卫泾墓，在县东南石浦镇。叶文庄公《卫族考》文云：葬湖州之归安。沈鲁《祠堂碑》亦云。

　　隐士范良遂妻稽氏墓，在县东南车塘里。稽一作奚，乡人至今称奚家坟。

　　元靖彝先生顾权墓，在马鞍山北麓。权无子，知州偰侯斯、教授蔡基营葬，殷奎撰墓志。

　　处士傅翼墓，在马鞍山阴之中峰。殷奎撰墓志。翼尝手录孔孟书四帙，临殁，命子郪纳圹中。

　　蓝溪先生余与可墓，在城南。子渊默先生日强祔。与可本福建古田人，来昆山，尝后于李氏。日强幼尚姓李，既长，询知其世出，乃复余姓。常欲徒步归乡里省先世坟墓，不果。殷奎有行状。

　　征士朱玉墓，在马鞍山阴，殷奎撰墓志。

　　吉水州判官易伟墓，在马鞍山西。

雍逸处士殷庠墓,据杨维桢碣志称,至正二十二年九月庚申,吴郡殷奎葬其父雍逸处士之枢于昆山先茔之次,而不详何所,姑存之以待考。

迁善先生郭翼墓,在马鞍山北之中峰,元至正二十四年葬。

金粟道人顾仲瑛墓,在县西界溪。仲瑛生前自筑,名金粟堆,后卒于凤阳,赵宜讷为志。

温州路总管陈志学墓,在马鞍山文笔峰下,杨维桢撰墓志。

昆山州判官徐石麟墓,在张公庙南,卢熊撰墓志。石麟女嫁邑人朱给舍吉,朱氏子孙世世祭扫,至明末寝废,莫知墓所在。顺治初,朱之族有集球者,阅周《志》,乃诣城南遍求之,得一石于草中,上书"元昆山州判官徐公墓",遂约子孙祭扫如故。

明福建按察司副使费复初墓,在县东南鹅湾泾。复初在元时,曾为昆山州知州,有惠政,故葬此。

处士张伯英墓,在泖川乡萧墅之西原,洪武八年葬,汝阳袁华撰墓志。

尚书顾礼墓,在马鞍山西北麓。明正德中为奸氓窃据,筑土垒石,将自营葬。顾侍御潜闻之,白于县,时翁主簿确署视县章,顾方语及,翁遽曰:"昨梦有尚书延款甚殷,其顾公乎?"遂偕至墓所,果为奸氓所据,且窃葬矣。翁乃白府治罪,迁其窃葬者,仍发卒封筑如故。梦一甲士报尚书至,出迓,乃纶巾羽衣,肃揖言曰:"感君大力,谨谢。"人咸曰尚书之灵也。考有明开国,礼以翰林出身,罢而复出,历官户、刑二部尚书,其行实无所于稽,然身事英主,荐膺重任,其为人可知。顾侍御有记。方鹏《吊顾尚书墓诗》:断屿平坡野色分,行人遥指上卿坟。诸公燕集多谈古,皇祖龙飞即右文。八座勋名光里闬,百年封树绝来云。不堪歇马重回首,数点归鸦带夕曛。　　方凤:郊外风和春欲分,闲将鸡絮吊荒坟。百年事感郎官梦,三尺碑镌柱史文。寂寂箕裘悲逝水,茫茫功业逐浮云。眼前多少怀贤思,愁依长松看落曛。

通政朱均祥墓,在姜巷里南,高二丈,俗称朱墓墩。均祥,邑之四保人也。明洪武二十四年,以岁贡至京,适遇拣选人材,授通政司右参议。二十六年,闻弟犯极刑,马上惊坠而卒。事闻,赠右通政,赐衣冠殓葬。均祥死而为神,土人尝祀之。

孝子陆安墓,在荐严寺南二十步,妻烈妇钟氏同葬。万历甲辰,昆山教谕沈应奎制文祭之。崇祯中,为族人所售,坑坎堆阜,邑人诸永明等出金赎之。知县万曰吉表曰"节孝双修之墓"。邻人陆彦荪岁时瞻扫。

邵烈妇薛氏墓,在西溢渎村彭氏菜园内。沈周《复薛烈妇墓》:溢渎西浒,薛媄邵妇。邵吏坐法,逮人如虎。逮悦薛妖,佻语肆侮。死生依违,夫命悬汝。薛丑其语身雉经,誓不辱夫以死明。黄犀辟尘尘不生,白玉绝玷玷不成。鸣呼荒冢久欲平,后人立石题烈名。　　沈愚:马鞍山南溢渎西,凄凉孤冢临荒蹊。行人借问白头姥,云是东邻小吏妻。良人犯法因贪墨,京府差官受驱迫。瞥然见此花娉婷,辄起狂心势相逼。贞白之身岂可污,分甘苦乐随其夫。宁为天边失群雁,肯学水面双飞凫。

发愤捐躯自经死，烈烈英风有如此。叹息人间儿女曹，刚肠绝胜奇男子。百年过眼成匆匆，感今怀古情无穷。苍苔怨骨斜阳里，粉阁遗基蔓草中。圣朝褒恤谁曾举，青史芳名未收取。君不见从来埋没知几人，何独区区薛家女。　郑文康：城南溢渎旧时居，粉阁犹存地乙隅。狂物自雠三尺法，佳人兼丧万金躯。夕阳陵谷烟霞变，寒食荆榛雨露濡。使者观风无暇问，土中埋没夜明珠。

王烈妇陆氏墓，在西溢渎村，与邵烈妇墓同壤。

水节妇李氏墓，在马鞍山东北。张绅有《李节妇诗》。

敦厚王英墓，在马鞍山西原，儒学教谕王宏撰墓志。孙秀水教谕成宪墓相望。相传昔有紫藤高数仞，交接于二墓之上云。

太常卿黄子澄墓，在马鞍山阳，御史刘琏撰志铭。子彦修、彦辉祔，沈鲁撰志铭。万历初，裔孙黄熊与蒋乾俱以上冢酒醉相遇，争冢地，讼于县。县令申思科亲勘不能决，忽地中有声如雷，化青气直上，从西北去，又裂出一潭，见石志，乃洪熙元年刘侍御笔。令大惊，申报抚按。时适有诏访建文死事忠臣，遂具疏上闻，奉旨封表其墓，并立祠，命其裔一人主之。前是虽相传家在此，即子孙亦不详其处，至是乃审，寻命建祠于原籍分宜，移其一人往主之。刘琏《太常卿黄子澄[墓]志铭》：黄公讳湜，字子澄，上世楚相春申君歇，入楚，后世有孝子香，盛于江夏。香生琼，琼子殇而生琬，皆大贵。后十二世生由，贵于吴，益繁衍焉。高祖讳[某]，富甲湖湘，生铎，铎生瑞，赘于洞庭刘氏，生[公父讳以]则，封太常寺卿。至正壬辰正月望日，母沈氏生[公]于袁州，有先兆，著《乘桴录》载其详。每教公忠义，公孝谨，克遵父教。年十二，补分宜弟子员，以贡登洪武十八年进士第一。唱名时，五色云见，太祖高皇帝见公雅重光彩，问几岁，曰三十有四；问何年，不能对，乃更公第三，公益警敏，上命伴读东宫。至建文初，辅政言藩王权重，必为国患，在燕尤甚，豫宜削制。岁庚辰七月，李景隆偾事，恸哭乞诛之，终不听。国事日谬。于是奉密诏，率夫人许氏及四子珪、玉、润、泽，由洞庭微服至苏州，与知府姚善倡义勤王。善乃印造黄册，编公子籍昆山。珪为道士，更名玄微，守公谱籍。玉为里正，更名彦修，守公室家，约善同死国事。时岁壬午，江西族人罗织殆尽，购公益急。太仓武士汤华缚公诣南京，上将释用之，屡挫不屈，称殿下，左右呵之，曰："臣知殿下以兵力取富贵，不知殿下即宝位，若欲用臣，是不欲以纲常治天下乎？"上解颜曰："闻卿博学善书，不比方孝孺执迷见短，朕将悉赦若罪。"公曰："经史柔翰，治世所用，乱世将安用耶？况富贵瞬息，何足重轻。殿下向来悖谬，不可为训，恐子孙有效尤而起，无足怪者。"上变色曰："此天命有在，闻汝欲借兵以胜我，果有之乎？"曰："皇祖起义兵，定天下，殿下勇力冠世，托东北大藩，永卫王室，而反内嗤，若臣内攻，与殿下逆谋何异？"上曰："朕亦不以此罪汝，今以魏征、赵普不足学，则迂愚矣。"令引江西所录族人从子文福、富远辈六十五人，妻族外亲三百八十人齐至，哀号大恸。上讲曰："朕知汝心不为我用，当认何罪？"责书于纸，曰："湜本为先帝文臣不职，谏削藩权不早，以成此凶残，后嗣慎不足法。"上命截其手，曰："汝虽不入岛夷，足迹已至海上。"复命截其足。族人无大小，出江西者皆斩之，独彦修为昆山音语，充解送役，收骸骨，从江中夜归，藏焦山数年。会汉王高煦谋危宗社，上乃追思公言，削汉护卫，徙居安乐州。谓侍臣曰："卿等谋国，勿以黄子澄临刑为讳，今朕甚悔之。"于是路防稍弛可行，欲葬江阴君山黄歇墓侧，守墓者不容，历常熟，皆不可。至洪熙元年七月十二日，葬马鞍山阳。有子有墓，非人力也，天实司之。公被难时年五十三，天下冤之，今公论稍明，是应有铭，铭曰：天生忠臣，孝之力。天植纲常，死之力。天佑眷属，反之力。天护骸骨，子之力。死而不亡，君之力。百世芳风，山之力。藏铭于中，万年出。　沈鲁《处士黄彦修墓志铭》：处士讳玉，字彦修，本袁州世家，避难居吴县洞庭之西山，复徙昆山。大父讳以则，父讳湜。难作，以兄仲珪补入黄册。母许氏，父既葬，庐于墓，事母谨致力，日设盛馔，如待大宾，曰："此非所以养志为孝也，申吾图报之心耳。"抚二弟润、泽，友爱无间。润疾病，与同卧。后因润从父勤王不归，母念遗孙男女俱幼稚，为教养婚嫁，以慰母心。勤于自励，善治生而丰资，为人排难解纷如古义侠。太常卿黄子澄仕建文皇帝朝，以忠谏触时讳。永乐初，党捕甚急，或挟仇诬道士黄玄微购子澄书画，众惧，欲扶同结勘。时彦修应里正役，独持不可，言于法司官曰："玉与玄微交，知其不读书，岂识书画而党于黄卿耶？"法司官是其言，一时坐黄党被诬者皆得释。不知玄微即仲珪，彦修即仲玉，皆湜子也。后玄微官赞礼郎，终身讳之。尝买黄金，欲置酒器，友人夜叩门以急告，持以与之，不责其偿。所居临娄江，左架木为桥，曰"富春"，高可数仞，广不盈寻，岁久摧弊，过者竦栗，彦修先倾己帑，请于官以需，劝有物力者为助，撤故址而梵以石，高广倍之，至今利赖。正统中，秋冬霖潦为灾，有司申修故济农义仓之制，所在举公正者司之，邑民吏金曰："黄彦修性疏朗，雅不事干没，而棱棱有风气。"遂举以司之。凡积赋数十万，出纳惟公，不负所举。其好客有投辖之风，广堂坐客尝满，必待之丰腆，屠牛刲羊豕无虚月。若他所施与，乐而弗靳，所为义类，不能备举，飒飒乎誉闻吴越间。喜蓄古名画，遇赏识者，展阅取适。晚厌城市，去隐田舍，以逸其老。景泰二年辛未十二月丁亥，以疾终。洪武甲子四月壬辰为其生之日，享年六十有八。娶沈氏，女二，婿□敬、潘昂。继陈。侧室朱氏。男一，曰钢，娶沈氏。女一，尚幼。孙男一，曰嗣。越辛之又明年，癸酉二月壬寅，将葬马鞍山阳先人兆侧，钢衰经而请铭。呜呼！处士孝友行于家，好义滋善示法于人者，远可为激劝也，是宜铭。铭曰：制行可嘉，以仁则一。功利之及，惟久为德。昆峰之阳，终焉此藏。视履考祥，奕世其昌。　沈鲁《处士黄彦辉墓志铭》：彦辉卒于景泰七年五月十有二日，遭家多故，久不克葬。天顺六年始克葬，未暇彰幽潜于乐石以示远。成化十四年处士配张氏卒，将祔葬马鞍山先茔，其子钊等谓非勒言表彰，则日置晦顿而追思不忘者，虽切何补哉？乃命其子云述状，跪余户下，罗拜稽颡以乞铭。予尝铭其兄彦修矣，于彦辉奚辞哉？处士姓黄讳泽，字彦辉，其先自袁州徙洞庭，为黄家坞，及曾大父应瑞，元季赘刘氏，始占籍昆山焉。大父以则配沈氏，父湜贵而被难。兄曰仲珪，补黄册，母许氏，谬称顾氏以避难。彦辉幼孤，能自树立。时富人号观张曰瑛者，有女贤，方谨于择婿，里长老谓瑛曰："若女惟黄子可偶也。"遂赘焉。永乐初，张坐匿黄党罪，畏不往，幽以死。妻之母弟幼，其仲父琰贡入太学。彦辉为支持门户，赖以不坠，其自饬一以礼，事妻母如母，居常戚如，张之群从亦惮之如严师。诸姨或游于庭，闻其步履声，急避入，至堕簪珥。妻弟既长，授产析居。辞不受先业，以让伯兄。经营数十年始买田筑室，定居至和塘北，以便养也。与二兄笃友爱，夫妇敬，相待如宾，每危坐一室，家人辄相戒勿语笑，儿亦绝啼声。虽盛暑，男妇无裸袒者，见其家法肃整，以严为训，曰："赌博破家，嗜酒乱性。作吏坏心术，居近官司，则交关官吏，纳贿谋利，或干没官钱谷，得罪贻后患。子孙切戒！当务者耕读而已。"或奴婢有过，令勿加诟杖，曰："设其智识过人，宁为尔仆役乎？"举渊明人子善遇之说，尤谆谆焉。刚肠嫉恶，出门见恶人，归必愤愤。若有犯之者，须鬐奋张，怒形于色。里有败伦理者，斥绝之。乡人以事来质，侃侃为别白是非。尤崇信义，重然诺。然排解急难，衣食饥寒，棺葬死亡，岁尝有之。存心不欺人，人亦不欺。日市物，令售者自权轻重，众称长者。老而简于应世务，乘款段，蒻帽布袍，周行田野，课农圃。风日和美，冠古玉冠，支墨竹筇，憩息茂树，怡云濯泉，展簟偃仰，以消遣世虑。体貌修饬，好洁成僻，几必拭，衣必振，器必涤至再，日常食器亦不苟，靴履之微，置之必得所，所御经数年无垢弊。既疾病，诸子请祷，不许。女妇问安否，必俟立户外，力疾加衣巾，然后入见。逮属纩之夕，浩歌悲壮如平时。自洪武戊辰九月八日生，享年六十有九。子男三，镛先卒，鉴娶金氏，钊娶朱氏。女一，适孙源。孙男三，云娶习氏，继徐氏；霁娶许氏；霖幼。女三，适周溥、唐棣、秦鉴。呜呼！处士起幼孤，未尝学问，考其终身之行敬慎，无间于幽显变故之际，又脱然于死生，类古之知道者，此固足以考世德之懿，昭母教之善，抑其天质之美，故与道有合也。云从吾游，好学能文，状处士之实为可信，吾取而铭之。铭曰：志之所存，德善斯根。垂则子孙，庆来源源。

合读三《志》，则郑端简公所谓太常一子走，易姓，名田经，遇赦，家湖广，属传言之误。太常夫人许氏，诡称顾氏以避难，则《教坊录》所载黄子澄的妻生一小厮，如今十岁，亦非真太常夫人也，岂彼时功令虽严，亦可倩人代籍乎？至于黄、蒋争冢告讦，郡县验实申报，竟得俞旨，表墓立祠，亦奇矣。其始举发革除之党者蒋乾，后与其孙讼者，亦为蒋乾，又其分宜祖冢，亦名马鞍山，岂不奇之又奇也哉？尔时令昆山者为申思科，又正值周世昌修志之时，曾不一及此，殊不可解。

中书舍人夏伯亮墓，在马鞍山之原，宣德二年正月葬，五经博士郡人陈继撰墓志。

兵部侍郎虞祥墓，在县治南金潼里，赐葬，祭酒李时勉撰墓志。孙参议臣裀葬，礼部尚书毛澄撰墓志。

户部侍郎刘琏墓，在马鞍山南麓。始藁葬通州，天顺间叶文庄公盛参政山西，奏琏在边有功，乞恩褒恤，诏赐御祭，迁葬邑之马鞍山下。后为他姓侵蚀，知县万曰吉表之。

太常寺卿夏杲墓，在县治东南迎钟浦，赐葬。

江西布政使盛颐墓，在马鞍山北。崇祯时被守山者侵盗，仅存圹域。知县万曰吉表为"正色儒臣之墓"。

处士沈麟墓，在马鞍山上，翰林编修泰和萧镃撰墓志。

安节先生龚诩墓，在儒学后，乃生前所自筑也。寿藏既成，其外孙周雍绘图而诗咏之，沈鲁有记。万历初，奉诏修茸，免租并立祠。崇祯中知县万曰吉重表墓道。叶国华《酬龚钝庵先生墓》：读君《野古集》，高风想见之。我藏《民风篇》，其半集所遗。乃知夜光璧，未得全陆离。维时郑先生，聿敦先民仪。齿德以推君，偕赋吊古诗。中有圆明村，乐庵仰止垂。此仪既不作，百年旷于兹。吾党相慨然，阐幽意可师。恭维瞻君冢，荒蒿卧残碑。酬罢有余叹，日淡青烟炊。　顾潜：少从戎伍老农村，辛苦平生道义存。杜甫忧时诗即史，伏生传业女仍孙。乡崇祀典应千载，墓隔儒宫仅一垣。政俗渐偷怀野古，短碑曾为洗苔痕。

提学副使张和墓，在马鞍山前城隍庙西。

府尹高敞墓，在东南门外，赐葬。万历二年知县申思科免租，邑人许承周记。

南海县丞屈昉墓，在齐祀坊，孙袊祔葬。叶国华《酬屈可庵先生墓》：犹忆数载前，城西挺立松。松傍列幽门，爰宅写松翁。高士信孤洁，不倚笔墨工。百年亦鼎鼎，画此尊酒中。冲霄胡见翦，抚之莫可从。幸有旧卷轴，开视生清风。按：叶氏世藏先生竹卷，故有末句。

衢州府甘霖墓，在马鞍山西南麓文笔峰之下，玄谷先生沈鲁有寿藏碑。万历中石没草间，为染人濡啮殆尽，邑人张大复往视之，仅"用汝甘公"四字隐约可辨，余悉灭没。已而得玄谷所为碑文于沈之裔孙尧封家，乃能辨其履历，为作《甘先生传》。噫！当时相去百五十余年，而碑版渐灭至是，可悲也已！

礼部主事夏遂墓，在马鞍山西麓，景泰壬申十二月葬，礼部侍郎俞山撰墓志。

长芦都转运盐使陆埙墓，在县东南新漕里平桥，郑文康撰墓志。

彭烈妇郑宜君墓，在县西进福桥北块下。

进士郑文康墓，在县南溢渎里，叶文庄公盛撰《寿藏志》。

文庄公叶盛墓，在县南溢渎里，赐葬，嘉靖三十一年奉例免租。归有光《墓地免租碑》：吏部左侍郎叶文庄公墓，在昆山西溢渎之原。公以成化十年薨于位，朝廷敕葬如制，而墓地犹岁输官租。嘉靖十六年，天子奉册宝，上祖宗徽号，推恩海内，诏前代帝王陵寝及名臣，本朝文武大臣，敕葬坟墓，所在官为修治，置守冢，复其人，税未除者除之。时此境常熟大理寺卿章公格墓用此制，而昆山独否。至是，民叶奉言于巡抚都御史翁公，下其事于知县陈侯子佐，移牒常熟，取章公事以上，巡抚公曰："文庄公当代名臣，吏宜以丁酉诏书从事。"由是文庄公墓地始不输官租云。我国家正统己巳之变，几成宋南渡之祸，世谓于肃愍公有旋乾转坤之力。是时公在谏垣，一二日间，疏至七八上，所以裨赞庙谟者实多，信乎台榭之椽，非一木之支矣。其明年，皇舆旋轸，公封上匦名书，请为河南之避，在廷之臣，无敢为言者，然斯论所谓百世以俟圣人而不惑也。自阿罗入黄河套中，遂久居不去，为陕西边患，议者欲驱出之，而连城属之东胜，田作其间，公奉命往相视，独以道险远劳费，又春迟蚤霜，不可田，请增戍而已。至今上，时言事者锐意欲复河套，既而天子震怒，皆诛死，而后知公所谓时势之难者，卓见远识，不可及也。在广，至今抚、臣守其规模，如吴中之于周文襄公。而独召宣府所筑八城七百堡，为边人长久之利。公所至有所建立，而清明直亮，望重本朝，信一代之名臣矣！天子思股肱之臣，湛思沾被于墟墓之间，而有司出废格沮令如此。巡抚公祇奉明诏，修举旷典，汲汲于师旅饥馑食不眼给之时，其风谊尤可尚矣。贤人君子之没，远者数千年，近者数百年，而光显于世，常如一日，盖贤者虽没，而后之贤者相继而生，故能表章崇奉之，而精神意气之历世而愈新，此世教所以不堕也。公五世孙乡进士恭焕,荷蒙天子之恩,感巡抚公之谊及县侯之勤其事,因请书之于后,以告后人。

刑部郎中孙琼墓,在儒学西,丹岩先生黄云撰墓志,今人犹称孙秋官,过其墓必式。

副使秦瓛墓,在景德寺后先茔之次,工部郎中吴瑞撰墓志。

孝子支琼墓,在虞家巷。

相乡知县张翚墓,在小虞浦东荣阳里。翚以云南戍籍中式,念祖宗坟墓在昆,年未三十,弃官庐墓,遽卒,县令杨子器营葬。

太仆寺丞管昌墓,在玉峰仓西,遗墟仅存。康熙十二年二月中,里人稍加修治。

刑部左侍郎周广墓,在县东北蔚州村盈区二十一图爱圩。隆庆元年,奉例免租,子监生士淳、举人士淹祔。

太常寺卿方鹏墓,在县西朱塘乡新渎里。

府尹柴奇墓,在庙墩玉字圩之原,嘉靖二十一年赐葬,吏部尚书朱希周撰墓志。

唐僖公周伦墓,在新洋江东车塘锦里之原,嘉靖二十二年遣官营葬,吏部尚书许赞撰墓志,万历元年奉例免租。

周孝妇黄氏墓,在马鞍山南麓,太仆寺少卿李应祯表其墓曰"节孝"。

昌化知县夏津墓,在马鞍山阴顾震寰园内。今此园属李氏。

处士王应电墓,在马鞍山南麓。

副都御史李宪卿墓,在一保冬字圩,赐葬。嘉靖四十六年奉例免租。

刑部郎中朱景贤墓,在县西南十五里调字圩。康熙十一年,里民直犯其穴,而葬位谋人臧姓从城归,未至家,隐隐望冠盖者来相逼,已而忽不见,但巨梃交击,臧遂仆地折足。朱族公愤恢复,盗葬者迁去,臧乃瘳。郎中生前素耿介,固宜身后若此。

兵部右侍郎顾章志墓,在六保尚书浦鸣字圩,敕葬,礼部尚书嘉定徐学谟撰墓志。

玄朗先生沈世麟墓,在朱沥原,太仆寺丞归有光撰墓碣。

陶节妇方氏墓,在县东南千墩浦之清水湾。

处士俞允文墓,在县东夹潮塘之原,弇州山人王世贞撰墓志。王逢年《题俞仲子墓》:春日行江岸,梅花带旧年。江流处士墓,花落孝廉船。粟里无元亮,襄阳忆浩然。未须公子剑,松柏挂苍烟。

太仆寺丞归有光墓,在县治南金潼里,太仓王文肃公锡爵撰墓志铭。康熙十二年正月,知县董正位特加修葺。[乾隆七年八月,署新阳令丁元正捐俸表正,赎其墓旁地共九亩三分,去坑厕,备墓门。]

忠烈先生陈淮墓,在县东南蔡巷村,江西按察司副使孙云撰墓志。

赵烈妇尤氏墓,在叶文庄公祠右千秋坊内。

清远先生归子慕墓,在县东南西江村。[主穴母费氏,子子骏、子慕,骏子世昌祔。]

烈愍公张振德暨配贞烈孺人钱氏墓，在县西朱塘乡张泾口，赐葬。

旌表孝烈愍公叔女淑昭、季女淑庆墓，在山溪桥北准提殿西。

翰林院庶吉士太仓张溥墓，在三十保鳞区。礼部尚书漳南黄道周撰墓志。

［进士阚云墓，在夹潮塘，旁有云墓桥。］

皇朝昆山县知县郭文雄墓，在马鞍山阳岳武穆庙西。顺治十六年邑士民营葬，邑人归庄撰墓志铭，太仓陈瑚撰墓表。

义冢，宋崇宁中，县令以常平钱置漏泽国，以葬民之死而无归者。明嘉靖中，知县杨逢春建东义冢一所，坐落三十保二十二图姜字圩；西义冢一所，坐落二保十一图列字圩；又义冢一所，坐落六保六图馨字圩，各立门一间，以严启闭。瓦房五间，命守者居之。杨逢春《东西义冢记》：掩骼埋胔，先王之仁也；环封泽枯，国家之制也，是故全而归之。夫以教孝，殣形还葬，亦以引阜，火葬而水瘗，斯其夷弊也久矣。干和作沴，于斯为烈，抑泽国苦无所之，匪唯民庆。逢春来牧是邑，耳目所及，恻而弗宁，爰求故域，未之有稽也。乃自郭以东贸田九十有二亩，自郭以西贸田五十有四亩，旋坎而登上，乃与民约，良者卜兆，无告者归兹土，有弗率者，刑之以徇。越再岁，此风寝息，岁则大稔，乃作《义冢记》。嘉靖丙申十月之朔。 按：东义冢，东临新洋江，南接孝思北河，枕至和塘，三面濒水，日坍月废，已非原额。明末，丈存六拾三亩七分九厘五毫，今丈存五十九亩一分零，此沧桑之势，非人事之所为也。

瘗朽冢，在马鞍山下，万历二年建。知县申思科《瘗朽冢记》：呜呼！人之生死，有幸有不幸，生而不幸，犹可言也，死而不幸，恶忍言哉？尔辈不知何姓名，不知何乡土，积骸暴骨于山神庙，予能不悲夫？八月既望，有范子时来者，具言惨状，请瘗埋之。予乃于十月之朔，葬尔马鞍山下，又令工役高尔封，寺僧圆鉴守尔墓，俾不毁也。计尔腐棺一十有六，生各一方，死同此土矣。呜呼悲哉！山有古墓如刘龙洲者，今人每为修之，予勒于石，亦以望后之君子云。万历甲戌冬日立。

古　迹

古今之在天地间犹旦暮也，而古人所遗，每为今人所惜，虽故墟陁陇，往往遇之为踌躇而不忍去，岂非以其废兴存亡有足感耶？吾邑自春秋以来，代有古迹，悉记于篇，以备后之考者。

巫咸宅。旧志云《郡国志》载，娄县山下有巫咸故宅，今娄县正马鞍山巫咸宅。按：《越绝书》、旧图经皆云虞山巫咸所居，未知孰是？王宾诗：旧说巫咸已上天，楚人歌里亦千年。相传住处今何在？一座青山县郭边。

孔子宅。宋淳熙间，华亭县民浚河，得一碑，云："天宝六载，黄池县令朱某葬于昆山县全吴乡孔子宅之西南。"今孔宅乃在华亭北七十五里海隅乡华亭,元属昆山,岂古全吴乡广于今耶?

东城。一名娄城,即昆山故城也。《图经》云:在县东三百步。城虽莫考,今桥巷犹以东城为名。吴《志》云:耕者于荐严寺后多得古城砖及铜箭镞,识者疑其为春秋时物。张泰诗:高城一上思茫茫,湖转娄江入海长。边境到今无汉县,古仓何处积吴粮?鸥栖浅渚寒芦静,雁落平畴晚稻香。野水闲云吟不尽,玉峰西面看斜阳。

武城。在县西北。《汉书注》云:"有南武城,吴王阖闾起以候越。"

金城。在县东三里,城基犹存。相传吴王所筑,今犹有金城浦之称。

度城。在县东南七十里,相传黄巢时所筑,今城虽不存,犹有城壕,及掘地,间得城砖,其傍有度城湖。

西鹿城。即今土山,下有卜将军墓,碑云死葬于昆山西鹿城。

巴城。在县西北十八里,其地有巴王庙、巴城湖。

雉城。在县西北十八里,今雉城湖即其地也。

东林城。在县北十八里。

颜县城、瓦浦城。二城并古经所载,今大小瓦浦在县东南四十里,疑瓦浦城即其地。

沪渎城。在沪渎,晋吴郡太守袁崧筑此城以备孙恩。

娄县村。在县东北三里,即古娄县。

乌夜村。[今名何村。]在县[东]南。晋穆帝何皇后父准,[本灊山人。]寓此,产后之夕,有群乌夜惊于村落,自后有乌彻夜鸣,必有大赦,因名其地曰乌夜村。高启:荒村乌夜栖,忽绕月明啼。生得东家女,身为万乘妻。至今种高树,不遣乌飞去。居人凡几家,爱听啼哑哑。啼哑哑,忽惊怪。妇开门,向乌拜。 周南老:昆玉山南村,祥光烛坤倪。夜白夺明月,群乌忽惊栖。哑哑啼彻旦,异此声太奇。村东何家妇,夜半生玉姬。乌知荆布女,后服荣翟袆。至今村上民,不重生男儿。

信义。古县名,萧梁时分娄县北,置信义县,隋开皇间废。今县西二十里有村曰"真义",疑即古县地,疑呼曰"进义",岂即"信"字之讹耶?

蔚洲村。相传尉迟敬德生此,封吴国公,故庙食于此,详见《坛庙》。

西花园。在县西溢渎,古有东、西两花园,相去一里,今西花园尚在,东花园不复见矣。《花园送客》:西园春暖树参差,曾向园中共酒卮。对面开来新叶子,隔河呼出好花枝。合欢嘉会迟时约,橄榄余甘入梦思。他日归来温故事,还寻石上旧题诗。

马路口。在马鞍山前秀峰桥东。元时陈俊卿治别业于山前,以路窄不便乘马,顾山下田皆刘氏业,乃具书仪,遣家僮留保请焉。刘怒曰:"吾岂卖田者?"裂其书,掷其果肴于庭。留保默默而退,自念若告主人,必启讼端,不如隐之,诡答曰:"谐矣,姑有待耳。"又数日,陈复具书仪,命留保请焉。刘曰:"我向者辱之已甚,今彼意益勤,奈何固执。"遂许之,订期立券。刘因谢过,陈惊曰:"不知也。"亟呼留保问故,具以实对,阖坐叹息,一时人犹称马路口。

鬼垒台。梁天监中，沙门慧向欲建寺未能，一夕，风雨骤至，人闻喑呜之声，诘朝晴霁，则巍然一台矣，因名。

张僧繇画龙。在慧聚寺。每阴雨欲晦，画龙鳞甲欲动，数出湖内，腾赶波涛，伤田害稼，僧繇又常奉敕尽锁以制之。崔融：人莫嫌山小，僧还爱寺灵。殿高神气力，龙活客丹青。

石天王像及铜钟。在山之弥勒阁后。唐时有绍明律师。原注：缺一行。有石天王像与铜钟，师宜知之，诘早掘地，果获之，因龛置壁间，形制极古。人有诗：一旦石像欲发现，先垂景梦鸣高冈。

金刚经碑。旧在马鞍山北。元时县城南有女喑不能言，素不知书，忽有解悟，能篆隶诸体，此碑是其手笔。碑阴大书"西方极乐世界"六字，今无考。

宋仁宗御书放生池碑。县令项公泽跋，在清真观内。

篆冢。在马鞍山阳，朱定安瘞所书篆籀处，翰林吴均玉洪有志铭。

阴阳柏。高丽国所进，宋高祖特赐王绚，[绚]种于永怀寺大殿左右，寺即绚祖审琦香火院也。柏高与殿齐，每岁左花则右实，右花则左实。

龚公银杏。在信义村。宋殿中侍御史龚猗扈从高宗南渡，途遇道人，谓曰："枯枝再生处可定居。"至信义，见枯枝从流而下，因插之于地，祝曰："是枝得活，我当居[此]。"枝果活，乃银杏，后成大树，蓊郁蟠蟠，如瘿如乳者七十余颗，是为其子孙嗣世之数，乡人遂称曰"遇仙树"，四方皆知龚以银杏开家。明初，大将军徐达统兵攻苏州，欲伐之，操斧者忽[僵仆]而止，后竟亡于市儿之手焉，远近惋叹。绘图传于世，能文之士咸赋之。

双槐。相传为宋元间物，在王警斋宅。张溥《双槐为王与游赋》：旧碧依云肃，深堂有树声。但知心正直，不解叶纵横。手泽先人笏，文枝兄弟名。到今霜雪尽，岁久历清平。　薛寀：霜干棱棱古，蟉枝秀出荣。影分亭午暗，梦入路迷惊。轮囷占天象，青葱赋帝京。勿须夸手植，嘉荫累朝成。

婆罗树。二株，在朴庵师故居。师，邑之千墩人，俗姓顾，名求一，本诸生祭酒，好学佛。崇祯丙子，于金陵购得婆罗树二株，归而栽诸斋前，一可三尺许，一仅盈尺，历一十三祀不发花。顺治戊子，师披削圆戒于皋亭山之显宁寺，树已长大，花忽盛开，结实如摩尼舍利者垒垒，一时异之，咸赋诗以纪其事。吴玄冲：蠕没微名梦一场，翻身焰宅得安然。儒门凤檀禅家秀，树种今传异国芳。细把花房惊宰堵，悬知法席掩萧梁。此时凡草芟除尽，别有飞来天外香。

寒翠石。在顾仲瑛玉山草堂前，石乃维扬王忠玉家物。后至元戊寅，得于东城之庵，丹丘柯敬仲见之再拜，因砌为坛曰"拜石"，白野达兼善为作古篆。仲瑛自作《拜石坛记》：瑛素有石癖，凡遇废园坏宅，见奇峰怪石，辄徘徊顾恋，不忍舍去。或百计求之，不得者必图写其形似，标诸草堂壁间，以为凡格供。后至元戊寅四月下浣，诸尼僧岩叟于东城之某庵，即故宋周太尉宅，断垣之外，燕麦中有假山在焉。遂披荆约棘，褰衣而登，其上罗立诸峰，已为好事者挽载而去，独有一石，似璧而失其左股，欹卧于高梧之下，上有老坡题识觞咏之语。易之以粟，归而立之中庭。左映右带，无非松、竹、芭蕉、枇杷之属，间有书带草耳。石之挺挺拔拔，如老坡独立于山林丘壑间，愈见其孤标雅致也。瑛加之拂试，永为子孙宝玩。明年，奎章阁鉴书博士丹丘柯敬仲下访，见而奇之，再拜题名而去。御史白野达兼善来观，嘉柯之逸，为作古篆"拜石"二字于坛，又隶"寒翠"以美其所。此石之名由是愈重，然皆未知所纪之详。至正乙未冬，周履道秀才自梁鸿山携赠老坡手帖，读之，乃是《答忠玉提刑快哉亭饮者》，上有贾秋壑私印，其辞与纪石甚肖，尝记《大全集》中有《次王忠玉游虎丘诗》，有《连日与王忠玉诸公游西湖次韵诗》，有《次刘景文答马忠玉诗》，盖当时有两忠玉，然莫知其孰是。及考《宋史》，元祐四年，坡为翰林学士兼知礼部，以论事积当轴者恨，故请外，拜学士龙图阁知杭州，以避朝谤也。瑛想老坡风流旷达，行千里间，有名山胜水，岂不与朋友醉酒赋诗以快其意？又考诸杂录，忠玉乃王规父侄孙，先坡在维扬答其诗，有"及君未渡江，过我勤秉烛"之句，是则书所记者王忠玉无疑矣。然后知石乃维扬故物，帖则王忠玉家宝也。吁！石之在山，不知其几千年，因坡之题，凿而出山者，又不知其几百年。帖之寿又非石比，兵残火毁，展转流落人手者，亦不知其几百年。今一旦二美并来，抑神物有所会合耶？吾玉山有所际遇耶？又思丹丘、白野，不二十年皆仙去，坡仙有灵，岂不能于风清月白之夜，挟二公同逍遥于此坛乎？瑛亦岂不能摘古阮，酹一尊于此坛乎？不因此石，其能永传？敬书此记，俾伯盛朱茂才刊于它石，使后之览者，知石与帖并拜石之坛有所自来云。至正丙申岁春正月。

秦国公石。在叶文庄公堂左。王德森校：国公石今为青浦势家购去。 归有光《记》：宋太师秦国卫文节公泾，淳熙十一年进士第一人，文章议论有裨于当世，《宋史》轶不传。公，吾县人也，县人能记之。当韩侂胄用事时，公隐居十年，于所居地名石浦，辟西园，累致太湖石甚富，至今往往流落人间，然皆为屠沽儿酒肉腥秽，可吊也。独其在学宫者，为四方过客之所钦仰。余居安亭江上，往来陆家浜，舟中见冢间大石，问知为秦公故物，埋草土中，无识者。先时吏部侍郎叶文庄公，亦石浦人，其家子弟运致于此，因购之叶氏，载以二百斛舟，沿吴淞江而下，置于堂东学宫。石，世以为名品，以余观之，殆如雕镂耳。此石旋转作人舞，而形质恢诡，类靺师所率之夷舞。若以甲乙品第，当在学宫之上。嗟乎！公，吾乡之先哲，余朝夕对之，如对公矣。前十年，于阊门刘尚书宅得一奇石，形似大旆，迎风猎猎，仿佛汉大将军兵到阗颜，大风起，纵兵左右，翼围单于，骠骑封狼居胥，临翰海时也，久僵仆庭中，今立于西垣云。

宝廉瓶。明永乐中，邑人许刚通判钧州，廉勤敏惠，州人怀之，去任日，为制瓶以献，曰："磁，钧产也，自君侯来此，而民不苦磁，请以此瓶为君侯寿。"方奉常言黄应龙氏故有《宝廉文》，今《丹岩集》不载。

［介石。正德间，县令尹嗣宾得于石浦卫文节西园，载归，立县治大门外。方鹏记。后邑令杨逢春移赠于鹏。］

［垂云石。本赵孟頫家物，后归茧园。］

［元云石。本卫文节公西园故物，元知州费复初徙置学宫。］

［春云出岫、秋水横波二石。在顾亭林先生乡贤祠内。］

第宅园池

第宅何以书？贤乎其人也。古人不可复作，思之而见其所常止，犹见夫人矣。咏肯堂[1]，歌敬梓，此意也。夫邑自范清宪、卫文节而后，代有名人，择里而居，命名而处，若废若兴，不可不录也，故考而备著之。

范清献公[2]成大第。在县治北，旧有石刻"范府界"三字。

卫文节公泾第。在石浦，有石累山，又有后乐堂，景献太子书匾。友顺堂，宁宗书匾。今遗址尚在，明万历初，十五世孙臣复建，王体升撰记。

郑大资亿年第。在道德坊[3]内，旧有石刻"郑府界"三字。亿年，居中之子，侨居昆山，子孙因家焉。宣德中，徐上舍建安于圃内得一小碑，乃亿年孙准记先世遗事，知徐氏所居即准家故址，裔孙近仁购得之，建堂其上，匾曰"承训"，盖准家旧匾也。

石湖书院。见《行署》。

玉峰书院。在马鞍山南麓，先儒卫状元泾藏修其下，翰林赵孟頫大书其匾。

逸野堂。在县治西，宋王僖康国所居。僖少游太学有声，既而归隐，教其从子葆，为名御史，其地即十六观堂基。宝庆间归于郁允恭、允文兄弟，建宝庆院，后废。明洪武中，林大参钟居其地，钟之曾孙掘地，得石刻"宝庆院界"，考其原始，确为逸野故址。

四贤堂。在李侍御衡家。宋孝宗朝，衡为御史，以论张说不行，遂致仕。时给事中莫济不书黄，直阁学士周必大不草制，正言王希吕与衡相继论奏，不报，四人同时去国。布衣庄治赋《四贤诗》以记之。其后衡之孙潜作堂于家，访求三贤遗像，以配其祖，并祀其中。

栖闲堂。邑人龚昱所居。昱，识之耳孙，陆游、刘过有诗赞之。

半隐堂。邑人莫仲宣所居，颜叔简有诗。又有西园，其别墅也。韩侂胄当国，公闲居十年，自号"西园居士"。

喜廉堂。在陈昌世家。昌世自信守履为尚书郎，入对理宗，有一廉可喜之誉，后归，名其堂曰"喜廉"。

传清堂。邑人陈令君明复所构。纳轩程丞相元凤书匾，曰"传清"。令君常刊集于家，取祖父清白相传之义以为堂名。

止足堂。在郑𫍯家。𫍯知韶州，倦仕而归，筑室一区，取知止、知足之义以名其堂，西涧叶丞相

1　肯堂，底本"肯棠"，据国图本改。语出《尚书·大诰》。

2　范清献公，朱笔改"献"为"宪"，《嘉靖志》为"献"。

3　道德坊，《至正志》卷一："通德坊，郑大资府前。"

梦鼎为书匾。

承训堂。在郑准家，伯祖居中建御书阁于郑州，有"勋贤承训"之语，故其子高邮守孺但书"承训堂"，以寓不忘先德之意也。

学古堂。翁谦伯益与其弟伯言读书之地，吴斗南记。

期颐堂。在圆明村，龚明之逸老之所。有《期颐堂诗》并序：余自顾颓龄，行将满百，虽曰日薄西山，亦优游以卒岁，遂课儿辈，作期颐堂于墅，栽花种竹，以为佚老之地。因戏诗四章以落之。投老归来万事休，北窗一枕足清幽。虽然不得行胸臆，幸喜身无千岁忧。　少年已自乐杯觞，种秫安排老醉乡。试问几回供酒事，真成三万六千觞。　百事如余与世违，一花一木谩儿嬉。莫欺兀兀痴顽老，曾睹升平元祐时。　不服丹砂不茹芝，老来四体未全衰。有人问我期颐法，一味胸中爱坦夷。

农隐堂。龚立道所居，马少、伊教、陶孙有诗。

娄曲书堂。殷奎孝章读书处，谢应芳有铭。

寿岂堂。瞿智惠夫所居。

资深堂。在橘隐处士秦鼎家，赵文敏公书匾。

檐卜堂。新安寺尼明海所居。杨铁崖《檐卜堂诗》：解马来登翠微阁，扬舲重过宝禅林。铢衣五夜下天女，广乐六时闻海音。白金花开檐卜树，青雨子落娑婆阴。新安上人尚文彩，能作石泉西涧吟。

乐庵。在玄明村，李侍御衡归老之地。庵成自赋：老子平生百不足，庵成那管食无肉。终朝闭户只读书，四面开窗都见竹。投老庵居百事宜，早眠晏起不论时。更长睡足披衣坐，顷耳林间听画眉。

南郭新居。在南门外，乐备功成所筑。范成大《南郭新居诗》：新堂燕雀喜，竹篱挂藤萝。崩奔风涛里，得此巢龟荷。西山效爽气，南浦供清波。会心不在远，容膝何须多。先生淮海俊，踏地尝兵戈。飘飘万里道，芒鞋厌关河。风吹洛下邑，楚语成吴歌。岂不有故园，荒垣鞠秋沙。无庸说当归，到处皆南柯。卜迁不我遐，一水明清罗。闭户常独坐，奈客剥啄何。会令苍台石，屐齿如蜂窠。

鹿城隐居。在县西南，卢熊所筑，易恒、倪瓒、陈潜夫俱有诗。易恒：避俗庞公隐鹿门，鹿城静亦绝尘喧。钓缘水北菰蒲渚，窗俯江南桑柘村。书蠹字残翻汗简，石鱼铭古刻洼尊。地偏舟楫稀来往，独有烟潮到岸痕。

玉山草堂。顾仲瑛所居，在界溪。按：殷奎《瑛墓志》曰："瑛，昆山之世族，年十六代父理家，三十更折节读书，四十悉以田付其子，即宅之西辟地为园池，总名曰'玉山佳处'，一时名流翕集。"文章诗句，载《玉山名胜集》《草堂杂集》二书，兹并不录。

芝秀轩。在马廷玉君瑞家，虞集书匾，杨维桢辞，李孝光记，一时称为"三绝"。

虹月楼。在县南元人朱均璧家，杨维桢记，嘉靖初犹存。

云槎楼。在邑人张仲宽家。杨维桢《云槎楼记》：娄上张仲宽氏筑岑楼四槛岸河之浒，以鼻祖汉使者骞故事，名之曰"云槎"。仲宽隐迹于市，而飘然有物外志。光风霁月之夕，手捉玉笛，参差吹《秦楼引》，自谓凤凰可呼。屡觞予楼之所，援予莫邪古雄，作《君山弄》，声透广寒府，神爽飞越，阽欲拔楼而去，若八月之槎，上天津而探机女之石也。楼名以槎，亦宜哉。抑闻王子年云，尧时有巨槎浮于海，槎有光，若星月，浮四海，十二年一周天，名贯月之槎，非羽仙不能乘也。今关梁闭塞，天步险艰，贯月者化去已久，吾将有望于九重者。百万苍生，命随锋镝之下，方未已也。帝当念下土，畀吾良弼，为下土叙彝伦、开太平者，有期日也。吁！岂直效尔祖观牛渚之踪，探支机之石，为蜀卜者之惊异哉？仲宽壮予言，呼两玉童曰："采鸾秀，青凤仙，奉奔月卮，歌予铁龙十二引，为予寿。"予亦自调斛律珠和之，不觉大饮至醉，颓然卧槎所，不知东海洛乌而翠羽唤起也。仲宽宠予以阿剌吉青露，出锦缥缃，请录岁月，为张氏云槎楼记。至正二十一年十有二日，为清明，会稽铁龙道人撰。道人者，李忠介公第一甲进士、奉训大夫、前江西等处儒学提举杨维桢也。

养寿楼。在顾文安家，赵文敏公书匾。

高节楼。袁华子英所构。

知耻斋。在石浦魏林家，魏了翁为记。

栎斋。在石浦，卫湜正叔藏书之室。叶适《栎斋藏书记》：予友卫君湜，清整而裕，澹薄而详。酷嗜书，山聚林立，起栎斋以藏之，与兄弟群子习业于中。夫其地有江湖旷逸之思，圃有花石奇诡之观，居有台馆温凉之适，皆略不道，而独以藏书言者，志在于学而不求安也。又其自以为栎者，真无用于世矣，非退托而云也。按：孔安国：皇名坟，帝名典，尧舜在焉。然《书》称"若稽古"四人，高辛而上无预也。《说命》曰："学于古训乃有获。"不知《说》所谓古何时也。六世之籍不存矣，以子华子考之，不可训明甚。然则《说》所谓古者，唐虞以后尔，故孔子于羲、昊以前，亦缺弗讲。若夫讨礼而尊天子，正乐以黜诸侯、大夫，《春秋》修而不作，《诗》《书》因其旧，无所更定，世儒往往未能明也。司马迁创本纪、世家，史法变坏，遂不可复；老庄推虚无冲漠，正道骞裂，遂不可合。孙、吴以狙诈祖兵制，申商以险刻先治道，若夫言语之缛为辞章，千名百体，不胜浮矣。韩、欧虽系之于古，然而益趋于文也。经传之流为注疏，俚笺臆解，不胜妄矣。程、张虽订之于理，然而未几于性也。凡此出孔氏后，节目最大，余所甚疑，而君所藏皆具有焉。盖君之力良难而任良重矣。问学之要，除之又除，以至于不容除，尽之又尽，以至于不容尽。故称钧石必以铢，会亿万必以一。读虽广，不眩也；记虽博，不杂也。日融月释，心形俱化；声色玩好，如委灰焉。然后退于栎而进于道矣，因宜漏众美而以书言也。宝装绮籍，不敢触手，金匮石室犹存，其人滋外欤？嘉定十五年二月。

书声斋。姚子章所居，李孝先为记。郭翼《书声斋诗》：幽人一室开风露，坐想瀛洲玉为署。把书夜诵秋满空，徘徊花影蟾蜍树。莲叶艇子风泠泠，太乙下照藜火青。笙簧万耳洗不醒，渺哉太音谁得听。

迁善斋。郭翼所居，李孝先为记。

芝兰室。张师贤所居。

观云轩。卢伯融所居。

江雨轩。偶武孟所居。谢应芳：江雨如暗尘，江乡昼冥冥。幽人感时变，于兹事耕耘。江雨亦屡作，江风穆而清。土膏润如酥，草木努甲生。此竟谁为之，曰维天之诚。我艺我稷黍，我轩泊我宇。晨兴带经锄，宁惜作劳苦。嘉苗既芃芃，田畯为之喜。霜飙一披拂，致凡岁功美。斗酒以自劳，其入此室处。蚓兹值时康，乐哉咏江雨。

耕乐轩。在顾士良家。龚诩《记》：耕乐轩者，吾昆彦顾公士良隐居之号也。士良居邑之西北十许里，乐其风俗淳和，壤地饶沃，眹目无市井之尘，乱耳无喧哄之杂，故托以养高焉。以耕以耘，不厌不怠，怡然自得，举天下可欲之物，不足以易此也。乃揭"耕乐"二字，以命其轩，征余记之。余惟四民之中，惟农最苦，古人有是言也。所谓苦者何？盖农之常业，畎亩之外，余无所为，苟春夏之失耕失耘，则秋冬之计为无可望，公上赋税何以供？父母口体何以赡？抑又昼于茅，宵索绹，终岁勤动，不少休息。至疏者其衣，至粝者其食。一值水旱之或愆，则冻馁流离，有所不免。若是之苦，岂一言之所能尽哉？其视富贵之人，华其居处，美其饮啖，妻妾环其左右，童仆惟其使令，隆冬不知其有寒，盛夏不知其有热，愿无不得，欲无不遂，而自以为可乐者，校农之苦，奚啻霄壤乎？殊不知彼之溺于安逸奢侈，恒有祸随其后，乐果安在哉？岂若此之安于勤劳澹泊，食吾之力，无愧于心，其乐恒自若，此士良所以命斯轩之意欤？我思古人，莘野、南阳，固不可尚，惟后之董生召南，其庶几矣乎？观其父母不戚戚，妻子不咨咨，与夫食君之禄而令父母愁者，相去一何远哉？《传》有之曰："君子素其位而行，不愿乎其外。"士良有焉。第惜余之不文，无足以副斯记之求，聊复此以为素壁之疵，他日或遂一造敬，当浮以大白，为歌《大田》《七月》之什，而继以昌黎之行，为士良寿矣，是为记。时天顺七年十月初吉。

苍筤轩。马敬常所居。郭翼诗：清风峡上苍筤竹，个个绕轩阴满庭。秋声夜觉烟波远，云气晓拂鉴湖清。亲题白也尚书额，好勒金华太史铭。老去几时探禹穴，与子同蹑凤凰翎。

野鹤轩。在马鞍山下，知县杨子器建，后即以其地为柳塘生祠，康熙十年。

北山草堂。沈南叔所居。易恒诗：爱此幽居泉石间，苍苔门径落花闲。曾见回仙访东老，况有草堂栖北山。阴崖寒洒古冰雪，晴峰晓垂新髻鬟。老夫不着登山屐，十载四围空掩关。

编蒲室。僧颜悦堂所居。悦堂能孝其亲。杨维桢诗：因寻老范读书处，知有前朝指柏僧。黛叶塞垂千尺桧，紫花春着万年藤。摩尼珠明照神钵，琉璃碗薄涵青灯。编蒲老子我所敬，空王门中之闵曾。

风云、竹月二亭。并在普照观内。

竹洲馆。在清真观内，黄云记。

不系舟。僧伯子庭所居。

大宝洲。僧庄蒙泉所居。

千林园。僧乘白云所居。

郑氏园。在马鞍山前，郑竦所筑。创退耕堂，水竹环茂，可容十数客。西涧叶丞相扁为"玉峰佳处"。张节之为书扁。

樗寮。园内西南有道院，植牡丹数百本，皆吴中所无者，客觞咏其间，留题甚多。

孙氏园。在县治北，马先觉有诗。

陈氏园。在县治南。

翁氏园。在县治西，吴仁杰尝与陈壁有《赏木芙蓉诗》。

洪氏园。在县治东。

依绿园。在高墟，盛氏辟。

西园。在石浦，卫文节公所居；内多奇石。公自号"西园居士"。

北园。在漳潭，陈氏所辟。水竹宽洁，亭馆宏丽。东浦黄简记，知县徐闻诗、书，石湖范成大扁。

南园。瞿惠夫所居，杨维桢为记，秦约有诗。

陈氏园。在东城桥西。吏部澹轩陈昌世筑端明洪恕斋，名曰"四时佳景"。澹轩之子师尹，号石岩，增创宽洁，有堂曰"光风霁月"，与郑园"退耕"不相上下。

秦氏园。秦约文仲所筑，内有鹤冢。

朱家园。朱定安士隆所筑，内有篆冢。

夏家园。在马鞍山南，太常卿夏景致仕游乐之地。

水云乡。在山北，王大过季历所居。吴斗南有联句。

墨庄亭。在东山上，范良遂读书处。

玩芳亭。吴仁所筑，陆游、杨万里俱有诗。

范公亭。在荐严寺后圃池上，参政石湖范成大少读书寺中游息之处，有诗载《大全集》及《杂咏》。其后石湖读书处，生紫藤[二株]，萦蔓可爱，名以"范公藤"。名公各有赋咏。吴仁杰尝取"杜诗可以赋新诗"之句，扁之曰"可赋"，赵仲穆书扁，明巡抚御史周忱改曰"思范"。夏原吉：偶上范公亭，亭幽景物清。竹添新岁笋，树挂昔时藤。老蠹随人[化]，孤禽向客鸣。栏倾不能倚，惆怅下阶行。

嵝山亭。邑人赵善训大猷所居，距马鞍山之阳二百弓，而限以小溪，吴仁杰取元次山"台以嵝名，旌吾独有"之句，名曰"嵝山"。详见所作诗序中。

水云千顷亭。在全吴乡江上进士姚申之家。申之有诗：云彩翻随宿雁回，斜晖犹带晚潮来。小桥低处通船过，一队鹅儿两道开。幅巾萧散一枝节，身在水云千顷中。林野乱山随意碧，裹林霜叶可怜红。

墨妙亭。在顾氏西园，提举顾信藏赵子昂书，详见《杂记》。

静嘉亭。朱柱建，倪云林有诗。

绰山亭。在绰墩上，顾仲瑛建。

放鹤亭。顾仲瑛建，袁华有诗。

绿阴亭。顾晋道建。郭翼有诗：绿阴亭上夏五月，瀛洲上客与俱来。日出众鸟绕屋语，竹深好花当户开。镜里水涵萍似粟，席间云落［酒］如苔。更贪贺监清狂甚，艇子朝朝暮暮回。

来鹤亭。吕敬夫所居，李孝先为记。张雨：华表归来旧令威，晓风将梦上天飞。缑山借与浮丘伯，一曲瑶笙月下归。　吕诚：草阁中宵清渗渗，苍筤四壁影疏疏。天头云过多于雁，池里星移或是鱼。

野航亭。姚奂子章所构，人称姚野航。

草玄亭。在杨性秉中家，日鼓琴其中。

独醉亭。史公谨所构，有《独醉亭集》。

风月亭。在马鞍山前，颜素庵作。

栖云轩。在顾渊家。玉峰连天白天起，秀色盘桓三千里。寒翠淋漓湿窗风，影落明湖一泓水。明湖之水清无底，幽人结屋湖光里。溪南溪北花阵迷，舍东舍西山鸟啼。夜来东风雨一犁，满川烟雾春云低。春云无心无定扰，常在幽人读书处。未肯从龙行雨去，窗前且伴幽人住。

世寿堂。在周少参震家。震祖寿谊，生宋景定间，历元至明洪武中，百有十六岁，高祖召见，郡守宴送，事见本传。子孙年皆八十余岁。周伦：生逢乱离日，老作太平民。摩挲双老眼，匍匐见真人。龙飞建康水，宁问周与秦。不谓桑麻长，犹存沟壑身。拭目汉衣冠，敕赐郡天宾。头白孙又子，化国气益淳。灵椿一千尺，共阅五百春。源深流庆远，瑞世生凤麟。日日太平乐，稽首荷皇仁。

承清堂。御史王复所建，以其家世为御史，清白相传，故名。太常卿夏㫤有诗。

叶文庄公盛第。在东城桥西，内［有懋恩嘉命堂。又］篆竹堂，至盛之玄孙举人恭焕始建。太仓王世贞《记》：故吏部侍郎昆山叶文庄公，以学行政术高［英、］宪间，为世名臣。公生平无他嗜好，顾独笃于书。手抄雠至数万卷，将为堂以藏之，以取《卫风·淇澳》问学自修之义，名之曰"篆竹"。而公故廉洁，鲜美装足润，又家于官以殁，公之诸子孙曾、教谕郡丞某某辈，虽代习公书，至称闻人，有官秩，而守公之清白，力不能任构。天下之士，因公书而望公之堂，比于鲁孔氏之壁，其篆竹比于召公之荫，时想其"爽恺窈密，青葱峭蒨"之状，流润涵碧于笈滕缃素间，而不知公之所谓堂与篆竹，固无有也。盖公没逾百年，而其玄孙乡进士伯寅，乃始因故地而拓其右为堂，以居公之书，用公旧署以榜之。独所谓竹者，尚未及树。而前轩后庑，其阳可以承日，其阴可以蔽风雨，盖至是公之所遗书，始翼然得其职，而不辱于帷房侧溷之地。伯寅益旁购古文奇［帙］，得数百千卷副之，意未已也。诸与伯寅善，登公堂而观于其所谓"爽恺窈密"者，其"青葱峭蒨"虽不可遽得，然睹榜署，而思劲节栗色，至读其所遗书，则又未常不若承公之謦欬而窥其奇也。公视裴晋公、李太尉，不知其名德所轩轾，年位小轻耳。晋公之堂曰"绿野"者，太尉之花木竹石曰"平泉"者，其宏丽奇壮瑰怪甲天下，亦何常不祝其为两家守。然不再易世，而堂冒他氏，花木竹石，不胫而趋贵人之垣，而卒不能有也。伯寅所构堂，毋论视晋公十一，其竹之植与否，亦毋论若"平泉"，［第］遗书百年，而愈益拓其副，所居堂历五世而愈益显，固由后世之才而贤，毋亦公不尽取天地之有，以使可继；不遽为一时之满，以使可益耶。予深有慨焉，故不辞伯寅之请，而为之记。若夫顾名思义，以进武公比德之旨，是在伯寅矣，是在伯寅矣。　邑人俞允文歌：叶公年少拜夕郎，日有封事能勤王。后来受命拥黑虎，长策大功在朔方。又闻岭表众益称，朱丝之绳玉壶冰。天曹洗手天子惊，五世不减清贫声。摩挲九流十万卷，欲构一楹终不成。先题篆竹堂集目，于今独有空堂名。公之玄孙俊且良，积风已至将翱翔。家藏遗书日编辑，好述祖德新为堂。唐时相国李赞皇，笔笔自记平泉庄。奇花怪石编岩谷，斥逐未久皆夷荒。如公子孙真善述，昔志未遂今能偿。始知古来贻谋贵树德，然后一世可至百世籍籍垂芬芳。

郑进士文康宅。在平桥东，所著称《平桥稿》。

逸老庵。在留晖门外，龚安节诩所居。

周康僖公伦第。在茅家桥西。弘治末，伦由新安知县入内台，朝廷加恩其父母，连降纶绰之褒，乡人荣之，因名所居堂曰"三锡"。嘉靖十二年致仕，复建一堂，榜曰"素节"。归有光有《素节堂铭》。

忠孝堂。在度城，举人王鉴常大书"忠孝"二字于壁，晨夕省览，后人因以名其堂。

魏恭简公校第。在真义，讲堂、墓尚存，前有濯足池。

顾文康公鼎臣第。在鳌峰桥东。又一第在城隍庙前，内有霖雨堂，志异也。鼎臣未第时，常购得陈所翁画龙头于南京礼部大门外，其题诗有"大需霖雨"之句，以为祥，已而第一人及第。正德戊寅夏，建堂四楹于邸第之丑方。前此连月不雨，是日天雨，学士陆深为题曰"霖雨堂"。嘉靖戊戌夏日，得张氏堂四楹，颇高爽，卜于其甲子，撤以建置于邸第之丙方。前此连月不雨，是日天大雨，少傅夏言亦大书"霖雨堂"为赠，后于居第之堂亦揭曰"霖雨"，示不忘天下之意。

兵科都给事张栋第。在山塘泾，有容安阁。

归太仆有光第。在酒坊桥南，内有承志堂及左右夹室，有光自撰记，在本集。

君子林。王纶理之所居。黄云《记》：王君理之，予友也，予固以君子望之，而为友之益者也。其所居城之中，隙地数弓，种竹数十竿耳，篆题之曰"君子林"。予过访焉，问之曰："子岂欲为君子，因尔鼻祖子猷名竹为君子，而以此数十竿者拟夫君子之众，故曰'林'耶？子欲为君子，而知君子之可贵；不为小人，而知小人之可恶。然君子之所以为君子，小人之所以为小人，不可不知也。且天之生人，人之有生，二气杂糅，有理以主宰之。而阳为君子，阴为小人，君子常少，而小人常多者，盖以阳一而阴两也，故君子、小人之所为，常相反而不能同也，故古之圣贤，致辨于君子、小人之间，达则见于事而行夫进退之权，穷则立于言而寓夫扶抑之意，使天下后世，晓然知所趋向。子观夫挺然而立、靡然而偃者，斯得君子、小人之情状矣。"理之曰："吾固有见于此，患夫靡然者之滔滔，挺然者之寥寥，常历有竹之所，因与竹交，试振笔挥洒，貌君之形容，而得东坡翁所谓'风雪凌厉以观其操，崖石荦确以致其节，得志遂茂而不骄，不得志瘁瘦而不辱，群居不倚，独立不惧'之说，乃知吾祖子猷氏，特以君而加之者，不为过也。因种竹以表著吾所以得之之意，虽不能多，而千亩万个，举在吾方寸间也。

故凡日与竹接,悉为君子之人,如登唐虞之廷,如入成周之庙,如游尼父之门,而彼媚时之桃李,零霜之蒲柳,伤兰之艾萧,无一之厕迹于吾之林焉。子泥吾地之狭,竹之少,特开吾以君子小人之所以为君子小人,使知其情状,则又为益于吾也厚矣。尚教吾以进于君子者,予闻宋河南裴君,治斋而命之曰'君子',王文公谓裴君思古之人所以为君子而务及之也,独仁不足以为君子,独知不足以为君子。仁足以尽性,知足以穷理,而又通乎命,此古之人所以为君子也。此文公所以勉裴君以为君子也。公之仁知,果足以尽性穷理而通命乎?以予观之,人之性,原于命也,性之理,散于物也。仁知,即性也。然必穷理,斯可以尽仁知之性,尽性斯可以通於穆之命,而穷理又在于居敬循序而臻精也。文公之学,不能居敬穷理、循序致精,此其所以有弊,而于君子之道未能全,而不满于相业也。'淇水猗猗',咏于《卫风》,曾子引之于《传》,而循序致精之功备矣。理之于文公之学,察之于毫厘之差,究心于曾子之《传》,则于学为君子之道,岂有所遗哉? 太史公云:'列于君子之林,夫何愧哉!'由是知理之得夫竹之深,非特溺其外之粗,若称贤逸而假竹以适清旷者之比矣。"新秋过雨,穆如清风,相对问答,第录为记云。

遗清堂。 在柴巷内,顾宫赞绍芳所居。

陶庵。 [在]归孝廉子慕所居。归有光《记》:余少好读司马子长书,见其感慨激烈,愤郁不平之气,勃勃不能自抑。以为君子之处世,轻重之衡,常在于我,决不当以一时之所遭,而身与之迁徙上下。设不幸而处其穷,则所以平其心志、怡以性情者,亦必有其道,何至如闾巷小夫,一不快志,悲怨憔悴之意动于眉眦之间哉! 盖孔子极美颜渊而惜子路之愠见,古之难其人久矣。已而观陶子之集,则其平淡冲和,潇洒脱落,悠然势分之外,非独不困于穷,而直以穷为娱,百世之下,讽咏其词,融融然尘查俗垢,与之俱化,信乎古之善处穷者也。推陶子之道,可以进于孔氏之门,而世之论者,徒以元熙易代之间,谓为大节,而不究其安命乐天之实。夫穷劳迫于外,饥寒僭于肤,而情性不挠,则于晋、宋间,真如蚍蜉聚散耳,昔虞伯生慕陶,而并诸邵子之间,予不敢望邵子而独喜陶也,予又今之穷者,扁其室曰"陶庵"云。[震川所记之陶庵,一陶庵也,在安亭。清远所居之陶庵,又一陶庵也,在江村。清远为震川后人,岂有震川先为之祝哉? 谬甚。道根记。]

观复堂。 在通阛桥东,节孝先生朱集璜所居。

槐阴堂。 在富春桥南,王朝列警斋所居,庭有古槐,故名。郡人徐汧为朝列之曾孙孝廉王与游撰《记》:友人王与游葺其故居,既成,因以其名问余曰:"昔吾先子之居是也,于后圃构屋一楹,祠吾王父分槐公,揭之曰'槐阴',意有识也。自先子见背,伯氏及余居此凡三十余年,虽迁徙不恒,而卒保其业,此孰非先人之荫以致此乎。堂之前双槐郁盘,故老相传为宋元间物。今吾欲移其额而出之,圃中之室则表之曰'有怀',而并祀吾王父与先子之像。然大惧夫改作之不可为训也,愿与子审古义而决之。"余曰:"古之仁孝,其亲所称,无改其人与政者,心之不忘而已,其或时之所趋,势之所穷,亦有原其意而变其事,此正孝子之权也。今子也因所居而念先人之泽深,惟莫远且长也,欲表而出之中堂,俾朝夕出入,若或观焉,则正古之孝子所称'色不忘乎目,声不绝乎耳'之谓也,可泥其迹而徒改作之惮乎?虽然,我且因子言而申其说。孟子曰:'所谓故国者,非谓有乔木之谓也,有世臣之谓也。'吾谓'世臣'之义,以其深仁厚泽入人之心,令人世世有愿忠之思,则国可长久,非徒世家大族之谓也。盖鲁之三桓,晋之六卿,亦当命为世臣矣。而鲁用以弱,晋用以分,然则世臣果足恃欤?世臣不足恃,而况于木欤?国之有世臣,犹家之有世德。世臣者,世有其臣;世德者,世有其德之谓也。天地之气,滋乎秋而固乎冬,萌乎春而发乎夏,循环无端,故生生不穷,使其一发而无余,则天地之化亦有时而竭矣。余每见士大夫以祖宗历世之积累决之,以快心于一旦,使其祖宗有知,将无悔其积累之初念乎?王氏世有通显,至与游兄弟,又光而大之,殆所谓萌乎春而将发乎夏者,非耶?非滋而固之,能无虞其竭乎?盖夫人之于世,有所甚危而后能处所甚安,有所甚啬而后能享所甚丰。天不能以富贵福泽为贤善昌明之报,而人无食报之心,则富贵福泽可长享而不穷。由是言之,'槐荫'之意不愈可念耶?《诗》有之曰:'蔽芾甘棠,勿翦勿伐,召伯所拔。'夫思其人敬其树犹若此,况其人之话言教训为子孙垂裕作则之计者乎。自今已往,与游之其子若孙之登斯堂者,出一言思之曰:'其可令先人见乎?'战战栗栗,日慎一日,此仁孝之无穷,而王氏世泽之永有,千百世不谖者矣。"是为记。

礼部主事诸寿贤第。在景德寺西。

东园。在儒学坊东。周康僖公伦致仕后辟,内有舒啸堂。伦自有诗。俞允文《饭周凤来园亭》,即此。

茧园。旧名春玉圃,嘉靖丙午,举人叶恭焕所辟,在文庄居第之东,焕孙工部主事国华扩地二十余亩,有大云堂、据梧轩、槛阁、霞笠烟鬟榭、小有堂、房亭、缘天径、梅花馆、春及轩诸胜。常掘地得泉,味甘色白,因自号"白泉"。《茧园杂诗》闻于天下,属和者不绝,太仓陈瑚序之。

青阳溪馆。在马鞍山之东南麓,周太仆复俊所创。内有云东草堂、忘归亭、篆竹居、桐榭、松坪、梅林、杏圃、竹圃之胜。其东碧玉泉号"清冽",门扁系平绳武隶书。

文笔山居。在马鞍山西麓,邑人沈大化所构。

顾附巢山园。在山阴,今属李氏,中有宁化知县夏津墓。

丙园。在县东三里,王光州三锡所筑。初名东庄,后三锡殁,葬于庄之南,曾孙孝廉志庆重加修葺,以墓田丙舍故改今名。园有老桂、古梅、方塘、修竹,极幽丽之致,志庆晚年耕读于此。无名氏校:〔三锡,即前称朝列警斋也。"庆"字疑"长"字之误。〕张采:避秦无路忆花期,影落山头香更迟。父子读书苏氏业,园亭玩世辋川居。秋高塔影山□照,水涨溪边路转疑。不是昨宵寻欠事,清樽细语是心知。 许元溥:墙东小筑接烟波,闭户焚香静悟多。人似竹觞□雅集,灯张芳□月经过。二分藤色留节杖,一片谿光付鸟歌。三十年来老兄弟,素心好共指庭柯。

按:盛世士大夫,于居第之外别筑园池,所以乐宾客、畅幽情也。故晋公之"千桥",温公之"独乐",千古而下,犹有郑氏之"玉峰佳处"。元有顾氏之"玉山草堂",明有康僖之"野啸堂",文庄之"春玉圃",亦皆名著一时,业垂后裔。迨有明之季,物力耗于灾祲,兴致减于催科,户无盖藏,则娱心炫目之事废而不举，苟能克守先业，遂咸诧为胜事，嘉、隆之盛，不可复睹矣。抚今追昔，能不低徊慨慕也乎！

　　［乙未亭。在昆山塘北、真义镇塘口关王阁左，且与□修至和塘立石处。］

　　［星溪。在进义小港内，土石宅西，有大石，为天上陨星所变。石大如船，在宝西沿溪，根深不可移动，今存。］[1]

―――――――――

1　底本此二条增补于卷三《水利》篇，本次整理移此。

卷十二

职 官

《大学》十章,终之以生财。平天下者,理财其首务矣。江南赋甲天下,屈指苏、松,昆为苏大邑,令兹土者,催科又首务矣。皇朝三十年来,邑长十余人,从无有催征及额者,非令之拙,乃法严而赋重,田荒而民贫也。法不变,吏终无以自全,司国计者,其念之哉。

皇朝知县

王鑨,子陶,河南孟津县人,副榜。顺治二年豫王委署。本年七月到任,后题,至顺治五年升銮仪卫经历。胡之祐,申如,浙江绍兴府山阴人,由恩选。顺治五年十一月到任。[七年六月卒于官。]邓秉恒,元固,山东东昌卫官籍,由进士。顺治七年十二月到任。[十一年七月去。]张靖之,□□,直隶保定府祁州深泽县人,拔贡。顺治十年二月到任。[十一年七月去。]师人门,[安肃人,拔贡。十一年十二月任,十三年十二月去。]徐邦俊,勉千,河南怀庆府河南县人,举人。顺治十四年三月到任。[十五年正月去。]郭文雄,鸣上,山西太原府文水县人,拔贡。顺治十五年八月到任,视事七月病故,见《名宦》。[王胄,士华,醴泉人,拔贡,十五年署。]王简,莘云,直隶永平府抚宁县人,拔贡。顺治十六年九月到任。[十七年八月劾去。]王见龙,在田,四川保宁府广元县人,举人。顺治十七年八月到任。[十八年九月劾去。]李邺仙,泌若,福建建宁府建阳县人,举人。顺治十八年九月到任。[康熙元年劾去。]马文骏,□□,直隶大名府浚县人,拔贡。康熙元年十一月到任视事,二十五日病故。李开先,鸿逵,直隶河间府任丘县人,拔贡。康熙二年正月到任。[四年十月去。]王仲槐,植三,浙江绍兴府山阴县人,吏员。康熙四年十二月到任。[六年十月去。]魏熙,二寰,湖广汉阳府汉阳县人,拔贡。康熙六年十二月到任。[八年十二月劾去。]董正位。黄洲,直隶府开平卫人,拔贡。康熙九年六月到任。[十四年七月劾去。]

县 丞

李宗孔,良乡县人。金弘毅,山阴县人,贡士。陈克科,福建人。林应兆,福建蒲田县人。滕元鼎,宛平县人,壬午副榜。刘其化,晋州人,拔贡。郭宸郢,陕西泾阳人,副榜进士。[一作郭宸,泾阳人,举人。]赵礼,山阴县人,吏员。熊姜梦,湖广仁夏人,岁贡。李芝龙,曲周县人,官生。沈麟元。福建泉州府南安人，副榜举人。

已上水利县丞。

康熙二年添设管粮县丞：张建极，王鸿盘，见邑庙碑。高冕。

主　簿

何其显，奉旨裁去。楼自新，顺治十三年奉旨特复。谢学达，崔承诏，张松年。

皇清教谕

范克诚，湖广汉阳府人，举人。［顺治二年九月任，五年十月任升顺天教授。］项复阳，［长孺。］徽州府歙县人，举人。［顺治六年八月任，十年七月病去。］李思恭，徐州［沛］人，贡。［顺治十年七月任，十三年闰五月升扬州教授。］王鲲化，［伯鹏。］宁国府泾县人。举人。［十三年闰五月任，元年升金县知县。］吴谧，［安士。］镇江府丹阳人，辛卯举人，壬辰会试副榜，升湖广竹溪县知县。［康熙四年七月任，十三年二月升商水知县。］张其瀚。［楚白。］常州府无锡县人。［康熙十三年五月任，二十年二月升新平知县。］

训　导

沈靖，［字仲共。］本学生员，顺治二年安抚昆山，委署教谕，改授训导。［三年十月去。］张鹏远，常州府［武进］人，贡。［三年十月去，五年九月升江都教谕。］丁一敬，江南虹县人，贡。［六年四月任，十一月卒于官。］方式玉，［玉如。］徽州府歙县人，贡。［九年十二月任，十一年十一月卒官。］张希哲，［耐庵。］广德州人，贡。［十二年十月任，十八年五月升天长教谕。］沈惟芳。兰若，庐州府英山县人，贡。［十八年六月任，二年¹十一月忧去。］康熙三年二月奉裁。

239

前朝正佐

万户以上为令，不及万户为长，此秦汉制也。娄于汉为长，晋建令尉以下，隋唐始有簿及博士。博士，令所辟也。宋制为备，元改华政，我用我法。至明而齿繁赋重，设官分职，较昔更备，惟学官至宣德间始从铨授。志职官，先详官守，次叙姓名，正佐并列。方《志》较善，今仍之。

唐以前令。可考者仅五人。顾雍，汉，见《名宦》。祖冲之，宋，见《名宦》。陆庆，梁，见《名宦》。何之元，梁，见《名宦》。殷不佞。陈，见《名宦》。

唐。令掌道风俗，察冤滞，听狱讼。凡民田收授，县令给之，每岁季冬行乡饮酒礼，籍帐、传舍、

1　二年，底本为朱笔所补，作“二月”，据文意改，指康熙二年。

仓库、盗贼、堤道，虽有专官，皆通知。丞、簿各一人，为贰。尉分判众曹，收率课调。开元中，唐贰尉一人。

齐万融，见《名宦》。王纲，见《名宦》。李寀，见《名宦》。孙嗣初。俱令。王嵩。丞，见《名宦》。权立。簿，见《名宦》。刘绮庄，见《名宦》。孟庭玢。俱尉，见《名宦》。

宋。知县以京朝官任，主治民政，劝课农桑、户口、赋役、钱谷、赈济、给纳之事。县丞掌修水土之政，行市易之法，兴山泽之利。主簿掌出纳官物，勾稽簿书之事。县尉掌闲习弓手，禁戢奸暴，绍兴间以武臣为之。

知　县

边仿，见《名宦》。李维，见《名宦》。李垂则，赵积，见《名宦》。盖上行，梁适，见《名宦》。陈泛直，张方平，见《名宦》。李安，徐执中，钱公纪，韩正彦，见《名宦》。钱勰，见《名宦》。高保行，吴安度，沈辽，见《名宦》。顾中，[陈郓，]杜操，葛永，侯涣，李乘，钱景邈，周拟，鲍朝宾，姚舜明，见《名宦》。郭渊，盖玙，黄浩然，梁泽民，见《名宦》。孙承，吴昉，见《名宦》。孙畴，舒邦弼，邵相，董将，施埕，俞彦兴，刘澈，张汉之，见《名宦》。魏彦枢，祝振卿，邵序，莫伯虚，朱端禀，胡喆，张镇，程沂，见《名宦》。[汪大猷，]汤松年，胡廷杰，罗巩，徐谭，李结，闻人大雅，裴定，黄锷，一作锘。刘埙，汪璪，叶子强，见《名宦》。王子漆，邵衷[1]然，刘藻，邵辖，张真卿，周承勋，见《名宦》。孙侨，李稠，翟昀，章万里，吴概，芮度，潘友文，见《名宦》。徐挺之，章定，林晋之，汪稽中，应复之，赵汝模，一作樻。周寓，马自强，一作冯。巫似修，见《名宦》。赵汝郏，李桃，赵善菖，李伯长，张晋之，杨奭，薛仪著，一作仪老。周逢汉，林靖之，王伯深，陈宣子，潘彚征，见《名宦》。张应运，楼条，徐闻诗，见《名宦》。项公泽，见《名宦》。楼晒，胡棨，袁玙，李煮，何处宽，何九龄，杨嵓，陈绍芳，李桂发，见《名宦》。张复之，[咸淳七年。]杨源。

县　丞

楼璩，[沈吴名，]郭琚，吴洵仁，孟镒，向准，宋彦振，欧阳祐世，[一作佐世。]何浚明，王幹，向子广，盛简修，刘嶷，洪峣，李耆俊，莫俱，赵善待，邢铢，晏解，李馥，一作稷。吕察问，谢深甫，见《名宦》。赵善称，一作稼。楼铉，李津，赵盛，范公宁，陈蕃孙，黄博文，赵希倧，赵师晃，张传霖，翟彬，蔡汝揆，纪极，范大雅，张广年。赵师法，高衍孙，秦铉，万保光，蔡汝弼，赵櫄，张本，赵澂夫，林靖之，俞灼，赵崇正，周扬祖，赵时悟，王景寿，赵舆桧，卜稷，沈士圭，李应庚，张得之，全寓，周一龙，潘肖翁。[向□，见叶《志》。孙伯玉，见县学碑。叶

1　衷，《嘉靖志》卷五作"褒"。

佺。同上。]

主　簿

丘与权,见《名宦》。王纶,见《名宦》。赵伯琯,郭正仲,俞远,蒋谊,赵师云,陈璧,见《名宦》。赵希楸,赵彦橚,见《名宦》。余申,张余庆,李坚,项稚宾,汤遇,王显宗,赵希璓,张飞卿,吕宗元,[吕应作吴。]赵君珊,[应作若璘。]唐震龙,吴坚,见《名宦》。刘棠,施丙,[宝祐初。]何垓,丁鉴,陈大用,赵崇潇,逮梦龙,赵崇台,赵时鬲。

县　尉

施广勤,王齐舆,王万枢,见《名宦》。颜光道,赵伯方,仲度远,赵明夫,冯必度,陈子冲,葛洪,见《名宦》。曹溥,强遵,余瑒,赵希爽,[一作希奭。]程涣,应泰之,吴安舆,姚洽,王友辅,尹彦仁,洪起宗,[朱□,]邹宗俵,郁良显,张宗已,赵汝钦,柳开,潘应申,陈肖孙,赵汝榕,俞炜,李振之,富宗礼,沈起潜,吴登龙,赵孟玳,於泰,易斗元,谯□□,叶□□,张继明。

元。昆山初为县,设县官达鲁花赤,尹、丞、簿、尉,各二员。至元贞元年,升为州,设州官达鲁花赤一员,以蒙古人任,号曰监州,主州事,兼劝农,收掌州印。知州一员,杂以汉人为之,号曰司判,正官封署州印。同知一员,与知州环坐,佥署州事。判官一员,与知州环坐,佥署州事。至正十七年,添设判官一员,专率义兵守御。提控案牍一员,专管案牍,都目一员佥署。

达鲁花赤

八资刺,见《名宦》。答刺帖木,那怀,见《名宦》。孛罗帖木尔,见《名宦》。和尚谦齐。

县　尹

张显,潘昂霄,见《名宦》。孙国英。[新志载入知州。]

知　州

李郁,王琛,翟廷玉,王安贞,见《名宦》。赵朴,钱野仙伯,朱惟志,罗[一作卢。]柔,王鹏翼,皇甫信,王郁,李用璋,史文彬,见《名宦》。王世杰,孟乃马友,郭志,偰俣斯,见《名宦》。费复初,见《名宦》。卢僧孺,见《名宦》。方彦晖。

丞

梁观,兀鲁肃台,任珙,阿哈马,李谦。

同　知

杨温，秃忽赤，金哈答，忽都必，谭渊，撒都丁，鲍仲奴，上都马，李察罕，你咱木丁，沙班，木不剌，忙哥不花，林德载，[华亭人。]苏景玄，伯颜不花，瞻思丁，周荣，可马剌丁，蒋言，石盏按滩不花，磔烈石，曹子学，郜肃，见《名宦》。埜德弥实海牙。[梅英，见叶《志》。杨文学，见方《志》。梁仲德。河南人。]

主　簿

常济，耶律源，李钦，常仁寿。

判　官

木八沙剌，马祥，刘亨，康邻，刘天爵，张野仙，耿忠，薛天祐，姜复昌，见《名宦》。赵荣，宁伯颜，月鲁帖木儿，爱赤普花，李若愚，伯颜，李罗，辛思谦，冯不花，即里灭沙，边守礼，撒丁，郜肃，丁复初，徐石麟，见《名宦》。曹文华，常熟人。陈善。提控案牍。

明。郑晓《吾学编》曰："知县掌教养县民之事，县丞、主簿为之贰。凡县务，岁以上听试于督抚宪臣。三年贡士，听选于乡试。岁攒实征，十岁造黄册。民之赋役，视产为差。凡词讼，必询其情理，考诸律例而决之。凡养老、祀神、表善、恤穷之事，时省而敦行之。凡山海薮泽之产资国用者，按籍而贡焉。县管马，管河，管粮。主簿、巡捕，分职任事，而领于知县。典史，典[出]纳文移，或分领县事。设知县一员，县丞二员，主簿一员，典史一员。"

知　县

王公瑾，吴镛，呼文瞻，周志道，[毕福，洪武八年任，见《淞南志》。]徐用巽，乔鼎，郑能，刘璞，彭万石，吉贞，王志，何平，邹汝龙，芮翀，见《名宦》。曹睿，马文炯，见《名宦》。蔡盾，李端，董宗，[邹杰，宣德五年由监察御史降任。]任豫，罗永年，见《名宦》。邵昕，吴昭，见《名宦》。郑达，见《名宦》。周敏，[宋微，天顺四年以司理摄任，见城隍庙志。]梁用昕，唐素，见《名宦》。杨谧，见《名宦》。余玑，见《名宦》。张洵，杨子器，见《名宦》。汪淳，张萧，徐璁，吴琪，见《名宦》。邓文璧，方豪，见《名宦》。施德桢，见《名宦》。王旸，尹嗣忠，见《名宦》。宋伊，见《名宦》。王朝用，郭楠，任廷贤[1]，杨逢春，王庭，鲍龙，朱伯辰，王应璧，祝乾寿，见《名宦》。曾梅，陈子佐，张焊，彭富，见《名宦》。王用章，见《名宦》。申思科，程达，刘应龙，吕兆熊，聂云翰，见《名宦》。陆应川，樊玉冲，见《名宦》。杨州鹤，王时熙，祝耀祖，

1　贤，《嘉靖志》作"贵"。

陈祖苞,见《名宦》。张琳,苏寅宾,全廷训,以郡丞摄。王忠陛,闵心镜,秦士奇,过周谋,钱肃乐,见《名宦》。李徵,全在兹,叶培恕,蔡承瑚,万曰吉,杨永言。内汪淳姓名,历志不载。近因万历以后县佐无考,索之于旧姓捷报匾额,从周在匾上查出,弘治五年任,宋伊勒石时失记五人,此其一也。

县　丞

［董仲宣,张宪,从叶《志》增。］郭贞,王珂,解礼,沈铭,余[1]士伟,杨泰,贾敬,李琼,吴仲郢,刘孟武,吴进修,洪普,金华,李资,金珂,章安,陈纪,董亿,王辅,王世美,李江,罗珍,王鸣鸾,杨晟,汝贤,孙纪,方宏,汤辅,王圭,魏弼,张守诚,项蒙,陈思义,喻希盛,陈策,王惠,卓曜,熊瑄,刘缙,何宗琏,张坤,郑枭,张文明,何渭,刘廷运,谌瑾,周美,石肯构,见《名宦》。李三省,见《名宦》。陈光台,杜文暹,安成用,诸大谕,丘泉,郝思翰,朱惟和,郭维屏,李应春,孔弘杲,［刘谐,麻城人,隆庆辛未进士。由给事中谪官。］陈上策,王养民,周延暹,郑修,邓简,周命新,章楄,司翀,方一彬,沈文进,张懋赏,李我怀,王道平,刘应龙,高见祖。［阎茂才。乙酉六月暑,为乱民所杀。］

主　簿

梁公杲,夏浩,张鉴,盛茂,［唐启善,见叶《志》。］谈荣,杨荣,王日升,洪汝鈇,黄员通,景泰中任,见《名宦》。张时端,一作瑞。刘洁,［吴钦,见《卫泾祠记》。］纪智,成化中任,在官五年,见《名宦》。何富,李胜,胡宝,秦宁,段云,张鹏,韩璋,韩文,雷声,邓镒,窦钺,王资,乐章,耿俞,翁确,杜城,李斌,陈俊,杨宁,童鲁,王绶,揭燮,嘉靖中任,见《名宦》。周良知,马易,任瀚,寇来辅,杨焘,秦金,马瑻,郭惠,徐海,尚锦,甘世仁,熊袍,陈世［宝］,孙俊,刘乾,方枢,杨元春,黄维清,夏同轨,赵贤震,詹汝仪,王嘉宾,姚绍曾,胡琼,赵德琦。［廖乾应,万历。左三聘。］

丞、簿二官,万历年间任者,无从稽考,缺略殊多。天启以后,仅从各科匾额抄录,十得八九,峕候后贤增其未备。

前朝教职

隋、唐名博士,宋名主学、训导,元名教谕、训导,改州名教授、学正,明仍名教谕、训导。

1　余,《嘉靖志》作“俞”。

隋

朱燮。见《名宦》。

唐

沈嗣宗。

宋

朱起宗,倪跃龙,包应许,戴成大,[应作大成。]袁宗义,[范延芳,仲淹九世孙,安国子。]沈逢原,严曰瑚,边瀛,沈诚,汤弥昌,[新志载入元姚廷发下。]何旦,陆震。

元

刘秉懿,施埧,姚廷发。[朱南坡,见今志。陶植,原志不载。]

以上教谕。

王立,史纬,孔渊,见《名宦》。陆介,李鸣凤,王内泰,贡施[1]正,刘文庆,周师式,陈礼,郑廷鸾,李朴,蔡基,欧阳幹,陈珪,陶彦杜,许观,蔡景行,曹知白。

以上教授。

王梦声,见《名宦》。卫培,见《名宦》。赵璧,见《名宦》。陈绍参,盛德瑞,徐伯兴。

以上学正。

明

陈则,漆居恭,王瑾,周辉,徐颐浩,王纮,萧引之,曹昇,朱冕,见《名宦》。冯献,严敏,刘衡,张泰,刘学滋,陈宾,崔中,许浚,周谟,杨宗,段锦,陈辅,许耿济,郑守思,吴宗周,余永麟,杨华,宋茂时,蒋仲哲,潘纯,朱宪,吴敦本,计坤亨,聂英茂,夏士元,王体升,田畛,何士瞿,毛嘉,周溥,林廷赞,陈一言,蒋成才,杨圻,章廷坚,沈应奎,见《名宦》。程邦祚,黄甲登,林士挺,荆懋功,杨述古,顾国缙,洪应绍,见《名宦》。余田,萧正大,霍蒙极,吕兆龙,张绍祖,毛斌然。

以上教谕。

[张守中,见《名宦》。]陈潜夫,见《名宦》。郑阆,林钟,见《名宦》。卢从龙,[唐贞,永乐初任。]张叙,林舆,魏穆,王涣,季篪,见《名宦》。章荣,俞山,蒋贵达,曾习,张倬,

---

1　施,《嘉靖志》作“师”。

见《名宦》。章经,娄伟,王环,袁实,曹隐,萧凤,刘显,郑宏,周璿,陈廷玉,王儒,阎绣,卓瑀,王宾,陈謹,朱尹,郭伦,姚瓛,熊文奎,郑士烈,姚岳,吴彬,张廷用,林旻,张爵,戈凤,蔡焕,陈荆献,刘天孚,全士龙,袁丰,张汝才,见《名宦》。黎廷献,［胡经,安福人,成化十二年。］樊昇,蒋铨,刘文正,林待礼,罗天俸,吴纯德,李著,周良材,曾确,魏亨,苏议,汪道灿,杨汝讽,陈灯,王体仁,晋天瑞,彭士化,董知微,檀礼器,石世官,吴之孟,吴淑旀,吾道行,曾事孔,蒋之芳,见《名宦》。沈尚贤,贺家训,王同登,堵应畿,见《名宦》。萧种仁,刘承芳,芮士元,王士梅,徐士国,陈秉敬,张鹏翼,周秉绪,高如松,周浚明,王志彦,陈王用,朱振。

以上训导。

名　宦

名宦一正位[1]

季篔曰:"昆山为东吴剧邑,地广民众,可方古诸侯国。官于斯而有政迹者,自南宋迄今千余年,仅三十余人耳。"呜呼! 才难,不其然乎? 明季自万历以后,用催科为考成,六十年来无一完令,吏兹土者如传舍,然皆赋重役繁、地荒民敝为之也。由今之难追述往昔,能不慨然? 作《名宦传》。

三国

顾雍,字元叹。吴人。德宇渊深,夙播人誉。少从蔡邕学琴书。邕叹异之。弱冠为合肥长,后为娄长,及曲阿、上虞,皆有治迹。迁会稽郡丞,吏民归服。黄武四年,迎母于吴,孙权敬贺之,亲临拜其母于庭。官至丞相,封醴陵侯。［谥曰肃。］

南宋

祖冲之,字文远,范阳［蓟］人。有机思,解钟律,尝改何承天历法、姚兴指南车,造韵器。又体木牛、流马,造一器,不因风水自运。孝武时直华林学省,历公府参军、娄县令,入齐,为长水校尉。有《述异纪》十卷。大观三年,以著名算学封范阳子,从祀孔子庙庭。

梁

陆庆,吴县人。少好学,通五经,尤好《左氏春秋》。节操高介,为娄令,以善政闻。

1　正位,底本无,据文例及底本此节目录补。

陈天嘉初，征为［通］直散骑侍郎，不就。太守永阳王闻其名，欲与相见，辞以疾。宗人陆荣为郡［五官］掾，庆尝诣之，王微服往观，谓荣曰："庆风神凝峻，殆不可测。严君平、郑子真，何以尚兹？"

何之元，庐江灊人。好学有才思，为袁昂所重。昂为丹阳尹，辟为五官掾。除信义令。有宗人敬容，位通显，频相过访，之元终不一造。或问之，对曰："德薄位隆，覆败可待，吾惧及祸耳。"识者称叹。陈大建中，历湘州刺史、始兴王谘议参军。始兴王诛，之元屏绝人事。著《梁典》三十卷。后移居晋陵，隋开皇间卒。

周铁虎，承圣二年以功封沌阳侯，仍为散骑常侍。时昆山始置信义郡，以铁虎领太守。王《志》附见。

周文育，字景德，少孤贫，义兴周荟养为己子。后预平侯景，封南移侯，拜信义太守。后谥忠愍。王《志》附见。

陈

殷不佞，字季卿，长平人，梁［尚书、］兵部郎中高明子。少立名节，居父丧，以至孝称。初为武康令，母没江陵，以道路隔绝，不得奔赴，［四载之中，］昼夜号泣，及［丧］归，身自负土以葬。孝武受禅，除娄令。文帝时，加通直散骑常侍。［卒官。］

唐

万齐融，越州人，为昆山令。神龙中，与贺知章、于休烈、包融、贺朝为文词之友，齐名一时。

王纲，大历九年，以大理司直为昆山令，政务化民。始作学舍，置博士弟子员，民兴于学，有不被儒服而行者，莫不耻焉。详见梁肃《记》，载《艺文》。

李寀，太宗第十子纪王慎裔孙也，为昆山令。

宋

边仿，华州郑人，谏议大夫诩之从子也。［太平兴国二年。钱氏纳土，仿］知吴县。雍熙四年，再知昆山。循良牧爱，政绩茂著。自吴越以来，多以武人为令，民不知学，仿因旧址建学宫，儒风始振。太宗闻仿贤，行玺书奖劳，至殿中丞。

李维，字仲方，洛州肥乡人文靖公沆弟。举进士，为昆山令。至道三年，获白龟献之郡。历翰林学士、中书舍人、尚书左丞。卒赠右仆射。

赵稹，字表微，宣州人。擢进士第，由大理寺丞知昆山县。为人诚质宽厚，以德化民，累官礼部尚书、［枢密副使，拜］太子少傅。［卒］谥僖质。

梁适，字仲贤，郓州须城人，翰林学士颢子。少孤，尝辑其父遗文及所自著以进，真宗曰："梁颢有子矣。"授秘书省正字。天圣初，吕夷简荐之朝，擢知昆山，徙知梧州。后举进士，知淮阳军，奏减东京预买绸百三十万，论景祐赦书不当，仁宗记其名，拜右正言，改直史馆，奉使陕西，与范仲淹论边机十余事。进知制诰，历枢密直学士，参知政事，赠司空，谥庄肃。

张方平，字安道，扬州人。《宋史》南京人，一云宋城人。少颖悟绝人，宋绶、蔡齐以为天下奇才。明道中，举茂才异等，为校书郎。景祐中，知昆山。时吴越归国未久，豪民占田者多，有积讼数十年不决者，方平按其所输租，大率百才一二，乃悉取其羡田以赋贫民，而讼亦息。侍郎蒋堂为郡守，得方平所著《刍荛论》三十篇上之，遂举贤良方正直言极谏科，通判睦州。时赵元昊叛，方平上《平戎十策》，宰相吕夷简善之。俄知谏院，修起居注。使契丹还，知制诰。神宗尝曰："卿文章典雅，焕然有三代风，又善以丰为约，意博辞寡，虽训诰无以加也。"拜参知政事，极论新法之害。以太子少师致仕，卒赠司空，谥文定。今祠在东南门外，小民以土神祀之。

韩正彦，字师德，相州安阳人，魏忠献王琦从子，秘书省著作佐郎璩子。嘉祐中，知昆山，以静治之，囹圄为空。创石堤，疏斗门，为塘七十里以达于郡，人不病涉。又得膏腴田数百顷，请以输州之赋十三万，从便输县，鸠作塘余材，为县仓以储之，民大悦。以最闻，比去，遮道以留，立生祠，作《思韩记》镵石祠下。

钱勰，字穆父，会稽人，吴越王后。以荫知昆山，升中书舍人。后知开封府，不避权贵。哲宗朝，命兼侍读，为章惇所诋，罢去，知池州。元符末，追复龙图阁学士。

沈辽，字叡达，钱塘人，翰林学士遘之弟也。为昆山令，趣操高爽，飘飘然有物外意。受知王安石，及安石当国，辽为审官西院主簿，论事不合，罢去。为文雄奇峭丽，与苏轼、曾巩、黄庭坚唱酬，自成一家。

陈郛，字彦圣，第进士，知昆山县。岁饥，属邑希部使者意，不敢请蠲，郛曰："岁歉而不捐赋，民必流转沟壑。"请之甚力，竟蠲之。后为司农丞，不谒政府，请外，除闽漕。以元祐党坐废，后复朝奉大夫，卒。郛性清鲠，历官五十年如寒士。

梁泽民，南剑州将乐人。政和中，为昆[山]令，有惠爱。其父伯臣来就养，凡所设施，得于庭教者为多。

姚舜明，字廷辉，越州嵊县人。宣和初，为昆[山]令，到官月余，以母忧去。钦宗朝为御史。伪楚之际，挺节不污。[南渡后]仕至户部侍郎，卒赠太师。

张汉之，父景修，两为宪漕，五领郡符，而家极清贫。汉之为昆令，政务宽厚，缓于催科，邑人戏曰："其家世守清贫，自来无此，故不欲与人索也。"

程沂，字咏之，洛人，伊川先生从子。绍兴间，知昆山县，为政中和，有古循吏风。尝修邑庠,张无垢为之《记》。

汪大猷,字仲嘉,庆元府鄞县人。绍兴十五年进士,知昆山县,丁父忧,终敷文阁学士。大猷好周施,叙宗族外族为《兴仁录》,率乡人为义庄,众皆欣劝。

潘彙征,字泰初,建康溧阳人。记问该博,宗伊洛之学。嘉定中,第进士,廷对剀切。刘宰嘉其志不苟求,学行兼备,荐之于朝。知昆山县,以廉平闻,调繁昌卒。

潘友文,字文叔,东阳人。与朱熹、吕祖谦友善。开禧初,知昆山,宽慈爱人,人呼为潘佛子。秩满,争结彩楼于路,以志去思。友文曾植桃于山,题咏甚多。见《艺文》。

高衍孙,四明人。知昆山县。嘉定戊寅,初设嘉定县,台使奏衍孙主其事。衍孙以东五乡民顽犷已久,若一切迫之,鸟兽散耳,请以八年、九年畸零二税为营建费。又秋苗减耗,夏税兑增;罢财纠司,以绝横敛;籍分淳顽,以示劝惩。行之三年,俗以丕变。

项公泽,字德润,永嘉人。以童科擢第。淳祐间,由长洲丞辟宰昆山。前此自李桄满秩后,更十三任,不以善去。公泽为政廉敏,百废具举,留意学校,买田养士,以文学饰吏事,礼聘凌万顷、边实,修《玉峰志》。去后遗爱,民立生祠。官至中奉大夫,知安吉州。

徐闻诗,字子言,嘉兴人。性颖悟,八岁通九经。理宗时,由童科擢第,淳祐中知昆山,官至知惠州。

叶子强,缙云人,问学该博,工诗文。淳熙乙未,知昆山。政尚简易,循良爱民,在任三年,百度修举。以邑有"潮过维亭"之谶,遂建问潮馆于驷马桥西,后潮果过维亭,卫泾遂魁天下。又以先任无所稽考,乃遍稽史牒,取雍熙以后五十六人刻诸石。留意学校,增修黉舍,士多德之。入官奉常,擢朝奉郎。[权知秀州。]

周承勋,广德人,博学能文举进士。为新昌尉,发奸戢盗,民赖以安。知昆山,政平讼简。所著有《清闷集》。

巫似修,嘉定辛巳知昆山。时学宫卑陋,似修始撤而新之,闳丽雄深,十倍畴昔,士民悦服。他敝政一洗,遗爱在人,后人思之,祀贵德祠。

林桂发,咸淳间知昆山,政务爱民,心存教士,增建学宫,诸生感悦,祀之贤守令祠。

元

王安贞,字吉卿,彰德安阳人,补浙西帅府掾。至元中,迁昆山知州。时州治初迁,安贞规画创建,费巨而民不扰,政教懋举。秩满,授饶州路治中。

那怀,本蒙古瓮吉剌氏。泰定初,以武德将军为昆山州达鲁花赤。时州治新迁,公廨未建,怀募里正,兴役有方,民皆乐从。先是上官莅州,供帐器用,悉赁于富室。怀以公罚钱置造,百用具备,应役者始息肩,且敬重耆老,人皆贤之。

八资刺,字思齐,畏吾氏。至元丙子监昆山州。警敏详审,民皆慑服。先有金人睥睨学宫,屏斥诸生,且立石以灭其迹。八资刺下车,慨然以兴复自任,葺庙宇,建采芹亭,彩绘一新,风俗丕变。

潘昂霄,号苍崖,济南人。至元十九年知昆山,以文学饰吏治,多所建立,悉中肯綮,有古循良风。累迁翰林侍读,历集贤大学士。以昆山范国隽荐于朝,考校所业中程,于山长内区用。所著有《苍崖类稿》《金石例》《河源志》。[昂霄任侍读时,奉命穷河源,从阔阔出得其说,撰《河源志》行世。]

孛罗帖木儿,字存中,唐兀氏。至正辛巳[以奉议大夫]监昆山州。适初立都水庸田司,开疏河渠,受委临督,竭思经营,兼存抚恤,民皆安之。修举文庙、礼乐,力善爱民,有仁恕之风。

史文彬,丹阳人。至正九年领昆山州事。十年,海寇犯太仓,官军入海剿捕,连数百艘,馈饷悉出官帑给之,无扰于民。前此兵出,所过剽掠,文彬严为禁制。有卒稍横,令反接于市鞭之,置诸狱,众乃敛戢,民赖以安。新孔子庙,增学官弟子员,劝督农桑,均徭简讼,士民悦服。

偰俣斯,高昌人。至正二十三年,以治县第一,擢知昆山州。政尚宽平,务行恺悌,境内忠贞孝义之事,多所旌表。以州为张昭、陆逊故封,立庙祀之。又置田租,以瞻王葆、李衡祠事。表刘过及朱虎妻茅节妇祠墓。邑人赋《昆山五咏》以美之。

卢僧孺,字希文,其先范阳人,自五季逮元,凡三徙,为濮阳人。僧孺生膺世美,器宇凝重,以祖文昭公荫,授承事郎、侍仪司通事舍人。历知辽州、鸣沙、宜兴[等]州,至正十八年,擢常州总管府同知,以兵起道阻,弗克上。太尉府辟为昆山知州,为政宽平有体,旋以年老辞位。卒葬昆山广慈尼舍之左。

费复初,字克明,东平寿张人。至正间来知州事,刚直廉明,推赤心以待人,民甚敬之。自延祐元年州治迁太仓,至正丙申复移马鞍山下,学宫久废,复初拓旧址为之改筑,黉舍一新。暇则入黉宫,与诸生讲理学,辨名义,扶植纲常,百废具举,柯九思为《政迹诗》以美之,有"黄伯方称第一人"之句。后再任。二十六年十一月,明兵围郡城,复初率士民归附。升苏州同知,历官福建按察副使。归老于昆,卒年九十六。

明

芮翀,字子翔,河南偃城人。洪武二十七年进士。初知垫江,改金坛。三十一年,又改知昆山,首革库子、祗候等弊诸蠹治者。时催粮勾军官校,久为民害,每以籍官屋为牢,取里甲辈禁之,淹滞多死者,翀悉解遣之。复奏效官旗之娶妇生子于昆者,影户匿丁,朝命御史李岳究治,械送京师凡二百余辈。永乐元年,坐事发遵化炒铁,耆老王荣等伏阙讼冤，诏遣驰传还任，复奏免包荒事故田粮十八万三千有奇。寻以大水奏开吴淞江淤塞二十余里，时命尚书夏原吉、太常少卿袁复临视之，翀陈开新塞旧之策，多见采纳。功成，以母忧去。未几，陕西按察司佥事马祥奏翀才堪理剧，吏部奏称：昆为剧邑，翀素得其民，当令再还旧治。而勾军百户修隙，有诬奏者，逮京讯问，事白，再驰传知昆山。十三年，丁父艰去。翀为人雅正宽平，务持大体，略近名，赦小过，而局干甚精，书削纷纠，治之绰然。前后在昆凡一十八载，精采弥著，去之日，民皆流涕。后为广东道监察御史，改知秦安县，再知清丰。宣德六年卒于位。

马文炯，浙江山阴人。洪武间以乡举除兴化教授。永乐十五年，由通政司经历知昆山。刚介有守，政令明肃，不为权贵少屈，奸豪屏迹，胥徒畏之如神明。而视小民如子，未终考卒，民悲且思之如父母焉。

罗永年，字延龄，顺天宛平人。初授序班，历兵马副指挥。宣德十年，迁知昆山，张弛适宜，下民赖之。马鞍山旧无树木，永年遍植以柏，岁久郁然，时人名为"郎官柏"，作诗以美之，尚书胡濙有《郎官柏记》。

郑达，字叔通，襄阳人。宣德乙卯，以乡举入太学，授鳌屋知县，复西洛峪水渠，农赖以济。景泰五年，苏、松大饥，巡抚李公奏乞选能吏以拯民艰，部以达应，乃进六品俸，调知昆山。初下车，见饥民阻塞衢路，及阅济农、预备二仓，皆无实积，乃徒步走乡郭，就上中户谕以利害，劝令出粟，得谷数千斛，于僧寺道观作粥糜以饲饥者，日给二次。已而疫作，延请明医葛明仲疗之，每躬亲督视。及秋水退，民间庐舍有废者，市竹木，撤官府败屋以给之，春又给谷种，全活不可胜数。时有捕盗千户不法，索财扰民，达发其事，竟戍之。其为人谦恭节俭，乐善好贤，喜与高人端士交，如乡绅郑文康、老儒龚诩、沈鲁辈，时进咨访焉。教谕陈登有治才，儒士周号有文学，咸为推毂。凡孝弟贞节之事，无不表而旌之。天顺二年，卒于任，遗爱在昆，民思念之。

吴昭，字伯昭，丽水人。正统十三年，以监生擢知昆山。始建城隍庙于马鞍山阳，问潮馆于驷马桥右。

唐素，字豫叔，京山人。成化三年，以进士来知县事。下车即芟奸剔弊，人畏其严明，狱讼顿息。三年调长洲，六年迁御史。历官广西按察司佥事。

杨谧，字文宁，仪封人。成化己丑进士。知昆山，明敏有为，废坠皆举，利泽在人，去犹思之，仕至兵部侍郎。

余玑，字懋器，临海人。少以文学名，成化乙未进士。知昆山，宽厚简静，不为苛察，遇事能为民任咎，在昆五年，公过四十余条，俸恒不给，久之下安上信。擢拜御史，去之日，行李萧然，清操不愧古人。未几，卒。

杨子器，字名父，号柳塘，慈谿人。弘治初，由进士知昆山，以扶善锄恶为首务。下车即置巨猾数人于法，抚字小民，极其周至，间入民家，察其勤惰而劝惩焉。尤加意学校，择髦士之秀者亲加教督，过塾师之门，或下车取童子课程考校之，若子弟然。暇则与文人耆老款接咨访，务尽其情。表章先贤祠墓，撤毁淫祀百区，悉以其材充庙学公署之用，禁绝僧道、巫祝、游民及山神会，邑中尚鬼之俗为之一变。未及三年，以父忧去。后补高平，调常熟，浚白茅，使海口涨沙尽去，合郡利之。升吏部主事，历官河南左布政。卒，昆民思之，立柳塘祠于马鞍山前，春秋祀之。

吴祺，字贵德，江西丰城人。以永平教谕登进士。弘治十六年来知昆山，廉明宽厚，政务修举，利泽及民，请顾侍御潜修《昆山志》。后擢御史，仕至副都御史。

方豪，字思道，开化人，正德戊辰进士。才思敏赡，文学清嘉，来知昆山。适己巳、庚午，吴中大水，城郭以外，一望皆湖，野无炊烟，死者相枕。豪以民皆逃死，不能催征，便服自诣郡狱，在狱中四十三日。就狱具奏，请如汉文减租，兼停一切钱粮，俟丰年次第带征。朝廷特从其请，苏、松四郡及浙西三郡并免漕粮。其疏稿及《上王巡抚书》，吴中至今传诵之。明年春，雨妨稼，会抚臣行县，豪徒步请勘道左，陷坎窨中，民皆奔救，哭声沸地。抚臣动容，为请于朝，又得减半焉。无何，以艰去，历官福建副使。

施德桢，字天瑞，浙江余杭人。正德八年，以进士来知县事。励精勤政，威德并行，不尚严刻，人自畏之。尤加惠茕独，爱养特至。时县遭水患，屏去隶卒，亲诣乡保，察被灾者，蠲其租，民沾实惠。平居自奉约素，性刚果，令在必行，好摧挫权势，以是罹谤。愤甚，疽发背卒，囊橐萧然，不能殡殓，僚属荐绅为具丧而归之，道路皆为于邑。

尹嗣忠，字子贞，神策卫人，御史纮子。正德十二年进士，知昆山。下车即置巨恶一二人于狱，号令风行，四境大治。为人不事表，暴民多安之。入为刑部，历官兵部侍郎、延绥巡抚。

宋伊，字汝任，河南裕州人。嘉靖十九年进士，知昆山。莅事明敏，征徭有法，不扰民而取办恒先他邑。为人简静沉默，言笑不苟，人不敢干以私。在任三年，岁连祲，伊请于上官，发粟赈救，民赖以生。邑多嚣讼，方伊初至，持牒者盈庭，期而鲜，再期而空矣。有不下堂而治之风，擢户科给事中，旋卒。

祝乾寿，字健卿，湖广应城人。嘉靖癸丑进士，[来知昆山。]明敏流利，通晓土俗，而缓急布之，民安其教，乐其惠。莅任无几，即遇倭警。甲寅四月，贼猝至竹筛渡，涉三江口，薄东关，猬集城下。乾寿微服乘城，量派上中下户，募民守御，措置秩然。于是壮丁傅陴，老少运瓦石，士庶莫不感奋。乡绅王任用、朱隆禧，孝廉归有光、丁允亨、秦霱等，共画便宜左右之。诸生潘蔚卿、晋日亨、陈淮等，擐甲跨马，与之接战，每有斩获。柴辅元、柴秩率合族家丁三百余人守东关，独当其冲，所歼尤众。又募敢死士，夜往江口，烧其船，而贼且转向西关矣，负板蔽身而前，濡絮被裹之，箭炮不能入，锤研竟下，城垂破。乾寿服短[后]衣，执金钲鼓之，莫可谁何，守者相向号恸。忽见一父老曰："但沸桐油，杂厕秽热下之，贼可擒也。"乾寿如言试之，果得渠魁二大王者，缚旃竿射杀之。贼望见悲怆，乃解围去。及循城，小憩土神[卜将军]祠，睨其像，即西关父老，遂上其事，春秋祀之。此皆乾寿一诚感动神助，而卜将军之灵至今赫然，又与乾寿全城之功同不泯也。[寻]以艰去，后擢御史，昆民祀之卜神祠右，黄冈樊玉冲题其祠曰"胜生"，且为之记。

彭富，字仲礼，大理卫人。嘉靖壬戌进士。来知昆山，适当辛酉大水后，民皆流散，继之大疫，富极意抚恤，民得渐苏。其驭衙役甚严，掾吏之司，钱谷尤稽核不少贷。甫二月，即置积蠹数人于法，邑中慴服。俗多包揽，有豪户蔡江、沈诏等七人，诱小民产，总归己户，每领运至京，以积逋累人破产。廉得其实，悉捕问遣，其害以息。平居不受请托，有来嘱者，必和颜受之。后听断一衷于理，后皆知其意，竟无复有请托者。有少年甲科，与盗通，富持之急。其妇翁亦大僚也，为代请，至屈膝者再，卒穷治其党而后已。擢户部去，仕至四川巡抚。

王用章，字汝平，祥符人。嘉靖乙丑，以进士知昆山。性通敏，能周知民情。甫抵县，按所部田赋及诸奉行催督之籍，一览洞然。于是询诸父老，曲算其便。定雇役之法，清改兑之弊，免储总之役，期年，民大悦。会抚院图头、粮长之议下，用章廉知飞诡之弊，为领赋者害，乃先将图甲清之，下令严限推收，令买主不苦在户催征，业主不乐客户影射，而七十二区之田尽书，乃按照田户以编役，按区照图甲以拨运，从此役均弊绝，民皆乐业焉。会海忠介浚吴淞，工役浩繁，用章应机立办，民间若不闻有役者。忠介意在遏抑豪强，仕宦之家重足而立，独昆邑赖用章主持，无敢有告讦者。听讼晨至夕鞫，绝无停留，后至公堂寂然。尝有雁降于庭，留止不去，人为赋《来雁》以美之。己巳、庚午，县苦水灾，力请于忠介，得免漕粮改折，民赖以全。性洒落，能多饮而不醉。尝与士大夫从容山水间，一以私请，则面目毅然矣。有某公者，父子怀嫌，适园亭落成，来请用章，饮酒阑，忽曰："今日欲鞫一公事。"问何事，曰："即公父子间事也。"呼其子出，因数其家事，委细具知，皆以至情开谕，一家骇服，叩头请罪感泣，誓终身慈孝。因复命酒，饮极欢，为题其堂曰"遂初"，言遂为父子如初也。三年入计，考上上，民皆诣阙请留，海公疏请，迁为常州府同知，仍管县事，前后凡七年。召入为主客郎，竟不赴。归而饮酒赋诗，优游林下，以上寿终，昆民思之，建祠于玉柱塔之左。

聂云翰，字抟羽，号化南，广平曲周人。万历壬辰进士，授昆山知县。身长七尺余，面方而黝，状类神人，心计口辩，皆过人远甚。其治以抑豪强、祛蠹弊为主，而才术足以副之。莅任及期，将编赋役，以为非户清则田不出，非田出则役不均，乃总其户，履亩而校之。先剔飞诡侵盗之弊，自亩零以上至百千万计，造为虎头鼠尾册，按上中下列为三等定役,绅士自优免外,一体输差,于是赋役均平,寂无哗者。故事,里甲之在乡者为排年,在城者为坊长。凡上官经临,帐具皆坊长职应,奔走烦费,有至倾家者。云翰取库银自为供具,以时修葺,而坊长之困永绝,或缮修城陴,所度丈尺及物料人工,屈指可得,人以为神。三年治成,以实户口、辟荒芜、清赋额、兴礼教、备荒歉,行遍保民五事实政,具册上闻,至今犹班班可考云。至其校士,独取才气新异者,常刻十二子,拔尤命中者,十得其九。后人虽极力效之,弗逮也。召入,为兵部主事,调礼部,告归。卒,昆人尸祝之,立碑于文笔峰之上,建祠于荐严寺之前。

樊玉冲,字元之,号棠轩,湖广黄冈人,万历乙未进士。初授商城令,政尚清简,商邑大治。会矿使凭陵,玉冲偃蹇不肯下,直指怜其才,请调昆山。人或谓昆山剧邑,不可以商治治之。玉冲曰:"唯繁也,故当莅之以简。"其所以劝农息讼,约供费,绝饷遗,一如在商,吏胥为之束手,往往谢去,其初至昆也,即取前令云翰故牍观之,喜曰:"赖先官之义,我其愿为曹参。"然每周思本末而损益布之,凡前令之厘革未尽者,或已革而复窜入者,或阳革而阴实未然者,无不求为尽善。时当编审,隐覆万状,云翰虽精敏,必居别署钩而校之,累月乃竣事。玉冲独以三日毕,毫发无爽。或问其术,曰:"我何术,我但以平居讼牒中,默识其飞若干,诡若干,某田浮役若干,某役浮田若干,十得二三焉,证以征逋之籍,十得五六焉,又询之贤绅,试之老吏,十得八九焉,人自不可欺耳。"其听讼也,以无讼劝之,务平其情,胜者无欣色,褫者无怨色。其待士也有礼,督学设为门禁簿,使籍记,诸生之好至讼庭者,玉冲为易其名,曰求瀌台生簿而挟私来干者,皆废然知愧矣。庚子上计吏,录异等,首推兵部,而旨不下,即驰归省,旋复诣县。时台司通赋甚急,夺长吏俸,昆通且积二十万,玉冲恻然曰:"此民通赋时,吾数龄耳。今其人少者壮,壮者老,老者死,吾何爱吾俸而穷此不可究诘之通哉,其姑缓之。"然民皆服其恩信,输负唯恐后,有不给,或计县中节省银,量行补解。不使民知也。在昆六年,廉介如一日。闻父炜有疾,即以归养请。台司慰留万端,而玉冲陈情有"望子来诀,忍死相呼。职虽石人,能不悲咽"等语,竟解印绶付博士,乘夜戒行,萧然同两奚奴去。邑人之遮留者,不能及也。玉冲素羸,细瘦骨立,服用尤为菲薄。尝驾小艇视水灾,与饥民相对,啜菜粥而甘之,父老为之流涕。平居食不过二器,干蔬、豆羹外,或加二瀹卵。既没,昆民如丧考妣,捧土揭水,建祠马鞍山顶,称之曰"孝介先生"。民有疾,走祷辄应,但以杂蔬及二卵为享,至今犹然。后人追而述之,有《掬水祭樊孝介诗》,哀然成帙,亦足使闻风者兴起矣。华亭董其昌督学于楚,为之建祠于其乡。我邑李可汧近为楚学[使],重葺其祠而躬祭之。

陈祖苞,字令威,浙江海宁人,万历癸丑进士。以甲寅来知昆山,历乙卯、丙辰、丁巳四载而去。才性明敏,遇事剖决如神,而身心劲骨,不避强御,有古破柱风。其所措注，于赋役蠹弊之际尤加详焉。如大户之难办者运解，乃差次甲乙轻重布之，每亩纳银六厘，谓之津贴，而解户无破家之害。如细户之难充者银差，乃定为五年一役，兼以所议津贴佐之。八柜收银，皆有定法，而无漏役、复役之弊。如官户滥冒优免，一以《会典》之额裁之，而奸民之寄户、花分，俱无所容。如钱粮积久，由于荒熟不清，定为旱区十三，水区十七，熟区四十有二，别以轻粮，权其水旱，又发羡粟，使水区之田皆岸以围之，而荒民皆鼓舞急公。如田地不清，由于隐占，严行丈量之法，悉照原号造鱼鳞细册，裁丘形、步口，使浮者、亏者通行于一圩消长之中，斟酌于全区虚实之数，而径界既正，粮折皆平。诸所立法，并可垂之永久，迄今遵守，百世赖之。至其校士也，极一时之才望。乙卯七人，戊午九人，不外素所赏识之内。其听断也，必参异同，权情伪，洞若神明，然后决之，人人屈服。至他邑疑狱有哀貌，各台敕昆归结。尝一署太仓，再署常熟，治之一如治昆，两地之民无不颂且传之。后升兵部主事，历官顺天巡抚、右副都御史。顺治十二年，以士民请，奉祀本学名宦祠。祖苞家世贵显，父与相，左参政。伯与郊，吏科都给事中。兄元晖，翰林院。子之遴，[皇朝顺治中官至]少保大学士；之遛，丙子举人。孙坚永，□□举人；凯永，乙未进士，现任吏部左侍郎。簪缨未艾，昆之人莫不尸而祝之，指为循良之报云。

皇朝

郭文雄，字鸣上，山西文水人。父怀庆丞安之，务本质行，乡里择为郡吏，因家阳曲。文雄之兄，皆以赀出，入藩、臬左右。文雄性颖悟，工文章，弱冠补诸生，试辄冠其侪偶。戊子拔贡，戊戌授昆令。事无大小，皆自决，不假手吏胥。其征比也，摘欠之尤者，揭之县门，不遣一役而民皆趋命。其收银也，尽革火耗而输者恐后。至钱粮解放，例有除额，盐引开称，例有公税，概为谢却之。以昆俗嚣讼，多借假命为囮，甫下车，即着令，凡犯重辟者，必邻里公举，得实即坐，毋许一人首告，一时奸宄敛迹。而军旗之害特为最酷，虽官兑有令，他邑仅饰虚名而已。文雄奉行独力，至于诸弁啸呼，结盟西仓，诟詈交加，不为少动。然戴星旁午，呕血病作矣。遍城内外，为设醮祈禳者不约而举，日每数处，至禁屠十日，有愿以身代者。病竟不起，以三月二十三日卒于位，年四十一。卒之日，藉草而卧，见者无不流涕，即一布衾、一苦褥，皆来时故物，莅昆半载，未尝易也。于是缙绅归赙，士庶醵金，痛其无家而靡所归也，葬于马鞍山之南，即立祠墓前祀之，私谥之曰贞惠先生，及期，执绋者数千人。已而册籍散乱，官银缺失无可考，士民设柜投纳，事出私财代为终事，数百年来所未睹也。

名宦二学官

隋

朱燮,吴郡人,大业九年为昆山博士。身长七尺,涉猎经史,颇知武略。杨玄感举兵,刘元进[1]应之,将渡江,玄感败。燮知天下将乱,谋于学而起兵,民苦役者,赴之如归,自东阳至京口千余里,并受节制。

元

孔渊,字世升,宣圣五十三代孙。六世祖端越为宋显武大夫,随高宗南渡,至渊父之敬为通州监税。渊由通之崇明,徙家昆山。延祐元年,州治迁太仓,新作学宫,渊多所经画,遂摄学事。其学行修治为士林所宗,号莘野先生。子克让,孙世学,皆有文行,克世其家。

王梦声,字应甫,号古川,其先严州分水人,宋司谏缙之后。梦声为咸淳进士,授迪功郎、秘书省检阅［文字］。致仕,至元复起任[2]昆山州学正,因家湖川塘。时兵燹之余,学宫倾圮,梦声捐己资为经营之,殿堂而下,一为鼎新,邦人称之,今琅琊之族皆其后也。

卫培,字宁深,文节公曾孙。性端恪,博通经史,前代典故,问无不知。延祐二年,郡府以培充贡,试《龙虎榜赋》,文不起草,人谓有杨马才,虽被黜而名尤重,知州王安贞聘之训导州学,号月山先生。所著文十卷,曰《过耳集》。

赵璧,其先睢阳虞城人,宋观文殿大学士康靖公概十世孙,以经明行修授昆山州学正,遂家焉。其四世孙浩有《赵氏世系图》并《康靖告身》,及张方平、苏子瞻所撰《康靖神道碑》文,叶文庄公题其后。

明

陈潜夫,字振祖。一名潜,字潜夫。钱塘人,徙居昆山。性端方,善训迪,声望甲于士林。洪武六年,聘授县学训导,登其门者多成伟器。著述甚多,惜散佚无传。后升国子学正,上奖直臣、简师儒、励廉耻、审用人四事,上嘉纳之。

林钟,字仲镛。其先以鲁人附籍杭州,父仲山始居华亭。钟学问该博,和易近人。洪武二十年,辟授昆山学训,接引后进,惟恐弗及。诸生一韵语之工,一写染之能,必揭诸讲堂,以号干人,士皆翕然宗之。每相语曰:"见林先生觉意表言外,别有箴规。"钟亦

1　刘元进,底本为"刘元道",据国图本和《隋书·刘元进传》改。

2　至元复起任,朱笔改为"归附后,行省起为"。

乐昆土风，卜居黉序之左，自号"松谷道人"。会上临轩选士，和《得贤才诗》称旨，擢湖广悬利知县。时茅冈洞蛮为患，钟单骑往谕，遂相牵归化。永乐初，擢吏部考功郎，拜山东参政。孔庙颓圮，督工葺之。暇则择孔氏弟子授以经史，后以女妖唐赛儿反，失觉察，一时藩臬郡县皆就逮以死。所著有《松谷集》。

张守本，字大中，[1]甫冠从杨维桢学，得明《春秋》之旨，中至元十三年乡试。洪武初，训导昆学，复训郡庠，弟子不远千里负笈以从，时称得人。

季篪，字仲怡，常熟人。永乐末，以经明行修，荐授昆山学训导。篪有文学，勤于纂述，所著有《友梅集》，昆山、常熟、崇明三《志》。后迁巢县儒学教谕。

朱冕，字士章，嘉兴人。正统初为昆学教谕，性刚毅方正。其教先严立条约，以示必守，诸生朝夕升堂，衣冠、步趋不整，亦不贷。每夜阑，学舍中伊唔声犹相属，冕时秉烛叩门与语，以察勤惰。尤加意二三场，尝教诸生以作表法，数载化行，取巍科者相踵，如郑文康、叶盛、陈铨，次第抡魁，刻其表为程式，皆冕之教也。巡抚周文襄公巡历至昆，将登岸，怒挞一人，冕进曰："请公息怒，至衙门治之。"文襄从之，召问其故，冕曰："下车之始，观瞻所系，恐因怒伤人，累盛德耳。"文襄谢焉。已而设太仓镇海卫学，因荐为教授，谓两卫官曰："我为尔子弟得一良师，宜隆重之。"学者称"卤庵先生"，叶文庄公表其墓。

张倬，字士昭，山阴人。自少颖悟笃学，文法秦汉，诗备诸家体裁。正统间以乡举分教昆庠，时年尚少，师范甚严，动循礼范，事之有裨风化者，必毅然主而行之。擢知闽县。所著有《毅齐集》二十卷、《笔录》十卷。

张汝才，字孟德，广东化州人。嘉靖甲寅，公训昆庠。甫至，适有倭警，与邑令祝乾寿昼夜巡守，令既籍守陴者为什伍，属诸生为之简稽，皆汝才指挥而奖率之耳。后中一矢，拔而投之。获一间谍，以徇城上，督守益严，几阅月而寇退。兵后，岁比不登，诸生多困，汝才每周给之，择其尤贫者，栖之庑下，日饮食之，而斋厨索然矣。汝才之教，义不妨恩，文不掩质，蔼然可亲，亦毅然难犯。后擢兴安教谕，遂挟空囊为万里行，诸生勒石以颂之。

沈应奎，字伯和，号湛源，武进人。万历乙酉举人，辛丑授昆山谕。应奎故宿学，昆士习闻其名，至则翕然宗之。其教原本德行，讲明经术，不立成法，而以身为的。遇事屹立，不为利害毁誉所动，时进诸生，课以制义，曰："士人先资之信在是，小伎云乎哉。"一时文采蔚然。每闻人一善，喜动颜色，惟恐其不即成名也。凡诸士之生无养者，没无葬者，舍馆无定者，孤贫不能奋于学，节烈不能表于世者，必多方周济之，表扬之。时邑令王时

1　张守本，字大中，《嘉靖志》卷七作"张守中，字大本"。

熙雅重应奎,相与修葺文庙,增置祭器,表章先哲坟墓及其子孙。如敬一、射圃、名宦诸亭祠,芜废一新。如访陆孝子墓,特为祭之,载之《昆瑜纪略》。其为善惟恐不及云。有归氏家人子列青衿,侮其主,学使者有所先入,欲庇之,应奎争之力,不得,起解印绶,御史愕然,卒正法[1]。至癸卯士变,一郡抢攘,莫知所措,应奎挺身登高慰谕,皖无华者若干人,其识略实有过人者。迁国子助教。[去之日,]对堂前卫洗马故石叹曰:"挟之为友,五年于兹,今且别去,奈何?"为赋《奇石歌》,刻之石畔,盖以自况也。历官汀洲守,多政迹,年八十余卒。

蒋之芳,字士荣,号适庵,华亭人。万历壬子授昆庠分训。之芳自为诸生,以笃行高文,为陆宗伯树声所推重,一时名隽多出其门。至昆,规条甚具,课诸士必以第一流相勖,凡遇片长,称之如不及。而廉洁自好,修脯馈问,多所谢却。讲诵之暇,扢扬风雅,临池之工,草隶皆为墨宝焉。升尤溪令,其遗教载在《去思》。

堵应畿,字肇域,宜兴人。万历末分训昆庠,洁清自砥,教士有法,尝曰:"师儒之与弟子必恂恂循循,鼓焉如风,润焉如雨。所培其元气而挽其颓习者,在行所无事而已。"尝考[定]庙中从祀先贤先儒位[次],及自唐以来名宦乡贤之已入祠未祠者,定其次第,别其姓氏,辑为《祀考》五卷,镌以垂后,其有功于学校非浅也。

洪应绍,字念卿,歙县人。天启乙丑,以举人授昆学教谕。廉静端厚,卓有古风。诸生有过,引之私署,正言责之,务令悔改,终不暴其短,有争者必两释之。修脯所入,多分惠于贫生,蔬水自奉,泊如也。造育贤堂,读书其中,为诸士率。所著有《四书》《诗》《易》解,及《定数》诸书,皆非人所易晓者也。时邑中有显者,以敛怨于乡,乡人群起攻之。有庠中两生为之倡,显者思甘心焉,所以迫胁应绍者百端,卒不为动,诸生无不感其恩、服其识力云。

名宦三县佐

唐

刘绮庄,毗陵人。为昆山尉,研穷古今,纂纪浩博,尝采摭事类如六帖状,分二十余门,作类书百卷,名《昆山编》,上之于朝。前有万希序,题云开元二十九年。

权立,文公德舆从兄也,敏于学行,薄于宦情。为昆山簿,德舆作序送之。

孟庭份,武康人,郊之父,能诗。为昆山尉,生郊于此。后郊再至昆,有《上方寺诗》传于后。见《艺文》。

王嵩,幽州人,大理评事适之父。元和中为昆山丞,昌黎韩公为撰墓志。

---

1 正法,朱笔改为"置之法"。

宋

赵彦橚，字文长，秦悼王七世孙。[大]父训之以死事赠直秘阁。彦橚举进士，为昆山主簿。后知平江郡，奏分昆山之半置嘉定县，官至宝谟阁待制。

丘与权，建州人。至和二年，为昆山主簿。时议修昆山塘，与权历陈五利：一便舟楫，二辟田野，三复租赋，四止盗贼，五禁奸商。且言事或不成，请以身塞责。知县钱纪、郡守吕居简同心计画，列议以闻。十月后旬有九日而成，至今利之。名其塘为至和，识年号也。建亭曰乙未，记岁功也。详见与权《至和塘记》。后赵抃、王珪并荐其才堪充国子监直讲。抃称其固穷守道，尝充江宁府及苏州教授，学者如归。珪称其艺文优深，议论纯正，孤洁自守，不能苟合。其为时所推重如此。

王纶，字德言，建康人。十岁能属文，绍兴五年进士，授昆山主簿。二十四年，以中丞魏师逊荐为御史，忤秦桧罢。桧死，召为起居舍人。历工部侍郎，同知枢密院事。卒谥章敏。

谢深甫，字子肃，台州临海人。少颖悟，刻志为学。乾道三年进士，由嵊县尉调昆山丞。为浙漕考官，一时士望皆在选中。司业郑伯熊曰："世不乏巨眼，如深甫者鲜见。"后知青田，御史葛泌等交荐，孝宗召见，擢提举常平。会江东大旱，讲行救荒条目，全活一百六十余万人。历官右丞相，封鲁国公，谥惠正。

王万枢，字赞元，金坛人。为昆山尉，得海盗，吏请出郊以示亲获，万枢却去，据实以闻，终知吉州。

陈璧，字君玉。为昆山主簿，留意教养，作成士子。讲讼劝勉，不惮其劳，邑士造请无虚日，所成甚多。

葛洪，字容甫，东阳人。从吕祖谦学，登淳熙进士，为昆山尉。理宗朝参知政事，卒谥端献。杜范称其侃侃守正，有大臣风。

吴坚，字彦恺，天台人。淳祐中为昆山主簿，留意学校，讲艺无虚日。遵晦庵簿同安之法，以厚风俗、正人伦、明义利、辟奸邪为先务。德祐中拜左丞相，为祈请使，与文天祥同使于元。

元

姜复昌，嘉兴人。任昆山州判，廉而有才，气容温舒而遇事执直。时津助法行，与省官核产程役，审谛平惬，宽免单寠。虽长官犷悍，词色为屈。秩满将去，民争饯之，复昌抵夜潜往，民咸嗟叹而返。

郜肃,字彦清,山东人,才气宏博。至正间任昆山州判,专职农事。昆田多洼下,肃究心堤防,劝勉程督,冲冒风雨,能与民同劳苦,增垦荒田若干。堤成以后,潦不为灾,至今德之。

徐石麟,字仁孚,兰溪人。仪貌秀美,资性明达。至正间任昆山州判,断疑狱,兴水利,正刑法,事集而民不扰。及退[休],贫不自给,遂家昆山。卒葬城南,卢熊志其墓,称其出处论议,澹然古君子云。

明

韶护,岐山人。洪武二十九年,以户部主事左迁昆山典史。勤恪敏达,事无凝滞,后升仁和知县。

黄员通,字仕达,南海人。景泰间为昆山主簿,能识政体,司征税,公而有德,邑人称之。

金华,萧山人。正统初为昆山丞,承委勘灾伤田,至乡见百姓贫苦,流涕不食,曰:"田禾虽间有可望,才十之一二,若作全熟,何以办秋征乎?"同僚或为之虑,华慨然曰:"脱有罪,华自任之。"竟以荒白,是岁得准,灾民不告饥,乡无盗贼。及卒,民悲思之。

纪智,成化中由吏员为昆山主簿,质实有守,官舍寂然如僧寮,举家食糜,时或不继,不少变也。[每出,人咸呼为"纪青天"。]在官五年,致仕。

揭夒,南丰人。嘉靖中任昆山主簿,奉委稽核赋,核均余粮于吴江等三县,至今赖之。升潮阳县丞。

石肯构,南洛人。嘉靖中任昆山县丞,强毅明达,遇事能断,操守刚介,未尝受人一菜之馈,人亦莫敢有馈者,上下信之,在任二年卒。

李三省,字思东,郧阳人。万历初,以岁贡为吴江主簿,升昆山县丞。丞职水利,而昆邑频年苦潦,三省乘小艇,自携米粟,循行阡陌间,便宜修救,未尝受民一鲑一菜也。有范某者,煽惑人为佛会,自号佛头,诱淫少妇。三省得其实,缚而挞之至死,妖氛顿息。其在吴江也,尝置一竹兜,出入舁之。及在昆,终始一竹兜而已。衬章革带,尝质于钱家,时大冢宰严清称之曰:"居官如李丞,天下岂复有墨吏哉!"已而病卒。县令刘应龙视其含殓,顾见床第无帏,为之流涕。昆民奉木主,祔祀柳塘祠。

卷十三

人物一名贤

昔人以立德、立功、立言为三不朽，故勋名、理学、节义、文章，虽所就各殊，其道实相表里也。考之邑志，独方氏本以名贤别而著之，诚足师表百代，焜耀一乡，乃仍其例而广之，作《名贤传》一。

唐

张镒，字季权，一字公度。后胤五世孙，见《名臣》。朔方节度使齐丘子也，以荫授左卫兵曹参军。副元帅郭子仪以尝事齐丘，表为判官，累迁殿中侍御史。乾元初，华原令卢枞，以公事诃责邑人齐令诜。诜，宦人也，构诬枞罪，发镒按验，当降官，及下有司，承风论死。镒具公服白母曰："上疏理枞，枞必免死，而镒必坐贬，贬则为太夫人忧，默则负官，敢问所安？"母曰："尔无累于道，吾所安也。"遂执奏，枞得流，镒贬抚州司户参军，徙晋陵令。江西观察使张镐表为判官，迁屯田员外郎。母忧，居丧以孝闻。免丧，除司勋员外。大历五年，出为濠州刺史，政条清简，州事大理。招经术士，讲训生徒，比去，州升明经者四十余人。会李灵曜反于汴，镒训练乡兵，严守御，有诏褒美，擢侍御史，兼沿淮镇守使。时有司条天下牧守课绩，镒为第一。十二年，迁寿州刺史，使如故。十四年去官，民为立石颂德。德宗即位，除江南西道都练观察使，兼御史中丞。赈给孤独，均平赋税，存问羸老，大兴学校。历河中观察使，改汴滑节度使，以病固辞，诏留私第。建中二年，拜中书侍郎、同中书门下平章事、集贤殿学士，修国史。太仆卿赵纵，子仪婿也，奴党讦发其阴事，下御史台劾治，而奴留内侍省。镒奏言："贞观时著令，奴告主者斩。顷长安令李济得罪因奴，万年令霍晏得罪因奴，悖慢成风，渐不可长。今事非叛逆，而纵独下狱，奴在禁中，于法未正。且将帅之功，莫大于子仪，陛下方责武臣以讨贼，录念勋旧，犹或可容，况在章程，本宜请免。斯是大体，敢不极言？"上深纳之，纵得左贬，而奴杖死。镒乃召子仪家奴数百，暴示奴尸。自此奴婢复顺，狱诈稍息。是时卢杞忌镒刚直，欲挤之。适朱泚以平卢卒戍凤翔，上欲择人代之，杞曰："凤翔将校，班秩素高，非宰相信臣，不可镇抚。"乃伪请自行。上顾镒曰："文武兼资，内外望重,无易卿者。"乃以为凤翔节度使。至镇,与吐蕃相尚结赞等盟清水,初约牛马为牲。镒以礼过隆,乃绐语吐蕃,用羊豕犬代之。盟毕,设誓佛幄,升坛饮酒,成礼而归。上幸奉天,镒罄家资,具服用,将自献行在。而营将李楚琳者,尝事朱泚。军司马齐映等,以楚琳不去,必为乱,乃迁屯陇州。楚琳托故不行,夜率其党作乱,遂与二子皆遇害。诏赠太子太傅,官给葬事。大中初,图形凌烟阁。所著有《三礼图》九卷、《五经微旨》十四卷、《孟子音义》三卷。史臣曰:"镒暴忠王室,为奸贼所乘,躬可殒而名与岱嵩等矣。"

宋

王葆,字彦光。祖申,以学行推于乡,王荆公奉诏视水利,至县,首上谒焉。父亿,乐道好善,赠右中散大夫。葆幼有志识,弱冠通诸经。县人自孙载后六十年,至葆始登宣和六年进士第。邑宰吴昉云:"振六十载之颓风,贾三十人之余勇。"纪其实也。绍兴改元,上疏陈十弊,深中时隐。末言储嗣,尤切直,至谓:"神宗时中外晏然,范镇等为国远计,犹汲汲在此,况今日国步多艰,人心易动,而甲观之崇,未闻流庆,中外惴恐,此为甚急,愿为宗社计,广求宗室中仁明孝友、时论所归者,历试诸事,以系人心。"执政读而奇之,遂自丽水簿迁知宜兴县。时两淮用兵,浙亦盗起,邑当孔道,僚吏惧乏军输,相次骇窜。葆白父母曰:"食君禄,无爱死理,弟可终养。"母以葆为念也。明日取丞簿印兼佩之,诸将妄求,辄面折力拒,得以稍戢。历监登闻检院宗正寺丞,赐绯衣银鱼,迁司封郎官,兼玉牒所检封官。居丧尽礼,服除,以旧官召。权考功兼国子司业,拜监察御史,兼崇政殿说书。秦桧尝语葆曰:"桧欲告老,如何?"葆曰:"此事不当问葆。"桧曰:"他人不敢言,以公有直气,故问耳。尝记绍兴八年,某为宰相,公以时劝某去位,保全功名,今何故不言?"葆曰:"果欲告老,当不问亲仇,择可任国家事者,使居相位,诚天下生民之福。"桧默然。当是时,百司莫敢可否事,葆为考功,为御史,独伸滞直枉,当官不避。天子议置相,人怀向背,葆独介然持正论,不为众悦。上章请外,出知广德军,移守汉州,绥善锄奸,境内大治。蜀人谣曰:"广汉南隆斗清疆。"天子闻而嘉之,擢泸南安抚使,知泸州。引用名士,劾去贪残吏数辈,然后镇以无事。逾年迁池州。孝宗召为大理少卿,以疾辞。改浙东提点刑狱行帅事,疾恶弥厉,权要皆不乐,乃请祠。主管台州崇道观,以宜兴有桐乡之爱,归而终老焉。官至左朝请大夫。葆学行俱至,潜心古道,教诱后生,如亲子弟。沙随、程迥,皆从受经,出其门者后多成立,号称乡先生。其学深于《春秋》,著《集传》十五卷、《讲论》二卷、《东宫讲论》三卷。其于人物裁鉴尤精,李衡布衣流落,一见以女弟归之。周必大未第时,亦妻以女。范成大早孤废业,留之席下,谕勉切至,程课甚严,加以诘责。后并为名臣。弟万,进士。

子嘉言,监南岳庙;嘉宾,知余干县。

李衡,字彦平。其先江都人,高祖昭素,侍御史,曾祖诰,祖处约,父预。至衡始居昆山。衡少博学,有局干,为文操笔立就。绍兴中第进士,授吴江主簿。部使者怙势侵民,衡不忍以敲扑迎合,即投劾去。二十三年除仙居丞。隆兴初,知溧阳县,为治强敏,专以诚意化民,其征税赋,以期日榜县门,乡无吏迹,而取办常先他邑。时淮堧多警,官沿江者多送其孥于内地,衡独自浙右移家入县,民心大安。在官四年,民未有犯一重罪者。安抚使列上治状,召对殿中,陈便民十事,诏进一秩,除知温州。未行,拜监察御史。遇事敢言,无所顾避。出知婺州,以循良著。召拜司封郎中,迁枢密院检封,加直秘阁,屡上书引年,除秘阁修撰致仕。孝宗思其朴忠,诏落致仕,拜侍御史,固辞不获,差同知贡举。得士为多,时论翕然称之。会外戚张说以节度使签书枢密,给事中莫济不书敕,直学士周必大不草制。衡与右正言王希吕上疏力谏,谓"不当以母后肺腑掌兵柄"。廷争移时,迁衡起居郎,衡曰:"进而负君,孰若退而合义。"章五上,除知台州,复力辞,仍以秘阁修撰致仕,四人同时去国。布衣庄冶作《四贤诗》以记之。衡归昆,居圆明野墅,日与门人讲解经义,娓娓无倦。聚书逾万卷,名其室曰"乐庵",自号乐庵、安叟。学者私称为乐庵先生。淳熙五年卒,年七十九。初,衡宣和间入太学,同舍生洛人赵孝孙,劝衡熟读《论语》,且曰:"学非记诵词章,所以学圣贤耳,不可丝毫有伪。"孝孙之父颜子,实师伊川者也,衡心佩其训,虽博涉群书,而以《论语》为主。讲学明道,乐于教人。自中年后,绝欲清修,惟一苍头给事。临殁,沐浴冠栉,作手书数十,留别亲旧,戒子孙使周急恤孤,不得饭僧奉佛。问天色何时,答以月明,遂翛然而逝。周必大闻之曰:"此老平生跌荡,到此得力,可敬可羡。"又曰:"彦平非逃儒入释者,而临终超然如此,殆闻道乎!"所著有《易说》《论语说》《易义海撮要》《乐庵文集》和《寒山拾得诗》,总若干卷。子应祥、起宗,相继登第。

范成大,字至能。《郡志》作志能。父雩,字伯建,擢第入馆,终秘书郎。成大在怀抱中,已识屏间字。年十二,遍读经史,十四能文词。父亡,读书邑之荐严寺,十年不出,取唐人"只在此山中"语,自号此山居士。又慕元鲁山为人,复字幼元。先友王葆勉之曰:"子之先君期尔禄仕,志不可违也。"课以举业,登绍兴二十四年进士第,授户曹,监和剂局。隆兴初,纂类高宗朝政,除枢院编修,官迁正字。乾道初,升校书郎,编修国史,历著作佐郎,转吏部郎官。言者论其超躐,因罢奉祠。后起知处州,陛对论力之所及者三,曰日力,曰国力,曰天力[1],今尽以虚文耗之,上嘉纳。至州创义役,随户富贫输金置田,助当役者,甲乙轮第。其后入奏言之,诏颁其法于诸路。处多山田,梁天

1　天力,《宋史·范成大传》作"人力"。

监中,詹南二司马作通济堰于松阳、遂昌间,激溪水四十里,溉田二十万亩。岁久堙坏,成大访故迹,叠石筑防,置堤关水,凡四十九所,立水则,上中下溉灌有序,民食其利。除礼部员外郎兼崇政殿说书。以文学才气为上所知。初,乾道之令,以绢计赃,估价轻而论罪重。成大奏曰:"承平时绢匹不及千钱,而估价过倍。绍兴初年,递增五分,为钱三千足。今绢实贵,当倍时值。"上惊曰:"是陷民深文。"遂增为四千,而刑轻矣。隆兴再讲和,失定受书之礼,右相虞允文建议遣使。迁成大起居郎,假资政殿大学士,封国公,充金祈请国信使。国书专求陵寝,乃泛使也。上临遣之曰:"卿器宇不凡,朕亲加选择,闻外议汹汹,官属皆惮行。"成大对曰:"无故遣泛使,近于求衅,不执则戮,臣已立后,仍区处家事,为不还计,心甚安之。"上愀然曰:"朕不败盟发兵,何至害卿?啮雪餐毡或有之,不欲明言,恐负卿。"且成大乞并载受书事,不从。金迎使者慕成大名,至求巾帻效之。成大知其法严,附请决不可达,不泄语。二使至燕山,夜闭帷秉烛,密草奏,具言他日北使至,欲令亲王受书等语,怀之以入。初进国书,辞气慷慨,金君臣方倾听,成大忽奏曰:"两朝既为叔侄,而受书礼未称。昨尝附完颜仲、李若川口陈,久未得报,臣有奏。"撘笏出之。金主大骇,顾谇宣徽副使韩钢曰:"有诸当语馆伴,此岂献书处耶?"厉声令起者再,成大不为动。启曰:"奏不达,归必死,宁死于此。"钢复以笏导成大拜。成大跪如初,曰:"若奏达,当下殿。"百拜以谢,时金廷纷然,太子欲杀成大,其兄越王止之。既还馆所,金主遣伴使宣旨取奏。钢押宴,谓成大曰:"公早来殿上,甚辛勤,主上嘉叹,可以激劝两朝臣子。"廷议方殷,会夏国有任德敬者,谋篡事败,蜀宣抚司尝以蜡书通问,为夏人所获,奏之金,金主益怒成大,朝辞传谕诘之,成大答以"奸细之伪不可测"。退朝,馆伴持真书来,印文皦然可辨。成大笑曰:"御宝可伪,况印文乎?"金人直其词,遂不竟。使还,金国报书有"抑闻附请之辞,欲变受书之礼,出于不意,要以必从"等语。上由是知其忠劲,有大用意,除中书舍人。初,上书崔实《政论》赐辅臣,成大奏曰:"御书《政论》,意在饬纲纪,振积弊。而近日大理议刑,递加一等,此非以严治平,乃酷也。"上称为知言。上欲知阁门事,都承旨张说为签书,成大当制,留词头七日不下,忽请对,良久出制草纳榻前,上色遽厉,成大徐奏曰:"臣愿引喻以闻,今朝廷尊严,虽不可下拟州郡,然分之有别,大小略同,阁门官日日引班,乃今郡典谒吏耳,执政大臣倅贰比也。圣意以谓有一州郡,一旦骤拔,客将吏为通判,职曹官顾谓何耶?官属总俯首,吏民观听,又谓何耶?"上霁威,久之,说命竟寝。后月余,成大丐去。上曰:"前言引班事甚当,朕方听纳卿乃尔耶!"寻以集贤殿修撰,知静江府。奏钞盐科[增价]抑[配]之弊,格互市马法。除敷文阁侍制、四川制置使,知成都。疏言:"吐蕃、青羌,两犯黎州,当教阅将兵,团结堡砦,使人自为战。"又谓西南诸边,黎为要地,请增战兵五千,奏置都监。路十有八,悉筑栅戍守。寻吐蕃寇安静砦,发飞云军千人赴之，料其三日必遁，已而果然。白水砦将王文才私娶蛮女，常遣扰边，成大赏檄群蛮，使擒文才，卒斩之。其蜀中名士如孙松寿、樊汉广等，挂冠不仕，皆表其节。由是远近归心。进敷文阁学士。入对，除权吏部尚书。淳熙五年，迁中大夫，参知政事。两月，为言者所论，以资政殿学士知婺州，奉祠而归。起知明州，兼沿海制置使，奏罢海物之献。寻擢江东安抚使，兼行宫留守。知建康府，岁旱，奏移军储米二十万石赈饥民，减租米五万石，捕斩水贼徐五。以病请间[1]。十六年，进资政殿学士，起知福州，封吴郡开国侯，再领洞霄宫。绍熙三年，加大学士，知太平州。寻纳禄归，封吴国公。明年卒，赠银青少师，进封崇国公，谥文穆。成大天资俊朗，辅以博学。为文赡丽清越，自成一家。尤工诗，四方传诵。所历名藩，兴利除害，不顾难易，去思遗爱，所在歌舞之。自号石湖居士，有《石湖集》一百三十六卷。使北有《揽辔录》，在广有《桂海虞衡志》，出蜀有《吴船录》。家居时，与郡士龚颐、周南、腾岌为《吴郡志》五十卷。弟成绩，建康府通判；从兄成象，绍兴进士，浙东福建两路提刑，成大事之如严师。成象子藻，乾道进士。季篯曰："按：《言行录》称成大吴县人，卢熊《苏州志》亦云。今考昆山旧志进士题名下，书其父雩，弟成象，暨公登第之年甚详，兼载读书荐严寺后亭事，知公为昆山人无疑。其云吴县者，盖公晚居石湖耳。"

卫泾，字清叔。其先齐人，唐末避乱南迁，居秀州之华亭。祖圜，始占籍昆山之石浦。父季敏，通判镇江府。泾少有异操，从永嘉李去智学。李卒，为制服执丧，人咸义之。淳熙十一年擢进士第一，比唱名，御笔："殿试上三名，欲观其政事，可特与添差差遣，仍厘务。"乃授泾承事郎，添差镇东军签判。泾以对策尝陈添差之弊，三上表乞待次。上以泾力践所言，知重始进，特从其请。故事，状元初任垂满，必通谢于宰执，始颁召命，时王淮秉政，泾不通谢，虽被召，三月不得引见。十四年除秘书省正字。轮对，言："陛下即位之初，锐意事功，不次用将相，痛愤以图恢复，乃二十六年之久，无一事足以称陛下意者，而陛下大有为之志亦少驰矣。一祖八宗之业，太上皇付托之重，子孙亿万年之基，陛下一身任之，岂可取苟安无事而已耶？庸常之才，持禄保身，而风俗日坏，士气日卑，民生日困，天下之患将有出于意虑之外者，愿陛下坚自强之志，振纪纲以张国势，作气节以厉偷惰。则静可以强根本，动可以复土疆，而事功立矣。"光宗初立，政尚修谨，泾以著作佐郎赐对，言："今日风俗颓靡，百度纵弛，人材削弱，国势未张，汲汲有为，尚恐不济。若犹因循，弊将不可为矣。"又言："[中国之与金，其势必不两立，名为和好，实则仇敌，名为息兵，实则观衅。]自绍兴来，五十年无大战。自隆兴来，三十年无小斗，间隙之生，远不过五六年。愿陛下奋发英断，规恢远图，卧薪尝胆，

---

1 请间，底本作"请闻"，据《宋史·范成大传》改。

不忘北乡。圣志先定，然后与二三重臣，讲求大计，委任而责成之。内治外备，则大仇可复，中兴可期。"又言："自陛下践祚，台谏给舍多不得其职，今日士气向衰，风采销落。陛下所当长养振作，而反阴销潜沮之，将使群臣上惧陛下之威命，下虞群小之中伤，苟且成风，谄谀充位，脱有大奸巨恶，谁为陛下言者？"绍熙元年，迁著作郎，兼司封郎官。二年正月，震雷雨电，大雪继作，泾应诏上封事言："雷，阳也；雪，阴也。阳气方升而阴制之，[此雪之所以降也。]以象类而求，则君欺于臣，夫陵于妻，外狄谋中国，小人害君子，皆其证也。有一于此，皆能致乱，陛下不可不预防之。"时佞幸渐肆，李后悍妒，故泾以为言。出为淮东、浙东二路提举。庆元初，召为尚右郎官，上殿论寿皇孝养礼旷，以为"太上之于陛下，亲父子也，天性之爱，血气之属，慈孝之心，宜无毫发疑间。虽太上疾势未平，语言举动若未容于进见者，然陛下孝心纯笃，岂以吾亲之不可见而遂已乎？臣闻参天地，赞化育，曰诚而已。金石之无情，鬼神之至幽，犹以诚而能动，矧人子之事亲，诚极其至，有不能感动者乎？愿陛下就业于中，以亲之未顺为忧，以期于见亲为念，积此诚意，庶太上之欢心可得，而喜付托之得人矣"。三年，以起居舍人假工部尚书，使金国，还，言："金有危亡之兆，吾无自治之策，使吾治具毕张，备御无缺，敌虽强不足畏，倘偷安岁月，仅了目前，一弱国灭，一强敌生，未足以为喜也。"初，泾之往，宁宗谕使觇金国势，金为蒙古所攻，吾有乘衅之意，泾深惧其轻动，故还奏如此。除直焕章阁、知庆元府、沿海制置使，以言者论罢。是时权奸用事，泾不为势怵，斥去，十年不调，于里中辟西园，取范文正公之言，名其堂曰"后乐"。[自号后乐居士。]开禧元年，得旨入朝，明年，除中书舍人，兼直学士院，应诏论北伐非计，不听。三年，自吏部尚书拜御史中丞，请诛韩侂胄，论罢陈自强，拜参知政事，封昆山县开国伯。嘉定初，兼太子宾客。始，侂胄之诛，泾功居多。既又患史弥远有专恣之渐，欲去之。弥远知泾谋，讽御史劾罢[之]，出知潭州。八年，知隆兴府。上闻泾三世同居，有堂曰"友顺"，御书二大字。太子亦书"后乐堂"榜赐之。九年，知扬州。十七年，进资政殿学士、金紫光禄大夫。致仕，进封吴郡开国公。宝庆二年卒，理宗为辍朝一日，特赠太师，追封秦国公，谥文节。泾仕三朝，出入内外四十余年，忧国忘家，始终一节，谋深虑远，不徼近功，其进退之际，与时升降。尝语人曰："官职自有定分，名谊千古不磨。"故其在朝孤立自守，不畏强御，以贤才为立国之基，荐进搜举，汲汲如不及，如李燔、辅广、倪思、陈韠，皆其人也。在潭时，与朱熹有交承之好，侂胄指熹伪学，斥之。侂胄死，泾奏召熹还朝，而熹已卒，后移文新安，取熹四书诸经传注，刊刻以传。又请为张栻赐谥，表章正学，其功甚多。所著文章五十卷，曰《后乐集》。兄沂，庆元进士。弟洽、洙，皆嘉定进士；湜。见《文学》。

陈贵谊，字正甫。本福清人，父宗召以赘居昆。有传。贵谊登庆元五年进士，授瑞州观察推官。丁内外艰，服除，调安远军节度掌书记，辟差四川制置司书写机宜文字。中博学宏词科，拔江南东路安抚司机宜文字。迁太社令，改武学谕，迁太学博士。时议更楮币法，贵谊转对言："人主令行禁止者，以同民之好恶也。楮券之令，乃使奸恶获逞，道路咨怨，非所以固结人心。"因援熙宁新法为辞。其主更币之议者，乃摘新法等语，激怒时相，且谓"贵谊引类植党"，人为危之。迁太常博士，以兄贵谦兼礼部郎官，引嫌，迁将作监丞兼魏王府小学教授。转对，谓："言路虽开，独犯忌讳者指为好名，切劘时政者指为玩令。一人言之未已，或十数人言之，则又指为朋党，是非易位，忠佞不分。"史弥远益不乐，迁秘书郎，出知江阴军，提举江西常平，召赴行在，授礼部郎官。属金人大扰淮甸，贵谊上言："人才所以立国，今旁蹊曲径，倖门四辟；言路所以通下情，今婐阿循默，囊括不言；民力已竭，而科敛之外，馈遗谋进者未已。军中耻言败北，则阵亡者不恤；耻言弃溃，则逃窜者复招。"又言："婉顺巽从者，是灾疢也，非爱我也，宜屏之外之；矫拂救正者，是药石也，爱我也，宜用之听之。"弥远滋不悦，讽言者论罢，主管崇禧观。起知徽州，召授司封郎官兼翰林权宜，[兼]玉牒所检讨。会有事明堂，首引包拯皇祐中议，乞因肆赦除聚敛掊克之弊，当察州县府库致羡之由，仿成周邦飨必及死王事者之子，及汉置羽林孤儿，专取从军死事之后，教以五兵。理宗即位，为宗正少卿兼侍讲，权直学士院。寻迁起居舍人。宝庆初，诏举贤能才识之士，贵谊上言曰："世以容默滞固为贤，以苛刻生事为能，以褊狭趣办为才，以轻疏尝试为识。及兹初政，当求忠实正直、奉公爱民、知礼义廉耻而不越防范者，充中外之选。"又言："成王之初，元臣故老警以《无逸》者，欲其克寿；勉以敬德者，欲其永命；期以恺悌者，欲其受命之长。可谓爱君切而虑患深矣。"迁中书舍人，兼直学士院。内侍滥受恩赏，辄封还诏书。将郊，贵谊以"民生实艰，吏员尚众，征敛几于夺取，公费掩为私藏。宜大明默陟，庶有以见帝于郊。"迁礼部侍郎，仍兼中书舍人，权刑部尚书。升修玉牒官兼侍读，为礼部尚书兼给事中、端明殿学士。绍定五年，签书枢密院事。六年冬，上始亲政，进参知政事。上面谕之曰："顷闻忧国之言，朕所不忘。"兼同知枢密院事。时出师汴、洛，贵谊已移疾，上疏力争，章五上乞归，转四官，加邑封，致仕。端平元年十月卒，赠少保、资政殿大学士。谥文定。按：方《志》云，凌《志》不书贵谊，边实《续志》以陈正甫为端平名执政，事载国史。而前志略不及其一二，此固凌之疏陋也。然边实去贵谊未远，不能追考立传，何独归咎于凌哉？此作志者不可不详且慎也。

明

王永和，字用节，号梧竹。祖允吉，字吉卿，多行阴德于里。永和生而颖异，读书日记千言，司训林钟一见嗟异，每以公辅期之。性至孝，其父子积病痿，汤药侍养，十八年如一日。永乐甲午荐于乡，明年，中乙榜，念母老，遂[就]选严州[训导]，严士易其年少，执经相难，永和应口随授，闻者翕然，退相语曰："见王先生，真虚往实归矣。"改训饶州，孜孜奖掖，十年不倦，适大成殿圮，请于郡守，将新之，守有难色。永和毅然曰："公不见里巷孺子，始就外傅，犹知尊礼夫子，岂有发身科第，反不知本耶？"守愕然，卒从其言。秩满，试吏部，名在首选，大冢宰骞公义，深器重之，奏为兵科给事中，务持大体、略细故。遇事敢言，锦衣指挥马顺者，王振私人也，怙宠而骄，多以意罗织人罪，永和抗章论之。又论蓟州都督王彧守御不严，听降人斩关而出，上虽不报，直声凛凛动朝廷矣。奉命阅视江右财赋，绰有声绩。持节册封韩王世子妃，有中官蹇傲，殿上即纠正之。正统六年，升都给事中。刑部缺侍郎，吏部以永和及郭玮应选，永和曰："郭历任久，义不当先。"众尤贤之。明年，升工部右侍郎。

时方营建宫殿及诸司廨署，役烦政殷，处之裕如，往往事集而费简。八年，淮右旱蝗，受命往抚之，兴利革弊，岁乃大稔。扬州以大风雨，潮溢漂没江上诸沙，死者千余人。又亲为赈恤，收瘗浮尸，奏省徭役、蠲逋负，全活甚众。十二年，河决于汴，溃而东流，徐、吕二洪涸，妨漕运，特命治理，筑堤凿石，运以得济。十四年己巳，从驾至土木，死之，年五十九，赠资善大夫、工部尚书，谥襄敏。永和器宇宏廓，威仪严重，且博学强记，为文清丽条畅，有《梧竹集》若干卷。子汝贤，荫大理评事；汝敬，天顺己卯经魁；汝霖，正统戊辰进士，历官吏科都给事中，终河南布政使，奉公恤民，君子谓其仁厚，有父风焉。按：王志坚《人物略》载王允吉事，元季颁历于民，而取其直。允吉知为民厉，出所有以酬之，里中独无督责之患。常行道中，见索逋者怒骂不已，负者默不敢答，允吉恻然，为代还之。友父陆均祥寝疾，一子远戍，乃召允吉，属以后事。允吉事其妻如嫂，特为营葬。妻顾氏亦能佐允吉，行其德云。

龚诩，字大章，号钝庵。父詧，字叔言，洪武中为给事中，以言事谪戍五开卫。诩其幼子也，时甫三岁，从母依外家王氏，居春和里，已而父死戍所，诸兄多病亡，母纺绩以抚育之，且课令读书。诩性通敏，过目成诵。而勾伍之牒，至四百余，责县官甚急，年十七，诣阙自陈，请就伍。时北方兵起，因留守金川门。壬午六月十三日，靖难师逼金川谷，王穗以门降，时诩年二十一，投戈恸哭，回顾宫中火起，即亡命出城，乃变姓名，称王大章。匿江阴、常熟间。以补伍故，时闻追捕声，乃夜走任阳，寄大姓马、陈二家，二家义之，匿之大囷中。诩因而尽发其书读之，几榻尽穿，多所纂述。时或乘夜渡娄省母，作诗自伤，有"汪童非怙当年事，为有慈亲在故园"之句，闻者伤之。宣德中诏宽军伍，诩始得归侍母。是时，周文襄公抚吴，闻其贤，具礼就访时政，乃条上便宜二十余事，文襄以为贤，次第行之。未几，母卒，诩班白执丧，悲号毁瘠，孝思尤为深至。文襄每欲处以师儒，荐为教授，诩皆坚辞。文襄固请之，诩曰："某非食禄之臣，仕亦无害，但恐负城门一恸耳。"因泣下沾裳，文襄叹息而去。后筑逸老庵于小漊浦，读书其中，有田三十亩，力耕自给。所著有《野古集》，自序曰："世之骂疏俗粗鄙者曰野，目方直廉介者曰古，予生草野，踪迹罕涉势利之途，谈论不越耕牧之事，衣冠不随乎时，礼貌不徇乎俗，或者以命其斋。"而忠愤之气，时发于诗文。生平刚肠疾恶，必以忠信孝友，为人谆诲。为文抑扬详尽，读之愈繁而愈密；为诗恻怛忠厚，有少陵忧恤之心。于纷华声利，泊如也。成化三年，年八十八，整衣端坐，口诵《大学》首章而逝，有白气起屋之异，葬儒学西先茔之傍。无子，门人私谥之曰安节先生。隆庆初，诏录靖难诸臣，抚臣张佳胤抗疏请祠，而张黄门栋乃详述其事，上议于龙宗武司理，谓诩至性天植，笃忠义于童时，身非官守，痛国难而悲恸，至窜伏江乡，辟聘不起。父以直谏死远戍，母以冰节抚孤童，孝义忠贞，一门共萃，是得请于朝，建特祠学宫之西，春秋致祀焉。

叶盛，字与中。自少颖异，博学强记，屏居泖川田舍间。同邑张宪副和，见其所业，叹曰："此其至不可量。"劝令游庠。正统十年举进士，授兵科给事中，毅然以言责自任。十四年，有土木之难，盛率同列劾将臣朱勇等扈从失律，请诛之以谢天下，然后选将练兵，复不共之仇，则大纲正，大义明，而圣驾之旋可期。郕王嘉纳之，命掌科事。九月，郕王即位，例颁赏群臣，盛以时艰辞，不许。十月，京师戒严，请罢内府军匠，悉遣班操。又言："外营战士无暇炊爨，宜令有司熟米豆分饷之。南京送军器抵天津，宜遣军出取，以张声援。"三四日间，凡上八疏，皆军机要务。又言："赏罚功罪，天下要务，令效劳如孙镗，死事如谢泽、韩青、赵麟，皆当录其后、恤其家，以示赏。守关不严、赴难不力者，皆当罚以示惩。"从之。擢都给事中。时边境多警，内阁大臣有奏留边将防守京师者，盛言："今日之事，边关为重，向使独石、马营不弃，六师何以陷土木？紫荆、白羊不破，敌骑何以薄都城？若仅保九门，其如陵寝、百姓何？宜趣遣固守宣府、居庸为便。"上然之，而大臣憾其异己矣。会河南陈州流民煽动，特命往视，即兼程以进，宣谕威德，发廪赈贷，河南以安。景泰元年还，复上言畿辅旱蝗，乞议宽恤。南京守备奏沿江多盗，乞行御史锦衣卫巡捕。盛言："锦衣官校，近已革去，当止行御史。"由是锦衣得不遣。八月，北兵奉驾还京，将入关，有投匿名帖言迎复事者，大臣不敢以闻。盛曰："此野人无稽之言。"达于上，当有省，具疏言之，诏令封进。虽留中而正论不泯焉。二年六月，天象示异，盛陈弭灾防患十二事，及闻禁中颇事游猎，请举行祖宗午朝故事。中书舍人何观上封事，请点王直、胡濙，下科议，科臣毛玉欲正观罪。盛曰："朝廷虽罪观，犹令我辈看议，甚盛德也。万一雷霆之下，事且不测，是吾辈成朝廷不容直言之名。且诸君亦言官，独不为他日计耶？"王意解，改奏，观得杖调外。盛当多事之秋，遇事敢言，大要以[扶]忠直、抑邪佞、恤生民、御外患为主，有裨时政良多。三年，迁山西右参政，督宣府粮饷，以巡抚李襄敏秉荐，协赞独石、马营等处军务。时独石、马营、赤城、鹏鹗、云州、龙门、长安等八城，残毁方甚，盛列其利害，可兴革者八条，次第行之。念边城武士，勇而寡谋，以不知学，故奏置社学于诸城，推有文者为之师。买经书、字帖以给贫者，一时军中子弟，弦诵相闻。李御史士常，时为诸生，一见知其不凡，荐之岳正，岳以女妻之，后果为名臣。以边城少医药，奏请医士一人，教习医生，行医于边，海城旁为义冢，凡道死者皆收瘗之。八城相去既远，又无邸舍，风雪寒雨，行者病之。盛于官道每十里为垣屋，中置爨卧刍秣之具，守以逻卒，名曰暖铺，过者如归。其城旁膏腴地，向为权力所占，籍之得伍千余亩，分授将帅参随及军伍，题曰菜圃，人得均其利焉。又因襄敏请于朝，得官银伍千两，置牛一千八百余头，因取势要所占屯田，授戍卒之不任战者，给牛种，令耕之，课其余粮。凡军中买马、除器、劳劢、恤贫诸用，向之敛于卒伍者，悉取给于此。盖经营五年，边人效力，岁亦屡丰，赡死扶伤，纤悉备具。以外艰归，八城之人，如失父母，襄敏率诸将固留不可。天顺二年，英宗嘉其能，驿召至京，面加奖谕，擢右佥都御史，巡抚两处，奏乞终制，不许。甫至广，有田州之事，土官岑绍死，其奴吕赵擅众为乱，立其庶子岑鉴，已复杀鉴，诈以吕氏子为之后。盛会兵讨之，执赵，伏诛，仍以嫡子岑镛知府事，田人大悦。四年七月，赴阙议事，条兴革事凡十款，更定均徭之法。故事，广东盐课，不得出境，久之商困，往往赂守者，北逾梅岭，西过梧州。盛请听其出入，但计盐多寡，入米饷边，公私均利。海贼严启盛，泷水徭凤弟吉，并久为乱，杀都指挥等官，廉得其实，命将擒斩之。藤县民赵成，纠大藤峡徭贼攻陷诸县，会兵征之。又亲督兵攻大藤贼，破巢七百二十一处，擒斩三千二百余人。时广西流贼，多入广东为害，两广守将，颉顽自异，各无成功。盛请于梧州，建帅府，移征蛮将军总镇之，其两广各设副将军等官，分守要害，并听节制，则贼可平。众龃其策，而不果行。盛不得已，乃请益兵。上命都督颜彪帅兵赴之，事宜悉从盛指授，乃与协谋，破贼砦八百，擒斩数万人，两广大定。其所谋戮，皆积年反覆巨寇，而广人之素不礼于公者，谮之当道，此杀降之谤所由也。八年，转左佥都御史，巡抚宣府，乃取八城官田、官牛之法，更修广之，垦田益多，以余粮为补战马，岁至千八百匹。又建议修筑各边屯堡之废缺者，边人不悦，谤闻京师。盛任怨力行，不数月，完七百余所，自是兵民畜牧得免寇掠，边境赖之。成化二年，上言经画边储五事，诏皆允从。三年，进礼部右侍郎，五年，改吏部。六年，畿内大饥，奉命赈济，全活甚众。八年，奉命往视河套，议方略，有言增兵守险者，有言大举搜套，沿河筑堡抵东胜，徙民耕守其中者，盛上言搜河套、复东胜，皆事势所难，惟增兵守险，可为远图。如榆林一带，山势淡洄，可铲削之如城，就川口夹筑墩台，以资防御，延绥西路，如上门、银川关诸旧堡，阻山近水，可往成之。收新军以实边，调土兵以助守，长计便利，无切于此。九年，转左侍郎，自入佐部政，每议礼用人，从容赞决，足使僚长敬信，司属悦服。其事非部分而关当时利害、系生民休戚者,遇诸卿必相辨正,助益尤多。十年春,修祀四陵,斋戒将行,忽中疾不能言,扶归西第卒,年五十有五,诏赐葬祭,谥文庄。盛孝友忠信,乐善不倦,为人温雅简重,言动思跂古人,故自号及庵。为谏官论事,不激不随,取人先行检,后才艺,终不及人之过,亦不轻荐一人。在广,有采珠中使为害,密奏召还,广人德之。广俗多蛊,廉得其造蛊及解蛊之方,植碑通衢,使人知所避,而蛊以灭,迄今赖之。清修苦节,于世俗声色货利,澹然不以经心,而力学好古,据案临戎,未常释卷。考古辨疑,至忘寝食。有以诗文贽者,即与定交,终身勤恤之。所为文章,纡徐委备有法则,识者称其文师欧阳,功业自期韩、范,而大用未究。彭韶赞云:"希文不相,古今所惜。"人以为知言。所著有《篆竹堂稿》《泾东稿》《水东日记》《西垣奏草》《边奏存稿》《开封纪行》等集,皆孙梦淇所刻也。子晨,成化丙子举人。孙梦淇,以荫仕至衢州府同知。淇子恭焕,嘉靖丙午举人。淇孙国华,万历乙卯举人,官工部都水司主事;重华官太常寺少卿。重华子方恒,顺治戊戌进士;方蔼,顺治己亥探花,官翰林。世泽绵延,绳绳未艾,以天道征之,杀降之谤,益信其诬也。按:李贽《续藏书》载,盛经济名臣,内云:"丘文庄不喜盛,故李文达亦忌盛,遂有谤其杀降,及劳扰岭南者。文达卒,公论乃定。"

王倬,字用检,号质庵。元昆山州学正梦声之七世孙。弱岁补县学,登成化戊戌进士,授山阴令,以忧去,补余干。有杀人而窃其尸者,有仇家匿其人而以他尸诬人者,皆廉得之,竟决其狱。有争田者,积三十年不决,株连至千人。倬躬行勘视,指一大树为界,二姓皆伏。会赣盗杀信丰令,台司以倬能,檄令往剿。贼据险固守,莫敢进,乃夜纵羊千头,悬崖而上,鼓噪从之,贼乱,投木石殆尽,比晓,进兵平之,时以为神。迁兰溪,以积逋故,粮里累系盈狱,倬至,一讯释之。弘治乙卯,擢南台御史,首劾文选郎中贡钦贪污,罢之。又劾免尚书不职者五人,方面不职者二十七人。太监杨某横甚,至箠系进士,亦劾罢之。升贵州副使,寻改琼州兵备。适生黎为梗,崖州千家村尤猖獗,倬声言讨之,数移师,期以怠贼,忽乘间进捣,尽平其巢。奏立守御千户所,黎以永戢。进广东右布政,征临贺砦,克之。余贼匿山谷,众欲乘势进剿,倬不可,谕以祸福,悉降。改四川左布政,时蜀盗监鄢流劫,将逼成都,镇守议焚附郭民居,倬不从,曰:"是张贼势也。"贼竟不敢近,总制彭泽[率兵剿余贼,]檄州县课私马[万计从军,倬匿其檄,弗下令,民以私马]俱入城避贼,其缓而遗贼者死,不数日马足。又需熟粮四千石,以日中为期,倬令各市行分运,日未午,军中已足。到郡之民,疲于馈运,倬悉罢之。出库银籴米贮各仓,量远近以给兵,军民皆便。旋进右副都御史,巡抚顺天,属邑大饥,前后奏乞米十四万石,银八万两赈之,全活不可胜计。时边警甚急,[总兵太监]会兵[马]屯兰峪,[倬]策之曰:"彼诱我西,必以东捣我虚矣。为三覆以待之。"无何,果毁东墙入,伏发,斩获过当,夺回被俘男女千余。御史劾指挥十七人,临阵退缩,当斩。

倬曰："未经督委，何谓退缩？"十七人皆免。奏修蓟州边墙四百里，后人赖之。乙亥，进南京兵部侍郎，乞休，不允。又二年，章三上，许之，给驿以归，命有司以礼存问。又三年卒。倬朣然儒者，而胸有经纶，善因事为功，出奇应变，然不为诡随，亦不为矫激，故所至有闻，所去人思之。尝道出彭蠡，有渔者数辈，昏余千人，争献鱼酒。赴官四川，诸蛮相率迎拜，护送出境。凡所治之地，无不立祠祀焉。居乡以孝义称，割田千亩，为义庄，立条约，使宗子世掌之，为族人婚丧之费。又割田千亩，为族人分番应役之需。其他故旧僚友，下至戍卒小民，冻馁患难，有告必济。当逆瑾擅政，凶焰灼然，或劝为自全计，倬曰："死生祸福，命也，使因是而毁其生平，虽生奚为？"其自立又如此。子忬，孙世贞、世懋，俱进士。载《太仓志》。张大复曰："王氏之先，居驷马泾，与高氏、晋氏相望。高氏官至大京兆，晋氏教谕宣平，子工部亦成进士。至今泾上人称王司马、高府尹、晋宣平云。司马公与管方伯淇善，尝使画者并列其像，相宾主坐，命后世子孙交相祝焉，亦盛事也。"

　　毛澄，字宪清。祖百岁翁弼。父升，并有淳德。澄七岁能诗。陈武选恺异之，妻以甥，即徐太夫人也。弘治癸丑成进士，廷试第一，授修撰，与修《会典》，进谕德，侍东宫讲读，讲论详明。武宗入言于孝庙，大悦，辄中秋宴赐之。与修《通鉴纂要》，进庶子兼侍读。正德初，与修《孝宗实录》。会与刘瑾忤，谪《会典》中有误，夺其庶子。以母服归，服除，迁侍读学士，寻以学士升礼部侍郎。十二年，进尚书。澄在部持正守礼，不与诸贵倖通存谢，立朝侃直，尤多所规正。武庙南巡，倡仪谏正，疏凡数上。逆濠奏请抚按诸臣，令朝服进见，又伪为孝行，请旌表。澄据礼经复奏，事皆得罢。江彬擅权，朝士争往趣之，澄独无一刺往来。司马王琼与都御史彭泽有隙，又失钱宁意，以土鲁番事罗织彭罪，置重典，有旨会议，廷臣皆畏威，莫敢发一语，澄独抗言曰："彭某为国宣力，天下知之，今无可罪之。实而杀一大臣，何以示后世？"琼色沮，顾冢宰完曰："以为何如？"完曰："毛公言是。"彭得末减，而琼与宁并衔之，其强立不挠，皆此数也。武宗崩，奉皇太后旨，与大学士梁储迎世宗于兴邸。有议请行陛见礼者，澄不可，曰："将来劝进时，礼又何加？"上闻而是之，既即位，敕荫子一人，世袭锦衣，澄辞不受。未几，大礼议兴，澄率公卿六十人上议，援汉成帝立定陶王为嗣，而以楚王孙后定陶，今宜以孝宗为考，称兴献王为叔，盖王第二子崇仁王为兴献王后。上曰："父子可互易耶？其更议。"澄等复持宋儒程颐"濮议"为最得体，俟皇次子生，复承兴献王后，又不允。澄前后疏凡五上，执愈坚。会霍韬移书于澄，极言"濮议"之非，而进士张璁抗疏，谓宜别立兴献王庙，上大悦，召阁臣及澄至平台温谕，澄终不屈，遂请致仕。诏加太子太傅，给驿归，至兴济卒。赠少保，谥文简。澄素宽厚端恪，不妄交游，平居言不出口，至临大事、持大议，侃侃不可夺，其于是非义利之际，屹如也。可谓公正有守，得大臣之体者矣。子希原。隶太仓州。

朱希周，字懋忠，号玉峰。父宪副公文，有传。迁居府城吴趋里。希周仍以昆籍起家，年十四廪昆学。弘治丙辰成进士，廷试第一。授修撰，纂修《会典》，升侍读，充经筵讲官。逆瑾恶其远己，矫诏夺侍读，仍修撰，二十年不离六品官，澹如也。与修《通鉴纂要》《孝庙实录》，仍复侍读。庚午主应天乡试。辛未闻父丧，自旅邸徒跣回里，奔号水次，人以为难。服阕，历学士，进礼部侍郎。会大礼议起，希周持"濮议"甚坚，忤旨。升南京吏部尚书。丁亥，值五年考察，以六科不黜一人，权贵指为有私，且欲勒令再察，希周言："考察以别贤否，非论曹局有无也。"执疏争之，兼谢再察非故典，老臣不称职，愿解绶去，不能违其心之所安。遂乞致仕。敕有司岁给夫廪，凡三十余年，中外交荐，卒不起。家居益廉静自持，取予不苟，门生故吏馈遗，一无所受。不尚产业，不畜姬媵，一室萧然，仅一老苍头给使令而已。性尤严重，几坐终日，席无倾倚，虽盛暑，衣冠必整。里中少年稍轶宕者，惟恐玉峰先生知之。结庐阳抱山先墓之侧，以山水文籍自娱，年八十四卒。以父讳文，遗命不得请谥。宪臣为之奏闻，赠太子太保，谥恭靖。希周性素纯一，称惇厚长者。平居抑抑，而临事屹然壁立，在朝在乡，皆系之以为重。晚尝语所知曰："吾直以行谊为当年第一人。"可略信其所指矣。孙衍，字蕃卿，隆庆庚午举人。

顾鼎臣，字九和。自幼敏异，数岁能属文。与兄子邦、石潜同游邑庠，负盛名，时称"三凤"。比长，身长七尺，虬髯虎视，吐音宏畅，应事而发，襟度豁如也。弘治乙丑成进士，廷对第一。授翰林修撰，与修《孝宗实录》，升侍讲，迁谕德。正德丙子，主顺天乡试。世宗纪统，开文华讲读，充经筵日讲官，敷陈启沃，终始有条，上每倾耳听之。壬午，再疏乞归省祭，上以讲官，特命驰驿。鼎臣家居，究心当世之务，念东南利弊，慨然欲起而振之。六年赴阙，时更定学士，首擢为翰林院掌印学士，仍充经筵日讲官，并分番撰述诰敕新命也。进讲宋儒范浚《心箴》，上特嘉悦，谕内阁云："鼎臣解说《心箴》，朕思味其意，甚为正心之助。昨自写一篇，并亲注释。又注视、听、言、动四箴，及制《敬一箴》。敕翰林院国子监建敬一亭，将前五箴俱勒石其中，天下学校皆然。"又谕内阁云："《洪范》一书，于帝王为治之大经大法，实为亲切。欲令鼎臣通篇进讲，分段记日，从容讲解，务尽所言。"诏免常参，专直讲读。鼎臣又撰《中庸》首章讲义以进，极言人君致治，须臻圣神功化之极，不可安于小康。戊子，讲《洪范》终篇，上赐手敕曰："卿久居淹滞，劳苦可悯。"乃超升詹事府正詹，兼翰林院学士，特恩也。辛卯，上于西苑作无逸殿成，命辅臣召鼎臣，坐讲《周书·无逸》篇，赐宴，升礼部右侍郎掌府事，仍充经筵日讲官。癸巳，上幸太学，鼎臣上言："孔子之道，惟曾参独得其宗。观《太学》一书，纲领条目，昭然可见。乞访曾氏子孙与孔、颜、孟三氏，一体录用。"诏如所言，择一人授博士。时大同军屡变，执政欲以大兵屠之，鼎臣抗疏言："叛者不过二三渠魁，诛之则国法正，而人心安，奈何戮及无辜，玉石俱焚？”上从其奏，全镇生灵赖以得免。乙未进尚书，教庶吉士赵贞吉等三十人，鼎臣疏辞。上曰：“朕以卿讲幄旧臣，效劳有年，特兹加秩，专委教读，为国储才，宜从朕命。”乃就职，程率训励，模范肃然。丙申，礼部疏请定各庙时享，太庙祫享、太享诸乐章，上特命鼎臣专撰。丁酉，上言东南财赋重地，积弊甚多，为民蠹害，遂条陈四事：“一暂议差官总理，二查理田粮旧额，三催征岁办钱粮，四查复预修仓粮，期于振举废坠，不得滋扰。”上特命户部速行。戊戌，主考会试。上御平台，擢太子太保、礼部尚书，兼文渊阁大学士，入内阁办事。鼎臣简在帝心，久拟擢用，为永嘉所抑，栖迟十年。至是疏辞不允，召对便殿，复论史事，宜集儒臣，类纂修葺，如汉宣帝时开白虎观，召诸儒讲论五经同异，称制临决，斯文之幸也。己亥，加少保，兼太子太傅、武英殿大学士。二月朔，册立皇太子。十六日，上南巡承天，命鼎臣佐太子，留守京师，赐牙刻留守关防一，又赐银图书一，文曰“经帏首选”。鼎臣开坐七事，恳专事任，上皆手批，可其奏谕，有军国重事，即用钦赐印记来闻。鼎臣奉命居守，整敕纪纲，发摘奸伏，勋贵豪右，敛手以避，然律下太严，寻以推用乡人，为吏部台臣论之。鼎臣再疏乞休，上温旨谕留。庚子五月，有事于方泽，省牲郊坛，感寒病噎。上遣医视疾，赐赉特厚。八月病甚，乞休不允，乃力疾草遗疏，洒洒万言，劝上亲贤图治，加厚元元，如兴水利、复盐法、修边备、复河套，皆国家经久大计云。卒年六十有八。赐葬祭，赠太保，谥文康。鼎臣笃于孝友，方生时，父恂年已逾艾，恒恐禄不逮养，每夜焚祝，原减己算以益之。一夕，父梦天门洞开，风露澄澈，身披八卦衣，伏七星剑，两内侍卷玉册以示之。其后，鼎臣监国，内珰持玉册如梦，享年亦与卦合，知其精诚格天矣。其待宗党有恩义，与人交，洞见肺腑，不遗故旧，以苏、湖等七府供需甲天下，而州县总胥多奸弊，民生日困，三为举奏，务遵实效。巡抚欧阳铎行均粮之法，鼎臣贻书云：“公行法，而我家增赋数十石，然为百贫家减十五矣。”其克己为民如此。昆故无城，鼎臣力言于抚按，疏请修筑，至手出赐金，为士民倡。曰：“昔疏广以天子之赉惠养故旧，吾欲用之筑城。”未几，有倭警，昆人得凭为守，数十万户尽保首领。邑人为建崇功祠祀之。所著诗文应制诸作、奏议若干卷。子履方，嘉靖戊子举人，俭约如寒素，见其父豁达好施，每竭力以赒亲族、赡孤寡，然不自名其德，谓出自鼎臣之意，邑人交口贤之。

周广，字克之。少孤贫，苦志力学。弘治乙丑进士，授莆田知县。廉毅自持，不受请谒，访民利弊，兴革悉当。期月，丁内艰，服阕，改知吉水。流贼骤来攻剽，广矢众拒之。治行为天下第一。征入试浙江道御史，不两月即抗疏言四事：一斥番僧，二远伶人，三重国本，四严军令。疏略曰：“喇嘛僧出自西番，残破礼法，恣肆淫欲，不可以近君侧。臣谓宜投之四裔，以御魑魅，此诚责在三公，而无一人为陛下言者，此臣所未解也。昔禹戒舜曰：'无若丹朱傲，惟慢游是好。'周公戒成王曰：'毋若殷王纣之迷，酗于酒德。'今之伶人，助慢淫酗者也，陛下不观唐庄宗乎？方其誓定中原，天下莫敢抗。及志得意满，日共伶官数辈戏狎。一夫夜呼，仓皇出走。夫往事之失，后事之镜也。臣谓宜遣逐乐工臧贤等，不复籍之禁门，乃所以放郑声也。生人之道，古今之大义也，陛下春秋鼎盛，神器至重，独不思所以为万世绵绵之基乎？义子如钱宁者，本宫竖苍头，骤滥恩渥，且声色于锦衣，暮侍寝于豹房，纵子在卫鞠狱，攘劫贷赂，扰乱国法，闻其投刺书曰'皇庶子'，僭拟东宫之罪，擢发难数，不可使闻于天下后世也。科道所论御寇不职大臣，陛下皆优容褒赏，而武将之不用命者，尤所不诛，故兵气不扬，功成无日，今诸大师首鼠不战，与贼并完，而川原白骨，暴如丘山，伊谁责与？臣谓宜敕劳师，久视诸臣如江西总制陈金、山东总制陆完辈，宽其夙愆，责以后效，可以坐收庙算矣。"疏入，群小侧目，宁尤大怒，幸上弗深罪，谪广东怀远驿丞。宁阴使人遮道刺之。广变易姓名，被道人服，间行四百余里，得免抵任。是时武定侯郭勋镇守岭南，钱宁党也，承望风旨，故以金试广，广拒不受。一日摄至，闭府门，棰辱几殆，以御史有言而止。久之，迁建昌令。逆濠遣使，肆行诛求，悉拒不与。俄假公使，便道归昆，忌之者媚宁旧憾，再谪竹寨驿丞，驿无房屋，筑茅舍居之，与子弟讲诵不辍。会汪中丞玉为辰沅兵备，构明山书院，聚诸生讲解，辟广为师，多士兴起。宁伏诛，嘉靖初，召复御史，迁江西佥事，进副使，改提学。乃综学政，以身范之，考校诸士，先行检，后文艺，士风丕变。时大察天下吏治，旌卓异者十三人，广与焉。擢福建按察使，镇守中贵遗以金，广不省，置之库中，中贵惧，谢罪，乃与约"毋挠吾三尺"而返之。后复有织造中贵横索民财，有司莫敢抗，广移檄禁遏，并治其傔从，中贵屏息。迁佥都御史，巡抚江西，振肃风纪，百寮惮之。尤加志穷民，不畏强御。凡诸豪右不便其所为，訾之当道，遂援裁革例罢之。寻升南京刑部侍郎，二年卒。卒后数年，得予葬祭。又三十余年，得赠左都御史。广举止凝重，廉隅峻洁，性刚直，动与时忤，虽迁讥讪，弗顾也。自号玉岩，有《玉岩集》九卷。诗文古淡，自成一家言。子士淹，领嘉靖丁酉乡荐，从庄渠先生。或谓广宜饬其子，勿为道学。广曰："天下大任，令儿自负荷，君何得云云。"故士淹得成其学。见《文学》。

魏校，字子才。本李姓，长洲县之庄渠人，与真义魏氏有连，其祖鞠于魏，因蒙其姓，为昆山人。校生而颖异，读书一目四行下，然性凝定，自为儿时，容止俨然若老成人。弱冠中弘治十八年进士，廷对拟第一，上阅策，有亲宦官、宫姜语，动色，置二甲，授南京刑部主事。以刑官为民命所关，心大惧。胡端敏世宁谓之曰："凡用刑，难于审情，若欲得情，必须明理。"校感悟，居刑曹八载，不轻挞一人。与世宁及李承勋、余祐交善，时称南都四君子。每讯重囚，必斋居默念，凡有冤滞，人所不能决者，片言决之。会审监刑，众皆采衣即事，校则惨然澹服，是日不御酒肉。太监刘瑯，逆瑾党也，众皆趋诸，校独不往。

经历姚元本巨富，有从子利其赀，诬以奸事，赂瑯，欲置之死，校讯之，竟白其枉。历员外郎中，升兵部职方司郎中。会江彬逆濠，内外蓄逆，知时未可仕，乃移疾归。讲学星溪之上，盖校年二十四，始闻胡敬斋先生之学，悯当世圣学不明，邪说乱道，而儒者复以训诂溺心，奋然以修明道学为己任，从游者常百人。一日偶来溪上，见天文四垂，混混六合，日星升沉，云霞舒卷，觉乾端坤倪，轩豁呈露，其学大进，自谓得之主静云。嘉靖初，擢广东提学副使。念入道者必自小学始，于是饬社学，联师儒，以弦歌礼乐为教。其取士必先德行，不专以文词。岭南俗尚巫鬼，所在多淫祠，悉改创以祀先儒，而曹溪有六祖道场，达摩所传衣钵在焉，历代宝藏，竟碎而焚之，嫉邪扶正，请谒道绝，颇过于严。适丁外艰归，然粤人必思中伤之，有劾河南提学萧鸣凤者，并刻校，皆当时名儒也。已而南御史论两人皆硕学，不宜左调，乃改萧广东，校河南，提学如故。校明道率士，一如在粤，而训词简严，规模宏大，视昔有间矣。上蔡有羲皇画卦台，久成废丘，旁有祠，旧祀三皇，后且混入佛氏，校尽毁佛像，辟中门，缭周垣，表曰"太昊伏羲开天圣迹"。信阳宰子贡、蔡人漆雕开，向列乡贤名宦，未称厥德，为改创书院祀之，以司马温公、谢上蔡祔焉。少林寺有达摩面壁像，命有司毁之。甫三月，士习丕变。旋擢大理寺少卿，转国子监祭酒，充经筵讲官。故事，讲官进讲，先期以讲章呈政府，公不可，以师道自处，请以宾礼见。永嘉不悦，遽改太常寺卿。

时天地分祀之议兴，校因上《郊祀论》，其略曰："礼家谓冬至祭天于南郊，夏至祭地于北郊。然考之《周札·大宗伯》，以禋祀祀昊天上帝，以血祭祀社稷。初未尝以地祇与昊天并称。宋儒胡宏考定古礼，亦曰先王祭天于郊，祭地于社而已。初无南北郊之文，故以社配郊则可，以北郊配南郊则不可，盖地不可与天对，夏至不可与冬至对，圣人扶阳抑阴，于一阳始生时重，故曰：'《复》，其见天地之心。'若有对，是《复》见天心，《姤》见地心也。臣每论学，必推诸造化，论造化必返诸身，验之天地，浑然一气。正如我身止一主宰，岂有两节并行？故知分祭之说非也。但以天地合祭比诸夫妇共牢，始于王莽，其说不经耳。"疏入，不报，即致政归，绝意仕进。然天下贤士大夫，翕然宗之，称为庄渠先生。当是时，姚江之学方张，校雅不以为然。尤恶杨慈湖之说，斥为逆天诬圣之书，更不欲人为词章之学，惟教人涵泳仁体，使和气发生，则邪气自消，大要在养之于静而已。时李献吉、唐应德皆以诗文负重名。校谓献吉曰："子才甚高，但虚志与骄气，此害道之甚者。"又谓应德曰："闻杜门读书，不知以此求放心耶？抑遮眼邪？若遮眼，谓之玩物丧志，否耶！"二公皆服其言。其论主静之学，如曰："冬气闭藏严密，故生温厚之气，完郁熏蒸。学弗主静，何以养吾仁？"又曰："归藏于坤，乃圣学第一义。"又曰："鹰立如睡，虎行如病，皆蓄其力而全刚生焉。"尝与裴大典书，教其于公私义利之辨，猛着精神，当此人欲横流之时，壁立万仞，一毫污染不得。盖其自信者如此。

校博学详说，上之天文，下之地绝，近之人伦，远之物理，器数之要，礼乐之原，靡不研精覃思，悉其条贯而会通之，归于涵养仁心。故其教以力行为事，以复性为宗，而得力在于主静也。至其天性孝友，因心凤成，凡族之不给者悉周之，岁以为常。其为人表里洞然，与物无间，充养有道，貌温而色恭，粹如有中和之气，及取与之介，出处之节，则确乎如山不可移也。所著有《体仁说》《大学指归》《六书精蕴》《春秋经世书》《周礼沿革传》《师说》《语录》等书行于世。尝谓："六典坏于秦，后世惟秦为师；六书坏于秦，后世亦惟以秦为师。古今一宇宙，自秦限之。圣人至公，秦以其私；圣人大明，秦以其苛。"识者韪其言云。卒赠礼部侍郎，谥恭简，赐葬高墟。有司建兴贤里。载《祀典》。

归有光，字熙甫，号震川。其先本吴郡人，至元，河南廉访使德甫始居昆山之项脊泾。至明，城武令凤，以射策乙科有名，有光其曾孙也。生时庭有虹自地起，祥光烛天，因名有光。九岁能属文，出见枯骨，瘗而铭之。父正以视其友吴秀甫，吴大奇之，叹为子长、孟坚一流人，遂与为忘年交。弱冠补诸生，屹然有述作之志。尝谓圣人之文章，无非性与天道。于是纵观九经二十一史，及诸子百家。尤好太史公之书，谓其作《史记序》，述《孔子世家》，非知道者不能也。又谓《易》乱于《河图》，《洪范》乱于《洛书》，乃作《洪范传》《易图论》，明圣人以天道治人，无与乎数，图与书正不必相表里。自谓其言，虽圣人复起，不能易也。虽为诸生，学者皆尊师之，有光亦抗颜以师道自处。时庄渠魏先生号当世儒宗，有光娶其从女，因游其门，每以其说相质，庄渠先生亦无以难之。会以覃恩，选入太学。当诣京师，乃渡河涉汶，达于洛汭，观大禹故迹。相度河流，即欲为《漕渠书》，未就，还游南雍，与诸兄杂论礼乐，作《冠礼》《宗法》二书。嘉靖庚子，张文毅公治，主南闱试，举第二人，以国士期之。上春官不第，还讲学安亭，弟子日进。荒江寂寞，家无担石之储，意豁如也。足迹未常入公府，每大吏至，常咨访焉，必为力陈利弊。尝考三江故道，作《三吴水利书》，大要言太湖入海，独有吴淞一江，宜并力浚治，或值俭岁，募饥民以疏之，则水大治，田事修而民免于饥。后海忠介公巡抚江南，颇采用其说，吴民蒙利焉。时有光负重名，试官争欲得之，乃牢落公车，不下三十余年。初，余文敏公有丁随父任至昆，欲师事有光，未果。至嘉靖乙丑，为同考，手一卷，古色暗淡，喜曰："必归君也。"已而果然。文体为之一变，主考新郑高公喜曰："此茶陵公取以冠南国者，今得之，可谢天下士矣。"授长兴令，其治专以德化民，不以威严为事。理冤滞，出死囚数十人。旁县盗发，有株连者，洗涤之，亦数十人。兴学校，修废祀，存名臣之后，友士大夫之贤者。常纵囚囚归，祷雨雨辄应，惠政甚多。然抑制豪强，无所畏避，如宿盗之窟穴于山岽者，躬掩捕之，竟服其辜。如欲纳奴妻，乃自斩其妾及奴以奸告者，竟论如法。如多田之家，花分细户，反使贫户充粮里者，悉改令大户改充,而豪强多怨之矣。构蜚语挤之使去。迁判顺德府,府故邢州,而司马官隶太仆,吏胥欲纷更马政,概不许,一意以静镇之。又移文太仆寺,凡郡县入马,请悉准格,否则一马破中人产,民赖以全。先是,有光尝作《马政议》,其略曰:"国家令民养马,意欲得马也。而有所谓折色,于是民不以养马为急,而以输银为急矣。牧地本与民养马也,而征其子粒,于是民不以养马为急,而以输子粒为急矣。养马者,课其驹可也,不用其驹而使之买俵,于是民不以养马为急,而以买俵为急矣。今欲讲明马政,必尽复洪武、永乐之旧,江南折色可也。畿辅、河南、山东之折色,不可也。草场之旧额可清也,子粒不可征也,官吏之侵渔可惩也,管马官、群长、兽医,不可省也。行马复之令,使民得宽其力,民知养马之利,则官马亦以为己马矣。"书传长安,执政者极为嗟赏。盖新郑、内江两相知之者深矣。隆庆四年,入贺,囧卿檄修《马政志》。寻升南京太仆寺寺丞,仍留侍文渊阁,掌制敕,预修《世宗实录》。明年春,以疾卒。

有光冲淡成性,耿介自持。初登第,居长安,时穆宗方在藩邸,有中官某素爱幸,令其从子来受业,邀令觐储君,为异日地,有光固谢之。每遣小黄门至,坐受其拜,未尝为礼。及穆宗即位,某益贵重,遂绝不与通。张文毅公知之最深,尝语人曰:"吾阅天下士多矣,如熙甫者,可谓入水不濡,入火不蓺者也。"其学原本六经,尝曰:"汉儒谓讲经,今人云讲道,夫能明圣人之经,斯道明矣,道又何容讲哉?"每读书有得,超然神远,人莫窥其际。所为文甚富,皆和顺于道德而后发之,或者谓其法史迁而折衷于韩、欧间,然并师其神理,视世之依彷掇拾及以才华猎取文誉者,相去什百也。海虞钱谦益云:"国家文章,当以太仆为第一。"诚笃论矣。崇祯九年,长兴士民举入名宦祠;十七年,吴郡九学,举入昆山乡贤祠,两地并祀之。所著有《太仆集》,曾孙庄,汇其已刻未刻之文,合为一集,凡若干卷,行于世。

蔡懋德,字维立,号云怡。祖畴,父允忠,俱赠河南右布政使。初,畴父安命畴出继于姑,冒姓陈氏。及懋德官浙西参政,奏复本姓焉。懋德生而端静,七岁读《大学》,便立志学为圣贤。十三能文,诸光禄寿贤一见异之,曰:"此圣贤中人,岂仅富贵哉?"因授业为弟子。十八补诸生。二十一中万历丙午乡试,文名动天下。益自下好学问,得阳明书读之,叹曰:"圣学渊源在是,我知所宗矣。"自是为文尤明切无支言。己未成进士,授杭州府推官。立谳盗、谳命、清狱法,兼修紫阳社仓、阳明保约,六年,治于第一,升礼部主事。时魏珰方恣,旋以封差告归。崇祯初,乃受职,疏陈三吴水利,吴于刘河当浚状,事未行,识者韪之。历升江西提学道,颁《拨本塞源论》于学宫,发明"良知"之学,立书院,与诸生讲论。著《管见臆测》数千言。尝登白鹿洞,讲《孝经大义》,听者感动。又作《文心入则》以正文体,故其所得皆端人,皆才士。壬申,移嘉湖兵备道。时承平日久,武备废驰,海寇刘香游船猝至,人心惊扰;而大盗屠阿丑出没湖泖间,议者欲合南省兵会剿,懋德曰:"兵至必惊扰百姓,且恐贼飏去,与刘香合,此可计擒也。"乃申明约束,潜察盗源,密召窝主,贳其罪纵之,而散健卒为商贾、匠工、星卜,分布其地,遂擒阿丑及丑义儿沈千斤,余党悉平。自是,迁臣交荐,以为知兵矣。以母丧归,服阕,补井陉道。天久旱,每祷辄应,民皆欢呼曰"兵道雨"。时方行修练、储备四事,郡县吏多扰民,懋德出为规条,奉行独善,他道皆仿行之。甫三月,改调宁前,以辽抚方一藻特疏保荐也。井陉士民攀号塞路,立庙祀之。既至宁前,以身许国,属诸子于宗长曰:"吾不复问矣。"训练士卒,识应时盛、吴某于偏裨中。时祖兵骄甚,为其将军称说忠孝以感动之,兵稍戢,商民以安。内监高起潜临边,以制府自居,乃贻之书,曰:"职与贵监相见,礼不见会典,然轩轾当从义起,使欢然通宾主之意,则贵监享谦谦之誉,职伸侃侃之节,岂不两相成哉?"起潜无以难之,亦敬且信,事必咨而后行,故军政咸举。当是时,山东、北直、河南,各城之陷者数十,懋德守松山,不解甲者四十七日,在宁远复九日,八城迄无恙,兵部奏守城功第一。杨阁部嗣昌持之,竟不叙,边吏闻之解体矣。会灾变求言,懋德三上疏,谓:"经济不本圣贤大道,则见小欲速,终非真才。"又谓:"儒者心学不明,执一而多,偏党天下,祸乱实原于此。"尤忤执政意。己卯,调济南道,济南新经残破,文武吏缺,懋德至,摄两司三道印,招流移,安反侧。大盗李青山为乱,两月悉平。升山东按察使,旋升河南布政司。河南斗米三钱,人相食,催科莫应。闯贼又宣言:"先服者,不征粮。"懋德曰:"此时急催科,是驱民为盗也。"檄州县且停征,抗疏自劾,落职七级矣。寻以浙江、山西巡抚缺,两省士大夫争为推毂,而浙非奥援不可得,遂有山西之命。赐召对,上问致治之要,懋德曰:"天下变乱,皆由民穷为盗。爱民当先察吏,察吏莫先自察。愿正己卒属,俾民不为盗。"上谓《孝经》《小学》宜颁行,懋德曰:"今日拨乱为治,当从《大学》提纲挈领。"壬午春,驰至山西,榜其门曰:"愿闻己过,求通民情"。建三立祠,祀周、程、张、朱诸大儒,月凡三会:十日讲理学,十日讲经济,十日讲文章。又立于城社,招谋勇之士,凡垦荒、催科、察吏,无不因地相时,次第修举。巨寇王冕、王一凤等倡乱,讨而平之。宣武兵援,河南道溃,蹂躏晋地,抚而定之。癸未五月,闯贼且破河南,入潼关,陷三秦。时懋德以疾请告,闻报,亟起治兵驰河上御之。然贼既入秦,南自芮浦,北迄保德,延袤二千五百里,处处可渡。乃上疏请发禁旅,调保大营,与宣、大二抚合兵备御,连章告急,皆不应,以三千弱卒,独力支吾。惟籍精诚,激厉将士,一败贼于大庆渡,再败之凤陵渡,三败之吉乡渡,屡渡屡部,凡四阅月,而贼又破榆林,逼大原矣。按臣汪宗友启晋王以手书促令归省。懋德乃留千人守平阳,千人守汾州,自率千人赴太原。未几,平阳道将皆弃城走,按臣更以不守河而守太原效奏,奉旨解任听勘。中军应时盛以解任,有旨例可出境候代,懋德毅然曰:"吾死生之际了然矣,奈何当危亡呼吸时,籍口解任乎?汝爱我,毋多言。"

太原亡民皆感激，号泣愿死守。甲申正月晦，贼游骑至郊，持牌招谕，懋德登陴，斩来使，悬其头于堞城中，守志益坚。二月初五日，攻围四集，乃遗壮士，发所伏地雷，杀贼无算。初七日，大风，昼晦，标将张雄跳城归贼，潜迁其党纵火角楼，昼发所积火药，守者皆走，贼遂登城。懋德北向再拜，掣刀欲自刎，诸将拥之下城，巷战至西门，遽跃下马曰："吾封疆臣，应死封疆，汝辈自去。"时盛亦下马曰："死则俱死。"遂至三立祠，懋德再拜先贤，缢梁之左。时盛拜懋德，以弦自勒死。王永魁等千人皆自刎。李自成亲验其死，刃其首投之水沟，段可达求而得之，傅其尸殡于秦山庙，瘗南门外东冈。

越五年戊子，子方炳等扶榇归，葬于郡之西山。初，懋德讣闻，未及赠恤，不四十日而京师陷。南都立，顾宗伯锡畴请表忠烈，赐谥忠襄，予葬祭建祠，以应时盛祔焉。懋德学本诚正，出以和平，济以通敏，而持己以介，大节所在，凛不可夺。其成进士也，有援之入翰林者，谢不与试，其由司理行取也，有乡人执政，欲致门下授以铨曹者，非不与通。其为礼部也，魏珰建祠堂，上官将率诸曹谒贺，即托疾筑室奉母，题所居曰"不随室"，以见志。其在宁前也，高起潜贵倨，欲以属官待之，持不可，卒以宾礼见。及守松山，奏首功，杨阁部贻书问所欲，竟不报。至于奉旨解任，卒死封疆，取义成仁，无愧圣贤之道。其坚定之力，得之学问者深也，江西魏禧为之传曰："公学以姚江为宗，而尚紫阳之实践，故能以道学立事功，以道学成忠孝。"诚笃论矣。

卷十四

人物二上 名臣

邑之以仕宦显者,自宋以来日盛,如震川先生所称,嘉靖初登朝者遍九列,比大省焉何多才也!今考志传所载,必事有足纪,然后其名益著。虽曰地灵,实由人杰哉!及观科第表,或一科可尽传,或数科不一遗,则又慨然,有今人不及古人之叹。凡为仕宦者,当知所勉矣。作《名宦传》二。

唐

张后胤,字嗣宗。梁零陵太守僧绍孙,陈国子博士冲子也。甫冠,以学术禅其家。唐高祖镇太原,引为宾客,以《春秋》授秦王。武德中,擢员外散骑侍郎,赐宅一区。太宗即位,进燕王咨议,从王入朝召见。初,帝在太原,尝问:"隋运将终,得天下者何姓?"后胤云:"公家德业,天下系心,若顺天而动,河北指挥可定,然后长驱关右,帝业可成。"至自陈其言,乃赐宴月池。帝令群臣以《春秋》酬难,曰:"朕昔受大义于君,今尚记之。"迁燕王府司马,出为睦州刺史,后胤乞骸骨,帝见其强力,问欲何官,后胤谢不敏。帝曰:"朕从卿受经,卿从朕求官,何所疑?"后胤顿首谢,愿得国子祭酒,授之。永徽中致仕,加金紫光禄大夫,朝朔望,禄赐防阁如旧。卒年八十三,赠礼部尚书,谥曰康,陪葬昭陵。子震,左卫灵池府折冲都尉,富阳县公。孙义方,邢州刺史;承休,恒州刺史[1]。有传。曾孙[2]齐丘,朔方节度使、东京留守,谥贞献。四世孙镒。见《名臣》。

张承休,祖后胤。初举贤良,再以入科例举,以扬州司户参军迁常熟令。历朝议大夫、上柱国、恒州刺史。张说铭其墓曰"承休,昆山人。希言笃行,去华崇实。非法不由,非礼不动。精于理物,敏于从政"云。

宋

龚识,字默甫。其先邵武人。父慎仪,仕南唐给事中,使南汉被执。汉亡,拜歙州刺

---

1 刺史,《新唐书·宰相世系二下》作"长史"。

2 曾孙,《新唐书·列传卷一百九十八》作"孙"。

史。南唐灭，为卢绛所害。识始徙居吴，登端拱元年进士。大中祥符间，翰林学士李宗谔荐擢监察御史，属真宗东封，护跸还都，迁殿中侍御史兼左巡使。宋袭唐制，御史不专言职。至是，始择学术醇正、操履端方、可纪纲朝廷者，俾入台言事。识乃被选，士林荣之。逾年，以目疾求退，除检校司封郎中、平江军节度副使。宋之吴士登科者，始于识。今府学题名以识为首。识之后徙居黄姑，犹藏其登科时金花榜贴云。子宗元，天圣进士，官都官员外郎。有传。宗元子程，熙宁进士，官桐庐令。有传。程子况，崇宁进士，官祠部员外郎。有传。况子明之，官宣教郎。见《孝友》。明之子昱。有传。按：方《志》不载龚识，谓非县人，然尚存之于科第。况凌万顷、边实皆宋人，志首及识，要必有见。卢公武志郡，亦以识为昆山人，今从之。黄姑，今为嘉定地，故嘉定志亦载识父子。然宋初未设嘉定，其为昆人无疑。

龚宗元，字会之。幼颖悟绝人，为乡贡首选。擢进士，主仁和簿。以父识有疾，乞便归养，调吴县。居忧，服阕，改建安尉，蔼有声称，荐章保任者二十有一。召见，擢大理丞。知句容县，发奸摘伏如神明。杨纮持节行部，号为深酷，独不入其境，曰："龚君治民，所至有声，吾往徒为扰耳。"历通判衢、越二州，官至都官员外郎。后徙黄姑，谢事家居。取白居易诗中句，作"中隐堂"。与程适[1]、陈之奇并以耆德致政，日为文酒之乐，吴人谓之"三老"。初，官仁和时，知州范仲淹深加礼重，称其文温厚和平，不乏正气，似其为人。谓曰："君德业清修，他日必为令器，慎勿因人以进。"泊登朝，未尝游公卿门。卒以清直淳厚，号庆历人材。有文集十卷。子程。见《文学》。

孙载，字积中。曾祖汉英，任钱氏，为昆山镇防遏使，遂为县人。父俏，官通议大夫、发运大使。载登治平二年进士，为河中府户曹，更三守，并立威严。载独与争曲直，不肯诡随，守终乃称，荐之中书检正官，察访关中，辟为官属。乾祐令不肯奉行青苗法，檄载按之，载言："邑小民贫，令无罪。"不果按用。荐知德清县，以德化民，不任刑罚，开诱是非，出于诚信。讼有累年不决者，得一言皆感悟去。熙宁八年，吴越饥，独县中熟，载劝大家倍糶，得全活甚众。移考城县，一日巡尉来告，盗集境上，将以上元掠近郭。至期，载张灯设宴，不禁夜，盗叵测，遂遁去，讫受代，无复盗者。神宗闻之，以载姓名付中书。除广东常平，触署行部，以宣德意。元祐初，迁广东转运判官。绍圣初，知海、沂二州，延聘名儒，兴学养士。迁朝奉大夫，知婺州，再知亳。所至，为治务持大体，时号循吏。以尝荐元祐党人，授提举洞霄宫。大观中，以朝议大夫致仕。忽一日，遍谒先垄及常往来者，未几疾革，问日早晏，盥手焚香而逝，年七十二。载天资乐易，长于吏治，好汲引士类，受荐者至四十余人，后多知名。喜读《易》，著《释解》五十卷，《文集》若干卷。[2]

1　程适，底本作"程边"，据《中吴纪闻》卷二改。
2　著《释解》五十卷，《文集》若干卷，《至正志》作"著《易释解》五卷，《文集》五十"。

郏亶，字正夫。居昆山之太仓。本农家子。自幼知读书，识度不凡。嘉祐二年，登进士第。熙宁三年，诏天下陈理财省费、兴利除害之策。亶自广东安抚司机宜文字，为书条陈吴中水利，言治水、治田之法甚悉，王安石奇之。五年，授司农寺丞，提举兴修两浙水利，议者以其说非便，罢归。因治其所居之西水田曰大泗瀼者，如所陈之说，为圩、岸、沟、浍、场、圃，俱用井田之制，岁入甚厚。图状以献，且以明前法非苟然者。复召为司农寺簿，稍迁寺丞。预修本寺制式，颇号完密，除广东转运官[1]。元祐初，入为太府丞，出知温州。以比部郎中召，未至卒。有《吴中水利书》四卷行于世。子侨。载《隐逸》。孙升卿、惠卿，俱进士。

王绹，字唐公。秦正懿王审琦五世孙[2]。宣和七年廷试，为详定官，多取议论剀切者，置甲科。建炎初，为御史中丞，具陈攻守之策，宰相不能用。及自建康扈驾至临安，道由镇江，从容奏曰：“陈东以忠谏被诛，此其乡里。”上即命赙其家，官其子。以绹为资政殿学士。三年，拜参知政事，以和议不合罢，知越州。及上幸越，韩世忠邀击金人，归骑于杨子江。绹议遣兵追袭，与世忠夹击之，同政者议不合，遂求去。御书“霖雨思贤佐，丹青忆老臣”十字赐之。绹刚正有守，立朝无所阿附。及居政府，每以禄不及亲，自奉甚薄。晚寓荐严寺，萧然一室，服食器用，无异寒士。天性仁孝，尤厚于族，俸入之余，买田赡给其孤贫者，又为之婚冠丧葬。绍兴七年卒，年六十四，谥文恭。其寝疾也，家人召医，欲灼灸，绹曰：“时至即行，留连无益。”前二日书“戊戌”二字示左右，至卒果然。绹平居无嗜好，惟以读书为乐。其文温润典雅，深于理致。有《内外制》四十卷、《奏议》三十卷、《进读事实》五卷、《论语解》二十卷、《孝经解》五卷、《群史编》八十卷、《内典略录》一百卷。子陔。

颜度，字鲁子。兖国公五十三世孙。自唐鲁公兄子颙为常熟令，其后为吴人。度居昆山，以文章名一时，登绍兴进士第。历海门簿、临海令，皆有去思。乾道五年，知长兴县。遇事慈恕，人不忍欺。又能于淳朴中时出智计。听讼，每得其实，人称神明。一日，某王自宁国入朝，舟次县界，皆以妇女挽纤，王怪问之，皆云：“知县颜佛子爱惜民力，纵男子耕种，卒难召集，恐累颜公，故妇女悉来当役。”洎入对，孝宗问：“卿治郡得人乎？”即以度对，未几，召拜监察御史。迁太常少卿，擢工部侍郎，以中大夫秘阁修撰提举冲祐观，封长洲县开国男。卒年七十五。度与朱熹友善，孝宗尝称之，谓其“每出一言，不动如山”。因以“如山”自号云。弟历。子叔平。侄叔玠、叔瑶、叔渊，皆及第；叔珠，叔玙，皆奏名。

郑兴裔，字光锡。其先开封人。祖翼之，显肃皇后兄，赠太师、鲁国公。父蕃，赠太师。

兴裔初以后恩授成忠郎,历江东路钤辖。乾道中,徙福建提刑,累差浙东、浙西提刑。以郡县积玩,检验法废,创为格,且分界属县,吏不得行其奸,因著于令。镇江军习水战,大风舟溺,诏兴裔审视,竟以实闻,贵近不乐,徙江东,请祠归。寻兼枢密副都承旨,知庐州,移扬州,以治最闻。宁宗朝,知明州,兼沿海制置使。卒赠太尉,谥忠肃。兴裔历事四朝,以才名结主知,中兴外戚之贤,未有其比。见周益公所撰碑。子挺,江州观察使。

范之柔,字叔刚。文正公五世孙,纯祐之曾孙,公武之子,自郡徙居昆山。乾道八年进士。嘉定初,拜监察御史,历右正言,左司谏,起居、中书二舍人,刑、礼二部尚书,太子詹事,封昆山县开国子。其奉亲事君,一以文正为法,知止畏盈。每有山林之志,累章乞骸骨。上谕宰臣曰:“为朕勉留,将大用之。”后以礼部尚书致仕。卒赠特进开府端明殿学士,谥清宪。弟良遂。载《隐逸》。子宁,官奉议郎。宅在至和塘北、半山桥东数百步,旧有石刻范府界。

王圭,字君玉。范成大外孙也。父迈,字德远,本安吉人,来赘于昆,因家焉。登乾道进士,终太平州通判卒。圭幼孤,忍贫力学,孝于母。登嘉定进士。初主松阳簿,以才干就升为令,行经界,井井有条,版绘其式,制行天下。淳祐八年,出知常州,以职事修举,屡蒙升赏,入为司封郎官,终朝散大夫。自号静观。有文集十卷。其居家廉洁,家无余赀,死无以敛。子敏学、号学[1],以荫补官,俱以廉谨闻。

郏升卿,字师古,亶孙。登绍兴进士,历知常、徽二州。乾道六年,自徽代还,奏蠲本州额外杂钱一万二千一百八十余缗,及江东两浙诸处绢一万六千六百余匹。勤恤民隐,甚多惠政。

郑准,字器先。其先开封人,华原郡王之诸孙。祖亿年,父临,皆居昆山。准由荫魁铨闱,登庆元进士,历仕知袁州,终中奉大夫、昆山县开国男。准生王侯家,气象若儒,素薄于功名,厚于道义,轻财好客,赴人之急如己事,尤加意姻族,仿佛范文正公义庄之意,买田给赡,其子孙仍之不替。子端,守高邮,自试吏至典藩,所至以廉称。侄竦[2],中锁厅,知泰、邵、韶三州,以奉直大夫奉祠里居,谦和乐易,未尝见其疾声遽色,人称吉人。年八十余卒。

刘必成,字与谋。其先福安人,来居昆山之溢浦。必成少游国学,即有隽誉。嘉熙初,七士同叩阍,极言时事,必成实为之倡。是年七士俱预计偕,而必成为武举解元,明年遂魁天下。至淳祐九年,复中锁厅,盖以文武全才自负也。尝两入阁轮对,慷慨言边事,上深褒美。次日,宣谕宰执曰:“必成所言极好。”后皆行之。历知浔州、湖南安抚副使卒。

---

1 号学,《至正志》卷四作“彊学”。

2 《淳祐志》卷中、《至正志》卷四均作“子端”“侄端”。

自号“爱闲翁”。有《三分诗稿》行于后世。

陈宗召，字景南。本福清人，因赘居昆山。登淳熙进士第，中宏词科，终礼部尚书。三子，贵谦，秘阁修撰，绍熙[1]尚左郎官；贵谊，参知政事，谥文定。见《名贤》。贵谦、贵谊皆中宏词科，乡人荣之。

陈昌世，太府丞振之子也。振载《孝友》。幼有文名，兼优吏事，以荫知信州，治最，擢吏部郎中。召见，理宗有“一廉可喜”之褒，后知瑞州，所至有善政，以节用爱民为本，迁朝散大夫。中年绝欲，自奉极薄，故自号澹轩。家本贫，非有余粟，每以贵籴，时捐直济民，乡人德之。子师尹，魁乡荐，明年复魁铨闱，宰象山四年，士民尝借留于朝，官至庆元府通判。

元

施文胜，字文质。性聪敏，博学有识，且好善知礼，为时所称。北游大都，谒［太保］马扎儿台，见其仪状雄俊，才识明达，荐拜集贤院学士，卒赠吴兴郡侯。

干文传，字寿道。其先汴人，建炎南渡，五世祖武节大夫恭侨寓于吴，因占籍焉。《平江纪事》载文传为昆山人。少嗜学能文，未冠，用荐为吴、金坛两县学教谕，饶州慈湖书院山长。延祐中会试，登乙科[2]进士，授承事郎，同知昌国州事。州居海岛，民顽犷，往往剽掠海中，文传柔以恩信，五年俗为之革。迁长洲县尹，谍诉胶辖，岁粮四十余万。文传听决趣办，具有条理。会行助役法，召县民善谕之，无敢为诡脱者。再迁乌程县尹，有安定胡先生墓在何山，为僧所坏，据有其地。文传白大府，复其旧而表树之。丹徒民周有一女，二子共杀女，狱久不决，浙西宪司俾文传往鞫，立得其情，而周母乞贷一子命，乃议为首者当死罪，免从者，使养母，咸称明允。升奉议大夫，有富民江［丙］出游，娶娼张氏，江客死，张间关数千里返其丧，前妻之子遇之不以礼，张不能堪，子乃杀张，葬山谷间。官知其情，利贿不问，文传曰：“戕其庶母，人道灭矣。”遂论死。朱某纳妾于外，生子，妻王氏诱之来，逐妾而杀其子，朱知而无如之何。文传发其事，王乃厚贿妾父母，买邻家儿为妾儿，云不死。文传令妾抱乳之，儿啼不就乳，因吐实，乃呼邻妇至，儿跃入其怀。遂追死儿余骨，定王氏罪，人称神明。升朝列大夫、吴江州知，以均徭赋为先，催科立有程限，村落不识吏胥。至正三年，擢集贤侍制、朝请大夫。俾居《宋史》前局，史成，锡赉优渥，遂上引年之请，以礼部尚书致仕。优游里闬十年而卒。文务雅正，不事浮藻。有《仁里漫稿》若干卷。

---

1 绍熙，底本作“康熙”，据《淳祐志》卷中改。

2 乙科，底本“乙”字缺，据《元史·干文传传》补。

明

卢熊，字公武。其先武宁人，宋末徙家于吴，再徙昆山。父观，有至行。_{载《隐逸》。}熊质纯气和，博学好古。少从杨维桢游，得《春秋》传、注未发之旨，以文学知名。元季为吴县教谕。张氏据吴郡为掾。士诚败，以故官迫遣，赴京，母卒，告归。卜筑玉山之南，绝意仕进。洪武初，以荐授工部照磨，寻以善书，擢中书舍人，迁知兖州。州初罹兵革，民力凋敝，治尚和平，多遗爱。适李韩公营鲁邸，又浚河，自兖至任城，役夫几二十万，抚绥供亿，悉力调护，二役并就，而民不扰。俄以簿录刑人家属事，逮诏狱死，年五十。先是熊尝上疏言："州印文讹谬，兖作衮字。"上怒，至是竟得罪，命籍其家，箧中仅余麻枲，上深悔之。熊生平不治生产，为政恺悌，不求赫赫名，最笃交谊，生则资给，死为殡藏。博极经史，尤工六书。所著有《说文字原章句》《鹿城隐居集》《幽忧集》《石门集》《清溪集》《蓬蜗录》，尝纂修《苏州志》五十卷。又有《兖州志》《孔颜氏世系谱》。子彭祖，字长婴。洪武末，任武康丞。永乐初，荐授礼部主事，学求适用，为政亦有父风。

王英，字俊伯。宋朝请大夫葆之后。洪武初，从乡校贡太学，授监察御史。每有章奏，辄削其牍，世莫闻知。上特器重之，命署都御史事，大书"敦厚王英"四字揭殿柱，以励百官。居内台十年，升刑部主事，进郎中。以母老乞养，出知宁海县。永乐初召入，复为郎中，升陕西按察使。丁母忧，服除，改山西，秩满仍命治陕。简静有体，狱至随决，不务深文巧摘，民以不冤。既而得代，还至泗州，卒，年六十三。夫人阎氏，与仆王保随，简其橐，不满一金，柩弗克还，乃火而归骨焉，人咸痛之。英立朝谨畏，每谓妻子曰："我以身许国，勿以吾死生为念。"精诚所感，克厚其终。居乡恂恂，与人和易。尝微服入郡城，时禁庶民服靴，门者缚英，英笑曰："吾官人也。"取舟中冠带示之，得释，亦不怒也。有负毚者并道行，道隘，挤英入水，怡然摄衣起。他日复遇于道，其人弃所负却走，英召而慰遣之。邻翁具鸡黍相邀，适县令严席以待，竟就邻翁酌，曰："贫家无易事，且吾居乡，何必过令。"人皆传而美谈。故乡之学士、大夫及小妇、稚子，无不称为敦厚公云。孙成宪，初名廷纲，号真遇先生，为叶文庄盛所识赏，授樊府教谕，与吴文定宽、王文恪鏊、王三原恕，赋诗饮酒，颉颃当世。九载当迁京官，母老乞外，升秀水教谕，奖劝率惰，诸生尊之。会母丧，送者数十人。年九十六终于家。

余熂，字茂本。少有俊才，超悟绝伦，从殷奎、陈潜夫学，受《春秋胡氏传》，遂精其说。洪武六年，诏取贤良，诣京师。以明经荐试入太学，授承敕郎。十五年进通政司参议，十七年拜吏部尚书。上特命定考绩法，又定吏员拔用法及诸司朝觐仪。明年四月，误晚乡人学录金文征语，移文令宋祭酒讷致仕。上怒，与文征同赐死。为人长者，不遗故旧。

每休沐，布衣徒步，遍谒邻里，尝戒其下曰："第称余待诏儿，勿云官人也。"乡人传美之。

朱吉，字季宁。父德润，仕元。见《文学》。吉早丧母，值元季兵乱，奉父周旋患难。会张士诚据吴，游士多苟从之，吉独不降志，自吴城徙昆山，开门授徒。州判徐石麟以女妻之，因家焉。洪武中，以学行荐擢户科给事中。时粮长稽违勘合，上怒，皆论死。吉上言："勘合，本以照验税粮及限税粮，及限勘合，不过查验虚文，伏赐昭苏，以弘恩宥。"上从之，二十二年，诏清胡、蓝逆党，颇开告讦。吉又上言："请宥矜疑，以安反侧。"上深加奖美，有织文绣衣之赐。自是从无告密者。寻以善书，改中书舍人，迁翰林院侍书，翱翔禁闼者十年，出为湖广按察司佥事，理冤释滞，时誉翕然。会谳误，系狱久之。永乐初，复召为中书舍人，奉敕题高庙神主，眷赏特厚。谢政归，箧中唯法书、名画。路遇故人负租抵罪，辄鬻以偿之。年八十一卒。吉之学，以圣贤为师，谨言慎行，处己待人，表里一致。所著有《三畏斋稿》。子定安、泰安、永安，时称三杰。有传。

卢熙，字公暨。博学好古，善楷法。洪武四年，以荐授睢州同知。时中原甫定，岁复荐饥，熙一意休息，惟恐伤之。会摄守事，御史奉诏清伍籍，无见军辄以民代。睢户仅十人，檄熙拘送。熙召民自实，得尝逮尺籍者数人上御史。御史怒，械系曹吏，必欲尽得，不然以格诏论，熙曰："吾守民吏也，民散，吾谁与处？"乃独身往诣抗言："州无籍军，民亦散走，独有同知在，请以充役。"御史益怒，斥去，熙坚立不动，竟得免。后卒于官。贫不能丧，知州董俊娄为之营殡，及归，吏民挽哭者数千人，道遇大雨，扶携流涕不少却。熙在官，兄熊尝遗以诗曰："菑盐清梦稳，铁石古心存。"人以为不愧云。子充耘，字次农，渊源家学，行谊甚高，尝被荐给事诰敕，会世父兖州公死非其罪，充耘负骸骨归，杜门著书，绝意仕进。子儒。见《文学》。

王逊，字谦伯。自幼不群，稍长学益进，有志当世。登洪武乙丑进士，明兴以来，昆之第进士者自逊始。初授上高县丞，当坐谳误，戴罪杀贼。一日获九十九人，械系之，法不满百不奏，左右欲以他因足之，逊叱曰："杀人邀功，我不为也。"未几，果得巨寇。寇平，功最多。在县莅事明敏，剖决如神，治声籍籍，不及考绩，召还京师试，令上殿纠仪，复称旨，超拜江西道监察御史。逊刚毅峭直，以宪度律己。平居凛然，如临严宾，廉介一操，门无私谒。所亲或劝其稍自降抑，逊曰："吾读书求道于圣贤，岂敢荒逸？矧己不自治，安能治人耶？"弹击谏诤，略不知有忌讳，号称真御史。偶以病热思水，上闻宣赐，得汗遂瘥，待遇之厚如此。一夕侍便殿，召至榻前问曰："月光直入朕帐中，卿可试按以法。"盖欲以观逊之能也。逊口占四语，比子夜无故入人家之律。上顾笑，然语近于戏，故悔之矣。后以因事直谏，上大怒，逊求去，诏许之。已又召还。逊惧，服金屑死，年三十二。子复。有传。

顾礼，字原礼。洪武初，以人材征，官刑部员外郎。久之，上自擢为侍郎，免归。

十一年，再征为户部侍郎。会计出入，人以为能，进尚书，又改刑部。时方用重典，司寇最为大任，礼谨职守，法未尝少滥。卒于官。

项驾，字叔驭。博涉经史，精《春秋》，工诗能文。洪武初，应秀才举，擢礼部郎中。后官广东，政治廉平，有声于时。

王震，字子东。宋参政绚九世孙。父祖卿，洪武初为行人，开云南路，夷山埋谷，设施为多。震，洪武中应秀才举，选益都令。会水大祲，民采蘸芜给食，常不继，汹汹思乱。震开仓赈之，吏以未受旨非例，震诃之曰："民饥如此，而候旨赈耶，直我死民矣！"一境全活者无算，廷论重之。迁益州[1]同知，州有僧寺，其佛像能言祸福，小民祈祭，昼夜不绝，不可止。震至，携酒馔往与之饮，移时寂然，忽敕左右吏为取醉狐来，及暮，吏迹草中，果得巨狐，袒而酣卧，震使缚而悬之桶，狐醒乞贷。震曰："王法，左道惑民者有常刑。"狐哀恳曰："法虽然，狐未敢伤物。"乃释之，自是像不复言。震性慷慨，饶胆略，大率类此。

龚詧，字叔言。其先汴人，宋有侍御史猗者，扈高宗南渡，始家昆之真义里，詧其七世孙也。生而资性兼人，常读太史公书，未匝岁，诵如悬河，人或试之，尽卷可不错一字。洪武十一年，以《春秋》应文学科，授岳州学正，律己造士，士多兴。于廉直所得俸钱，推赡二兄，斋厨索然，读书不辍。诸生有以《通鉴》赘者，受览，卒业还之，谢曰："已拜贶矣。"既数年，岳州升为府，诣阙候调，与守偕入见，上问守一切民情、物力，守震慑莫对，公举止巍然，上顾曰："是官何为者？"对曰："臣岳州学官。"因代守条对甚悉。上喜曰："此可给事朕廷。"遂拜兵科给事中，未满岁，超为科长，侃直无所规避。后以言事忤旨，上怒叵测，籍其家，仅得赐绢二正。上色动，谪戍五开卫，寻卒。子诩。见《节行》。张大复曰："《龚氏家乘》不详载疏中语，但云以易储事，岂有所讳耶？"王志坚曰："事属创闻，未敢信也。"

吕昭，字克明。性耿介，博通经史，卓然有古人风。洪武辛未，以荐授徐州训导。九载，上疏言民事称旨，迁浦城县丞。县多荒地，其民特贫，不堪耕作，昭捐俸市谷给无产者，俾艺其地，不责其偿。自以谷少许种堂下，忽生九穗，人以为德政之征。浦民为植双松于庭，且歌之。永乐甲申，诏求贤，监司上其治状，超拜沁州知州。濒行，父老酿金为赆，辞不受，曰："我无刘宠之爱，敢为父老留一钱耶？"归至杭，已无买舟钱，抵家以新谷二斛偿之。及赴沁道，经徐州，时天已寒，尚未挟纩，徐之诸生故所受经者，局制一毛裘，雇一驴而去。在沁六年，清操愈励，分校山西乡试，与修《永乐大典》。子旦，举进士，有传。贻书戒之曰："进士固美官，苟不似我廉，非我子也，死亦不歆汝祀。"其至性如此。

盛颐，字蒙养，其先大梁人。高祖德肆，以抚谕苏湖，因居昆山之高墟。颐三岁而孤，事母以孝闻，长从乡先生受《诗》，通大义，讲求濂洛关闽之学。尤工诗律，及真、行书法。

1　益州，《嘉靖志》卷八作"德州"。

性素恬雅，不汲汲于科第。永乐己亥，诏求遗贤，守臣曰："聪明才办，或不乏人，刚正有守，德器宏深，非颐不可。"遂以礼币征诣京师。庚子春，入见称旨，擢拜江西左布政。颐以不阶资叙，出掌大藩，深惧无以报称，尝题其堂曰"思报"，务在尽心所职。以司差多扰郡邑，编置勘合簿子，各郡给批回缴，各有定号，而诈伪不行。以理问多滞狱，令三日一引，赴堂科断，而刑无枉滥。以省试寄学宫多奸弊，特营贡院于城东，严饬关防，是科得人最盛。以逋赋难清，择属吏之廉干者，授以方略，度远近，定程期，鞭挞不施，不半载而事集。丁巳入觐，宠赉有加，特留陪祀南郊，遂来众忌，因言者落职。宣德初，上疏辩理，授南京工部员外郎。历任八年，三使藩府，皆以廉能著。癸丑以开航、封航事，遣往边海诸郡，得疾，还南京官舍卒。

陈皞，字孟东，号安止。少孤贫，习法律、算数之学。永乐初，鄞城芮翀知县事，择知学者为吏，皞衣青衣立堂下，年特少，因辟为从事，谕令就学，乃以间从林松谷钟受《春秋》，偶江雨桓受《诗》，二业并兴，遂通经义，善书能诗，无不臻妙。通政司赵公治水吴淞，一见叹异，曰："儒生也，他日必为良吏。"檄与偕事者二年，因入都应幕府书记，从丰城伯平交阯。以年老授会稽知县，县民犷悍，不受徭役，皞至，惩其尤黠者数十人，不一月翕然向化。复为谳减冤囚，杖杀逃军之害民者，人人称快。三年，上计，会廷诏求贤，皞疏言："河南佥事吕旦，悬磬屡空，愈勤学问，圣世遗贤，允宜不次。"上纳之，起旦推官。改皞知淳安县，尤励清操。迨归休，不能自给，处之怡然，人益高之。皞性强记，历代史略皆上口，诗宗少陵。有《安正斋稿》。郑文康志其墓，深叹其刚介云。子助。见《文学》。

吴凯，字相虞。父公式，早亡，遗腹生。凯自幼秀朗，从王樵玉先生学，先生奇之曰："子耸壑昂霄，指日可待，恨吾老不及见耳。"奉母居贫，力学侍养。里胥召之役，诣县自陈有母不能远离。芮令异其言，立遣就学。永乐中，以能书，预修《永乐大典》，书成，取赏而还。寻膺贡入太学，中顺天府庚子乡试。宣德中，授刑部主事。[狱上盗二，一毙一且病，所连六人，凯恐并死，无从质，乃谨疗病盗，后得真盗，释所连者。]改行在云南司，二司皆遍理，京府号繁剧，凯处之裕如。正统丙辰，改礼部主客司，以母老乞归，遂不复仕。凯精敏有才，而能以礼自律，言行不苟，风仪整峻，人望而严惮之。家居四十年，非公事不至公府。自号冰蘖道人。李襄敏秉闻而重之，疏荐不报。叶文庄公称为伟人，尝曰："乡里作官，前辈当法吴相虞，后辈当法孙蕴章。"及卒，乡人私谥曰贞孝先生。

虞祥，字仲祯。祖乐闲公，元海道万户，居昆之太仓。洪武中，父茂以间右实京师。祥自幼颖敏，由上元籍中永乐辛丑乡试，授金华府学训导，升上虞教谕，皆以善教称。宣德乙未，选授礼科给事中，升掌科事。有庆寿寺僧觉贵者，构中使创造毗卢阁，高数十丈,僭拟非度。祥以寺近皇城非宜,劾奏毁之,按僧于法。寻升通政司参议。正统癸亥,进户部侍郎,改兵部,巡视畿辅,赈穷挫豪,民赖以安。又清武臣勋绩,综理明核,为士大夫所称。乙丑卒于任,赐祭葬。祭酒李时勉铭其墓。子震。见《隐逸》。孙臣。有传。

吕旦,字寅伯。沁州守昭之子也。性简淡,不好华靡。少从味道郑先生游,又从松谷林先生,以《诗经》卒业,举永乐丙戌进士。甫释褐,即奉命董工伐木湖湘,又督开平粮刍,皆称职。以荐超拜河南佥事,居官廉谨,清冠中州,坐寅长诖误事,被系长芦,十年乃免归。宣德初,廷诏求贤,起为建昌府推官,折狱平允,政声益振,历两考,疏乞养母以归。归检敝箧,得所受《诗经》一卷,拂拭尘网,口授生徒,以终其身,乡人称之:"真不愧乃父矣。"及卒,无以为殓,魏尚书骥、王检讨资买棺葬之。

王复,字从道。御史逊之子也。生三月孤,既长,发父书,昼夜读之。登宣德庚戌进士,授行人司司副,迁南京监察御史。耿介绝类其父,人皆称为小御史。言事切直,众所难堪。后戍辽阳,于铁岭城病卒。其所坐事,世莫能详。乡人哀两御史皆以直死,莫不痛之。子曰敏。见《文学》。

章贤,字士希。以永乐庚子乡荐,授大理评事,历知汉阳府。性廉谨,每事必求无愧于心。居官二十余年,终始一操。既免,不能归,留寓南京,仅给饘粥。病死,衣不覆肘,邻人卖所遗敝器殓之,归葬马鞍山北麓。乡人以建昌推官吕旦、中府都事朱昌,与贤为三廉吏云。

刘琏,字廷器。永乐十年进士,擢陕西道御史。论事谔谔,无所避就,权要惮之。寻升山东参议。洪熙初,上念边将无文,多疏脱,议选方面参赞机务,琏与沈固、周显、刘绍同见任用,参政宣府。自黄花镇抵大同、平远,凡墩堡耗废者,督诸总兵,悉修举之,渐致繁富。宣德十年,转户部右侍郎,巡抚开平一带,兼督边储。琏公勤廉谨,人不敢干以私。在边二十八年,始终如一。己巳之变,诸边相继陷没,而开平八驿,婴城固守,屹然独存。以景泰二年致仕,卒于通州,贫不能归,即其地槁葬焉。后李襄敏秉总督边关,修城缮堡,积草聚粮,都不改刘侍郎之旧。天顺初,叶文庄盛奏:"琏在边年久,保障有功,乞恩褒恤。"诏赐祭一坛,迁葬马鞍山下。

龚理,字彦文。宋侍御猗十二世孙。方正沉毅,挺挺有干局。父贤,字思齐,好施与,尝梦神人谓之曰:"上帝以汝有阴德,予汝一龚理。"后生三子珩、理、琚,皆好学乐善,理独以功名显。宣德己酉乡荐,癸丑中乙榜,诏赐冠带。读书太学,与庶吉士同课翰林。正统丙辰登进士,授工部主事,进郎中,廉干不名一钱。会河决张秋,已擢徐有贞督治,又慎简方岳大臣佐之,廷推得理,景皇帝曰:"是不要钱龚郎中乎?"遂超拜山东左布政。理毅然以河工自任,夙夜勤劳,冲冒霜雪。始置八闸,作九堰,筑大洪口,其说多出于理,不欲自居成功，每有参画，辄削其牍。东人至今思之，称为廉布政云。以末疾告归，卒。卒之日，橐中萧然，惟先世遗集，及所著《最美集》数十卷。乡人重之，谥曰清思公。长子绂，字朝美，成化十七年乡举，有文行，为青县教谕。叶文庄尝云："生子当如龚朝美，自可不愧彦文。"孙坤，弘治戊午举人。

夏遂，字存良。祖友谅，八岁能诗，十九而殀，遗腹子善长，即遂父也。遂颖异绝伦，十岁补增广生，十九登贤书，二十成进士，予告归娶，授礼部主客司主事。时远人朝贡，赏赍旁午，倚办悉具，北送瓦剌，南护瓜哇，绝无驿骚之苦。正统十年，奉使辽阳，升赏有功将士，称职本部，胡忠安公极爱重之。未几，以疾告赐，未抵一舍［许］，闻母病，遂卒，年三十三。兄佑，字存贤，以儒士授临海县丞。时胡忠安濙为礼部，闻其才名，荐为铸印局，升福建广实仓大使。佑性爽豁，锐于立事，积官三十余年，不过大使，君子惜之。遂五世孙暶。见《文学》。

沈讷，字文敏。父方，兄愚鲁。并见《隐逸》。讷天性颖悟，嘉兴朱冕掌教，以奇迈称之。登正统七年进士，授大理评事，转升寺副，独持大体，门无私谒，批驳悉当，廷中称平。景泰元年升福建佥事，督松溪银冶。时沙尤盗起，冶户汹汹，讷洁己率人，绝侵渔，革羡入，户民帖然趋役。逾年，庆元盗入松溪界，匿黄熊、望浙诸山中，讷以计擒之，得不滋蔓。五年，郑怀冒复乱，讷在政和得报，即发各村民快，并守场官军，会同镇守，尽挫其锋。讷亦披甲上马，亲有斩获。尚书孙原贞，时镇闽中，首上其功。天顺二年，升本司副使，卒于官。枢还之日，闽人悲号擗踊，遮道不能行。讷饶胆略，多智算，入棘寺，习刑书，一览便晓，且知刑家之患，无过淹滞苛刻。及居外台，每听狱，两喙争噪，片言具服，称法官者必推为首。尤好大节，官大理时，章纶以应诏，陈言请正储位，触讳下狱，素交皆避，讷独遗金以周之。为文有奇气，必责己出。所著有《兔园遗册》《下里余音》等书。嗣子僎，字希辅。［成化丙午举人，未仕卒。孙世麟。］

周弁，字景星。宣德中，由岁贡以太学生理淮扬盐策，搜剔奸利，商人畏且服之。授四川蒲江县令。县故临邛地，土风嚣杂不可治，弁一待之以明恕，与之休息，蒲民安焉。以服归，补闽之连江，治之如蒲。尝曰："吾处邛筰之乡，不加戚，今官天府之国，不加欣。"后即引年自罢。

周琭，字季温。连江从弟，受《春秋》于林松谷，遂通三《传》。永乐九年，领乡荐，授乌程教谕，升临江、南昌教授。所至方严有法，师道甚重。以台省荐为都察院照磨，又荐为监察御史，正色立朝，纠劾不避权要，当道忌之。迁郑府长史，卒于官。弟玑，即康僖公曾祖。

陆埙，字孟和。本昆山人，父德贤，以间右实京师。埙入江宁府庠。永乐中，以能书选入内阁，预纂修事，竣，授湖广新宁县令。县故楚南边邑，猺獠杂处，向称难治，埙以少年能用古道，顺其欲，不扰以事。历三考，政最增秩，以久劳于用者，例得暂闲，归江宁，日给不足，邻妪以儒生目之。宣德戊申，荐拜左军经历，勤敏超于同官，赐诰褒美。壬子，云南、车里交恶，令埙往谕曲直，皆改谢使还，复赏金符，册其酋长。升长芦运司副使，予告致仕，归昆山。

张和，字节之，号篠庵。少警敏，读书数行俱下。与弟穆同治《尚书》，师事同邑张经、松江陈文璧、吉水尹凤岐，渊源有自。退而讲习，学者多从之游。宣德乙卯，与弟同应乡试，有忌者蜚语京兆，抑其卷，不得入，而穆得举。穆曰："兄弟齐名，何有先兄一第者？"遂不上公车。正统戊午，和亦举。己未同举进士，廷试拟和第一人，以目眚改二甲第一，因乞归，授徒自给，益穷经史，文望弥崇。庚午，聘主江西乡试，授南京刑部主事。杨尚书深器重之，大小论报，必从勘定乃行。时河东薛文清为大理，称许尤至。乙亥召修《宋元通鉴纲目》，义例多出其手。丁丑还南，进郎中，擢浙江提学副使，以身率士，仪范肃然，所较毋论多寡，即第甲乙，人以大服。有屠勋者，年十五，和大奇之，后果为名卿。甲申归卒，年五十三。和廉介端谨，不一入权贵之门，闻忠义事，喜如己出。尝曰："吾已废一目，又肩厚薄，手大小，足长短，所至美而无丑，独此心耳。"生平以厚道自居，尝过陈僖敏座，有议人得失者，和正色曰："人当于有过中求无过，不当于无过中求有过。"一座耸然。每迁官过家，必祭其受业师。所著有《篠庵集》五卷。兄子知州安甫。有传。

张穆，字敬之。文章与兄颉颃，同举己未进士，为第二人。初选工部主事，以服归。寻改刑部，历员外、郎中，进阶奉政大夫，赠父母如其官。穆与兄名位略等，而兄故在告久，故见封皆以和贵也。天顺初，慎简方岳十三人，穆得山东副使。陛辞面谕，仍赐宝楮以行。穆感上知遇，矢志肃清，历官九载，宪绩大著。表伯夷、闵子、孔北海、狄仁杰之墓。访孙明复、石守道之后，给以衣食。茌平修邑志，命斥华歆，进马周，其惓惓名教如此。成化初，进浙江参政，专理清军，故事，勾补军伍，例解丁查验，道多饿死，穆但令所在究核，移文申报曰："但使军就伍，而民无勾解之害，何例为？"适李太宰秉以穆山东之政有声，拟荐为巡抚，而忌者论李并及穆，遂解官归。归而无以为生，门生、故吏为买薄田于淞江以老焉。年七十三。所著《勿斋集》二十卷。

夏玑，字德乾。性严峻，与人不款曲。景泰甲戌进士，初授应城县令，再补新淦。淦故富商所集积，引钱可千计。商以例请，玑笑曰："知县不例，悉贮库备赈。"周某者，富而横杀人，玑置之狱，御史欲出之，玑不可。未几，调玑大庚，而杀人者活矣。淦民立祠望思焉。玑以不避强御，清修凛凛，征入为御史。奉敕清军浙江，军无漏籍，民亦不知勾摄之苦，照榜期发，传之为天下御史式。以疾告归，杜门简出，日惟养亲为乐。初，玑善饮，为应城时，以醉后挞人，母怒，戒之，遂不复饮。及母丧，不御酒肉，独处苦块，三年如一日。兄弟三人皆先卒，遗孤累累，同居共爨，婚嫁皆出于玑。自奉简俭，食无重味，出无舆马,清修苦节,以终其身。

龚震,字敬修。竹庄先生琚见《隐逸》。孙也。明豁有度,负干济之望。既领乡荐,通判漳州。时王文成守仁平汀、漳、卢溪诸贼,震领调兵食,且独当一队,深入先登。文成将荐之,会震有条议忤御史,几落职。寻调守武冈州,武冈王淫湎,纵诸健奴不法,府第逼州南门,屠沽负贩,数受凌夺,无所诉。震一夕发卒百余塞南门,而穿一便门通往来,诸奴相顾愕曰:"吾等视柱后惠文,无非家令,今日胆落州官矣。"王亦摄息,其敢敏类如此。以疾卒。再传有杞县令。

周泰,字存敬,颖悟过人。正统丁卯,以儒士领乡荐,授乌程训导,升楚东安王府教授。王二子,异母同日生,王爱少者,会修玉牒,欲以少先长。泰曰:"殿下爱之耶? 宜安之。"王知不可夺,遂定其序。时泰以母俞夫人年老,陈情江夏王,乞近地,得常之宜兴,服阕。补蒙阴教谕,二年致仕。泰性高介,自号节轩,所居去县伊迩,绝不造令。少从郑介庵受诗,如陆参政容、钱知县昆、陈教谕谏,皆以泰所受诗显名当世。子鄂,字楚英,以岁荐历官万州知州。

陆容,字文量。气宇英特,志存经济,日取经史课诵,遇兵刑、水利,悉籍记之,不专治举子业也。成化丙戌成进士,授南京吏部主事,历北京兵部职方、武选二司。时边报旁午,封事日三四上,容随疏条覆,动中窾要。海贼刘通流劫,议发京军剿之。容独谳通无远谋,许以不死,可一朝定,果如所言。安南侵占城,汪直献取安南之策,容以安南从服已久,不当以兵马临之。西域进狮子至嘉峪关,乞遣官迎,容谓:"古者不贵异物,当却之,否亦听其自至,不可遣迎,贻笑远人。"事皆得寝。锦衣百户韦瑛者,直党也。直罢调居万全,乃指良民为妖言,掩捕刘忠等十口人,以希起用。容请认法司鞫之,瑛坐诛。太监李良为都指挥,王钦、杨宏乞升都督,已得旨。容疏论:"良等招权市恩,竟夺成命。"又以衍圣公朝贺给中马船,张真人给上马船,言于大司马,题请改正。复论国家大计,凡八事,曰储养台辅,教导勋戚,爱惜人才,久任巡抚,经理武备,选练禁兵,均平钞法,慎重会议,皆凿凿中利害。当事不说,出为浙江参政。容既出,益殚心力,条浙中便宜十事,悉见施行。尝至桐庐,发渔家兄弟杀人事,尤传以为神。适以奉表入京,论漕渠利病,指斥权贵。当事益恶其侵官,以考功法罢之。年五十九卒。所著有《式齐稿》《乙戌稿》《菽园杂记》《封事》《太仓志》《水利集》。子伸。隶太仓。

姜昂,字恒颜。成化壬辰进士,知枣强县,专务德化,三年狱无系囚,治最,召为御史。时方士李孜省,怙宠多奸利,昂率同官劾之,忤旨,杖于午门外,改南台御史。寻出知河南府,以甄别属吏为先,劾去不饬者,月三四辈,境内肃然。藩府兵校有犯,立为决遣。会大旱,躬祷,雨随车泾,洛人忭舞。以母老上疏,乞近郡便养,改宁波。缓刑薄赋,与民休息,捕吏不入于乡。鄞县供亿,岁且万金,乃取其籍自订之,削十之七,每日市肉一斤,以供母馔，自奉惟蔬菜而已。在任六年，政饬民安，筑无事亭，以吟咏寄意焉。升福建参政，遂乞终养。母卒，服阕，部使者交章荐奏，而昂卒矣。昂性廉静，遇事能挈领要，应会辄发，于取予一介不苟，京师达官，相见澹然而已，故人多不悦。所居仅蔽风雨，积书自绕，水竹萧然，杜门却扫，不入公府。巡抚朱瑄，字廷璧，鄞人也，固求一见，竟不可得。子龙，字梦宾，正德三年进士。隶太仓。

[姜龙，字梦宾，昂子。正德三年进士，历官礼部仪制司郎中，时宁王宸濠畜不轨，以三事请：一曰益护卫兵；二曰抚按等官，不得行出使礼；三曰乞于浙江遴选宫嫔。龙白尚书，寝其议。正德十四年，武宗将南巡，率同官谏止，罢跪五日，杖几死，黜为建宁府同知，多惠政。寻迁云南按察使副使，备兵澜沧、姚安等处。滇土司故盗薮，龙让其酋曰："尔为世官，而纵盗受赇乎！"酋惧，请自效。又单骑至夷箐抚谕之，群盗泣听命。有巨盗方定，既降而贫，妻妾交谇之，定不忍负龙，遂饮药死。南安州盗聚千人，御史且征兵，龙以一檄先之，三日，盗散略尽。四川盐井刺马仁、云南丽江和哥仲二酋，仇杀数十年。龙设法抚谕，皆愿罢兵。大侯州土官猛国，恃险肆暴，龙擒之。邓川州旧多水患，屯田皆废，龙指示方略，筑堤捍御，水不能灾。凡山川袭南诏时岳渎号，悉革正。在滇四年，番、汉大和。邓川立三正人祠，祀袁州郭绅、莆田林俊，其一则龙也。嘉靖五年春，罢归，滇民闻之，哭声载道。家居二十年，从容诗酒而没。龙博览书史，及星历、医卜、天文、地理，下至稗官小说，莫不通晓。]

高敞，字德广。居邑之泗马泾，简易疏豁，充然有大臣之度。成化壬辰进士，授礼部主事，历员外、郎中，再使辽府，行册封礼，还，赏赉大同将士，咸称职。丙子，升顺天府丞。弘治初，三辅大饥，请以内帑十万赈之。历升应天府尹，政务纷委，裁决以次，或劝以综核者。曰："吾事务理其绪，急而张之，雅非吾志。"人服其体。年五十七卒。同乡礼部郎管琪籍其囊，无以为殓。御史王用、检部郎王循，相与赙其丧。上闻，深惜之，赐祭葬。裔孙世臣，甫歌鹿鸣而夭。

陆钶，字鼎仪。以太仓卫籍为诸生。性冲默，聪明内蕴，耳目所际，具有原委。尝语："人学犹埴也，薄者先坏。"天顺癸未，场屋火，以秋八月会试，钶第一人。成化元年，廷试，钶一甲第二，授翰林院编修，同修《英宗实录》。迁修撰，为东宫讲官。仪度庄饬，敷纳详明，东宫瞩目称善，每进讲，多敛容听之。丙戌、戊戌，同考会试，品鉴最精，进右谕德。孝宗即位，以覃恩宫僚，进太常少卿、翰林侍读，同修《宪宗实录》，充日讲官，以婴末病，乞归，卒，赐葬吴塘。荫一子。所著诗文，格力高古，尽洗浓艳，流览古今，无不注记。有《春雨堂稿》《春秋钞略》《病逸漫记》等书。子爰，字子引，中书舍人，忤刘瑾，致仕。[瑾诛，]复起原官，迁礼部主事。张大复曰："鼎仪与张亨甫泰、陆文量容友善，三人同时俱以文行，重于一乡。"

吴愈，字惟谦，号邋庵。贞孝先生凯子也。性强敏，达大体。成化乙未进士，授南京刑部主事，历员外、郎中。初，贞孝以刑曹起家，每为愈言折狱之道。愈既领部，翻阅旧牍，更精法理，一时奏谳，咸倚以决。留守申贵人有事，使人来请，且惧以祸，愈不为动，卒竟其狱。亡何，出知叙州府。叙故僰地，俗犷吏黠，愈持以镇定，发摘如神。庆符盗劫，县治捕得二十七人，已诬服，愈疑之，诣县办审，释二十五人，未几，果获真盗。土官安鳌以马瑚叛，众议用兵，愈持不可，曰：“鳌无远谋，彼中无水，当重围以困之。”已而忽弃城走，众虑其纠诸酋为乱，愈曰：“鳌离巢穴，一穷虏耳，诸酋皆其仇人，何能为困？”敕十健夫缚以来，不血刃而获之，遂有改设流官之议。其党不服，复劫府印为乱，愈疾抵其巢谕之，众果委印解散，土司宴然。在叙九年，以最迁河南参政，兼理屯田。先是，藩府占匿屯田以千万计，屡诏御史直之，弥连不可问，愈铲剔钩校，多所绪正。会有蜚语中之者，乃自免归。又二十年卒，年八十四。有女三人，一归文徵明，一归陆伸，皆名士，一归王银，系司业同祖之父。

朱萱，字树之。性沉谨，不苟言笑。诗文笔翰，皆有师法。少与兄芹齐名，后先登贤书。天顺癸未举进士，授大理评事。多平反，声望卓然。萱敏而有守，泊然无势利心。有年辈弟望素劣于萱者，名位或出其右，萱略无不平，曰：“出处固有命也。”表里一致，有古人之风，以疾告归，卒。

吴瑞，字德徵。博洽群书，尤邃于《易》。成化乙未进士，授南京吏部主事，持服归，凡六年。改工部，出理徐州。洪有商人，载酒千艘，介故人馈之金者，瑞峻却之。后升郎中，总督南河。时济上水涸，急驰至，疏故凿新，河流不梗。高邮有氾社湖，风涛最险，行者指为畏途，乃相度地势，得傍湖田[1]横亘四十余里，凿为复河，今所称内湖者也。迄今为百世利。田既凿，赋额尚存，同事议拨荒田补之，公持不可，曰：“赋荒之害，惨于复舟。”上疏请蠲，诏从之。弘治辛亥，以疾乞归，绝意仕进，凡二十年。瑞居官，未尝一日废学，榜其厅事左曰“穷经”。稍间即诵读其中。及归，唯以书自课。工古文词，与文士考古析疑，昼夜不倦。有别业在山之西，每棹小舟，混迹田夫野老间，自号西溪居士。有所亲子为人奴，赎以金，且为授室。晚岁营地于陈墓泾，题曰“紫霞堆”，自为之志。子兰，弘治己未进士，旋擢御史，客往贺之。瑞曰：“宜吊何？”贺客愕然，瑞曰：“盛者衰之始。父子继世通籍，今子又为御史，不太盛耶？吾是以忧也。”张大复曰：“吴氏有两族，其一贞孝先生子参政公，与水部公同年进士，乡人所称南北吴氏也。南吴至水部始显御史，后无闻焉。”

秦瓛，字廷贽，号恝庵。少失学，既长，代父里役，官人辱之，归白其母，励志读书，请

1　田，底本作“日”，据焦竑《国朝献徵录》卷五十一黄云《吴郎中瑞墓志铭》改。

以十年为约。成化十一年,登进士第,授刑部主事,抵部始读刑书。然性敏才高,为曹长,决事情法皆当。升员外郎,掌三法司事。转四川司郎中,何司寇奏瓛才堪理剧,调广西司。适御史彭程因言事系狱,瓛首疏其无罪,后台省交章论救,竟得释。两广巡抚秦纮劾安远侯柳景镇守不法事,命瓛往按,悉发其奸,景惧,诬瓛与纮有私,上命廷臣会问午门,卒抵景法,一时公论倚以为重。壬子,升贵州副使。丙子,以赍捧便道省母,自投劾免。家贫不能自给,枯鱼麦饭,对客欣然。所著诗文俊逸无尘,人传诵之。瓛母周氏,孙秋官甥也,每曰:“郎他日当似吾舅。”后官刑曹,廉静明谨,无弗似蕴章者,吾乡称两秋官云。

张汝舟,字济民。刚毅有为,纵横抑扬,动得机用。成化甲午举人,授南昌府同知。会巨寇徐九龄啸聚建昌,宪司以汝舟才,檄往讨之,接战被创,几为所害。益设方略,卒歼之。宁藩久蓄异谋,凡宦游者,多方宠之,否则龁之。见汝舟莅事精采,意相连致,汝舟修温太真祠,以见志焉。藩好鹤,适为民家犬所毙,诉之汝舟,言:“鹤有牌,民不当纵犬毙鹤。”汝舟判曰:“鹤虽带牌,犬不识字,禽兽相残,于人何与?”释之。藩妃之兄为盗,汝舟捕之急,妃中夜泣,藩为之请,汝舟唯唯,卒置之法。藩怒,诈以失火,绐汝舟往救,思害之。汝舟抵府门曰:“正殿吏当亲赴,若延烧旁舍,一隶人事耳。”遂不入。在任九载,每虑祸及,迁思南知府,得免。其治思南,更为简节疏目,务与彝俗相安,而大节固自凛然。清浪都督赵某杖杀指挥,素结权要,主者畏之,属汝舟,卒致赵罪,死于狱。横冈深箐,多杀人,悉置于法,无所贷。一夕,梦其母悴甚,且废明,急请致仕,兼程归,果如所梦,因悲不自胜。生平至性深笃,田仅百亩,时以周宗族,岁饥,鬻产典衣,以饲饥者。道有暴骸,急收葬之。又立义学,训乡人之力不能从师者。晚更号二南,谓官南昌、思南,俱无愧也。年七十二卒。弟汝粟,癸卯举人,知定海县。兄弟侍养,一时荣之。子擢秀,嘉靖辛卯举人,知广平县,曾孙世皞。有传。

王侨,字德高。自洪武间分籍太仓,其先皆昆山人也。侨与弟倬仍以昆籍显。侨为成化乙未进士,授武宁令。丁外艰,归补曹县,皆有德于民,然不肯结纳上官。九载,始入为南京工部主事,历员外、郎中。久之,以老疾致仕。侨诚直详谨,悃愊无华,肮脏郎署间,唯书史是耽,泊如也。其从孙世贞赞之曰:“乃儒而真,乃吏而循。所谓居其主尽却其宾者耶!”子悌,乡进士。孙世芳,提学副使。并载《太仓州志》。曾孙一诚,字明德,仍以昆山籍中嘉靖乙丑进士,授温州推官,未任卒。张大复曰:“王氏自即丘子览传始兴,文献公导为江左始。至宋节度衔推仁镐徙分水,生孙司谏缙,为浙始。又数传古川公梦声,官昆山学正,为吴始。”

管琪,字儒珍。父昌,字世隆,成化丙戌进士,官太仆丞。琪器宇宽厚,律身清谨,以成化戊戌进士,授中书舍人。历官湖广左布政,羡余一无所取。会入觐,以贪缘为耻,不事干谒,竟以老致仕。

虞臣，字元凯。少司马祥之孙也。少时常过平桥下，适郑文康望见，愕然曰："此郎何为者？叶与中常以择婿见托，得其人矣。"遂往谒其父，期以所课牍相访。比进牍，文康大喜，竟以文庄女妻之。成化戊戌，成进士，授兵部主事，奉敕安置降彝于广西，提一旅，肃队而进，无驿传之扰，公私晏然。迁职方郎中，时钧阳马公文升为大司马，一切军务与臣互体，事至立办。历武库车驾，垂二十年，清慎如一日。寻迁四川参议。二年，抗章致仕。台臣高其志节。慰留不从，各有赆赠，悉谢却之。归橐萧然，敝庐馆粥，皆如韦布时。平居下帷寂然，丞贰以下，不识其面，惟以文酒自娱。所著有《丙辰奏草》《竹西亭稿》《述古录》《回文效体诗》。张大复曰："虞氏自宋雍国公始，至元乐间公始为昆山人。"

朱栻，字良用。素庵先生璲之孙也。栻少颖敏，苦志读书，尤精于《易》。成化辛丑进士，为萧山令，均徭息讼，扶善锄强。县故有湘湖，久为豪右所占，栻浚之，以时蓄泄，湖田大稔，立丁田法，诸州县皆踵行之，利泽甚溥。擢南台御史。遇事敢言，与同官劾文选郎贡钦招权纳贿，罢之。又因灾异上言，引据《春秋》，指切时政，洒洒万言，读者悚服。秩满，便道省母，卒于家。栻简易沉默，言动不苟。在萧山以仁恕为先，入南台，更见鲠直，匡主牧民，两得之矣。

朱文，字天昭，号遽庵。父夏。见《隐逸》。文自幼颖拔，以《诗》补郡庠生，改《春秋》，再改《易》，中成化甲辰进士。弘治己酉，授都察院理刑。庚戌，升云南道御史，清军两广，有博罗军陆某，利乡人昆季之赀，诬为故军，文立释之。巡按福建，务持大体。会镇守中官死，籍其资财巨万，以闻权贵，皆憾之。出为湖广副使，与按臣不协，调云南，即引疾归，卒于家。子希周。有传。

盛洪，字思禹，号石林。方伯公颐鲁孙也。性颖敏，尤严重，自幼家居，虽盛暑，必摄衣冠危坐。登成化甲辰进士，授刑部主事，历员外、郎中。三被简命，出按大狱，皆贵戚貂珰，众所难行者，乃以属洪，洪悉论如法，秉公守正，不挠不苟。其用心尤为平恕，每语人曰："刑官当于死中求生，不当于生中求死。"人以为至论。时广东黄散仔等倡乱，会推方正廉能官往备兵马，特诏洪提督海道副使。洪廉察情形，首严舶禁。癸亥秋，海贼萧惟芳等聚众劫掠，捕杀殆尽，海滨以宁。乙丑冬，上章论通番奸弊及保安事宜，悉见嘉纳。先是，通番卖港之徒，骚扰驿传，至此屏绝。市舶中官，利通私货，或置酒罗列珍玩，惟其所欲，或托僚友夜以黄金百斤馈之，皆拒不纳。禁戒益严，遂构蜚语闻，逆瑾以中之，正德丁卯，用添设例裁革免官。寻以海道旧事，檄召赴广，已，擢山东按察使，而卒于江西之官舍，闻者惜之。洪承方伯公清德之后，持身惟谨，历任中外二十余年，所居数椽，萧然寒素，可谓清白相传，无忝厥祖矣。

张翚，字凤举。其先故昆人，坟墓俱在昆。曾祖某，谪戍滇中，遂籍云南。翚登成化戊戌进士,授桐乡令,锐志兴革,凛不可犯,而爱民特至,持己惟廉。以母丧去,囊无一钱。后补陵县,清操如初。会县多名豪,翚欲铲削之,竟为所中免官。不能南还,至昆,依先墓居焉。七年,卒,三十六。县令杨子器葬之小虞浦东荣阳里。

王秩,字循伯。疏爽明达,饶有干局。由成化丁未进士,授永康知县。县有富民,业其腴田,移税贫户,比周奸利,官不能决。秩躬行阡陌,按籍履亩,甲乙而赋之,其弊顿清。历官刑部,据法不挠。时逆瑾用事,凡入为京官者例有赆。秩独不赞,瑾使人迹之,果无资装,竟不问。转广东佥事,按臣某,瑾党也,秩奉宪纲从事,所需非例,每持之,亦不能有加。会广西蛮寇猖獗,台司多其才,檄往剿之,怀辑黎人,威名顿起。升江西[兵备]副使,备兵南赣。有剧盗张士锦,窃据名号,秩设计擒之,伪党悉平。迁本省按察司。会桃源盗起,副使周宪败于华林洞,陷贼死。秩督兵进讨,披甲跃马,立斩害宪者,进捣其巢,且戒军无屠戮,全活甚多。方秩之按察江右也,宁庶人折节为恭,尝邀秩幼子入抱,置膝上,许以郡主妻之,秩谢不敢当。每谓家人曰:“宁邸志满气扬,阴养任侠,不出十年,江右必骚动矣。”时唐寅客王所,秩微讽之,寅佯狂以归,得免。寻擢云南布政,予告侍养,归,暴疾卒。孙执礼,府丞;执法,府同知。各有传。

高以政,字养民。少孤,祖伯龄翁鞠之。翁明数学,知孙当贵,教令力学,成化丁酉举于乡。又十年,选上杭令。会闽盗窃发,黠吏借以罗织,有陷卖羊人为盗党者,系狱。以政按籍,无卖羊人名姓,立出之,置陷者于法,一县凛然。白沙里人温文进,聚众抗官为乱,即督乡兵设计擒之。六年,奏绩将迁,归见伯龄翁年已九十,母亦七十余,依依不忍舍,即乞致仕。时年五十,竭力孝养,自号归田翁。题所居曰“宜晚”。至九十而卒。无子,以赵氏婿为后,冒姓高氏。

张安甫,字汝勉。自幼英敏,叔父和穆皆称之,曰:“吾家千里驹也。”弘治庚戌举进士,授祁州知州。祁俗浇漓,安甫善抚循,率以礼义,民皆丕变。其士椎朴少文,又导之学,构洗心斋,日与诸生讲训,始有登进士者,部使者交章列其治状。母忧归,即引疾乞休,曰:“仕为亲养耳,亲今安在耶?”尚书马文昇嘉其恬退,奏锡四品服,进阶朝列大夫致仕,异数也。安甫先业在横塘,即葺故庐居之,凿方池,作亭其上,因自号天方。好登览,于吴越名胜,无不游,游辄有题咏,年未艾,即绝欲茹淡,年八十四,呼子孙谓曰:“吾其归乎!”端坐而逝。其为人夷旷潇洒,内无机变,外无矫饰,所存必依于厚,所言必切于理,所见必超于俗,教戒后人,必中于正。乡里以古人目之,私谥曰贞简先生。子寰,进士。有传。张大复曰:“张氏先居萧墅,后徙横塘。赠奉政。用礼生子四人,惟伯与季不为进士。伯之后安甫与寰,父子进士。季子申甫,亦仕大理评事。”

顾潜,字孔昭,号桴斋,别号西岩。祖恂。见《隐逸》。父宜之,号自如先生,皆长者。潜生而颖异,端悫谨重,十九荐贤书,登弘治丙辰进士,选庶吉士,改御史。庚申,奉敕往山东、河南印马匹，上疏论列马政五事，言折色马、子粒卖俵等项，军民互累。上敕所司罢之。壬戌，以疾在告，辑唐虞以来事可为法者，附以论断，名《稽古治要》献之，上嘉谕，留备观览。甲子，以畿辅灾变，疏论时政八事，上加采纳。光禄少卿祝祥，以附外戚进太常卿，崔志端以道流累官礼部尚书，潜率同官论劾，相继罢去。提督京畿学政，恺然以敦士习、育人材为己任，士风翕然。吏部尚书刘宇，逆瑾党也，子官县令，谒潜，潜不为礼，衔之构之，瑾出为马湖知府，未任，旋罢之。潜生平以礼持躬燕居，如对宾客。尝著《慎独箴》以志警。户庭内外，肃如也。自奉甚约，于族党之贫者，多所施予。又尝设粥以赈饥民。家居以后，承事其亲者又十二年，于舍南凿池叠山，为展桂堂以娱之，延宾觞弈，奉养备至。闲居时，手一编，所著有《静观堂稿》《读史新知》《林下纪闻》《湖壖土醉歌》《玉峰文献录》《惇史梦林》等集，所辑《昆山志》尤称简核。子梦圭，布政使；梦川。有传。

周伦，字伯明，号贞庵。弘治己未进士，授新安知县。均丁差，减桑丝，民甚便之。会秋旱，县南易阳社飞蝗云集，伦徒跣虔祷，三日大雨，蝗皆负草死。明年大水，疏请停派未发寄养马匹，从之。又仿古常平法，减价粜谷，以济饥民。会长堤溃，即请粟巡抚，募民筑堤，堤成而民亦得济。台臣上其考，超拜监察御史，巡视居庸、龙泉等关，疏陈六事——清储蓄，足军饷，谨要冲，慎用人，守漕河，安人心，皆中一时机宜，下兵部议行之。正德丙寅，奉敕勘太监李兴砍伐禁林山木。奏入，上嘉其直。而是时逆瑾用事，乃以除丧还京违限一年致仕。又摭其曾荐都御史雍泰为党比，罚米二百石，曾论西库花米积弊，再罚米一百石，倾其家。瑾诛，复除御史。疏论宿弊五事，因著为令。又疏荐谢迁、刘大夏、许缵、谢丕、许诰、李熙等，向以忤瑾见黜，宜录用。劾奏大学士焦芳、总兵张洪等，上皆纳之。癸酉，巡按山西，奏筑太原南关新城，及武宁关土堡、垛口、濠堑，久而赖之。是岁，黄河清，自平陆县至怀庆府三百余里中，清澈五里。伦上疏以为地道泰宁之象。〔乞验两宫，果和洽休征否。又言：《春秋》书‘大有年’，纪异非纪祥也。”〕久之，升南京大理寺右丞，寻升少卿。嘉靖初，拜都察院佥都御史，提督操江，擢兵、工二部侍郎，清理军职，升南京刑部尚书，旋改北部，侍经筵。时辅臣桂萼以谏官论去，逮其私人李梦鹤等下刑部。张永嘉请解于伦，伦以自有公论对，遂不合。会南京刑部尚书缺，特旨改之。伦抵南部，即上疏推明律例七事，下法司会议施行。三年，谢政归，与里中故旧倡为延景，约简朴真，以率厚俗、兴礼为意。性识医理，每以疾疠施药，全活甚多。又十年卒，年八十。赐葬祭，赠太子少保，谥康僖。伦坦易端雅，而操履耿介，外宽中严，不以得失动念。诗词清健，行草有晋人风。所著有《贞翁净稿》二十卷、《奏议》十二卷、《西台纪闻》二卷、《医略》四卷。子凤鸣，大理寺丞。有传。幼子凤来，字于舜，工诗，善楷法，通古今名物，以博洽称，早卒。

沈祥，字应祯。其先山东人，元末徙太仓，至祥高祖文度，乃徙邑之富春桥，累世隐德。祥有用世之志，从张伯绪先生游，遂与篠庵、勿斋二张齐名。正统戊辰，成进士，授刑部主事，谳决平恕，为俞尚书士悦所称许。迁工部员外郎。英宗以杭州袍服不如法，且后期，震怒，诏逮员匠赴部议罪。祥抗言于尚书赵公曰："造作违法，罪当坐所司。诸工匠动以千计，皆贫人，六月触暑，累系就道，死亡必多，公为大臣不能止，非所以为朝廷福百姓也。"言毕，出稿怀中，立堂下不退。赵为具奏，事得寝。后升四川参议，督六卫粮储，持以严密，官吏莫敢囊橐其间，而军士得安饱之乐。当道方特荐之，祥以出入岚瘴，时苦婴疾，遂请告归。与故人流连觞咏，虽穷檐破屋，谭笑尽欢，独其生平疾恶最严，往往面斥人过，里中有不检者，闻其謦欬，辄避去。里居二十余年，年八十一卒。子时，成化乙未进士，终泰和令。孙信，弘治丁未进士，未仕卒。

朱旻，字希仁。素庵先生璲子也。见《隐逸》。旻重厚端直，十九登正统甲子乡荐，将上春官，别母，母曰："儿必顶进贤冠见吾。"旻跪受教。比试，中乙榜，念母命在，不冠不敢归，遂谒选授诸暨训导，历浮梁，迁昌平教谕。天顺末，围猎近郊，前驱将逼陵寝，旻上疏谏以天寿诸陵，列圣神灵，式临法，宜安静，而负羽之徒，时有驰骤，不无震摇。上愕然，戒有司勿猎，著为令。后迁临川、石首，谕于山东、河南、陕西，三典文衡，得人甚盛。其门人王约按吴，为立坊表之。

陈翊，字孟佐。少学《易》，自谓有得。领正统甲子乡荐，昆人士之以《易》荐者，自翊始。明年，以乙榜授胶州学正。寻擢应山王傅，改靖卫学教授。翊在胶州，教条严肃，多所造就。在应山，以礼匡王，王雅重之，手赐"忠贞"二字，以明崇尚。历任陕，在廉静，为宪司所钦。预纂《英宗实录》。尝为会试同考，再聘河南乡试，所取得人。以继母衰老，乞致政归。归而授徒，以《易》学倡，安贫守道，终始一节。邑人有赒之者，头面尽赤谢去。年八十七卒。故侯杨子器哭之曰："斯人不禄，后生无以为质矣。"

孙宗，字公武。其先长洲人，本陆姓，以宗来昆山，为孙道庠后，冒姓孙氏。景泰初，以岁贡入太学，历怀柔、湘潭二县令。湘民怠于本业，宗亲行劝课，民困以纾。市廛失火，再拜吁天，火寻灭。献救荒、征赋、力役，事事简当有法。时大司成刘崇以藩寮按部，特书"廉勤"二字以旌之。三年，致政归。子进士琼。见《节行》。

钱用，字尚宾。天顺七年，以《易》充贡，授三河教谕，改江西乐安，奖谕勤惰，多所造就。岁大旱，民艰食，走白御史，发廪赈之，民以全活。有张甲者，诸佽利其赀，诬以死罪。用为白之于县令王泉，悟置不问。岁余，甲生子，名之以钱。由是泉升御史，待以兄礼。后署宜黄县事，民皆悦服。升赣州府教授，署府事，复大治。以母老乞归，人皆嘉其勇退，知县何文缙称为林下一人。所著有《履素稿》。

周震，字世亨，号半塘。正德辛未进士，授鄱阳知县。时姚源贼炽，饶属之近姚源者，皆得蠲租，独鄱阳不与焉，震力请得从，民皆戴之。又与诸生讲授经义，考课肄业，教化大行。擢监察御史，疏论四事，复论边备四事，悉见嘉纳。清军福建，有黠卒相煽为乱，计擒首恶数人，余党悉定。镇守中贵岁侵盐利数千金，尽为裁革。随上南巡，有银牌之赐。震质直谨约，不善逢迎要结。未几，出为浙江佥事，迁广东参议，罢归。有《半塘稿》《南巡录》《奏草》若干卷，藏于家。子梦山，颖敏笃学，特称博雅。

柴奇，字德美，号黼庵。颖敏强记，杨侯子器见而重之。正德辛未，与弟泰同登进士。奇观政吏部，上书言东南水利通塞之由，先以白茅为急，次疏七鸦［浦］，葺五堰。且请以没入逆瑾之赀给济工费。时杨文襄一清为冢宰，大奇之，上奇议，特命工部尚书李充嗣司其事，绩用告成。是岁，授吏科给事中。奉诏监军山东，讨流贼，品核功罪皆当，权贵请谒不行，复奏迁曲阜城，以护圣庙。督将士平贼，九月凯还，有金织鹭袍之赐。奇在谏垣敢言事，若边储屯政、止南巡、劾钱宁诸疏，大节凛然。以尽焚谏草，不传于后。升南京光禄寺少卿。会武宗南巡，供奉所须，先事克办。以良酝署造酒，转运京师，道远费烦，奏乞运米面诸料，改造于北，遂著为令，公利之私。迁应天府府丞，旋进府尹。清查官占置木之地，还之民间。积科试羡余，以拓贡院，为士民所永赖。会南太庙灾，引咎乞休，遂归。家居十余年，杜门谢客，唯静处一室，吟咏自适而已。所著有《黼庵遗集》。卒年七十三。孙官生辅光告哀，赐祭葬。初，奇在兵间，尝止邮舍傍垣而寝，忽梦其父呼曰："起！起！"奇疑贼至，急启户而垣败，卧榻齑粉矣。奇尝语其子孙曰："祖宗功德不可忘也。"

方鹏，字时举，号矫亭。祖盛，王文恪公所称"槐庭先生羽仪吾乡"者也。父麟，以长厚称。鹏聪明颖悟，稍长，犹记忆前生事，人甚异之。正德戊辰，与弟凤同登进士，授南京礼部主事，转刑部员外，改吏部郎中。时大礼议兴，桂萼、张璁皆在南都，谓鹏曰："今上即位，与宋英宗不同，岂可援为口实。"鹏曰："英宗为濮安懿王少子，仁宗亲取而立之，今兴献帝止上一子，与宋事辽绝不同，继统不继嗣，万世不易正论也。"因作书一篇以明之，张、桂喜甚。未几，升浙江右参议，迁山西提学副使。已而张、桂议行，因改鹏右春坊右庶子兼翰林院修撰、经筵讲官。即主顺天乡试，及张璁入相，事多更张，不满人望，与鹏论颇不合。鹏乃移疾迁南京太常寺少卿，予告以归。家居十余年，与弟凤同居南溇，足迹不入城市，独坐一斋，以著述为事。有《矫亭存稿》《续治心要语》《续观感录》《责备余谈》《纪元要览》《昆山志》等书。鹏笃学敦行，动师古人，家居敝陋，俭而得中，实清望所归也。

方凤，字时鸣。早慧，初受学于兄鹏。以弘治戊午乡荐，又三年，鹏亦举，同登正德戊辰进士。授行人，擢南京御史。服除，改北台，按真定。时武宗数事游幸，凤累疏谏止，言极切直。在真定，职当迎驾，奏不能从诏者七事，上皆优容之。荐鸿胪寺卿王守仁忠节才猷，当越次起用。江西副使胡世宁以触怒宸濠被逮，凤申救甚力，且谓宁藩必行大事，天下凛凛，皆侧目方御史矣。亡何，又改南台，其任南北台者凡四。《论吴中水利》及荐魏校、吕楠、杨一清等，悉时论所归。嘉靖初，张永嘉、桂安仁以议礼骤贵，凤力疏其非。以鹏议与张、桂合，因奏劾其兄以谢天子，然后自劾以谢其兄。相持久之，出为广东提学佥事，乃引疾不起，旋自免去。凤与鹏素相友爱，及议礼各行所是，然凤既归，鹏每忽忽不自得，移疾继之，同居新渎里。鹏善病，多下帷静坐。凤性逸宕，多管弦之乐，山林觞咏，未尝不怡怡如也。年七十七卒。子[筑，字居道，嘉靖乙酉举人，唐府长史；]范，字循道，万历甲戌进士。孙元儒，字思曾，嘉靖庚子举人，早卒。

周凤鸣，字于岐，号山斋，康僖公伦长子也。少有异质，动止巍然。饶胆略，究心当世之务，以邑庠生入太学。登正德庚戌[1]进士，授刑部主事。初任监狱，即手录监狱事宜。如涤桎梏、洁圄室、给饮食，后悉踵行之。历员外，迁郎中。奉敕往江西勘宸濠逆党，审核详慎，无一人枉且纵者。凤鸣既久在刑部，益精法律，诸司之重狱疑狱，悉取裁焉。然宅心仁厚，每治刑书，濡毫欲下，急起立顾影而叹，必欲复求其生路也。易州上大盗，病且殆，而诬引六人，凤鸣曰："此盗死，六人无以自白矣。"乃哺而疗之，果获真盗，六人皆得释。尚书李承勋深器重之。以广东司辖锦衣旗校狡悍难制，命摄司事，数日理积案殆尽，群校肃然。承勋擢大司马，即荐凤鸣为职方，筹边择帅，夙夜究心，纤悉皆手自记注，人莫敢干以邪。都督永有将材，以诖误废，及廷推，凤鸣首举永，大臣难之。凤鸣曰："任将与任官异，其才不可废，可拘格耶？"诸所建白，承勋必咨凤鸣，尝曰："职方得周郎，吾可坐啸矣。"又尝绘《九边图》以献，欲上知边隅要害。上尝命惠安伯提督团营，丰城侯协同视事。丰城以伯不当先侯，请下部议。凤鸣曰："侯先伯者，常分也，若不任使，则公以下皆不敢抗。"事遂定。擢大理寺丞，值星霾示变，应诏上疏，如振纪纲、定经制、固邦本、感化机，无虑数千言，其论兵食水利，尤凿凿可行，上皆嘉纳之。会张孚敬欲陷夏言，假薛侃疏，坐以主使，廷臣莫敢异同，凤鸣独论言无罪。御史冯恩以劾张孚敬、汪宏下狱，张、汪欲致之死，凤鸣拟赦条以为之地，忤大臣意，遂落职。家居十八年，荐者六十疏，竟不起。事康僖公及继母至孝。尝语人曰："脱不幸吾于官，安得十年父子相保乎？"康僖殁，诏荫一子，以让其弟凤起。晚居尚书里，区处家事，饶有心计。顾方伯梦圭称其明练如杜元凯，勤愨如陶士行，介特如杨伯起，诚得之矣。然风格严峻，寡言笑，慎取予，动以礼法自持，专务践履。晚年手不释卷，学益宏邃，为诗古文，典雅精诣，卓然名家。所著有《后乐堂集》《西曹弼教录》《奏议》若干卷。

陈汝翊，字邦辅。父奎，字文端，多隐德，尝取逋券悉焚之。汝翊至性孝友，重廉耻，

1　正德庚戌，明正德无庚戌年，周凤鸣为正德九年（甲戌）进士，故"庚戌"当是"甲戌"之误。

寡言笑。弘治辛酉举人，以母老，就选为桐乡令。桐乡号剧县，陈案山积，汝翊刻日限月，理之殆尽。自奉廉谨，时时告乏，晏如也。卒于官，监司、郡守皆知其贫，为给舟归其丧，吏民号泣送之。子志道，字子达，嘉靖丁酉举人，元城令。

陆冕，字子端，号体斋。家贫力学，领正德癸酉乡荐。登嘉靖癸未进士，授礼部主事，历员外，升浙江佥事，转山西参议，寻升副使。质性严毅，谨厚正直，非义不取予，年五十余即致仕，杜门谢客，手不释卷。病卒，囊无余蓄，十年不克葬，乡人重且惜之。

顾邦石，字孔安。恂之孙，式之子也。式字正夫，明《易》，积饩四十年乃贡，念父母年老，不就选，会诏不愿补官者，授散秩，得杭州府经历，阶迪功郎。邦石能读父书，为当年《易》学之冠，七八秋闱，领正德癸酉乡荐。五年春，官不第，选授南昌通判。时兵变甫辑，余孽汹汹，镇守中官交为地方害。邦石缮甲补伍，兼为调剂之。有万学一者，出没湖中，负险叵测，邦石率兵壮计擒之，一郡凛然。然与太守庭参中贵，俯仰仆仆，心甚苦之，遂自劾归。就鹿城之原，筑台榭，莳花木，制乐府数阕，令家乐杂歌之。年七十卒。

张羽，字子仪。三岁而孤，家贫不能就外傅，母王夫人籝灯辟绩以训之。刻志向学，出语惊人。亡何，有外家勾伍事，波及母子，囚系几不免。所司怜其孤寡，白之。成正德辛巳进士，授工部主事，视榷芜湖，以宽简为商人所戴。迁刑部员外郎。会大礼议起，羽持"濮议"甚坚，忤旨，廷杖几毙。改南京刑部，寻罢归。王夫人殁，哭泣过毁，遂丧其明。然好客不衰，林居四十年，年七十九卒。有集若干卷。

张寰，字允清，号石川。祁州公安甫子也。长身秀伟，与人若落落而夷旷多受，人乐从之。正德辛巳进士，授济宁知州。州有水陆二驿，寰并水驿于陆，须水洰乃给，其费颇省。然饬储侯望，驿骚良苦。费文宪宏尝语人曰："允清才子，令作侯吏耶？"迁濮州，濮之东郡有贼洪学、常天叙等，诏捕不可得，寰阴诱其豪，具得情实，遂捕斩之。服阕，补开州，寻升刑部员外郎，摄浙江郎中事，独循宽法，人以不冤。考满，封祁州公、奉直大夫。再疏乞养。许之。以祁州公春秋高，寰必与同卧起，不异婴儿。尝奉父游雁宕，登天目，抵武夷，转入匡庐，还至小姑、石钟、九华、黄山，足迹几遍东南。而碑版题咏，亦半天下。又与刘尚书麟及名士吴琉、陆岩、孙太初辈结为诗社。每岁春秋，再过茗上。数年，祁州公以老寿终。升通政右参议致仕。年七十五卒。

徐申，字周翰，号缓斋。徐氏世居墩下，至是始迁溢渎村，人称溢渎徐家。申少负奇气，好学能文，又砥行修洁，克自树立，时号昆邑三徐。谓申与其友德美、士元也。弘治甲子举于乡，主司费文宪公深器重之。屡试不第，以嘉靖癸未选蕲水令。三年，守行亭公制归，服阕，改令上饶，皆岩邑也。其治蕲也，核五乡南北肥硗，厘为一牒，逋赋皆清。邑有回风矶最险，其上一港，通坼湖，达大江，乃按前人故迹以竹笼籜石塞湖，以土实港，俾湖水不江,江水不湖,民以永利。其治上饶也,检括巫风,而尚鬼之俗变;补治讼魁,而好斗之俗变;禁锢、跌二山之开采,而上下奸利之俗亦变。溪谷悍民,革心向化。台司咸荐异等,会以乙榜资,得刑部山西司主事。申怡然曰:"廉仁平恕,吾两试之为令,况为天子法官,可薄视之耶?"奉命审决畿内,全活甚众。尝于冬月提牢,捐措酒食、衣炭给诸囚。及受代,囚皆流涕,谓徐有功复生云。会有寿宁侯弟张延龄者,绍圣太后弟也,以杀人狱有连,廷议引薄昭例将诛之,太后怒不食。申与同司郎中周大礼奏请缓死,毋伤太后心,忤旨廷杖,谪湖州推官,不赴,遂致仕归。就溢渎所居营一亩宫,颓垣短第,泊如也。与星溪魏公庄渠、南渎方公矫亭往来过从,以诗酒为乐,尝曰:"天下尽嚣嚣矣,吾未见缓者失也。与人缓则乐其逊,处事缓则中其节,居官缓则不躐功名,持躬缓则不撄性情。斯为古人执玉之衷、佩韦之义乎?"故自号缓斋。学者以其居傍南川,称之曰南川先生云。子一元,字伯阳,交河县知簿。曾孙应聘,万历癸未进士,别有传。

卷十五

人物二下 名臣

王同祖,字绳武,号前峰,曰敏之孙。少孤,善病,常匿帏中阅司马《通鉴》,疾起,悉了其义。弱冠,举正德己卯乡试。庚辰成进士,会南巡,未及廷对。辛巳,世宗立,选翰林院庶吉士,授编修。同祖既[绩学],读书中秘,益事宏博,六经子史外,阴阳律历、山经地志,靡不记览。为文操纸立就,居然合作。然欲见诸行事,故在朝多所建白。会大礼议起,永嘉骤贵,一时诸臣死、徙、窜、逐,殆以百数,而同祖亦在遣中。永嘉卒,始用荐起为春坊[校书],寻进南京国子司业,上疏请教世胄,请以薛瑄从祀学宫。庚子,九庙灾,上言:“春秋哭灾,汉氏变服。今诣陵题主,宜比日中,反虞之义,不得吉服从事。”又言:“宗庙为石室藏主,谓之宗祐。公羊高曰:‘主藏庙室西壁中以备火灾。’宜凿石为坎,藏主其中,以应古礼。”人皆服其精核云。亡何,诸生坐颁历失仪,宰臣怒,免祭酒,欲尽夺诸生,同祖力救乃免。已而上疏言他事,忤旨落职。通籍者三十年,立朝仅阅五岁,未究其用,人共惜之。著有《五龙山人集》《昆山志》。子逢年。见《文学》。孙炳衡、炳璿。有传。

屈儒,字汝为,南海公昉裔孙也。少负远志,自以家世业儒,未试于时,乃发愤为科举之学,登正德辛巳进士,授南京大理评事。进寺□□¹,辑律例,标注甚悉,多所发明。终福建佥事,屡有建白,以清慎称。

顾梦圭,字武祥,号雍里,侍御公潜长子。正德丙子,年十七举于乡。嘉靖癸未成进士,授刑部主事。乞便迎养,改南吏部,迁郎中。应诏陈言论六事,尤论中官镇守之害,得旨,报罢。时梦圭年二十五,辄从海内尊宿邹谦之、吕仲木等游。尝泛舟清溪,见梅花色香孤绝,仲木笑曰:“武祥如此花矣!”其见重如此。擢广东参议,分守雷、廉。至遂溪,令献茶瓜,知令贪,不受,劾去之。海北故有平江、青鸾、杨梅、乐民四珠池,督课甚急。上疏言:“珠蚌生息甚难,三年再采,珠已耗竭。每采当用兵夫万计,因以为盗,劳役不止,将有他虑。”不报。都御史陶文敏[谐]议剿西山[诸猺],空其地,填以新民。梦圭言:“猺不可尽杀,新民畏其吞噬,苦其荒落,必不可居。”后卒如其言。

1　底本缺二字,《光绪志》作“福寺”。

父服除，擢河南提学副使，作谕："高才生文，以端士习、正文体。"汴人称之。擢福建参政，分守延、汀等郡。时寇掠连江、寿宁、松溪等处，梦圭先后捕获，行部千里，次第平之。擢按察使，升江西右布政。年四十余即致仕归。梦圭名家子，所至以治理闻，然徘徊藩臬，非其所乐。尝戏语所亲："北河有棹船者曰腰弯折，吾见之不觉心动。"盖言外官之苦也。年五十九卒。所著有《北海》《齐梁》《武平》《还山》诸稿。子允默、见《封赠》。懋宏。见《文学》。

朱观，字颐伯。嘉靖癸未进士，授吉安府推官。强毅明敏，勘断如神。有杀人不得主名者，狱久不决，台使檄观检视，观祷神宿庙，梦一人体无完肤，因悟曰："周身刑宪，其周宪乎？"迟明[1]讯之，果其妻之私人周宪也。上官异之。类此者凡八事。擢拜御史，疏放鹰犬，清理光禄积弊。亡何，忤旨廷杖，仍令巡按陕西，黜墨吏甚多。奏筑花马池至横城堡边墙一百六十余里，西陲赖之。历官河南布政，卒于家。

秦鳌，字子元。孤贫力学，未弱冠，里中以徭中之，鳌上书邑令，请免役竟学。令试之文，立就，令深器之，延为弟子师。尝读叶文庄《西垣谏草》，慨然想慕其为人。登嘉靖丙戌进士，授行人，擢兵科给事中。喜曰："西垣固如是耶！"时张、桂怙宠而骄，科臣陆粲、魏良弼论之，皆被斥。壬辰彗星见，鳌上疏言："天象示异，实由大臣。"语尤剀切。调为东阳县丞，升乐清令，历九江通判、德安同知。所至有善政，为人所思。升湖广佥事。□湖湘盗起，捕诛不可止，鳌曰："盍清其源，使民不盗乎！"为薄税缓役，期年而盗已。转本省参议，提举太和山，与中官论香案不合，投劾归。后服阕，补福建佥事。有李八仔者，讼其叔为富户所杀，富者行金，狱久不决，鳌谳而直之。升副使，迁按察使，入觐还，道病脾卒。

周瑞，字应祥。力学能文，试辄高等，将受饩，而亚瑞者，其郎也。瑞请让，御史许之。弘治中，以贡入太学，选授德兴教谕，令缺，檄瑞摄县事。会桃源洞寇乱，瑞调剂有法，饷馈以时，卒平巨寇。后谢官归，以诗酒自娱，得年九十四卒。所著有《银峰》《玉峰》稿。子京，以岁贡官云南临安府通判，号竹东居士。

秦云，字起和。才力强敏，能任事。由太常倅霍州，有异政。迁倅彝陵，曾被檄至施州治狱，有以金百镒杂之茗中以馈者，云却之。夜宿僧寺萧然，赋诗有"暗室如白昼"之语，都御史顾公璘闻而赏之。彝陵多火灾，有类若乌者，群飞衔火，到处皆焚，云患之。适梦白袍者，翘一足，乃肖白起像，建楼祀之，火患遂息。升开建县令，不赴，归，日以著述为事，号弘玄先生。所著有《荆南行稿》《史说节略》《地理正脉》等书。

潘德元，字子懋，号少泉。其先汴人，以南渡卜居昆山，徙太仓，后仍归昆。德元敏

---

1 迟明，底本作"逢明"，"迟""逢"形近致讹。迟明，侵晨，将近天明。

慧笃学，精《春秋》。弱冠侍父石泉公官游京师，入籍顺天，为诸生。中嘉靖甲午乡试，一时治《麟经》者争相委赞，王文肃公锡爵尤入室弟子也。八困公车，念父年老，就选商河令。有土豪杀人，波陷士人子田明等，立讯，豪伏其辜。邻邑海丰为飓风所湮，东抚朱某檄德元往视，请移商河之粟赈之，不给，复请移阳信之粟，亡何，阳信饥，仍以海丰之粟赈之，全活甚众。升承天府同知。时显陵大珰诸舍人横甚，德元善为戢之。又以景王就国，修葺宫殿，军役变生几叵测。德元廉得首乱，置之于法，余皆肃然。会同官以部粮缺额，连署德元名于计牍，遂降信阳知州。[1] 其治信阳颇严，尝曰："商河民瘠，法宜宽；信阳民多不逞，可以粱肉进之瘤者乎？"未期，报最。寻擢应天府治中，会有太仓粮役事，拂衣归，唯以诗酒自娱。文宗司马，诗轶初唐，有《京兆集》行世，笔法亦似晋人。卒[2]年六十六。

李宪卿，字廉甫，号罗村。嘉靖戊戌进士，授南京吏部主事，迁郎中。历江西参议、山东副使、湖广参政，以河南按察使升佥都御史，巡抚湖广。寻以特旨擢副都御史，开府江陵，采办大木，事峻，征内台。次年，掌外计，以疾乞归，卒于东平之安山驿，年五十七。

宪卿器局峻整，重自检饬，与人交，泾渭了了，终不言人之过。其在江右，以南昌新建税额独浮，请于三郡行均田法，折衷简易，人咸利之。其抚湖广，值水灾，急请捐贷，亲行鄂渚、云梦间，抚循倍至。江浙有岛寇之警，督府檄调[容美]等土兵，宪卿以越数千里征兵，执不可。后土兵不戢，悉受约束，毋敢动者。至采木之命，出自特简，职任既专，义不得辞，则因事调剂，其功尤巨。如围长之不能合于旧制，有《量材取用》一疏，得旨允从；如得木万余，度可足用，有《罢采休民》一疏，□更为剀切。以至入山采买、箪筏抵京，任之诸司道，分之三省抚按，各有条理，中外诸臣，无不推服其能。而事峻上最，悉推之三省诸臣，下至小官，无不纪录。及殿成，制名皇极，方叙任事之劳，宪卿已不逮矣。赠右都御史。

周复俊，字子吁，养利公在子也。嘉靖壬辰进士，历工部郎中，升四川提学副使，独持风纪，请托不行，蜀人以刻核中之。归后，补云南副使，历官至左布政，升南京太仆寺卿致政。复俊学问该博，于书无所不览，独不喜释氏之说。常游矫亭先生门，精研理要，在滇与杨用修劘切，其学尤进。有土酋欲以旁支夺嫡，复俊正之。嫡感其恩，因里博士以金瓶异宝为寿，复俊却之，亦不语人，博士归，人始知之。所著有《六梅馆集》《东吴名贤记》。孙玄昉，进士，官御史；玄昭，举人，官知州。

周大礼，字子和，号淀山，居吴桥。嘉靖壬辰进士，授刑部主事。坐迕误寿宁侯事，

1　名、知州，据《光绪志》及文意补。

2　卒，据《光绪志》及文意补。

谪邓州同知。迁汝宁府同知，寻转南京工部郎中，出知兴化府。会大饥，请仿赵清献救荒法，自舁竹舆，赍粟随地赡之，全活者数万人。时米价腾踊，所在有司平粜，大礼独出令故高其价，于是商［贩］辐辏，价为立减。又兴木兰障水之役，以备旱潦。凡缮陂二十余里，饥民得粟益多。且严督里书稽核田赋，以清下户之产废而税存者。治莆七载，惠政之及于民者甚多。然于权贵豪强必以法裁之，不少假借。有赞[1]之徐御史者，谤书几一篓。御史猝遣吏诣府，取纸赎簿，大礼立吏庭下封簿畀之，勾校无漏失。御史大服，更为荐引。擢广东副使，以忧归。后补山东登莱道，海壖民捕鱼为业，例抽缗钱，大礼悉弛其禁。会倭寇成山，有缚数倭来者，乃朝鲜贡人，为风所漂，舡中乡录可按，大礼请于朝，诏还其国。御史何廷钰议凿胶莱河，大礼以"河塞日久，纵竭人力，不能成流，且不能直达天津，必须三四搬剥，耗费何出？"议遂寝。擢河南参政，库有羡金二百，吏以例进，大礼叹曰："尔知受羡有例，岂知不受羡金为我例耶！"然以兴化一给事排之，竟以拾遗归，朝论哗然。事白，其人亦被斥，而大礼卒不起。年六十七卒。

张情，字约之。嘉靖戊戌进士，授处州府推官。时中贵人衔命采矿，俄报罢，奸人乘之啸聚，情请蠲逋负，极意抚辑，乃安。情故长者，而俗多嚣讼，严禁之，狱讼以简。金乡、磐石二卫相构连，子孙不解，情探其根，悉为解之，欢声动地。而御史舒某，好用深刻，殊以为不然。后情以特征将显擢，御史故稽其期，仅迁刑部。念杜安人年老，乞便养，改南京兵部。出为九江太守，清静俭约，务为休息。会调三峒兵备倭，所过纵暴，情为郊劳而饮食之，咸感悦。往来九江，若不知有兵者。取鱼陂之直以筑六门、月城，绝不烦民。迁福建兵备副使，倭寇方急，情提一旅抗之，先后斩获数百人；趋解连江之围，其功尤卓。以疾请归。又七年卒。子应武，有传。孙振德。有节行。

张意，字诚之。与情为同母弟，所称安溪张氏，亦称萧墅二张也。情乡荐时，意方弱冠，相者曰："法当先兄登第。"果以嘉靖戊子、己丑联捷，先情十年。初授工部主事，奉敕采木荆楚。迁郎中，工成进两阶，升山东副使。意性高简，又少贵，见御史无加礼，御史衔之。会有部民贷人千金不能偿，构一艳妓为妻，盛饰而使挑之，因谢曰："久负，愿献此当折券。"继复以强占讼之。御史论贷人者死，意争之曰："娼也应坐诡陷者。"手批御史牍，互相纠劾，竟坐罢，御史亦以计黜，而意不复起。其归也，廉不能自存，以长子子梅善治生，每具声歌以娱其志。性好山水，往来吴越间，凡黄山、白岳、九华、雁宕，靡不往极其胜，所著述亦富。年六十七卒，后七年，鬻其居，乃克葬。

王三接，字汝康。初与兄三锡齐时知名。三锡成己丑进士，守光州，年未三十谢政。三接以甲午、乙未联捷，授长垣令。长垣三辅严邑，治最有声，时称能吏，而邻邑御史大

---

1 赞，疑为"瓒"之讹。

夫以私怨欲黜之,太宰许文简缵不听,调浙之景宁。时中贵缇帅奉命开矿,三接坚持不可。既开,无所得,中使惭且怒,三接几殆,然名以是益著。稍迁南京礼部,出守柳州。会张襄惠岳总大兵征马平寇,相地得千蔓村为要害,议创堡,调狼兵守之。三接抗议,条画井井,谓:"狼兵性野,且非我族类,其心必异,若与土民杂处,必不相安。请戍以土著之民,必不倍德。"张公善之。柳故环江而城,惟北为平野之地,寇警所首及,乃辟北郭更城之,因力于兵,因工于饷,而民不知役,柳人至今赖焉。因修咨者中之,调守澄江。不半年间,又迁河东都转运使,卒以不善事权,免归。三十余年,忠信详整,既诺必信,与人必恭,过里中必肃,年八十二卒。

周美,字济叔。少颖慧,贫不能学,沈公大楠奇之,引与其子绍庆同学,因授以《易》,遂精其诣。中嘉靖甲辰进士,至庚戌,绍庆亦成进士,而周氏《易》遂名吴中。授进贤令,清强有守。有势人匿赋,美尽出之。会山寇平,得巢木千章,势人请以治第,复不应,势人衔之。入觐,谒政府独不赞,乃迁刑部主事,进员外。出为湖广佥事,备兵蕲州。蕲故险要,称盗薮,往来倏忽,莫可谁何。美至,立团操法,作战艘,饬材官,日巡江上,盗贼不敢犯。时议发兴山矿,以助大工,美曰:"矿入天府,泰山坏壤耳。亡命一聚,利不补害。"事竟寝。升四川参议,分守泸州。比至,适理黄册,美素精勾股,磨算最精。升广东副使,以外艰归。乃计吏以受赃枉法中之,致仕。感愤不平,如怨如怒,以狂疾卒。美起家艰难,清操自励。在进贤,俸薪之余,皆以赈饥修学。在蕲,杯箪之属,一无所取。殁不数年,其子不能自活,流落至蕲,蕲人为之婚娶。因为蕲诸生。夫坚忍生生,以赃诬败,欲不狂愤,可得乎?

顾章志,字行之,号观海。嘉靖癸丑进士,授行人,转刑部。时分宜父子以美官饵士,士争趋之,章志独弗往,移疾归。已而,补故官,出守饶州。饶俗悍而好斗,讼牒填委,奸吏窟穴其中。章志平心钩校,徐得要领,三阅月,召吏立庭下,摘其尤黠者,杖而出之,其他次第皆置之法,吏惴惴莫敢仰视。凡有讼者,立为决遣,待讯者不赍粮以为常。施之属吏,七县晏然。浮梁故有景德镇,陶利被天下,其奸人与安仁豪哄,啸聚千人几叵测。章志适以行部至,舆中口占一檄,谕以祸福,哄者即时解散,乃徐捕其首事者惩之。章志尝自言一生治行,不及治饶快人意也。

迁湖广[按察]副使,舟过九江,母恭人见江涛而惧,即乞养归,凡六年。补广西副使,升贵州右参政、广西按察使。时民田有与靖江王府田相错者,王欲得之,章志持不可。丁丑,以子贵乞休。家居七年,适诏求遗老,复以原官补山东[按察使],旋升南京光禄寺卿,进应天府尹,晋南京兵部左侍郎。留都故有马快船,为中贵上供所需用,皆卫士富实者领之。猝有差遣,每为中贵所摧剥,遂有弃伍走者,甚至有自尽者,军伍日虚。章志用郎中倪涑策,仿雇役法,募诸篙师,官为驭之,稍丰其直,卫士每丁输银以充之。疏上,报可。又疏重事权、明激劝、严参罚、预会计四事，以图经久。亡何疾作，卒于位。其丧之归，卫士炉香哭于道，顶相击也。诏赠右都御史。

王继孝，字子忠。鉴见《孝友》。曾孙。嘉靖己酉举人，授江西龙南知县。县居万山中，多贼巢，继孝至，即擒妖僧数十人，远近顾化。而上台时时檄视他县事，继孝往来诸县，凡其地形险易、民间疾苦，无不知之。有叶楷者，据黄乡为乱，僭立功王庙，春秋杀人以祭，莫敢谁何。抚臣令继孝往谕之，继孝受檄叹曰：“此么么子何足为！第念我九十老母，板舆至[1]赣，不无心动耳。”疾驰至黄乡，叶楷知其为廉能吏，备宾主礼也。问曰：“君降楷耶？安之也？”继孝笑曰：“此来自有处置。”因密谕诸胁从者以归从之利，众心少懈，因设方略，伏兵龙南，斩其巨魁。楷跃马，断其马足，乃自焚。楷平，调知宁都，为忌者所论，免归。子元圭、元贞、元奇，皆诸生。

周诗，字与言。年十九中嘉靖乙卯乡试。六上公车不售，选六合县教谕。县少文，无登第者，诗加意振作，所拔士厉昌谟，始联捷焉。升应天府江宁县令。时应廪饩特廉，诗白京兆，请如他郡例，士皆感奋。江苇故籍天界寺，奸人窟穴其中，为清其额，归之。擢工部主事，诏视泗陵，为堤其水之冲啮者，奉敕视榷芜湖。升思州知府，旋致仕归，年七十一卒。

张宪臣，字钦伯。家世力田。父洪尝得遗金数饼，迂道俟失者还之。宪臣性宽大，多为德于人所不知。登嘉靖己未进士，授南昌令。南昌故严邑，多积案，黠吏每操牍杂进之以尝令，宪臣权其缓急，无敢溷者。吏皆慑服，邑事大治。假御史行县问：“库羡几何？吾欲有所馈谓分宜相也。”宪臣曰：“县无他羡，有之，乃三殿工羡耳。”御史怒，分宜闻之亦怒，遗书总宪欲罢之。亡何，分宜败，会议行取吏部，以宪臣无荐难之，总宪出分宜书，曰：“此不足当荐牍耶？”遂拜兵科给事中。即上赋役、水利等四事，而于东南财赋尤加意焉。又论武库、甲仗不宜尽属中官。三上疏论国漕大计，悉下所司行之。出为浙江参政，分守金、衢、严三府。先是矿寇之平多籍义乌人力，后乃[骄横难制，宪臣录其豪，]躬为训练而饩之，由是人知自爱。迁云南按察使，寻甸土酋[死，其]妇安移文欲得四川酋某为夫，宪臣知其诈，不许。俄而诈露，无不服其明。乃有都御史某者，以宪臣前在省中曾有纠劾，修隙论免。归，橐萧然，卒年六十二。孙鲁得、鲁唯，俱进士。

张世皞，字隆卿，号振南。思南公汝舟曾孙，以童子试领嘉靖辛酉乡荐，三十年不第，选庆远府推官。将行，以故宅让其兄子居之。比至庆远，仆仆荒檄，思有所展布而不得，遂引疾归。归而僦屋居故人家，破囊敝筐，自处怡如。已而，卜居流磬庵右，卒。世皞故长者，与人无色词之忤，爱亲敬兄，尤称孝友云。

1　至，底本为空格，据张大复《皇明昆山人物传》补。

王执礼,字子敬。布政公秩之孙也。十岁丧父,孤贫力学,从归太仆受经,太仆曰:"吾十年理学,当以相与。"又曰:"可与评论古今者,子敬一人而已。"胡御史行县,特赏其文,语所司曰:"吾当三舍避此子。"自是文名翕然。嘉靖己酉,荐于乡,至乙丑始成进士,观政兵部。大司马杨博令诸进士各条其乡兵政所宜,执礼上《备倭议》,杨喜,称为东南有人,授建宁府推官。按臣胡某意在发摘隐伏,执礼谓:"当治贪吏豪强耳!卖菜佣安足问哉?"意颇不合,然保全实多。有张生者,诬民为盗,诸贵显及诸上官皆为之言,执礼持不可,曰:"杀人媚人,吾不为也!"竟论如法。

入为南京刑部主事,尚书孙公谓其属曰:"读王主事谳牍,哀矜之意见于言外,可以知其仁恕矣。"旋迁比曹。三年,得赠父封母,即请终养。时新郑掌铨必欲引为铨属,闻母病急归,曰:"岂可以一官易一日养哉!"母本多病,十年养母,故医学最精。已而服阕,转仪曹,历尚宝司司丞、光禄寺少卿、大理寺寺丞,升应天府府丞。在南三载,年七十卒。执礼生平未常一日废书,每有校雠,必为按甲证乙,未常苟安疑义。有清梦轩者,其读书地也,即隆冬盛夏,不为少息。子存古树惇,能世其业。

王执法,字子钦。执礼母弟也,以遗腹生,夙慧能文章,即受学于兄执礼,领嘉靖辛酉乡荐。又三年,与执礼同入礼闱,执礼得末号,臭秽不可处,决意欲出,执法告监试以己坐相易,执礼遂成进士。既而执礼官建宁,有大姓以数百金饷执法,云:"为顾宜人寿。"执法标之门外,使急去,"勿为吾污"。执礼闻之曰:"真不忝吾弟矣。"以万历癸未谒选,得广平府通判。广平多牧马地,职司俸解,旧例有折价,出纳诸耗,毫发不取。署永年县,垦田、建闸、开义井,兴百世之利,清操尤著。迁建宁同知,遽投劾归。王尚书世杨尝谓张给事栋曰:"生平所见廉吏如广平王别驾,真一介不取矣。"执法于世一无所嗜,独嗜弈,每连夜无倦色。遇通家子弟不引坐,必先就位而后命之,有古人之风。年七十五卒。子庚,於潜令,执法戒之曰:"为作冰霜傲吏归耳。"

陈王道,字敬甫。胶州公翊之裔孙也。嘉靖乙卯举人,乙丑进士,选知郑州,再补光州。二州在汝、颍间,地温民淳,王道加意抚循,治皆上考。擢工部员外,视榷南关,商民咸赖之。随谢政归,归三十年,结社东林,恤死存孤,多为德于乡里,至今称之。

陈允升,字晋卿,号霁岩。隆庆戊辰进士,出守开州。开故马头,多苦役,有种马一千六百,分派孳生,轮户输京,故有银差、力差,以力差解马最难,势豪多占其易者。允升按册一体均拨,小民得全。又念开之重役无如均徭,乃先事等其便,取编户按甲乙列为九等,而又随地随人询其利害,简而书之。期年,消长之数了然,及其戒事,徭凡大办,擢兵部员外。大司马谭公纶深器重之,升湖广提学道佥事。衡鉴尤精,丙子秋将放榜,先书所拔士二十一人,县而揭之,与吏约每一人隽者鼓三之。旦起,鼓声不绝,隽者十九人矣,楚人传其事以为神。允升开敏有才,勇于赴义。其自楚归也,岁大祲,乃以书抵江陵相,祈赈赦,词旨激切,语侵抚臣,后颇受其龃龉,然吴民赖之以生。年七十二卒。子如京,字鄂州,万历甲午举人,为台州推官,虑囚多平反,及故事,开大辟则举炮,如京谳狱,每多炮声。尝视篆太平,削挂马、包纳等弊,省民脂数千。其先有教谕太平者,名彝,字用常。弘治举人,如京至,请以名宦祠学官。

许承周,字公旦。好学能文,隆庆初,一变嘉靖季年之浮冗,承周与陈允升并以新体擅名一时。成戊辰进士,授萧山县令。萧故襟江负海,水多冲啮,为民田患。承周筑西江塘,又筑北海塘,役成而民不知。今所称"许公塘"是也。俗以嫁女多费,生则溺之,承周为正婚礼,溺者连坐,遂变其俗。长山诸里皆为义冢以瘗贫而不克葬者。黠吏陈某、蔡某侵公帑,即为配遣,豪吏震慑,期年大治。御史檄令掣盐,承周以非例辞,御史曰:"知非萧令不可。"勉视事,麾去大贾千金,御史称之。亡何,邻官陈金宪官江西归,道萧用舁夫百许,榜掠候吏至死。承周上其状于台司,陈造蜚语间之执政,遂坐罢。萧人如失父母。既三十年,以名宦祀之。承周归以将母为乐。母好佛,每疏佛义作便语,为母言之。教其子旋吉、献吉、观吉,时亲试之肯获堂,并以能文名。待少弟孤侄无异己子。岁饥,邻工求自卖,以邻故不忍奴之,少周之而不责偿。适故人为醝使,有贾人持千金属居间,承周谢之曰:"吾不欲为子孙作法于凉也。"年五十四卒。观吉,[字叔颙,]万历丙辰进士,官工部。[知湖之归安县。县多巨豪,观吉却竿牍、禁强御,几为黠者所螫。母婴疾署中,就床前隙地和衣处其上。微闻呻吟声,即立起,奉汤药以进。既而奉丧归里,哀毁骨立。服阕,补河南临颍县,绥民驭吏如令湖时。寻擢冬曹主政,董修国学及督三殿工木。甲子吴中大水,经营荒政,民得沾恩。论功优等,擢涠卿,仍理水司正。俄而京师戒严,绾司符仅十日,以箭帝捍城事忤贵,奄正郎四人俱拜杖,遂病创卒。归安、临颍两地俱祠名宦。孙士翀,字文举,天启辛酉乡举,以能文孝谨称,早卒。]

王炳衡,字伯钦,号梧林,少司成同祖孙也。韵致萧散,有俗外之趣。登隆庆辛未进士,授历城知县,以不能俯仰上官,调知临安。山水名胜,炳衡安之,临安人亦颂为循吏。会上计,杜门不造谒,竟以是免归。既归,坐卧一小楼,不盈十尺。所居近留晖门,故有谯楼甚敞,每邀客啸咏其上,自号留晖主人。

王炳璿,字幼文,号槐里。临安公炳衡弟,与兄相为师友。炳璿名噪胶庠且久,炳衡始为诸生。炳衡乡荐十年,炳璿亦隽。迨辛未,炳衡登第,炳璿亦以甲戌成进士,知上饶县,廉敏多异政。入为刑部,出知德安府。尝校德安士,无当意者,惟拔童子七人,皆稚小,炳璿语之曰:"德安待汝等而第,必勉之。"后七人皆第,楚人称之。以觐归,病卒。

朱熙洽,字鸿甫,号明山。为诸生三十年,以岁贡中万历癸酉顺天乡试,甲戌成进士,授潜江知县。潜故土城,当汉水下流,善崩溃,其田有藩封,有军屯,有渔课,棼不可理。然渔赋仅十一,豪右乘贫民求售,往往以民田约,以渔田剂,遂多田去赋存,按籍责偿,即逋逃以免。熙洽矍然曰："吾知所以筑城矣。"为设方略,请之当道,于是清田之议兴。属里宰亩履而沟封之,其藩者、屯者、渔者,按籍各归其故,而民间之田尽出,因令民得入赀自占。积金万余,即兴役筑城,易土以甓,无加赋,无扰民,四阅月事竣。迁南昌府同知,办豪右伪券,调辰州,清盐、木二税,并为人所称。入为刑部,出为福建佥事。晋参议,升贵州副使,皆以清严著。亡何,以阁中旧事归。熙洽才识练达,神志强固,常语人曰:"吾三日不视事则神不凝,一日课数十事则手足矜奋,腰脊有力。"故艾年服官,至老不倦,皆晚成之效也。年八十三卒。

支可大,字有功,号鉴亭。父良知,居黄渎里,以长厚称,多隐德。可大生而岸异,为人持重,识大体。成万历甲戌进士,以传胪授礼部仪制司主事。曹务填委,尤多贵戚,大珰请乞事,可大介介自持,屹不可动。江陵相异之,欲引为铨曹,辞不受。出为广东提学副使,苦瘴,移疾归。十年,起为浙江学宪,历江西参政,应天府丞,升湖广巡抚。时税务旁午,宦者陈奉,恣横不法,欲构大狱,可大揭其诈称陛辞密语,反沙市鼓噪颠末,狱乃解。征播之役,可大移镇沅州,降九服、白泥诸寨。又破黄岑、高岩、乾溪、宝儿团,遂入播。七战塘保,破板角关,三战炼坪,克苦菜关,经略始至,受其成功,可大特荫一子而已。请告归,小筑城隅,与宾朋觞咏者十一年。卒,年七十有四。

李同芳,字济美,号晴原。祖忧,父棠,俱赠山东左布政。棠以孝友著,即里中所称怀石先生也。李氏之先光禄丞谨以贡选易州守,瓘以贤良征,号"昆山第六儒家"。至同芳而始大。数岁时,从父孝廉确斋公异而教之,曰:"李其兴乎!"比长,严正有度,为文必法古人,才名日起,隆庆初贡入大学,司成范应期、御史大夫张卤皆以国士遇之。万历庚辰中会试第二,授刑部主事,执法平允,特为严尚书寅所器重。迁礼部,历员外,典乙酉楚试,进郎中。时上将阅慈宁寿宫,例当幸西山,费巨万。同芳请之宗伯,削去旧例,上之曰:"止游幸,礼臣事也。"竟报可。

出为浙江提学副使,绝造请,精藻鉴,如相国钱象坤、钱士升,尚书姚七慎、薛三省,皆首拔士也。升荆南道参政,清澧州浮粮三千石,却标兵操赏余银三百六十两,止征播调遣万人,雪冤辟张福祖等七命。升贵州按察使,黜酋安氏方强,请与太守班见,叱之出,使班户侯。又请复定番新贵故疆,片言折之,不敢复上事。亡何,其庶孽安国贞请入为氓,拒不受曰:"孽二于酋,此莒仆也。"后跳入西川,酋以索叛人为辞,杀蜀民六余万,而黔独晏然。改广东参政,旋进按察。会税、矿两珰在粤议增税六十余条,同芳以"民代商税,非义",执不可。而新会令阿珰指,致民变,揭竿者万人,同芳乃单车定之。升山东布政,适大旱,步祷岱宗,应时霈足,人呼为"方伯雨"。核登莱民屯抵兵饷,减岁编四万有奇。立常平,捐俸镪买谷十万石贮之。乙卯大饥,民赖以济。寻擢副都御史,巡抚山东。是时福邸分封,议置庄田,诏核泾、汉故籍以充之,则分业在民,各有专土。或请割民间瘠地当之,则荒田科税,病邸必复病民;或请割湖壖与之,则昭阳湖直运道,后且病国,皆非策也。乃抗疏力争,曰:"宁当罢谴,弗任依回。"遂请告归。已而,上思其言,卒寝前议,东人赖之。

同芳生而端敏,工文章,勤吏事,而以仁恕为本,廉让为先,至大节所在,侃然不回。其成进士也,闱牍出,江陵相公爱且慕之,王司寇讽以文贽,竟谢无有。起家秋曹,历任司宪,皆执法吏,所矜疑而全活者,如部狱李政、浙东谭大诏、荆南张福祖等,凡数十人。又出粤东系囚五百余人。领祠部时,慈宁介弟李某多请乞,每裁抑之。及视学浙江,四明相公子落格,知其素守,卒无怨言。摄浙藩,发袍价以羡金万五千,悉还杼户,中贵人大惊卒。杼户四百焚香庭谢。若粤东,大珰李凤尤为恣横,乃奋然与抗,曰:"我宪臣也,有不便于民,法当除之,岂畏中贵人哉!"凤屈,税得少减。旋里以后,杜门却扫,寂如寒素,门生故吏部吴者相望,绝无干请。每出俸余为同产营田、治生、谋婚嫁,族之穷乏者岁有赈、事有给,迄今子孙尚遵守之。优游数岁,含笑而逝,如仙蜕云。长子胤昌,庚子解元,辛丑进士,官翰林院编修,以父丧哀毁,相继卒。长孙孟函请于朝,赠工部右侍郎,予葬祭恩荫。孟函以荫子中己卯副榜,充贡考,授知县。

张栋,字伯任,号可庵,乐玄公士沧子也。顾身瘦削,谈论斩然,善切事理。然遇事乃发,不喜摘人隐过。以万历丙子、丁丑联捷,授新建县令。建故岩邑,多黠吏,廉其一二榜诸市,重者至死,邑人震慑。会清田议起,躬行相视,按壤定赋。以其故额六十一则,纷杂为奸薮,尽去之,而定上、中、下三等,遂为永利。治以严办闻,召拜工科给事中(者)。言江西烧造之苦,上为减所造之半;继以灾伤,疏请蠲赈,皆得俞旨。巡视厂库,立科部互纠之法,所言皆天下大利害。既而论赋役四事,如荒田、改折、白粮、徭役,即赐施行,为东南永利。独念吴民以领运破产,故有"白粮宜附运军"之说。军受脚价之利,民免解运之劳,于计甚便,而政府持之,其事遂寝,栋乃引疾归。

三年复出,进兵科都给事中。栋念边政废弛,慨然引为己任,遇事直陈,无所顾避。会军政考察,论劾恭顺侯、宣城伯及锦衣堂上官、宣镇总兵,皆权要贵人。又言当如文臣例,一体纠劾,内不得遗南北二司,外不得遗副参、游守,政府滋不悦。时议遣廷臣分阅边镇,栋掌科事,例不应遣,而政府以中旨遣之,因有固原之役。先是,使者出塞,旌旗数里,供帐相望,栋悉行禁止。单骑驰阅,一遵敕谕中八事,综核甚悉。固、靖、甘、兰诸地,车马所不及者,徒步从之,或宿僧寮,或止民舍,立石土门乃还。河湟之民诧为希有,事竣还朝,所上利弊,复与经略本兵诸大臣相忤,栋且仰屋而叹时事之无能为矣。盖栋自入工垣,诣政府论事,岳岳已拂政府意。请白粮带解,政府更以为不然;及为兵科军政拾遗,故事皆谒政府问意指,栋独不往,政府恨之尤甚。亡何,科臣以储位未定,合词上请。上怒,特斥李献可,栋又抗疏申救。严旨屡下,促召缇骑,闻者股栗。栋独张灯危坐候命。

俄传谕落职为民，栋为抚然，曰："吾本心如铁石，顷闻缇骑而心动，念吾老母在也。今得为编户侍养老母，赐孰大焉！但备员侍从，葵藿不足以回天，死有余责耳。"乃角巾草履，步出都门。

既归，杜门却扫，奉母柴夫人备极孝养。旧居山塘，厅事仅容旋马，终无所增置。有谈及朝政者，笑而不答。梁溪有讲学之会，强请再三，方为一至，比泊舟，望见邑宰供具，趣返棹，迄不再往。即台司长吏，无不敬事，利病兴革，必往咨焉。栋即尽言，未常及私。其有德于乡亦非一事也。归养数年，母夫人卒。栋时年六十，为孺子慕，哭必痛绝。既葬，庐墓侧，毁瘠骨立。已而疾作，医者劝进酒食，栋执不可。未几竟卒。天启中，诏录直言，赠太常卿予祭。

张文柱，字仲立，号滇池。父奉直公士沦，喜吟咏。文柱幼有隽才，年十二尝赋《关山月》云："闺里红颜愁少妇，尘边白骨怨征夫。"众皆奇之。及长，秀颖能文，与兄栋称"二难"。其敏给应变，栋且自谓弗如也。直指邵升，素称知人，谓其文当今无辈，待以殊礼。司理龙宗武，倾身与定交。至万历戊子，荐顺天乡试。文柱性至孝，母柴夫人特严峻，稍拂意，辄面壁竟日，文柱亦侍立，竟日不去，色解乃已，故最得母心。尝与兄栋约：他日贵显，当更互出入，勿使慈帏有陟屺之叹。后栋以言事罢归，文柱乃谒选，得临清知州。清故冠带之冲，万货毕集，五民杂处，狡猾之徒窟穴为奸利。文柱念欲省事，莫如励精，乃取讦者千牍，首批其不直者九百余纸，皆深见隐微，而存其直者，即日为之剖决，黠吏束手，于是清民不敢为诪张矣。监司某驻节于州，令逻卒询民间事，卒遂骚屑境中。文柱白请罢之。有秦氏族人利其孝妇之资，将发其阴事，属监司谋之文柱，文柱不可，曰："此阴事也，以族人一言而批决之，非长者事。"监司出当道书示之，不为动，乃止。在清四年，虽细事必躬亲之。治办有声，传闻远近，然以积劳暴卒，清人如丧考妣云。张氏自新城令能以下，有《三张先生遗诗》，金宪宽有《归闲集》，孝廉廷臣有《玉山草堂集》，赠君士沦有《张心甫集》，俱栋订定。栋、文柱并有集，凡七世八人，世共称之。

马玉麟，字德征，号䜣庵。早慧，六岁时从父龙光宦滇南，见永昌守，试之对，应声而就，守以"玉光剑气"称之。(二)守请与其子学，深加器重。成万历丁丑进士，以父丧奔还。先是，大父修亭与族枭涞号军四者有郤，至是，赠公偶过甫里，竟为所螫，病死。玉麟衔不共之痛，衰麻扶杖往白都御史，卒复两世之仇。服阕，授工部主事，视闸南旺，启闭泉脉惟时。又以余力筑高家堰、坎河口，至今赖之。后视榷南关，历升营膳司员外，奉诏修庆云宫。中贵张进者，故大其事，玉麟温言谕之，费不过三万余，前此未有也。出为云南参政，罢归。辟适园于西郊，饮酒赋诗，非公事不入公府。子若孙最为繁衍。季子天骥，万历壬子举人，官湖广承天府推官。

支如璋，字德彝。永乐初，以始祖德奉使西洋有功，赐籍太医院。万历丙子，中顺天乡试，归省坟墓，仍居昆山。四上公车不第，选吴桥教谕。吴桥士鲜甲科，如璋改葺学宫，身为训教，五年间乡荐八人，登第二人，称为盛事。迁国子学正，升南康府同知。适署府事，鄱流泛滥，乃捐俸以赈荸者，可三万五千余人。所隶仓廒尽塌，而米价方贵，乃请以兵饷之在仓者权为借给，俟其熟而偿之。凡酌邦、量解、通盐、开堰、拯溺、捕盗诸事，无所不举。靖安、奉新[1]之民常与安义民争堰而哄，如璋按界相视，以新堰听安义，茂埠听靖安，庐堰听奉新，遂为两利。迁福建都转运使，严捕哨、禁私牙、通水客、编桅船，盐政毕修，而顺昌、延平、滨河、浮桥之奸民，无敢窟穴其间者。然卒为奸民所中，罢归。归而奉母白宜人唯谨，率其子万春、永春侍养倍至，以病瘵卒。

丁允亨，字孟嘉。少贫，克自振拔，中嘉靖壬子乡试，海内传集其文。乃偃蹇一第，至万历癸未，授太湖县[教]谕。县令王大谟雅重之，请修县志。升河南临漳县令。漳水环合。可资灌溉，特以岁久堤湮，沮如为梗，暴雨时至，冲激城垣。允亨周行相视，请筑长堤以捍之。上所议于御史台，自山西以历魏、卫，源流井井，请按卫河事例竖桩横次，用土槌实，御史嘉之。于是筑漳堤四十五里，高一丈二尺，广倍之。其工食调度，一取诸漳额岁办河工之解府者，民不扰费，漳人赖之。亡何，卒于任。丧出丧河[2]，士民巷哭，赵王亦为淹涕。御史周孔教以路符送之行。

顾允元，字懋善，蕲州公梦羽子也。见《孝友》。隆庆丁卯举人。时文体一变，允元与许承周为一时之冠。允元偃蹇公车，至万历丙戌乃成进士，授瓯宁县令。为政务持大体，妇孺皆得诣前陈诉，而执法则岳岳不少假借。地产铁，治水灌田，田尽赭。允元疏免其税，立开煎之禁，民赖有秋。先是，以军兴倍征寺租，军罢不改，允元白蠲其半。闽俗溺女，又畜婢至老不嫁，皆设法禁之，其风稍变。持母服归，以暴疾卒。允元天性惇至，事父母能先意承志。蕲州公廉而好施，每假贷以应，允元多曲偿之，不令蕲州公知。在族党间，好行其德，尝举古人"阴德犹耳鸣"之说以戒其子。虽节操凛然，仁者之心，固蔼如也。邢御史侗按吴，与允元为旧识，允元不赴谒。强之，始一见。问所欲，言但唯唯。固请，终无所言，止云"建东郊浮屠，可为一邑形胜"而已。［弟允谐，字懋孝。万历壬午举人，授德安知县。妖僧挟符水摄人魂，捕获，鞭之百，不动。付狱，锁钮皆脱。乃以印遍印其体，始吐实。焚其书，磔以示众。邑民掘地得黄金巨万，中有金兜鍪，镌刘基爵号姓氏，僚属皆睥睨，允谐曰："民获之，民主之耳。于吏何与？"取兜鍪贮库中。允谐才志高卓，授经宗党，率通籍去。晚始出宰，称廉吏。允元子天叙。］

————————————

1　奉新，据下文"庐堰听奉新"句补。

2　丧河，疑为衍字。

顾绍芳，字实甫，号学海，司马公章志长子。九岁丧母，事继母孙淑人至孝，淑人忘其非已出也。淑人生二子，绍蒂、绍芬，相去十余岁，绍芳弟畜而师教之。孝廉绍夔，司马公所字亡兄之孤子，齿相雁行，友爱最笃，忘其为异母异父兄弟也。绍芳以古学自砺，好读先秦及两司马书。万历丁丑成进士，选庶常，每以词翰为馆中最。时司马公以外藩家居，绍芳因移疾请侍。越三年，司马公出，绍芳亦补检讨。已而，司马卒于官，绍芳自都下走奔，便有终焉之志。服阕，孙淑人促之行，因奉淑人上五台礼文殊行道。至京，进经筵日讲官，迁左春坊左赞善。秋，应主顺天乡试，尝语丹阳善士昌曰："如某某者，并有才望，弃之可惜，收之不免为射的，不若避之。"遂请假归。盖绍芳以家世通显，身居讲读，思有所陈说以自表见，而上方斋居，默默旅进退，意不自得，故决于引退。小筑昆山之阳，题"遗清堂"以见志。不二年卒。后以讲官赐祭一坛，亦异数也。绍芳性恬静，亦复耿介，每曰："荣枯得失，吾所必有，正倚借他人不得。"又曰："持身持官，自不妄交游始。"故其平生交唯张黄门一人而已。至于廉洁自好，一介不苟，而立义学以教族人，出私困为助役倡贫，而好行其义尤矣！士大夫所难，邑人至今称之。

徐应聘，字伯衡，号端铭。曾祖申，刑部主事。祖一元，交河县主簿。父汝龙，封翰林院检讨。刑部公尝手植牡丹于溢渎新居，花开最盛，经乱摧残。及应聘生，忽复斓漫，交河公作《瑞花记》纪之，盖异之也。交河公苦志力学，在太学为公卿所器重，虞山严文靖讷敬慕有加，延以教子。时江南被倭，岁复大祲，交河公计惟免漕可以救之，乃密草一疏，焚香祝天，授之严公，勉令奏上，竟得俞旨，东南之民咸赖再生。每手录疏稿，垂训其后，此其树德贻谋之尤大者。

应聘生而端敏，十二岁应童子试，大梁王侯一见叹异，许以"玉堂中人"。壬午乡荐，癸未成进士。申文定公每称之曰："我乡端士也。"选庶常，授检讨，与郭美命、史际明诸公以诗文唱酬，与徐宗伯、赵少宰以经济相期许。尝条议西北水利，凿凿可行。己丑分考，所取皆魁硕士，司寇王庄毅纪、司空沈襄敏㷭，皆其人也。然性素方严，不喜苟合。癸巳中蜚语，以计归，人皆谓所中非其事，顾恬然安之。林居十余载，不通长安音问。望日益崇，前事亦大白，起行人司司副，进尚宝司司丞，而方严之性终始不渝。如御史某差回，令人持印送缴私寓，却之，必赴司亲缴乃受。如同年福清叶公已为首揆，于旅见外不交一语，福清称之曰："所谓不可得而亲者也。"升光禄寺少卿，寺多浮费，一意厘饬。中官关请，概谢不行，所省冒破以数万计。迁太仆寺少卿，寺官俱缺，并绾四篆，会警报方殷，烙马措饷，日无宁晷，以劳得疾，竟卒于位，年六十有三。

应聘孝友性成，七岁时见太翁以岁祲不支为忧，辄流涕废食。与弟幼同寝处，弟病，以身掩之。既而于京邸闻弟讣，一恸呕血。以太母切念外家，每曲体其意，迎姨舅诸母于家，共太母谈笑以为常。中表某废产，为赎墓旁田赡之。至家居侍养，奉太翁于山水间者,尤尽其欢。他若为袁驾部立后,以季女嫁故友陆大行子,笃厚之谊,生死无间,类多如此。

顾震宇,字宇清,京兆公咸和子也。见《荫胄》。万历乙酉举人,授沧州学正,升仙居知县。仙居古括苍地,川岩深秀,震宇乐之。常辟东衙,杂植花木,往往抚栏槛问民事,而溺女、易妻、班银、包揽诸旧俗皆为一变。仙居向无志,聘诸生领其事,手为考定,刻予县。后调顺德府经历,再升五台知县。卒于官,年五十九。

陆梦履,字元礼,号钦所。母黄夫人梦履濡墨池而生,因以名之。万历戊子举人。己丑进士,授刑部主事。丰城李尚书某,理学巨公也,以诖误下狱,梦履数就扬榷,有古人受经狱中之风。其谳决多平允,如彭御史按浙,以范祭酒自经奏逮下狱,梦履两为解之,人情允惬。出守荆州,洁身率属,颇事严峻。已而,台察弹章无及所部者,人乃服之。

会觐毕过家,封公有疾,留侍汤药者六月,而封公殁。有修郤者持之,左迁山东运同。梦履益殚心视事,如核课引,追逋丁,丈园亩,清编户,皆可为后事法。适有雷州之命,东人诣台请留,改东昌守。东昌苦蝗,河工复急,民劳且饥,路殍相属。梦履拊循安集,无不爱且戴之。亡何,迁沂州宪副,东人又诣台请留,再改东昌兵备,建牙清凉。会税珰马堂贪暴,市民聚徒焚其廨,击其从者。梦履条析情形,请两台奏减东税三之一,而惩首乱一二人,清源以宁。乃以兼摄三篆,夙夜劳瘁,卒于官。东人撤春罢市,立祠祀之,事详赵、许二公词记中。所著有《萃和堂稿》,子芳远辑而刻之。又有《左胡纂》《世说补》《燕台类编》等书[及石刻手迹]传于世。

王临亨,字止之,号止庵。元昆山州学正梦声后。祖三锡,光州太守。父分槐公重鼎、嗣父笔山公贵德,皆赠刑部郎中。临亨以太仓州庠入太学,中万历戊子举人,己丑进士,授西安县令。值岁祲,设粥赈饥,全活甚众。邑多盗,立参伍法相钩诘,盗无所容。其听断情核,务以宽大行之。如二人醉殴山麓,其一死而肾有伤,辨其"肾中石,非石中肾",得减坐。如被盗者诬其弟之婿,以所遗衣履为证,辨其"暑月为盗,安有衣履?"诬者服。如一少年求一女子不得,诬以娶而更嫁,呼女前语良久,遽诘少年:"女手痣,左乎?右乎?"少年窘,无以应,遂屈。事皆可传。

乃以海上多警,调知海盐。至则见县城久圮,谋加高广。尝躬行版筑,役夫误触其冠,反劳以钱曰:"若真能不懒惰者。"役者皆奋,及岛寇时,海盐独晏然,无不尸祝之。邑豪有结死党,称十龙者,横甚,廉得其杀人状,相继笞死,豪强屏息。时政声甚著,当得显擢,以忤一权贵意,蜚语铨人,仅迁比部。移疾家居,三年复出,奉命恤刑广东,平反者至二百余人。高凉有盗珠者六十余人,采使以劫盗上奏论死,临亨知其冤,然恐激之则相持益坚,乃故作好言,以柔中贵,而徐论此盗无赃,愿为公按验纵舍,使其炷香顶祝，中贵怡然，遂得引盗珠律减死。迁云南司郎中，本司所掌者都下狱事。缇骑希冒功赏，每借捕盗为罗织，临亨分别重轻，多所宽释。一时都人语曰："遇苏人则生。"谓临亨与同舍郎严澂也。出为杭州太守，未任疾作，自草墓志，谈笑而逝，年四十八。

临亨为令，卓有廉声，每曰："身非不爱钱，独不爱负心钱。"故登第十五载，家贫如故。其听断甚敏，在西安谣曰"王一时"，谓听讼不淹一宿也。及至海盐，又谣曰"王一升"，谓小民不费升米也。两邑皆有去思，并祠名宦。然其为吏，精明振作，发奸摘伏如神，而平生恂恂，言不出口，与人交不设城府。未第时，有鱼肉之者；为吏日，有蜂虿之者：悉置不报，人尽称为长者。孝友纯笃，内行修整，其天性然也。子三人，志坚、志长、志庆，并有才，各登科第，乡人称为"一凤三雏"云。见《孝友》。

诸寿贤，字延之，号敬斋。本姓朱，洪武初避国姓改为诸。其先居澜漕，有讳福者，喜种德，多施予。生汉州公宽，始以文章显。至翰林公宪，为寿贤之祖，宁津公正则嗣祖也。寿贤生而不凡，六岁入小学，即龛孔子圣像，危坐对之。十三能文章，博学强记，下笔千言立就。中万历己卯举人，丙戌进士。寿贤鲠直自负，与同年顾允成、彭好古意气相颉颃，数言事，诏回籍候选。三年，改南阳府教授，慨然师道自任，劝学兴礼，以躬行为诸士先。迁国子助教，升礼部仪制司主事。戚畹、中贵有所祈谒，曾不一顾，曰："若辈岂可与作缘！"时兰溪在政府，与大司马石星皆唯阿充位，惰窳为务，寿贤劾奏之，声振朝廷。

然时事日敝，直道难行。会病疡，请告归里。欲以所学用之于乡，乃授室国中，以教后学。四方秀异，云集其庭，一经指授，皆成令器。邑中如蔡懋德、俞琬纶、朱大典、王腾程，俱入室弟子也。寿贤丰颐伟干，日可啖粥数十器，而性简淡，薄滋味，被服一如寒素时，绝无好嗜，惟是孝友笃至，诚心恳恻，遇时政阙失，或亲故阽危，辄为陨涕，以故地方利害、民间患苦之事，知无不言、言无不尽，郡县大夫钦其清望，时就咨访。一时冤滞之人，莫不倚重，自诧以为申雪有自也。晚而专意复性之学，筑室宝华山中，纂述《周易》，思身体力行之，自谓有得。亡何，疾作，绝笔于《蹇》，喟然兴叹。卒年七十有一。

王在公，字孟夙，槐里公炳璚子也。少有俊才，诗文皆翛然清远。以万历甲午乡荐，选高苑知县，持廉秉公，尤慎听断。每遇大狱辄焚香默祷，摘发无遗，而一本于慈爱。乐安有李某者，论大辟，愿改谳高苑。其狱经八招，又经新守详允，在公鞫得其冤，力请于守，遂得白。尝遇旱，手疏虔祷，达旦不寐。明晨得雨，雨不出境。是岁余，廉能之声尤著。意忽倦游，遂投劾归。以所得俸余，寄赡三族，卖其宅分给二子。归抵吴门，竟不过家。至径山、天目，渡钱塘，游天台、雁宕已，又从庐山、浙江入蜀。住峨嵋一载，还吴，悦［太］湖之石，于山结庐以居。尝阅《大藏》，忽有所忆，自谓得禅门心髓。十余年卒。

顾天叙，字礼初，号笋州，蕲州公梦羽孙，瓯宁公允元子。少有大志，务为经世之学，工文章、广声誉，非其意所存也。万历戊子入太学，即领乡荐。后四历春闱，守制者再，抱疾者再。及辛丑下第，切捧檄之思，遂谒选得铅山令。时开采之使方张，郡盗假窃其威，纵暴山谷。乃擒四十余人，置之法，而涓人夺气。正婚姻之礼，化溺女之俗，铅人戴之如家人父子然。已而，持母服归。补元城令。元城与中州壤相错，为潞藩舟楫所取道，即藩府私盐所窟穴，天叙曰："不能禁佑者，岂不能禁市者乎？"遂立禁防，积弊以绝。魏地多大刹，其僧习为不法，郡守欲尽逐之，僧大哗，天叙曰："逐之不若安之。"乃治以保甲连坐法，使与编户等，魏人称便。其治刚正而通敏，精详而浑厚，台司交荐。忽迁嘉鱼，遂决志请归。

归而结庐邓尉山先茔之侧，构得闲亭以见志。掩关谢客，足不入城市者垂三十年。然犹省身克己，庶几寡过，于山中作半九轩，盖惧末路之难终也。其生平所许石[1]交者，王安鼎死于孝，归子慕死于介，张振德死于忠，每言及辄为泫然。其所为师资者，于海门周先生得良知之学，于莲池和尚得净土之法，于尧峰湛川得宗门之道，终以未及证彻，唯恐为旁门所误。岁六十九作生圹志以自序，其略曰："习举业不能博一第，三仕作令皆不终。天文、地理、岐黄、韬钤之书，涉大意而不精。讲道不得还丹，参禅不得彻悟，嗜古不成著述，学书、学剑、学琴，皆中道而废。游于弈，甘居第二手。负郭无半顷之田，侨居无一定之庐。株守穷约，不为人所怜；遇事热肠，不为人所德；公事不入，不为人所重；退然自下，不为人所容；一介必严，不为人所信。故晚年自号曰潦草生。"可以观其学之博而守之约，志之雄而节之坚矣。乃以家世门第，身受显封，两都沦亡，绝粒以死。死之日，复苏者再，手摩宗伯顶，若嘱以归全者然，宗伯拜而受命，遂卒。年八十有一。

葛锡璠，字中恬，号鲁生。祖纬，为嘉靖丙辰进士，理卿公纶弟。父应元，字心云，邑庠生，封刑部员外郎。其先皆兵墟村人也。锡璠少颖悟，善属文，弱冠为邑令聂公化南所器重，独以童子列十二子拔尤中。万历丁酉，年十九，举于乡，辛丑成进士。初授刑部主事，迁员外郎。有大司马私人受贿戎帅，事露，属大司寇庇之，锡璠执不可，卒按以法。司马引去，直声凛然。出守兖州，循政尤著。甫下车，岁旱民饥，力请奏闻，得赐赈济，因躬历二十七城，全活甚众。贫生之借仓谷者，二百余石。鲁邸在兖，藩禄所需，取之州县，征解不时，贫生坐困，乃严为立限，按期给之。其宗人之挠乱不法者，时加督率，无不感且辑焉。其他植士、惠民、惩顽、化暴，可纪甚众。故其去兖也，涕泣相送者塞路。既而

---

1 石，疑前缺一"金"字。

肖像尸祝,列其遗政一十六条,请祀名宦,东人至今思之。

及分守河南,值福王[定]封洛阳。中朝国本议方起,皆以早就封是望,而邸第未建,特简锡璠任之。宵旦经营,不日而就。及王之国,貂珰满路,从者皆贵倨。或入民居坏器物,或挞负戴者于道,民为惊扰。锡璠令人侦之,得其桀者,笞一二人,乃不敢动。会有旨,赐福邸庄田十万亩,必取税之不入者,合三省给之。时方以为难,[而]奸民有借仇家田投牒县官者,锡璠持之,立置诸法,三省肃然。灵宝大盗,聚党千人将为乱,密授方略,歼其渠魁,余党散走,中州以安。进山东兖西道参政,未行,升河南按察使。会抚、按两台交相恶,欲交相纠也,并征其实于臬司。锡璠则两谢之,因各致憾焉。久之,知其交相解也,复大喜。锡璠仁孝性成,服官以来,奉养两亲,不去左右。及任河南,心云公以病留里门,因力请终养以归。归之日尚强仕之年,绝意进取,唯以侍养为乐。及殁后,追录其绩,赠太常寺卿。其里居也,值珰势甚盛,有同门生吕少卿者,将北行,邀令共事,弗答,少卿拂衣去,终其世弗与通。锡璠性恬素,内无曳帛之姬,外无羶附之客;金玉玩好不陈于列,帘帷以内不闻嬉笑声。故邑中言家风者,必以葛氏为称首。子男九人。鼐,官荫生。鼎,庚午举人。孙、曾林立,人材之盛,方今未艾。冢孙云芝,学道能文,隐居自得,有《卧龙山人集》行世。

李胤昌,字文长,号集虚,中丞公同芳长子。李氏自怀石公孝友起家,中丞以仁厚之德光而大之,胤昌能兼成祖、父之志。少颖异,力学好修,虽文誉翕集,常抑然自下也。万历庚子,领乡荐第一,海内争传其文,文体为之一变。辛丑成进士,选庶常,授翰林院编修。丁未分较,所拔皆名隽,其□冠本房者,即左光斗也。壬子主楚试,尤号得人。癸丑,以中丞与按臣争福藩庄田事不合,请告。胤昌乃先期假归,侍养惟谨,每先意承志,以极其欢。先是,刘太夫人止生胤昌,早世,胤昌哀慕终其身。然念终鲜兄弟,请父增置庶媵,生二弟。既中丞远宦,凡幼而抚育,长而教训,皆胤昌身任之。及中丞归,以俸入所存,悉推二弟,曰:"儿能自立,当以是为少弟资膏火。"其躬行孝友之实,父子间能深喻之。中丞有《天鉴录》贻于后人,谓相成乎诸弟者至也。至里居清白,耻言干谒。所得门下士官邻邦者相望,绝不与通,曰:"吾以训彼廉也。"其惜宗族、赈贫生,一推中丞之意而行之,岁以为常,至其子孙不替云。中丞殁,哀毁过当,相继卒,年五十有二。长子孟函,字大函,号三一,以中丞祭恤请于朝,得恩荫。中崇祯己卯副榜,奉旨准贡考,授知县,未任卒。孟函颖悟能文,博通古今诸掌故,而仁孝为心,克保世德。宗族朋友赈恤有加,与人交,澹而能久,且洞见胸腑,尤不喜谈人隐事,邑中无不以长者称之。年六十四卒。长子可卫,官荫生。次子可汧,顺治乙未进士,官湖广提学佥事,以覃恩赠父如其官。

何琪枝,字伯玉,号璞庵。万历丁酉举人,辛丑进士。由应天教授,历助教,升刑部主事。琪枝神貌清坚，天性刚直，而立朝耿介，居乡仁让，处家孝友，又有台山、皖阳、介石诸名公为之师，伯钦、泾阳、沧屿、念台诸君子为之友，素以名节相砥砺。其事父汝泉公也，每以砚田所入，曲行其乐善好施之志。及病且卒，吁天请代，哀毁骨立。其事伯父心泉公也尤恭，家中事纤悉内外，必禀后行。其事母安人也，终身如孺慕，历任南北，必奉板舆以从。厚嫁其妹，恩抚其弟。弟夭，又善成其妇之苦节。故给谏张公可庵独以"真孝廉"称之。至秉铎留都，奖成士类，如程国祥、余大成、顾起凤，皆馆而粲之，卒多成令器。其在刑部，矜恤狱囚，亲视疾苦。有役黄龙，向以囚为薮窟，会有以直言下狱者，龙酷取如故，琪枝立白大司寇穷治之。龙具金珠二篚营免，悉以上闻，尸诸市，籍其资，人人称快。清望日崇，廷议铨曹调用，竟卒于官，旅无遗资，几未及殓，无不痛恤之。康熙二年，邑中公举祀名宦祠。

陈其柱，字元素，龙泉公孙，云麓公少子也。初，云麓公以其柱体弱，欲令习医，母舅冠山公独器异之。及就塾，三年而通经史，应童子试，四题立就，樊侯大加称赏。岁庚子以儒士入闱，己酉得乡荐，癸丑成进士。初令慈溪，务与民休息。邑故健讼，每以温言解之。邑多豪绅，以礼屈之。府差必由县票方准入乡，否者以法绳之。六年两举卓异，入为兵部主事。盖其素性方严，恬淡自处，视权要名位泊如也。天启丙寅，为武选郎。时魏珰方恣，弟侄之冒滥勋荫者，每属其[1]党，大司马王主之，下司拟行。其柱执《会典》抗，不应。会昌平镇兵哗[2]，围困饷司，乃出为昌平道，刻期趣行。其柱单骑入镇，密擒渠魁，宽其胁从，变遂定。丁卯，各府媚珰建祠，抚按司道相率罗拜，其柱独称疾杜门。有要人倪文焕者，饵之、慑之，终不为动，文焕[心衔之]。未几，珰败，乃免于祸。因请告归，家居数载，却扫自安，不改恬素，乡党争推重之。年五十六，抚臣方疏荐，疾，卒。本邑入乡贤祠，慈溪入名宦祠。两地尸祝，足志不朽矣。

张鲁唯，字宗晓，号泰符。祖宪臣，自有传。父志美，秉道正介，比之太丘彦方。屡试不售，杜门著述。昆之《礼记》工制举者有二家，曰顾氏、张氏，各取陈澔《集说》而增损之以成家，邑中传习。张氏本，志美所辑也。子五人，长鲁得，季鲁唯，皆成进士。鲁唯少有异姿，读书数行俱下。十六补弟子员，明年科试，即拔冠军。二十六，举己酉乡试。三十，以《礼经》魁南宫，廷对高等，授刑部主事。恤刑河南，平反数百人，惠声播中州。报命改本部员外，擢绍兴知府。绍兴人多走京师，为部院胥吏，官其乡者，稍不称，即多端龁之。鲁唯为政平易近民，一切苞苴、竿牍无敢入。民间陈白，即以寸楮付其人。或请改役严捕，答曰："捕下村落，狼入羊群也。"绝不许。两造至庭，和颜谕解，讼者多感泣，

---

1 其，底本为空格，据《光绪志》补。
2 会昌平镇兵哗，底本作"会昌镇兵议"，据《光绪志》改。

不烦敲扑下重犯法。俗习溺女，设义产育之。越三载，与藩司小郄，投劾归。群人如失怙恃，攀留百余里。

天启癸亥，冢宰赵公侪鹤特从田间起公，以副使分守宁绍，越人闻公复来，踊跃相庆，如见所亲。政益务简易，笾内肃然。丙寅，转河南参政。既擢左方伯，督省直漕运。时海内多故，军兴浩费，需东南挽漕甚亟。顾岁恒不以时至，前使者或优容运弁得载他货物，舟行益濡迟。鲁唯厘剔蠹弊，皆成硕画。以母忧告归，军民即肖像祀瓜步，至今颂德。后历浙闽左藩，赠祖、父皆如其官。崇祯庚辰春，致任归。卒，年五十七。越人闻之，有千里吊哭者，遂举名宦祀。绍兴群学称贤牧，必首张公云。鲁唯顾然清晰，侪辈以公辅期之。为刑曹时，有驰马都市者，弗戒，突相犯，公亦惊愕，众请治之，曰："彼误也。"纵之。历官诸省，一以行所无事，居心宁静，故所至皆大治。雅意丘壑，强半田居，视声利无所嗜。既以制举业擅名天下，成一家言，独好书，虽亲吏事，手未尝释卷，笔法入古人堂奥，片纸流传，相赏如晋唐遗迹。身殁之日，乡父老咸以盛德不享大年为憾。列上懿行，俎豆学宫。自大父虚江、父若虚至鲁唯，三世并祀乡贤，为邑乘所未有。长子立平，邑庠生，隐居学道，亦有著述。次子立廉，崇祯丙子举人。季子立善。

顾锡畴，字九畴，号瑞屏。元城公天叙子。元城立训最严，文课取立办，终酉以后置不复观。锡畴尝自言："人但知某作文，日可数义，不知每逢家课，心迫手追，笔无停晷，自幼习之如此也。"年十二为诸生，其试文辄流传远近，吴门申文定公特加器重，曰："名位不在吾辈下。"字以长孙女，早卒。娶徐氏，为中山王十世孙，方锡畴年十三，应试南闱，魏国徐某一见惊异，即有东床之选也。万历壬子，入北雍。会刘侍御以直言被谴，锡畴率同舍生上书执政，责以不能论救言官，执政怒，祸几叵测，赖大司成赵某力为申救，乃免。戊午，举北闱第二人。己未进士，选庶常。史公继阶，以少宰主教习，尝曰："瑞屏亭亭玉立，明廷美醴也。"庚申假归，癸亥赴补，甲子授简讨。与福建试，所收皆奇才，如颜茂猷以五经得录，海内传之，尤为盛事。时魏珰方恣，闽闱第三题以"无君无父"显斥之，发策首以"人之贵贱"为问，而谓"色授气使者为甚贱，不可昵"。及为程策，又曰："朱紫杂沓于貂珰，金组靦奕于妇寺。"会政府魏某以请记不从，同邑者以联宗不应傅成其罪，遂与江西主考丁乾学、广东主考陈子壮，同时得谴。乙丑调降，丙寅削籍。

崇祯初，召用谴逐诸臣，升赞善，制敕中有"阉氛火烈，党锢飙兴，愚夫首濡，智者舌噤。尔独义形于色，情见乎词，应简宫僚以风百尔"等语，可以征其实矣。历谕德，升国子监祭酒。奏复积分旧制，厘正从祀位号。有《从祀议》，言十哲中宜进有若、南宫适而降予、求，先儒中宜进诸葛亮、狄仁杰、范仲淹也。有《近儒应从祀议》，谓吕柟、罗钦顺、高攀龙、顾宪成、冯从吾也。有《梅福应从祀议》，以追封圣裔之论始于福也。

有《从祀儒者不应称名议》，或子之，或字之也。有《从祀两庑位次议》，以瞿九思《汉宋年表》为可从也。既而得受封诰，因以奉养请归。与元成公优游邓尉，时或迎养于昆，于山之东岩筑"乐彼"之园以供游赏，娱侍朝夕者六载。就家迁少詹，未任。又迁詹事。

时流寇猖獗，元城公谓非臣子宴安之日，促令入都，遂行。陛见后，上《临德练兵》一疏，识者谓切中时务，上亦眷遇殷渥。升礼部左侍郎，署尚书事，定东宫出阁诸议，春夏三推枚卜，而武陵杨某，时以夺情为大司马，锡畴在礼部有违言。武陵疏《论流寇宜抚不宜剿》，有"乐天者保天下"及"善战服上刑"二语，锡畴抗言此诸侯交邻事，称引不伦，上颇颔之。益与武陵抵牾，乃力沮之。久之，武陵再以母服夺情入相，何楷、黄道周等连疏攻之。平台召对，廷臣争持正论，锡畴班最，上实倡之。武陵因摭其部中事，以驸马王昺蠲助不及额，部从轻拟，久已留中不下者，从中忽下，革职为民。

越三年，王昺得白，锡畴亦复为南京少宗伯。比至镇江，北都陷。会南都立君，迁礼部尚书。诸所建白，如复建文年号，谥让皇帝，庙号惠宗；复景泰年号，谥景皇帝，庙号代宗；及赠谥死节诸臣蔡懋德等：千载公义，人心悦服。乃执政为某党罪魁翻逆案事，辄相忤。锡畴每仰天椎心，叹事不可为，遂请祀海以归，不复出。亡何，金陵不守，元城公卒，锡畴泣血披麻，间关南游，闽中欲处以使相，锡畴以父丧坚辞，因寓［温］之江心寺。会劣弁贺某在温，凌辱士子，诸士奔诉锡畴，疏劾之。五月望日，贺遣盗入寓，刃其胸而投之江。倾温之人觅之三日，乃得。棺殓寺中，驰报其家，迎以归。温之人因勒碑文信祠，至今哀且慕之。

锡畴忠孝植心，恂恂温雅，与人居，谦恭自下，常若不足，而严气正性屹不可动。自为诸生，上书宰执，风裁凛然。服官以后，忤大珰，忤权贵，再遭窜逐，不愧厥心。然皆自植名节，行其孤介于党同伐异、名位相倾之际，又所深耻，每以中立为同乡同籍所怏怏，终不易其所守也。其节义、文章足云无忝家学矣。

朱日燦，字静之，号雪岩，宪副明山公懋洽孙，有传。赠工部中顺公菜子。日燦幼有文誉，明山公绝器爱之，而王志坚固赠公婿也，日燦少从之游，穷经据史，学见本原，即场屋之文最有法则。年二十九登万历壬子乡荐，闱牍行卷，海内争传颂之。然数奇，六上公车不第。谒选得怀远教谕，以首荐入为国博，升监丞。甫一月，以城守需人，推择得添注工郎，分守永定门。时与中官共事，剧戏如小儿，日燦正色折之，不少避。凡所设施竟不为所掣肘。事已，授营缮主事，管试验厅、浚城濠、监仓厂、监修阅武门马棚，所至与中人交蹠，佑工役、算金钱，多所抵牾。日燦勾稽弹驳，洗手受事，即曹司礼亦称之曰："朱公可谓一尘不染。"而怨之者实多。升员外郎，督临清砖厂。会警报旁午，日燦方坚守新城，高监之兵适至，檄道臣以河西浮桥济师，河西民拥众拒之，道臣逃匿。日燦奋然驰至河西，反覆谕之，民乃服，师济而城以完。督臣张公为纪其事。无何，以马棚旧事下狱，凡十九月。事白乃释，得闲住。归，居家数椽，不蔽风雨，宴如也。

甲申江南立君，求旧臣，起补工部，即以购遗书、浚刘河为请，若官吏征解侵渔，尤宜剔治，时论韪之。旋升福建参政，管延平府事。已而江浙大定，闽道梗塞，遂不果行，杜门三载，卧病三载卒。日燦识量廓远，喜怒不形，居官廉辨，不苟取予。历仕四十载，奴婢之籍不增一人，而孝友性成，内行醇笃。父母丧葬，独力尽礼，抚弟侄及弱妹、诸甥尤有恩。晚年惟好读书，栖心宗镜之说，其视声色玩好如浮云，然尝自称曰："昔人云：'后世贤，师我俭。'我并无俭可师，或师我读书行意而已。"长子升臣，字子舒，号铁庵，以明经授富阳令，将赴任，日燦呼而谕之曰："作令者，聚亿万圆顶方踵之氓，而呼我曰'爷'，不易副也。汝尚无负此称哉！"其平日义方之训，虽过如毛发必加诮让，改而后已，类多如此。年六十八卒。越九年，邑人以遗行请于学臣，祀之乡贤祠。

陈岩如，字鲁瞻。万历乙卯举人。由仪真教谕历国博，迁冀州知州。后升汾州府同知，以冀州旧事罢归。事白，补归德同知，请告归。其在冀州也，遇荒赈济，全活数万户；遇疫求医药以拯之，全活数万人。冀州多马，岁有上供例，以民解，充是役者，辄破家。岩如力请上台，易为官解，迄今赖之。冀地非斥卤，相循有盐课，实不产盐，民苦赔累，岩如又请上台特疏题免。其害未息，冀民思之不忘。居乡廉静，为孝廉五十年，绝不知有干谒事。年八十，预知期至，端坐而逝。长子言先，字敷功。善读书，能文章，试辄冠军。与娄东张西铭先生以古学为一时之倡，出其所为文，世皆宗之。不达，早世。季子觉先，字躬乙。顺治丙戌举人，青浦教谕。〔言先子留更，名永思，字孝则。亦以文名，康熙丁巳举人，江宁教谕。〕

叶重华，字德玄，号香城，文庄公盛六世孙。崇祯戊辰进士，由工部迁礼部，以资望应擢吏部。有同年生为选郎，请与为地，重华耻言奔竞，竟谢不应。时朝士务立门户，馈遗结纳，较炎凉为去就，而重华顾翛然处之，故回翔中外，不得骤跻显要，然亦以是不与其祸也。出为浙江参议，分巡嘉湖。旋迁河南，分守睢陈，盖河南方苦群盗，有要人以私恨故思中之。重华闻命即行，团结训练，具有成法，贼不敢犯。后升山东副使，分巡济宁。会亢旱大饥，人相食，乃捐俸设粥，率先吏民赈之，全活以万万计。

流寇李青山劫夺漕艘，山左震动。重华与总督张国维计讨之，擒馘千人，贼乃遁。转广东，分巡惠潮，又值姜世英之乱。世英寇潮，大破之，因会两省捣其巢。世英力困就缚，乃行贿权要，冀以降人例得官。重华持不可，中夜屏人，上章制府，诘旦设备，引之入见，并其党姜大头等，驱出斩之。市人欢忭，脔其肉立尽。南方遂安。重华与其[1]人和厚，而临事明断，大率类此。方世英之未擒也，有告密者裹匿名帖以砖投署中，云：

---

1 其，疑为衍字。

"某某将为乱。"重华潜使人廉之，则某某皆富民也，因取帖投之火。亡何，制府以纵寇来责，郡司理请按之，重华不许，诈者乃沮，保全实多。既而，升广西按察使司。未任，即转太常寺少卿，不就，谢归。既归，杜门不与人事，郡县官请见，卧不为起，年六十九卒。所著诗有《旧存稿》《近存稿》传于世。齐、粤间并以名宦祠之。

卷十六

人物三 节行

汉

卜崇，娄县人。桓帝时，太守薛固为法吏所枉，下廷尉，崇与郡人钱让诣阙称冤。廷尉因崇等，以兵围守，楚毒备至，崇、让恬然自若，枉声弥厉，帝闻而奇之，乃赦固罪。

宋

孙察，朝议大夫载之从子。父临，大理评事。察以朝散郎奉使金国，守节不屈，金人裹以油絮焚之，骂声不绝而死。

明

殷奎，字孝章，一字孝伯。其先自华亭徙昆山。奎性颖悟，复端厚沉默，笃志古学。少从杨维桢受《春秋》、盛德瑞受《易》，好读濂、洛、关、闽之书。至正丙申，州治复，有司聘奎训导儒学，比谒庙，即正弟子配享位。凡邑中褒贤、录功、立祠、表墓，有裨名教者，皆奎所建白也。洪武四年，以荐赴京，试高等，当得官州县，念母老，疏乞近地便养，忤旨，调咸阳教谕。在任四年，念母不置，作《陈情诗》，辞甚悽惋，见《艺文》。读者悲之。年四十有六，竟郁郁以死。门人私谥文懿先生。卢熊谓其处家为孝子，饰身为名士，典教为良师。陈潜夫称其学行、生死、出处莹然无瑕者也。奎文章精审有法，尤勤纂述，所著有《道学统绪图》《家祭仪》《昆山志》《咸阳志》《关中名胜集》《陕西图经》。其诗文有《娄曲丛稿》《支离稿》《渭城寐语》[1]。门人余燠又编缉为《强斋先生集》。弟璧、弟箕。并见《孝友》。

赵彦可，洪武初为临清令。公勤寡欲，好士爱民，妻受民赂，箠而遣之。事闻，升巩昌知府。载《巩昌志》。

黄铎，字希声。永乐十三年乡荐。性耿介，授徒自给，自题其座隅曰："非公事，不入

---

1 《渭城寐语》，《〔乾隆〕昆山新阳合志》（此后简称《乾隆志》）、《光绪志》"寐"作"寤"。

县门。"里中子弟从之学,三日不授书,但令正立,必欲坚不动。人或怪之,曰:"读书易耳,为人难。苟坐立未当,他何望焉?"盖其动有矩矱类此。子琚,字廷佩,隐居读书,有文学。次子玘,字廷仪,由贤良征,官至温州知府,捕盗有功。

张经,字伯绪。博学嗜古,登永乐甲辰进士。时进士多遣归就学,经既归,不乐仕官,教授乡里,张和兄弟及项聪、瞿泰安之徒皆出其门。尝谓诸生曰:"人生切不可有嗜好,若辈他日居官,一有嗜好,则胥吏仆隶唯是之窥矣。"其言甚大,论者比之王樵玉先生。年三十三卒。子希贤,亦以学行称。

朱泰安,字士栗,中翰吉仲子也。清修苦节,规行矩步,为乡仪表。以永乐三年乡荐,授内黄教谕。其教学者以熟传注、敦行谊为先。后历安仁、安吉、阳信三学,所至,条教悉如内黄。满三考,即乞致仕。故人杨文贞、杨文定慰留之,不可。既归,僦屋数椽,授徒自给,布袍蔬食,处之怡然,终身不谭世务。卒年九十有三。兄定安,字士隆,善篆籀,相传玉峰前有篆冢,其所瘗也。弟永安,字士常。工行草,出入晋唐间。时称三杰。

朱昌,字显道。厚重寡言,屹然自立。少从吉水萧引之先生学《春秋》,由国子生选授中府都事,以廉谨自持。幕僚忌之,即疏府事数十条,令廷对。昌条对甚悉,练达如素官者,一府慑服。襄城伯掌府事,待其属甚严,独加礼重曰:"朱君敛华就实,无矫无伪,真吾幕宾也。"久之,请告归,家贫益甚。周文襄公籍田江南,常以羡田五顷相遗,曰:"聊具馈粥。"昌谢却之,退语人:"无为子孙累也。"既寝疾,布袍旧籍尽鬻,以供汤药。及卒,几不能殓。

王庭,字元直。孝友廉慎,幼为叶文庄、郑介庵所器重,以天顺壬午乡荐,授鄘州学正。律身教人,动以古道,僦民田耕以自给,束修无所取。辛卯分典江西试,故事聘学官监试,官必先拟目试之,庭曰:"考官若先就试,是枉己求售也,不可。"御史叹服,命就事。既而,一榜称得士云。秩满,改高唐州学正。迁国子学录,超拜沈府长史。端严简默,动必以礼匡王,王尝命作《崔徽负心论》,庭敛容曰:"此元稹假托浮淫之词,非某所闻。"王改容谢之。庭平生自负刚直,学贵践履,不事辞章,尝曰:"徐稚、管宁不闻能诗,而世仰其名。"时以为名言。

孙琼,字蕴章。父宗,见《名臣》。本陆姓。琼生有异质,年二十五,举正统十四年进士[1],授刑部主事。历官刑部十有五年,公廉平恕如一日。故事每秋谳,以终岁所讯狱类报,仍选诸郎一人,重加审录。琼特被选审录,引对无一称冤者。每出署,罗拜马首常数十人,曰:"是能生我者也。"天顺间,锦衣门达恃宠黩货,多所罗织,法司承望风旨,莫敢异同,惟琼多所平反,达心嗛之。太监牛玉假子犯法,嘱琼,琼不少贷,积怨尤深。会同

---

[1] 举正统十四年进士,据张大复《皇明昆山人物传》载:孙琼"领正统十二年乡荐,明年赐进士出身"。《明清进士题名碑》亦云孙琼中正统十三年戊辰科进士。

曹郎得罪，辞连琼，玉乘间中之，谪戍辽东。濒行，囊橐萧然，僚友酿金为赆，皆峻却不受。成化初，以赦复官，即乞致仕。隐居三十年，未尝一迹公府。三原王公恕抚吴，尝过访，云欲盘并余粮，琼言不便而止。长区赋者持百金为寿，琼拂然曰："吾当患难走辽东，曾不受赆，今日投闲，肯于乡里受金乎？"家居事父母以孝，丧祭极其哀敬。每旦，必衣冠拜先祠，非疾故，不一日废。对客谈笑竟日，无欹侧容。所居朴陋，人不能堪，处之裕如也。所著有《鹿城稿》。子裕，见《进士》。次祐。见《隐逸》。

郑文康，字时义，双松先生壬见《孝友》。之子也。长身伟干，制行峻洁，志高流俗，见者咸以公辅期之。正统戊辰进士，闻父病，即请归养。未抵家而父亡，母寻卒，悲悼无已，宿疾加剧，遂不复仕。日取群经子史披阅之，虽病不少休。就庐辟馆，弘奖后进，游诵之暇，品剂草木，所全活者不可殚纪。其表善、兴贤、阐幽、吊古若嗜欲然，冠、婚、丧、祭一奉双松先生家法，悉遵朱氏礼，异端左道之人不入其室。所为诗文千首，手自去取，择于时事有劝惩者，为《平桥稿》十八卷。子膏，成化戊子举人。次育，医学训术。育子近仁，德安训导；守仁，德清县丞，有清操。

冯钺，字仲举。颖敏过人，诗文务以理胜。少孤，每时祭，呜咽不胜，悲感闾里。以天顺壬午乡荐，授永州东安教谕。永地僻远，人不知学，钺以身先之，思变其俗。秩满，将奏绩，或劝少留，俟受秋试聘，可得上考，钺曰："已及瓜而宽之，如诡遇何？"竟以例左迁贵溪训导。后尝校文河南、江西，皆称得士。有权贵私嘱于钺者，事竣，无验，谢之曰："偶忘之耳。"年四十九卒于官。子琨。有传。

冯琨，字君美，钺之子也。性廉介刚毅，以天顺壬午举人，任永康教谕[1]，迁知蓟州。蓟州民以牧马为业，每户承马若干匹，给草场若干亩，而勋戚、贵珰有悉攘其地为庄园者，小民莫敢谁何。琨至，按籍核之，尽还本户。勋贵怒，诬奏琨，逮下诏狱。琨列主名几何、影占几何，为孝宗分别言之，上咨嗟良久，曰："好个知州！"即令复职。武宗初，逆瑾用事，与勋贵相表里，再起前狱，收下锦衣锻炼之。两讯，杖八十，绝而复苏。蓟民兢守园土，挈榼馈饷者不绝。适有僧人言于瑾曰："冯知州惟饮蓟州一杯水耳。"瑾愕然，乃得释，复还蓟州。冢宰许公重之，迁杭州同知，再迁两浙运同，擢登州知府。清操弥励，属吏有贪墨者，不论其高第，竟劾免之，东土肃然。未二载，弃官归。林居二十年，生计萧条，甘守澹泊，其雅操得于天性也。年八十余卒。弟玠，癸酉举人。子梦龙，字翔甫，学行不减其祖、父。以万历丙子岁，荐任应天府训导，迁颍上教谕，升吉州学正。致仕，老屋萧然，藜藿不糁，学者争严事之。所为晷测、水碓、易大衍流法、黄中通理，其颖悟皆不可及也。张大复曰："冯氏三世一节，愈出愈奇。"

---

[1] 以天顺壬午举人，任永康教谕，疑误。张大复《皇明昆山人物传》作"以成化丙午举人，授永康县教谕"。

孙云,字从龙。父桂蟾公客死桂林,云为诸生,甫弱冠,闻讣呕血,徒步万里得父骨于昭平堡,函之以归。将渡江,旋风忽起,舟人觉有异,夺其所函骨,掷之江。云跃入江中,攫得之,泅行里许,卒抱函以归。嘉靖己丑登进士,授刑部主事,进员外郎。适冯御史恩者,故留台四铁御史也,以星变求言,劾奏冢宰汪铉为腹心之彗,词连永嘉、安仁二政府,上怒,逮恩。廷讯不能决,下刑部狱,属云。云抗言曰:"御史得风闻言事,又以星孛故,诏诸人皆得言,御史何罪?"时同曹郎为云握掌,掌透爪,云不少挫。议上,曹长并得罪,谪云为潮阳典史,又调广西之怀远,迁增城令,历东昌通判、巴州知州、邵武同知,擢南刑部郎中。未行,升湖广佥事。上恭诣显陵,辇道绵属,综理甚具。迁福建参议,时有矿贼啸聚焚劫,亲率兵剿平之。擢江西副使,引疾归。云在江西,辟孙、许二公祠,昆邑学田之义,亦自云始也。

周后叔,字胤昌,百十六翁寿谊八世孙也。登嘉靖庚戌进士,授工部主事,视榷荆州,政务宽简,商人便之。迁员外郎,会杨忠愍论劾分宜,坐死,后叔为诗哭之,忤分宜父子。又骑与世蕃争道,怒益甚,属吏部用京考谪武岗州同知。州故有岷王,颇骄横,后叔至,言之御史,稍绳之。寻迁金华府同知。郡有剧盗,出没为害,后叔令市魁阑入,佯与之通,而勾其虚实往来,勒卒伏弩,趋复其巢,悉平之。满三载,进知府,吏民欢呼相属。以与御史争试事被劾,归。营室东林萧寺左,养疴赋诵,年五十二卒。

龚起凤,字瑞周。以太仓籍中嘉靖戊午乡试,壬戌中乙榜,授定州学正。州守故谪官,甚贵倨,欲凤以属礼见,持不可,守亦莫能抗。秋试,河南檄聘分闱监察,以故事,学官当先为考第,凤持不可,曰:"礼聘者师也,师可试耶?"监察然之。既而,所拔多隽士,以荐入为大理司务。廷尉王某属征免役钱甚急,凤秒之弗与征。廷尉怒,笞其隶,凤亦笞堂吏,相持不下。廷尉乃自劾,并劾凤,谪严州教授。不数月,迁杞县令。杞有囚三百人,多冤者,到官讯得,一夕遣之,仅留十二人。郎司府勾捕,执弗与。凡他檄有不便者,率罢之,具牒复报而已。归德府李豪杀人,贿其令,脱死,监司檄凤往讯。令使吏持千金以进,凤大怒,以囊掷吏,流血被面而去,卒伏豪辜。县故有马夫羡价五百金,特令贮库供往来之费。日出银二分,付小吏具饮食,仆不胜困,皆遁走,每夜躬自阖门扑被而寝。其御史行县,冬无炉炭,召太守语,凤且曰:"按君可令坐折脚床耶。"竟以不及免官。既归,居荒圃中,引小学数人,敝毡自给而已。

陈淮,字禹治,号小质。父周为新昌令,改教青州卒。淮持父丧归青、徐间,遇盗,淮抽矢拟之,盗引去。当时武健年少争传说为胜事。而淮故以文章自负,每下笔滚滚不休。会甲寅寇至,淮请授甲扞东城。贼梯木将登,淮控弩连毙四人,乃辟易转哄南门。淮又往南扞之,复毙二人。城中人人自奋,争号为陈先锋云。明年,有酋长五十七人入苏之灵岩山,枭悍莫御。淮率家丁诣督府请自效,督府壮之,授蓝号信帜,督领严家兵为奇兵冲突。兵未集，猝与贼遇，淮挥刀驰之，接战甚力，莫有应者，遂遇害。家丁吴循、文瑞、来祥亦战死。越二日，得淮尸，色如生。妇翁孙云、从弟王道归椟于邑之蔡巷葬之。后三十余年，遗生子应期举于乡，乃沥血上诉，略曰："臣父世无剖券，责非死绥，而义勤君。父灭贼为期，以身殉难，礼合优恤。"上可其奏，诏旌其门，遂立祠于春和坊，称为忠烈先生。祠甫成，邻火不戒，延烧甚烈。忽有风从祠门出，火势遂熄。县令王时熙题之曰"灵风台"，一时叹异。

柴秩，字虞叙，号南阜。京兆公奇季子也。十岁通《春秋》，为邹东廓先生高弟。十六补诸生，二十入太学。平居习为恭让，寡交游，慎言笑，称悃愊君子，而深识远鉴，中多大略。方是时，鸟[1]人之通市浙直者，剽掠岁见，秩固策其必内讧也，与侄辅元谋曰："旦夕有警，何以御之？"乃相期为射会，日夜讲求战守之具，储器械，结侠客，训练丁壮，多蓄弓弩、油蜡之属，以备不虞。所知或笑之，有郤者将诬以不赦，而甲寅之难作矣。

四月十三日，倭寇猝至，男妇争道入城，城门昼闭，祝令乾寿分上、中、下户募民城守，素知秩才，派户守第一，分管三百雉，守牛桥湾，乃攻围最急要冲也。秩与辅元率合族家丁三百人，协力当之。辅元者，字子贞，刑部公云长孙也。能左右射，善矛槊，尤长大刀，勇士孙先山每夸刀法第一，遇辅元必退然下之。城守四十六日，矢无虚发。遥见火光，连弩射之，毙其四酋。群倭舁酋长牛角大王至城下，一箭贯其颅。有乘夜梯城者，手提三百斤巨石压而杀之。每裸体飞行雉堞，以矜其勇，毋有能伤之者。秩又募壮士，夜往新洋江烧其船六十余艘，倭始惧，不敢复犯东城矣。并力西关，城上以沸油灌之，二大王死，乃解围去。秩与辅元绝不言功，惟祝令心知其能，深加叹服，呼恩兄以谢之而已。方城守时，城外民骇走，多枵腹，秩尽出其粟，晚炊熟食，每旦截竹为器，盛贮道傍以济其饥，赖以全活者甚众。故围解之日，家且中落。

丁巳就选，得浙江布政司都事。会临安令缺，受檄视篆。以海水溢，筑堤防之，堤成而民不扰。岁旱，祷雨五里外，三日雨集。在临安者二年，民安之。如令无何，升宁州别驾去。至宁州，署本州事，廉明尤著。念母夏安人年老，遂归，闲居奉母，尽甘旨之养。安人卒，哀毁骨立，人称至孝云。生平嗜读书，无间寒暑。晚尤好老庄及康节诸家言。所著有《西湖吏隐稿》《怡颜堂杂集》《柴氏谱略》，藏于家。又置祀田若干亩，葺治先茔，以志不忘。年六十卒。子辅宣，十岁而孤，追状其事。外甥孙张文柱志而铭之。

柴大履，字旋父，刑部公泰曾孙。少孤，不能从师，每闻村塾讲诵声辄徘徊，若有开悟，故人顾茂尹见而奇之，劝令就学。已而，就试皆高等，中万历壬辰进士。乙未廷试，授中书舍人，转兵部。典试粤西，得人最盛。时兄大观，苦不自给，便道归省，毕出所装，

1　鸟，疑为"岛"之误。

进母曰："以为兄具。"其天性孝友,而风节矫然。身虽贵,一如寒素时,衬章一毛褐,数年不易。在职方甚久,馈遗一无所受。丙午假归,有弁以千金谒者,大履峻拒之。甫别而卒,卒后无半亩一椽。无子,所遗费宜人,孀居四十年,年七十尚织布一匹,买米给炊,日以为常,终身未尝服彩绢,可以想其家风矣。

张振德,字季修,号岘孩,副宪情之孙也。父应忠,邑庠生,初生一子慧而殇,每祝其再来。生振德,字之曰环,弥月,大父抱视戏曰:"再来耶!"环为一笑,奇之,曰:"此吾家羊叔子也。"五岁读《出师表》,至"鞠躬尽瘁",辄废书而泣。八岁自课,求忠臣与孝子论。十九补诸生。二十六,选入太学。丙辰授四川兴文令。兴故九丝[1]蛮地,万历初,讨平置县,土镛三尺,户不满千,半入黔中,与苗酋杂处。时永宁酋奢崇明有异志,潜结奸人,掠卖汉丁。振德至,请之两台,复弓手旧额,免旧协防堡兵,严酋人出入之禁。又捕得兴文人为掠卖主者,论配之,招还被掠者三百余人。崇明遗之书,不报。继以二千金为寿,复裂其书,却之。

天启元年秋,振德被檄入围,而崇明所遣援辽将樊龙等杀抚臣、藩臬,据重庆叛。时振德方兼署长宁,去贼稍远,从者欲走长宁。振德以守兴文为正,遂疾趋入县。贼猝至,振德督乡兵与战,力尽援绝,退,集居民城守。会大风雨,贼毁土城入,振德度不支,入署命夫人钱氏及二女淑昭、淑庆等人,持一刀坐后堂,曰:"若辈死此,吾死前堂。"乃取二印系之肘后,取长缨密结项下,曰:"君子死,冠不免。"持匕首危坐堂上。有叛生以贼至慰曰:"无恐。"振德叱曰:"丈夫从容就义,何恐!"俄而,贼焚民舍,振德曰:"此吾授命时矣!"遂率家人北向拜曰:"臣奉职无状,不能杀贼,唯以一死明志。"夫人、二女先伏剑死薪上,仆妇某等皆从。乃命家人举火,火炽自刎,一门死者九人。次子绳,逸民间仅免。明日,冒贼觅父尸,端坐如生,左手系印,右手握刀,忿如赴敌然。以遗命薶葬社坛侧。事闻,赠光禄卿,谥烈愍,敕建特祠,阖门褒美。长子纪,荫锦衣卫千户,后归葬傀偪湖赐茔。

王焘,字潪仲,号函符。幼以序当出嗣,几为嗣叔所害。稍长,以嗣产尽让之叔,而事嗣祖、嗣祖母及嗣母至孝,曰:"为人后而利其有,耻也。"戊午举乡荐。赋性修洁,益自砥砺,踽踽不入世趋。乙丑选海门教谕,葺学宫,赡贫儒,日勉诸生以忠孝。有季存性者,例当入饩,贫不能请,焘为代赘,同训而廪之。季于是岁即以恩入贡,海门人称为王天平。丁母艰归,士民思颂不置。服阕,补真州谕,清操尤著。真之绅陈廷策者,廉介闻海内,焘特师事之。邑令宋某素重焘,贻以金,辞不受。癸酉,报升解州守,持祖母服归。

---

1 丝,疑为衍字。

丙子补随州。随故流寇出没地，人咸忧之，焘曰："臣子敢择地而蹈乎？"星驰赴任，练乡勇，审侦探，厘马政，设攂木。有土寇李良乔等，潜伺为乱，先计歼之。不几月，巨寇张献忠猝至，攻围甚急。焘身冒矢石，且战且守，杀贼千余。贼有"随州纸城变铁城"之号。相持二十余日，援力俱尽，于丁丑二月整衣北叩，仰天大恸，自经死。子锡中，疏闻于朝，赠太常卿，谥忠愍，与蔡忠襄同赐祠额曰"双忠"。

夏万亨，字元礼，号葵南，太常卿昺七世孙也。万历戊午举人，为婺源教谕。值大荒，捐俸设糜以赈饥者，士民感悦。升知西平，筑城治堤，练兵保甲，称能吏。改知夏邑。邑当贼冲，贼尝顿兵城下，万亨开门出，以义谕之。又曰："宁杀我，毋杀我百姓。"贼相顾叹异，遂去。时河南城郭无不摧陷，独夏邑得全，以贤令故也。然万亨每书遗命于怀，自分必死。出入六年，而刘超叛于永城。会总督丁启睿移师讨之，转输悉借夏邑。超擒，以功上，命万亨行劝农副使事，仍治夏邑。由是益加抚辑，荒残以安。

而甲申三月之变作，州县皆惊溃，万亨南走，适南都立君，以按察司佥事，分巡南瑞。初至，给饷于兵，吏以赢之一献，万亨正色拒之，仍召兵入，尽与之。保宁王避寇南昌，家人豪强不戢，为民害，万亨执而笞之。既而分召其党，白梃噪呼，南昌震动。百姓皆趋王所关曰："奈何杀我夏巡道？"焚门入，抚臣不能禁。及万亨至，谕之，遂定。未三月，旋兼布政使，绾七印。适至抚州，而南昌已溃，即驻建昌，书绝命辞见志。建昌溃，一家死者二十余人。

陈用极，字明仲，赠公云麓先生之孙也。父其桢，字存素，笃学好修，乐善不倦。用极少旷达，以气节自矜。中年折节读书，为诸生，尤湛于《易》。然其学识大意达本源，浩浩落落，期有用于世，不屑为章句也。尝游楚、蜀，历燕、赵，周行塞上，所至，交其贤士大夫。每云："处世当以理为主，意气为辅。小者去留，大者生死，吾当引为分内事。"可以识其指归矣。

甲申三月，贼陷京师。五月，江南立君。七月，议遣使北行，人人畏避。时用极以保举为兵部司务，慨然曰："主辱臣死，此何时也，谦让未遑乎！苟有行者，吾必辅之。"会侍郎左懋第愿充使，闻用极语，意合，遂官职方司主事，兼参赞以行。敕书中，有"先谒陵，后通好，无屈节"等语，懋第坚守之，势不可得。用极曰："盍缟素遥祭而入乎？"则成礼而后入，馆鸿胪寺。阅一月，传放南使。比至沧洲，复飞骑追还。幕中士多引去者，用极曰："见危避难，非夫也。吉凶祸福，某当共之。"懋第叹曰："生死之际，人之所难，君独易之耶？"遂馆太医院，讲学著书，两相得也。有监饷傅潏者上变，因下刑部，懋第请死甚力，遂与用极南向叩头，同游击王一斌、都司张良佐、王廷佐、刘统皆死之。门人山阳咸默，与故人子徐敷收用极尸，焚之，负骨归。子雄略，字黄公，康熙庚戌武进士。

朱集璜，字以发，恭靖公希周族孙也。父筑岩公，名家佐，以孝友称。事其继母夏太夫人，抚其幼弟钦叔，醇笃无间。临殁，呼集璜诚之曰："若善事祖母，不者，死我矣。"集璜谨受命，侍养复二十年如一日，太夫人年八十余卒，为特服三年，克成丧礼，人皆谓朱氏世孝也。集璜少贫力学，为人清介，然与之接甚和易。与同邑生陶琰善。琰字圭稚，居鸡鸣塘，以端方醇谨为一乡所矜式，事母以至孝闻。二人意相得，亦交相砥砺，以理学、名节为期许也。集璜年三十始为诸生，试辄冠军。乙亥，以特恩贡于廷，见朝政日失，往往蒿目愁叹。因留心经济之务，凡兵刑、水利、赋役诸书，靡不殚究，乡先达如顾锡畴、徐汧交引重之，曰："朱先生非经生也。"时中朝大臣以军与政议嘉定、崇明二邑仍当转漕，既，又议二邑输直，昆山、太仓、长洲、吴县四邑输米代之。昆所代者至万二千四百余石，直既不足，又复不偿，民大困。集璜乃上书州邑缙绅先生为桑梓请命，于是四邑得苏而二邑亦不果漕。

邑东南有夏驾河，固夏原吉所浚治也。岁久废为平陆，左右数十里皆榛莽不耕。邑令杨永言欲浚之，谓非朱先生无可任此事者。集璜慨然许之，行视河上，揆浅深，量远近，计人徒，定期会，并有法程。又请诸生张谦、孙道民共为襄事，劳悴六阅月而工成，河上诸民无不尸而祝之者。乙酉六月，江南郡邑兵起，昆民相屠戮，适旧令杨出而谕之，民少定，遂奉之城守。集璜与俱。度事必败，徒感愤，愿以身殉。七月六日，遂投东禅寺后澄潭以死，有绝命词留衣带间，曰："可质祖宗，可对天地。生无自欺，死复何愧！"先是数月，集璜预处分家事，凡田宅及先世遗迹尽授诸子，作遗教数条，又作文一篇，曰《心在》，盖其素志然也。死之日，陶琰在鸡鸣塘闻之称善。是晚，坐书室从容进酒，谈笑自若，未几阖户，亦自经死。张谦既出城，复还曰："倘朱先生死，我何独生？"与孙道民俱死。后十二年，其友葛云芝于城西舍宅立祠，合祀两先生。而集璜固多受业诸弟子，私谥之曰节孝先生。所著有《观复堂稿》二十卷，藏于家。

朱显宗，字闇生，号澹庵，别号西琯，恭靖希周五世孙。少负奇颖，试辄前茅。与邑中知名士结社论文，实为祭酒。而至性过人，于大义所在，赴之唯恐不力也。年十四，母病革，号天露祷，求以身代，人皆感动。及外王父周侍御以文词贾祸，被逮诏狱，难起仓猝，交游莫救，显宗毅然请行，身捍患难，竟得白以归。久之，以明经谒选，分教丹阳。有族侄为仇陷，配云阳驿，乃捐俸赎之生还。及以继母艰归，行资不给，心甚安之。再补西安，升衢州司李。丙戌弃官归，家徒壁立，如寒素时。辛卯天水民饥，计漕粮无所出，耆老将谋叩吁，患无主之者，意属显宗，复毅然请行，曰："余以布衣归故里，同为此日编民，其曷敢辞？"遂触夏入都，绘图吁请。因并及江南十四郡，并邀改折，民赖更生，皆显宗倡之也。年七十五，无疾而逝。所著有《九死孤忠集》及手编家乘、自著年谱藏于家。

何郫侯，字汉功。少孤苦，居不盈数弓，怡然自喜，读书不辍。年五十，中顺治戊子举人。己丑，不第，归，喟然曰："士大夫居官当有益于官，居乡当有益于乡，若徒鲜衣丰食，取便自适，安以士大夫为？"会辛卯大水，民多流亡，转死沟壑者无算。鄮侯出谋煮粥活之，苦不得米，于是草履徒步，五步一拜，行募城市，人皆感泣应之，全活甚众。时有贡士叶方至，字嵞生，出米二百石，首为倡义。而孝廉叶方恒、徐开远共为襄事，其董厥役者，僧指一与庠生曹梦元也。

何天衢，字道亨。其先汴人，始祖贵三徙昆山。天衢年十二能文章，舅氏魏恭简公见奇之，目为清才。已，从其妇翁周见梅训长兴，为徐子与中行所赏识，补长兴博士弟子。尝遘危疾，赖妇救得瘳，事载《列女传》中。会清籍，天衢告归昆山，试辄冠军。食饩，超荐太学。谒选，授太平县训导。五载，迁盐城县教谕。未任而殁，得年六十有三。天衢为人胸次开霁，剧谈辄大笑，声出金石，与人坦易然。有特操在太平，受知蔡御史梦悦，将荐为京朝官，有持之者乃止。或言于天衢，天衢笑曰："幸不以某名溷使君，岂人力哉！"其恬退如此。孙梦得、尔晋，皆贡入太学。梦得，新都训导；尔晋，建平训导。尔升需次贡，积学能文，邑推祭酒，有《滋益堂诗文集》行世。曾孙谦，辛未进士，仕至昌平巡抚，居家孝友，在官多异政，官橐萧然，里居数廛而已。尔升子讷，顺治乙未进士，初任山西太原府推官，今补北直保定县知县。尔升孙铤，康熙癸丑武进士，今任顺天府杨村营守备。

诸永明，字千如，一字合甫，寿贤之从孙也。为邑诸生，貌恂恂若处子，然慷慨负大节，不妄交与。尝游京师，访故旧。时黄太史道周逮诏狱，用事大臣必欲杀之，上书雪之者皆得罪，交游、亲戚莫敢问候。永明独携衣食、炭药潜遗狱中，狱吏问其姓名，不以告。久之不绝。道周怪之，意其为亲属也，使狱卒访之，乃永明所为。道周初不相识，乃大惊，邀之见于狱中，曰："累臣行就诛矣，君何人？复何所望而乃为此？"永明曰："我自慕先生道耳，他何所望！"言已，相对大哭，为逻者所觉，不得出，遂留狱中，与道周同起居，朝夕问道焉。后数月，道周事稍解，永明始得脱狱。及天子起用道周，谪戍中，公卿间往往称永明贤，后遂荐授翰林院待诏。永明曰："吾前日从黄先生于狱，岂以求官也哉！"卒不就征。家居多与禅流往来，与同志共举刘念台证人社约，年未及始衰，君子惜之。

人物四 孝友

宋

马友直，字伯忠。其先本司马氏，有名球者，仕吴越，以御史中丞为昆山镇防遏使，因家焉。子孙乐道不仕，止称马氏，聚族居甪直里，以孝义著。兄弟六人皆力田，友直自奋业儒,入太学。元符二年,荐春官,与李荐游,荐贤其人,以兄子妻之。宣和水灾,兄弟皆狼狈营妻子,友直独奉亲徙邑中,僦居进贤里,菽水奉养,母子晏如。唐辉、王葆咸爱重之。建炎二年,奏名主武康簿。寻以宣教郎致仕,卒。孙,先觉。见《文学》。

龚明之,字熙仲。父况。见《文学》。明之幼时,逮事祖母李,李尝梦神告曰:"与汝七十七。"及期,果病且革。明之夜祷于天,乞减己伍龄以益李寿,灼香于顶者七,闻脑中爆裂声不为动。李病良愈,又五年卒。宣和二年,明之以诸生贡京师,迎父母往。已而,母与弟继亡,贫无以归葬,或使旅殡僧舍,否则火之以烬归,皆不从。取其所有,自壹钱之直尽折卖之,不足,又乞贷于人,竟护二丧以归。先墓在西山,族人斩其木而分之。明之不能制,且泣且骂,每伐一木仆[1],辄号恸响震林谷。更买松万株补植焉。一侄女二甥女俱幼孤,明之养于家,授徒数年,积钱帛资送之,并得所归。

绍兴中乡贡,年已六拾。或劝少匿其数,笑曰:"吾生平不敢苟欺。"卒书其实。及晚而廷试,年逾八十,法不应入官,吴士仕朝者列奏其行义,敕监潭州南岳庙。淳熙五年,乞致仕。乡人陈振等举明之经明、行修,众所师法,准照《庆寿赦文》内"孝行节谊著于乡闾者,当议旌录",参政钱良臣谓明之无吏考难之,吴仁杰曰:"龚君,孝行能动上帝,知其今日必能动人主。"因具言其事,良臣竦然。果得旨,超授宣教郎,致仕,仍赐绯衣银鱼。时李衡以忠谏去国,年几八十,德望绝人,独以兄事明之,乡人称为二老。明之自谓平生受用惟一"诚"字,不摘人短,不作貌言。尝附黄山谷语,以省吃俭用号五休居士。撰《中吴纪闻》三卷。子昱。见《隐逸》。

周津,善词赋,端平、嘉熙中,郡府两举侍补进士。性介直,好施予。作舆梁,浚井渠,人高其义。父大骥有疾,津刲股以疗。或以义谕之,津曰:"父母遗体,岂敢毁伤,然因所与者还以奉之,讵为过耶?"津亦以寿终。

曹椿年,母病革,椿年刲股疗之。宝祐三年事闻,借补承信郎,知县胡棨、郡守赵汝历为立孝感坊于陈老桥之西。又淳熙八年,有荣孝子刲股救母,县令为立旌孝坊。又有张孝子者,皆同县市人也。

陈振,字震亨,古灵先生襄之后。父遵,赘御史李衡女,因家昆山。遵死,振孤贫无以葬,得地圆明村,卜者云:"不利长子。"振曰:"使亲藏得宁,或不利于振,一弟尚可主祭。"遂葬焉。后振为绍兴进士[2],弟拱亦登端平科,但振以禄不逮养,刻木为亲像,一饭必祭,乡人尤以此称之。急义乐善,好汲引后进,然有过失必规正之。为文简健高雅,尤长诗词,有《正安集》五十卷。好楷书,得欧、虞风骨。官至太府丞,知永、端二州,以朝

---

1 仆,底本作"仲",据《光绪志》及文意改。

2 振为绍兴进士,疑误。据《嘉靖志》卷六载,陈振为绍熙元年进士。

议大夫致仕。养子昌世。见《名臣》。

卫时敏，与弟季敏友爱甚笃，三世同居，宁宗御书"友顺堂"匾赐之。季敏子泾。见《名贤》。

元

秦玉，字德卿。其先由盐城徙崇明，父庚从方蛟峰学，再徙昆山之太仓。玉早孤，即能卓立不群，刻志苦学。既长，博通诸经，尤邃于诗。不求仕进，授徒讲学者二十余年。母顾氏织纴给业，玉益感奋。与兄未尝异财，事无大小悉禀而行。母病，汤药必亲尝，累旬不解带。及卒，哀毁泣血，茹淡终丧，兼不沐浴。俄邻居失火延烧，而母殡在堂，玉惧不免，凭棺号呼，烈火遽灭，人称孝感。所著有《诗经纂例》《学庸探说》《宋三朝摘要》《齐居杂录》，并诗文若干卷。门人私谥曰孝友先生。子约。见《文学》。

瞿信，字实夫。自幼嗜学，善持论。平居整暇，无卒声辟貌。未尝谈人过恶，食必男女异席，衣冠非就寝不去。兄智，字睿夫，风流儒雅，师表一时，以薄宦四方。信养二亲备极诚孝，家虽贫，恒忻忻焉。兄卒，孤儿女数人，皆为婚姻，教养一如己出。至正间台寇作，信负母避青龙海上。南台御史李烈举信孝廉，不应，卒。子度，好学有文采，洪武初知陕西金县。

明

殷璧，字孝连。兄弟三人，长奎，见《节行》。季箕。见《荐举》。洪武中，奎任咸阳教谕，卒于官。璧不忍其藁葬，与弟谋曰："母老，吾弟宜朝夕奉养，不可违左右。吾当往迎兄枢。"遂间关数千里，扶丧以归，祔葬祖垅。时人高其行，为画《归枢图》，及作文以表之。箕，字孝扬，嗜学好礼，笃于孝友，与兄齐名。洪武初应秀才举，试广西佥事，终太平府推官，以廉谨闻。

范从文，字复之。宋魏国文正公十二世孙，端明学士之柔六世孙也。洪武初，以国子生奉使称旨，擢监察御史。改户部主事，奏免株连盗仓罪百余人，同官螫之，得罪且死。上问知为仲淹后曰："此先忧后乐之胤也。"得末减，谪役庄浪。同官必欲杀之，复追戍金齿。永乐初，用荐为金华府学训导。初之乘，以父原良为潮洲通判，客死藁葬胡庐山，日夜忧思，欲迁还故茔，羁职弗果。至是，上言陈情，诏许之。于是间关至潮，而山径莽立，不可别识，日夜号泣，俄大雨，封土忽陷，得所识石人，称孝感。乃函骨归，祔先茔，建祠以祀，此永乐五年五月事也。后历永州东安教谕，迁金乡训导。致仕归，年八十余卒。所著有《小学章诂》、《宗牒补遗》、《后斋集》若干卷。

陆安，字修平，邑三图民。父德甫，好结客，客至，必馆谷之。会省安保事，辞于德甫。

洪武初法严，有司拟德甫当连坐弃市。安时年二十，初婚，即别其妇抵京，大书"代父典刑"四字于布袍，伏阙哀请，许之。临刑西市，从容就刃，观者千人，无不泣下。德甫伏尸哭，提骨来归。妻钟氏抱骨哭尽哀，亦自缢死。见《烈女》。后七十年，从孙霈，乞沈鲁作《孝贞记》，其墓在荐严寺南二十步，万历甲辰教谕沈应奎为文祭之。

俞敬，字用礼。居太仓。少孤，为张氏养子。张故戎家，颇虐之。张母孙氏曲为怜庇如己出，敬亦事之如生母。永乐八年，孙遘危疾，敬吁天刺左胁，割肝和糜以进，疾愈。既而复作，又自啮左臂肉以愈之。里人上其事，诏旌其门，仍擢为尚宝司丞。洪熙元年，升少卿，复俞姓，赠其所生父俞德水、母王氏如其官。正统六年，升卿，卒，得年六十有四。

范廷珍，字帷中。父彦良，耆望表乡里，洪武中以里中子不法事连坐，祸叵测。廷珍率其弟廷珪诣官陈词，愿以身代父死，情词恳恻，百折不少衄。官为感动，得末减，兄弟俱戍河间。廷珍故善医，遂以医济河间之人，无论贵贱老幼，皆为诊视，病者辄起。晚年学益该博，喜吟咏，字法欧阳，尤长于斋阁题署。年九十余，犹日作数十纸，叶文庄公尝记其事。

梁栋，其先河南人，籍昆山者，自宋平阳通判仲德始。仲德子泽民，元婺州经历。泽民子璨，太谷主簿。璨子孟镛，洪武中为馆陶主簿。孟镛在馆陶，以第六子镐为人赘婿，母怜其幼，啮臂流血而别。孟镛既卒，栋思镐不置，徒步至馆陶，已失主家所在，呜咽奔还。后随所至辄求之，垂三十年。一日以事至华亭，寓东禅寺，会大雨，有僧袒而决渠，栋见有瘢痕，心动就与语，即镐也。驰告其母，载往验之，所啮宛然，抱持大哭。遂携归，相友爱终其身。栋子昱。有传。

梁昱，字文辉，栋之子也。端厚凝重，无疾言遽色，性至孝。新娶三日遭父丧，遂不入寝舍，苫块三年，却酒肉弗御。正统十三年应举，金陵吏部尚书魏骥特往候之，咨嗟良久。提学御史尝赠以诗，有"孝著昆山第一人"之句。旋领乡荐，复选授平定州知州。省刑、缓赋，平易得民。未几，卒于官。归榇之日，州民哭而送者千余人。盂羹瓦饭，相望数里。叶文庄公志其墓，以循吏称之。子纨，字尚素，成化七年乡贡，又为漳州通判，升泉州同知。恺悌清勤，两平巨寇，民为立石颂德。及致政里居，检身率物，克循矩度，称有家法，无忝世族云。

甘霖，字用汝。博学工文词。父伯清疾，亟指孽子密，谓霖曰："汝善视之。"宣德乙卯，霖贡入太学，密家居，嬉游入市，遂失所在。霖闻之，惊哀无措，百计觅之，弗获。五年后入京谒选，祀其先曰："某遇密方敢就职。"果于京民安士杰家遇密为奴，乃奔告达官赎归。兄弟复完，友爱备至。霖为延平府同知，转衢州，徒步祷雨立应，民以为神。致政归，年八十五卒。

郑壬，字有林，宋华原郡王居中十世孙。沉毅简重，不妄言笑，厌闻人过，有相告者，辄正容待之，使不得尽。天性孝友，事母备甘旨之奉。母年高不能行，特作板舆，与家人舁之，随所往来。如是者数年，母意甚适。迨殁，治丧不作佛事，敛含葬祭，一依朱氏礼。兄亡无后，事寡嫂如母，嫁其孤女不异己出。重修世谱，建葺祠堂，务循礼制。读书务据义理，尤喜谈史，于历代世次、人物、姓氏，历历指陈不遗。诗宗杜工部，医精女科，行表于一乡，人称为双松先生。子文康，进士。见《节行》。

王亿，字辅之，号万年，资之孙、庆之子也。幼孤，奉母。与兄倬及从兄传切劘为性理之学，自念家世变易，务搜讨洗发著为新论。门人日进，称王夫子。亿亦抗颜自负，学求有用，不徒章句之工已也。母晚岁病魇，寝而不寐，亿卧起榻旁，调摄备至，历数寒暑不辍。母病良已，闻兄謦欬声，辄屏立，毋敢逸豫。生平所得修脯，未尝异财。落落诸生者，四十年无牢骚之色。甲寅之乱，亿条上守城事宜，得不败。分司熊某浚瓦浦，亿上《三江图说》，水利以兴。后以子字贵，益杜门却扫，里中敬惮之，称后舟先生。

王鉴，字与修。其先居淀山湖，以元乱播迁六合，至寿峰返居度城，鉴之四世祖也。鉴以《诗经》举顺天壬午乡试。好读《尚书》，谓二帝三王之道在此。大书"忠孝"二字于壁，故王氏有忠孝堂。成化辛未，上春官，卒。同官陆某视其瞑，执陆手语之："殓我必以《尚书》，殉吾志也。"手遗其子漳书曰："而祖以千金付我，汝仲父二孤尚幼，我缄而藏之某柱下，书到，即付孤去。"无他嘱，勉思壁上大书字而已。漳得书，发柱不开缄而与之，君子称孝廉焉。漳，号松轩。

沈涛，字洪伯，号乐清，诚学宫鲁之孙，城武知县存之长子也。诚心古貌，笃行好学，至性孝友。父尝有疾，每夜拜祷北辰，求以身代，父病寻愈。有遗田二顷，悉让诸弟。及城武以客死，涛不胜悲痛，号泣不食者累日，葬后，庐墓三年，至感义乌、灵芝之瑞。子大楠，为季弟涍后；见《进士》。大梁，选贡，为乐清县丞。

陆鉴，字汝昭。其先世戍洱海，例应轮直至鉴，兄铺当代。鉴独与母居，发愤读书，领成化乙酉乡荐，选授东昌府通判。会转运京师，钩得弊孔，余镪千计，明年再往，亦如之，有能吏名。然念母既不逮养，而兄戍万里外，时为流涕，绘《风木鸰原图》以见志，遂致政归。迎兄洱海，与共寝食，赋诗自娱。年五十六卒，子充世等葬致和南原茔次。

支劭，字克强。好学，博洽经史。早丧父，事母吴孺人最孝，愉色温颜，白首侍侧，筑春晖楼以奉养焉。尝读濂溪《拙赋》有得，自号拙庵。与桂轩顾公相善，乡称为二老。子宽，字汝发。太学生，亦以孝友称。

支琮，字敬将。邑庠生。长七尺，口吃，学务深入，人谓之鲁，勿较也。家贫，事母至孝。每寒冬，母不能寐，琮以己衣覆之，自暖其足。有郡倅慕其为人，晨往候焉，良久不出。倅怪，问之，知其以青袍覆母，母睡熟，恐惊动，不敢启耳。贫无他袍，竟以短后便衣见。倅加敬重，叹息而去。周文襄公时抚吴，尝贶之束帛，曰："为孝子母寿。"正统间里选，终南京留守卫经历。

周在，字承德。厚默静深，而风格凝峻，卓然自立。甫冠而孤，父业故饶，皆为长有，群季欲闻诸理，在不从曰："兄等必欲诣有司，吾当言先人无厚积也。"诸兄意沮，长亦悔悟，颁业诸弟，一家以安。少为吴氏赘婿，俗必中分妇产。在籍其业悉予嗣子。又请于诸兄，置义庄以赡族人，立义塾以教族之子弟，建绥成祠以祀始迁之祖及族人之弗嗣者。在力学，工古文词，尤善楷书，遒整类其为人。举弘治壬子乡荐，计偕春官，疏上十事，皆中吴中利弊，人为传诵。授养和知州[1]，即请致仕，优游林泉，卒。子复俊，进士。见《名臣》。

徐任，字惟用。居太仓。父彦辉，以宣德中殁于京，任徒步扶榇还，昼夜号泣，麻血如丹。母杨氏疾，迎医万端莫效，乃祈神祐，每夕搏颡北辰求代，而疾如故。三刺其股，作糜以进，得愈。尝语人："吾所奉母，惟此寸心，意神必许我。今幸无恙，得常侍老母，何忧陋巷乎？"因自号陋乐。

徐协祥，县学生。家居以孝行称，忽生并蒂瓜，人以为孝感所致。弘治初，知县杨子器上闻，诏旌其闾。

秦瓒，至性孝友，虽居市廛，业贩米，所获甚微，而父性豪侠，必惟命是供。父卒，服丧营葬，不遗余力。尝绘遗像祀之，梦其父语之曰："吾目边有一斑，而忘之耶？"其孝思感动如此。奉母极甘旨，见母尝戚戚，瓒意其在女也，即迁之家，周恤备至。人皆称其孝友。

李文詠，号苍石。父大任自沂水谢政归，文詠务为娱乐以欢之。万历乙亥冬从沂水夜饮归，又围灯而觞，漏二鼓始登楼就寝。文詠寝楼下，梦中闻爆裂声，披衣直上，而仆李安从烟焰中下，牵文詠令勿上。文詠上不顾，俄而栋摧瓦裂，失其所在。质明发砾视之，仅存一股，而沂水公以复庇故，尚得具体。癸卯，知县樊玉冲请御史疏旌之，诏建坊，旌其门。孝子妻王氏，请建坊兴贤里恭简公祠侧，许之。

秦霖，字光甫。其先上海人，有知微者，洪武初为翰林待诏，其五世祖也。父奎以避仇徙昆山。霖年十七，补昆山诸生。而族仇必欲陷其父成大狱。霖因服，投牒御史。时御史已有所入，怒杖霖十五，叱之出，召狱吏入。霖度事已急，伺吏且入，探其衣得病状，父名在焉，乃大哭，急白太守曰："父中仇，非法也。今又不死法而死吏，如天道何？"言讫，泪蔽面，眦尽裂。太守怜之，为白御史，得持狱不决。明年，虑囚使者至，霖卒白之，从末减。父狱既白，再补诸生，以攻《春秋》义最高，登嘉靖壬子乡荐，特为华亭徐文贞公所器重。每过华亭，联席竟日夜，所谈皆朝廷大计，无一语自及。虽屡厄公车，志未衰

1　养和知州，张大复《皇明昆山人物传》作"养利知州"。

也。隆庆辛未，邓以赞、元墨出，愕然曰："将遂已耶！"乃谒选，令闽之德安，复户、均徭、积谷、训士，为八闽冠[1]。以母服归，服阕，补宁陵令。有大盗剽攻发冢，立捕得之，一县凛然。县故多屯田，睢阳卫中时侵地而移赋于县人，白两御史台请丈勘，而屯田佥事某故持之，霈悒悒不乐，俄得疾卒。霈历两县，遇事无不立剖，独于议狱必重持之，曰："向者父狱起，吾仰视堂上人犹狼虎也。今我坐堂上，庸知堂下之人不狼虎我耶？"故所至严明有声而不残云。

陆懋，字邦美。有姊嫁蒋氏，父特爱之。当甲寅围城时，其夫妇为贼所执将加害，懋突城而下，跪请泣曰："杀姊必死我父，幸见杀代姊死，以全父志。"贼感动，释其姊，令懋负担，懋度姊去稍远，提担扑贼，贼逐之。懋走丛棘间伤足，遂遇害。懋兄愚恸哭城上，亟识其处，围稍解，按衣裤求之，髑髅垒垒不可辨。愚哭曰："是吾弟邦美，瞑眼当开。"忽有髑髅眼闪闪动，与颈领合，遂藁葬城西。

沈楠，星溪里人。七岁丧父，迨长，与众杂耕垄上，竭力奉母姜氏，未尝学问，克与礼合。嘉靖癸丑，母感痰疾，迎医疗治万端，不瘥。乃斋戒，盟于佛，许割乳，瘥者，请参武林戒坛偿愿，于是右手持刀，尽左乳割之，火煅为末，点汤以进。时母已关其口，取匙灌之，凡数进，母息稍属。已，微咳，尽乳而苏。楠浣衣纳履，偿愿武林。一时传说其事，达于令刘某，旌之以文。楠愧恐再拜，密携以归。邻里李希直等赠之以粟，俾养其母。楠私念曰："楠须母乳以生，今母病，割以还母，岂异事哉？而烦人之赐以粟、赠以文，岂以一乳为名高也。"自是力耕如故，每甚暑，必以半臂蔽之，不令人见，如是三年。而母复病伤寒，绝矣，则又割其右股如初，母病亦愈，人莫能知也。邻人闻其母子惟□声，入而观之，有血濡濡出楠衣衽下，故知之。是时母年七十有四。县令陈子佐闻之御史周如斗，为请于朝，旌其门。张大复曰："吾乡有庠生顾允烈，割股疗母，人莫迹其所在。太学生许献古亦割以疗父，至执丧不能起，人始知之。此性之者也，非其欲之者也。"

阙用砺，字季贞，余干令云四世孙。云字时里，成化丙午举人，为县余干，有惠政，祀名宦，本邑东关外有循良世显坊以表异之。孙之雄，字学讷，以文行称，为诸生都讲，七试乡闱不遇。用砺痛其父之赍志以殁也，发愤力学，冀得一当。及长子选善读书，乃谢去子衿，一意教子。其教以忠信为本，孝友为先。用砺素贫，奉二亲甘旨必丰，三兄两姊友爱最笃。冬月，见姊之嫁毛氏者尚单衣，即解絮以衣之，不自知其寒也。年五十三卒。选以顺治甲子举于乡，戊戌成进士。既克成祖父之志，而立身醇谨，尤以家训为兢兢，邑之人无不以阙氏为世孝也。

张守礼，业医，家贫，有至性。父年七十疾革，守礼割左股为汤以进，为侍者所觉，卒

---

1 为八闽冠，"闽"底本为"间"，据国图本改。

不起，痛哭欲绝。母复病痢，剧甚，复割右股和汤药跪进之，痢立止。三日后，母忆前药有异，觉之，守礼愀然曰："噫！我母寿止增三岁耳。"至顺治十二年秋，其母卒，去割股时果三年。县旌其门。

叶嗣蔚，文庄公七世孙也。其父效卿病笃且不救，嗣蔚呼天泣，愿减己算益父，无所验。乃潜祷于野溪庵，即于佛前斫一指煎药以献父，病寻愈。后父患热结，竭诸方导之弗效，嗣蔚以指亲决其矢，乃复故。人皆称为至孝。

王仲祥，平桥人。母病危殆，仲祥号泣，乃割其股饵之，母病寻愈。其从子开先亦以割股活母，母再病再笃，开先再割股，母亦再愈。人称王氏世孝。

［书前明于忠肃公列传后］[1]

［前明于少保谦，论者谓其英毅特达人也，望岊以为不然。夫谦之功虽在社稷，而其事君实有未尽善者。盖谦尝受知上皇，拔至枢贰之班，则优渥之恩不可谓不深。谦于处变之中，尤宜图报，使上皇不失友于之爱，景帝克尽恭兄之道，君君臣臣，兄兄弟弟，岂不光照史册哉！当土木之难，即不得已而舍太子而立郕王，是所谓"社稷为重，君为轻"，论固是矣。守臣得以登陴而告曰："赖宗庙之灵，国有君矣。"彼也先之不敢轻我中国，归我上皇，还我土地，斯皆谦之力也。上皇既归矣，群臣请即复位，谦独倡言曰："天位已定，谁敢异议？"斯时也，权在谦，异议者无不受祸。宪宗之为皇储而见废也，在景泰之三年，时上皇居南宫久，未闻谦一言以谏也。未几，景帝太子死，诸臣请复建故储，又未闻谦一言以赞也。请建故储诸臣甚至革职逮问、廷杖被谪，又未闻[2]谦一言以救也。英毅特达者，果如是乎？谦既为景帝心腹肾肠，言听计从，苟能以道事君，何致石亨、曹吉祥之辈有夺门之事哉？惜乎谦之未见及此也！然则，谦诚谋臣也。英宗北狩之役，舍谦之谋，不知天下为何如耳！君子读史至此，为谦惜且尤不能为谦宽也。］

1　本篇字体、版式有明显差异，查国图本无此篇，当系后人增入者。暂存于此。

2　闻，底本为"问"，据文意改。

卷十七

人物五文学

　　山以昆名，比之昆冈出玉，而县名从之。昆邑人文，自当以二陆为开先矣。自宋迄今，科名日盛，互见《名贤》《名臣》等传。至风流标胜、词赋称长，若玉山草堂更足为林泉生色，合辑之为《文学传》。

晋

　　陆机，字士衡，吴丞相逊之孙、大司马抗之子也。身长七尺，其声如钟。少有异才，文章冠世。以祖父世为将相，有大勋于江表，深慨孙皓举而弃之，作《辨亡论》二篇。太康末，与弟云入洛，造太常张华。华素重其名，如旧相识，曰："伐吴之役，利获二俊。"荐之诸公，太傅杨骏辟为祭酒，累迁太子洗马。吴王晏镇淮南，以为郎中令。赵王伦辅政，引为相国参军。伦诛，齐王冏收机付廷尉，赖成都王颖救理，减死〔徙边〕，得赦而止。机感颖全济之恩，又见颖劳谦下士，必能康隆晋室，遂委身焉。顾荣、戴若思等劝之还吴，机不能从。时齐王冏矜功自伐，机作《豪士赋》以刺之，颖表机为平原内史。

　　太安初，颖起兵讨长沙王乂，假机为后将军、河北大都督，机固辞，不许。始临戎而牙旗折，意甚恶之。长沙王奉天子与机战于鹿苑，机大败。时宦人孟玖弟超为小都督，未战，纵兵大掠。机录其主者。超将铁骑，直入机麾下夺之，顾谓机曰："貉奴！能作督否？"因宣言于众："机将反。"及战，不受节制，轻兵独进而没。玖疑机杀之，遂谮机，言有异志。颖怒，使牵秀收机。其夕，机梦黑幰绕车，予决不闻[1]。天明，秀至，机释戎服，着白帢，与秀相见，神色自若，曰："成都命吾重任，辞不获已。今日受诛，命也。"因与颖笺，辞甚凄恻。既而叹曰："华亭鹤唳，可复闻乎！"遂遇害，年四十三。二子蔚、夏亦死焉。机死非其罪，士卒痛之。昏雾昼合，大风折木，平地尺雪，议者以为陆氏之冤也。

　　机天才秀逸，辞藻宏丽，张华尝谓之曰："人患才少，子患才多。"后葛洪称之曰："玄圃积玉，无非夜光；五河吐流，泉源如一。亦一代之绝乎！"然好游权门，卒以进趋致败。所著文二百余篇行于世。其《思乡》诗云："仿佛谷水阳，婉娈昆山阴。"时人以玉出昆冈，

1　予决不闻，《晋书》本传作"手决不开"。

比机、云也。梁改娄县为昆山，至今仍之。

陆云，字士龙。少与兄机齐名，号二陆。尚书闵鸿见之，曰："此儿若非龙驹，当是凤雏。"后举贤良，年方十六。吴平，入洛，人称为当今颜子。以公府掾为太子舍人，出为浚仪令。到官肃然，下不能欺。人有见杀者，主名不立，云录其妻而无所问。十许日，遣出，密令人随后，戒之曰："去不出十里，当有男子候之与语，便缚来。"既而果然。问之具服，云："与此[1]妻通，共杀其夫。"于是一县称其神明。后以郡守害其能，因去官。百姓追思之，图画形像，配食县社。寻拜吴王晏郎中令，多所规谏。成都王颖又表为清河内史。颖晚节政衰，云屡以正言忤旨。孟玖欲用其父为邯郸令，云固执不许，玖深怨之。机之败也，并收云，江统、蔡克等上疏论救，颖恻然有宥云色。玖扶颖入，催令杀云，年四十二。有女无男，门生故吏迎葬清河，修墓立碑，四时祠祭。所著文三百四十九篇，又撰《新书》十篇行于世。季箎曰："机、云生于昆山，其山今隶华亭，晋时实在兹邑封内。县故以山得名，则机、云为邑人固宜。"

陈

张冲，字叔玄。祖显，齐庐江太守；父僧绍，梁零陵太守。冲仕陈，为左中郎将，非其好也。乃覃思经典，撰《春秋义略》，异于杜氏者七十余事，《丧服义》三卷，《孝经义·论语义》十卷，《前汉音义》十二卷。官至国子博士。子后胤。载《名臣》。

宋

龚程，字信民，庆历人，宗元子也。载《名臣》。程刚正自守，愤圣道不明，力排异端，家不设佛老像，祭祀不焚纸钱，读书支硎山下先都官墓庐，手未尝释卷。攻苦食淡，记问精确，乡人号为"有脚书厨"。由熙宁进士，为西安丞，知桐庐县。卒赠左朝议大夫。子况。有传。

龚况，字潜之。崇宁进士。与苏元老游，俱以学术文章知名于朝，时号"龚苏"。用祖宗元中隐故事，自号起隐子。终祠部员外郎。所著有《起隐集》三十卷。子明之。见《孝友》。

边惇德，字公辩，本开封人。枢密直学士肃之四世孙。祖珉，始家昆山。父静，赠承事郎。惇德幼孤，至孝，贫不废礼。才思敏给，以诗文名。与范石湖相唱酬，有"敢向诗坛挑老将"之句。以连五荐，就奏名第三，年五十矣。历仕举员，年逾六十，即致仕。儒林例改宣教郎，郡县列其行义，特改通直郎。撰《脂韦子》五十卷。子瀛，字道卿，与弟

1　此，据《晋书》本传补。

济并有学行。济子应升，字子用，颖悟力学，笃守操履，为一乡师表。淳祐奏名，终丹徒簿。子云遇，字龙光，宝祐进士，为江阴尉。云遇弟实，字宜学，与凌万顷同修《玉峰志》，又别为《续志》传于世。陈安止先生诗云："十载不曾宣榜帖，县人那得此籯金。"实云："指先人应升，及先叔应登也。"

乐备，字顺之，一字功成。由淮海徙居昆山。登绍兴二十四年进士。有学行，能文章，尤长于诗，与范成大、马先觉共结诗社。官至军器监簿。

马先觉，字少伊。祖友直。见《孝友》。先觉以文章名，登淳熙十四年进士。初主海门簿，调常州教授。既归，时宰辟为沿海制司干官。以先觉自重难挽，径以名闻，授兵部架阁朝奉郎。素号高逸，不事请谒。出为浙西常平干官。以承议郎主管台州崇道观。别号得间居士。所著诗文曰《惭笔》。

赵绤，字君善，忠简公鼎曾孙也。父监，字孺文，范端明之柔以女兄妻之，因家昆山。终知兴国军。绤博学善为文，嘉泰二年进士，为常州教授。尝作亭表邹浩墓。历宗正寺丞，都官郎中。理宗欲用之，谓执政曰："好一谏官。"有沮之者，出知吉州，不赴，乞祠归。后复除直秘阁，进直宝章阁，以朝散大夫致仕。自号顿庵，又号如舟。清修寡欲，读书至老不倦。藏书万卷，手自校雠。未死数年，自志其墓。卒前一日，尚领宾客论文，次早翛然而逝。子序，孙勤，俱世其业。

吴仁杰，字斗南，一字南英。其先从洛阳来居昆山。父修，仕修武郎。仁杰有俊才，博洽经史，讲学朱子之门。登淳熙五年进士第，历罗田令、国子学录。自号蠹隐，一作蠹隐。以诗文鸣一时。所著《古易》十二卷，《两汉刊误补遗》十卷，《禘祫绵蕞书》十卷，《周易图说》《乐舞新书》《庙制》及《罪言》、《郊祀赘说》、《盐石论》丙丁各二卷，集《古易》、《尚书·洪范辨图》、陶渊明、杜子美年谱各一卷，皆行于世。子榰。

袁宗仁，字寿卿。父鳌，字可久，绍兴十三年进士。宗仁以文名于乡，登隆兴元年进士，仕至国子监书库官。弟宗鲁，嘉定特科。侄惟寅，中锁厅。应酉，捧乡书。逢午，淳祐七年，由太学奏名，主安吉簿。

吕伯奋，字忠甫。幼有才名，登淳熙十一年进士。与其弟仲堪、叔献，皆中童科。名公赋咏甚多。

卫湜，字止叔，文节公泾之弟。好古博学，中锁厅，除太府寺丞、将作少监，皆不赴。尝集《礼记》诸家传注为一百六十卷，名《礼记集说》，宝庆二年上之。直宝谟阁，知袁州，终朝散大夫。学者称栎斋先生。

杨应龙，字汝济。系出关西，曾祖敏求，仕徽宗朝，为朝散大夫，徙居昆山。应龙才兼文武，为戚里吴郡王婿。宁宗朝，授武功大夫、浙西兵马钤辖。暮年乞祠归。所著五十万言，名曰《进授册》，嘉言谠论，发于忠忱。手抄六经百家之说，为《性斋知见录》，凡三十卷。又有《性斋诗稿》。子光辅，终承节郎。孙滋，生有奇异，没于边功，理宗时，赠护国惠忠侯，庙食里中。

敖陶孙，字器之。本福建长乐人，赘居昆山。少倜傥有大志，为文援笔立就，尤以诗名。弱冠魁乡荐，入太学。时韩侂胄专恣，逐朱熹，陶孙送之以诗；赵汝愚谪死，陶孙吊之以诗。诗见《艺文》。侂胄大怒，捕送大理寺掠治，编管岭南。侂胄死，登庆元五年进士，官丞议郎，签判泉州。自号臞庵。

凌万顷，字叔度，号松臞。博学多闻。景定三年进士，以第四甲出身，擢为直学。邑令项公泽重之，请与边实同修《玉峰志》。

郭章，字仲达。幼攻诗文，游太学有声。尝作诗留别同舍，有"中原百甓知谁运，今日分阴敢自闲"之句，识者悯其志操云。后以荐官至通直郎，卒于京。

元

范国隽，字彦中，号近山，文正公九世孙。早游庠序，卓然异等。延祐二年，集贤院大学士潘昂霄荐于朝，曰："蔚为令器，见为通材。德行可以淑人，文章可以垂后。观其学术，不坠家声。当今需贤，诚宜录用。"国监考校，所业中程，拟于山长、学正内区用。初，文正公葬在洛阳，自靖康后，道路阻绝，几二百五十余年。逮至大己酉，国隽追思祖宗，自吴诣洛，展拜墓下。凡道途风物，皆形诸吟咏，号《诣洛集》。

郭翼，字羲仲。少入乡校，从卫培学，培深器重之。沉潜百家，又通于《易》。为文必欲追古作者，讽诵思绎，一字不苟。杨廉夫尝论其文，可方轨西京；李孝光尝论其诗，佳处绝不与人同调。翼素有大志，尝出策干时贵，不能用，遂归耕娄上。老得训导官，竟与时忤，偃蹇以终。自号东郭先生，又自称野翁。所著诗文，有《林外野言集》。尝署其弟子受业之室曰："迁善。"故卢熊题其墓曰："迁善先生。"子畸，洪武进士。

姚文焕，字子章。聪敏好学，过目成诵。博涉经史，缙绅先生一时推重，辟浙东帅阃掾，虽公事旁午，不废吟咏，把酒论诗，意气豁如。家有"书声斋""野航亭"，自号娄东生云。

朱德润，字泽民，宋睢阳五老兵部郎中贯九世孙。幼颖异，诵读一过能记，壮工诗文，间得许道宁画，试加涂抹，遂臻其妙。延祐末游燕，赵孟頫荐之，仁宗召见，命为编修。英宗嗣位，授镇东儒学提举。归，与康里巎子山、四明袁伯长友善。至正中，浙省辟为参谋，后摄长兴守，招徕流离，寻以病免。太史虞集称之曰："泽民文章典雅，理致甚明，惜以画掩其名，然识者不厌其多能也。"有《存复斋稿》。子吉，见《名臣》。

顾权，字伯衡，其先兰溪人。父达卿，始居昆山。初，达卿与云峰胡先生同里闬，心敬慕之，期有子，当使为士。及生公，见其端重岐嶷，锐意教之。稍长力学，不以祁寒盛暑少间。博习群书，尤究心于《易》。隐居教授，不事矜饰；哦诗酌酒，恒颓然自放。然与人交,久益恭敬。中年刻意为文章,有古作者矩度,虽一字未当,不为苟且。遭时丧乱,竟穷以死,无子。知州偰徯斯为营葬马鞍山之北。殷奎铭其墓,门人私谥曰靖夷先生。

顾德辉,字仲瑛,别名阿瑛。本四姓之裔。性警敏,善记忆,轻财结客,豪宕自喜。年三十,始折节读书,购古书名画彝鼎秘玩,集录鉴赏。所居界溪,有别业,名玉山佳处。亭馆凡数十,日夜与客酚酒赋诗。凡一时名士,咸主其家,如河东张翥、会稽杨维桢、天台柯九思、永嘉李孝光、匡山道士于立、龙门山僧良琦,咸与往还,每会必赋诗纪事。其园池亭馆之盛,图史之富,饩馆声伎,并甲一时。而德辉才情妙丽,与诸公亦略相当,风流文雅,著称东南。尝举茂才,署会稽教谕,辟行省属官,皆不就。至正丙申,家被兵,乃奉其母陶夫人隐嘉兴之合溪,士大夫从之者如归。母丧归葬,给送者数千人。张士诚据吴,强以官,不就。托言为母诵经,祝发为僧,因庐墓,号金粟道人。自题其像曰:"儒衣僧帽道人鞋,天下青山骨可埋。若说少年游侠处,五陵鞍马洛阳街。"然实不能出家,与诸公觞咏不废。尝赋诗曰:"此膝岂因儿辈屈,壮心宁受酒杯降。"其寄志也。子元臣,于至正末为水军副都万户,封仲瑛为钱塘县男。洪武初,以元故官,例徙临濠,卒年六十。所著有《玉山璞稿》。其觞咏倡和为一集,曰《玉山名胜》。又刻交游诸公诗四十余家,曰《草堂雅集》。

明

王彝,字常宗。其先蜀人,父内泰,为昆山教授,遂留居于昆,自号[螗蜩]子。少贫,读书天台山中,师事孟长文。长文为金文安履祥弟子,故彝之学远有源委。为文精严缜密,明畅英发,不逐时好。时杨维桢以文章雄视东南,名重一时,而彝独目为文妖,作文诋之。洪武初,以布衣召修《元史》。见宋濂记。书成,以母老辞归。后与高启俱坐魏观[徙嘉定。]死。有《三近斋稿》。

傅藟,字次泉。父翼,娴吏事。藟去吏而为儒,颖悟过人。早从卢观游,得闻性理之学。观爱其勤,以女妻之。洪武四年进士,为会稽丞。

秦约,字文仲。其先淮安人,宋直龙图阁观之后,始迁崇明,再迁昆山。祖庚,父玉,见《孝友》。学有渊源。约洽闻强记,能析诸家异同,而统贯其说。洪武初,应诏试《慎独箴》,拜礼部侍郎,以母老辞归。再以束帛宝钞,征诣京师,上言,乞复书院、书堂、义学。及旧守令之选,四十莅职,百日举代,郡县三年造册,与志书同进,以备国史采择。上以约年老,难任繁剧,计五百里,授以儒学,得溧阳教谕。御史练则成、待制吴沉,荐约宿学遗老,宜在馆阁,不报。在溧阳八年,请老归卒。约文章务求理胜,尤工于诗,张潞公翥、贡尚书师泰,皆所推重。名其所居曰"鹤冢"。所著诗文曰《樵海集》,别有《樵史补遗》《师友话言》《诗话旧闻》《崇明志》。

袁华，字子英。少颖悟不群，读书一二过，辄记诵不忘。工诗，尤长乐府。与顾阿瑛友善，其家所藏书画，悉经品题。杨维桢重其人，以才子目之。洪武初，荐授郡学训导，后以子为吏，坐累卒于京。所著有《可传集》《耕学稿》。

偶桓，字武孟。肆情诗酒，落拓不羁。尝赍其诗谒杨维桢、倪瓒，瓒亟称之，谓有"超乘挽强之力，日升川至之渐"。桓语其友："云林故是解人。"洪武二十四年，应秀才举，为崇安从事，终荆门州吏目。幕府多暇，觞咏不辍，久之致仕归。遇淮南友人蒋用文，载之入京，侨居建安坊下，纶巾藜杖，放情江山间，久之乃还。尝夜起见星月交辉，花影零乱，自念往与诸贤作社，登金氏览胜楼，雨晴风雪，类有吟咏，故不知景乃在此，因赋《楼夜诗》。家于桃源泾，筑江雨轩，著《江雨集》[1]。游秣陵，雅慕醉吟先生之为人，作《醉吟录》《凤台吟啸集》，凡若干卷。

杨性，字秉中。祖伯振，父庆源，家世儒官。性博闻强记，能诗，才思敏赡。早从杨维桢游，杨以"小铁"呼之。尝构一亭，扁曰"草玄"。日鼓琴觞咏其中。洪武初，由秀才举授奉训大夫，知保定祁州事，以疾终。

卢儒，字为己，号重斋。祖熙，父充耘。益见《名臣》。[2] 儒博学能文，善笔札，文学韩、柳，书法欧、颜，自负甚高。或请其文稿，辄捧其腹，曰："彼中有笥，卒难相尽。"寻以荐，授中书舍人。尝被顾问，命作《雪赋》，诸公未即就，儒援笔立成，屈其同辈，上深重之。所著文曰《重斋稿》。

陈则，字文度。家贫力学，僦屋授徒，以师范闻于乡里。工诗，与高启、杨基、张羽、徐贲辈为倡和，文词清丽，北郭十友之一也。尝赋紫菊云："唯有槐花颜色似，春风秋露不相同。"一时传诵，以"陈紫菊"呼之。洪武七年，由秀才举，任应天府治中，转户部侍郎，左迁大同府同知，升知本府。所著诗散佚，仅存百篇。

史谨，字公敏。早从锡山倪瓒、长洲高启游。博学好古，工诗画。甫冠，从戍滇阳。洪武末，翰林院学士王景荐其才，授应天府推官，左迁湘阴丞。后以事罢，侨居金陵，自号吴门野樵。性高洁，耽吟咏，工绘事。构独醉亭，以诗画名。年七十余卒。有《独醉亭诗集》。张大复曰："吾乡人物荐举甚都，如项叔驭之廉平，袁子英之该博，杨秉中之敏赡，皆有述于世。要不离铁崖之宗，其知学季迪实能似之者，惟陈、史二公耳。"又曰："读偶武孟《与史公敏结交行》有云：'子居巷南我巷北，几度论心话畴昔。'"堪与志传相考证。旧志云字公谨，误也。

夏昶，字仲昭。生有异征，天资秀朗，七岁能楷书。御史范敬先行学，口占诗句试之，应声而答。邑令芮翀馆以宾礼。十三受《春秋》于司训卢从龙，适卢以太守姚善事连坐，

---

1 《江雨集》，张大复《皇明昆山人物传》作"《江雨轩集》"。

2 益见《名臣》，底本用墨笔删去此四字。

诸生皆遁去，杲誓死相依，卢曰："今孔融也。"永乐乙未，成进士。本以经术进，而书法特妙，选翰林庶吉士。时会修《大典》，集朝士名儒善书者，各书以进，独取杲第一。特命书诸宫殿榜，授中书舍人，赐第宅，免朝参，眷顾极隆。

初，杲字作昶，上曰："日岂从旁？宜加永上。"因为更定。宣德初，学士杨荣奏杲直文渊阁，升吏部考功司主事，仍典文翰。正统初，纂修仁、宣二庙实录，又命书皇陵碑及御览诸书。以侍郎曹义荐，出知瑞州，政尚平易，民皆安之。年谷屡登，乃修学校，建秀文楼。尝访苏文定东轩与兄子瞻过访处，慨然久之。景泰初，升太常少卿，寻进正卿，时年七十，引礼致仕。又十三年卒，赐葬迎钟浦。

杲居家孝友，以兄昺谪戍，弟杲从坐，徒步往省，脱杲于难，引荐登朝。为人宽厚乐易，而文雅风流，有高人之致。诗词清丽，尤工画竹石，书师陈文东、竹师王孟端、泉石师吴仲圭，擅名天下，至朝鲜、日本诸国闻而购之。次子文振，以善书为中书，历大理寺丞。季子镒，以荫补光禄署丞，长子铖所引让也。

陈助，字贤佐，皞从子也。少从郑介庵、沈侳侗辈讲学谈文，里中称为十铎。助有清才，能为长短诗歌，斐亹多佳句。又能写乔柯竹石，精率更书法，晓古今篆隶，摹汉晋印章。正统初，以荐授桐庐县丞，历新淦、金溪二县，有能声，后自免归。年五十六卒。子谏，字敬言，棠邑训导。天顺中，将葬金溪公于马鞍山北凤凰石下，遇唐姚仙客张夫人墓，祭而掩之，避三尺为穴。介庵闻而称之，曰："真吾门士也。"

张泰，字亨甫，本姓姚氏。泰生而秀颖，过目成诵。登天顺甲申进士，为翰林庶吉士，除检讨，名声籍甚，四方之士，愿受学焉。升修撰，以暴疾卒。泰为人坦率，绝去崖岸，然特愤世嫉邪，酒酣耳热，谈论当世不平事，激烈奋发。独喜吟诗，所著有《沧洲集》，李西涯序之曰："先生于文，无所不能，而独工于诗，纵手迅笔，众莫能及。其凝神注思，一字一句，宁阙然不苟用。晚乃为沉着高简之词，尽敛其峭拔奔泷之势，盖将极于古人而不意其遽止也。"唐元荐称之曰："弘治间，艺苑以李西涯、张沧洲为赤帜，而和者或流于率易。"在当时，盖以李、张并称云。

王资，字之深，宋王淮之后。洪武初，有福二者，徙居昆山甲子里，资，其曾孙也。性凝重清饰，以孝闻，举永乐癸卯乡试，授武康训导。十年，升翰林孔目。又三考，超升检讨。读书励行，益勤其职，未半载卒。有《瑞菊堂集》《易斋集》。子庆，河南尉氏教谕，孙亿。见《孝友》。

蒋明，字奎章。少孤力学，举永乐二十一年乡试，授慈利县教谕。宣德初，奏请[以]元儒临川吴澄从祀文庙，上特允之。明方严廉谨，以道自高，会台使行县，傲慢无礼，明辄避学宫，僦居慈之东皋，决然请去，士大夫不能平，欲为请白。明曰："吾斯之未能信，何以请为？令请之，而得仆仆车马，俯仰颜色，能无愧于心耶？吾先人敝庐，可蔽风雨，遗文可示将来，愿为一乡之士，垂空文自见耳！"遂归。考订今昔，作《昆山志》，邑令郑达刊行。又注文公《小学》。

黄云，字应龙。家贫好学，疏豁慷慨，自少以诗文为己任。尝就藏书家借录，卷帙甫毕，心口了然。凡刑名、钱谷、水利、算数、军旅、仪制，无不究心，期为有用之学。弘治中，以岁贡授瑞州府训导。尝廷谒监司，耻之。丁外艰归，遂绝意仕进。文宗坡老，书法山谷，皆为时取重。尝贻顾文康公书，勉之以"经纶伟特，世俗豪华，易至消歇，必以正法眼看破，请铭座右"。足见古人之谊。所著有《丹岩集》十卷。

屈昉，字季恒。才情倜傥，读书不事章句。尝从军崇明，写怀寄远，诗篇传播，为庐陵杨文贞公所知。杨问昆令罗永年："季恒安在？"罗不能答。杨曰："君尚不识屈某耶！"罗惭，心识之。还县，适诏举经明行修之士，罗以昉荐，授南海县丞。时有选君，偶见昉诗云："一官自信无惭色，窃禄应知有厚颜。"疑以为刺，嫌之，十年不调。乞致仕，以寿终。有《寓庵集》。孙礿。见《艺能》。

吴中英，字秀甫，亦字纯甫。生而奇颖，好读［书］，父为置书千卷，恣所欲观。师事黄应龙，为古文词，考论质辨，多先儒所未发；品量古今人物，指画天下事，精核如见。父卒，遗赀甚厚，乃按籍，不能偿者，焚其券。性孝友，善事继母，弟产中落，召还，岁恒给。然性豪迈，以声色六博自喜，倾其家。久之，更自检饬。嘉靖辛卯，始举南都，年且老矣。营城东地，艺橘千株，鬻以自给，闭门不与世往还，令儿女环侍，诵诗而已。书法遒劲奇倔，类乎其人。其所奖许，多成佳士。而临事决策，亦复辍然。如归太仆方八岁，见其《瘞枯骨文》，即与定交，曰："班、马之才也。"李中丞赞见，览其牍，曰："故是八座上人。"沈玄朗多奇节，极爱重之。宁藩之变，方太常鹏起南职方，欲无行，中英遗书趣之，使兼程以进，皆人所不易及也。所著有《东皋集》。

王曰敏，字仁功，小御史复之子也。善属文，十六就童子试，御史奇之，欲与饩，曰敏以非令辞，更奇之。天顺壬午，诏贡士［必未］年四十者，以曰敏应。甲申授湖广石门司训。石门故小邑，曰敏正身立教，格以礼义，导以文辞，而士皆向学，彬彬可观。在任九载，屡属邑篆，吏民安之。然以秩卑远游，坚于请老，宪使高之。及归，安贫守志，杜门绝迹，雅好读书，老不释卷。所为诗词古文皆醇正平实，时称笃行君子。既殁，门人虞臣铭其墓。子银，博学好古，喜为诗，工八分书，写山水竹石，皆极其趣。孙同祖，官国子监司业。[1] 见《名臣》。

晋宪，字其章，一字邦彝。父鹍，字凌霄，为宣平谕，故长者。独心奇宪，授以《尚书》

1　石门……司业，底本用墨笔改为："曰敏正身立教，士皆向学。在任九载，屡摄邑事，吏民安之。归里后，安贫守志，读书至老不倦。诗文皆醇正平实，时称笃行君子。子银，能诗，工八分书，兼写山水竹石。孙同祖。"

及《左氏传》，及马、班诸史，濂、洛、关、闽之说，能尽通之。及为诸生，落落无所合。正德丙子，忽相者前揖，曰："面有光气，横秋必矣。"却立良久，又曰："故是嵌崎历落人。"果以是秋乡荐，癸未成进士，授工部屯田主事。时永嘉在政府，以二子贽，从受《尚书》，与之讲说如常师，绝不与昵。寻视榷荆南，廉谨自守，司空奏为诸部使者最，而政府不悦矣。会疾在告，三年补虞衡司主事。有慈宁宫之役，谨物料，绝干请，政府滋不悦。适武部失火，延烧水署，论者词连宪，乃通判嘉兴，更迁台郡。忽揽镜语人曰："春秋之役，吾雀斑如缩入皮膜间，今又若靥，殆不振。"遂自免。或有言永嘉贰之者，辄谢曰："永嘉即贵，能隐现吾斑痕哉！"得年八十二，卒。子骥，孝事工部，修植桑果，种桔千章。精轩岐之学，作《伤寒辨论》数十篇。书法颜平原，医宗王叔和，人类王彦方、陈太丘，学者称栎庵先生。

梁鸣鸾，字九章。兄弟皆有才名。鸣鸾性尤沉至，耽嗜史籍，尝仿古论赞体，作《史论》四十卷。铅椠丹黄，不去其手，一时学者争师尊之。嘉靖中，以岁[荐]为黄冈教谕，课率诸生，读史不辍。尝携《史论》数卷，泛舟赤壁，因抵青山矶，风波骇作，舟人大恐。鸣鸾摄衣危坐，惟问从者："《史论》何在？"其耽嗜如此。鸣鸾在黄时，门人之去为大官者，过西陵，入黉舍，执弟子礼甚恭，黄人叹异之。晚岁独居故里，纸窗竹屋，翛然自远。其所著书，归太仆为之序，尝属之曰："子序吾书，慎勿有所称述，但言其人平生无他好，惟好读书，至老无倦而已。"

周士淹，字孺亨，少司寇广子也。广之再贬竹寨驿，与其弟讲诵不辍，士淹年十三从，慨然有志于学。三年还，适庄渠先生讲学星溪，遂为入室弟子。庄渠先生复性之学，与同时讲论者不合，及门之士，或始从而终背之，惟士淹守之不变。事[继]母能以色养，对妻子如宾客，与人交，言必由衷，不妄发，一时称笃信君子云。领嘉靖丁酉乡荐，累试不第卒。

王应电，字昭明。少游星溪，师事庄渠先生，授《周礼》，遂遍览宋明诸儒之说。殊未满志，喟然叹曰："周公之礼，根极心源，昭为天象，五官离合，皆有统会。百世之治，必出于此。"于是标位列国，句分字析，积有年岁，成《周礼解》，胡庄肃公刻之江右。时吴中被倭，应电去游江右，悦泰和陈子虚、康求仁，遂侨居泰和，且从罗中允洪先学。初与罗语，不甚见省；后则前席问难，连昼夜三月而忘言，罗叹曰："昭明之书，如盘根樛枝，附丽宛转，即白虎诸儒，莫能摇其中、驾其上也。"楚人吴凤瑞见之，亦曰："向[、歆]之后，罕见其比。"庄肃公尝以书院舍之，应电危坐终日，指挥左右，如其家。又著《同文备考》等书。晚自泰和归昆山卒。陈子虚为经纪其丧，赡其妻子。

顾梦川，字禹祥，侍御公潜子也。性磊落，善读书，广轴高函，每览尽首尾，起伏皆手自记注。侍御公爱其该达，推所藏书，悉以相与。梦川设胡床拥之而坐，客至，相与扬榷古今，兼订讹谬，焚膏继晷，未尝少倦。性复善饮，酒容温克，谈论以时，处父兄金紫之间，泊如也。晚岁贡入太学，益复栖心禅理，寄兴淡泊。既殁，门人私谥曰淳靖先生。巴湖东有巢鹤林者，其父子墓道也。

顾懋宏，字靖甫，初字茂俭，方伯公梦圭有传。次子也。驰骤诸生间，每多口过，竟以此积毁系狱。既白，家壁立，云间王圻载与适楚诸宗老蕲、黄间。然以久闭署中，感司马来观七泽之意，作《楚思赋》。久之，以蕲籍为诸生。时练水殷无美官彝陵，曰："此吾故人茂俭也！"劝令东还，遂游太学。万历戊子领乡荐，告还乡里，两上春官不第，乃就新安谕，迁国子学录。后出守莒州，自劾免归。筑室乌夜村，植梅花数十株，杖履为乐。有谢生者，当穷困时，能间关相从，每召之同游，以终老云。

张廷臣，字元忠。父宽，弘治乙丑进士，官广东金宪。廷臣五岁从父令钱塘，县署焚，廷臣取印，潜抱而出，父大奇之。每会僚属，必呼与俱，酬对机警。有诈称台檄者，从傍立辨其非，验之果然，时甫八岁耳。已而入太学，为湛元明先生所知。戊子，内江张学士潮赏其文，举乡荐，六上公车不售。尝作《秋夜赋》，有"少作鸿踪，涕靡零于故旧；壮怀鸡肋，梦弗任于长安"等语，感愤激烈，良足悲矣。居恒不废吟咏，而尪弱善病，年四十三卒。子士瀹，少工词赋，以重后诬讼倾其家，僦居青溪之上，赋《乐贫》，又赋《七歌》，又赋《乐天》，所著有《张心父集》《国朝文纂》。孙栋、文柱。俱见《名臣》。

郑若曾，字伯鲁，号开阳，平桥进士文康五世孙。性笃孝友，学宗程朱。幼有济世之志，凡天文地理、山经海籍，靡不周览，得其端委。为庄渠魏先生婿，最器重之。嘉靖初，以邑庠生入北雍，闱中拟元者再，竟不遇；因就铨选，亦未仕。适岛寇扰东南，若曾出为当事筹画，屡中款要，总制梅村胡公，镇府南塘戚公，江南翁、周二抚院，莫不折节虚左，延入幕中，参赞机务。后以叙功，论授锦衣，力辞弗受。所著有《江南经略》《筹海图编》及《八闽志》《武林志》《海防图论》《大图十二幅》《日本图纂》等书，行于世。

张应武，字茂仁，宪副公情次子也。颖异力学，从归太仆先生游，上述六经，下钩诸史，务穷根柢，自成一家。于濂、洛、关、闽之书，无所不窥，而独不好其言，以为非经世之具。其论古今人物、山川厄塞、兵农攻战之事，若身在其间。每三复于张良、荀彧、贾谊、陆贽之所筹画，辄自负其材，以为食货可足、边陲可安也。尝慨三吴水利不修，操小艇身历太湖、吴淞江诸处，著《水利论》三篇，一时名公卿交许之。所著述甚富，淄川韩公浚为嘉定令，延修邑志云。

王任用，字汝钦。为文好深思，修经术。嘉靖辛卯乡荐，累二十三年丁未，乃举进士第二，志不少衰，学尤弘博，为一时所推重。授太常博士，迁礼部主事。奉使南还，省其节母项太安人，会有倭寇，与祝侯乾寿，多设方略，同心捍御，城赖以全。节母闻金钲声，辄震恐，任用依之左右，且求深穴于马鞍山之西麓，纳枣栗数斛其中，扶母识之，稍慰其意,而中心危惧,不可言矣。事定,会有潜祝侯于御史者,任用人为白之,御史狷且怒,任用亦愤甚。明日御史置酒相召,席半疾作,扶归旅寓,遂卒,年五十有四。

季伯龙,字子升。敏悟绝人,一目成诵。与吴纯甫、归熙甫、陈吉甫、方思鲁、张子宾、沈明甫结为雅社,风流标胜。子升与明甫,饮可一石,称社中刘、阮,竟以落拓终其身。尝与熙甫、思鲁过王文恪故宅,壁间有《都南濠寿章》,可二千许言,周览既毕,还而录之。伯龙讹二字,而熙甫多脱讹,以意窜入,其文愈善,伯龙自讼曰:"吾政自若其不忘,不如熙甫之善忘也。"人皆传其言。居杨巷村,多隐德。卒年六十。

陈敬纯[1],字吉甫,德清谕斌孙。负气敢言,能为淹博藻赡之词,名闻四方,学者争来请益。敬纯益自负,援古证今,千言俱下,每令人应接不暇也。吴县袁宗伯未第时,读书僧舍,展敬纯文诵之。敬纯入,宗伯不知也。敬纯曰:"诚好之,当为君更作。"宗伯拱谢,即以所课牍示敬纯览毕,叹曰:"成佛当在敬纯前。"宗伯每为人称之。浮沉黉校,凡三十年。隆庆初,贡入太学。时江陵相作拱日楼成,有客请敬纯赋之,署客名以进,江陵讶曰:"故有五经库其人耶?"客以敬纯对。江陵讽选人以翰林孔目相处,而敬纯谒选时,衣纱衣,偃蹇甚,竟授仪封主簿。然诸监司目为江南名士,争以宾礼延致,而敬纯每用恢语傲睨之,弗能堪。行且获罪,以仪封令为同里,得免归。既归,江陵犹称其才,曰:"吾故不能陶铸人。"有屋一区在须浦上,凿池种树,娱亲其间,所谓南陔草堂也。后有幽径,西出平畴旷然,又折而西,即其寿藏云。

张鸿,字子宾。资性绝异,即古经奥义,不可了者,辄应口讲诵无疑。而家特贫,与母兄居新洋江口,读书无昼夜。母曰:"读书如捕风影子,贫盍休诸?"鸿泣曰:"本父命之,儿何敢忘!"于是与兄并耕陇上,贳酒养母。然豁达多长者游,每荷笠负担,与田者杂行城市间。或过其友吴秀甫、归熙甫家,便弛担入谈,往复搘击,无不酣畅。既毕仍担而去。后列子衿,旋以病卒。归太仆集中有《张自新传》,即鸿也。

沈世麟,字明甫,号玄朗。少有俊才,为文率意口占,皆成名构。与同邑吴纯甫、周于岐齐名。藏书千卷,少涉则束之,曰:"吾神游其间矣。"后放于酒,尝髽祖跣行,吟于市里,人目为狂生。家贫,以书抵令,为假担粟,令笑与之。郡司理某,悦其高义,授之室。世麟日与饮酒,期年谢去。瓶罍充积,司理亦不怪也。卒葬朱沥原祖茔。张大复曰:"沈先生清狂自喜,不屑礼法,而礼法之士多从之游。如吴纯甫对客言,生平交,独称玄朗有高行、多奇节,此于隐微幽独之际,信其人真可遁世而无闷矣。"

沈孝,字敬甫。好读其师归太仆、张子宾两先生之文,剩稿单义,无不纂镂。每称太仆之作,悬诸日月,可以不刊;子宾如长虹亘天,光芒不可逼视。尝读《易》,未解乾坤之

1　陈敬纯,底本作"陈敬绳",据后文及国图本改。

旨，登坤凝望，俯仰间不知身何处所，自叹圣人象形，果有此事，学者亦不敢请其说。为诸生久，不得志，门人周诗、顾懋宏、允元之徒劝令应诏冠带，为进青袍革带，笑而受之，亦不复御。张大复曰："太仆家安亭江，去沈先生居数十里，有疑必相与质，或乘夜徒步诣之。太仆夜寝，闻叩门声特异，语家人：'此必沈郎。'亟延入，数语惬心，再拜而出。嗟乎！世俗浮佻，待先生如此，其忠且敬也，岂易哉！"

归子慕，字季思。太仆公有光少子也。少有俊才，好读书，以诗文自喜，不屑屈为经生言；偶一为之，辄超绝时辈，里人争相传写。万历辛卯，以儒士入郡庠，随领乡荐，既春试不第，慨然南还。忽携一奴入武林山中，埋名闭阁。僧寮视之甚略，而黄贞父心知是季思，排闼呼之，相与定交。乙未春还，过锡山，因嘉善吴孝廉志远，访高忠宪攀龙，相砥为复性之学。其功以鞭辟向里为主，迨三试不第，不复上公车矣。子慕故贫，授徒自给，时或不继，谋鬻其宅以偿逋。有言"得二百金，可无弃旧业"者，子慕曰："使我无故得金，亦非好消息也。"其狷介率类此。已而筑室江村，命曰陶庵，缚茅为屋，插槿为墙，室中自琴书外，一炉、一药囊、一瓶粟而已。时高子小筑蠡湖之上，曰水居；吴子亦居祥荡之上，曰获秋。三人每相过从，凝然静坐，有所自得，忻然会心，有吟风咏月之趣，他人莫之喻也。子慕自居陶庵，不诣府县，不受问馈，不与衣冠之会，超然独远。而性笃孝友，事诸兄，友爱特至；抚其子之孤者，养其姊及弟妇之孀者，无不尽力。素有羸疾，独处如枯禅，病终不止，年四十四卒。高攀龙为《陶庵先生传》，虞山令耿橘题其墓曰"清远先生"。崇祯初，诏访遗逸，按臣祁彪佳疏闻，追赠翰林院待诏。

周诗，字以言。风致倜傥，重然诺，兼精方药，作《内经解》，自谓仲景而下不能过也。尝之京师，以诗文游公卿间，少试方药辄效。欲以尚药官[之]，拂袖去。游武林，匿影僧寺。适提学孔天胤阅岳王庙题壁，得诗所咏，大惊，命驾往谒，遂与定交，武林人争延致之。不怿，辞归，与皇甫兄弟善，因主其家。其所著书多不起草，随手辄散，末路无闻。今所传《虚岩山人集》者，乃贻书后所仅存也。诗之父佑，与虞山孙艾善，属诗曰："常熟可居，居必依孙氏。"及诗老病，辞皇甫而从孙氏，曰："先人之命也。"孙艾之子来，具舟迎之。比卒，葬之吾谷孙氏墓旁，表曰"虚岩山人墓"。皇甫子复铭之。孙之子孙岁时必祭焉。

吴扩，字[子]充。玄冠白帢，吐音如钟。好游览，凡武夷、匡庐、台荡诸胜，皆有诗歌纪之。已而入都门，历边塞，初夏抵辽阳，始见桃花，以为奇事。嘉靖间，避倭乱，游金陵，爱秦淮一带水，造长吟阁居之。金陵盛仲交订其诗集行世。明之布衣挟诗册游缙绅间，如晚宋所称山人者，自扩始。在北方有谢茂、秦榛。此外，接迹如市人矣。

郑若庸，字中伯。早岁以诗名吴下，赵康王闻而慕之，币聘入邺，父子亲迎，与讲宾主之礼，为庀供帐，予女乐数辈。由是四方游士，争担负而之赵。若庸为著书，采掇古文千卷，名曰《类隽》。康王薨，去赵居清源。年八十余卒。所著诗名《蛣蜣集》。

傅逊，字士凯，嘉定诸生。世居黄浦东，以其族忮愎，不相服习，徙家昆山。晚因岁荐，训嵊县，迁建昌谕，选傅河南王以归。逊长八尺，伟仪观，喜谭事，凡当世大务，及里巷徭役之征，凿凿如指诸掌。少与徐尚书谟同卧起，有所辨论，辄不相下。如王文肃、赵大定诸公，多乐就之。逊好读《左氏春秋》，深入其奥，［自公、穀及张、贾、刘、］翟、杜预而下，亡虑数千家，咸资纂集。每事各为首尾，其盛衰离合，始终成败，一览可尽，至今传而习之，名曰《春秋左传属事》。孙冲之，万历癸卯举人。

陈时，字子行，号龙泉。［汝翊侄。］十岁能文，十六入郡庠，试辄异等。嘉靖癸卯，华学士察典试南畿，擢为第二，且特赏之曰："留对大廷，放此人出一头地。"明春下第，学士深为怏怏。时益感奋，下帷务为沉博之文，学士见之，愕然曰："将毋病耶？子云作《太玄》，何必令一世人不好也。"未久，病卒。孙其柱，万历癸丑进士。

陆洲，字宗瀛，号颐斋。少负异才，诗文重于海内。勋贵徐魏公欲延之，赀币数加，终不就，曰："曳裾侯门，吾岂其俦哉！"世传《二陆先生遗稿》，洲与从侄梓也。

陆梓，字子才，号畹阳。嘉靖癸卯举人，再蹶春官，遂绝意进取，与叔颐斋及唐子畏、文徵明为诗酒社，不入城市，不问生产，远近高之。

俞允文，字质甫，一字仲蔚。父璋，正德辛未进士，官大理评事。允文十二而孤，家贫，奉其祖母陆、母王，以孝闻。十五为《马鞍山赋》，援据该博，长老皆推逊之。十七入郡庠，才名日盛。然独好为古文词，不乐举子业，又善病，遂一意隐居。比两母既殁，谢去诸生，发书昼夜读之，其学大成。吴中英曰："吾昆古学几熄，振起之者其在斯人欤！"张通参寰偕之谒文待诏及茗上诗社，所至推为上客。弇州王先生折节友之。徐子与、张肖甫之徒，后先使江南，必加礼焉。而允文益自敛藏，足迹不至公庭。有不得已者，舟中一报谢而已。楚藩以修书聘，郡守以修志聘，皆辞以疾。晚岁词翰尤工，楷法欧阳，行书篆录，出入褚河南、米襄阳间，求见者接踵。弇州先生曰："以文征者月至，以诗征者日至，以字征者刻至。"诚实录也。又曰："于书不满怀素，于古人不满郭有道，于今诗不满李于鳞。"其风尚可想见矣。吴中英尝以其诗示都进士元敬，进士曰："昆山盖有三绝：仲蔚诗，熙甫文，张子宾举业。又何所用吾手哉！"年六十七卒。有集若干卷，选《昆山杂咏》若干卷。

梁辰鱼，字伯龙。曾祖纨，父介，世以文行显。辰鱼好任侠，喜音乐，多飞扬之气，不欲俯首就诸生试，作《归隐赋》以见志焉。勉游成均，亦未卒业。所交皆四方才俊，嘉靖［间］七子皆折节友之，而王弇州与戚大将军尝造其庐。辰鱼啸咏其间，其才固足以相当也。性喜饮，尝与大梁王侯决赌，侯八斗醉，辰鱼尽一石弗动。时有梨园数辈，互奏杂调，辰鱼倚而和之，其音如丝。侯大笑乐，谓伯龙之技如香象搏兔，具见全力如此。昆山有魏良辅者，造曲律，世称昆腔，而辰鱼独得其传。所制唐令、宋余、元剧及传奇诸本，多飞入内家戚邸。贵游不远千里，争为购请，玉帛珍玩，多集其庭，而扛鼎击剑之徒，以至骚人墨客、草衲羽衣，无不望以为归。华亭莫士龙，知其好戏，为具彩凤风筝以贻之。乃驾[之]大野，百鸟盘旋，日丽风道，歌声相属，辰鱼自诧曰："声音之道，固与天通也。"尝除夕大雪，遍邀诸年少载酒放歌，绕城一匝，而后就寝，时年七十矣。年七十三，以中恶卒。[1]

王逢年，字舜华，号玄阳山人。司业同祖子也。丰神秀发，负气磊落。心慕长卿、太白之为人，好读书，然文自西汉而下，诗自唐以后，弗屑观也。少为诸生，试经义，多入古文奇字，为有司所黜，遂谢去。至都门，袁文荣馆谷之。间倩为青词，逢年不可，因上书曰："阁下以时文得官，以青词得相，安知天下有古文哉！"不辞而去，追之不得。比渡淮，困甚，淮阴人鲁道者，少从李崆峒学诗，徒步追逢年于逆旅，因资之以归，辑其诗曰《海岳集》，王元美序之，极相推挹。而逢年顾时时指摘王、李诗，以为俗调。元美怒而排之。益自负，作《五敌诗》，谓："慢世敌嵇康，缀文敌马迁，赋诗敌阮籍，述骚敌屈宋，书法敌二王。"又著书一编，曰《天禄阁外史》，或辑东汉文，误以入之。逢年益自负，以为[当吾世得]追配古人也。年七十五卒。卒之日，自起沐浴，着新布衣，抱所书佛经，趺坐而逝。其诗曰"自识前生紫盖君"，或不诬也。

王伯稠，字世周。父黄溪公冕，字元肃，多长者交，雅宜山人《白雀帖》所谓"元肃参军，有精庐在虞山下，去白雀不远"者也。伯稠少有清才，寄兴翛远，黄溪公携入京师，得见城阙戚里之盛，辄有歌咏，时号神童。王弇州先生在北部，请与相见，曰："故是吾辈人。"叹赏而去。会乡试，寄籍顺天府学，入棘，见监试者列卒露索诸生，遂掉头而出。谢去举业，肆力于诗歌，悉取晋唐以下诸家，吟咀讽咏。稍间，则栖止禅院，或流连狭邪，旬月不知所向。对客不问姓氏，无寒暄。遇酒炙，放箸大嚼，或竟坐不交一言。其依隐傲世，雅慕孙太初之为人，而诗实过之。生平说诗不及长庆，晚乃一省。尝语人云："香山有言：'路人回顾应相怪，十一年来见此翁。'吾深愧此语。"亡何病瘦，友人周球过之，举手曰："遂病甚。"竟瞑，年七十有三。

沈曾唯，字达之。与弟曾鲁字得之同居黄溪，才名相埒，其正性亦复相等。每试名第，互为后先。积廪三十年，曾唯以岁例贡，曾鲁以覃恩贡，一岁同荐。而曾鲁终快快，憾不得一当也，不逾年卒。曾唯就选，授永康训，迁谕。[2]或进布袍草履，安之晏如，殁于官。曾鲁子一源，字元澄，克继父志，以文章知名当世。妇翁李某且死，以子属之，

1　年七十三，以中恶卒，底本此处有墨笔夹注："此误。"

2　授永康训，迁谕，有省文。张大复《皇明昆山人物传》"沈曾唯"条："授永康县训导，然廪廪奉职，不以寒毡自贬其操。迁武进县教谕，殁于官，时年六十有三。"

且授之锸，一源掩耳走，曰："安有托孤而以锸盟者！"李闻之，谓知其人必尔。后果如妇翁言。

张大复，字元长，号石帆。先世耕云公以前，皆乡居古渡，其称兴贤里张氏，自半间公始也。半间次子诰，字唐文，生梦江公懋隆而早世，遗室卢氏，以节显。见《列女》。梦江生九川公维翰，即大复父。九川之训大复者，曰："吾怪世之专业制科者，一不售而丧其怀来，竟不知千秋何物。故必习以经史，博以汉魏唐宋诸家。"此大复一生学问所自出也。其为学也，必穷源本、见始终，务通晓大义，不为章句所缚。其为文也，空明骀荡，极其意之所至，而一规于法。文日奇，名日起，问字者常满户外。邑中如顾升伯先生，延致京师，以飞鸿亭馆之。远方如虞山严、谭诸大姓，邀主拂水、破山两社。毗陵王司李、润州刘中翰争相延致，即临川汤若士先生亦遥申景慕，曰："吾将约元长坐青丘片石，各陈怀抱也。"亡何，九川公殁，哀毁过当，血枯泪尽，两目丧明，远近之人，靡不痛且惜之。

然性好读书，不以盲故废学，时或垂帘瞑坐，服习其已读之书，有不属，即令嗣子桐雏传于侧。久之，所受益博，心融理顺。慨然念子长、丘明所以不朽，益肆力于文词，口占笔授，次第成编。今观《闻雁斋》《梅花草堂》诸集，《昆山人物志笔谈》等书，何遽不为盲史哉！昌黎之称张籍曰："盲于目，不盲于心。"千载上下，遂有二张先生矣。大复少时工于制举业，才名籍甚，如程省吾邑宰、陈晋卿学使，无不期以令器。比长，再游长安，有《东征献俘》诸作，抗手贵游，奋臂功名之会。乃中年病废，无以舒其愁怨，尽于文章寄之，自号病居士，名所居曰息庵。而诗坛酒社，乐兴流连，琐语解颐，人人折服。至于草堂之上，轩车相错，献酬谈笑，各为倾心。如钱龙门先生，分司吴下，首事式庐，争传盛事。邑之后进，咸奉为风流文字之祖云。崇祯庚午秋卒，年七十有七。

其嗣子桐者，字于琴，弟世长子。自万历丁酉迄天启癸亥，二十七年之内，奉事不离左右。或口诵，或手录，能得乃父志意所在，其纯孝尤非人所易及。每以善病自伤，预为生志，天启五年先卒。有《梅花草堂》，甲子以后之文，又桐子安淳所纪录也。

王志坚，字淑士，幼字弱生，号闻修，元州学正古川公十五世孙也。曾祖三锡，嘉靖己丑进士，知光州；祖贵德，赠刑部郎中；父临亨，万历己丑进士，知杭州府。志坚恂恂雅饰，幼好读书，与嘉定李流芳同研席，穷经砥行，有古先儒者之风。所为诗文，必以唐宋名家为法。万历癸卯举于乡，庚戌进士，与虞山钱谦益齐名，两人亦欢相得也。官南京兵部，典勘合，不以片纸假人。秩满，升金事，提学贵州，以病辞。后用言者荐，起浙江水利道。有议行温州栗盐者，有议尽毁诸坝，使客艘直达会城者，皆力陈不可而止。以母忧归。再起，提学湖广，惇行崇礼，以古学化诸士，反复教诲，出于至诚，部议为海内学政第一。竟卒于官。

志坚通籍二十余年，服官仅七载，执法守正如一日。持律令，谢请托，手削爱书，虽老于文法者，无以过之。然其生平无他嗜好，虽在宦游，惟以丹铅从事。方官南部时，要诸同舍郎，为读史社。九日诵读，一日讲贯，间[1]借金陵焦氏藏书校雠缮写，矻矻如诸生时。至于里居却扫，一意读书，其读书最为有法：先经后史，后及子与集。其读经也，先笺疏，后辨论；其读史也，先证据，后发明；读子，则谓唐以后无子，当取诸家之有裨经史者补之；读集，则删定秦汉以后古文为五编，如［澜、渎］二编，迄今家传户习之。兼好禅学，手写《华严经》至再。著《太上感应篇续传》，以辅翼因果之书。其卒也，谦益铭之，称之曰："文学政事，彬彬文质之君子。"诚笃论矣。

王志长，字平仲，号辋水，杭州府中宪大夫临亨见《名臣》。仲子也。质性严重，中宪公最器许之。十六试童子，州守豫章丁公以其卷呈王公文肃，文肃叹曰："美才，当大就。"后每以文就正，辄以高第期之。癸卯，兄志坚领乡荐，时总裁为陶歇庵先生，因随兄后谒之吴门，深加赏识，有双丁之目。然为诸生十二年不遇，弃去，游成均。大司成顾公邻初以国士待之。如葛公屺瞻、黄公贞甫辈，无不争相延誉。又浮沉者十九年，至庚午举于南闱，方拆卷，主司姜公居之惊喜曰："二十年知名之士，今乃得遇耶。"庚辰[2]中乙榜，奉特旨，与甲榜同授官，感梦以归，遂绝意进取。自题其文曰《晚香集》，其志概可见矣。

志长学有源委，笃志经学，以《易》起家，所得尤遂，而于三礼、《毛诗》，研穷最久。尝曰："《周礼》《仪礼》，文义古奥，真圣人之书。若《礼记》，仅堪为二礼疏解耳。"乃以二礼注疏删之，又采汉以后诸儒之说翼之，名曰《注疏删翼》。戊寅、己卯间，《周礼》先成，梓以行世。甲申、乙酉间，又编《仪礼》；丁酉、戊戌间，又编《毛诗》。其学《诗》也，宗毛、郑，略朱注，于说《诗》之书，搜罗殆尽，稿且四易，年七十四乃成，其表章尚有待也。所纂辑有《挚史续》《表异录》《贤奕琐词》《感应篇》《广续传》。唯《广续传》行世，余藏于家。生平耿介成性，耻干谒。当兄任楚学时，有以千金属僧人媒致者，婉词谢之，曰："某少困诸生，不愿于中求生计。"呜呼！可以风矣。有族中节母不克葬，即解囊葬之；有道傍右冢渐圮，即捐金葺之，其乐善好义又如此。少好禅学，年二十，即皈依云栖莲大师。尝手书《华严》，送灵岩常住，其事蘖庵和尚尤为严谨。蘖庵者，即庚午闱中本房熊公鱼山也。年七十九卒。

王志庆，字与游。万历己丑进士，中宪大夫临亨少子也。中宪公家教，凡五经三传未遍，毋及他书。故志庆与长兄志坚、仲兄志长，皆学有根抵。志庆年数岁，即泛滥经传，略及于史大家集。应童子试不利，即入太学。大司成顾公起元一见所试文，异之，曰："综核有法，定名家子。"与礼部黄公汝亨称不去口。丁卯举于乡，三上公车不第。甲戌

1　间，底本作"同"，据潘道根辑《昆山先贤墓冢考》钱谦益撰王志坚墓志改。

2　庚辰，旁有朱笔注"崇祯十三年"。

归,语其友张采:"国步戚矣,可奈何?"出《感事诗》百首,曰:"吾以告哀。"后其言皆验。尝有诏举贤良,当事以名闻,称其孝谨,贯古今,可牧守选。下有司征辟,以病辞。遂葺东郊墓傍丙园,作终老计,号汉阴丈人。作《宾告》《招隐》,志息机也。生平癖好读书,昼夜有常课。读竟,卷尾识日月,再温复然。方年少童试不利时,即发《二十一史》读之,长兄壮其志,曰:"勉旃,必成就。"尤耽涑水《通鉴》,反覆凡四周。尝云:"教子弟者,当先经传,次三史,次庄、列、管、韩诸子,次韩、柳诸集,乃融液《通鉴》,察治乱源流,暨事理得失,自有程限,岂可躐等耶?"此实自述其所学矣。所著有《慎尔堂文稿》《慎尔堂诗稿》《丙园诗文稿》。其读史所著曰《读史日录》、曰《史疑》、曰《史断》、曰《史释》、曰《同姓名录》,考镜古今,条贯秩如也。其大节以孝友称,居丧哀毁,终三年不近酒肉;事两兄笃敬,终身无间;与人交,剀直有本末;待三党恩信有加;凡仕廉而殁、寡茕而贞者,无不表暴而赞恤之。崇祯末,有良民三十余人,罹御史网,合邑称冤,闻其事在司李,密往白之,得尽释。三十人踵门泣拜,初不自以为力也。壬午岁饥,人相食,每独坐陨涕,疚心不寐。秋九月,疽发背卒。病亟,致书张采曰:"病发膏粱,在表治易;病发忧郁,在里治难。"可以知其感事告哀之志,未尝一日忘于心矣。四子:洵、泂、湑、润。泂子缉基,壬子科举人。

归昌世,字文休,震川先生有光孙也。十岁能为诗歌。稍长,有声词苑,与嘉定李长蘅、本邑王淑士,称三才子。虞山钱受之亦相雁行,互为提拂焉。乃落落诸生,艰于一遇,遂弃去举业,发愤为古文词。中年益放意于诗,淹蹇不平之思,落拓不羁之气,皆于诗焉发之。和陶诸篇,为松圆山人程嘉燧所特赏,而长蘅尤爱其五言之效韦、孟[1]者。小楷行草,书法直逼晋唐;更精墨竹,风晴雨雪,各尽其态,拟之仲圭、孟端,犹夷然不屑。时游酒人,淋漓跌宕,倚弦度曲,韵味翛然。盖其持身耿介,不染尘俗,而风流儒雅,与人乐易,诗坛酒社,争得之以为重,亦得之以为欢也。性尤孝友,虽甚贫,辄潴瀄为家庭乐,小筑村舍,奉亲以居。时或科跣行吟,殊有季父乐道陶庵之趣。崇祯癸酉,次子继登乡荐,益复闲放,有终焉之志。已而身遭世变,野哭唏嘘,以乙酉九月卒,年七十有二。尝自集平生所作诗,选得千卷。又杂文百余篇,藏于家。子昭,字尔德,以制府幕僚卒。子继登,官长兴教谕卒。子庄,工诗文,善书法,卓有家风。继登子玠,幼有文名,今邑庠禀生。[玠子顾卢,康熙癸酉举人。]

胡甲桂,字秋卿,号石远,浮尊公长子也。幼有才名,为邑令樊孝介先生所识赏,早有声黉序间。比长,折节读书,于经史百家,靡不贯串,誉望翕然。时邑中文会之盛,以

1　韦、孟,潘道根辑《昆山名贤墓志铭》作"韦、柳"。

遗清堂为第一,甲桂实为之长。如顾瑞屏、张泰、符[1]、叶白泉、香城、归文休、顾仲从诸君子,皆兄事之。尤善讲论,每登讲席,听者忘倦,故从游日众,如柴林征、朱子舒、顾遐篆、徐孟博、仲舒,俱入室弟子也。亡何,砚席之交,悉登贵显为名公卿,即从游诸子,次第隽去。而甲桂文日工,遇日绌,十试棘闱,仅登己卯副榜,贡入太学。然其志曾不可挫,谈及文章,津津不去口,此其间有至味,沉酣鼓舞,自少至老,自若也。授南昌府通判,至则僚属并缺,乃摄南、瑞二府,并摄军、刑二厅,新、丰二邑,综理繁密,游刃有余。于是廉卓之声闻于中外矣。擢永州同知,旋改广信。时客兵云扰,合郡张皇,挂冠者相望,甲桂奋然曰:"临危委去,何以为臣?"遂毅然趋信,死守为期。及信城陷,从容死之。子溶时,孤贫力学,为时所称。

叶国华,字德荣,号白泉。文庄公盛六世孙。少颖拔,与弟重华同以诗文擅名,时称东城二叶。国华中万历乙卯举人,授定海县教谕,入为国子监助教。升刑部,以提牢事波及免官。后得白,改工部,视榷杭州南关以归。其在定海也,有镇守官纵兵牧马黉舍,禁之不从,具揭上台,惩以法,由是有声。其在刑部也,适词臣黄道周以党祸下狱,群喙谣诼,事且莫测,国华左右力持之,卒得解,诸正人皆为引重。其在工部也,疏请浚吴淞江,治蠹吏,有兴利、除害二疏,朝论韪之。及归,杜门却扫,有卒业诗文之志。辟茧园以终老,有《茧园诗》及文稿若干卷。有《雁木斋诗》,为诗人徐子能所推,选入《元气集》,称之曰:"一字一句,必用全力。挽强执锐,驰突于楚风方竞之际。人皆避之,谓其力扫钟、谭,更不入王、李之门径也。"书法少宗怀素,晚得南宫之神,行草八分,人皆争购之以为重。于文庄公家法,守之唯谨。因文庄故宅篆竹堂,葺而居之。凡文庄所藏图书手自评跋者,散失他氏,必购而复之。其绳先启佑之意,无日不兢兢云。长子奕荃,素称孝友,忼爽多大节。乙酉秋,省亲于杭,死乱兵,君子伤之。

顾同应,字仲从,绍芳次子也。生十岁而孤,哀毁如成人。长颖敏好学,所为经义,籍籍人口,交多时望,相与角艺于遗清堂,不数年而达者过半,海内传之。然屡困于京兆试,后以父讲读功,任为国学生,不逾年而卒。同应性阔大,家虽贫,轻财好施。精帖括,工诗文,所著有《药房》《秋啸》等集。其同学友王志坚为立传,略曰:"仲从恒业所入,每以周戚执,自用必取诸贷,而仍与执戚共。一日忽念其友人先忌,度其无以祭,持金赠之,友方仰屋叹息,得金泣曰:'微君,吾几不能为子。'又与人贸产,既知其被诬而需金也。急白诸令直之,仍折券而不责偿,其人感甚,以金偿之。噫!此二事可传矣。长子绁,字遐篆,天才俊逸,能读父书,饶有经济,中崇祯癸酉科举人。时四方多事,绁盱衡扼腕,几欲空其侪辈。秋试以五策见赏于张给谏元始。既售,一时传诵,以为经国良谟。贫胜于

卷
十
七

1　符,有眉批"缺",未知何人。

其父，而好义重诺似之。前辈如顾宗伯、陈文庄，期其大就，乃年未强仕，赍志以殁。惜哉！世传其《两京赋》，不减平子；时务诸策，窃以比长沙也。"

孙绍周，字从甫，别号乐川。系籍维扬，避乱渡江，徙昆山，卜居真义之黄渎里。数传而为道成，又三传而为公之父月川。家世业耕，获息倍于恒农。会岁祲，里人请券其赀，愿厚息以偿之。公父故长者，因时诎，乃焚其券以为德。里人靡不手额，祝其后之昌，以当券之偿也。于是有子七人，俱业儒，蜚声黉序间，而长则公也。公丰神隽朗，德器凝重，孝友敦睦，较先世而加懋焉。弱冠补博士弟子员，文章笼罩于耆儒。读濂、洛、关、闽之书，不啻亲炙其人，品行卓绝。某御史行县，以鸷击自喜，人苦其束湿。公于视学时，岸立大声，诵讲《阳肤》章，指切时政，冀以感悟御史。而御史果霁色以受之，曰："子真理学之儒也。"未久，贡入太学，登顺天壬午榜。公车数不利，弗以介怀，惟是授徒讲学。与子言孝，与弟言悌，与臣言忠，一时出其门者，皆德行之士，而子若孙亦事公不啻如严师也。后公卒，人以其不克大用为惜。今其曾孙启昱者，能读祖父书，敦尚其行，振起孙氏之绪而光大之，正未可量也。

薛学闵，字君淑，号九华，学者称九华先生。少补博士弟子有声，万历壬子省试，同考官得其文，击节叹绝，以榜首荐，不得，反置副榜，迄用不第。学闵生平沉酣于学，不问家人生产，环堵萧然，意豁如也。其教授生徒，弗计脩脯，惟以造就后学为意。弟子自远方来者甚众，弦诵之声常满堂庑间。为诗文援笔立就，春容条达，有古作者风。所交皆一时名士，尤善王世周伯稠、夏士琰昕。常与士琰倡和，一韵往复，各得数十首，人争传写之，名曰《城南倡和集》。所著有《敝帚草》，藏于家。

人物六隐逸

传之分立隐逸，自季箆始，而史、陶高风，已载凌《志》，因取怀仁义、厉志节，终身不遇者附见焉。

唐

史德义，昆山人。咸宁[1]初，隐居虎丘，以琴书自适。或骑牛带瓢，出入郊郭，东京号为逸人。高宗闻其名，召赴洛阳，寻称疾归，公卿皆赋诗饯别，德义亦以诗留赠，其文甚佳。天授初，以江南道宣劳使[周兴]荐征赴都，诏曰："隐士史德义，志尚虚玄，素履贞恪。谦冲彰于里闾，孝友表于闺庭。固辞征辟，长往严陵之滩；多谢簪裾，高蹈愚公之谷。可授谏议大夫。"后以朝散大夫放归丘壑。

1　咸宁，朱笔改为"咸淳"。方鹏《昆山人物志》卷五《隐逸》亦作"咸宁"。

陶岘，晋征士渊明之后。开元中，家昆山。其学娴经济，亦以文学自许。生知八音，撰《乐录》八章，定其得失。而疏脱自放，不谋仕进，富于田业，择人不欺者悉付之。遍游江湖，往往数岁不归，见其子孙成人，初不辨名字。自制三舟，备极坚巧。一以自载，一置宾客，一贮饮馔，与客孟彦深、孟云卿、焦遂各置仆妾共载，逢佳山水必穷其胜。雅慕谢康乐之为人，言终当乐死山水。岘有女乐一部，善奏清商之曲，吴越之士号为水仙。开元末，名闻朝廷，经过郡邑，靡不招延。然自谓麋鹿野人，多不肯赴，亦有不召而自诣者。浪迹三十余年，后游襄阳西寨，归老于吴。

宋

龚昱，字立道。父明之，见《孝友》。与李侍御衡，称一乡二老。昱少游侍御之门，蔚有文学，然名不逮才，安贫乐道，人皆称为龚山长。尝编《乐庵语录》《昆山杂咏》行于世。所居曰栖贤堂，陆游、刘过皆为赋诗。

郏侨，字子高，一字乔年，亶之子。见《名臣》。负才挺特，从王安石学，常以诗投谒，为安石器许。亦与范无外为忘形交。乡里推重，谓之郏长官。晚岁自号凝和子，有《幼成警悟集》。

王僖，字康国。居太学有声，乡人识与不识，皆尊敬之，称为王学正。有堂名逸野[1]，日游适其中，读书自娱。其持身治家甚严，乡人率以为法。从子葆，自幼知读书，僖之训也。无子，王氏举族祀之。

范良遂，初名之传，字次卿。放情山水，不慕荣利，长于歌诗。卜筑车塘，自号墨庄居士。兄之柔虽贵，视之泊如也。有诗集十卷。子庆家，建康府通判。

元

卢观，字彦达。其先龙兴武宁人，五世祖来平江，徙居昆山。祖鉴，字明叔，工词赋，宋乡举待补进士。父有常，字元吉，以隐约终。观自少颖悟，刻志于学。尝受业于乡先生汤弥昌、钱重鼎之门，记问该博，见道分明。既卒业，客游江淮间，名卿巨人，多欲荐举之者，观力辞之，隐居教授。其接人弗以贵贱异，或以非礼加之，怡然不与较。其人惭谢，待之如初。平居，事亲尽孝，勇于为义。暮年得尪羸疾，犹手不释卷。凡经、史、礼、乐、百氏之书，下至医卜、小说，多细书成帙，乐而不厌。勉敕子孙以读书修行。既卒，门人私谥曰夷孝先生。所著有《易集图》《诗集说》《草翠轩文稿》《乐府声调集》。二子：熊、熙。并见《名臣》。

---

1 逸野，方鹏《昆山人物志》卷五《隐逸》作"遗野"。

余日强,字伯庄。其先福之古田人,父与可,号蓝溪先生,为武夷书院山长,来居昆山。日强笃志力学,于书无所不读,尤务精析经史。为文博辨宏雅,追古作者。奉母以孝闻,自号渊默叟。既卒,门人称之曰渊默先生,有文集行于世。

李季高,号蓉月。性慎谨,博洽群书,与卫培同以隐德老于林下。郭羲仲称之曰:"二人耆儒硕德,典章老成,皆表表楷模,师儒之宗也。"所著有《蓉月集》。

文质,字古隐。隐居娄江之上,学行卓然,词章奇放。常与杨廉夫夜行,有挑梅花灯者,廉夫命赋一诗,立就,为廉夫所称。年九十六终。

金至善,字伯明。居淀湖之阳,修德乐施,老而益力于学。教导乡里,多所成就,[性爱菊,]自号菊逸老人。有《菊逸集》。

张师贤,字希颜。世业儒,好古博雅,善谈论,喜作乐府。居娄东,名所居曰芝兰堂,四方士大夫,无不造之。名人图画列左右,有欲得者,即持去,无所顾惜也。

马麐,字公振。世居娄东,其祖历丘,迁淞南钟巷里,筑室凿池,有田园花木之趣。左经右史,与佳客往来,觞咏不辍。杨廉夫深器重之,称为忘年友。有《淞南渔唱》《醉渔》《草堂》诸集。

明

易恒,字久成。居邑之大泗瀼。曾祖莲峰先生,宋进士,素有风格。恒克自操厉,蹈其矩范。洪武中,应荐至京,以老辞归。家贫不给,处之泰然。辟地数百弓,引泉艺花竹,名曰泗园,日啸咏其中。以能诗名,自号泗园叟。所著有《陶情集》。

吕诚,字敬夫,为娄东巨族。少力学,淹贯经史,尤长于诗,于世利淡然无所预。所居有园圃山林之胜,常蓄一鹤,复有一鹤自来为伍,因筑来鹤轩。邑令屡聘为训导,不就。卒老于乡。常携诗谒杨维桢,称其风流俊采,为一代之选,与袁华齐名,时称袁吕。所著有《来鹤轩集》。

沈玙,字孟温。洪武中,其家谪戍金齿。宣德中,归省坟墓,乡人以其经学该博,留教子弟。玙终日危坐,与诸生讲解经书,章分句析,微词奥义,多所发明。所著有《稽古录》《昆冈文稿》《释奠仪》。

王明善,字复初,号樵玉。性刚介,隐居授徒,教律严谨。时兵火之余,人鲜知学,明善实为之倡。百里内外,闻其风而负笈者,几及千人,一经训厉,咸有成立。年七十六卒。

范能,字仲能。淞南人。少从毗陵谢应芳游,精医善吟,尤工书法。永乐十五年,诏修县志,昆山则范能、盛颐等,编摩成集上之,被征至郡。能以母老辞归,日诗酒自娱,不入城府。所著有《淞南集》。

沈本初,字大中。幼孤力学,赋性严重,训子孙有矩度。浒墅分司郑主事,尝延为义塾师，以郑不迎谒，即力辞归。赋诗有韦、孟风；工小楷，绝类颜平原：时称二绝。杨文襄被征，欲载与俱，辞曰："已无绝艺匡贤相，岂有虚名重友生。"后复以币强之，又辞曰："身安老圃无余念，兴寄青山有远情。"其甘贫有守类如此。年八十余卒。

沈方，字孟舟，号趣庵。本宋开国沈义伦之后，世以忠孝廉节传家。父真，精于医。见《艺术》。方清修好学，藏书数千卷，皆手自点校，以训子孙。乐谈性理，恶闻释老，酷好陶靖节诗，喜法书名画，视世泊如也。常游京师，为杨文定公礼重。及卒，杨表其墓。子愚、有传。鲁、有传。讷。见《名臣》。

沈愚，字通理，号倥侗。方之长子。夙承家学，博涉百氏，以诗名，尤长古风，与刘溥诸人称十才子。所著有《筼籍集》二十卷、《吴歈集》五卷。善行草，晓音律，诗余乐府，传播人口。或劝之仕，不答。常雪夜赋一绝云："瓦炉温酒夜灯前，纸帐梅花伴鹤眠。不似玉堂金马客，五更风雪去朝天。"其志趣可见矣。雅慕前贤刘龙洲行谊，谒其墓，以诗吊之。为立小传，并集其遗稿，暨宋元名士诗文，[为刘作者凡]若干篇为一帙，题曰《怀贤录》。年六十九卒，葬马鞍山之西麓。子僎。见《举人》。

沈鲁，字诚学。与兄愚、弟讷，皆以文学行谊为东娄之表。宣德壬子，常应试乡闱，以被发跣足为耻，竟弃去不复应举。构屋数椽，积书千卷。制行修洁，居家孝友，笃伦理，重风教，以《春秋》指授学者。专工古文词，闳博豪壮，自成一家。一时碑板制作，必以出其手为重，人皆称为玄谷先生。巡抚周公忱下车，即问以政；太守况公钟赠之金，辞不受。所著有《经制权略》五卷、《坐道论》二卷、《人伦师表》、《老成集》、《玄谷集》等书。晚岁养真味道，以清虚自课。卒年七十四，葬天平山东麓之稳厚山，号玄白窝，鲁所自卜也。子存。见《举人》。

孙俊，字叔英。其先由华亭徙居昆山淀湖之阳。父志德，号映雪翁。俊性敦朴，不慕势利。嗜古读书，尤工于诗，尝从范仲能游。晚筑草堂于碛溪之南，与乡老日觞咏其中，自号南溪逸叟。所著有《南溪草堂集》，叶文庄盛为之序。

朱璲，字廷仪。父宗海，有士行。璲自少力学，尤精于《易》与《春秋》，世居儒学坊，因筑椽于学宫之侧，隐居授徒，执经者云集，室隘不能容，至设席庭中以处之。璲少从王樵玉游，习其仪范、教法甚严。自负刚气，向人不能作侧媚语。有求主以图进取者，璲叹曰："士可求主哉！礼、义，人之大闲。舍礼而进，吾深耻之。"设教三十余年，弟子相从者千人，皆称通儒先生，亦曰素庵先生，师道之立，樵玉后一人而已。子旻，孙栻。并有传。

唐汝为，号文谷。学务该洽，不名一经，其教因材而笃，随授随解；史学书法，一课俱下。士大夫家竞相延致，从游弟子，有甫成诵而尽通其说者。晚岁宾饮于乡，左右服勤，皆一时誉髦，论者荣之。

龚琚，字彦中。性喜藏书，日婆娑万卷中，能尽通其说。淡于世味，复好施予，能周人急于忧患病死之间。曾为阴阳训术，即谢去。筑安晚堂以自娱，曳杖行歌，飘然有林下之风，里人高之，称竹庄先生。子绥，孙震。见《名臣》。

虞震，字启东，号长春散人，兵部侍郎祥子。见《名臣》。司马卒，家无遗赀。震性刚介，不乐仕进，僦屋以养母。大司马余公子俊，举为兵部司务，以亲养辞。读书工诗，自汉以下诗人，俱能辨其体制之工拙。其文务关风教，所著有《常春稿》《江河小稿》[1]《樗庵暇笔》《旅寓杂抄》数十卷。子臣。见《节行》。

朱夏，字日南。祖吉，父永安。皆有传。夏性厚重严谨，不妄交游，以家世业儒，刻志砺行，负气高节，有祖父家风。喜作诗，尤精书法。所购先世手泽，及法书名画，甚为完整。作《家乘》十卷。开门授徒，师范卓然，乡邑视为仪表，名公巨卿，多出门下。晚岁与甘用汝、沈诚学诸贤为斯文会，绘图纪盛，人争慕之。所著有《勉斋稿》行世，年七十一卒。吴文定公表其墓曰："清修隐德之碣。"子文，见《名臣》。孙希周。见《名贤》。

顾恂，字惟诚，号桂轩。父良，字呆庵，多隐德。世居西雍里，尝让产于兄士贤。独身居约，久乃大殖。每旦起，入城市，多携钱施贫乏者。恂为人和厚谨饬，与夏太常、沈侄侗为忘年友，倡和成卷。痛母早世，不逮奉养，触事赋诗，曰《永思录》。晚乃营第鳌峰里，所著有《鳌峰吟稿》数卷。吴工部瑞尝称之曰："先生诗宗唐人，主兴象，不尚议论，温柔典则，类其人焉。"家居以忠孝勤俭训其子孙，为乡里后生所矜式。年八十八卒。子鼎臣，见《名贤》。孙潜。见《名臣》。

张潮，字思信。祖士衡[2]，父元鹤，皆以积仁累义，为乡党所重。潮从仲父翔学，严毅雅饬，尤精于书。尝应举不偶，遂弃去。隐居［顾墓村］［顾墓村今称十八图，在梅心泾南，潮遗宅尚存。］教授，四方文学之彦，执经者云集。然结庐幽径，不轻一出，邑大夫岁举乡饮，一至城郭，见者知敬。子璐。见《岁贡》。

石璞，字元素，号蕉庵。性萧散不羁，翛然尘外。居大漊浦东，清溪茂树，映带茅屋，课子孙耕植其间以自老。尤善吟咏，所著多关民风、裨世教者。晚年喜画山水竹石，笔致闲放，非俗工可及。年八十八卒。

邵鲁生，字师圣。力学自树，资笔耕以养母。晚筑春水草堂，吟咏其中。与张潮、石璞同里，乡称三老云。

张翼，字汝敬，号戚轩。［亦[3]号敬庵。］幼力学，通《春秋》，累举不售，遂卜筑马鞍山东麓，授徒隐居。为人简率纯实，与戚宗轼相善，衣冠朴雅，言笑谨确，里人慕之，称为东岩二逸。

1　《江河小稿》，方鹏《昆山人物志》卷五《隐逸》作"《江湖小稿》"。

2　士衡，底本作"士衡"，张大复《皇明昆山人物传》同，朱笔改为"士行"。

3　戚轩亦，三字为墨笔圈出删去。

戚轩，字宗轼。杜门教授，筑杏林书屋以居，竹炉瓦灯，廉帏楚楚。赋诗简淡真至，有陶、韦之风。与张敬庵翼为莫逆交。

龚一德，字允咸，汉阳判承恩孙也。通经淹史，再试不售，退隐东市河上，授徒养母，不就高门币聘。王转运、顾司马并邀请之，不就。樊令简为都讲，亦辞之。

顾培，字起元，桂轩公孙也。志行高古，持身清介。喜吟咏，工书，篆、隶、楷法皆通，亦善写竹。诸父兄弟皆贵显，培独家于东城养老段，安贫守志，不以门第自居，以寿终。

周恭，字寅之，别号梅花主人。博洽群书，为诗古雅典则。甘贫养晦，授徒市药以自给。时与高人逸士讲论古今，必切切以士格民风为念。县令方公豪固请至县，力辞不赴，方亲书"鹿门"二字以题其居。所著有《枕流集》《医说》《医史》《卜史》《事亲须知》《西浜丛语》等书藏于家。有《八哀诗》行于世。孙世昌，修县志。

孙祐，字德延，秋官琼子也。见《名臣》。博学卓行，工为古文，授徒，或日不再食，晏如也。性复不能谄曲，足不践富贵之门。邑令杨逢春礼请乡饮，卒以足疾辞。

夏昺，字士琰，号青岩。天性孝友，行有矩矱。与弟珣同居状元泾，以笔砚自给，不屑世务，惟读秦汉诸书。其诗文磊落自异，直登作者之堂。工书喜弈，风致翛然，御史两旌德行。所著有《城南越游》《星溪杂志》等集若干卷。

归有祯，字养素。父一斋公六十一岁乃生，体最尪弱，绝怜爱之。口授以经，辄成诵。十六应童子试，为郡丞永康徐公所赏识。素不礼于长兄，一日试以四题，顷刻立就，文理可观，长兄不觉嗟叹。既而长兄死，父老且病。知次兄梧山欲得其产之腴者，乃以父所居屋，尽让之兄与侄。而率其庶弟九郎，别于宅之西偏，构小房以居，故人咸加叹美。震川先生尤称之，令长兴时，寓书于有祯曰："伯父与老父友爱无间，今吾弟克敦孝友，天必厚报之。"年十八为人师，二十而父殁，居丧哀毁，自是有呕血之病。应学臣试，辄冠侪偶。每至秋试，皆以血疾罢归，遂弃去，专心于医。取《素难》《灵枢》等书，日久精研，而医名大著，求治疾者无虚日。其为人和厚耿介，安贫养晦，不事干求。浮沉黉宫者五十余年；四举德行，处师席者二十余年，所得修脯，仅供朝夕。兄侄辈所析产皆荡尽，每赒恤之，殁则为之棺殓；待庶弟尤有恩，抚其孤如己子。晚年多病，而善于自摄，年九十，预知死日，无疾而终。

丘万垓，字开远。世居长洲沙河之夷林山，有耕读先生者，多隐操。至万垓，始迁昆山，为昆庠生。万垓豁达有大志，幼就外傅，即有"读书学为圣贤"语。然生当明季，见时事日非，年未四十，即谢去儒冠。家无旦夕储，翛然自得；见戚友邻旧之困乏者，恻然太息，苟有升斗，必分给之。其子钟仁兄弟，皆自课有成，其说一本于圣贤大道。与朱集璜交最善，因令钟仁师事之。既而先世葬事俱毕，谓钟仁曰："我今于世无事，但安静以观天地之化。惟顾尔曹读书明理为贤者，即不负吾志。"或钟仁试有司不利，则曰："当求其远者、大者，所望尔曹，不在此也。"年六十八，有司行乡饮酒礼，推举大宾，人咸以为无忝云。以七十二卒，卒之前，取小像自题曰："人能绘我形耳，能绘吾心乎？心甚坦，性甚直。不习诈伪，不事浮饰。声色非我有，货利亦不殖。处贫惟守己，砚耕期尽职。所可愧者，读圣贤书，不能深探理奥而躬行夫道德，将何以慰先志于九泉，贻后人之燕翼？虽念深慈恻，曷能布一德、施一仁以自力？然窃有志于圣人之安怀，其谁识？"盖其资禀高，故不局于卑；志量大，故不溺于小；见识明，故异说不能惑；趋向正，故外诱不能移，所以早离世网，成其潜确之学也。门人私谥之曰尚志先生。

魏文心，字子玄。恭简公之裔派也。守先世业，居星溪。力学，性孤介，在南雍三十年，人不知名。壬午始举于乡，年六旬矣。捷音至，报者皆不识其所居。一上公车不第，即隐居湖滨，迹不入城市。躬耕自食，着蓑笠，操舟唱吴歌，问人曰："我竟无异农人耶？"对曰"无异矣"则喜，若曰"犹有似士人者"则大愧，自讼不已。配申氏卒，申之族子某，新登甲科，来吊，闭户拒之。族子不得已，焚帛于田垄间而去。年八十余，乃卒。

卷十八

人物七游寓

游寓之得存，以其人足重也。或因而卜宅以繁其族，或坟墓、第宅、故迹可考，并得缀而集之。

晋

王珉，字季琰。少有才艺，善行书，与兄珣齐名。历著作散骑郎、黄门侍郎、侍中。代王献之为长，兼中书令，世称献之为"大令"，珉为"小令"。珣为吴国内史，珉买宅居昆山。后珣舍虎丘别业为寺，珉亦舍昆山宅为宝马寺。太元十三年卒，追赠太常。

唐

陆龟蒙，字鲁望。少高放，通六经，尤明《春秋》。尝举进士不第，从张搏，辟为苏湖从事。后居淞江甫里，自号江湖散人，又号天随子、甫里先生。自比涪翁、渔父、江上丈人。每乘扁舟，设蓬席，赍束书、茶灶、钓具、笔床，往来江湖间。不喜与流俗交，虽造门不见。有《笠泽丛书》[1]《吴兴日录》《松陵集》行于世。按：凌《志》在《氏族》中。

宋

唐辉，字子明。吴郡人，寓居昆山。以文学名于时。登政和进士第。绍兴中，为谏官，仕至礼部侍郎。弟烨，字子寿，建炎进士。其后并居本邑城中，有叔达者，官通直郎，赐绯。年九十犹强健云。

张汇，字朝宗。其先濮州人，洛阳耆英会中龙图直学士（士）张焘之孙。汇当南渡初，五为浙漕，建台玉峰，因家焉。尝卿棘寺，以刑清特诏褒美，有"体好生之德，行宽大之政"等语。官至中大夫、直宝文阁。其后皆为昆人。

龚猗，汴人。为殿中侍御史，扈从高宗南渡。道经昆山真义，折银杏一株插地，祝曰：

---

1 《笠泽丛书》，底本作《笠津丛书》，据《新唐书》卷六十《艺文四》改。

"若此枝得活,吾当居此。"其枝果长,后成大树,繁枝蟠屈,如瘿如乳者七十余颗,时人异之,称为"龚遇仙树"。子孙遂为昆人。

盛德肆,大梁人。南渡初,以左司郎中、焕章阁待制,充苏湖抚谕,因家昆山之高墟。就其地为依绿园,池台竹石,极一时之胜。后官至按察使。五世孙颐,见《名臣》。裔孙洪。见《名臣》。

刘过,字改之,吉州太和人,自号龙洲道人。尚气节,喜饮酒。为词章豪放英特,高视一世。至"叩阍"一书,请光宗过宫,言极剀切,尤诸公所称许。陈亮、陆游、辛弃疾皆折节与交。周必大作相,欲客之门下,不就也。时故人潘友文宰昆山,延致之,因取妇而家焉。既死,无子,贫不能葬,友文与主簿赵希楙共买地马鞍山东葬之,并祠于东斋之侧。陈止安志其墓。名人题咏甚多,见《艺文》。邑人吕大中尝哀诸诗,作《楚些遗音》行于世。所著有《龙洲集》。

易斗南,一名斗元。字复之,号莲峰,庐陵人。登咸淳进士,为常熟尉,摄警昆山,因家焉。子伟,字成大,号兼山。幼失怙恃,负气绩学,能自卓立。试吏平江,再调嘉兴,三擢浙江省幕官,以吉水州判官致仕。居闲,惟以礼法绳子孙。喜为诗歌,人称兼山先生。曾孙恒。见《隐逸》。

高晞远,字照庵,通州人。咸淳、德祐间,通判平江府。城溃家亡,茕然一身,浮游江湖,后馆于石浦卫参政家。晞远资禀秀朗,学问该博,尤精邵雍之学。尝手截竹为管,定五音六律,细微弗差。晚嗜《参同契》,研究尤力。凡太乙、六壬诸家,悉臻其妙。

元

俞君登,字泰卿,福州长乐人。早孤,母黄氏亲授以书。宋季累征不起。晚年隐居于娄,自号知止翁。延祐中卒,门人私谥曰贞节先生。子焯,字元明,泰定进士。

顾信,字善夫,由崇明徙居昆山。大德初,为浙江军器提举。读书嗜学,敦尚儒雅,以能书称。从吴兴赵文敏公游,得其书,必镌于石,构亭曰"墨妙"。晚年号乐善居士。

俞铨,字士平,江西丰城人。明敏该博,工诗文。至正间为江浙儒学提举,徙居昆山之太仓。

杨谦,字履祥,浦城人,徙居于娄。与秦玉、袁华为友。博学有才行,不慕声华,专工著述,有《宋菁龟录》《帝王图辨》《素王道史》《姓氏通辨》诸书。自号东溪老人。曾为昆山州学训导,作《昆山县志》,杨铁崖为之序。

盛德瑞,字祥夫。其先江阴人。少孤,鞠于祖母。始冠,徙居昆山,以《周易》教授闾里。至正中,聘入郡庠为训导,历事七年,教绩甚著。有《易辨》五卷。

郑东,字季明,平阳人,寓居昆山。天分绝人,再试不遇,遂弃去。肆力古文,思如涌泉。弟采，字季亮，因东客于昆，来就东学。为文皆有矩度，宋濂尝序其《联璧集》曰："东之文气韵沉雄，采之文规制峻整。"君子以为知言。

陆仁，字良贵，河南人，寓昆山。为水军都万户幕僚。明经好古，所为诗清隽奇伟，如《佛郎国进天马颂》《水仙庙迎送神词》《度黄河望神京》诸篇，士大夫莫不称道。其欧楷、章草，皆洒然可观。

盛彧，字季文，常熟人。生于富室，笃志力学，工诗文。值元季兵乱，徙家昆山，与杨维桢、郑东、秦约、文质、陆仁辈游。所著有《归胡冈集》。后坐累，泊舟金山，朗吟一律，投笔而逝。

夏迪，字君启，吉安人。元季之乱，以海道万户，统众至昆。洪武初，赘而家焉。结庐读书，诗酒自适。尝自咏曰："一剑江湖已十秋，中原无复旧西周。便应抱膝昆丘下，肯冒人间儿女羞。"其志节可尚矣。号乐道先生。年八十余卒。

明

卢昭，字伯融，闽人，寓居娄东。父钧华，善于教子。昭从明师学，经史百家，靡不探究，尤长于诗，所作皆有法度。洪武初，以荐授扬州教授。

赵允中，字克和。其先开封人，元至正间，任平江路市舶提举，因家昆山。洪武七年，以荐任刑部员外郎，迁大理寺评事。子英，广州府知事。

陈朝典，字徵五，太仓人。端方静正，终日危坐，手不释卷。冬不炉，夏不扇，不袒裼。不为博弈戏，不观稗官小说。与子言孝，与弟言弟，援经引史，侃侃不倦。著书教授者五十余年，学者谓有温公家法，称为温如先生。以诗酒自娱，家徒四壁，意豁如也。甲申后，迁昆山之蔚村。所著有《圣谕六解》《家传六礼》《蔚村诗集》。年八十二卒[1]。子瑚，领壬午乡荐。

人物八列女

女子不幸而以节见，节著矣，其事不传，非天道也。故传列女者，当以节为主。考之方《志》，载宋龚氏以文学称，王氏以敏慧称，皆大家贤媛。如论苦节，宜从季《志》。

元

朱妇茅氏，崇明西沙人。都水监朱虎妻，河南行省左丞清子妇也。大德七年二月，

---

1 卒，底本脱，据文意补。

虎坐事，籍其家。茅氏及二子，俱录送京师，没属官医提点师旦。时茅年三十二，誓不失身，与二子衣裾连结，昼夜号泣，不食者数日。师以势临之，终不能夺。故人王大卿等义而哀之，合钱赎回，寓于昭回坊永安尼寺。痛念家祸，悲忧成疾，明年四月卒。卒后三十七年，虎兄子谦，言于有司，省部核实。至元五年，旌表其墓，仍录付史馆。知州偰偰斯立石墓上。

周妇张氏，太仓张百夫女。年十七，始赘夫。至正十六年，立镇海万户于东仓，张百夫谋刺其帅，事泄，诛其家。妇之父母及夫皆死，次缚妇于武陵桥，将斩之。帅之子惜其姿容，语曰："能从我，活汝命。"妇怒曰："岂有父母死而我独生者乎！"又诱之曰："苟从我，当葬汝夫及父母尸。"妇益怒，曰："我惟知死耳，他无望也。"帅子拔刀磨其颈曰："汝不从，断汝首，唉汝肉。"妇骂曰："不义贼，而父既杀我父，而乃欲污我耶！"帅子度不可胁，愤而杀之。会稽杨维桢评曰："人之所恶，莫甚于死。从容就义，烈士难之，况妇女乎？周真可表也哉！"

沈妇谢氏，昆民沈度乙妻。年二十八，孀居将终焉。至正壬辰，海寇方国珍[1]剽掠女妇甚众，谢度不能免，自谋曰："河去家远，我不能赴水以全尸。苟得全我志，足矣。"因积薪纵火自焚。寇退，家人得其骨葬之。后太史陆钰表其墓。

明

邵妇薛氏，市人银工之女，嫁县小吏邵某。洪武初，邵坐法，当送京师。薛氏时年二十余，押卒见而悦之，谓邵曰："汝欲生致都下，盍使事我，否则促死矣。"邵惧曰："如命。"密呼妇，语故，妇佯应曰："诺。"乃盛设酒馔饲邵，至暮，遂自缢于粉阁中。邻里葬之，冢在西溢涑村彭氏菜园内，即当时粉阁遗基也。进士郑文康为之传。今入祀典。

严妇陶氏，邑人严华妻。年二十二夫死，寡居终身，年五十二卒。洪武七年四月，官为旌表门闾。

范妇凌氏，邑人范安三妻。年二十二夫亡，依母居，誓不再醮。至五十五，其子真以状闻。洪武十六年二月，官为立坊旌表。

水妇李氏，名惠，水德之妻也。性贞静，自幼不妄言笑。年十九而嫁，二载夫亡，誓死弗二。或劝之曰："无子，老将何依？"李曰："夫者，天也，天可二乎？夫死无子，命也。汝急去，勿污我耳！"因自经，其兄子觉之，得不死。洪武十年，兄以事系狱，李当连坐，任事者胁之曰："若适人，则可全。"李忿曰："吾不以危难弃礼义，虽受万死，无悔。"上官高其行，奏闻，得护送还乡。时家业尽已入官，李依所亲，僦屋寄居，纺绩缝纫以自给。又食其

1　方国珍，底本作"方谷珍"，据《元史》卷四十一改。

兄、姊之孤女三人。洪武三十年，有司以闻，诏旌之。学录陈潜夫为之传。今入祀典。

黄妇陈氏，邑民陈演女，黄福安妻。福安幼育于同里浦均茂家，年十八，娶陈配之。生子未期，福安病卒。将殡殓，陈携孤抚棺哭甚哀，比晓，潜自经死。时宣德四年也。

胡妇钱氏，邑人胡原妻。幼读《孝经》，知大义。洪武三十年，胡原戍云南窜归，事觉，应弃市。钱与诀曰："君万里归，为母与妾耳。今君死矣，妾岂独生？"至夜分，抱乳儿泣曰："我不能保此矣！"遂自缢，年二十八，乡人哀之。汝阳袁华传其事，复悼以诗。

陆妇钟氏，邑人陆安妻。婚才浃旬，值安父德甫以事逮至京师，议大辟，安谓钟曰："吾不忍父死，吾将代之。汝再适人，当以一麦饭致吾墓而去。"钟曰："吾有以处此矣。"后德甫持安骨归，钟抱骨哭尽哀，即自经死。

潘妾金氏，邑人潘绍宗妾。年三十，绍宗病卒，金氏即屏膏沐，誓不再嫁，有古贞妇风。里人欲状其事，金闻而止之，曰："不可。朝廷著令：二十九得闻，三十不得闻也。"里人曰："降一岁无难。"金曰："此非我心所安。"遂寝不举。年八十余乃终。

王妇顾氏，父母早亡，鞠于叔父。初许嫁王氏，未醮夫亡，叔父复许嫁徐氏，择吉，强之行。乃以帛缠束其体，牢不可解。至则谓徐曰："吾非汝家妇，乃故王郎妻也。"拒不成礼。徐亦义之，不忍强。至夕，遂自经死。

邹妇沈氏，邑人邹麟妻。洪武中，麟没于阵，沈誓死不二。邻妪或劝其青年无子，可更为身计，辄泫然曰："移天而觊非望，独何心耶！"指所居室曰："必死于此。"虽邹家废，父母亦甚贫，不能自存，志益坚确。竟以哀毁成疾，年二十八卒。

郑妇何氏，名淑宁，邑人郑忠妻。年二十四夫亡，家贫无倚，舅姑皆八旬，遗二孤，曰庚、曰壬，茕茕孑立，惟早暮纺织以给之。舅姑殁，丧葬以礼。课二子，学底于成。年八十三，完节而终。后庚卒，庚妇沈氏，青年抱一孤女，以节自誓，人以"妇姑双孝"称之。

唐妇曹氏，邑人唐士则妻。士则以商死鄱阳湖，曹时年二十，甫有子在襁褓。曹即去华饰，孝奉舅姑。后舅目眚，姑又末疾，扶持保养，未尝少怠。鞠育孤子，底于成立。舅姑殁，丧葬皆以礼。寡居四十四年，乡人称其节孝。淮海秦约为之传。

蒋妇许氏，名安，士人蒋喆妻，世医许用衡女。年十八归蒋，不二载夫亡，亡后两月始生一子曰明。许矢死不二，维勤纺绩，以养其姑，贞白之操，终始如一。中书舍人卢儒序其事。明后为慈利县教谕。

王妇陆氏，名妙善。邑民王佐妻。年十七归佐，不数载夫亡。遂去华靡，日夜纺绩以奉姑，扶诸孤咸至成立，节操终始弗渝。

徐妇潘氏，名妙真，邑人徐孝妻。年十七嫁孝，逾年夫亡，躬勤纺绩，矢死不二。年逾五十，不越户外，乡人称之。

彭妇郑氏，名庆，字宜君，郑壬女也。宜君生长儒家，端慎柔雅。年十八，归邑庠生彭馀璋。及期，夫病。再期，夫亡。子方周岁，宜君号哭抱持，莫知所图。三日成殓，泪尽不能言。四日，乃托其遗孤于兄文康，潜自沉死。正统癸亥十月也，年二十一。有司以事闻，诏旌其门，曰"贞烈"。今入祀典。

周妇黄氏，名宁，举人黄铎女。年十九适周瑄，二年瑄卒，宁矢志不二。姑病瘘，十余年不可举动，宁百方求疗，终弗愈。有老妪谓宁曰："我闻观音大士，愿力甚大，事之，当得感应。"于是肖大士像，晨夕百拜。凡五年，忽梦大士曰："汝每九日扶姑起坐，以七度为止，瘘则愈矣。"时姑病笃，声触即死，甚难之。然不得已，如法扶起，渐觉不难。至第七度，扶至大士像前。炉香忽跃起，逾梁而下，正中姑脑，有声如雷，由是步履如常。邑人咸称孝感。县令罗永年闻之，遗米二十斛，以助其养。后卒，太仆少卿李应桢表其墓曰"节孝"。今入祀典。

王妇徐氏，邑人王原甫妻，太仓医家女。少谙脉药，尤明幼科。嫁二年，原甫卒，一女始晬[1]，舅姑皆被逮至京。氏年二十，独留家居，誓抚孤女。既笄[2]，女亦卒。复乞养赵氏女为女，越数年，招婿。亡何，婿又亡。伶仃孤苦，与继女更相为命，惟卖药自给。年八十六终。人称王小儿家，即其旧居也。

张妇杨氏，士人张元甫妻。年二十而寡，且无嗣，贞风雅操，峻洁异常，年七十余卒。事闻，诏旌其间。

钱妇祝氏，航练泾钱晟妻。[上海祝公杰女。]年二十六，晟卒，自少至老，莹然无玷，端庄静重，以寿考终。叶盛、郑文康同往拜之，郑有诗曰："画船挝鼓渡江沙，江上来寻节妇家。莫怪到门轻下拜，要令田野辨龙蛇。"

郑妇朱氏，名端卿，士人郑友光妻。朱固儒家，素娴女训。年十六，归友光，早寡，以节自誓。所居一室，足不逾阃限。常以一白瓯置几上，保护甚至。或问其故，朱曰："此非金玉而人重之，以其洁白，不受污也。我未亡人求完节，亦如是矣。"事其姑徐尽孝，姑以高寿终。既老，冰檗之声尤著。弘治间，知县杨子器以事闻，旌其门曰"贞节"。年九十终，府尹柴奇志其墓。今入祀典。

沈妇吴氏，吴泽女，县吏沈濬妻。沈病危时，郑宜君方死节，乡人皆叹异之，吴默有所感。后一月沈死，殓毕，即从容洗沐，更衣自经，后濬才五日，年二十九。龚诩有诗挽之。

朱妇王氏，名素，湖泾农家女也。年十四嫁里人朱佩，四年而夫亡。父母怜其早寡无子，潜以字人，王觉之，遂自经死。

卢妇夏氏，名妙清，太常卿枭女，刑部主事卢瑛妻。瑛卒，夏方年二十四，奉寡姑，抚

1　晬，底本作"睟"，据文意改。

2　笄，旁有墨笔批注"疑'期'"。

怀抱子，不出门户者垂五十年。成化五年，有司上其事，诏旌其门。

张妇龚氏名贞，进士张经妻也。年二十七，经亡，奉姑教子，孀居五十余年。子希年，以学行称，龚之训也。有司上其行，旌其门曰"贞节"。

杨妇周氏，名淑贞，县学生杨洪妻。年二十九，洪以疾卒。子然居贫，绩纫以糊其口，志操愈坚，人称苦节。

夏妇吴氏，邑人夏衡妻。年二十衡卒，吴矢志守节，以寿终。弘治十一年，有司以事闻，诏旌其门闾。

王妇吴氏，参政遁庵公愈女也。禀性弱淑，读书娴礼。参政择婿，得训导王曰敏之子银。后二亲宦游，银摄家政，吴实相之。无何，银卒，子同祖甫三岁，即不御膏沐，不听音声，中外问遗，悉屏不与。数年，子稍有知，始理故箧，出遗书以训之。比入官，则勉以立身慎行，所以成就之者备至。以同祖贵，封太孺人。既卒，太史文徵明为志其墓。

沈妇杨氏，名如兰，平阳知县杨楷长女也。幼有异质。年十九，归邑人沈仁。三年夫病，不逾月竟卒，哀毁瘠立，自矢同逝。家人惧而防之，乃潜溺者再。舅虞不免，谕以不夺，得少解，仍筑二圹以成其志。年六十余卒。其妹德兰。别有传。

戴妇杨氏，名德兰，平阳知县杨楷季女也。少许嫁邑人戴忠，忠患疾，日者云："得喜可愈。"忠家遂迎德兰以归。值忠病剧，弗克成妇。未逾月，忠卒，德兰年始十六，竟安夫家，依寡姑以处，顷刻不离。其母使人讽之曰："汝与忠仅识面，尚未成礼，恐汝年少，难保其终。"德兰拔发自誓，竟不归宁。三年，姑病时疫，家人畏莫敢近，德兰日奉汤药，扶掖卧起。因染疫而卒，人皆哀之。邑人黄云传其事。

顾妇张氏，邑人顾琼妻，都事瞻母也。禀性端重，幼寡言笑。年十八归琼，三年[1]而寡，即屏去膏沐声音，子女躬勤耕织，以持门户，足迹不出外庭。孀居五十年，始终一节，乡党共称之。

王妇项氏，庠生王时雨妻。年二十四，夫亡，守节不渝。姑老子幼，备历艰苦。年六十八。嘉靖二十年，有司奏表其门。子任用，丁未进士。有传。

王妇陆氏，士人王土妻。土习举子业，垂成而病。既革，语其妻曰："吾死，汝将焉归？"陆曰："君即不幸，吾自有所处，必无他志，为君辱也。"土喜，目遂瞑。殓毕，即不食以祈死。家人防之稍懈，即以楮帛奠柩前，闭户自经死。去其夫死才七日耳，年二十有二。其居在西溢渎村，薛烈妇、郑宜君并死节焉，邑人异之，名其里曰"三烈"。先是，陆氏墓在晋福桥，枯竹更青。三年，三生芝草，皆双茎。及四年，芝不生，烈妇死节。此嘉靖初事也。

---

1 三年，朱笔改"三"为"四"。

陶妇方氏，蕲水令方玉冈女。年十八，归士人陶子舸。期年陶死，妇悲哀，数欲自经。或责以姑在，因俯默久之。姑亦寡居，同处一室，甚相怜恤。后九年，姑病卒，含殓毕，氏即自投舍西水中，手持荭根，牢不可解。家人得其尸，面色如生，遂启其自置之圹，在子舸之旁者葬之。嘉靖四十三年旌表。

丁妇许氏，邑人丁潮妻，嘉靖癸卯举人丁子载母也。年二十四，潮卒。幼子四人，茕茕抚育。凡四十年，至六十有三乃卒。先是，其家园池素植红莲，一夕尽变为白莲。观者异之，以为许氏素抱明洁，固天所以阐发其幽光也。石川张寰因名其堂曰"征洁"，作铭以遗之。

陈妇王氏，贡生王士高女。年十九，归邑人陈可乐。五年，生子唐，方二岁。可乐病瘵且剧，谓王曰："伯兄无子，可以儿子之。"王闻，恸哭投地，曰："养老事孤，吾事也。"因剪发自誓。及夫卒，依姑杨氏，孝养加谨。居无一亩之宫，人罕得见其面，一切尼媪，绝不与接。其艰辛之状，有大不堪者。积久成疾，晚年目眚，唐欲延医治之，王曰："我宁死，不能出手与人诊[1]视也。"嫠居四十年，终始如一，年六十二卒。邑人归有光铭其墓。

杨妇胡氏，胡致霖女。年十九，许嫁杨皓。皓商于外，十七年不归。已而讣闻，淑宁泣曰："吾命矣夫！"虽求者接踵，父命强之，坚不从。恪守终身，绝无纤累。

龚妇周氏，生员龚濂妻。年十七归濂，不三年，濂以癫疾走死于外。周即欲自经，其姑沈氏止之曰："为夫立后，死未晚也。"因立族人之子文楷为后，遂屏食而死。

吴妇张氏，生员吴羽妻。年十九夫亡，遗男孝甫方二岁，张氏抚之，克有成立。又织麻以养翁姑，为夫营葬，清贫苦节，五十年如一日。隆庆三年旌表。

沈妇胡氏，医人沈瑞妻。年二十三而寡，抚孤女。赘婿王珀方成童，坐其兄通，株系京狱者五载，众议改嫁其女，胡执不从。卖曲丸以赎婿，与女婚配，共甘冻馁，不改初节。万历元年旌表。

吴妇金氏，监生吴珊妻。十五嫁珊，后七年珊卒，矢志守节，预筑生茔。事祖姑克尽孝道，鞠遗孤备历辛苦，如是者六十余年卒。万历四年旌表。

诸妇龚氏，训导诸敏妻。幼有淑德，不苟言笑。年二十三归敏，仅六年，敏死。贫且无嗣，人皆难之。龚自甘淡泊，躬勤绩纴，抚孤女，供祭祀，劳苦三十余年。年六十余乃卒。

何妇周氏，邹平王府教授周可立女，生员何天衢妻。初，可立教长兴，天衢夫妇随之。天衢病，医祷无效，有老妪密教妇割股，且戒勿言，言则三年当死。妇潜割股，和椒汤进之，良愈。天衢见妇有瘢痕，固问之，妇不敢隐，后三年果死。归有光为文吊之。

1　诊，底本作"胗"，据文意改。

许妇郭氏[1]，千墩民郭澄溪女，易春江妻。生子曰孝，甫四龄，春江死。郭茹辛力贫，保其子，及长，教训为庠生。郭病甚，曰孝吁天请代，割股以进。邑侯台使交奖之。年七十八卒。

周妇王氏，少通经史。年十八嫁周镒，五年镒死，遗二孤，氏哀痛欲绝，所亲勉以守孤明志。已而孤复继殀，氏决意求死。有小姑与同起卧，乘间出，从容自缢。邑令重之，表扬于朝。顾梦川为之志，兄王执礼哭而祭之。

杨妇顾氏，杨一夔妻。嫁三年，一夔被酒出浴，溺死。顾痛其死于非命，日夜哭，必欲死之。时一夔遗一子，其舅日森以抚孤勉之。妇每哭，日森亦哭。亡何，子又死，顾乃决计自经于床，姑趋救之，复苏。日森大呼曰："新妇不念吾二老人耶！"因痛哭。七年而日森死，妇念姑虽老病，幸有四女在，足相慰解，以己在反为累。一日俟姑偶出，即距户，更新衣自缢，衣裳三袭，皆缝合。归子慕赞之曰："夫死而死，犹冥途赴家。数年契阔，方恨归晚。此其本志也。"先是葬一夔，预为己圹，死之日，即合葬焉，年三十一。

归妇陈氏，年十九，为善世妇，二年而善世死。善世疾革，遣之归，与母居，陈泣曰："妾无归理。君即死，当随君。"善世死，即拔剑欲自裁。母抱持夺剑，谓母曰："儿已许夫死矣。"自言宜死者四："无子宜死；年少宜死；舅姑老，异日无依，宜死；舅姑自有子奉养，无须我，宜死。"母守之三日夜，又谓母曰："儿一刻生，即一刻如刀刺。愿听儿死。"婢以糜进，则以置善世前，曰："君食我亦食。"含尸以玉珥，留一自含，曰："九泉之下，以此为信。"母知其坚不可夺，乃慨然从之。相对缝裳，市棺治殓具。后善世死五日，沐浴更衣，出拜舅姑，归寝，脱身缢死。其辞舅姑也以哀，其缢也以殓服，时万历三十三年十月十四日也。

沈妇王氏，赠山西运使王时旸女，生员沈象贤妻。年二十七，象贤死，欲身殉焉，遗三孤，因忍死抚之。既而三孤渐长，课之如师，督之如父，每曰："使人目吾子为无父之子，即愧死矣。"及三孤皆授室，子妇以岁时上寿，必坚卧不起，以诸子不能读父书，吾即无以下报尔父。每风雨孤灯，徘徊顾影，辄凄然泣下，悁悁欲无生也。晚岁数益奇，长子守愚、次子守谦皆死。藐焉诸孙，又鞠育之，以逮成立。年八十有八，以无疾终。先是万历戊子，按臣邓公奏闻，诏旌其门为贞节里。庚戌，按臣房公追褒懿节，送入五贞祠，春秋祀焉。

葛妇周氏，儒生葛纬妻。年二十四，纬死，遗一子甚幼，奉养舅姑，最为辛苦。会倭乱，提携老幼，奔走江乡。继以大水、兵荒洊至，俯仰之需，皆出十指中。坚苦之操，

1　许妇郭氏，《〔康熙〕苏州府志》《乾隆志》等皆无"许妇"，疑应作"易妇"。

久而弥著。及孙生，周即识之曰："此子必成名进士。"即葛太常锡璠也。苦节四十八年卒。万历三十三年，按臣奏请旌表，依项节妇、尤烈妇例，专祠马鞍山南，春秋祭祀不绝。

张妇陈氏，乡民陈鑛女。年十八，嫁太学生张必升。未逾年，必升死，誓不食。必升母沈氏，亦弗食。相持七日，氏大恸曰："姑为我弗食，我死姑矣！"勉复食，侍养其姑者三十年。姑死，丧葬具礼。贫无所归，乃归父家，时年五十一矣。鑛夫妇亦老且贫，氏以十指自给，如是者又三十年。御史橄旌其门，且赐粟帛。历二十四台，皆赐恤焉。氏生于正德十一年，卒于万历三十八年，享年九十有六，守节者七十九年。

王妇支氏，赠金都御史支公良知女，太学生王甘节妻。甘节幼病瘵，氏每吁天，愿以身代，历十载卒，时年二十七。抚六岁孤，以冀成立，即家柱也。局处小楼，纺织自给，课子如严父。家柱长有文望，为州学生，又不遇而殁。族之强者下石诸孤，氏茕茕抚其孙，又十年卒。苦节五十余年，得年七十有九。天启六年具题，建坊旌表。

何妇张氏，忠孝先生、兵科都给事中张栋女。七岁字于何，十七归瑜枝，甫阅月瑜枝病瘵死。氏请殉，都谏曰："既为人妇，殉固当，其如我令若事舅姑之意何？"氏乃毁瘠持丧，三千里归葬何氏墓。及都谏以言事归，请于舅姑，归依其母。然修妇礼甚备，甘腝之奉，未尝绝也。姑王氏每受其饷，泪辄数行下。亡何，舅汝泉公殁，伯氏琪枝方食贫，氏且洗囊以佐含殓。及琪枝成进士，以其子温然为之子，方五龄。氏抚之慈而有法，严为训诲，遂为名士。氏自十七称未亡人，年七十三卒，守节者五十六年。崇祯五年，诏旌表其门。张大复集有《张节孝传》。

任妇苏氏，邑民任凤鸣妻。年二十七，凤鸣以羸疾死。遗孤大绶，方五龄，家又赤贫。上事翁姑，下抚其子，皆取给于织纴缲纑中。翁姑殁，理襄事，备极艰苦。自二十七丧夫，年五十四卒，苦节二十七年。崇祯五年，县上其事于府，给匾曰"节矢松筠"，以预旌之。

顾妇王氏，太仆卿王宇孙女，少司马顾章志孙媳也。幼字顾绍芾子同吉，年十八殇。王闻变，即衣白布衣，怆然至父母前，不言亦不啼，若欲促驾行者。父母初甚难之，见其性不可夺，告之翁姑，具礼迎之。至则面生枢，拜而不哭，敛容见翁姑，有终焉之色。姑李氏故以德闻，谓之曰："新妇岂圣耶？奈何以吾儿累汝？"王闻姑称新妇，乃下泪交颐，早晚跪奠枢前，间视姑眠食，而自屏处一室，绝不见门以外一人。万历己酉，翁诣金陵，而姑病且笃，王乃断一指煮药以进，姑病即起。后十二年，为同吉定嗣，王抚其子绛，恩劳有加。学谕沈应奎为作《王贞姑小传》，邑人张大复为作《贞孝传》。崇祯九年，按臣王题准旌门。年六十卒[1]。

----

1 年六十卒，底本"六十"后有空格，据顾炎武《亭林余集》，应作"六十"。

方妇瞿氏，教谕瞿良学女。归庠生方策之子梦嘉，生一子一女。梦嘉病死，瞿昼夜雨泣不成声。有姨姆者，念其姑老子稚，突无烟，不如改适。瞿哀叫摧裂，计惟以一死自免，姆复强之。一夕，私其女曰："若与弟善事祖母，馁无啼。吾死无更殓，可以担土葬汝父傍。"女稚小，不甚防守，黎明不见母，徂而泣，已投缳空舍中，绝矣。时崇祯二年二月二十日事。<small>张大复曰：方荣知礼守志，所遇忠孝廉节之举，多出其手，宜有此妇，而瞿义固凛凛矣。</small>

诸妇陆氏，任沙沟陆贤女。年十六，归里人诸继祥。诸之族叔有宗，性奸淫，而居道褐浦。慕陆，谋与同居，挑之者数矣，陆每密防之。一日天未明，呼继祥出市，乘间逾墙入，抱持求合。陆厉声大呼，宗始舍去。陆即出诉其母及妻，皆畏宗，不出一言。陆痛哭欲死，适继祥归，泣告之。继祥复懦，不敢伸其愤，陆乃距户自经死，年二十一。时崇祯庚午四月事。继祥讼之官，宗以贿求庇势家，卒不得白。

王妇周氏，邑庠生周豸女。生四岁，字洪庄王道正。十有一年，道正病死，氏年十五，讣闻，闭影缟粝自处。母以微言喻之，即呜咽不食，终不发声。既数年，王家翁秉汇与其里长者谋，欲迎氏归，父母不忍，云："姑徐俟之。"又十余年父殁，父之弟獬私与蔡姓者约，许嫁之。氏闻，即夜起自缢，家人持之，得不死。又复自沉，不获。獬知不可夺，为绝蔡氏，而仍使依母以居。周之族高其义，闻之陈御史及令苕溪闵公，闵召道正父语之，使具驾以迎，旌其门曰"完节"。时甲子年十二月，氏年三十七矣。氏执妇礼甚谨，而哭道正于墓甚哀。独居缉绹，一如为女时。

姚妇唐氏，年十九，为士人姚起虞妻。起虞力学，苦志不遇，呕血死。唐年二十七寡，无子，所生女犹在怀抱间。唐奉养翁姑，拮据中外，垂三十年。邑令万旌之曰："代夫继孝。"翁姑死，抚从孙为嗣。年六十九卒。

王妇顾氏，文康公四世孙顾震宪女。嫁王志周。值产中落，年二十七夫死。顾缉绩孝养，养其翁者十五年，养其姑者二十五年，殁复经纪二丧。崇祯二年，按臣给匾旌之。年六十五卒。

陆妇张氏，新宁州守东园公鲁传长女。年十九，归陆湘卿。二十二，湘卿以试于有司不遇，赍志以殁。氏恸不欲生，以湘卿命事生母为嘱，乃强起抚其孤女，自朔望问安舅姑外，足不越阃。又五年，忽梦湘卿抱一儿以前，曰："是当为吾子。"旦而伯姒免身生男，其舅道源公即命为湘卿嗣，即庠生陆祚兴也。氏抚育恩勤，教训严切，迄以成立。凡嫁女娶妇，事生送死，皆一身肩之。乙酉秋，生母龚殁，适当多警，氏以己所终老之具殓焉。呼祚兴曰："吾百苦一身，今且弛担，可下见而父矣。"辛卯春，年五十六卒。其弟孝廉张立廉为志其墓。

陈妇曹氏，太仓孝廉曹讷女，昆邑庠生陈言先妻。言先幼有才名，文章倾一时之誉，孝廉绝器爱之，殁赠特厚。氏涉经史，识大义，未尝私其所有也。年二十四，言先早卒，遗孤藐然，倚氏以为命。氏抚而教之，迄有成立，即邑庠生陈留也。舅岊如为冀州守，称廉吏。以盗案为后守所诬，迨辨明，得复原官，所费不赀，悉氏出奁中所有佐之。既而补任归德。时际变乱，又出五百金走豫中，代疏乞休。其达识远见，有奇男子所未逮者。至其待诸叔诸姑也，给衣食，佐婚嫁，有加无已。于内亲之老而无归者，如陆氏、屈氏，生则养之，死且殡之，轻财重义，其天性然也。晚年家益落，敝衣蔬食，毫无悔心。年五十四卒，守节者三十年。

徐妇诸氏，文学诸有是女。适徐文学应时，早卒，妇年二十九，子永光方十岁，次子某尤幼。妇毁容守志，以保孤完节自誓。教其子读书，恒以织纴给膏火，每身自督课，至丙夜不倦。徐氏先世桃符有"孝弟传家宝，诗书遗子金"之句，妇恒引之以为训，曰："子孙得此足矣！"言讫，辄为流涕。既而永光为诸生有名，孙开禧遂登进士，以县令擢入词林，开裕登贤书，由妇之教也。先是直指使廉访地方节妇，舆论无如妇者，儒学遂以名上申。妇闻之，急谓永光曰："子死孝，臣死忠，妇死节，谊之常耳。自汝父之亡，我欲死者数四，以翁姑有命'殉夫易，保孤难'，我是以至于今也。若以是求名，毋乃重我不德乎？其急止之！"永光不敢违。崇祯元年，开禧贵，始具疏请于朝，得旌表如例。

管氏，民家女也。生而幽静，父文华爱之，欲字一读书子。有包氏子宗贤，颇秀颖，文华以女许字之。无何，宗贤病死，管氏向隅泣，私告其母曰："生不相见，死而送殓，于礼可乎？"母以告文华，文华曰："可。"遂缞髽以往，视殓如礼。已而竟止于姑之室，父母劝之归，曰："俟送葬。"既葬，曰："请终丧。"父母固强之归。乃住小楼，礼佛像，粗服素食，未尝下楼。里妇有以他端告者，皆不听。如此者十三年。乙酉四月，文华死。其后邑被兵，或劝氏出，氏曰："我死已久矣，将何之？"乃扃户自缢于楼，年三十。

景妇陈氏，儒家女。年十八，归景运昌。一年，运昌病死，妇矢以死殉，家人多护持之。妇曰："我宜死者三：舅姑有长子，可终事，一也；己无子，二也；身出儒家，知义理，三也。"夫死后十八日，守者稍懈，遂自经死。文学顾求一作赋哀之，节孝先生朱集璜为之赞。求一后为名僧，号朴庵。

苏妇黄氏，苏赋才之妻也。赋才家世贫甚，治腐、酒，然赋才性孝，尤好学。居仅一廛，乃读书必以夜分为率。稍间，则复偕黄氏起磨腐，以代亲劳，虽大寒暑以为常。崇祯甲戌岁，赋才病甚，呼黄氏曰："我疾革矣，若奈何？"黄氏曰："我见子事亲，忍寒无衣，忍饥无食，而必饱暖其父母。我见子父母不怿，必捧其面，抚其背，作小儿状，至父母悦方止。子如不讳，如舅姑何？吾当守节，为子养父母以报子。"赋才遂死。时黄氏年二十三，无子，有一女，毁容易妆，昼夜哭。舅姑既痛其子，又伤黄氏之哀毁也，泣甚。黄氏乃曰："我所以不即死者，以舅姑在也。今不可以重舅姑之哀。"乃更以言慰舅姑，舅姑稍解，益谨事舅姑。其后岁大祲，黄氏糟糠不给，然堂上之供不[1]缺也。苏家东南门外，乙酉避兵入城。已而城破，死于县西，君子伤之。曹梦元为之立传。

管妇赵氏，管大年妻也。年十八而嫁，二十而寡，生子甫月余。以纺织资生，俾其子成立。年四十复死，赵氏又抚其孤孙如子，寿至七十三卒。县旌其门曰"姆仪贞范"。

郑妇张氏，诸生张顺素女也。适郑氏子方，未归时，夫已有病，必不起。妇闻而泣，矢无二，父母义而嫁之。凡十有三日而夫死，守节四十二年而卒。其妹嫁朱国鼎，年二十六寡，遗二孤，家徒壁立。伯叔怜，欲嫁之，不从，守节至年六十三而卒。县旌郑妇曰"冰心玉节"，旌朱曰"芳年画荻"。

陶妇卫氏，卫东白之女，陶性友之妻也。年十八而婚。其未婚也，性友隐其年之长且病，以求婚于卫，卫不疑而许焉。合卺时，陶已不任拜跪，遂长斋谢芬华。未半年而性友死，卫缢而解者数四，以姑命而止。姑媚，事之纯孝。姑病哽，辄昼夜不寐，虽涕洟必手拭而口吮之。姑殁，乃抚叔之子而子之，治其家事，皆任人所不堪者。性严，亲戚希见其面，有病亦不就医。所居虽蓬户处，人莫闻其声音也。以为守节宜在陶，虽父母昆弟力请归宁，然经岁始一至，至辄返。素未尝读书识字，自守节后，凡佛典儒经，皆朗朗知句读。年六十余，县旌其门曰"节义性成"。

王妇范氏，诸生范振女，儒士王时妻。年十九而婚，时已得癫疾，范奉汤药极谨。年余时卒，无子，妇誓死砥节，夙夜纺织，备尝冻馁。或怜而助之，皆辞不受。至老，邻里未尝见其一笑也。县旌其门曰"节同金石"。

顾妇吴氏，娄东人，嫁邑民顾维翰。维翰不治生产，家徒壁立，病卒。吴年三十，子五人，少者尚在腹。家无期功之戚，饔飧不给。或讽令改节，氏喟然曰："此禽兽行也。我忍死，守诸孤耳。"其后皆成立。年至七十，兕觥盈门。县旌之曰"苦节可风"。

[奇]

[王氏，硕园晨之女。初学语，作北音。稍长，读书不辍。尝跌坐蒲团，询其奚为，答云："参禅。"偶阅明季遗事，载庄烈帝殉社稷事，放声大哭。后每遇三月十九日，辄悲泣如不欲生。长适吴江叶舒璐，事舅姑尽礼，夫妇严敬若宾而不共处，为叶置一妾。比叶补诸生，则愤不与语，昼夜恸，遂丧目。请于舅姑，得大归，匿影诵读。邑称奇女子。相传为长平公主再世。][2]

1　不，朱笔改为"未尝"。

2　此段与上"奇"字在同页，底本以红格稿纸誊写，字体、版式有明显差异，插在卷三《水名分疏》前。查国图本无此段。江苏科学技术出版社整理本将此段排在卷十八《列女》末，今从之。

人物九 艺术

艺术，末节也，然精者必传。如医，如书，如画，如阴阳家言，皆得列著之，而邑中之以医名者尤众。

宋

毛松，善画花鸟、四时之景。子益，乾道中画院待诏，工翎毛花竹，尤善渲疏，似欲飞鸣者。有《黄鹂出谷》《荷塘柳燕》等图传于世。益子允升，景定中画院待诏，克世其业。

戴老，忘其名，学赵千里林木山水，可追迹赵大亨。世传其名，皆称"老戴"，诚足擅绝云。

元

陆德润，字仲德。好阴阳、星历之学。尝客江西，得秘数，能推极其说，节殊脉贯，使不背于理，学者称之。然颇自秘匿，不轻示人。为人简洁，退然若无能者。喜信义，与人交，久而益善。

李简，字士廉，本庐陵人，侨居昆山。通阴阳家学，操守端方，好古尚雅，尤工于诗。

周仲高，精天文地理之学，薄游四方，善征休咎。时方承平，自钱塘来昆山，曰："天下兵且起，吾卜地，莫如娄善。"遂居焉。已而钱塘毁于兵，昆果无恙，人皆异之。邑中自县衙及神宇人宅，相方定位，卜日揆辰，皆出其手。

朱玉，字均璧，善绘事。闻佳山水，每翛然独往，数千里不以为难。永嘉王振鹏在仁宗朝，以界画称旨，玉从之游，尽得其技。尝奉命图《藏经》佛像，方不盈矩，曲尽其状，而意度横生，不束于绳墨，人言王君盖不能过。所居有虹月楼，杨维桢为之记。

宋尹文，字文璧。幼知向学，受知于左丞许公师敬，荐为翰林简阅官。学琴于秋山徐氏，得其雅正之趣。大德间，鲁国公主闻其名，召至，奏《胡笳十八拍》。公主怃然曰："其音凄惋，有放妻离子之悲，何其感人之深也！"赐白金百两以归。后老于报本寺，益精六壬、遁甲之术，推测休咎，多奇中云。

王时，字景南。博学好古，精于篆隶章草，用意深密。凡六书源委，靡不推究，卢熊深称美之。

吴睿，字思孟，［别本作"孟思"。］自杭来居昆山。工翰墨，尤精篆隶。师吾衍，得其书法，四方求书者日众。为人外若和易，内实刚介。所交皆达官，绝无求荐意。卒于昆。

朱珪,字伯盛,笃学好古。从钱塘吴睿,师授书法,凡三代以来金石刻词,靡不极意规仿之,久有悟于石鼓绎碑之法。尝取宋王顺伯,元吾衍、赵孟頫诸家印[章],旁询博取,纂为凡例,以吴睿等所书印,并自制秘印附焉,为《印文集考》若干卷。又模吴睿所书,为《字原表目》一卷。珪为人清澹寡欲,读书十年不下楼,五十不娶,翛然有出尘之趣。与永嘉李孝光、清河张天雨、昆阳郑东辈缔文字交,杨铁崖为撰《方寸铁志》,倪云林为作《静喜亭诗》。

明

王履,字安道,居昆山之太仓。学医于丹溪朱彦修,遂尽其术。尝谓张仲景《伤寒论》为诸家祖,后人不出其藩篱;且《素问》云人伤于寒为病热,言常而不言变,履乃备常与变,作《伤寒立法考》。又谓《阳明篇》无目疼,《少阳篇》言胸胁满,不言痛,《太阴篇》无嗌干,《厥阴篇》无囊缩,必有脱简。乃合作伤寒三百九十七法,极论内外伤经旨异同,并中风、中暑辨,名曰《溯洄集》。[又作]《标题原病式》一卷、《百病钩玄》二十卷、《医韵统》一百卷、《小易赋》、《十二经络赋》共若干卷。履笃志于学,博极群书,为文若诗皆精诣有法。画师夏圭,布置茂密,行笔秀劲,评者谓作家士气咸备。尝游华山,作四十余图,书纪游于其上,至今传之。洪武初,为秦府良医正,卒于官。子伯承,克世其业,无嗣,尽以其秘传婿沈仲实号松岩者。

许谌,字元孚,其先銮江人,南渡来居娄东。少从王安道游,深造医道。自号娄愚。[所]著诗文名《野情集》。

沈真,字士怡,别号绝听老人。自吴县竹桥来居于昆。志操简澹,不事华饰,志在济世。学于医尤精,患伤寒难治,因以仲景《论》为主,取李浩《或问》、郭雍《补亡》,由汉迄今,凡论伤寒者,集而为传,名曰《伤寒会通》。诸名家称之,谓补仲景所未备。事具卢儒所述行实中。子方。见《隐逸》。

许律,字用韶。父矩,字仲方,元医学教授。有世传之秘,凡人所不能疗,一经诊视,生死判然,人并神之。弟度,字用衡;量,字用广,并以医名。

董伯儒,与许用韶为内外兄弟,医学同出于一门。伯儒淳质无伪,脉药尤精,授本县医学训科。子士源,克继其业。

陶浩,字巨源。为许元孚赘婿,尽传其医术,能数起奇疾。居娄东,远近闻名,求疗者甚众。浩素清俭,通儒书,有声士林,为乡里所重。

徐寿,字文同。嗜读书,工医卜。祖伯兴,为元昆山州学正,因家娄东。长子发,以父病,稽颡北辰,求以身代,人称孝子。次子牧。见《举人》。

范暹,字启东。有孝行,善画花鸟。永乐中,入画院,供奉二十余年,老于京师。博识有谈论，馆阁名公多重之，人称苇斋先生。

朱定安，字士隆，吉长子。精楷书，尤工古篆，得周伯琦笔法。尝积其书草瘗之，名"篆冢"。叶文庄公云："昆山衣冠旧族，必推朱氏。若士隆兄弟，虽出处不一，而清修苦节，不坠家声则同。"为士大夫所重也。

朱永安，字士常。少从王文靖公汝玉游。博学工诗，为文专主性理，善真草书，得晋人笔法。平生无他嗜好，惟古今书籍购蓄甚富，暇则焚香鼓琴而已。所著有《尚书斋稿》。子夏。见《隐逸》。

夏昺，字孟旸，太常公昺之兄。精书法。初授永宁县丞，被诬谪戍隆庆。昺既贵幸，太宗问其书法所自，昺以昺对，即日驰驿召见，试书称旨，擢中书舍人。后预修《永乐大典》。昺性恬淡，与人交，恭敬辞逊。善绘山岚云树，不减米南宫、高房山。致仕家居，垂二十年卒。

何顺中，世业医，自曾祖子云以下，皆有名。至顺中，尤著工巧，居太医垣四十年。王公贵人有招延之者，必专敬乃往；或以势位临之，弗能致也。家固贫，极谨义利之辨云。

葛哲，字明仲。世业儒，尤精医药。哲以荐授荆府良医，所著有《保婴集》，上之朝。弟睿，亦善医，时称"二葛"。

张羣，字文羣。善画山水，宗马、夏。弟翼，字文翔，善书，宗欧、颜，慷慨尚气节。岭北诸公宇及温泉，题壁甚多，大者如方斗。其书《龙门谏院题名记》，尤为超伟。[天顺间，从数千里归，方入城，道遇故人子，曰："为御史杖枉死，欲赴阙讼，无可告者。"羣曰："我偕尔往。"即同载去，竟以此谪戍开平。]

屈礿，字处诚，号可庵。善写竹，继夏太常之后。间作枯木竹石，简淡古远，得王孟端笔意。

吴璘，字惟贡。善画竹，师夏太常，亦知名于时。

周号，字德元，号草庭。工于篆隶，凡碑碣题署多出其手。写梅花为超绝，擅名当代，王元章之后，一人而已。成化中，有司再以贤良荐，不遇而归。

周振誉，字彦声。世业医，至振誉尤精。正统初，征入太医院，擢楚府良医，归老于乡。治危疾多奇效，名满吴中。

支鉴，字汝同。性整洁，块坐一室，左右图籍数卷，日就窗几界乌丝阑，作小楷百字以为常。得钟、王之妙，为夏太常所称赏，名闻吴下。凡宫庙墟墓碑榜，多其手笔。间画细篠涧蒲，颇极幽致。时又有项拱辰，字惟忠；李元寿，字仁山，皆善大小楷书。

王纶，字理之，以字行。伟貌修髯，喜吟善画，为沈石田入室弟子。尤工篆隶楷书，阙里重建孔庙，东抚礼聘以往，穹碑大额，皆其手笔。曾预修《昆山志》，所著有《续昆山杂咏》《节烈编》等书。

潘澄,字若水。性狂侠,善画。时吴中张宏、陈遵之流,皆以山水擅名,澄后起,遂驾出其上。又喜饮,每酒酣放歌,泼墨淋漓,浓淡相得,辄成胜景,识者以为有神助。素尚气节,故虽在艺流,贤士大夫,多与之交。维扬季给谏开生,尝延澄至京师,给谏以言得罪,徙尚阳堡,亲朋左右,无敢送者,澄独携襆被,追随徙所,寒风朔雪,相依岁余。迨海盐陈公之遴亦以谴至,澄曰:"给谏今有友,无庸澄居此。"乃南还。会郭侯文雄殁,澄经纪其葬事,感病卒。

人物十方外

二氏之学多以灵异得传,有他方之人著于昆者,亦有昆人著于他方者,并得列而存之。

梁

慧响,姓怀氏,吴兴人。天监十年,由内寺归省,登马鞍山,有息焉之志,因放锡禅坐于山胁石室间。方运筹思立精舍,忽有神人见于前,曰:"愿施千工,以佐景福。"其夜风雷震吼,林木怒号,近山之人,闻朴斫声。及明,庙阶骈峙,其方截如,延袤一十七丈,高丈有二尺,盖山神之役鬼工也。县宰奏其事,武帝命造慧聚寺。后师于扬子江心虾蟆山示寂,寺僧追念开山,乃斫石像于所憩石室中,至今犹存。扣之铿然有声,因呼为"响大师"云。

唐

道钦,姓朱氏,圆明人。母管氏梦莲生户枢,因生钦。早弃儒教,年二十二,授业景德寺,因游历丛林。遇素禅师,谓之曰:"子神气温粹,真法宝也。"钦感悟,求为弟子。素为祝发,戒之曰:"汝乘流而行,遇径而止。"因南游抵临安,见东北一山,问樵者,知为径山,乃驻锡焉,借龙潭筑庵其上,为开山师。大历二年,代宗召至阙下,亲加瞻礼。一日与忠国师同在内坐,次见帝驾,即起立,帝曰:"师何以起?"师曰:"檀越何得于四威仪中见贫道?"帝悦,赐号国一禅师。后归本山,于贞元八年十二月示寂。今荐严寺西有罗汉桥,以国一得名也。

后唐

绍明律师,慧聚寺僧也,居半山弥勒阁。一夕梦神人曰:"檐前古桐下,有石天王像,并铜钟,宜知之。"诘旦掘其地,果获之。龛置壁间,形制甚古。常熟破山[寺]高僧尝学于绍明,见《僧史》。

宋

清化师全怂,一作"副"。邑人。随父贾贩,至豫章,闻禅会甚盛,求出家。初参南涌塔,问:"从何而来?"师曰:"鄂州。"塔曰:"使君名甚么?"师曰:"化下不敢相触忤。"塔曰:"此地道不畏。"师曰:"大丈夫何必相试!"塔辗然而笑,遂印可。自仰山还故国,钱忠献王赐紫方袍,不受。改赐衲衣,仍号纯一禅师。师曰:"吾非饰让也,虑后人仿吾而逞欲耳。"开宝四年秋,示寂,大风震木。

道川,邑翟氏子,名超。以勇力闻,为县弓手。闻东斋谦首座,为道俗演法,往从之,习坐不倦。一日被差捕盗,失役遭笞,忽于杖下有悟,遂辞役依谦。谦为改名道川,戒之曰:"汝旧呼翟三,今名道川,'川'即'三'耳。汝能竖起脊梁,了办[1]个事,其道如川之增。若放倒,依旧翟三也。"建炎初,圆顶遍游江湖间,驻淮西无为军一新坏寺。道遇虎,不为动,虎亦驯伏其旁。忽大书一偈云:"吾有一条铁榔标,纵横妙用无人识。临行拨转上头关,轰起一声春霹雳。"危坐脱去。有《金刚经注》《金刚般若颂》行于世。

四明二灵知和庵主,邑中张氏子。幼时尝习坐垂堂,堂倾,意必死,乃瞑目自若。异之,因使出家。趋谒渤潭,潭问其作甚么,师拟对,潭便打,复喝曰:"尔唤做甚么禅?"师蓦然领旨,即曰:"禅,无后先,波澄大海,月印青天。"又问:"如何是道?"师曰:"[道,]红尘浩浩,不用安排,本无欠少。"潭然之。后住二灵三十年,居无长物,惟二虎侍左右。一日威于人,师以偈遣之。宣和七年四月十二日,趺坐而逝。塑二虎于像前,至今犹存。载《传灯录》。

无庵法禅师,邑中陈氏子。东斋道川和尚为祝发。乾道己丑七月二十五日,将入寂,众求偈,师瞪目下视。众请益,遂书"无无"二字,弃笔而逝。后设舍利五色塔于金斗峰。

良玉,字蕴之,慧聚寺僧。行甚高,兼通文史之学,善书,工琴棋。游京师,梅圣俞友之,以闻于朝,赐紫衣。东归,圣俞以诗送之曰:"来衣茶褐袍,归变槐色服。扁舟洞庭去,落日淞江宿。水烟晦琴徽,山月上岩屋。野童遥相迎,风叶鸣橡槲。"后遁故山,专经为务。号所居曰"雨花堂"。

冲邈禅师,居马鞍山之翠微阁,年八十八卒。生平好为诗,所著有《翠微集》。姚舜明侍郎赠之诗云:"僧腊俗年俱老大,儒书佛教旧精勤。姑苏一万披缁客,四事无如彼上人。"邑宰盖屿亦有《读翠微集》诗云:"圣宋吟哦只九僧,诗成往往比阳春。翠微阁上今朝见,格老词清又一人。"

---

1 了办,底本作"了辨",据文意改。

慈照宗主子元，号万事休，邑中茅氏子。母柴氏，夜梦一佛入门，次旦生，因名佛来。父母早亡，投延祥寺出家，习诵《法华经》。十九祝发，习止观禅法。一日正定中，闻鸦声悟道。尝发誓言大地人普觉妙道，每以四字为定名之宗，教人专念弥陀，同生净土，宗风大振。有《弥陀节要》《法华百心论》[1]《证道歌》《风月集》行于世。乾道二年三月二十三日，于度城倪普建宅，告诸徒曰："吾化缘毕，当行矣。"言讫，合掌辞众，奄然示寂。荼毗塔于淞江力及市吴觉昌港[2]，敕号"最胜之塔"。

孙锴，邑人。祥符末，于镇州西山书院。一日采药，迷入深山。见茅茨数间，有道士据榻而坐。锴再拜，道士熟视曰："穷薄人也！当使汝足衣食。"与之丹砂一块，且授以符，曰："此可召役鬼神。今年河朔大疫，汝以此砂书售之，一符可取百钱。"既下山，依教鬻符，颇有余力。遂市牛，戴铁冠，被绛服，骑至大名，为守魏太尉王嗣宗所擒。锴曰："吾非造妖者，向遇神人见教，能令人见其祖先。"试之，果然。因表送阙下，补司天监保章，主符禁。后砂尽术衰，遂去，不知所之。

梁亮，家驷马桥下，以捕鱼为业。尝见一白鼠，逐之入穴，得书一卷，读之有悟。车塘张氏世有神术，亮往候之，掷一索于其家。家人见蛇入卧内，张知其为亮，追而饮之，视蛇，乃索也。提刑吴潜舟次江上，方小饮，亮携篮步水上，入其舟。潜怪，问之，曰："欲假公笥中白金酒罂耳。"潜见其篮甚小，且意其必不能藏，试与之。亮即纳于篮而去，即于驷马桥上，碎而分诸贫者。潜以为妖，捕之，逮至官，谓亮曰："汝今能去此否？"亮因贮水于盆，剪纸为鱼，游跃水中。复剪一鹭，飞绕庭下，攫鱼而上。众皆仰视，遂失亮所在。

易如刚，字仁甫，饶州安仁人。幼孤，入龙虎山为道士，后主茅山玉晨观。又为昆山普照观住持，宁宗御书观额及正堂匾赐之。嘉定四年，赐号"通妙先生"。十四年，复加"葆真"。[绍定辛卯卒。元延祐三年，加封"通妙葆真文教真人"。]

王可交，居吴淞江赵屯村，今属青浦。以耕钓为业。三月三日，棹舟入江，见彩舫漾于中流，有道士七人，中有呼可交者。顷之，舟近，呼之上舫。一道士曰："好骨相，合仙。生凡贱，眉间已灸破矣。"一人于筵上，令侍者倾酒饮之。再泻，酒不出，因与二栗，食之，甘如饴。命黄衣送上岸，觅所乘舟不得，但闻风水林木之声。开眼峰峦重叠，乃至天台山瀑布寺前。问其僧，乃九月九日，离家已半年矣。僧设食，可交厌闻食气，自后绝谷。归挈妻子，隐四明山，不复出。

---

1 《法华百心论》，底本"百"字无，据元普度编《庐山莲宗宝鉴》补。
2 淞江力及市吴觉昌港，《万历志》作"松江力及市港吴觉昌宅"。

元

衣和庵主，邑人也。隐居雪窦之栖云，畜二虎，恒跨之以游，后徙二灵终焉。初雪窦妙高峰左千丈岩巅有藤一枝，蜿蜒其上，下临不测，乃盘结成龛，为师藏修之所，故号栖云。大德丁未，毁于兵，虎为人害。乡人谓庵复而和祠，则虎患可息。至元丙子，复其庵，肖其像，于是二虎前伏，仍不为害。

柏子庭，邑人，为慧聚寺僧。有戒行，能诗，名其所居曰"不系舟"。尝为《磬疏》云："鸣锣恶念生，击磬善心发。善心发时火镬凉，恶念生如莲叶脱。我来化磬不化锣，布施无分少与多。一槌打却自家底，声声唤出阿弥陀。"时邑多名僧，郭翼《与顾仲瑛书》曰："颜悦堂编蒲有室，柏子庭不系有舟，宝云海之宗乘，亮虚白之图画，秉白云之千林阁，庄蒙泉之大宝洲，方之高僧，无与伦比。方外[诗]僧，则有大无外者、省梦庵者、理独间者、唐西白者、器大用者、庆云冈者，皆齐己、灵澈之流也。"

明

常在，号别峰，江阴陈氏子。方晬，值兵乱，母携之走避，坠水不能救。次日，兵见锦褓小儿浮水中，举取其褓，而体尚温，俄顷遂苏。异之，乃携归。邑民张胜乞为子，因冒张姓。甫成童，杭之集庆寺僧正纯闻其受难事，遂乞为徒，张即舍之，因名常在。既长，往天界寺谒昙公。公见其貌伟而声如钟，器之，俾领纲维，众皆悦服。洪武二年，[别本作"二十年"。]补鸡鸣寺住持，引见，奏对称旨。适信国公奏宁波育王寺乃释迦世尊真[身]舍利道场，久乏住持，帝召僧录司谕曰："鸡鸣寺僧有福，着他住育王。"越数岁，宗风远畅，弟子罔不皈依。永乐三年，归住鸡鸣。十月，无疾而化。阇维五色，舍利累累，弟子奉归荐严寺藏焉。

文琇，号南石，邑中季氏子，出家邑之绍隆庵，礼智兴为师。尝询法要于虎丘行中、行仁禅师，得言外旨。洪武中，住郡之普门，迁灵岩[之]万寿。永乐十年，住浙之径山。越四年，退归苏之竹山松院。永乐十六年九月，无疾而逝。有《续传灯录》《四会录》行于世。

薛朝阳，字鸣凤，号洞玄冲靖广道大真人。先居龙虎山上清宫，有斋粮田庄，在淀山湖上，因造观堂，游息于此。尝召仙，萨真人降笔云："玉堂侍御少思凡，谪向人间九十三。此去更能修大德，青毡依旧列仙班。"洪武二十年，寓报恩宫，时年九十三矣。沐浴整衣，端坐题云："翛然梦觉本非仙[1]，百岁何妨欠七年。昨夜昆仑孤顶上，一声霹雳

---

1 翛然梦觉本非仙，底本"然"字后有空格，以朱笔补"一"字，又于"梦"后以墨笔补"觉"字，故亦有作"翛然一梦本非仙"。

旧青天。"掷笔而逝。

李德睿，字士明，号鹤瓠道人，邑人也。幼颖悟，有出尘之想，师礼赵中父习玄学。及长，为道士，凡三皇内文、九鼎丹法、延龄卫生之术、醮章炼度之书，无不该洽。后从庄子正游，又明岐黄之书，凡先医证治之论，悉造其奥。晚遇樵人李清隐，教以窦太师飞腾针法，由是以医得名。一时王公贵人，下至韦布，无不敬慕而拜礼焉。洪武癸巳，年七十二，无疾而逝。火厝之日，有祥光罩龛，群鸦来集。缙绅先生以诗文赞咏之，张羽有传，高启有赋咏，姚广孝有碑铭。

二胜，名诠修，自号蒙泉道人。少游邑庠，名李子柴。擅书法，工画人物花鸟。居邑之平乐浦，树园木，莳药草，畜禽鱼。性尤好菊，怡然自得也。奉母至孝。乙酉秋，见城中杀数万人，慨然有遗世之志，去须发为僧。始叩万峰，后入古南老人之室，怡然意解，尽得其宗传。然性本高洁，喜入深山，一意韬晦。初入武康万山中，继闻武夷九鲤之胜，遂挟徒侣以行。有处士黄钝者，敬而礼之，请主云门、南山二法席，说法如云，道俗敬信。后见微疾化去。所著诗文名《树下草》，主法后，名《云门草》。嗣法弟子十一人。同时以诸生披剃者，尚有王氏子号冰观云。

卷十九

艺文上

古人称三不朽，立言其一也。邑自机、云产于往昔，羲仲、丹岩、震川、仲蔚诸公兴于近代，其以诗文名于天下，久矣。至四方文人游寓之作，亦多斐然辈出。前此诸卷，多因类附见之篇，而名家著述，未尽载者，不可胜数，宜悉表而出之。顾志乘所载，必取其裨益政教、辅经翼史者，始登之以备传述，否则文词虽丽，弗录也。他如名贤墓志，则人物冢墓已有可考；寿祭之文，谀词为多，皆不暇载。作《艺文志》。

疏

请分建嘉定县疏

宋赵彦橚

奏为平江府管下五县，其境土广袤无如昆山，而顽犷难治亦无如昆山。详考其故，盖昆山为邑一十四乡五十二都，东西相距凡二百余里，县治以迁就马鞍山，僻在西北，故西七乡与官司相接，稍稍循理。自昆山县治东至练祁七十里，自练祁至江湾又七十里，通计一百四十里，其间止有商量湾[1]、杨林两寨，又皆不足倚仗。故东七乡之民，凭恃去县隔绝，敢与官司为敌，不奉命令，不受追呼，殴击承差，毁弃文引。甚而巡尉会合，亦敢结集千百，挟持器仗，以相抗拒。习成顽俗，莫可谁何。其害有三：争竞斗殴，烧劫杀伤，罪涉刑名，事干人命，合行追会，不伏赴官，至有经年而不可决者，此狱讼淹延之害；滨江傍海，地势僻绝，无忌惮之民相率而为寇，公肆剽掠，退即窝藏，殆成渊薮，此劫盗出没之害；豪民慢令，役次难差，间有二十余年无保正之都，两[2]税官物，积年不纳，只以秋苗一色言之，岁常欠四万余石，其他类是，此赋役扞格之害。有此三害，昆山遂为难治之邑，其来非一日矣。盖

1　商量湾，底本"湾"字后以墨笔补一"江"字，据《吴郡志》卷三十八应以"商量湾"为是。又，此行上有眉批"落一字宜空"，未知何指。

2　两，底本原作"陋"，后以墨笔改为"漏"，又改为"两"，据《吴郡志》卷三十八应以"两"为是。

县方百里,而兹邑广袤倍焉。以一令临之,制驭有所不能,及养成顽恶,[亦]地势使然。

昨于嘉定七年,准尚书省行下,备白札子陈乞,欲于练祁市添置一县。本府已尝委长洲县娄主薄、吴县丘县丞两到练祁,相视利害。据各官所申,亦以为合置一县。但恐有起[盖]廨宇等费,且先添置一尉,[然]东七乡之顽[犷],根深蒂固,决非一尉之卑所能耸动。察其理势,莫若置县之为利便。今斟酌事宜,欲割昆山西乡之安亭,并东乡之春申、临江、平乐、醋塘,凡五乡二十八都为一县,就练祁要会之地,置立县治,以“嘉定”为名。所有东乡惠安、新安、湖川及西乡朱塘、积善、全吴、泖川、武元、永安,凡九乡二十四都,仍属之昆山县所有。其他张官置吏事件,并欲照绍兴府新昌县、处州庆元县创置一般体例参酌,续次白[1]请施行。如蒙朝廷拟照事例,特从今日所乞,庶使近畿之邑,无不率化之民,寇盗可弭,役赋可均,于公于私,皆有利益,郡县幸甚。

请分立太仓州疏

明朱　瑄都御史

臣闻事有便于民者不嫌于创[始],政有益于治者不惮于更张。如太仓向隶昆山,今议设州城,于军民便利有六:如昆山所辖唐茜泾等处,又常熟所辖直塘、双凤、涂松等处,嘉定所辖刘家港等处,各离远若干里,到太仓各近若干里,若将附近乡都分割,则纳粮当差,不致远涉。一也。又太、镇二卫本备倭寇而设,近年官军俸粮俱往别县关支,尤为不便。万一寇发城闭,何恃以守?若立州,则粮积充足,有备无患。二也。又城郭内外,军民杂处。大率军多刁横,欺凌民户,兴讼委官,不得约会,以致监禁日久。若立州,则民有宗主而不致受欺,军知畏惧而不敢纵恶,设有词讼,可以旦夕狱成。三也。又附近人民每将货物入城变卖,有等光棍用强搀买、寻闹抢夺,以致乡民别处市集变卖,路远费多。若立州,庶免前弊。四也。又崇明离苏州府若干里,太仓城若干里,其民到府必经太仓,而守御千户所又属镇海卫辖。若立州统领崇明,则远近相制。五也。又卫学军生,例有岁贡,三学民生,附近卫学肄业,既无粮廪之资,又无岁贡之路。科第虽不乏人,奈解额有定,不无淹滞,以致皓首穷经,无由补报。若立州,军民生徒俱有廪贡交沾,实为后学之幸。六也。以臣愚见,灼知有益。乞敕该部查照前后建议施行,地方幸甚,军民幸甚。

地方事宜疏

明周　伦邑人

臣巡历江洋,阅视夷险,查考废坠,询访民风,方欲效竭驽骀,展布芹曝,乃于六月

1　白,《吴郡志》卷三十八作“申”。

二十七日荷蒙转官本院，但地方事宜原奉敕谕者，臣不敢不为陛下一言之。

臣查得所属地方切近江海，如应天府江浦县有县无城，浦子口立卫城见已塌坏；常州府江阴县土城初筑，未曾包砌，无锡县旧有城基大半废圮，靖江县新设江中，未曾建筑；苏州府常熟、昆山、嘉定虽有城基，存无三四；松江府上海县旷在海滨，未经建筑。先年江贼张士诚由福山港直趋常州，竟据苏州，海贼方国珍由刘家河随潮窃入昆山，皆无城池之害也。目今承平日久，虑患当深，但修筑之费，官乏余财，民当贫困，取给官民，事应难济。

臣查得已上各府所属民壮，比之西北边境者不同，其实雇倩市民答应，官府差遣接递，以张观美，浪费民财，委无实用。又查得民壮每名均徭定银十两一籍，虚名皆费，实惠合无。敕令各府民壮每县拣选壮丁及善武艺者，一半存留操练，仍旧给与工食，以备警急；一半止籍其名在官，放令归农，其雇倩工食银两，收贮在官。该府不拘有无损坏城池，通融集银，听给修砌。先遣廉干官，估计某县该修该筑城垣若干，合用工费银若干。通计各该修筑之费，共该若干，却查余下民壮银若干，大约以一年为率，如可毂用，不必动支别项钱粮；倘有不足，即于次年扣除民壮银内查取补数。然后拣选领辖处置人夫，鸠工集料。各该巡按御史巡行督察，工完之日，造册奏缴。如处置得宜，克日成功，照例升赏。设使地方欲用民壮，则暂停工作，旋倩在籍之人亦为不晚，是亦无事之时归农之意。常年止令一时讲武以给工食，三时业农以收雇值，则财自日丰，民将乐业足财，裕民之道也。此疏上于公为操江巡抚时。

请蠲逋负疏

明方　豪昆令

直隶苏州府昆山县知县臣方豪，谨奏为蠲逋负以苏民困事。窃见昆山濒海之地，地势卑湿，稍雨辄潦。旧年霪雨为灾，今年尤甚。一水弥漫，四望无际。昆民惟事田亩，他无所营，田亩既空，何以为命？草根树皮，采掘殆尽，虽富家宦族亦以麦粉度日。壮而无食则逃，子不能以有其父；稚而无食则弃，父不能以有其子。臣每一陆行，饿莩塞路；每一水泛，枯骨填河。触目伤心，动辄流涕，至废寝食。说者谓昆山三尽——上户财尽，中户逃尽，下户死尽，殆非虚也。

臣窃惟国家财赋寄东南，苏州，东南大郡也；昆山，苏州巨邑也。今东南之荒，莫甚于苏州；苏州之荒，莫甚于昆山。时事如此，诚有大可虑者。当此之时，陛下发府库之积，遣赈济之使，议者犹以为噬脐，况可加之以催科之扰乎？本县旧年之灾亦已甚矣，踏灾者怵于刘瑾，指荒作熟，冀以免祸，故朝廷无全免之恩，上司有严追之限。今日征白粮，明日征糙粮;今日征丝价,明日征绢价;今日征义役,明日征马役。不曰公侯禄米至急也,则曰镇海军储至急也;不曰凤阳粮至急也,则曰扬州粮至急也;不曰盐钞银至急也,则曰车脚银至急也。催科之使盈庭,鞭扑之声不绝。小民虽鬻田宅、卖妻子,将以完官,人各自顾不赡,奚暇其他? 臣于此际无可奈何,欲为夜遁之计,又以犬马之齿尚少,乾坤之恩未酬,故足将行而趑趄也。

臣思本县未完粮米尚四万五千四百有奇,白银尚二万六千六百有奇,易银尚四万七千四百有奇,若必事事欲完,但恐人民日渐流移,日渐死亡,则有田无与耕者。田无与耕,则虽遇丰年,亦何益哉? 遇丰年而无收,则陛下之仓廪谁与实之? 故臣昧死上陈,伏愿陛下念昆山为财赋之地,悯昆民被灾之惨,特敕户部将正德五年以前一应钱粮,悉皆停免,姑候丰稔年分,每年带征一分。由一邑以及七邑,由一郡以及四郡,酌量灾荒之重轻,以为蠲免之多寡。则府库之积虽不发犹发也,赈济之使虽不遣犹遣也。涸辙之鱼垂涎于江水,潦穴之蚁有待于竹桥,惟陛下图之。

陛下英武天成,睿谋独断,扫除奸党,政事一新,四海臣庶皆引领以望太平。臣虽至愚,忝兹禄食,苟有所见,安敢不言? 夫钱粮,国之用也;民,国之本也。臣岂不知国用之当足,但国用不足犹有可为,国本一伤,恐不可复救矣! 惟陛下俯察愚衷,决意行之,臣不胜幸甚。缘系蠲通负以苏民困事理,未敢擅便,为此具本,专差吏钱绮赍捧,谨具奏闻。

代工部覆筑造城垣疏

明顾鼎臣邑人

营缮清吏司案呈,奉本部送工科抄出应天等处巡抚欧阳铎题云云。奉圣旨:"该部知道。钦此。"续该巡按御史陈蕙题前因,通抄到司,案呈到部。臣等看得直隶苏州府所属一州七县,实东南财赋渊薮,每岁供亿糙白粮米、金花银、绢布及课办料解等项,通计三百八十余万。府州县仓库收贮转输钱粮,动以百十万计。但地方东临大海,西滨震泽,北并大江,南通湖泖,盐徒海盗,时常窃发,势甚猖獗,不无觊觎窥伺。而昆山一县,尤为屏蔽要地,旧有城垣,颓废已久,近年以来,即被盐盗烧劫,居民惊惧。虽经节议修筑,切缘前此官司任事不力,以致因循岁月,迄无成功。今该抚、按官勘估议处,思欲保障地方,以为公私经久之计。会题前来,又称人民乐于听从趋事,相应依拟。合候命下,本部移咨抚、按官,各照原议事理,将该用银两于该县丁田内查数均派。倘再不敷,仍行该府陆续处给买办物料,雇倩丁夫,选委贤能官员,专一管理。务使费少功多,一劳永逸,勿得迁延糜费,贻累地方,责有所归。中间未尽事宜,仍听抚、按官临时计处,工完之日,各令造册,奏交清册,送部查考。其他州、县城垣相应修筑者,亦听议拟,斟酌缓急,次第举行。缘系筑造城垣,保安地方,及圣旨该部知道事理,未敢擅便,谨题请旨。筑城之议,鼎臣实倡之。城成,旋有倭警,而昆邑得全。今有崇功祠专祀者,以筑城故也。

查通水利议处荒田疏

明林应训巡江御史

臣今年三四月间,为开浚吴淞江中段,久驻昆山县地方,时时亲到江上,督率工程。至四月终,开江事竣。五月内,随移向嘉定县地方,议开吴塘、顾浦等河。臣每到处,见有昆山县十三等保、嘉定县十六等都,各区民群然泣告本区钱粮无措,男妇流亡,田亩荒芜等情。臣随同道府等官亲至其地,乃见村居寥落,四望蒿莱,仅有一二遗民,苟延旦夕,大与他处不同。臣触目酸心,乃召集附近知因耆老,细询其故。随据众称,安亭以西十二、十三等保属之昆山,以东十六、十七、十九等都属之嘉定。各区沙土瘠薄,国初每亩多从五升至一斗起科,较之他处粮额甚轻,复经派以官布等项轻赍,故小民犹得存活。至嘉靖十七年,概均三斗之粮,于是敛日重而民日逃,田地由此而荒。三十八年,续经巡抚衙门委官勘覆,每亩减米七升八勺,将麦地新增余米照数抵补。行之未几,即被奸书改灭。自隆庆五年到今,复征三斗重额,以致刑毙棰楚,民复逃而田益荒。夫赋重而钱粮无措,则民不得不逃;民逃而水利不能修,则田不得不荒。以臣所睹,参之群情,致荒之由,大概[可]见矣。

然则招复荒民,开垦荒田,固昆、嘉二县之首务,臣窃谓欲复荒田,莫若先开水利;欲复荒民,莫若先停逋追,次议减则。何也? 该区之内有吴塘、顾浦之干河也。北通刘河,南通吴淞,三四十里之内俱赖荫灌,就中起运钱粮不下三万余石。近因淤塞,旱涝无备,宜急开浚,但工费颇繁,计该用银三千余两。今各区人户逃窜,孰能出办? 似应召募附近熟地区民,量给工食,方能有济。容臣会同抚、按,另行设处兴工,以为垦荒根本,此臣之责也。但水利通矣,不停逋追,不议减赋,即有水利,犹如故耳。何也? 逋负犹存,赋额犹重,与其归而待毙,毋宁散之四方,须臾无死也。然臣之所谓停征者,非谓概一县逋负而停之也。就各区平米,大约六万石有奇,而极荒逋负仅万余,其兑军正粮,率皆粮里赔贴,其极荒逋负仅折银数千两耳。在朝廷,缓此不足为损;在穷民,负此实不能完。纵使设法催征,不过驱民之窜也。宜行巡抚衙门,查将该县极荒之田,未免逋负,姑行停追,使一二现在遗民得安残喘,彼逃移者自将渐复,将来荒芜可垦,而新赋可望矣。

至于臣之所谓减赋者,亦非谓概各区之重赋而减之,致失惟正之供也。盖古人则壤成赋，轻重自可不同。今乃不论上下等则，一概均征三斗，何其舛也！查得嘉靖三十八年，曾将下区每亩减耗七升八勺，共该减米一万一千余石。正额不足，而以概县麦地米七千六百余石及官布解扛银一千九百余两抵之。当时特为权宜之策，未经题定，是以奸胥敢于变易。臣谓麦地抵补是矣，而官布解扛，终非良策。臣因开浚吴淞江，即昆山一县，已经查出涂田万余亩，若就中分别新旧科粮，大略可补该县荒田减则之数。至嘉定县，臣访得该县东北皆滨临江海，历年新涨涂田亦不下数千亩，久享厚利，俱未升科，以之补荒，有何不可？宜行巡抚衙门，查将二县新涨滩田丈量明白，定则升科若干，然后荒区之田斟酌减则，庶几粮稍轻而税足纳，民自将渐复，将来荒芜可垦而正赋可完矣！伏乞敕下该部，速为议复，如果臣言可采，急赐施行。

请禁加派熟代荒兑疏

叶国华邑人

宋臣有言：天下之财，不在官则在民，二者而已。乃有官未尝苛取，而闾阎之髓已枯；民未尝积逋，而库之藏弥耗，则奸胥侵欺为之蠹也。臣郡苏州，财赋独重，抵一大省分。无奈经承钱粮者，积奸老猾，窟穴其中，聚族而谋，若何而以飞洒恣浮羡之收，若何而以混淆掩干没之实，若何而以撮借运狙智之幻，若何而以指称工狐媚之私。千蹊百径，不可方物。臣姑就其显然厉民者言之。

每岁财赋加减定额，名曰会计，即以刊刻繇单，颁示易知，法至美也。向者一概沉匿，任意私派。近当事者廉得其状，将繇单先期遍发民间，可谓无遗算矣。今岁春初，奸胥竟从大繇单外，另刊小单，续发各邑，增米不等，作奸实甚。旧抚臣郑瑄察究悬示，中有云"漕向与各项正供钱粮，竭土之毛，尚虞不足。访有府县吏胥，串同上下衙门，溷将加增编派，奉文名色。另刻小单，百计奸弊，小民剜肉难医"等语。然穷檐下里已多透纳，不可问矣，至于臣邑昆山，军储薮弊，更可异焉。

漕粮额内军储一项，原以供军行粮，向从折色。旧抚臣颁发会计繇单，将军储减米改入折银，最称画一。署篆同知王玺谋于经承县总，倡为熟代荒兑之说，将既折银之军储，复增军储米八千七百一十八石有奇，然必使熟户增米者减银，荒户减米者增银，可也。今议增则已增，减则不减，一项两征，民何以堪？不特此也。今岁繇单每田一亩折色银一钱三分八厘九毫有奇，今则加征一钱四分五厘八毫有奇，是每亩多银六厘九毫有奇矣。臣邑额田一百十余万亩，积而计之，是多银七千六百两有奇矣。以米，则多八千七百石有奇，而不为改正；以银，则多七千六百两有奇，而混行派收。底册现存，非属臆说，署篆贻殃，牢不可破。臣洞悉积弊，痛心疾首，据实直陈，伏乞敕行该抚严察，以后大繇单之外，不许私加颗粒毫厘，及另出奉文增派名色。臣邑现今增米作何抵扣，增银系何着落，直穷到底，奸情毕显。俾得在民永杜额外之征，在官勿耗帑中之积，臣即为诸奸刿刃亦甘之矣！臣无任惶悚，激切恳祈待命之至。

序

《中吴纪闻》自序

宋龚明之邑人，希仲[1]

吾家自先殿院占籍中吴，距今几二百祀，相传已及云仍矣。明之幼尝逮事王父，每闻讲论乡之先进所以诲化当世者，未尝不注意高仰云。少长，从父党游，皆名人魁士，及又获识典刑于亲炙之人。乃从事于进取，虞庠鲁泮，余三十年。同舍亦多丈人行，揭德振华，咸有可纪。厥后世异时变，利门名路绝不复往，由是声迹益晦陋，瓜畴芋区，不过老农相尔汝，所与笑谈者，无复有鸿儒矣。

窃尝端居而念焉，凡畴昔饫闻而厌见者，往往后辈所未喻。今年九十有三，西山之日已薄，恐其说之无传也，口授小子昱，俾抄其大端，藏之箧笥。不惟可以稽考往迹，资助谈柄，其间有裨王化、关士风者颇多，新旧图经及《吴地志》[2]所不载者。鬼神梦中[3]，杂置其间，盖效范忠文《东斋纪事》体；谈谐嘲谑，亦录而弗弃，盖效苏文忠公《志林》体。皆取其有戒于人耳。昱新学小生，属意不伦，措辞无法，不可以为书，予意为是不满。必得老于文者檃括之，庶几不为抚掌之资，而使后之人诵其所闻，以代庄舄之吟尔。

淳熙元年[4]中和日。

《昆山杂咏》序

宋范之柔邑人

昆山虽处海隅，素号壮县，古迹今事，接于闻见者不一。若人物习俗、文章论议，系治乱、关风教者，盍有志焉。此书既缺，遂使一邑之事湮没无传，予每以为恨。友人龚君立道裒次古今诗，分为三帙，曰《昆山杂咏》；又得百篇，号《续编》。

1　希仲，底本作"希中"，据《中吴纪闻》改。

2　吴地志，底本"吴"字被墨笔改为"夫"，"志"亦为墨笔所改，原字已看不清。《知不足斋丛书》本《中吴纪闻》作"吴地志"。

3　梦中，《知不足斋丛书》本《中吴纪闻》作"梦卜"。

4　元年，《知不足斋丛书》本《中吴纪闻》作"九年"。

尝取而读之，非徒记其吟咏而已。如陈令公云"县民遥喜行春至"，则知郡守尝省耕于外邑；张文定云"我时行近郊"，则知邑宰每巡野而观稼；荆公云"万家藏水村"，则知陂泽未围，所在有潴水之地；冲邈云"江塞妙决除"，则知开江有营，河塘无淤涨之患。因"群公荐口"之句，则知龚期颐之[著]乡行；因"闻健收身"之句，则知李乐庵之挺忠节。称王逸野传《春秋》，而知经学之可以名家；招范石湖入诗社，而知句法之可以垂世。其他如记惠响之运鬼力，僧繇之画神龙，诸矩罗之兴云致雨，此特其次者尔。至于石峰之奇巧，轩亭之敞快，缁流之能禅能律，又特其小者尔。立道刻意问学，其于暇日乃能兼收并蓄，细大不遗，可以代图经之作矣。继自今或有所得，当陆续书之，亦可使后人之后人祖其意而有述也。予嘉立道之志，故为书之。[篇首云。嘉定改元十二月初吉。]

吕敬夫诗稿序

元杨维桢会稽

苏支邑凡六，大率风浮俗淖，大家尚气势，交关[1]贵人，视文艺，习左甚。独昆山多才子魁士者，往往称吕、袁。袁曰子英，吕曰敬夫也。两人为诗，风流俊采，皆一代之选，予固未能优劣之。予诗喜体古乐府，子英多为予和之，敬夫又必争鸣于右。自上京以至宫闱、江南谣弄，凡若干首。敬夫善作《黄庭》小楷，缮写成集，徵予评，且曰："予诗非先生弗能知。弗能知，能评者寡矣。知而能评，评而引说于其首，舍先生谁属哉？"予曰："嘻！诗有情，有声，有象，有趣，有法，有体，而禅之提喝，武士之叫呼，文墨生之议论，不在有焉。"故予每评诗，不有其有，而有其不当有者，皆非诗也。姑以体商之，又草野烟萝、边塞台阁之不无异也。

谭诗以他律焉，易地则不能已。予观敬夫诗，未必不为朝廷侍从才也，又果可以他律哉！虽然，吾于敬夫不无感者已。代有兰台芸阁之居，而其言覆野。俾诵敬夫之言，其不泚然在颡者，敬夫可以予说出之矣。至正七年三月三日。

郭羲仲诗集序

元杨维桢会稽

诗与声文始，而邪正本诸情。皇世之辞无所述，闻见于帝世，而备于《三百篇》，变于楚《离骚》、汉乐歌，又变于琴操、五七言，大变于声律，驯至末唐季宋，而其弊极矣。君子于诗，可以观世变者类此。古之诗人类有道，故发诸咏歌，其声和以平，其思深以长。

1　交关，底本作"交闵"，据吕诚《来鹤集》、《弘治志》改。

不幸为故臣逐子、出妇寡妻之辞，哀怨感伤，而变风变雅作矣。后之诗人，一有婴拂，或饥寒之迫，疾病之楚，一切无聊之窘，则必大号疾呼，肆其情而后止。间不然，则其人必有大过人者，而世变莫之能移者也。

予在钱塘，阅诗人之作无虑数百家，有曰古骚辞者，曰古乐府者，曰古琴操者，谈何易易，习其诗，其果得为古风人之诗乎？不也。客有诘予诗之学，则曰：有《三百篇》、楚《离骚》、汉乐歌之情，则必有《三百篇》、楚《离骚》、汉乐歌之辞。生平[1]过五十，不敢出一语作末唐季宋语，惧其非诗也。以此自效而又以之训人，人且覆训[2]我，则又未尝不悲今世之无诗也！幸而合吾之论者，斤斤四三人焉，曰蜀郡虞公集、永嘉李公光[3]、东阳陈公樵其人也。窃继其绪余者，亦斤斤得四三人焉，曰天台项炯[4]、姑胥陈谦[5]、永嘉郑东、昆山郭翼也。

翼蚤岁失怙，中年失子，家贫而屡病，宜其言之大号疾呼有不能自遏者，而予每见其所作，则皆悠然有思，澹然有旨，兴寄高远而意趣深长，读之使人翛然自得，且爽然自失。而于君亲臣子之大义，或时有发焉，未尝不叹其天资有大过人者，而不为人变之所移也。翼字羲仲，东郭生其自号也。至正十一年冬十二月二十有二日。

《玉山草堂雅集》序

元杨维桢会稽

昆山顾仲瑛哀其所尝与游者往还唱和及杂赋之诗，悉镂诸梓。编帙既成，求予一言，以引诸首。

予来吴，见吴之大姓家交于人者，往往市道耳，声色货利耳。不好声色而好杂流者寡矣，矧好儒流乎？不好儒流而好书数者寡矣，矧好文墨章句为不朽之事乎？仲瑛嗜好既异于彼，故其取友亦异。其首内交于予也，筑亭曰某亭，以尊予之所学也；设榻曰某榻，以殊予之所止也。予何修而得此哉？盖仲瑛之慕义好贤，将以示始于予；示始于予，而海内之士有贤于予者至矣！故其取友日益众，计文墨所聚日益多。此《草堂雅集》之出于家而布于外也。

集自予而次，凡五十余家，诗凡七百余首。其工拙浅深，自有定品，观者有不待予之

1　生平，杨维桢《东维子集》、《弘治志》皆作"生年"。

2　覆训，杨维桢《东维子集》、《弘治志》皆作"覆诽"。

3　李公光，底本作"李公先"，据杨维桢《东维子集》、《弘治志》改。李公光即李孝光。

4　项炯，底本作"项烟"，据杨维桢《东维子集》、《弘治志》改。

5　陈谦，底本作"陈谶"，据杨维桢《东维子集》、《弘治志》改。

评裁也。甚或护短凭愚，持以多上人者，仲瑛自家权度，又辄能定非而去取之。此集之所次具其可观者焉。无论其人之贵贱、稚宿，及老释之异门，总其条贯，若金石之相宣也，盐梅之相济也，盖必有得于雅集者矣！得于雅集，则亦有得其为人者焉！仲瑛读书之室曰玉山草堂，集名以之。其自著有《玉山璞稿》《玉山乐府》行于时云。

奉行乡饮礼序

明俞　燦邑人

皇帝龙飞十二载，特诏天下行乡饮礼。昆山县人臣李无逸，尚义读书，时为万石长，奉诏惟谨，乃即其乡宾礼。耆英远迩毕至，则有若周寿谊，年百有十二岁，皤然在席。九十、八十、七十者，坐以齿盛，升降揖让，拜俯周旋之仪，献酬有容，读法胥告。观者如堵墙，莫不感化翕然。已而醉者扶，归者歌，鬓白忻忻，笑言载途，乡士大夫记其事而咏之。吾友余彦智以书走京师，求余引其端，久弗克为，其请益坚。

呜呼！乡饮不行久矣。黄鲐之老，耳不闻《鹿鸣》之歌，目不识宾介之仪，盖百有余年矣！皇明出而四海一，举累世之旷典，一旦而复之，何其易哉！而无逸生逢至世[1]，获睹盛礼之行，乃能率先乡人，峨冠博带，与庞眉儿齿，雍容揖让于尊俎之间，且以忠君、孝亲、睦闺门、比乡党为劝，可谓不惑流俗，笃信古道者矣！世有藏镪数百万，即为富家翁，烹羊炰羔，举觞浮白，挟吴姬，侍赵女，弹筝搏拊，歌[呼]呜呜，以极一时之乐，恶识所谓乡饮酒礼哉？闻无逸之风，亦可少愧矣。使乡如无逸，则古礼不难复，而况孝悌可兴，风俗可厚，其机一寓于是乎。吁！纷纷百卉中，见此孤蕙兰，亦君子之所与也。为我谢曰：圣天子在上，善自律以化其乡人，他日玺书，惟汝嘉尚，勉旃哉！洪武己未春正月既望。

水德妇李氏《节行诗》序

明金文徵

彝伦风教之所由始也，圣人笔之经，昭乎若日月之垂天，而有目者睹矣。然予观乎《诗》，二《南》之正，王道得而政化淳，其风浑浑尔也。降而至于《邶》《鄘》而下之诗之风之变，则有美有刺矣。当是时，《诗》亡而《春秋》作，《春秋》则有褒有贬矣。夫妇居室之常，婚姻端本之要，尤圣经之所慎重也。而十三国变风之诗，其所美者，卫庄姜而止耳，卫共姜而止耳，若《墙有茨》诸篇，抑何其刺多而美寡耶？二百四十二年之《春秋》，

1　逢至世，《嘉靖志》作"逢盛世"，《弘治志》作"逢代盛世"，叶盛《水东日记》作"逢圣世"。

其所褒者，纪叔姬而止耳，宋共姬而止耳，若"孙于齐"诸策，抑何其贬多而褒寡耶？予之感于斯久矣。

适有以苏之昆邑水节妇传示予者，其文则钱塘陈君潜夫为之，其播之咏歌者，则皆四方之闻人，其信而有征者耶？当节妇之蚤嫠，邑人争聘之而不贰，至自缢以绝群望，此与卫共姜之"矢死靡他"奚以异？及其身在胥靡，或劝之无以居孀对，冀弗与同产者连坐，而节妇坚莫之从，此与纪叔姬之不归宗国而归于酅奚以异？彼豪犷吏又乘其危，詟之以危，而利以訹之，节妇尤慷慨拒于辞色，此与宋共姬之宁逮火而死，不肯少避火以生者，其志亦不大相异也？凡此三节者，能闻古人之风而兴起有如此，万一遇夫妇之变，尚岂异于卫庄姜之无怨怼哉？

於乎，贤矣！夫贤而得书，《春秋》之法也；贤而宜咏歌之，诗人之旨也。予是以知斯世之不幸而有斯事也，予是以知斯世之幸而有斯人也，予是以知斯人之不幸而有斯哀也，予是以知斯人之幸而有斯名也。作《节行诗》序。

《玉峰嘉会诗》序

明张　和邑人

昆山寓邑城西北隅，屹然而孤立，冈阜四伏，林薄丛荟。邑之人其登高眺远者，必之乎是焉。三月初吉，范先生启东来省墓，将北辕。邑中簪绂之彦、儒书之士，相与携酒肴、攀云萝，觞先生于山中，以慰离索之况。

维时春阳布和，风日晴美，涧花林鸟，鸣筝筜，错彩绣，众皆乐焉。或樽而酬，或琴而歌，或籍管而啸呼。傲睨八极之间，游神万物之表，兴之至，不知天壤之为大，而我身之为渺渺也。客有扬言于座者曰："乐哉！兹集可无述，以为先生赠乎？"于是仪部主事卫公以嘉首为之诗，水部郎中龚公彦文继作之，夏君季明以下又赓之。铿锵韶濩之音，炳蔚［豹］虎之姿，皆可歌也。史诚君实者工绘事，又从而为之图，列诗左方，题曰"玉峰嘉会"，而属和序其首。

噫！事固有偶然而遂不朽者，岂特古人为然哉！思昔山阴修禊之集，亦惟适情觞酒而已，然而兰亭之胜，名于无穷，何则？美因人而著，以右军诸贤之清旷弘达，宜其尔也。今夫范先生之清修雅望，有闻于时；水部公之迪廉秉贞，冰玉其操；仪部公之风神俊逸，言有法，行有常，余皆昆产之秀，以较诸晋人未见其孰愈也。又况形诸篇什，皆有古之遗音。安知玉峰之胜不遂传于后耶？安知今兹之会不继美于兰亭耶？又安知千载之下，诵其诗，思其人，不有艳美于今之意耶？和不敏，又获以序厕名于卷端。诗凡古今体若干首，其视古人盖已远矣。

《经史言天录》自序

明叶　盛邑人

世之谈天者，其为书动盈几案，而其为说又岂特议礼如聚讼而已哉？刘诚意《观象玩占》一书亦既备矣，如天市左右垣星，较之今行世模刻诸图，数与位皆不同，其于占验，则如之何？予是以病之。虽然，观象、观法，古先圣人事，亦学者所当知也。观夫水，必东溟焉；观夫山，必泰、华、恒岳焉，夫然后可以尽大观而无憾。公事稍暇，为勘诸六经史传而为此书，凡有关于乾道者，悉录次之，盖将以立众说而决参稽，庶不昧于纷纷异同者耳。

送朱希仁教谕赴临川序

明叶　盛邑人

天顺末，朝廷以祭养之重，且田害之除也，或围猎近郊。将命者后有弗戒，负羽之徒至近迫陵寝旁地。

岁丙戌九月一日，昌平县儒学教谕臣旻，斋洁拜稽言："夫陵寝，上干列圣在天之灵，祠享所在，惊扰可乎？此臣所不忍言。臣虽贱微，非所当言，然尝奉明诏许直言，故不容不言。"上得奏，为之愕然，乃若曰："朕恶得有是耶？"其令有司毋再围猎，具为令。

嗟乎！敢谏之令，在唐尧时已有之，惟夫后世者，大臣持禄而不言，小臣畏罪而不敢，是以聪明日壅，幽隐不达，治日少而乱日多，常常然也。然则盛明之世，朱教谕一县学官，有言反蒙被听纳有如此者，其所关系岂小哉！

教谕朱氏，字希仁，昆山人。发身科目，尝为诸暨、浮梁两县学。绩最，迁昌平。兹又以昌平九载，例调临川教谕，将取便道江乡，奉其母夫人以行。盛曩在关外，得于传闻，知罢猎事。歌舞圣德之余，未尝不私幸吾乡邦之有人，且铺张对扬，近臣之职，故于兹行也，谨为述此，以畀希仁。俾凡从吾希仁而游者，知朝廷之于言无择；于乌兔小官如此，知皇上求言纳谏，惟善之从，皇皇若不及，其所以致太平之治，盛德伟业概多如此。希仁之忠于事上，不隐不欺，正直敢言如此，有不闻风兴起者乎？唐阳城有言："凡学者所以学，为忠与孝也。"其果能有感发而兴起，如吾希仁否乎？希仁倘被他日睿思所及，趋命而来，当悉举以告我。

《六书精蕴》自序

明魏　校邑人

嗟！周之衰，天王之弗考文也久矣。秦以凶德闰位，强取文字而同之，乃后世惟李斯是师。先秦古文则既缺有间矣，其别出者，多列国未同之书，然则文终不可考与。曰：文者，非他也，心之画也，所以体天地万物之撰也。古文先得我心之所同然耳。心之所同者，何也？天然而然也，心学而明也，贯若一矣。古人之心学大以密，苍颉之作六书，犹之伏羲之作八卦也。若剖混沌而开之，其道易简，愚夫愚妇可使与知，不知不足以言道。乃其精蕴，则有学士大夫不及尽知者，是故传久则易以伪。有王者作，议礼制度而考文，心法同也。昔者周宣尝考文矣，古文之变而为大篆也，史籀所述也，文字浸以备矣。开辟而后，与有功焉者也。心法之微，传与否与，今固弗能知。矧秦之斯，彼何人兮，而其心乃敢曰古，亦莫予若矣。兹其万恶之根矣！大篆之变而为小篆也，斯实芟更之，文字则大备矣，混沌之凿也亦多矣。秦以吏道易君道，天下日扰扰焉。程邈因是以隶书代篆书，六义亦坠地矣。要之，二人者，同于辅桀者也。

校尝曰：三代而上，一宇宙也；三代而下，又一宇宙也，自秦限之矣。秦弗稽古师先王，而历代师秦以为故，讵惟六书也哉！校生千载之后，悼斯文之久湮，欲请于上，因古文是正小篆之讹，择于小篆可者，尚补古文之阙。多病未遑，则为之赞发大义，以阐心法。学者毋滞于书而博之天地万物，毋徒求之天地万物而返求诸心。天机之不器于物也，古犹今也。噫！天而欲兴斯文也，兹其滥觞也已。

或曰：师无道秦，百代羞也。请废斯篆，一洒空之，无宁慊于志乎？曰：斯篆亦讵能尽废古文，今亦何必尽废斯篆？天王而考文也，亦惟祖颉而参诸籀，若盘盂书定而之一。斯篆可者取之，其不可者厘正之，恶而知其美，旷若天地之无容心焉。邈隶亦他[1]修之，与俗宜之，翻篆而楷，俾无失六书，扫官府之繁苛，灰书籍之叛经离道者，复归民于朴，毋或雕琢其天。或曰：噫！信斯言也，古道可还也，六书云乎哉！

《周礼沿革传》自序

明魏　校邑人

夫周官何为者也？圣人代天而立也，为生民开太平也，其稽古而集大成者乎？吾由是而得圣人之心法焉。是故其统纪安在？曰：在王心。诸所建置孰重？格王为重也。

1　他，魏校《庄渠先生遗书》作"也"。

其条贯何摄？曰：三百六十属一六官也，六官一太宰也，太宰一天也。行之则实见[1]。厥亦先建六官，六纲定矣，乃万目次第以举，三百六十属备矣。吾由是而得圣人心法焉。圣人之心何心也？醇乎天心也，混乎天地万物一体，罔有不仁也。故其天下为公，不敢少以其私病民也。是故由其道，可使天地奠位，万物各止其所。兹谓尽善，古之极也。

秦暴以颠，实始弃古典则，惟厥私意便安，命之曰法。肆一人于民上，天乎！为民立君之意荒矣。后有作者，莫知其朔，乃规规袭秦故常，创业甫定，与民休息哉。稽古则不暇，暨于守成，旧章是因，则莫之敢更。虽以天授雄才，未能或之度越也。故曰：古一宇宙也，今一宇宙也，自秦限之。圣人至公，秦以其私；圣人大明，秦以其苛。太平之典，曷日其兴耶？天将有待耶？古经简奥，儒者颇为发明。校不敏，因其典礼，以求其会通，僭为《沿革传》，推古可行于今。吁！迂远而阔于事情与？都乃言底可绩欤？愚皆罔敢知，惟曰：吾皇先公，厥心乃克正事，敢献圣学。凡[2]治乱，匪自他，一惟心造。皇尚作圣，毋或自圣。德之下衰久矣。皇卓有立，曰：予一念公，对越上帝。曰：予一念或私，帝震怒之，一民弗获其所，恫瘝予身，丕远惟古帝王是师。曰：予德弗类，终身惟耻。予非古训弗以学，别求闻昔之先民是程，惟师保是隆，惟耆老成人是询，惟法家拂士是亲。招我髦士于四方，其汇于朝，曰：汝其师师，惟圣学是明，以保我祖宗黎民，兹惟太平之基。

《斯文会觞咏图》序

明沈　鲁邑人

衢州别驾用汝甘公，既归老，不复婴世虑，惟优游以乐桑梓。以是昆之名宦接迹菟裘，若三张：大参敬之，归自浙藩；大尹克让，归自修武；少尹景文，归自茌平。应祯沈亚参自蜀，彦声周良医自郑，孟佐陈教授自靖虏，蕴章孙郎中自刑曹，廷章周教授自辽左，而夏德声以内翰归觐，朱德敬以官荣家居，周叔伦以开化簿解组。皆能善道始终，扫轨却迹，声利不入于心，有高致自得之乐。而韦布与列者三人：秦国医吕用寻从弟文远，清修力学，不逐时好；湖广金宪中书舍人朱季宁之孙日南，敦伦洁行，克世儒业；亦不鄙厕予于诸君子之末。计十有五人。人置酒，月一会，周岁而会遍，余备闰为消长。无渎盟，无间歇。俭而不陋，丰而适理，合乎时宜，而能历久弥固。

先是，知泸州张公元龙，[尝]以诗文道所以为会者，再期而元龙卒。大参亦谓此亦美事，必遗美名于后，宜命工图形，而人自赋咏以见志。乃绘坐谈于堂上者四人：高年而处尊为用汝，应祯居其左，敬之居其右，承乏以布素叨陪则鲁也。坐树下二人弈，手一筒

1　实见，魏校《庄渠先生遗书》作"奚先"。

2　凡，魏校《庄渠先生遗书》作"惟"。

而屈指自计者,景文也;指枰以审可否而欲下子者,蕴章[也];一人旁坐而观之,日南也。投壶者二人,其西贮矢,左手为德声,举矢向壶为德敬。二人旁坐而观之,朱衣袖手者,彦声也;碧衣舒手者,叔伦[也]。行及门者四人:克让也,文远也,廷章也,孟佐也。衣朱者五人,绿衣、碧衣、大布褒衣者各三人,而绿衣加一焉。下方列诗什,而属鲁序其上。为之言曰:

承平之会,旷世罕逢,君子以道致身,进退有礼,归而怡老,岂徒流情觞咏而已哉?志各有在,不越俎而代庖,惟实践以养和平之气。从容文物,而谈吐不违诗书、六艺之教;雅歌投壶,而周旋揖逊轨度之间。孜孜善道,以求进益之方;恂恂终日,不为诡异之行。尤谦以下人,而德弥尊,[道]弥光;行己有耻,而势利莫能诎。故出入相次,危难相恤,志趣悬合,而事同一家。盖由[1]昔之壮行其志,不过以平易近民,而民亲之。今兹寝衰而早休,亦惟敦古道、尚名节、励廉耻、理性情,为君子所安所乐而已。王者养国老、庶老,乞言以资治道,有培于化原。而吾昆风气之殊,民俗之美,情文之备,先王观风采诗于方国,所以崇教敦本者,得不于此乎? 取之世方,以市道为交,不以忠告。尊贤取友,而惟利禄宠荣为得丧欣戚,适然而志伸,则数犯名教以徇己私,而不畏人之议其后;倏焉而志失,则投迹恶木之阴,而不暇择税驾之所。於乎! 侈肆之渐,其变为乱,孰谓乘坚驱良、仆从云集者之不为负乘致寇、折鼎覆𫗧之相为倚伏也? 余为是惧,而用惩劝之方以告来者,庶几彼此俗尚美恶,有革薄从忠之道,宜以吾昆大夫士为之表率焉!

《魏庄渠先生遗书》序

明胡　松滁阳

他日读书,则尝诵"今人与居,古人与稽"之语不能休,意谓今之世不复有斯人矣。乃今尽读庄渠魏先生集,而夷考其行,则先生盖其人与?

先生仕正德间,当是时,凶阉擅朝,士大夫浮湛苟仕,高者留意《春秋左氏》、开元[2]天宝间诗、晋二王[阁]帖,若唐颜鲁公字书,则已足夸示自矜重,次者围棋、酌酒而已。乃古人修己以安人、修己以安百姓之学,则奚暇省忧哉! 先生资材既别,志识夐异,始为南刑曹,则思业乎其官,覃精法理。既而卑之,尚友天下之士矣。矢心经略,游思宇宙,凡丘氏《衍义》所载经世之业,必加讨论焉,务其底绩而后已。其后谓本之不在是也,反之身心,学于天地万物。其学大抵无虑三变,故其居江湖麋鹿之间则思其君焉,处台省廊庙之上则忧其民焉,要不独敷纳论思,讲说献致。即其寄怀赠答、书命问遗,凡所以忠告

1　由,朱笔改为"以"。

2　开元,底本作"开先",据魏校《庄渠先生遗书》改。

善道、陈谊责难、弼翼匡救者，靡所不用其极，可谓切切偲偲、断断[1]侃侃，通天下四海为一身者矣。他文不论，即如《周礼》，世称残缺断烂、不经之书，繁其人矣。先生纲分缕析，发明圣人之义，以代天覆民、至公无我之心，宛然可掬。至谓后王能尽其道，因而不革，则天地可以位奠，万物各止其所而安焉。且追憾于秦之废古任法，而叹曰："古一宇宙也，今一宇宙也，自秦限之矣！"

而自京口渡江，逾淮浮湖，览观舆地，凡古今山川经络之大戒，沟洫河渠之往迹，转漕都会之形势，车骑马步田牧之便利与否，举中原方数千百里之地，指画经纬，运诸掌握，此其胸怀志虑，岂三代而下，随世就功名者所得窥其藩屏耶？又病学者多言贸道，虚文伤实，尝曰："人从开辟以来，虚文日胜一日；自孩提后，声臭日增一日，何由至道？今须塞兑深根，还淳反朴，以回造化耳。"又曰："收敛停蓄，深造默成，方是天机之学。其机只在此心，操则存，舍则亡，所以君子贵戒慎恐惧也。於乎微矣！"故所著《六书精蕴》，时发此意于象形、意事之间，要不独是正古文、变易俗书而已。当是时，上方雅意稽古、礼文、正学之事，而时宰弗悦，遂挤以归。悲夫，悲夫！正直难容，奸谄易合，盖吕惠卿、章惇之徒更进，而韩忠献、富文忠诸公绌。至如元城、涑水众君子，且目为邪等奸汇，而不可复用矣。此又世道升降之会，国祚隆替之机，而岂人力之所能为也与？不然，君子在位，声应气求，以类而升，阳内阴外，彼其人才国用，礼教风俗宁至如后来之污下匮诎也与？尚友前贤，三叹陨涕。

他日再过姑苏，解后太守王君，问郡之故，语及先生，亟知慕重，因托君为余抄写一部。君不鄙余，委以序论，将图梓行。余何人，斯能效斯役？乃君侯崇正至意，不毂私淑雅怀，又不能已已，遂论次其大都盖如此云。若先生之平生历履、言行政事之绩，则先生入室弟子郑君伯鲁诔述备矣！嘉靖辛酉夏吉。

王昭明《周礼传》序

明罗洪先吉水

昆山王君明斋善释经，能缘经语连类比义，参伍以今世闻见，而折衷为说，动辄亹亹数千言不穷。病《周礼》旧注未尽圣人之旨，乃更覃研累十数寒暑，凡为言三十万余。其间原制度之由起，究利害之所归，因显而遂探其微，即细而并绎其大，推五官离合之故，黜诸家脱误之疑，以为百世继周而治者必出于此。虽尝称举师说，而要其是非，一断以己。

甲寅秋，挟册南游，俾予订正。予遭多故不暇，而君亦播迁。戊午夏，避暑莲洞，始

---

1 断断，底本作"断断"，据魏校《庄渠先生遗书》改。

获卒业。其言如盘根槮枝，附丽宛转，镂镂刻绣，色理敷分，即令白虎诸儒肆其巧辩[1]，固莫能煽摇于中而凌驾其上也。予愧固僻，时出语难，互有异同，或言出旋为更思，或争持竟日不解，凡三月而后忘言。夫以王君十数寒暑之勤，而予以三月之间欲有异同，宜在所不屑其能有所订正哉！然欲求圣人之旨者，即君所言固已近矣，姑识岁月归之。

送宋知县序

明归有光邑人

宣宗章皇帝时，苏州守臣以吴中赋重，抗疏为民请命。一时虽未及大有恢张，以沛旷荡之恩，而诏书裁减，德意甚美。时又专委重臣，经地物贡，其法至为纤悉。此非乐为是繁碎，亦因土之宜，顺民之性，不得不然也。岁久弊滋，吏胥以为奸。议者不深维立法之意，务为一切以求简便，名曰未尝纷更，而实大变祖宗之旧。众从而和之，以为真得变通之宜，而三吴之民阴受其祸已数年矣。税籍日以乱，钩校日以密，催科日以急，而逋负日以积。故为吏吴中者，督赋为尤难。

宋侯之为昆山也，宽不废法，威不病民，承弊坏之余，税办而民以和。而侯尤深言旧制之宜复，为书白于大府，大府未能行也。于是侯以征书北上，当为天子近臣，得条上天下事，此可后乎？盖国家仰给东南，以区区一隅供天下财赋之半，至于今而力竭气尽，已不胜其弊，又重之以纷更，譬如人衰老而服乌喙，其亦难以久矣。夫法之沿也，不可易变；法之变而不善也，不可不复。或谓纷更已定，惧再更之难，岂不大悖哉？

昆山之东鄙，土瘠而民尤贫。均税以来，困蹶益甚，岁复荐饥。侯加意抚恤，向之逃亡者，鸠形鹄面，争出供役。而侯之将行，莫不悲哀如失父母。"哿矣富人，哀此茕独。"侯之德政，于是尤著。其父老以予之寓东鄙也，乞文以送之。惜予之不文，无以道父老之意，独述其所闻见，以赞侯之行云。侯，南阳人。时嘉靖二十四年八月也。

郑伯鲁《筹海图编》序

明茅　坤归安

国家诸夷徼，东起辽、蓟，涉云中、上谷，西接陇、蜀，南及苍梧、象郡、百越之地，并湮山堑谷以为界。秦汉来，世列亭障，缮戍守，一切厄塞形胜、虚实向背，世有图牒以诠次其事，往者有睹，来者可镜也。故士大夫起枹鼓[2]，稍稍陈得失，形利害，以从事。而海则闽、

1　巧辩，底本作"巧辨"，据张大复《皇明昆山人物传》改。

2　枹鼓，底本作"抱鼓"，据茅坤《茅鹿门先生文集》改。

广、浙、直、登、莱之间，绾波而州者，南北万余里。诸岛既不得附冠带之国以自通，或贡，或绝，或内犯，数十年一见，百余年一见。而中国所以斥堠而守者，亦微浅矣。及入我朝，始遣信国经略其间。然列圣以来，数十州郡宴然，不睹兵革。顷者二三狂孽，伦儽内乱，往往远近不支。天子始下诏，征材官骑士及选宿将，以合战，骚然中外矣。而大者覆师，小者陷阵，逡巡狼狈，所向无尺寸之功。何者？将不审敌，兵不服习故也。

少保胡公来，小大数十百战，稍得芟刈群凶，遂镇东南。予闻视公所当盖世之气，固若天授之者然。方其羽檄所告，日数十至，公举杯谈笑，往往事后当成败，百不一失。盖由公结发入仕，勤习戎事，又宦游吾浙也久，一切彼己之扼塞形势、虚实向背，了然于襟带间，故得以擘画至是耳。

公一日闻昆山郑君伯鲁名若曾从诸生后，好言兵事，且愤诸将校不得彼此[1]之审，而辄以身尝敌也，尝[2]为手次诸夷所入寇，与其将士所当胜负处。公即划然曰："兵兴来十余年于兹，并不得片言只字以系往事。吾属且散去，战阵之迹当亦寻且零落，而他日之举燧而驰者，不犹今日已乎。"于是，币聘君过幕府，裒次其事。君遂首括诸道之绾海而州，与其诸岛之错海而峙者为图。诸岛之或贡或绝或内犯，中国所遣使，与彼之部署、文字、器什、战斗之习，不可以不条见也，于是次之为《事略》。然诸道之山川异形，其所勒习战阵异宜也，于是分列广东、福建、浙江、直隶、登莱，又各自为图而系之。以兵防事宜分则散，散则不可按月日而次，且诸夷所入寇，与其或离或合，吾必沿其情，而后可乘谍遣间也，于是次之为《年表》，为《寇踪分合谱》。其所当斩馘数十百级以上[3]，古人所谓封之京观以威敌也，于是次之为《大捷考》。烈士之战殁，与其妇人女子之殉夫而死，所为兵厉也，于是次之[为]《遇难殉节考》。兵将攻守，糗粮行伍之间，非共士大夫讲且肆之，不可以明法而有功，于是终之以《经略》。[表]帙既完，君因自名之曰《筹海图编》。

予伏读之，闵然叹曰："君之诣亦博且勤也。"自王公大人以至处士、布衣之侠，自朝廷以至将帅、部署之吏，苟其一言之系乎当世，无不句而比之，字而梆之。君抑自知犹多繁复庞杂，而中所称述论列，亦共为异同。顾君方锐于矢石，以捍国家，其旁搜幽讨，固宜如此。君尝笑谓余曰："予之为是编也，即医家所纂古方书是也。神农之尝百草，与方外之牛溲、马勃，吾亟[4]籍之，以待越人、仓公者之出而自择焉，而又何暇乎其他哉！"

君少多气节，欲以功名自喜，及不遇，适国家多外难，卒吐胸中所奇崛如是。嗟乎！

1　彼此，茅坤《茅鹿门先生文集》作"彼己"。

2　尝，茅坤《茅鹿门先生文集》作"颇"。

3　数十百级以上，底本作"数千百级以止"，据茅坤《茅鹿门先生文集》改。

4　亟，茅坤《茅鹿门先生文集》作"并"。

若君者，其史迁所谓"非穷愁，不能著书自见于世"者乎？

嘉靖壬戌春三月既望。

郑伯鲁《江南经略》序

明林　润莆田

予督临江南，为今上嗣服之元年。不穀惧无以纾天子东顾之忧，至则引维纲，尽思虑，日欲起三吴之豪杰，与议戎机。于是有司以太学生郑若曾所撰《江南经略》进。《经略》者，图江海之形势，列水陆之官兵，上之树留都之防，下之谋生民之瘼，堂堂东南一雄籍也。予读而异之，乃疑东吴古称勇敢激亢地，当其倭乱之时，猛士如云，谋臣如雨，能得是籍而营之，直可以奔走骁雄，鞭笞沙漠，竟悠然不振，则承平日久，勇斗怯战之士不能为弱土当锋也。维时老师费财，岁以数百万计，疮痍不起之民，即今望二汛风高，楼船飞渡，尚遑遑然不自帖也。乃既济而谨衣袽，未雨而彻桑土，不出自有位，而出自书生，则岂不为於邑？余抚绥易岁，验渠言，辄中时艰。古称："立言不朽。"使乃言底行，立功实在是矣，胡可以白面而废之？第言有繁而不理，略而未周。余畏此简书，日欲纾主上之东顾也，不自量评次附益，且命之梓，俾抚膺时事者，知所向方云。

隆庆二年仲冬望日。

《东吴水利通考》序

明王同祖邑人

昔者圣王作极，观文察理，裁成体化，以厚民生，而平土之功昭矣。是故水之为民利博哉！治之得其道，则泽流无穷，功被万物；否，则为害尔矣。可不慎乎！可不慎乎！今天下之言水之为民利害者，其大有二：北地则黄河，数决徐、沛之间，民弗宁居，其所疏瀹决排以治之者，大要非尽人力能，然未易论也；南方则三江五湖，为形制要区。古今论三江者，无虑数十家，言人人殊，乃悉举众说，约异反同，究其指归，作《三江考》。太湖，为东南泽薮，经传所记，名称不一，探源溯流，并彰其目，作《太湖考》。东吴古称泽国，上下数千载间，其兴利宜民者，载在史册，班班可举。次其代系，推其绩绪，扬榷[始]终，统而论之，作《东吴水利考》。东吴之田，极膏腴衍沃，自唐益赋以来，率经野任地，以兴井牧。迨宋为备，我朝赋称益，所以治之者，益慎且密。町原堰潴，借以止畜，务莫急焉，作《治田考》。东吴之水，皆汇于太湖，泄于三江，分流于泾浦，以东入于海，为利害甚切。古今治水，咸著经权，宣防酾分，要领在焉，作《治水考》。治法既兴，訾调兼举，量制章程，以绥公私，作《工计考》。善法存乎，因才植功，存乎专任，爰¹稽令典，以规成效，作《职官考》。昆山处郡之中，若聚盂转毂，江湖合流，入海要道，视他邑最，区分遂别，涓委灿然，作《昆山水道源流考》。图十、图叙四并著于篇，以俟经国者采焉。

送王汝行之任昆山尹序

明王同祖邑人

国家财赋皆出于东南需，以供朝廷廪、百官足、边鄙用，胥是赖。一有水旱饥馑之灾，馈运不继，则虚实安危系焉。若此其重也，故东南所急者，莫如财赋。东南郡，惟苏州最。苏州所属县，惟昆山旧疆广绵数百里最。然积害成弊以弥岁，年虽有善者，亦弗克尽举。盖东南皆然，而国家又焉赖哉？

今岁六月，同年王君汝行铨昆山尹。余闻之，喜曰："得人矣，天将幸我昆民乎！"于是亟走贺。汝行曰："余不敏承乏，窃恐忝所职。子生于是，乡间之所习闻见者旧矣。可以兴，可以毋兴；可以革，可以毋革，盍为我言之？"余复贺曰："子言及此，诚有意于幸吾昆民矣！余未达当世之务，而独于桑梓之域，每究厥心。试言之，而子择焉。夫今之所谓弊者有五，所谓善者亦有五。诚去其五弊而持其五善，民可治矣。"曰："何谓五弊？"曰："寇也，痌也，稂莠也，归墟也，宿蠹也。五者弊生而财匮矣。职兹土者不可谓不得其人也，而或术取文致，亦时有之，以至于掾史、胥皂皆食于公以归利于己。是犹负箧担囊而趋，而莫之敢撄也。邑通五湖三江之水，汇聚崇蕴，厥田惟下下，厥土惟润。五六月之间，数雨则涨溢泛滥，决堤防而为巨浸者往往而然。其蓄畜之功，无所复望，是犹身婴痌疾而急于救药也。弱之肉，强之食，小民无立锥之地，而豪强之徒，利蔓草丰茸，而嘉谷不育也，斯不为稂莠乎？赋役之为民害尤可寒心者，区一人不足而至于二三，甚而五六，富室尽而及于中人之产矣。展转相就，日填沟壑，犹水注海也，斯不为归墟乎？自分邑地而置太仓，地损而役加焉，民安得不贫且困也？犹聚众戕物［与］俱尽也，斯不为宿蠹乎？是五者，子之才必克良图。"

曰："何谓五善？"曰："信而不欺之谓诚，公听不私之谓明，爱人利物之谓仁，决而无滞之谓武，成善好贤之谓忠。此五者，子素所修于家而效用于今日者也。子治及一邑，而俾可取法焉。是不为国家有赖于东南，而异日有赖于子者？吾可征于斯也已。"邑士大夫宦于京者，皆以余言为然，于君之行也，遂书以为赠。

1　爰，底本作"爱"，据《东吴水利通考》卷首王同祖序改。

费公晓《星槎胜览》序

明周复俊邑人

《星槎》集者,吾邑费信[1]公晓氏著也。成祖文皇命内侍郑和,即世所称"太监三宝"者使西洋,抚谕诸蕃夷,采访灵异,一如胡文安公故事。而兹行尤雄俊尊大,发锐卒二万三千人,艐四十有八,诸金币、宝玉、缔绣、彝器、矛戟、糗粮,丘委林积,靡不具载。文采论识之士,颛一矢谟策书,备上清览,故简才为要,而公晓预选矣。

由东吴海壖开艐,每艐扬十二帆,历广、闽诸岛国以进。所见滇涨茫洋,涛波射激,转掞洄飘,艐轻若叶,下上龙云,日与鲸鲵鸥鹏斗抉奋厉。虽微风也,亦喷薄烟雾,摇荡嵌崿[2]。故履斯境者,罔不盱睢骇瞩,身世忘矣。其或翠霭沦沉,空澄一色,东攀若木,窥蓬山,寸碧如絮,绰约可倚。亮海宇之玮观,古昔所罕觏也。博望亡暇言,奚有乘槎筹横海,戈舡震失其度,宗生长风,破万里浪,亦徒诩耳。嗟乎,一何雄哉!遐想公晓于时忧慄惧失,犹能凝神玄思,每莅蕃域,辄伏几濡毫,摹拟景状,叙缀篇章,雍容焉,又何暇也?迹其往复,自永乐己丑迄宣德癸丑,凡八次,蹈危险亦屡矣。当是时,事阔辞微,独综其山川、夷类、物候、风习诸光怪奇诡事以储,天子诏采纳焉。若祷猴弄虎、饲牛马驼羊以鱼,及水泉神异,皆怵人心目,鲁者斥为无有,然不诬也。予屏居多暇,稍加删析,录一净[本],置六梅斋中,他时隐囊卧游,又何必识九州而临五岳也?

《送少司马周公赴任诗》序

明方 鹏邑人

昆,名邑也。山不高而奇,川不巨而秀。人生其间,多杰特颖敏、清修博雅之士,谓非孕山川之灵,可乎?姑自近世言之:修德建业,为时名卿,叶吏侍文庄其人也;励行绩学,敦行古道,张宪副节之其人也;孤介绝俗,与物不竞,郑进士时乂、孙正郎蕴章其人也。然位不甚显,或年数之不长,卒未能大究厥施,为可恨耳。若今少司马贞庵周公,有位矣,且有年矣,兼四子之所以自立者。自立以答山川之灵,不有望于公耶!公起家进士,出宰畿县,入司风纪,两佐北寺,三都内台,进为司空,召为今职,周流十任,扬历两京,吁亦伟矣!姻友顾侍御孔昭,作诗赠行,和者成什。公曰:"子必序之。"

昔孟子论友,自一乡、一国、天下,至于尚论古人,极矣!鹏前所云,盖一邑之产耳,

---

1 费信,底本作"费姓",据《玉峰诗纂》卷末跋改。
2 嵌崿,底本作"嵌萼",据《玉峰诗纂》卷末跋改。

若一郡,则有大焉。陆敬舆经济之学,范希文忧乐之志,典刑具在也。若上古,则又有大焉。伊傅格心之训,周、召夹辅之功,皆吾儒分内之事,大臣当尽之职,不可以难而自沮,不可以满而自尽者也。公行矣,天启之,神福之,位日益显,齿日益增。法六子之所以事君者事君,以收盛大无疆之绩,不有望于公耶?他日枢管之任,付之令子,奉身而归,指玉山曰:“吾藏修处也。”指娄江曰:“吾钓游处也。”山若增而高焉,川若溢而巨焉。猗[1]与盛哉!

是役也,赴少司马之召也。鹏所望于公者,不止于是,且作者备矣,故略之。

《春秋左传属事》自序

明傅 逊邑人

古史之存寡矣,惟左氏释经以著《传》。故鲁二百五十五年之史独完,而诸国事亦往往可以概见。虽当世衰季,篡弑、攻夺、蒸姣之丑,不绝于篇,而其间英臣伟士、名言懿行,犹足为世规准。至战阵、射御、燕享、辞命、卜筮,皆非后世之所能及,盖以去古未远,而先圣之法,尚有存焉故也。然体本编年,而纪载繁博,或一简而几事错陈,或累卷而一事乃竟,或以片言而张本至巨,或以微事而古典攸征。兹欲溯流穷委,寻要领而绎指归,盖亦难矣。自司马子长变古法以为纪、传、世家等言,而后之作史者,率不能易。名编年者,虽自荀悦以后,无虑四十家,而书不多存,事无通会。至宋司马文正,始萃一千一百六十年之事以为《通鉴》,而赵兴智灭,实以上接《左氏》襄子恭智伯事。建安袁氏复因之以纂《纪事本末》,使每事成败始终之迹,一览而得,读史者咸便而葆之。

逊尝欲祖其法以纂《左传》事,而先师归熙甫谓当难于《通鉴》数倍。逊颇悟其旨,取王敬文本藏而成。为惧其事繁紊且遗也,故于诸国事,各以其国分属,而仍次第之。于时王道既衰,伯图是赖,故以伯继周,而凡夷夏盛衰、离合大故,皆使自为承续,而不列于诸国之中。以其文古,须注可读。元凯好之,自谓成癖,而其《集解》,乃多纰谬疏略,或传文未断,而裂其句以为之注,如防山介川,失其奇胜,且意义亦难于会解。逊故竟其篇章,而总用训诂于后,并参众说,酌鄙意,僭为之厘正焉。又续胡身之《注通鉴》,时有评议,以发明其事之得失,辄慕而效之,其是非或不大悖于圣人,而微蕴亦因以少见。

逊少好读史,兹传虽以释经,而与后之言经者多抵牾难合,故经不能强明,而独耽其文词,视以古史,妄纂兹录,名曰《春秋左传属事》,颇自谓得古人读史之遗意,有助

---

1 猗,底本作“倚”,据方鹏《矫亭存稿》改。

于考古者之便云。噫！理难至当，人莫自知。以古人之贤，犹不能无失，矧逊于古人，无能为役，宁不百其失乎？惟祈知言之君子，不鄙而教之。万历十三年己酉初夏。

王弇州序略云：吾乡傅逊氏，少有雄志，博涉晓兵，尤好推前代理乱大原。谓左氏足以发其奇，益覃思详索，而融贯其义，用袁枢法而整齐之。其文体，先王室，次盟主，次列国，次外夷，取事之大者与国之大者比，而小者附见焉。不必如训家之所谓张本为伏为应，一举始而终遂了然若指掌。其他句为之故[1]，字为之考，虽不能不资之杜氏，而杜氏之舛僻者，亦掊而正之，必使之无负乎左氏而后已。故执杜氏以治左氏，十而得八；执傅氏以治左氏，十不失一。且也为杜而左者难，为傅而左者易。故夫傅氏者，左氏之慈孙，而杜氏之诤臣也。

叶文庄公《水东日记》序

明俞允文邑人

《水东日记》者，吏部左侍郎文庄叶公之所著也。其书专于记事，核古综今，关诸军国，号为通博。书凡四十卷，以其书成于淞水之东，名为《水东日记》云。

公名盛，字与中，昆山人也。正统十年举进士，拜兵科给事中。英帝北狩，六师陷土木。九月，郕王即位，虏益屯逼都城。公时屡奏封章，皆当世急政。寻转都给事中、山西右参政，监督宣府粮饷，兼管屯田，独石、马营等处军务。公方有功于边，以父忧去职。英帝复起公丧中，令无遂服，擢为右佥都御史，巡抚两广。公至，则徙征蛮府梧州两广接比要害处，以制外蛮；通盐利，令商贾得出境市鬻。宪帝即位，转左佥都御史，巡抚宣府。公至，益开田，岁岁增倍，买战马千八百余匹，缮治屯堡七百余所。上嘉公忠勤，且录两广功，赏赐甚厚。迁礼部右侍郎，再迁吏部左侍郎，卒，赐谥曰文庄。

公精明经术，练达制度，廉恭孝友，兼体数器。当板荡艰危之秋，而尤能奋忠言嘉谟，以匡翼其主。自初官，通历三十余载，更事三世，凡国家大议，无不关决于公，眷遇甚笃。然位不满德，年不逮老，而诸公咸有不尽用之叹。公生平所居洁清，门无杂客，惟购书万卷，日耽玩以自颐，殆废寝食，故其[它][2]所著述，于诸公为多。公之玄孙恭焕，文雅蕴藉，能遵其祖德，因出斯籍，属余题叙其首，遂述公之丰功伟德被于当时，而足以仪范后世，与著述之所诣，匪若闳诞破碎以广异闻而已。

1　故，底本原作"故"，后为朱笔改为"政"，据王世贞《弇州山人续稿》及傅逊《春秋左传属事》，应以"故"为是。

2　其它，底本"它"字原缺，为后来朱笔所加，俞允文《仲蔚先生集》作"其宅"。

续刻《昆山杂咏》序

明俞允文邑人

昔朱长文《吴郡图经》编记事迹，郑虎臣《吴都文粹》只采择赋颂、诗歌、杂文以备《图经》之缺，而龚立道则专录昆山历代名贤诗歌，为《杂咏》三卷、《续编》一卷，以为一邑之书，而《续编》亡轶，不可复得。嘉靖中，王隐君纶尝集近代诗歌百篇，附益其后。孟光禄师鲁好古，留意典籍，又属余博访词林，捃撷谣俗，由晋唐以来，复得诗歌数百篇，勒成二十八卷，仍因旧名。

或谓立道惟取诗歌，而赋颂、杂文独非一邑之书？宜并录之，如郑氏可也。余以为不然。夫诗者，文章之蕴也。其言约而理冥，其音永而寄远。理冥则言丧，寄远则象遗。其为体也博而要，其感人也微而深，诗之时义弘矣。是故笔[1]功缺纪，盛德在人。独操不逢，贞姿未显。穷居送远，高会宣游。逆旅羁孤，谗冤谴逐。忠不可以尽言，恶不容以终掩。苟非六义之要，亦安能极其致耶？至于长林幽馆，秀岭明湖，竹洞花坊，仙坛梵宇，农村鱼市，古冢荒祠，平楚春烟，寒塘秋水，丹枫落而苍甸晚，白云起而青岚疏，景物依人，通灵激赏。怀才之士，亦靡不触景兴文，缘情比事。于时遭时，寓感深浅不同，则有愁忧、怡怢、怨慕、怀思、淫义、信谲、美刺之殊。而陈诗者咸于是乎取之，以观民风，察王化，示惩劝，端教本。古者诸侯交接邻国，必称诗以喻志，是欲以微言相感，而别其贤不肖，征盛衰也。故孔子之教弟子，屡称夫诗，矧有国者，其可一日而无诗乎？若他文之浩荡无统，非观风者所采，而立道之为是书不可少也。遂申其说，冠诸篇首。其于猎涉未广，采择未精，将复有俟夫来哲。

周木泾《玉峰诗纂》序

明张文柱邑人

昆山，吴中望邑也。垂[2]汉以会稽疏隶，逮晋由信义分符。览子野则西峰应其文，睇阳畴则东湖占其胜，地灵人异，非曰无征。故有凤翔之士，熙号于八埏；鸿鹭之流，寓声于亿祀。则有卞崇抗廷尉之规，士衡先太康之誉。季雅暴卢龙之节，德义扇骑牛之风。离是而降，代不乏焉。盖懋周典刑，宗鲁文献者也。于是采俗者骘之流编，颛古者搜诸

遐牒，粤稽古制[1]，旁及稗录，典实攸分[2]，用斯大矣。若夫言由物感，神自理宣，片撰属经，四声谐节。或正则以审真，或婉抑以抽愫，或沉幽以寄象，或昭亮以叙伦，或缱绻以啸俦，或纵横以赞事，此艺家之鼎吕，而贤士之矩矱也。然而积玉瓃玎，雕亏哲匠。鸠材磔莘，饬谢鸿工。流散一方，真核者鲜。钩探渔猎，乌可缺如？

今太仆木泾周公，名复俊，纬情玄畅，挺格纯清。少发董生之奇，晚屏张衡之俗。周抚遗言，慨叹不已。爰循驹晷，独秉鸡林，肇自平原，迄于近代，苞蓄有年，汇成六卷。至于四方贤士纪胜之咏，亦并载焉。题之曰《玉峰诗纂》，而间以示文柱，俾为之叙。

夫言之传也有三：述天人之化，立性命之奥，镜理者以奠民维，则资焉；综治乱之经，品彝则之纪，垂教者以植世道，则资焉；缀名物之数，协性情之华，摘词者以耀来嗣，则资焉。今览编之雕章菀[3]藻，体各殊科，而卒泽于道，醇如也。譬则陈玄黄之绮而视者炫其辉，翕金玉之音而听者和其奏，燔椒兰之臭而抱者袭其芬，沨沨[4]乎，彬彬乎，所谓奠民维、植世道[5]、耀来嗣者，此盖其一斑矣。或疑昆山一邑，未该作者。嗟乎！风远教湮，斯道不讲，扳[6]先民之秀武，翊后进之颓尘，公则有焉。惠止昆山，厥意普矣。昔王充之论酷，私于中郎、文忠之史，推前于师锡，矧文柱方切高山之仰，叨忘年之知者哉！敬以不文，书之为序。

周木泾《东吴名贤记》后序

明张文柱邑人

太仆木泾周公之撰《吴名贤记》也，始自滇中，间以其草示杨君用修，而题之曰："请陈诸梓。"公辞未核也。逮致其仕归，葆真之余，讨厥故实，又数年而就是编。以是知公尚古之力，而用心之勤也。

文柱不佞，尝读昔人称吴之言，曰："家无不孝之子，朝无不忠之臣，文为儒宗，武为将帅，岂非山川之奇发之哉？"而瑰玮尊硕之士相望于兹地，亦重焉。迹荆吴自泰伯以来为名郡首者，可知也。然所谓瑰玮尊硕之士，要归于立德与功而已，不能显见其蕴，以附于德与功之后。于是以其所欲见者记之乎言，而昔之表表能文词者，或踬弛自废以入于性命之乡，彼其有托而然，而非所以示教也。则夫言之为浮也，古记之矣。此公撰诸

1　古制，《玉峰诗纂》卷首张文柱序作"故志"。

2　分，《玉峰诗纂》卷首张文柱序作"存"。

3　菀，底本作"郁"，据《玉峰诗纂》卷首张文柱序改。

4　沨沨，底本作"飒飒"，据《玉峰诗纂》卷首张文柱序改。

5　植世道，底本无，据《玉峰诗纂》卷首张文柱序补。

6　扳，《玉峰诗纂》卷首张文柱序作"攀"。

名贤，德足以风录之，功足以昭录之，非此二者不录也。

文柱少也习先君子所撰《昆山往哲录》，而心乡往之。既又观杨、黄二家记吴中往哲，非不斐然，而往往类马令之叙事，其致则稗官、虞初，谈谑之资也。公兹编既广且核，诸贤重吴矣；而公吴人也，又有以发潜德之光，览之靡不兴已。今有一二先贤事，得诸父老之睹记者，转相传语，不忍遗之，矧兹巨编，灼如国史之所不备，家乘之所不及者哉！时易矣，毁其庐而径翛然，此先正之所履也；委其墟而林翳然，此先正之所树也；歌其墓而封块然，此先正之所藏也。居而熟其平生，出而证之，能使先正不亡者，将在是矣。虽然，显贞扬烈，以诏将来，观风者之事也。公优游林下，慨以无忘老成典刑之思乎！夫大道之行，兴贤在朝；大道之晦，征贤在野。今天子聪明御宇，陶熔天下，瑰玮尊硕之士又彬彬出且用，以媲古之盛，则兹编也，百世之下，有后公而续之者矣。万历二年，岁在甲戌五月。

王止之[1]《粤剑编》序

明王安鼎邑人

万历辛丑，余俦比部止之奉命虑囚岭南，期年事竣，归而解其橐，出一编，曰："此余使粤时所纪也。虽无陆贾千金装，庶可当其百金剑矣。因以'粤剑'名编。"编凡四卷，为类者八，曰古迹，曰名胜，曰时事，曰土风，曰物产，曰艺术，曰外夷，曰游览。非目之所睹、迹之所历与身之所接者，弗纪，志实也。盖万里南粤，胪列如指掌，读之者若挹名区于几席，揽异物于绅绂，烂然应接不暇，而常恐其易尽。

以为止之文人之雄，非俗吏之陋乎？此未足以尽止之也。余惟汉初尉陀据南粤，负固称王，骄侮汉使，箕踞不为礼。陆贾以数言诮让之，切中其罪而褫其魄，陀为蹶然起，俛然服，卒稽颡称臣，奉汉约。中国不烦一兵而南粤宴然，嘿脱夷夏百万生灵于锋镝而衽席之至。今读其传，辄伟其伐。今观是编，若柔中贵于片言之间，而释珠盗六千余人之死于刹那之顷；酌议红毛鬼，别居一澳，许之互市，以消中国无穷之衅，而收外夷不赀之利。此两者几与陆贾使粤功等，是乃所以为止之也。然贾利陀千金之装，归授其子，以为传餐计，至兢兢于百金之剑，亦可鄙矣。止之独于辒轩驰骛之余，爱书旁午之隙，举南粤山川、物产，古今遗迹、逸事，目全收之，而腕旋出之，汇为一编，以充萧然万里之橐，此其所得，孰与陆剑多耶？

无何，客有探囊得是编者，请付之剞劂，以与海内好事者共。余闻而从臾之，因叹曰：

1　王止之，底本作"正之"，后以墨笔改为"止之"，然下文仅改了两处，其他皆未改。《粤剑编》作者王临亨，字止之，昆山人。下皆据改。

"贾之剑去久矣,孰谓千秋而下,有我止之者,借以名其编?"是编之捴藻摘华,方之贾所著《新语》不知何如,而要以课能者嘉其绩[1],披文者咀其英,卧游者揽其胜,猎异者搜其奇。其出而高纸价也可知,而贾之剑不亦若发硎而新乎?余盖于是编之出,而感此剑之遭也。

《周礼注疏删翼》序

明张　溥太仓

昭代经学以《大全》附注疏并立学,《易》《诗》《书》《春秋》《礼记》,其书咸有,而《周礼》《仪礼》《孝经》独阙,学者病之。《五经大全》,仓卒应诏,取经前人,不暇精择。宣德间,章丘朱广文应吉疏于朝,言其中去取未当者,请下其议于礼部,礼部下之天下学校,兼采众说,一断以理。事不果行,抱恨迄今。然幸有《大全》在,依类仿辑,推广发明,诸经大义,尚可不坠。《孝经》、二《礼》,成书绝少,独恃注疏,孤行天地,好古博览者,更何所据证断千载之惑,传信来叶哉?

予少慕读经,思遍讨百家,补论三书,而藏本缺略,阄茸无成。近见吾友王平仲所辑《周礼》,叹其勇深冯河,善树不朽也。

平仲先世皆名公卿,文章理学,为当世宗师大儒。闻修先生与平仲、与游,里称"三凤"。闻修年居长,两弟俱从之学。释经义,摘微抉幽,秋毫必辨。与游好谈古今,抵掌往复,折狱乃止。予尝谓君家两部鼓吹乃经史之咸英韶夏,谈天雕龙不足多也。汉初尊经,《周礼》晚出,杂授讹承,疑信交半。或以为六平致治,或以为渎乱不经,然疑而弃之也易,信而明之也难。疑之者曰:天官之属不必六十有三,地官之属不必七十有八,春官之属不必七十,夏官之属不必六十有五,秋官之属不必六十有一,冬官之属不必二十有四。凡此者,皆后人虚加之也。无其官即无其事,举所谓辨方正位,体国经野,俱委之空蒙,亡何有。废而不讲,其事毕矣。若信而明之,官不空名,事不空立。太宰之八法、八统、九戎、九两、六叙、八成、六计,司徒之十二教、十二荒政,大宗伯之五礼,司寇之五刑,士师之五禁、五戒,司服之五冕、五弁,司弓之六弓、四弩、八矢,如此类者,数其物,详其制,有一不察,皓首负惭,是为难耳。

东汉郑康成笃信《周礼》,特为之注,加以贾疏,其学益彰。后世蹻駮《周官》,专攻郑氏康成,一身功罪未判,守其说者乌能无变?儒家竞出,每以相反为高。前人曰:"周官有六而缺冬官。"反之者则曰:"六官之中省司空,官属以法五行,故用五数,非缺冬官也。"前人曰:"冬官缺,以《考工记》补之。"反之者则曰:"妄补,谬也。"前人曰:"六官

1　绩,底本作"续",据《粤剑编》卷首王安鼎序改。

之属次第可更，即冢宰一官，自宗伯归者五，自司寇归者二，余不知其几也。"反之者则曰："六官未尝乱，胡可更也？"以今笑昔，以后笑今。惩王莽之王田、市易，而复羡苏绰之建官；企唐宗之六典，而又戒心于王安石之青苗、均输，是非两摇，究同筑舍，非有命世者起，谁与折中哉！夫欲明三《礼》，其学有二。一则以五礼为主，设纲分目，吉、凶、军、宾、嘉，各以类从。于是《仪礼》之详于士大夫，略于天子；《周礼》之详于王国，略于诸侯者，灿然并列。又以《戴记》、汉仪经纬其间，彼此损益，制度乃备。此用世之学也。一则熟读三《礼》，各还原文，无取更张，广罗闻见。此专家之学也。二学行而《礼经》明矣。平仲捃摭弘富，裁以简要，间有未安，则列按于后，以示箴砭。必传之业，视椒丘订正四家国裳，持编定本，直度越上之。予更有请者，毋忘《仪礼》《孝经》耳。

《玉山高隐图》序

明王志庆邑人

吴中山水秀丽，高人韵士不得志于时，辄寓意于诗歌、书画间，以发挥其块垒不平之致。后之人得其片纸尺素，宝重与球璧等。玉山虽吴郡小邑，然其风流掩映，独称冠冕。在元有朱玉均璧，其所摹《揭钵》《搜山》诸图，恒有光气上烛[1]霄汉。国朝王履安道常游华山，为图四十余幅，手自为记，至今传颂，几与右丞辋川、道玄蜀江相伯仲。他如范启东暹、屈处诚礿[2]、夏孟旸昺辈，指不胜屈。岂非其山川明秀之气，涵毓者厚，故后先辉映，若此其盛与？

天启、崇祯间，海内时有寇警，独吴中幸无事。昆之诸君子因假绘画，合素心若干人，每月必刻期聚，聚则各出所长，挥洒竟日。或纵笔狂舞，得意叫绝；或枯髯凝思，腐毫独赏。画毕，出酒肴，角采浮白，动辄达旦。诸君子皆善，贫不能具侈馔，山蔬野蕨，欣然会心，觞咏之怀，俭而弥剧。其萧远闲旷之致，真有古人所莫及者。间或遇疾病死丧之事，则匍匐相救，有无相恤，如左右手。盖其所托者，技而进乎道，约而负乎命，达而本乎义，非仅以散诞不羁称世外逸人而已。

崇祯丙子，时距始事几及数年，诸君子因各肖其像为图，题曰《玉山高隐》，而命余为之序。余因思社集诸图，传宝于世者惟《西园雅集》，为李伯时当日所写。他如《兰亭觞咏》《庐山十八贤》《香山九老》诸图，皆后人以意仿佛摹肖，以寄其景慕之思，非当时果有是图也。然则图之传，岂非以其人哉？今夫兰亭、二林，其湮没于荒烟衰草者，不知几春秋矣，而流连是图恒在陵谷沧桑之外。若其无足传者，虽大书深刻，炙手徒热，姓名

---

1 烛，底本作"属"，据《乾隆志》改。

2 屈处诚礿，底本作"屈处诚初"，据文意改。屈礿，字处诚，号可庵，昆山人。

已灰,甚有道其里居,犹觉齿秽者。夫无意于传,而令人景慕不置,或有意于传,而人之简弃惟恐不足焉,岂人之好恶顿殊哉?其所以自竖者,必有在也。

诸子或贫无担石,或迹不出闾里,顾能以千古旷怀,岸然于泉石、文酒之间,此岂无所挟而然者哉!足乎已者深,则慕乎外者绝;慕乎外者绝,则行于世者久而愈光。吾知是图之与兰亭、庐山、香山、西园并垂千载,后之人想其风流,低回咏叹,勿忍释手,宁有既耶?又思朱均璧、王安道诸人,或生当乱离,或独唱无和,未免有不逢时之叹。诸君子能于四方多事之日,偏享太平,又有朋俦偕处,啸咏出入之乐,较之朱、王诸人尤为多幸。所以谈道讲艺,无负此泉石、文酒者,盖宜永思之矣。余愧不文,无以答诸君子意,而为序之如此。其姓名并附记于后:归文休昌世、许沧溟梦龙、沈开之石、张士美榿、桂孟华琳、张子柳桎、张炳南宿、徐孟硕开晋、潘若水澄、顾伯厚弘、许瑞玉琼、龚慧生定、姚玄晖璸,凡十有三人。

朱以发《观复堂稿》序

明丘民瞻吴门

君子之立言也,有期为传者,有期为用者。覃思研精,冥观幽墨,搜荒古以赋博,弋禅玄以志奇,此期为传者也。发抒性情,昭晰理道,论事则立而可行,揆势则涣而有统,此期为用者也。

朱子之为人也远矣,纷华势利、声名角逐之中,无其人焉,岂夸多而斗靡者乎?吾视其养也深矣,隐沦无壮激之容,在贫多燕衎之色,从容晨夜,吟啸自如,岂好炫而务诡者乎?乃所为《观复堂稿》,质而雅,简而令,廉而多通,庄而有节,虽世所称能言之家,殆无以过之也。有仁孝之思,有物身成教之概,有经国救时之略。诸如水利漕兑,荐绅先生、宿儒老师所不能详者,一一指其源委,折衷衡要。嗟乎!朱子而出也,其集固与《会昌》诸集均称明决哉!言足以为世用,征其学之正而不迁,笃而不浮,非徒无永叔飘风之叹也。

崇祯癸未寒夜,吴门丘民瞻识于赍园。

《薛烈妇诗》序

明叶 盛邑人

大凡忠君、孝亲、秉义、立节名教事,在天地间,虽去之千万里之远,千百年之久,夫人而知之。小或动心,大或动色,甚者毛发凛凛为之森耸,岂徒其人之不死,其鬼之犹灵?亦人心、天理所在,气类所感,气机使然。有不容于自己者,孜孜焉悼惜之,表著之,歌咏之，不啻若自其亲且厚，则斯人之尤贤者。使斯人而当夫若人之时，不尤有甚焉者乎？此固可与智者道也。若曰："吾耳闻之，吾目见之，若无闻知。"非愚不足道，则亦未免为凶人、小人，然亦甚鲜矣！吾于序《薛烈妇诗》，而于吾友进士郑君时又特有取焉。

烈妇世家昆山半山桥，父薛某匠也，嫁烈妇为县吏邵某妻。县吏坐法，法司遣人赍檄拘挐去。之时，烈妇年二十余，颇有美姿，且暮饮食吏。法司人见而悦之，欲私焉，以语挟吏。吏不得已，以告烈妇，烈妇泣且言曰："妾之洁污，君不可复得主矣。容暂归即来。"归即自经于家。邻里高其节，解而瘞之所居之侧。相传今西溢渎村彭氏菜园即其地也。

兹事在洪武中，郑君盖近得之于彭氏九十老姑，故语不能详。郑君既为作传，而同志者闻之，皆为之声嗟气叹，大篇短章相继有作，积成卷轴，已复授予序之。张宣之有言："无所为而为者，义也；有所为而为者，利也。"世固有徼名自利，不足取信于人者矣。薛烈妇遗丘残骼杳不知其何在，盖馁而不食久矣，尚复论其他乎！然则郑君之言固可信，郑君之心独何为哉！独何为哉！

记

昆山州先贤墓祭田记

元殷　奎邑人

乡先生没而祭于社，其礼之废也久矣。后世以义起礼，往往即其遗墓所在而祠之。令甲所著，而儒先之所行也，是亦亡于礼者之礼乎！昆山如宋御史王先生葆、侍御史李先生衡，以道德节行，敦崇名教；龙洲刘先生过，以奇伟跌荡，振作士气。此其制行虽不同，要亦非一世之士也。祠之所以励流俗之偷污，激懦夫而兴起，岂苟然哉！

至正廿有三年，知州偰侯斯[1]至官，始询访昔贤遗墓，得三先生之墓而封表之。明年，州人管善既以先志割常稔之田四十五亩，入校官养士，又谓诸贤之墓不可无祭，祭不可以无田，于是复割田为祭祀修茸之用。且以其父隐君之葬，亦在马鞍山也，请以施田之故，祔其木主于龙洲之祠。偰侯悉为下令，如其请，有事于先贤，则分奠焉。噫！若管君者，亦可谓知礼慕义者矣。贤贤、亲亲，务一而两得，君子韪之。世有蹶产破财，妄为塔庙饭僧之费，视名教所在，曾莫少概于其心。苟非智识之明，卓然有见乎流俗之表，能不惑者鲜矣。管氏此举，重可嘉也。

田凡三十有五亩，岁得米二十五石有奇，籍而隶之学宫，俾有司以时检举故事，岁再

1　偰侯斯，《弘治志》《万历志》同，《乾隆志》作"偰俟斯"。

祠之。其出纳者又必致谨，于簿书[1]之外罔或有少私焉。则诸贤之祭，可以无废，而偰侯表贤善俗之心，管君尚德追孝之意，庶几相与永久而不坠也。因为著其本末如此，俾后之人得以考焉。

王先生，字彦光，墓在南郭新漕里。李先生，字彦平，号乐庵，墓在州治南六里圆明村。刘先生，字改之，墓在马鞍山东斋。管隐君名珪，字仲玉，晦德好施予，喜为诗，祔其主龙洲祠，其亦义合也夫。是年冬十月二十日。

叶义士记

明冯　益慈溪

元季兵乱，盗窃名字者，不可数。苏之昆山福严寺僧有提点与其徒昌都事，聚无赖相攻，劫烧民居，掠子女槛置舟中，载入严沙沟尽焚溺之，以胁其众，州司若罔闻也。

义士姓叶名秀实，即素称长者，几不免，其姻金氏厚赂出之。义士曰："里有救恤之约，虽我独免，其如乡之老少何？吾即赴之。"恐弗胜，乃图所焚劫状，率少健徐辛乙等白于官，指辛乙等曰："若辈平日出赋税，供力役，以奉公，期有所赖也。今若是，奈何不一引手拯救之？"官为动，曰："义士言是也。"遂号令其下，与义士等掩捕之，尽得其党，按治皆伏辜。有提点竟瘐死[2]，义士曰："提点，僧也。请如浮屠法焚之。"且为《鹧鸪天》一阕，以暴其恶，人至今能传诵之。已而其党悉就诛，义士以高寿终。

呜呼！胡元入主中国几百年，其礼乐法度虽不纯用中国，使其子孙能世守之，亦足以靖治。顺帝极矣！灾异荐至，海内蜂起，曾莫是惩，而方惑于帝师天魔之妖，以逞其无厌之欲。若在提点有不足道者，其为偾败则然，然当其时，司密勿典，方州者非无其人，皆如义士之为，则亦未必至斯促也。自古天下之治否，未尝不系其人。覆辙之祸，恒相仍也，而犹或蹈袭焉，可胜叹哉！义士没几岁，诸孙兵科给事中盛奉其父之命，知所以表励之。传曰："活千人者，其后当封。"计义士之举，奚止千人哉！方来固未艾也。给事好贤乐善，多所建明，有古贞良风，予固乐书之，以为世道劝。景泰二年三月。

陆氏复姓记

明叶　盛邑人

吴之昆山士有陆道明氏，当元之季世，老长在下，而不胜夫征役武断之苦。家故富

1　簿书，底本旁以墨笔补"供祀"两字，殷奎《强斋集》、《万历志》、《弘治志》皆无。

2　瘐死，底本作"庾死"，据文意改。

也，不事增殖，曰："吾惟惧富毒我也。"故多子女，亦多外处，不使家居，曰："吾惟惧多累殃我也。"呜呼！使其人一至此时，其可知矣。

今翰林修撰钛之父封翰林编修宗晟，盖道明次子也。陆有通家吴以让者，乃得而子之。宗晟之生仅三月，吴夫妇卵翼备至，爱不殊于己出。比十二岁，始知其为陆氏。向人饮泣，吴夫妇慰勉之而已。又十年，而吴侧室二人连产二子，吴夫妇寻没。二子者，冕、良是已，今隶戎籍于金陵。宗晟尝泣而语之曰："吴父母祀事，吾弟事也。藐予小子四十，所以忝冒而不敢言者，吾弟幼。吴父母子我之德，与生我者等故尔。今吾弟且有子矣，顾吾陆之族无他人，吾其可重不敏哉！"冕、良亦相对而泣曰："冕不孝，吾兄盛德而恩吾兄久矣，敢不惟命？"宗晟且曰："吾弟行役甚苦辛，吾弟之子尚幼，而经纪而家，而诲立而子，吾虽老未倦也，吾弟勉乎哉！"于是修撰具述其情事，以闻于朝，复陆姓，且来以告于予，求文记之。

呜呼！姓原于古，而各专于今，其不可以淆不待明者，而后可知也。自夫先王之泽既泯，昧者往往失之，特笔于《春秋》，杂书于传记，而见讥于天下后世者，虽英君硕辅，与夫近代之大贤君子或不得而免，则复姓不亦一难事哉？方修撰以海滨诸生奏对廷陛间，黄榜一出，而名声訇然闻于天下。天下之人思见其人，识其面，初不知其姓之得与失，复与不复也。至是，乃能以其父数十年惓惓未遂之心，举而为千万年再造有家之高明先祖，可谓能人之所不能，安知天下之人不又从而慕其所为？彼失为而不知正者，皆争相濯磨，出而正之，然则世道其将复古乎？复姓殆亦古道权舆之一事欤！吾于是盖不能无望于修撰也已。

甲寅时事记

明顾梦圭

嘉靖甲寅四月，闽浙剧贼诱集日本倭奴三千余人，自松江青浦菉葭浜诸村镇迤逦焚劫，渐逼吾邑。是月癸未，贼百余艘，乘午潮至，泊新洋江口，登岸，至东门外玉龙桥，纵火焚民居。甲申，焚东南门外民居，我兵擒贼一人，斩之。乙酉，六门外民居被焚者十之九，贼散入村落焚劫。丙戌午刻，攻东门，我兵斩贼二人。至暮，贼始退。丁亥，有奸细在城中，登山巅挥扇四顾，被擒。戊子，攻东、西、北三门，我兵射杀贼数人而退。己丑至癸巳，贼数百人在城外，杀人甚惨。余贼入村落，东至胜安铺，西至维亭，南至淀山河、甪直，北至唐市、周市，劫掠巨室殆尽。掳巨艘载赇入新洋江，杀人以万计。甲午，四面攻城，用硬梯、软梯、燕尾箭、铁凿箭，势极猖獗。我兵奋力拒战，矢石交下如雨，击杀贼数人，射杀贼首号"四大王"。获贼梯十二，缒之入城。我兵亦被伤数人，贼始退。

　　乙未，邑令祝乾寿告急于巡按御史孙慎，委都指挥梁凤率兵八百来援。凤至维亭，勒兵不进。邑令趋之，至九里桥，遇贼，弃兵仗而西，佛郎机诸火器悉为贼有。丙申，凤引兵入郡城，绐巡按曰："贼已遁矣！"丁酉，贼至大西门攻城，我兵拒之，寻入村落劫掠。是夕，贼一人衔刃浮水至小西门外，我兵以竹枪伤其胁，绱入城，斩之。戊戌，贼在村落。己亥，至南门、大西门攻城，复为我兵所拒。五月朔庚子，擒奸细一人，系狱。辛丑、壬寅，邑中募勇夫六百余，给以粮饷。癸卯，贼复攻城，我兵投石拒之。甲辰，贼用铅锡炮击杀我兵三人。未刻，新募勇夫追至玉龙桥，擒贼一人，斩之。乙巳，贼至小西门，举炮伤我兵一人。寻至大西门，有城下避难者百余人，投石击杀贼一人，伤五六人。未刻，贼持双刃渡濠，杀避难男女三十余人，童稚皆溺濠中。我兵举炮击杀贼一人，伤一人，始退。丙午，贼至东南门，举炮爇城楼栋，我兵亟以水灭，射杀贼一人，伤三人。丁未，贼拥众至东门，我兵投石掷巨木击之。贼乃分为二队，寻至大西门，并力以攻。有三人攀缘越城，我兵悉斩之。贼发佛郎机，误中山巅，不能伤我一人。我兵发火箭，中贼盛火药篓，悉焚之。

　　戊申，贼制巨筏如室，覆木板厚数寸，加湿絮被，以避火箭。百余人举之，骁悍者匿室中，突至大西门外，用巨锥巨斧发掘，城闉几坏。城中怖惶奔走，哭声相闻，妇女多自尽。俄有一人呼曰："我能救此患！"遂持斧穿城楼板，我兵用火药燥薪，焚其巨筏。寻用沸汤、沸油从楼中灌注，伤贼五六人，又投石击杀二人。余贼奔散。至申刻，贼首号"二大王"者，躯干魁桀，戴铜兜鍪、衣铜甲，束生牛皮腰带，挟倭刀二、铜槌一，率贼党至城下，并力以攻。我兵投巨石，伤贼首腰脊，再投石击死，绱其尸入城，斩之，刲其肉以饲犬。邑令召持斧者赏劳，遍邑中无其人，乃知山灵相佑助也。贼发佛郎机，又误焚其火药篓，遂不复举火器。皆天意云。

　　自是贼势衰沮，凡攻城之具悉自毁弃。己酉，散入村落劫掠，欲为贼首报仇，杀人无算。庚戌，巡按复委梁凤率处州兵，郡倅张子瑶率广西狼兵来援。凤复逗遛于途，绐狼兵曰："三日方可至邑。"邑令数趋之，郡倅率狼兵先至，凤后至，殊无御贼意。辛亥、壬子、癸丑，凤驻兵西寺中。甲寅，邑令强之出战，狼兵踊跃争先，处兵退却。凤遥见二贼持刀而前，遽勒马避之。处兵举白旗一麾，遂皆溃散。狼兵追至贼巢，斩首数级，无他兵策应，遂被贼杀伤数人。邑人皆怨凤，将白诸上官。凤惧罪及，乃移文巡按曰："邑令待狼兵太厚，待处兵太薄，使两兵疑贰，出战无功。"巡按信之，深罪邑令，竟莫能白也。

　　乙卯、丙辰、丁巳，贼渐遁去。戊午，江口百余艘，皆从太仓入海。兵备金事任环督沙民邀击之，斩首三百余级，溺死者甚众。亦有奔窜登岸者，无路入海，乃复至太仓城外纵火，寻经吾邑西入郡城焚劫云。

　　吾邑自国初以来，百八十余年，无干戈烽燧之惊，骤罹此变，孤城被围一月而援不至。兵至矣，又为庸将所误，无益于御贼。乃赖城中民、兵素未尝练习者协心励志，以战为守，屡挫贼势，城幸保全，盖邑令之功居多。令自贼入境，昼夜登陴，废寝忘食，劳苦万状，抚爱吾民、兵如父兄之于子弟，故能得其死力。且致神明助顺，非偶然也。第今日贼党尚在沙岛，出没无时，所宜深虑，如增陴浚隍、信赏前功、多置利器、简阅勇敢、储积粮饷、设立营堡、讲究阵法，皆所望于良有司不可一日而懈弛者。彼妾菲之言，久当自息，奚足为良有司累哉？

昆山县四难三[1]易记

明陈龙正嘉善

甲戌九月之望，晤蔡公祖云怡于苏。蔡，昆山人也，为言其邑何有"四难"之称：和乡绅难、端士习难、清衙蠹难、足赋额难。惟迩者刘乾所以常之三府来署篆，四月之间，"四难"俱矣。予问状，蔡曰："刘持正而不激，御下严而不苛。初至，遇宦仆有横于里者，惩一二人如法，不动声色。乡绅以其无过督立名之意，皆敬而服之，敛戢恐后。一难失矣。刘性洁而气和，与士子不泛交，亦不过亢。其以文义相与者，日进于谒者自不敢至，怨谤无繇作，转有明师之颂。二难失矣。萧然行李，往来茹味，袍褥之外无长物。左右求中以所好不得，欲窥伺其过不得，小有犯立治无宥，亦未尝刻于法外，奸宄不寒而慄。三难失矣。署篆四月，鞭扑寂然，输赋余五万金。四难失矣。"

予曰："刘公吾素知为学问中人，不知其才猷之高、政事之精至于此也。敢问输纳之速，至诚所感与，催科有方与？"蔡曰："诚也，催科亦有方。"因复言："昆于诸邑，庶几不冲不疲，亦未至贫，差为三易。而目前新政最急者，惟勿差人下乡。盖今差役较十余年前大殊，持牌至乡，不问事大小，估量其家业若干，开口勒索，约如乡人家业之数。往复几番，即不全破亦已。去年为害最烈。故禁止差役，乃下车第一要义也。某言甚凯。至予向见珠岩顾公令嘉兴，曾署吾邑，御差役最有法。每役给腰牌为验，不许帮身承票。至乡，小舟单橹，舟子及差共止两人，某[2]势自孤，难于暴横。且票尾朱印云：'每十里舟银一分，菜饭外不许多索酒肉。违者严治。'于是乡人免差役之害。"予因问蔡曰："事有必不能罢差者，如何？"蔡具言其法，默与顾合。

以昆新令瞿仙叶公为予邑人，又同籍，素厚，冀予转悉之，遂辞去。惟所云刘公催科之法，未及详，欲语瞿仙往面蔡公，探其所未尽，会瞿仙以迎谒新大巡抵苏。十八暮，舟适相并，予投剌，值瞿仙他出，约其诸役明当晤言。比晓，而瞿仙艒已远矣。

圣人之戒曰："不在其位，不谋其政。"然蔡为维桑言之，予欲为蔡转述之，非敢谋之

1　三，底本作"二"，据本书原目录及《乾隆志》改。

2　某，《乾隆志》作"其"。

也。人爱其维桑，宛转求达，予过耳侧怀，忍视他邑苍生为膜外而默焉置乎？尝念武城所问，惟在得人。及子游以澹台对，而夫子亦不更询其吏治，此何义也？为宰之道，与相天下一，揆得人之后，我事事虚怀，人事事忠告，子游一得澹台而武城之政之美不待问矣。昆之有蔡也，其亦今之澹台子羽乎！归道吴江，适章尹敬明过晤，索观竟，遂录一通，为予转达瞿仙。既伸蔡意，又免余持缄往致之嫌。甚矣，敬明之好成人之美也！

卷二十

艺文下

书[1]

与顾仲瑛书^{时刊《昆山续志》。}

元郭　翼邑人

窃见昆山人物之盛,非他州所及。江海所传,士君子之所称道,非人赂千金、家置一喙而使之然也,盖薰陶渐染,有所自来。昔圣人称子贱为君子,而曰"鲁无君子,斯焉取斯",故敢列而陈之。窃不自揣其言之可信与否,惟执事察之。

有耆儒硕学李季高蓉月先生,卫培月山先生,二山郑渔溪、陈爱山,或典章老成,或经学博闻,皆表表模楷,师儒之宗也。有文章之流,若俞翠峰之超逸,施林塘之风骚,秦玉德卿之厚重,汪垕德载之深沉,文质学古之奇放,马庸敬常之秀丽,皆士林尤著者也。若杨谑东溪之著述,卢均华之教子,朱翱仲翔之标格,卢观彦达之淳古,俞日彊彦庄之文学,李简士廉之清介,又不可以偏长而废弃也。士大夫之族,则朱旭次山之好古博雅,朱仲高之偶傥爱客,张心田之能书能画,顾仁山之恬退守业,马廷玉君瑞之好文雅,杨仲元伯振祖成之世其家,易兼山之吏隐,顾信善夫之墨妙。及乎朱都水妻茅氏之贞节,殷奎大章葬其祖伯堂之尽礼,书之皆可以激励流俗,而有补于名教者也。鼓琴之妙,则宋尹文文璧为之魁,申屠云岩、秦德齐、王彦明、杨景文又皆铿锵于浙操者也。方外诗僧,则大无外者、省梦庵者、理独间者、庚西白者、器大用者、庆云冈者,皆齐己、灵澈之流也。颜悦堂编蒲有室,柏子庭不系之有舟,宝云海之宗乘,亮虚白之图画,秉白云之千林阁,庄蒙泉之大宝洲,方之高僧,无与伦比。道士,则殷在山章句可推,蔡云谷骈丽可法,张虚谷之飘然高举,杨春云之多艺多材,是又不可以其疏远而弃之也[2]。题咏纪述,则大成殿玉芝之有诗,灵慈宫饷运之有记。以至斋馆之铭、冢墓之

1　卷二十艺文下书,底本无,据目录及文例补。

2　是又不可以其疏远而弃之也,被墨笔删改为"是又不可尽弃者也"。郭翼《林外野言》作"是亦不可尽弃者也"。

碣，一言一咏，皆名流朝士聚精会神，极其盛者。

今也因其所称，不没其实，若袁华子英之高节楼，瞿智惠夫之寿岂堂，姚文奂子章之书声斋，秦约文仲之鹤冢，张师贤希颜之芝兰室，吕诚敬夫之来鹤亭，卢昭伯融之观云轩，陆仁良贵之乾乾室，卢熊公武之鹿城隐居。古人云："境因人胜。"此皆一时出群之材，其文章节概，固非泯泯默默而已者。又若顾权伯衡、顾兼善子达、严寅孟宾、项驾叔驭、俞善复初，皆进进而不已者，诚非他郡所可仿佛也。凡此皆考其事，了然明白，所谓不传于今，必传于后，万万无一可疑者。惟执事持至公之论，去常人之见，念圣人才难之叹，乐《春秋》与善之诚，无一毫嫌疑以自沮，则举仇举子之事，不得专美于前矣。区区之见，忘其疏愚，遂言其概。伏惟更加搜访，使沧海无遗珠之叹。惜乎！时不可失也，惟执事谅之。

上巡抚周文襄公书

明龚　诩邑人

诩窃闻古人有言："千人之诺诺，不如一士之谔谔。"又曰："物不得其平则鸣。"盖诺诺者，本无忠敬之心，惟徇己私，所以事上者，惟务阿顺曲从。上人乐其言之甘，如饮醇醪，不觉自醉，遂至日积月深，养成大患。如昔人始顺王安石之旨，而卒发其所短者，吕惠卿也。若夫谔谔之士，心无憸邪，志秉忠直，其所以尊上者，无非至诚，故论事无所回隐，不无迫切过激之语。上人骤闻之逆耳，静思利行，如饮药饵，虽不适口，其病获瘥。如古人始而目魏文侯为不仁，而卒成仁君之名者，任座也。是皆往事之明验，理势必然。以此推之，凡当大任、行大事者，诺诺之人不可一日有，谔谔之士岂可一日无哉？

今执事以豪杰之才、经济之学，特膺天子宠命，巡抚东南。自下车来，首以风俗、民瘼为事，诚所谓不世之贤，而能体天子爱恤军民之盛心者也。然诩窃见在下之人，诺诺者常多，谔谔者常少，更有恃执事宽仁厚德而敢为悖理伤道之事，以虐民坏俗者有之。军民苦楚之情，壅于上闻，不能自诉。诩愚不肖，区区管见，恐不能不为执事高明盛德累，是以郁郁心怀，不恤众怨，而敢于执事前一一痛陈之也。倘不以人废言，或有补于万分之一，伏愿矜其愚，不录其罪，而施善处之道焉。幸甚幸甚！

一、辅导圣躬，必法尧舜。一、民风不古，可为深忧。

一、乡饮酒礼，殊乖本意。一、养济鳏善，名实不副。

一、学校师生，不遵法令。一、学校师生，不宜妄交。

一、牧民之任，当严按察。一、风宪出按，宜禁私谒。

一、东南水旱，必须预防。一、澄汰冗卒，以养精兵。

一、官军运粮，费用苦楚。 一、官军俸禄，不足养赡。

一、官吏侵渔，弊由禄薄。 一、各处有司，擅兴土木。

一、差吏官员，酷用刑罚。 一、官员馈贶，科索损民。

一、官吏犯法，不当赎罪。 一、清理田粮，未惬公道。

一、盐法禁令，未能两全。

与张巡抚书

明魏　校邑人

禹、稷三过其门而不入，孔子贤之。禹思天下有溺者，由己溺之；稷思天下有饥者，由己饥之，是以若是其急也。恭惟明公，以天子大吏，奉玺书镇绥东南。一夫不获，时公之辜，其任禹、稷之任也，其心禹、稷之心也。

兹者天毒降灾于吴氓，俾不获康食。自冬十月至夏五月雨，小民枵腹捍田，曰："天其悯我乎？今则已矣，不可复为矣！"力绝志悲，哭声遍野，待毙而已。小民奄奄有死之心，无生之气。老弱相依，甘为饿莩。壮者非徙则死耳，等死耳，聚而为盗以逭死焉。祸自此兴，而乱自此作。捕而杀之，吾民肝脑涂地矣。是何异于驱之杀人而又杀之也？乌有仁人在位，而忍视其民死乎？

呜呼！数百万生灵，大命将绝，迓续厥命，犹幸而赖明公一人耳。呜呼！间阎嫠人，憔悴万状，上之人固弗得而尽见也；冤号达旦，上之人固弗得而尽闻也。厥或有流涕痛哭以告者，其能信乎？公若临敝境，亲睹兹患，固将寝不安席，食不下咽。凡可以活民者，虽殚竭心力，固不惮为之矣。统内细民，引领望公至，曰："微公，其谁活我？"此亦禹、稷过门不入之时也。

人之言曰："今上下困穷，以赈济，则公帑竭；以劝借，则私廪空，夐乎其难矣！"然则坐视其死乎？凡事豫则立，及今讲求，岂尽无策？及今措置，岂尽无财？伏愿下令，先慰吾民，曰所不与吾民奏请捐免赈贷者，有如天日，用安定之，遏其思乱之志，早以哀痛血诚，奏闻朝廷之上。先祈捐免之恩，次乞赈贷之惠，截留上供漕运，查理侵盗钱粮；不足，则请朝廷接济。一请不听，则至于再；再请不听，则至于三，朝廷必不忍遂弃东南也。国家内帑空虚，有司之力，诚有限量，然皇上天地父母之心，固无终穷，一闻湖广水灾，遂蠲百万。吾苏独非王民乎？蕞尔吴壤，地利能几何，而国家征取以巨亿计。小民乐岁不得一饱，竭力上供，今百五十年矣，是世世忠孝，有功于国家甚大也！今兹岁凶，朝廷岂忍坐视数百万生灵饥死，而不一救之耶？天听虽高，公为国大臣，沥诚以告，万无不从也。

昔也以一方而当天下之赋，今也以天下之大而救一方，亦罔不济。荒政在人，禹、稷救之，岂一手足之为烈哉！郡县，亲民之官也。明公布德施惠，非郡县孰与致之民乎？愿先简别守令，以提其纲，然后琐科条其寮属，选委贤能，而汰其才不胜任者，黜其志不在民者。所至延见，问民疾苦，可使及今讲贯[1]荒政，以观其材，他日用之以责实。此唐虞询事考言之法也。孟子曰："好善优于天下。"明公诚能召问父老，询访士夫，下而群黎，亦各周爰咨诹。所期闾阎之情尽达郡县，郡县之情达于明公，而公达诸朝廷之上，广集众思，兼总群议，画为条品，次第施行，他日举而措之天下，亦运之掌耳。其于一方何有？语云："活千人者，后必有封。"伏愿明公仰思国家付托之隆，俯痛生灵困苦之极，一念恳恻，感格天人，于以迓续数百万生灵未绝之命。吾见功德在人，庙食百世，天将报公寿考胡福，庆流子孙无穷矣！

岁在庚午，吴会大饥，怨气熏蒸，疫乃大作。小民死者百余万人，饿莩满野，尸寘于川。时逆瑾擅朝，有司惧罪而立视其死耳。未亡之民，仅存喘息。比岁恒歉，而征敛日益烦苛，东南膏血竭矣。今兹岁凶，设又弗救，是真所谓"周余黎民，靡有孑遗"矣。抑某愿复有言焉："今兹水患，岂惟天时，亦人事耳！"

《书》曰："三江既入，震泽底定。"今东江则湮矣，淞江，经流也，其下壅弗宣泄，故吴之南偏，岁被水患。娄江东迤北汇为阳城、昆承诸湖，旧有白茅塘受之以泄于江，而塞也久矣，故吴之北偏，岁被水患。吴地边高而中下，昔人象为盘盂。一有淫雨，水势弥漫，四望成湖，吾民之不为鱼，亦幸而已。非大疏白茅，及瀹淞江下流，则水患曷其有极耶？此大势也。细论各处，今田无高卑，荡然漂没矣。救而仅存，必圩小而岸阔坚者也。其溃而不可救，必圩大而岸善崩者也。设令平时修筑圩岸，分其大圩以为小圩，高筑堤岸，广阔坚牢，虽有大水，民力亦尚可支，岂若今滔天之患也哉？昔文公南康、东浙救荒，咸以兴水利为请，谓为务一两得。范文正公守乡郡，请修水利以救荒。今与其俟民之饥，然后丐国家百万之粟，以延残喘，俾坐而食焉，孰若力请于朝，早捐数十万之财，大兴水利。岂惟拯一时之艰，实百万年无疆之大利也。

病卧闾阎，久不敢陈论当世之务。兹者目击愁苦，耳闻呻吟，心怛焉如割。一二父老泣而告曰："我公未来，闻公仁声；公既戾止，闻公仁言。今饿且死，其有仁政以活[2]吾民乎？吾情莫能上达，乡士大夫弗为我昂首道一言于上，固吾侪小人命卒之时也。"禹闻善言则拜，校是以忘其鄙陋，敢采舆人之言，达于钧听。情迫词切，伏惟明公宽其僭易，举而施行之，斯民幸甚幸甚[3]！

1　讲贯，魏校《庄渠先生遗书》作"讲画"。

2　活，底本作"治"，据魏校《庄渠先生遗书》改。

3　斯民幸甚幸甚，魏校《庄渠先生遗书》作"斯民幸甚，斯世幸甚"。

与闻人提学书同昆邑诸士夫。

明魏　校邑人

顷承使节，辱于敝邑，考校士类，惟公惟明，而复崇奖实才，表章遗烈，甚盛德也。畴不祗服，但彭烈妇入祠一节，尚以传文未详，致廑明虑而未允。某等义不容嘿，辄敢诵其所闻。

昔烈妇之丧其夫也，其时家业陵替，无以糊口，而舅姑并没，茕茕靡依。虽存夫兄六人，雅不读书识礼，况有赘姑，意若冰炭而居。烈妇度物审时，灼见其有不可久存之势，而秉心塞渊，又笃守夫亲没不复归宁之节，且知其兄介庵郑公之贤，真可以托其孤。是故以义自裁，先托其孤于舅氏，然后从容就死。死出于正，夫岂昵爱夫妇，而忍情于母子间哉？尝闻其遣婢抱子以适舅氏时，饮乳其子，出而复召，召更乳之，抚摩良久，如是者三，恋恋然而不舍诀，则其托孤处死，实出于万万不得已之情，可以质诸鬼神而无疑也。使当其时，家虽贫而舅姑未亡，亡矣而其家守礼，或烈妇之兄弗存，存而未必贤，孤不可托，如是而死，犹为可訾。今既自全其烈，而又善遗其孤，孤卒赖舅氏以有立，及今子孙为良医于藩府，则烈妇之奇节远识，殆无间然矣。比之见祠三贞，岂相上下？彼既已尸而祝之，烈妇乃不得俎豆于其间，其于缺典为何如也？

某等不佞，谨稽诸旧乘，参以故老之言，直陈如是，伏惟执事详而察之，俯赐俞允。若夫郑节妇之孀居七十三年，白瓯自保，始终一节，可与秋霜烈日争严者，执事固已谅之矣。不敢赘辞，亦惟早赐施行，使一节一烈，隆然并祠，匹夫匹妇，有所观感。其有功于名教，岂小小哉！

与学中诸友书

明方　鹏邑人

愚惟乡先生殁，必祭于社，古之制也。举其贤者而祀之学宫之旁，今之制也。吾昆素称文献，名贤接迹，然昔也举之甚艰，今也入之颇易。岂人才之间出，在昔日为少，抑有司之作兴，于今日为盛耶？不然，则盖棺之后，公论乡评，必久而后定耶？愚固不得而知也。姑以耳目之近者，与诸君商之。

西溪吴公、竹西虞公，皆愚之所忠敬者也。西溪既入祠矣，而竹西莫或举之，岂虞氏之子若孙，谦虚退逊，显扬之心虽切，而不敢自炫耶？抑清议之于二公，有所轩轾，而故为之先后耶？愚亦不得而知也。夫竹西心迹之高朗，文章之纯正，节行之孤洁，风神之清旷，皆足以颉颃前贤，师模后学。虽其位不甚显，事业无闻，然久任职方，屡有建白，手笔具存，亦可考见。则其无愧于西溪，而或过之，亦明矣，而独不得俎豆其间，识者谓之缺典，不亦宜乎？或曰："子方以文章得罪，固当箝口结舌，救过不暇，而复诿诿若是，何哉？"愚敛容谢之，然终不能改也。伏惟诸君子矜其愚，恕其狂瞽，而俯察焉，白之当道，列之祀典，幸甚！

复刘邦伯书

明方　鹏邑人

苏、松税额之重，其所由来者远矣。执事下问及此，吴下苍生之福也。岂尝有所概于中，而思所以处之乎？然鹏书生也，其详则莫余敢知，其略则幸闻之父老，质之前辈矣。谨摭以复，而区区爱莫助之之意，亦寓焉。

景泰中，长洲县民杨芳，尝以书上巡抚邹公，有曰古昔井田养民，而秦废之。汉初轻田租，十五而税一，文景三十而税一。光武初行十一之税，后三十而税一。晋隆和，亩收二升。五季钱氏，以两浙亩三升。宋王方贽均两浙田，亩一斗。元耶律楚材定天下田税，上田亩三升，中田二升五合，下田[1]二升，水田五升。我朝天下田租，亩三升五升，三合五合。苏、松复因籍没，依私租额起税，有四五斗、七八斗至一石者。苏在元，粮三十六万，张氏百万，今二百七十余万矣。又考松江夏时所撰《政监》云，宋贾似道欲建富强之策，用刘良贵、吴势言，买官户逾限之田，可得一千万亩，岁收租六七百万石，于饷军沛然有余，由是浙西六郡买田三百五十余万亩。初买田时，务欲数多，不计田之美恶。及收入之际，田或少或瘠，佃者或贫或顽，凡有所负，及不足之数，悉取偿于田主。六郡之民，于是大困。贾既怙权，凡言公田不便者，遂加斥逐。贾既去国，北军已抵升、润。言者乞罢公田之籍，以救民心，然边事日急，竟不及行。及元人入临安，遂以其租为饷军之利。终元之世，六郡官田之数，不复减矣。

我朝洪武、永乐间，递减重额官田，而民犹以为重也。如松江一府，宋绍熙间，秋粮十余万石，今为八十七万石。呜呼，重矣！莫非王土，何官民之分？一视同仁，何轻重之异？井田之法，三代圣王之良法也，自秦而后，莫之能复。官田之籍，误国奸臣之弊政也，自宋迄今，犹踵而存。有司者动以国用为辞，而不以民命为念，可胜叹哉！

据此二说，此苏、松税粮之所由重也，执事得以考证而区画焉，则吴民并受其福矣。先正不云："宽得一分，则民受一分之惠。"惟执事留意焉，幸甚！

1　下田，底本原脱"田"，据《〔康熙〕苏州府志》补。

与友人论地理书

明方 鹏邑人

侧闻经纪丧事，无所不用其心，真可以当大事矣。所谕地理之说非不可信，但不可泥也。尝读《匏庵文集》，内云："长洲乡贡进士郭君忧丧其母，乃挟地师冲冒暑雨，遍历西山，凡两阅月，始得善地以葬。"夫入山之深，旷日之久，必有值其善者矣。然而郭官不甚显，一子夭而无嗣，善地果足恃耶？

仆昔治先人之丧，卜地于马鞍山麓，今宫谕九和遗仆书曰："昨从山椒望新垄，谓之稳则可，谓之利则未也。"仆复之曰："幸先人体魄安稳足矣，敢望利耶？"既而愚兄弟官至方面，舍侄亦忝科名，卒未尝不利也。

吾昆朱侍御执中，号精风水，士大夫之葬，多往质之。嫌其祖考旧窆不吉，自谓于西山得自然之穴，而改葬焉。然竟官黜身死，其子孙之不振，则又有不可言者，恶在其为自然之穴耶？

夫所谓士夫者，方其未遇也，祖考之墓，不盈半亩，而其仕益显，及其既遇也，狭小前人规制，务拓而大之。集远近山人，遍视而精择焉，以为子孙百世之利矣，而于后益微。此亦执事之所目击者，而何待于喋喋耶？仆于古今地理之书、江湖庸师幻士之术，皆不敢据，而惟温公阴阳拘忌之戒、伊川根本枝叶之论、朱子水泉蝼蚁之防，则孝子慈孙不可以不深念也。至于"阴地不如心地"一言，则又辞约而旨远矣。此仆之所奉以周旋者，惟执事不以为狂而采纳之，幸甚！

上王肃庵太守 [1]

明王同祖邑人

某窃闻之：为政之道，有因有革，有实有文，有缓有急。利弊立而因革生焉，诚伪生而文实别焉，先后异而缓急见焉。善者仍之，不善者易之。利害相形，通变宜民，是之谓因革。建功者循名责实，于实而不于文；为名者粉饰弥文，于文而不于实，是之谓文实。切于民情，关于事要，急之可以致治，无益于成败，不系乎重轻，缓之不足以伤政，是之谓缓急。是故知缓急者，事有所必济；辨文实者，情有所莫逃；善因革者，法有所必行。明此以为政，不难矣。治郡县与治天下不异，天下之治乱视郡县，郡县之安危视守令，守令之能否视政事。然则守令之政，与天下之治乱相为流通，其所系岂小小哉？

---

1 上王肃庵太守，底本原目录作"上王肃恭太守书"，《乾隆志》作"上王肃庵太守书"。

今天下之郡县者，大率有三：屏苟且者，[曰]某廉吏也，然自治有余，而治人不足，遂至于百务废弛者有之；严刑罚者，曰某才吏也，然峻威以摄下，使民无所措手足，而阴以济其私者有之；崇教化者，曰某贤吏也，然钓誉沽名，持迂阔之谈，务夸诩之事，以美观听，其于民生之休戚，漠然不加之意者有之。呜呼！天子之所以委任之者谓何，下民之所以仰望之者谓何，而顾为此翕翕訾訾也？

今国家财赋仰给于东南，而吾苏郡县为之最，岁所入运饷以给军国者，几当天下之半，可谓盛矣。比年以来，法久而弊滋，敛重而财匮，风漓而俗偷，凋敝已极，无以加矣。《书》曰："民惟邦本，本固邦宁。"《诗》曰："民亦劳止，汔可小康。"为民上者，岂可不思所以休养生息，以植国家之根本哉！

执事之既至也，守法临下，正身帅人。崇节俭，以正风俗之侈靡；罢供应，以纾斗库之繁难；禁游惰，以斥市井之浮薄；察奸弊，以起民生之凋瘵。其他纲举目张，巨细毕集，而又申明禁约，通行所属，使之遵守。所因所革皆当今之急务，爱民之实心，诚上不负天子之委任，下不负斯民之仰望，薄俗可移，人生可阜，积弊可除。然犹不自满假，广谕博采，以延众论。其所以嘉惠斯民之意，盖倦倦无穷也。

愚以为苏州府事千绪万端，不能遍举，故须提纲挈领，图其大且要者，则其余皆迎刃而解矣。大抵法相因则易成，事有渐则民不惊，理势然也。且人情叵测，尤须兼听并观，不可寄耳目于群下，恐有爱憎欺罔之弊，未必不为善政之累也。

某久困林丘，学稼畎亩，于民间之疾苦利病稍得其一二，故敢以切要数事，疏为条目以献：一曰处粮役，二曰清税则，三曰辟荒田，四曰平徭役，五曰公派征，六曰兴水利。其民情事体，大率诸邑相同，不甚相远，故统而论之，不复区别，而惟昆山为详，举其近也。冀执事者不以为无益之空言，试览而察之，幸甚幸甚！

论三区赋役水利书

明归有光邑人

有光再拜，谨致书明侯执事：窃承明侯以本县十一、十二、十三保之田土荒莱，居民逃窜，岁逋日积，十数年来官于兹土者，未尝不深以为忧，而不能为吾民终岁之计。明侯戚然于此，下询刍荛。某生长穷乡，谈虎色变，安能默然而已？

窃惟三区虽隶本县，而连亘嘉定迤东沿海之地，号为冈身。田土高仰，物产瘠薄，不宜五谷，多种木棉，土人专事纺绩。周文襄公巡抚之时，为通融之法，令此三区出官布若干匹，每匹准米一石。小民得以其布上纳税粮，官无科扰，民获休息。至弘治之末，号称殷富。正德间，始有以一人之言而变易百年之法者，遂以官布分俵一县。夫以三区之布散之一县，未见其利，而三区坐受其害。此民之所以困也。

夫高阜之地，远不如低洼之乡。低乡之民，虽遇大水，有鱼鳖菱芡之利，长流采捕，可以度日。高乡之民，一遇亢旱，弥望黄茅白苇而已。低乡水退，次年以膏沃倍收；瘠土之民，艰难百倍也。前巡抚欧阳公与太守王公行牵耗之法，但于二保、三保低洼水乡特议轻减，而于十一、十二、十三保高阜旱区却更增赋。前日五升之田，与概县七、八等保膏腴水田，均摊三斗三升五合。此盖一时失于精细，而遂贻无穷之害。小民终岁勤苦，私家之收，或有不能及三斗者矣。田安得不荒？逋安得不积？此民之所以困也。

吴淞江为三州太湖出水之大道，水之经流也。江之南北岸二百五十里间，支流数百，引以灌溉。自顷水利不修，经河既湮，支流亦塞，然自长桥以东，上流之水独驶。迨夏驾口至安亭，过嘉定、青浦之境，中间不绝如线。是以两县之田与安亭连界者，无不荒。以三区言之，吴淞既塞，故瓦浦、徐公浦皆塞；瓦浦塞，则十一、十二保之田不收[1]。重以五六年之旱，沟浍生尘，嗷嗷待尽而已。此民之所以困也。

生愚妄为执事者计之：其一曰复官布之旧。乞查本县先年案卷，官布之征于三区在于某年，其散于一县在于某年。祖宗之成法、文襄之旧税，一旦可得而轻变，独不可以复乎？今之赋役册，凡县之官布皆为白银矣，独不思上供之目为白银乎，犹为官布乎？如犹以为官布，则如之何其不可复也？古之善为政者，必任其土之所宜以为贡，文襄之意盖如此。即今常州府有布四万匹，彼无从得布也，必市之安亭。转展折阅，公私交敝。有布之地，不征其布，而必责其银；无布之地，不征其银，而必责其布。责常州以代输三区之银，则常州得其便；责三区以代输常州之布，则三区得其利。此在执事言于巡抚，一转移之间也。

其二曰复税额之旧。牵耗之法，系苏州一郡之事，生愚未敢僭及，姑言今日之易行者。前王公已定耗法，均摊之田三斗三升五合，歉薄之田一斗二升。既而会计本县，薄田太多，而三十六万之外乃增余积米数千。王公下有司再审，歉薄之田，均摊数千之米。此王公之意，欲利归于下也。有司失于奉行。如三区者，终在覆盆之下，而所存余积之米，遂不知所归。欲乞查出前项余积作为正粮，而减三区之额，复如其旧。此则无事纷更，而又有以究王公欲行而未遂之意矣。夫加赋至三斗，而民逋日积，实未尝得三斗也。复旧至五升，而民以乐输，是实得五升也。其于名实较然矣。既减新额，又于逃户荒田开豁存粮，照依开垦荒田事例，召募耕种，数年之间，又必有苏息之渐也。

其三曰修水利之法。吴淞江为三吴水道之咽喉，此而不治，为吾民之害未有已也。先时言水利者不知本原，苟徇目前，修一港一浦以塞责而已。必欲自源而委，非开吴淞

1　十二保之田不收，《震川先生集》后有"徐公浦塞，则十三保之田不收"一句，而《归先生文集》后则无此句。

江不可。开吴淞江，则昆山、嘉定、青浦之田皆可垦。议者不究其本因，见沿江种芦苇之利，反从而规取其税。自甪直浦、索路港诸地，悉为豪民之所占。向也私占而已，今取其税，是教之塞江之道也。上流既壅，下流安得而不阏乎？生愚为三区之田而欲开吴淞江，似近于迂，然恐吴淞江不开，数年之后，不独三区，而三州之民皆病也。若夫开瓦浦溉十一、十二保之田，开徐公浦溉十三保之田，此足支持目前，下策也。生愚闻之：古之君子为生民之计，必不肯拘挛于世俗之末议，而决以敢为之志。况此三区本县蕞尔之地，在明侯之宇下，得斗升之水，可以活矣。伏愿行此三策，庶几垂死而再苏之，其有德于吾民甚大。

又今旱魃为灾，明侯昔日车马所过，濒河人迹所至之处，禾稼仅有存者，至于腹里，无复青草。近经秋潦，往往千亩之田，枯苗数茎，随水荡漾而已。救荒之策，免租之议，此如拯溺救焚，尤不可缓者。又今三区无复富户，所充粮役，不及中人之产，赔贩之累，尤不忍言。乞念颠连无告之民，照弘治间例，及太守南岷王公新行事例，免其南北运库子、马役、解户之类，此亦可以少纾目前之急也。唯明侯留意焉。

与高水丞书

明朱集璜邑人

水利一事，既左右职掌，但中间端委不可不悉。邑有吴淞江，自震泽西来，委输诸山之水，自昆历青浦、华亭入海。此一大干河也。初河身阔，一日可两渡，后并淀淤成土田。今岁大旱，中间带水，舟容五石，便费推挽，此尤仅事也。蓄无可蓄，泄无可泄，邑历受荒首坐此。然屡经奏闻，终成废阁[1]。盖为公费浩繁，非二十万不能办，故人人能言，人人不可为也。治干者利百年，治支者功数岁。今姑置百年言数岁，则治支亦有说。

敝邑西北多深洼，尝苦水；东南高亢，恒苦旱。水年洼田，辄成大浸，然有菱芦、鱼鳖之利，民资以活。旱岁高田，弥望赤土，土愈瘠，民愈穷。今十三区之痛毒，盖坐此。西北防水，不过勤筑田围。东南支河，须时挑浚，不浚则无以蓄水，田大败，故一邑水利畸重。东南计江以东，有车塘、奤浦、夏驾、大小瓦浦、木瓜、鸡鸣塘，西则有横塘、周巷、珠浦、张浦、安桥、文浦、石浦、道褐浦。总东南也，诸条虽有河形，多成平陆。其间或有涓流，即间令开挑，而从前水吏止自饱常例，其后又苛索穷民，工用徒耗，无益民生。甚至削两涯之土，反实中虚，取土色之新，更乃大壅，不获利，乃更得害。今若锐意开挑，去弊兴利，则蓄泄有时，不至尽仰天工。纵吴淞不即开，积困宜少。起今或就诸疏并急中择其势尤急、利尤大者，则莫若开浚车塘、奤浦、横塘三港。三港不浚，则近港土田俱不溉。又三港为南

---

1 阁，底本为"门"，据《〔道光〕昆新两县志》（以后简称《道光志》）卷三十六改。

北捷径,凡走云间一郡,及邑东南诸区者,轻舟道此,缩地常得数十里。近苦河流塞,一应公私船只尽从江行,穷日力不达。又江中处处多贼,不分早晚,肆劫罔忌。兼粟甚贵,民间运租及漕粟入城者,既涉行道,多忧劫掠。若三港通流,遂无此患,急用疏之为至务也。

车塘、甯浦,名则二,其流则一,延袤可十二三里。邑之果、珍、李、奈、夜、光、珠、称等区所必经也。今若开挑,当计河身为丈若干,深挑为尺若干。先就近港两旁得业人户,按资水利多寡,应出工若干,有力者出力,无力者对工给费。若业户未足济工,则于隶葭、安亭诸处道里必经者,设法鼓励,使中上户酌议任工若干。盖是港之开,尽人欢欣,宜可众助有成也。横塘亦十二里,时浚时湮,潮近故淤积亦易也。形家云系邑巽水,尤不宜令竭。此则邑之露、结、为、霜、金、生、丽、水、玉、出、昆、冈、剑、号、巨、阙,及以上果、珍等区共入之路也。其津贴宜资前露、结诸区,缘果、珍等区,先有车塘二港也。须酌量有法,访求公正不欺之人,经纪其事,使人不知劳,而工深可久。此事成,便可次及前此诸河,资溉利涉,所济甚大[1]。又鱼箔阻绝水利,害甚烈。帘能织水,使不流。且其下植帘,欲固必坌土高尺,日积沙,水不刷沙,虽求不淤,其势不得。抑又甚焉,水不动驶,因生积草,积草不除,河流变土。今数里之中,常有几箔,一箔阻水,常得几寸,易盈易涸,患莫大矣。前台台念此,竟拔之,甚善。兹闻所在多再植者,务在必去,亦水利要端也。

议[2]

减价粜米议

明王志庆邑人

米价腾踊,当事蒿目,好义者皆出所藏,减价惠贫,甚盛事也。惜其法尚未尽善,挤拥之间,惟力是视,老弱者不得前,一也;力雄者冒领多筹,分俵不均,二也;拥挤愈甚,分俵愈滞,执工者误程,持货者羁市,三也;嚣挤之间,殷贫莫辨,且殷多捷足,恒致争先,本意惠贫,反以继富,四也。又或有老弱致伤,钱筹坠失,冀望鼓腹,不虞啜泣。其种种弊端,殆难缕举。原其所繇,法不先立也。今为之说,以图里束户,因稽户定口。如某巷,属某图,居民贫而应给米者若干户,户若干口,因立为一册。令有米之家,量其所粜多寡,给票各户,沿巷稽核,贫富较然。既无影冒不均,且按户散票,持钱给米,人有定志,不必争先,而嚣挤之虞,皆永杜矣。然各图肥瘠亦自不均,僻远贫多,嚣市殷众。如图中积米多而户口少者,以其里闬远近定一界限,通融酌量,使得兼济,则城中万户全给矣。

1　甚大,底本"大"字脱,据《道光志》卷三十六补。

2　议,底本无,据目录及文例补。

此法既立，不惟惠均弊绝，且更有多利。一曰通上下之情。盖以本图之米给本图之人，凡此待炊，皆大家之前后左右，烟火相望者也。小民无知，每以贫富不均，眴眴疾视。今行此实惠，则感德之下，休戚自通，干糇不愆，百里协比，平居敦睦，缓急相蔽，皆由此矣。一曰寓保甲之法。今保甲之法，未尝不行，止文具耳。然小民奉令则互委，逐利则争赴。今给米虽止贫户，而沿巷稽核，殷贫总载此册，一成不易。凡户口多寡及其中务本游荡，皆可别核。良善兴行，而奸宄亦因之知戢矣。一曰警游惰之习。古云："勤则不匮。"故小民之贫者，类因偷窳，然居恒每不自策，而相形可以观感。彼见同里有不待给米之人，则俯仰之间，瞿然自厉，将见比屋机杼，竞思生殖，不至寒馁无聊，未必非激劝之术也。一曰增好义之情。凡人之情，委惠于沟壑，则贤者亦阻；形德于歌颂，则中人皆劝。向来以挤拥不均之故，致令义士缩恧，今升斗皆为恩波，所捐者约，所济者广，凡有懿德，谁不益思奋乎？众弊既绝，多利复生，何惮而不为此？故某熟筹之平粜之法，无如先以户口成册为急，而户口成册，又当即以本图大家身自开报为据也。若复委之耆里，参之胥吏，则必多上下举成法而坏之矣。

抑愚又有感焉。万历戊申之灾，三吴俱成巨浸，灾伤甚酷，然米价不过每石一两。此时比户各有盖藏，闾井晏然，并无平价均粜之说。何至于今荒不若昔，而价转腾踊，且十室九空未已也？嗷嗷之民，讹言如沸；不逞之徒，藐视三尺，剽劫公行。冀望风尘，以思一骋者，比比而是矣！此则根本之忧，非草莽之士所宜言也。但舍此不图，驯致坚冰，即区区升斗之惠，拱揖而进之，彼必不屑就，是则司世道之责者所宜目不交睫、食不下咽者也。

此己卯秋日之笔。庚辰夏，郡中饥民蜂起，昆亦相煽，松陵禾上，皆无安枕。古人云："不幸而吾言之中。"其是之谓欤？目今惩创绥靖，正费讲求，失此不图，横流何已？掩卷为之浩叹。庆又记。

赡乡民议此与署侯钱希声。

明王志庆邑人

贤侯加惠穷黎，以城中各户之米，输载乡镇平粜，四野菜色，含鼓可期，其盛惠也。但斟酌情势，窃有疑焉。

自来平粜不及乡民，岂独遗惠？盖缘城居之民，皆系逐末，朝夕仰给，洗釜入市，故当涌贵之时，首宜优恤。乡人所病。从古但言"谷贱伤农"，今虽盖藏空匮，势亦难支，然夏麦[1]早禾终有所恃，情实相悬。至言其势，则城居百姓，比闾错处，朝夕稔知，所以著

---

1 麦，底本残缺，据《乾隆志》补。

里开报,不虞隐冒,不虞遗漏。当发票之时,大户与耆里,沿门表散,以示稽核。故贫富多寡,差为可据。乡村辽远,或四五家一聚,或三四家一聚,甚至一家孑处,炊烟莫通。即老于是乡者,尚不能周知悉数,若但凭耆里开报,何从稽核?且乡间耆里与城中又有别。城中贫户与耆里有等夷之势,脱有遗漏,攘臂而起,故防在隐冒。乡间耆里,其与小民不啻相临,势必妄造鬼名,专遗贫户。贫户必不能舍其常业,入控大姓,何况官府?所以乡间狡猾纷纷请乞,正其视平粜为奇货。今但细察抱呈请乞之辈,果皆藜羹鹄面,旦夕不继之贫户乎?抑积年出入衙门,称豪乡里之耆里也?耆里果真为穷民之并日三旬而匍匐公庭乎?抑假公济私,希图自润而匍匐公庭也?非谓乡间耆里皆属不肖,但耆里之温饱良善者,决不于此事作倡。今日作倡请乞者,皆不肖也。漕粮之严峻,白折之重大,尚有侵公帑以饱婪壑,况大户之米名为粜给小民者乎?

此犹乡、城平日之情势,若目前,更有异焉。盖以嚣风未靖,禁城白昼攫金毁室,公然恣行,况于乡村僻处?今欲转米到乡,近或三四十里,远或六七十里,萑蒲之警,在在可虞,欲达所粜之地,已属艰难。运米之时,地方或尚以文貌护持,粜后携钱入城,必遭伏莽。即或一二偶脱,然以万余石之米,纷纷四出,动经旬月,其势必不能始终宁贴。况今运米出境,法禁森严,实是地方至计,一开此端,何从请验?借口平粜,转散四方,城中虚危,何以为计?此又事外隐忧,不可不深虑者也。

愚窃有说,于此可令贤侯之惠大沛,小民之饥遍济,耆里无侵渔之窟,大户各有乐输恐后之情,则惟令以所派之米各自赡其佃而已。盖乡间万口皆农也,平日缓急,尚思奔控田主,今各大姓以奉法平粜,力不暇及,故抑情未申,然各佃含怨,簸篙棘匕,不无窃叹。今若悬此令,则公法不废,私情获申,倾仓倒廪,宁有所惮?户田万亩者,赡万亩之佃;千亩者,赡千亩之佃,则在出米之人不均而自均之势也。佃十亩者,给十亩之米;佃廿亩者,给廿亩之米,此又在得米之人不均而自均之势也。要知乡间无不耕之民,则赡田为救饥无漏之法,故无烦稽核,自无隐冒侵渔;不假转输,自然四野遍给。则施者甘心,受者衔德,视夫辇载乡镇,听命耆里授之,蚁聚鸟散,姓氏里居不相稔识之辈,其情当相去万万也。

设曰:"佃户为田主所劫,以名应公而仍不给粜,且奈何?"是又不然。凡人略知利害,未有不恤其佃者,佃殷则田良。今以不知何人,尚奉法给之,况休戚相关者乎?且众实有口,小民嗜利,安能掩之?设又曰:"佃田而外托,居乡镇亦事工商,情同城户,何以独遗?"要此不过千百中之一二而已,试分别镇市大小,酌量口数,令其开报,即将本镇大户及典铺所派之米,照城分给,差亦易易。凡愚所陈,非敢以游移之说,议神明之令,正欲使清简惠公,事便情惬,贫富自有相通永赖之情,乡城无吠犬击柝之警耳。盖欲施德行惠,必先使之尽其情,而后其法可久,故敢不揆尘露,崇浚山海,冀韬铎为怀者,庶或采焉。

论[1]

水利论

明归有光邑人

吴地卑[2]下，水之所都，为民利害尤剧。治之者皆莫得其源委，禹[3]之故迹，其废久矣。吴东北边境，环以江海，中潴太湖。自湖州诸溪，从天目山西北宣州诸山溪水所奔注，而从吴江过甫里，经华亭青龙江以入海。盖太湖之广三万六千顷，入海之道独有一路，所谓吴淞江者。顾江自湖口距海不远，有潮泥填淤反土[4]之患。湖田膏腴，往往为民所围占，而与水争尺寸之利，所以松江日隘。昔人不循其本，沿流逐末，取目前之小快，别凿港浦，以求一时之利，而松江之势日失。所以沿至今日，仅与支流无辨，或至指大于股，海口遂至湮塞。此岂非治水之过欤？

盖自宋扬州刺史王濬以松江沪渎壅噎不利，欲从武康纻溪为渠浛，直达于海，穿凿之端自此始。夫以江之湮塞，宜从其湮塞者而治之。不此之务，而别求他道，所以治之愈力，而失之愈远也。太仓公为人治疾，所诊期决死生，而或有不验者，以为不当饮药针灸[5]而饮药针灸，则先期而死。后之治水者，与其饮药针灸何以异？孟子曰："天下之言性也，则故而已矣。故者以利为本。""禹之行水，行其所无事也。"欲图天下之大功，而不知行其所无事，其害有不可胜言者。嗟夫！近世之论，徒区区于三十六浦间，或有及于松江，亦不过疏导目前壅滞，如浚蟠龙、白鹤汇之类，未见能旷然修禹之迹者。

宜兴单锷著书，为苏子瞻所称，然欲修五堰，开夹苧干渎以截西来之水，使不入太湖。殊不知扬州薮泽，天所以潴东南之水也，今以人力遏之。夫水为民之害，亦为民之利，就使太湖干枯，于民岂为利哉？太史公称："河灾衍溢，害中国也尤甚，唯是为务。"禹治四海之水，而独以河为务。余以为治吴之水，宜专力于松江，松江既治，则太湖之水东下，而余水不劳余力矣。

或曰：《禹贡》"三江既入，震泽底定"。吴地尚有娄江、东江与松江为三，震泽所以入海，非一江也。曰：张守节《史记正义》云："一江西南上太湖，为淞江；一江东南上至白蚬湖，为东江；一江东北下，曰娄江。"本言二水皆松江之所分流。《水经》所谓"长渎

1　论，底本无，据目录和文例补。
2　卑，底本作"痺"，据文意改。
3　禹，底本作"要"，据归有光《震川先生集》改。
4　土，底本作"上"，据归有光《震川先生集》改。
5　灸，底本作"炙"，据归有光《震川先生集》改。下"灸"同据改。

历河口,东则淞江出焉,江水奇分,谓之三江口"者也,而非《禹贡》之三江。大抵说三江者不一,惟郭景纯以为岷江、浙江、松江为近。盖《经》特纪扬州之水,今之扬子江、钱塘江、松江,并在扬州之境,书以告成功。而淞江由震泽入海,《经》盖未之及也。

由此观之,则松江独承太湖之水,故古书江、湖通谓之笠泽。要其源近,不可比拟扬子江,而深阔当与相雄长。范蠡云:"吴之与越,三江环之。"夫环吴、越之境,非岷江、浙江、松江而何?古三江并称无疑。故治松江,则吴中必无白水之患,而从其旁钩引以溉田,无不治之田矣。然治松江必令阔深,水势洪壮与扬子江埒,而后可以言复禹之迹也。

水利后论

明归有光邑人

单锷以吴江堤横截江流,而岸东江尾菱芦丛生,泥沙涨塞,欲开菱芦之地,迁沙村之民,运去涨土,凿堤岸千桥走水,而于下流开白蚬、安亭江,使湖水由华亭青龙入海。虽知松江之要,而不识《禹贡》之三江,其所建白犹未卓然,所以欲截西水,壅太湖之上流也。苏轼有言:"欲松江不塞,必尽徙吴江一县之民。"此论殆非锷之所及。今不镌去堤岸,而直为千桥,亦守常之论耳。

崇宁二年,宗正丞徐确提举常平,考《禹贡》三江之说,以为太湖东注,松江正在下流,请自封家渡古江开淘至大通浦,直彻海口。当时惟确欲复古道,然确为三江之说,今亦不可得而考之。

泰定二年,都水监任仁发开江,自黄浦口至新洋江,江面财阔十五丈。仁发称古者江狭处犹广二里,然二里,即江之湮已久矣。自宋元嘉中,沪渎已壅噎,至此何啻千年?郏氏云:"吴淞古道,可敌千浦。"又江旁[1]纵浦,郏氏自言小时犹见其阔二十五丈,则江之广可知。故古江蟠屈如龙形,盖江自太湖来源不远,面势既广,若径直,则又易泄,而湖水不能蓄聚,所以迂回其涂。使如今江之浅狭,何用蟠屈如此?

余家安亭,在松江上,求所谓安亭江者,了不可见。而江南有大盈浦,北有顾浦,土人亦有"三江口"之称。江口有渡,问之百岁老人,云:"往时南北渡,一日往来仅一二回。"可知古江之广也。今朝都御史崔恭凿新道,自大盈浦东至吴淞江巡检司,又自新泾西南蒲汇塘入江,自曹家河直凿平地至新场,江面广十四丈。夫以郏氏所见之浦,尚有二十五丈,而都水所开江面财及当时之浦,至本朝之开江乃十四丈,则兴工造事,以之方古,日就卑微,安能复见禹当时之江哉!汉贾让论治河,欲北徙冀州之民当水冲者,决黎阳遮害亭,放河北入海,当败坏城郭、田庐、冢墓以万数。以为大禹治水,山陵当路者毁

1　旁,底本无,据归有光《震川先生集》补。

之，堕断天地之性。此乃人功所造，何足言也？若惜区区涨沙菱芦之地，虽岁岁开浦，而支本不正，水终横行。

今自嘉靖以来，岁多旱而少水，愚民以为自今不复见白水之患。余尝闻正德五年秋，雨七日夜，吴中遂成巨浸。设使如汉建始间霖雨三十日，将如之何？天灾流行，国家代有，一遇水潦，吾民必有鱼鳖之忧矣。或曰："今独开一江，则其余溪港当尽废耶？"曰：禹决九川，距四海，浚[1]畎浍距川。江流既正，则随其所在，可钩引以溉田亩。且江流浩大，其势不能不漫溢。如今之小江，尚有剿娘江分四五里而合者，则夫奇分而旁出，古娄江、东江之迹，或当自见。且如刘家港，元时海运千艘所聚，至今为入海大道，而上海之黄浦，势尤汹涌，岂能废之？但本支苟大，则支庶莫不得所矣。

述[2]

治水述

明俞允文邑人

大理彭侯治昆山之三年，考最居上，天子征还京师，以补台谏之缺。台谏，言官也。夫言一人之得失，莫若言国家之本政。国家之本政，莫重于财赋，财赋莫重于苏州。苏州岁运之米四百万石，是国家仓庾也，而财赋皆出于水田。昆山，苏属县也，窃为侯言之。昔司马迁云："吴有三江五湖之利。"而宋赵霖又云："天下之地，膏腴莫过于水田，水田之利，莫盛于苏州。"吴越王钱氏有国百年，惟长兴一岁失稔[3]，享利甚饶。比后频遭旱潦，属者大水数县，皆成巨浸，千斛之舟，皆纵横所路，罕辨涯涘，百姓毙踣[4]万状，莫能图画。田薄民贫，国赋遂至空乏不继。古今利害相悬若此，何哉？盖苏州地既低下，而东北濒海之地特高，浙西六州之水皆流注太湖，积水泛滥，如贮盘盂，谓之泽国。禹穿三江，导太湖之水，东入于海，而水始定。

今三江惟松江泄水为径，后世[5]以太湖之水独泄于一江，其势有所不逮。故于常熟开二十四浦，北达扬子，又于昆山开十二浦，疏松江之水东入于海。民开泾港又不可胜数。由是高田引以灌溉，低田赖以决泄。至于濒海之田虽高，日惧咸潮之害，因作堰坝，束水

---

1 浚，底本作"后"，据归有光《震川先生集》改。

2 述，底本无，据目录和文例补。

3 失稔，疑误，或应作"大稔"。

4 毙踣，底本作"毙路"，据俞允文《仲蔚先生集》改。

5 后世，底本作"浚世"，据俞允文《仲蔚先生集》改。

不得外流。而浑潮日积，诸浦渐湮，治[1]宜尽决堰坝，近海置闸，随潮启闭，使有泄无入，闸内港浦常得通流，闸外淤沙亦近易为力。若堰坝既决，浦闸既修，苟非厚筑圩岸，一遇大水，湖水随风往来，则坏岸低田，与水漫漶。此筑圩裹岸之法，尤为最要。范公仲淹之修围、浚河、置闸三者如鼎足，缺一不可。故钱氏偏据一方，专心田事。苏州有营田军四部，共七八十[2]人，又有捞清之夫，是其享利之饶，岂非人事之修乎？苏公轼言："浙西水旱，乃人事不修之积。"正此谓也。今泄水要处，吴淞、白茆等诸浦，大半湮塞，闸废围坏，水害日滋。未死之民，饥寒失业，而部使犹相踵追征，以至田事辄以国用窘乏，格沮不行。是使地无可耕之田，民有失业之怨，赋亦奚从而出？

尝考永乐二年，户部尚书夏公元吉奉檄开浚，其功最著。其后正德十年，又命工部侍郎李公充嗣重加浚作，水害暂息。时三法未备，终非经久之策。为今之计者，诚宜朝廷不惜浩费，博选干臣，推原水利，相度事宜，举行三法，置官精理，以至尽力之吏，必令越次推选，则人知竞劝，建功必多。朝廷无宵旰之忧，而长有东南之利，诚治安之策也。方今三事谟谋，缉熙帝载，当无急于此者，侯之忠广，必能昌言之，余不佞敢以是为规焉？

说[3]

矫亭说

明王守仁邑人

君子之行，顺乎理而已矣，无所事乎矫，然有气质之偏焉[4]。偏于柔者，矫之以刚，然或失则傲；偏于慈者，矫之以毅，然或失则刻；偏于奢者，矫之以俭，然或失则陋。凡矫而无节则过，过则复为偏。故君子之论学也，不曰"矫"，而曰"克"。克以胜其私，私胜而理复，无过不及矣。矫犹未免乎意必也，意必亦私也。故克己则矫不必言，矫者未必能尽乎克己之道。虽然，矫而当其可，亦克己之道矣。行其克己之实，而矫以名焉，何伤乎？古之君子，其取名也廉；后之君子，实未至而名先之，故不曰"克"，而曰"矫"，亦矫世之意也。方君时举以"矫"名亭，请予为之说。

1　治，俞允文《仲蔚先生集》作"法"。

2　十，底本作"千"，据俞允文《仲蔚先生集》改。

3　说，底本无，据目录和文例补。

4　焉，底本作"为"，据王守仁《王文成公全书》改。

改亭说

明吕　柟泾野

改亭者何？昆山方子时鸣之别号也。亭既立且定矣，何以又改乎？初在溪北，徙而建之南焉，曰"改亭"。或曰："恶其柱之欹也而正之，恶其栋之挠也而隆之，恶其四门未辟、八窗未广也而广之，亦曰改亭焉？"方子曰："人之有斯身，犹家之有斯亭也。一亭可以来万人，一身可以备万物；身有失而不去，犹亭有欹挠而不改。故君子居斯亭，以内讼其过也。过而自讼，复于无过，反身而诚，乐莫大焉。又曰改亭焉。"泾野子闻之，曰："方子其为颜渊、商汤之学乎？孔子曰颜回不贰过，仲虺曰惟商王改过不吝。吾知方子非独为改其亭矣。"嘉靖十一年冬十月。

对 [1]

拂尘者对

明陆　容邑人

陆子夜坐，有童子裹帕于头，蒙裳于袄，然蜡炬于中庭，束丛茅于木杪。类清庙之炳萧，若君门之设燎。举足扬扬，攘袂矫矫。迁几席而请避，顾檐楹而欲扫。始怪而笑之，既而问焉。

童子曰："是非腊月廿四日也？隆冬斯穷，新春聿到。今夕之夕，有事于灶。除旧布新，爰执洒扫。阳则室堂，阴则奥窔。上有伊威之窟，下有蝼蚁之窍。将穷搜而净被，亦旁达而深造。惟箕帚之是供，洒桃茢之先导。于以除一岁之尘坌，于以逐一家之虚耗。趣时者不违乎天，同俗者实几乎道。顾乡闾之所传，而何主人之独笑？"

余曰："童子何知？洁人者盍洁其身，洁室者盍洁其心？尔能祛吾室之垢，亦能去吾心之尘乎？"童子曰："主人欺余哉！仆闻尘之为物，扬于边疆，敌国构争；飞于市朝，车马交征；生于室庐，风土所并。人心有方寸之地，为血肉之精。如水斯澄，如鉴斯明。包涵乎众理，总统于一诚。虽禅定之如灰，思贤之如渴，尘亦何自而生乎？"

曰："尔知彼尘之有形，而不知此尘之难名也。不土而生，不风而腾。不可挥之以塵，不可障之以屏。其生也隘吾之度量，其集也蔽吾之权衡。町畦由之而积，城府由之而成。其为吾心之障碍如此，吾尝反观而内省，欲扫除而未能。"

1　对，底本无，据目录和文例补。

童子闻而思，思而对曰："主有患难，惟仆是支；主有颠危，惟仆是持。尘炎于心，主其独知。欲洁其心，亦惟自为。仆虽爱主，力将安施？曷不假回也四勿以为葑，取参乎三省以为基。日新又新，以洒汤盘之水；夙兴夜寐，以谨卫庭之仪。不以幽独而怠其力，不以斯须而肆其欺。将见灵台凝虚，丹府澄辉。天君泰然，百虑维熙。外物不挠，而全体不违矣。"

陆子喜而叹曰："即事可以观理，知言可以通微。吾问拂尘之事，因知养心之几。此圣人所以惟迩言之是察，虽刍荛而不遗也欤！"

赞

龚安节《野古集》赞

明吴 瑞邑人

今有人言：使先生服章缝也，则夫诗中之激烈，皆化而为臣子之衷赤。又有人言：使先生任民社也，则夫诗中之感慨，皆化而为黎庶之膏泽。斯二者，徒得其纸上之粗迹，而未足以究其中之底极。呜呼！安得晋征士六字之史笔，以发挥先生之不可易者乎？

张先生静安轩赞有序

明张 和邑人

静安张先生，吾昆伟人也。植德行义，而弗及耀于时。其似有元龙者，以材举，两膺民社，三托诞著，休显之闻，亦先生之教所及也。先生卒，今廿年矣。而元龙为鲸川倅，余过焉，出卷求题，为作赞云。

惟静故安，惟安故久。惟静与安，惟士之守。以是而隐，植行义于乡邦，而可与古之独行者为偶也。以是而仕，敷德化于黔黎，而可与古之循良者为友也。惟静惟安，克基克构。呜呼！若静安先生者，可谓不独善其身，而且能裕其后也夫！

三贞妇赞有序

明柴 奇邑人

孔子曰："天下之道，贞夫一者也。"贞，正也，常也。惟正则可常。故曰：一昆山，三贞妇。李以节，薛以烈，黄以孝，皆正常之道。王化之始，可以劝矣。予并为之赞，俾观者有所兴起焉。

二十而嫔，再期而孀。脱死于室，摧肝裂肠。危难靡靡，礼义是防。圣祖有诏，百世其光。右节。

累夫者法，累身者容。夫命叵测，孰污于凶？长练高经，以死自从。百炼之刚，孰犯其锋？右烈。

姑病阽危，妇身莫救。肉糜潜进，既起而仆。孝诚格天，身以梦授。九掖[1]而起，弗苦弗疚。右孝。

景烈妇赞

明朱集璜邑人

天地日月，夫妇所比。一与同牢，盟生及死。大义苟蒙，进退徙倚[2]。烈者当之，风雷曷俟？于铄景媛，人纲独峙。庙见一年，鸬歌凄耳。鸬亦勿歌，从死而已。堂上宜欢，有长则理。亦瞻吾后，未亡无子。靡牵者心，所殉者是。夫子信我，终维一视。黾勉赴之，曰十八尔。嗟彼食禄，蠕蠕诺唯。匹妇所执，发不可止。神鬼侧立，河山气弥。以告来人，民彝如此。

书　后

书《斯文会图》后

明张　栋邑人

尝忆儿时，先府君乐立先生手一简示不令兄弟，曰："此而曾大父诸君子吊古会约也。风流酝藉，先哲典型于今远矣。"不令兄弟跪受而卒业焉。

约凡数则，大都谓古人会必有名，如耆英、率真之类。吾昆前辈元有斯文会，斯文之义大不易，当今更为吊古。邑中先贤祠墓，岁一谒奠，虽冥漠不必有知，而冠裳萃止，耳目一新。脱有废缺，众共修补，使樵牧无敢侵伐，华表不致荒芜，是为会中第一事。令吊之日，仍分韵赋诗，以表怀贤之意，久而成编，用存邑之故典。溯其时，当在嘉靖辛卯、壬辰间，后乃坠轶。迄于今，雅道日沦，即诸君子之后人亦未必知先世之有此盛举已。

睢阳朱氏远自季宁公徙居昆山，而三丈夫子并著名字：士隆以法书，士栗以节行，士常以博学。施及日南先生，清修隐德，尤为张显，在斯文会中称甲乙也。家故藏有《斯文会图序》，嗣孙有官臬幕者，装潢成轴，以授厥子伯樗。乃益求会中诸公诗章，念得邑献

1　掖，底本仅存"扌"，据《三贞赞碑》及《乾隆志》补。

2　徙倚，底本作"徒倚"，据文意改。

俞仲蔚先生书,而仲蔚先生不可作,怏怏以诏不类栋:"是吾先世之重遗,以邀惠吾子。"不类揽之,肃焉而起。因忆先府君教不令兄弟时,去今已三十余年,在先府君教不令兄弟时,去曾大父吊古会又三十余年,而吊古之去斯文会又不知几十年。

嗟嗟! 前者代谢,后者迭兴。遐想日南先生与诸公搦管挥毫日,岂意数十年后有不类栋者为之录其遗卷也。前徽杳矣,后武何如? 存此犹可以考当日之盛,则匪独为朱氏之家珍,自当为吾邑中之世宝。录成,记此为跋。后学张栋伯任父谨书。

赋

鹤瓢赋有小序

明高　启长洲

宁真观李高士遇青城黄老师遗一瓢,其形肖鹤,瓠为饮器,名曰"鹤瓢"。尝出以饮,启因为之赋。

李名德睿,字士明,邑人,即鹤瓢道人。见《人物志》。

月华子夜宿玄馆,梦游大微。见一古士,其状实希。长颈密齿,不臞而肥。苦叶被体,服非羽衣。翩然来前,自称庖氏。少生魏园,长入吴市。慕高躅于烟霞,离旧根于泥滓。云翼未成,海路空指。不食穷年,瀔落而已。握手终欢,愿托于子。觉而占之,既喜且惊。当得异物,莫测其名。匪胎以化,乃实而成。不解飞骞,历历善鸣。未足御仙客之举,但可挹圣人之清者欤! 案未敛策,户响剥啄。起逢老翁,曳杖矍铄。远有携而见遗,乃质剀而形鹤。月华子掀髯而笑曰:"尔青田之族,赤壁之侣,竟混草木而零落耶! 畴昔之夜,吾与尔有约矣。"于是扫苔轩,启松阁。分半壁以留栖,命一壶以对酌。不扃怨夜之笼,不贮回春之药。誓将共浮沉于沧溟,同上下于寥廓。青丘生过之,出以为乐。生诮之曰:"夫道贵无累,始能有得。此盖许由弃之以全名,卫公好之而丧国。吾谓子遗身而超世,尚何留意而玩物?"月华子耳若不闻,引满欲醮,拊之而歌曰:"昂藏兮支离,尔生兮何奇? 行则佩兮饮则持,与翱翔兮千岁期。惟游无何兮,余非吾之所知。"

友梅赋有序

明张　和邑人

西昌曾先生分教于昆,斋居傍值梅数株,当花时,先生啸咏于其下,曰:"梅,吾友也。"于是昆之士以"友梅"号先生,且赠之图。先生之归也,以图过余秣陵官舍,求为赋,因著赋以遗之。其辞曰:

緊士习之趣卑兮,畴友道其克固。纷轻儇以征逐兮,咸凉舍而炎附。仰切偲之有训兮,将择交以辅仁。唱独行而寡与兮,曰吾其惟梅乎是亲。蕴冲和以流馨兮,秉冰玉以为质。抗姱节于隆冬兮,何霜霰之能易。靓婐娟其不缁兮,服贞白以自嘉。配松柏以齐操兮,鄙桃李之纷华。散余芳于轻吹兮,流素艳于寒月。澹独立而无言兮,似逸人之高洁。逊缔盟于东阁兮,迪偕隐于西湖。慨古人之不起兮,余其踵夫前图。朝余抚于柔柯兮,暮余席乎花下。引觞酌以流连兮,忘主宾乎尔汝。咏谷风以兴刺兮,抚流俗而嗟咨。手翻覆其云雨兮,时贵贱而合离。身杯酒之交欢兮,出笑言于腑肺。忽锱铢其构隙兮,奋戈戟而相侮耳。夺印于辕门兮,余卒刑于泜水也。矧小夫之区区兮,孰管鲍其终始也。求直谅者艰遭兮,余宁友兹嘉植。廓大观于物我兮,曰不以类而以德。乱曰:大伦惟五友居一兮,取友伊何贵资德兮。末流滔滔浸淫溺兮,附炎舍凉混一迹兮。我友惟梅匪云激兮,秉贞怀馨可规则兮,梅兮维吾友之益兮。

吊彭烈妇赋

明张 和邑人

彭烈妇郑宜君者,双松先生女,徐璋之室也。徐璋以疾卒,宜君恸哭七日而水死。予悲之,为著是赋云。其辞曰:

夫何一佳人兮,亶外端而中惠。佩蘅兰与蕙茝兮,芳菲菲其交萃。纷众美之在躬兮,固君子之好逑。奚昊天之弗吊兮,羌中道而回辀。繄夫君之弱质兮,天重之以羸疾。扁俞进而罔功兮,势奄冉而弥剧。吁巫阳以下招兮,魂飘扬其莫止。念平生之偕欢兮,宁独惜夫偕死。盆渎之汇兮,有弥其波。慨此身之靡托兮,持此志而弗他。效楚累之沉冤兮,抚遗踪其未远也。矢余心之匪席兮,讵可舒而复卷也?睇九疑之岩嵘兮,云英英其曳之。湘流浩其滔天兮,逝吾从夫二妃。顾汉皋之逶迤兮,波龙鳞其凝绿。诵希孟之遗辞兮,曰吾其踵夫芳躅。乱曰:女妇之德曰惟贞兮,展矣宜君尧躬行兮。盆渎之波何泠泠兮,宜若之节波同清兮。追昔皇英配希孟兮,于万年兮闺阃之仪刑兮。

来雁赋有序

明俞允文邑人

明府大梁王公以廉平惠爱为邑,而尤以文学缘饰之,百姓乂宁,彬彬有单父之理。隆庆二年十有一月,公在厅事,忽有翔雁降于公庭,依迟宛颈,留止不去。公乃异而畜之,不以笼槛,益用柔驯。咸谓公之理行,不惟孚于民,而且暨于翔泳矣。昔祢衡为黄祖赋鹦鹉,韦诞为曹公赋山鸡,然皆获自林虞,因以致献,犹欲侈之于词。矧夫兹雁雍雍,实有来仪之征。由是士之及公门者，并为赋以献。允文衰蹇，伏迹蓬枢[1]，公尤礼之，齐以古人之度，目睹弘美，其可缺而无述乎？敢辄毕其愚悰，用嗣斯作。其辞曰：

有塞门之逸禽，禀逸性之纯贞。绝大漠以安集，介二岭[2]之峥嵘。才识机而远害，性知时而通灵。故其族类虽繁，飞翔有序。嗼食相召，鸣号同趣。劲翮蹼足，黄啄玄羽。泛[3]素壑而并游，矫太清而轩翥。伊兹禽之特殊，何燕雀之足比？爰取象以明义，亦表德于嘉礼。若乃蓐收戒节，月壮霜凝。衰草共黄云一色，飘沙与紫塞俱平。万里萧条，天高气清。乃违寒而就燠，咸啸侣而鸣群。度关山之无极，翩嘹嘹兮南征。望烟路而中憩，遵枉渚以自营。忽苍茫以颓落，趋单父之净庭。且其容止柔驯，徘徊延伫。无笼槛以羁縻，甘戢翼而自弭。岂暗[4]雾之相失，将疾风之乍惊。惧鸷击[5]之遄迫，怯虞机之见撄。抑毛羽之摧瘁，竟偏特[6]而伶俜。顾日暮而途远，怅中心之有惩。遂归仁于君子，偶来仪之瑞征。于是饲以稻粱，丰其肌体。谅[7]俎味之至珍，终周防以休处。及夫洞庭水绿，吴苑花繁。青春丽兮燕已还，望故乡兮渺关山。嗟俦侣之偕游，独栖迟而莫从。遭此世之嶮巇，罹惨毒之切躬。幸微躯之见托，荷盛德之能容。辑风云之遐想，狎阶墀之近踪。庶承君之惠渥，长保己而永终。

---

1 蓬枢，底本原作"蓬枢"，后被改为"蓬荜"，俞允文《仲蔚先生集》作"蓬枢"，据改。

2 岭，底本缺，仅存一"页"旁，据俞允文《仲蔚先生集》补。

3 泛，底本作"之"，据俞允文《仲蔚先生集》改。

4 暗，底本作"闰"，据俞允文《仲蔚先生集》改。

5 击，底本作"系"，据俞允文《仲蔚先生集》改。

6 特，底本作"持"，据俞允文《仲蔚先生集》改。

7 谅，底本作"淬"，据俞允文《仲蔚先生集》改。

附　录

祥　异

灾祥之生，当记其随地而异者。若日食星变，天下所同，自备国史，无烦详载。间有不经见者，略存一二。至于风霾地震之类，邻境未必尽同，而水旱螟蝗系民事尤重，凡有可考，皆备录之。作《祥异志》。

晋元康中，娄县怀瑶家，忽闻地中有犬声。视声发处，有窍大如蟓穴，掘视之，得犬子雌雄各一，目犹未开，形大于常犬，哺之而食。遂[1]置窍中，覆以磨砻。越宿视之，失所在矣。《尸子》曰：“地中有犬，名曰地狼。”夏鼎志曰：“掘地得狗，名曰贾。”盖此类也。

宋熙宁中，昆山旱蝗，平江军节度推官边珣督捕。滨海崔苇盘互，蝗集，去之无法，珣命连挺碎根，植于上而毙之。诸郡皆以为法。

元丰元年七月四日夜，苏州大风雨，水高二丈余，漂昆山张浦沙保六百户悉尽，惟余五空屋，人亦不存。

元元贞五年秋七月戊戌，昼晦，暴风，雨雹兼发，江湖泛溢，濒海傍江之民，灾伤不可胜计。朝廷以米八万七千余石赈之。又海道千户朱旭记载：大德辛丑秋七月，风潮飘荡民庐，死者八九。旭尝运米千石，以拯其患。《元史》。

明洪武庚午秋七月初吉[2]，海风自东北来，拔木扬沙，虽犀兵万队，不足为雄。倒海排山，堆阜高陵，皆为漂没。三洲一千七百家，尽葬鱼腹。《石城纪异诗序》。

景泰五年，大饥，知县郑达赈之。

成化十五年五月晦酉时，有星芒大如杯，长尺许，有声，自北流南而没。庚子岁八月十日酉时，天火坠如碗，碧烟𬍡缊竟天，良久方息。十二月廿一日夜，长星见南，二夕而灭。是后海寇大作。

成化癸卯正月七日凌晨，雨，木冰如缨络葆幢，万树皆然。

1　遂，《吴郡志》《至正志》等作“还”。

2　初吉，底本作“初去”，据俞允文《昆山杂咏》改。

《汉书·五行志》：长老名木冰为木介。介者，甲。甲，兵象也。刘歆[1]以为：上阳施不下通，下阴施不上达，故雨，而木为之冰，雾气寒。刘向以为：冰者，阴之盛而水滞者也。木者少阳，贵臣卿大夫之象也。此人将有害，则阴气胁木，木先寒，故得雨而冰也。《春秋》成公十六年正月，雨，木冰。叔孙侨如出奔，公子偃诛死。

弘治二年十月五日，东北大星殒，有声如雷，光烛天地。

弘治五年，大水，禾稼无收。次年，民饥，不能力穑。县父母杨公子器以钱谷量口赈济，又载稻种诣各乡，分给之。

弘治十年丁巳，一冬无雪，行季夏令。十二月，群草木皆吐花。明年八月，雨至。又明年三月，野田如江河，而菜、麦俱烂死。七月朔，海潮赤如血。潮退，沙泥尤然。

弘治十八年九月十三日，地震，白毛生。

正德四年己巳七月七日，大雨倾注，一昼夜不息。旦起视之，高低田禾俱成巨浸。小民流离死亡者，不可胜计。次年庚午正月八日，民间争看参星，冀得丰穰。父老曰："使星占果验，当复如上年，吾民奈何？"春夏，淫雨弥月，水更浮于己巳。民皆乏食，老者填死沟壑，幼者委弃街衢，久则壮者亦相枕而死矣。积尸河渠，触目伤痛。乡民[2]严春家素饶，号仁厚，出己地以瘗之。复悬金为赏，传示村民。众皆利于得食，各载浮尸，争先以往，似得古人掩骼埋胔之意。维时县父母方公豪具奏，得免漕粮，迄今颂德。

正德十三年四月，新洋江东姚氏，忽一日有青龙偃卧墙下，长可数尺。塾师误认为蛇，以竹掷之，不中。旋即飞翔霄汉，尾植天际，头角逶迤向下，大风拔木。顷之，又一白龙从西南来，二龙游戏天表。姚氏积贮，席卷殆空。越三日，大雨，漂没田禾，仅露芒穗。小民没股，刈以登场，甚艰于食。

嘉靖元年壬午七月廿五日，飓风大作，树木振拔，民居破坏。舟行，漂溺者无筭。一昼夜方息。

嘉靖二年癸未，旱，米价腾踊。夏间，米石价银二两，小民枵腹者甚多。

嘉靖二十三年甲辰，大旱，焦土，螟螣攒食苗心。次年复旱，河渠皆裂。米价每石一两五钱，野多饿殍。

嘉靖三十一年，忽有倭夷，骚动滨海村落，人颇异之，然未敢深入也。次年复然。迨三十三年甲寅，彼因觇知内地无备，民间素不习兵，乃于四月初七日，直抵昆山。沿途焚劫，所遇即手刃之。十三日，突驾巨艘五六十余，泊于新洋江口。贼徒几千人，分剽各乡，吹螺举号，屠割淫虐，惨不可言。其精锐者，肆力攻围，燕尾镖、佛郎铅锡大铳，一时合发。

1　刘歆，底本作"刘韵"，据《汉书·五行志》改。

2　乡民，墨笔改为"邑淞南人承事郎"。

又造为云梯，蚁附而上，势甚危急。城中之人悉力拒守。本县祝侯乾寿措置抚循，督率备至。缙绅士庶各出米谷银钱，散给小民，昼夜防御，城得不破。如是者六十余日。

嘉靖三十四年乙卯，兵戈之余，疾疫继作，民多死者。巡抚周公琉、巡按周公如斗相继奏言：东南疲敝，请蠲租以活贫民。遂得俞旨：凡仓粮已征在官者，不准出兑，悉令散还。男妇争赴仓厫，负载而归，欢呼之声，满于道路。

嘉靖四十年辛酉，春阴，飞雪连绵不霁。至四五月间，淫雨尤甚，兼以江湖之水横潦涨溢，苗方插莳者尽沉水底。而雨复不歇，遂至民居皆在水中。郭门之外一白际天，茫无畔岸，四郊无复人迹。老幼扶携入城者，顷之已为沟中瘠矣。正德己巳、庚午之变，复见于今，吴中之大厄也。

嘉靖四十二年癸亥二月，有海鱼突入新洋江，上下游泳，不越二三里，二旬不去。夜尝卧于沙滩，早行者击之遂毙，以献于县。其鱼圆身色白，而无鳞，头目如豕，两耳卷然，尾如鸟尾，有阴户在下腹，身长仅可数尺。众莫识其名。未几，玉峰仓白日起火，漕粮尚未交兑，几成煨烬。邑侯彭公富亲率兵民极力救之，稍存其半。

万历二年七月某日，五保帆归村朱家，忽一鸟集于舍前，其色如墨，宛然一乌鸦也，而形大如鹤。又数入于室中。朱怪而捍之，乌以翼击其臂，痛入于髓。顷之，雷电合作，怪雨飘风并至，屋瓦尽飞，场圃间所贮稻稛及浣濯之衣无一存者。众曰："此鸟即雷公也。"诸庙中妆塑雷神，一手持斧，一手持针，嘴如鸟喙，肘有二翼，岂其是耶！尝读道教《玉枢经》有"檄龙命鸦"之句，则知未雷先鸦，事或有之，但人不常见耳。

万历十七年己丑，大旱。

万历三十六年戊申，大水，邑田高下尽淹。

王志庆《汉阴杂记》曰：戊申，大水，灾荒为百年所无。是时周公怀鲁孔教，巡抚吴中，上疏痛切，竟得蠲赈。平粜、劝分亦皆有法，米价不过斗百钱耳。宰吾邑者为秀水祝耀祖，于征比亦有深心。舅氏张戒庵德程出粟千石济饥民，实赖之。文阁学震孟为之传。

天启四年甲子，大水。是年灾与戊申等，而民贫赋重，饥荒之状乃倍于前。幸是冬漕米全折，民得稍苏。时邑绅顾秉谦在政府，故恩例不同他邑。

天启六年丙寅七月朔，怪风大雨，发屋拔木。

崇祯六年六月二十五日，怪风大雨，城中石牌坊俱崩。王志庆有《纪灾诗》。

崇祯十三年庚辰六月，飞蝗蔽天。是岁旱。

崇祯十四年辛巳，大旱，自春至秋不雨，至和塘、吴淞江皆涸，可走马。夏大疫，死者相枕藉，斗米直银三钱。秋蝗，民削榆皮为食。是年昆无县令，饥民相聚，剽劫富家大室。太仓守钱肃乐摄县事，严以惩乱，平粜设粥，民稍定。至明年春，民间弃婴稚盈街市，邑绅王永祚收养之，择舍傍空室数十间，召老妪之无依者数十人，各给衣食，使饲粥糜、勤浣濯，凡三月。至麦熟，始各归其父母,全活无算。

崇祯十五年壬午,马鞍山崩。山之文笔峰有石,大过于屋,崩时化为二,声震如雷。今对峙山下,若门阙。

崇祯十六年癸未,城内外民家食锅底生花如画,枝叶皆备。

皇朝顺治四年丁亥五月,西门外严子祥家王瓜生李。是岁民饥,米石价银四两。

顺治五年戊子闰三月初三日,大雨雹,大者如斗,破屋杀畜。

顺治七年庚寅[春],东门外睦和庵有黄菊二本[1],开花甚盛。十月朔,日食,既,昼晦见星。

顺治八年辛卯正月廿五夜子时,地震。六月至七月,彗星见。是岁大水,米石价银至四两二钱。除夕,雷。

己酉以前连年苦旱,丙戌以后历遭大水,故低乡有“七载全淹”之谚。是年正月至六月,计雨共一百日。雨必如注,天地陆沉,高乡皆淹,灶无烟火,僵尸载道。孝廉何酂侯、贡士叶方至等捐募,设粥东西两寺,民得就食。知县邓秉恒以奇荒募义民叩阍请蠲赈,得改折漕米三分之一。

顺治十二年乙未二月初五日未时,地震,声如屋崩,从西北来,迤东而去。十二月,有白龙见东南。

顺治十四年丁酉七月初九日,雷震马鞍山浮图。是月,城内外惊传夜如有物入人室,爪伤人肤有痕。或曰狐妖,或曰黑眚见也。是年,湖寇横行。十二月二十四夜,城隍庙灾。

顺治十五年戊戌八月二十三日申时,地震,有声。

顺治十七年庚子六月初五日,雷复震马鞍山浮图。

顺治十八年辛丑正月初四夜,彗星见东南,指西北。六月初四日,城内外晨起见门上多作圈及字形,皆红色,凡密室皆然。是岁旱。

康熙三年甲辰九月廿二日午时,地震,声自南而北。十一月,彗星见。初旬,从鸡鸣时起,长二丈许。至下旬初昏,即见长五六尺。约一月而灭。

康熙五年丙午十二月,河水生花如画。

康熙六年丁未十二月二十七日,雷,虹见。

康熙七年戊申正月二十六夜,西方有白气如虹,从乾至坤,末锐而昂,十余日始灭。三月,大风,天雨花,花大小纠结,红白相间,莫识其名。四、五月,霪雨不止。五月二十二日,雷电大雨,昼晦。城北乡新村有龙怪风雨中,人畜庐舍忽失所在。有重舟掀坠树颠,人死伤者甚众。至六、七月,天始晴,太白昼见。六月十七日戌时,地震,有声,人畜皆惊,狂走。后四五日,地生白毛,长三寸许,大之臭,与牛羊毛等。二十二夜,地又

---

1 黄菊二本,底本旁有批语:“与灾异何干?”

震。十月二十九日，荐严寺大殿灾。十一月十二夜，地又震。是年五月新村之龙变，村民之初，见有长黑大汉二入土地庙，遂晦冥，狂风大雨，掀翻屋宇，飞入空中。先及港北，次及港南，男妇老幼悉为风雷所驱，如梳抛掷，不知所往。其仅存者，亦皆昏仆不省，及雨过久之，收摄魂魄，始觉其异。所掀屋庐、器皿、人畜皆投水中，初不伤稼。人有飘堕数十里外者，有竟不知所在者，有死而复苏者，有苏而复死者；有但见一时晦冥而宅舍、家口并无恙者，有仅存人口而身外荡然者；器物有移入他家者，屋有瓦石尽亡者，有傍屋荡尽而中独岿然不损毫发者。有百斛之舟飞置平陆，舟中之米半去半存，而人散各处者。有空舟而击碎如梯者，有舟存而舟中之人生死各半者。种种怪变，未可尽述。凡昆境被灾处约十五里，西则常熟，东至太仓，皆罹其变。

康熙九年庚戌夏，霪雨，无麦，新苗湮没。六月十三日，大风，太湖溢，境内各浦塘水暴涨丈余，平陆成巨浸，田高下一夕尽淹，城中石牌坊多崩。七月初五日申时，地震，有声。冬，民大饥。是岁水灾甚于辛卯，知县董正位六月莅任，即亲行踏勘，申报秋灾。巡抚马［祐］具疏入告，得邀蠲折，民命少苏。是冬至明年春，饥民载道，县官先于冬季同绅衿举同善会，分赈各门贫民。明春，县官复捐俸并募乡城，共设粥厂十余处。巡抚马［祐］发俸银一百二十两，司道府各官捐助有差。邑绅李学宪可汧捐千余金，叶内翰方蔼、盛进士符升各倡，集绅士义民，协力施助。近城设厂，仍各给升斗，散遣归农。详《赈饥录》。

康熙十一年壬子七月，飞蝗过境，不伤稼。八月朔，民间惊传有众鬼绕城夜号。是月，遍处田禾忽生螟，多槁死，民无半获。十二月念四夜，荐严寺西东岳庙灾。是秋，知县董正位复因虫灾，亲行踏勘，申报秋灾。巡抚马［祐］具疏入告，通县正赋得蠲十分之一。

杂　纪

事有无所附见而不可遗者，爰名之为“杂纪”，而附书之。

汉桓帝时，吴郡太守薛固为法吏所枉，下廷尉。娄县人卞崇与同郡人钱让诣阙称冤，廷尉囚崇等，以兵围守，苦毒持之。崇、让恬然自若，枉声弥厉。天子闻而奇之，遂赦固罪。

晋陆内史云祠在长洲县相城益地乡。云为邑人，因督粮过吴娄地，见岁侵，以所督粮尽赈饥民。后遇难，民感其惠，以衣冠葬此，立祠祀之。

苏峻反，其徒管商攻焚吴郡。峻败，其将刘徵率众数千，浮海入娄县。太尉郗鉴讨平之。

宋蒯恩，兰陵人，从武帝征孙恩，胆力过人，甚见爱信。战于娄，箭中左目。

唐乾符末，郡盗［蟠结，柳超据常熟，］王敖据昆山，［王腾据华亭，宋可复据无锡，］招讨使周宝练兵卒自守。［光启末，剧贼剽昆山，镇海节度使周宝遣将张郁领兵三百戍

海上。郁叛，刺史王蕴不设备，郁遂大掠。蕴婴城以守，宝遣兵讨郁，郁退至常熟，走海陵。〕

杨惠之初与吴道子同师学画，见道子艺成，惠耻之焉，更为塑工，遂为天下第一手。故中原多以手制。昆山慧聚寺大佛殿像及西偏小殿毗沙门天王像并左右侍立十余神，皆凛凛有生气，塑工绝妙，相传皆杨惠之所作。又曰张爱儿所作也。龙图阁学士稚山徐林尝叹其妙，谓其得塑中三昧。而大殿三世佛已为庸僧妄加涂饰，天王像彩色亦已故暗，乃题殿壁云："慧聚古塑天王，予连日观瞻，徘徊不忍去。二彩女尤胜绝，与顾恺之画相类。按：此寺成于大中年，塑者得非杨惠之流乎？今大殿龙象再加彩画，古意已索然。予惧无知者又将以脂泽污圭璧，使唐人遗迹扫地，将叹恨莫及，故书以志之。"时以此像及山半普贤像与涅槃图为"山中三绝"。淳熙寺焚，殿阁皆烬，惟普贤像为一僧背负而逃。

昆山古上方有孟郊、张祜留题诗。或云郊随父任昆山尉，因有篇什。按：郊墓志云父选昆山尉，生郊而卒。是郊时方幼稚，恐未能诗。或云郊既长，问其所生之地，母云父任昆山尉，时郊遂至昆山，理或然也。又按：《摭言》载白乐天出守苏州，而张祜适至，然则祜之留题必乐天守苏时也。后宋王安石以治水至昆，夜登山，秉烛读二公诗，和之，遂为"山中四绝"。

龚宗元，家居昆山黄姑里，藏其父识登第时金花榜帖[1]，乃用涂金黄纸，阔三寸，长四寸许，大书姓名，下有两知举花押。又用白纸作大帖，如药帖状，贮金花帖于中，外亦书姓名二字，盖以此报其人也。自唐以榜帖相传，而世少见其制，故附于此。出范《志》。

兵部郎中朱贯五世孙子荣，徽、钦时南奔渡江，年甫六岁。初抵瓜步，舟人需渡钱，无有，因以竹篙拄堕江津。俄而，舟至丹阳，子荣亦登岸，舟人惊问之，曰："吾拊[2]舵来。"众皆叹异。同渡僧允谦携以至吴，谒郡守贾青，青故庆历相魏公孙，与朱氏世契，乃托居史元长家。及长好学，仕至朝奉郎、直秘阁。此昆山朱氏之始也。

建炎四年二月二十五日，寇骑犯姑苏，宣抚使周望移舟退保昆山，泊舟马鞍山下湖边。吏方用印，忽旋风入舟，印与文书皆堕水。相视骇愕，急使水工探之，不获。望惧寇兵来袭，欲急走通惠镇，留吏求印。吏祷于山神，曰："苟不获，且将得罪，必焚庙而行。"县令亦惧，乃作堰捍水，踏车涸之，畚锸如云，凿数尺，印已沦泥中矣。

建炎四年二月，金人进据苏城，纵兵焚掠，死者甚众。诸将奔伏外邑，觇金人去，竞以兵还。三月，张俊至自昆山。

绍兴三十一年十二月壬子，车驾至平江。甲寅，次无锡。吴芾言知昆山县胡廷杰应

1　帖，底本作"贴"，据文意改。

2　拊，张大复《皇明昆山人物传》、《万历志》等皆作"拊"，《弘治志》《乾隆志》等皆作"附"。

办巡幸,科扰民户银器至多。诏勒停,永不与亲民差遣。

陈振老而无子,有同姓曰昌世者,为人端悫,因延之家塾。振尝从容语及继后事,且托昌世访其人,久未有得。振问之,昌世以难其人对。振曰:"得如子者乃佳。"昌世惶恐不敢当。久之,又问如初,昌世谢未敢轻有所进。振曰:"如此,则无出于子矣!"盖振曩尝梦谒家庙,觉有拜于后者,顾视之,乃昌世也,此意遂决。昌世以其泽入仕,尝倅三衢,摄郡守,有廉名。穆陵闻之,擢为郎。振见《孝友》,昌世见《政迹》。《癸辛杂志》。

昆山周焕卿与张子韶侍郎为布衣交,相与之意极厚。焕卿有母丧,贫不能举,及有妹未嫁,子韶自贬所专价赍钱银供其费。书辞恳恻,读之使人悚然。"九成顿首:日候车马之来,乃杳然无耗,不胜瞻仰,即辰孝履多福。九成此间学生,例不受其束脯。有信州刘益秀才在此多时,告以公未葬母及未嫁妹,许以二百千之助。今付去半,则银三挺、钱二十五千足,掩子内角子有九成亲批字,及两头有'如此'二字。即令遣去亲随两人,便令归也。赍去此物时,已[1]焚香对诸圣,愿公无障难,幸见悉也。他节哀自重,不宣。九成再拜。"《中吴纪闻》。

范周字无外,文正公之侄孙。尝擢舟访郏子高于昆山。一日酒酣,题于绝顶云:"万叠青峦压巨崑,四垂空阔水天分。夜光寒带三江月,春色阴连百里云。桂子鹤惊空半落,天香僧出定中闻。不将此境凭张孟,三百年来属老文。"

杨和王沂中第六女为向千丰妻,王甚爱之,拨吴门良田千亩,以供粥米。故向氏家有昆山粥米庄云。《齐东野语》。

李乐庵先生《遗训》略云:吾寓形宇内七十九年,蚤虽困于百罹,晚仅全于五福。死期既至,势不可留。瞑目以后,当付嘱者,今具画一,嗣宗辈各遵守之。一、此间土薄水浅,棺以小为贵,仅可周身足矣。其间不置一物,虽冠裳亦无用,只裁一摺席藉背可也。椁只以砖砌,以石版覆之足矣。七日或百日内,不须选日便埋可也。一、亲识赗赠,依例收留,第经钱折祭之类,一文以上不可受。一、僧道经疏亦不可受,若在灵帷前持讽,尤大不可。一、今岁田产可作五分分之,以一分抄上周急簿,逐年轮一兄弟掌管。如成娘之类,岁拨数十千与作营运。如此等孤遗,皆当赈恤。一、吾既往之后,岁时祭祀,随家丰俭者,礼也。若斋僧一员、念佛一声,非吾子孙。此意是真报答,是供养,上士闻之,当不复疑,中士闻之惊怪,非所恤也。

陈无己《别叔父昆山丞》诗云:"父子兼知己,扶携共白头。来为千里别,未使寸心休。鸟雀空庭晓,风霜落木秋。近亲零落尽,更觉别离愁。"

周益公必大《年谱》云:绍兴癸酉,以亲迎至昆山。又《二老堂杂志》云:予寓昆山

---

1 已,底本作"以",据《中吴纪闻》改。

时，妇家拆土桥，易以砖石，见其中皆蛰燕，足以辟乌衣国之说。又云：绍兴戊寅，予在昆山，同邑宰程沂咏之游山寺。寺名慧聚，负山为屋，气象粗丽。唐朝塑像间有存者，旧传陆探微壁画，今漫灭不可[1]辨。寺有山王堂，土人奉之甚谨。及上月华阁，陟中峰访古上方，下视陂田漫漫，盖其佳处也。又《奏事录》云：乾道庚寅，至昆山，过荐严寺，及祭外舅茔。国学吴仁杰斗南携所解古《周易》及启事来访。又《南归录》云：乾道壬辰，至昆山，李彦平衡来会。盖益公者，王侍御葆之婿也，故其往来吾昆，既数且久如此。

昆山翠微之上有轩曰压云轩，傍有小柏数株。邑士胡清尝赋诗云："栽傍岩隈未足看，谓言斤斧莫无端。他时直入抢材手，不独青青保岁寒。"后有一文人作浙漕，因到山中，见之大喜，寻访其人，厚礼待之。既怜其贫，遂给官田，胡由此致富。

卫文节公遗诰云：敕：精神折冲，允属元戎之寄；股肱宣力，无如旧弼之图。其责重，故选任不轻；其望尊，故体貌亦异。肆颁褒绰，增贲藩符。端明殿学士、太中大夫、提举临安府洞宵宫、昆山县开国伯、食邑七百户、食实封一百户卫泾，[端]重而闳[2]深，温纯而直谅。儒珍久晦，经纶富有于胸中；政瑟既更，丰采耸闻[3]于天下。越陪国论，茂简予衷。进务寅恭，赞盐梅于商鼎；退全[4]明哲，祝香火于汉祠。朕方兴共理之思，卿可袖旁观之手？眷言巨镇，莫若长沙。潇池甫息于驿骚，全楚尤资于绥抚。载畴[5]硕德，式畀隆名。仗[6]元帅之权，借重[7]十连之势；亚紫宸之秩，均联两地之华。以示眷怀，以光委注。噫！申伯之宪文武，用作式于南邦；贾傅之陈治安，仾见思于宣室。往摅所蕴，无薄此行。可依前太中大夫、特授资政殿学士、知潭州军州事、兼管内劝农营田使、充荆湖南路安抚使、马步军都总管，封食实封如故。奉敕如右，牒到奉行。嘉定五年正月二十二日。

苏平仲，子由之裔孙也。有文集云：吾尝自安东浮海至昆山，三遇飓风，再遇浅，一遇寇，吾自分必死矣。然吾起居、食饮、言笑与平时无异，舟中之人皆凌竞战慄，齿上下作声，无复人色。吾曰："不必惧。惧亦死，不惧亦死，孰若不惧哉！孰若安坐饱食哉！"众皆少安。比登岸，吾谓同舟之人曰："公等皆惧，吾不惧；公等皆不食饮，我食饮。今日公等登岸，我亦登岸。"相视一笑。

元致和元年，泰定皇帝崩于上都，立太子王禅。燕帖木儿谋立怀王，即皇帝位，改元

1　不可，底本作"石可"，据周必大《二老堂杂志》改。

2　闳，底本作"宕"，据徐自明《宋宰辅编年录》、《弘治志》改。

3　丰采耸闻，徐自明《宋宰辅编年录》作"风采声闻"。

4　退全，底本作"退余"，据徐自明《宋宰辅编年录》、《弘治志》改。

5　载畴，徐自明《宋宰辅编年录》作"载惟"。

6　仗，底本作"伏"，据徐自明《宋宰辅编年录》、《弘治志》改。

7　借重，底本作"僭重"，据徐自明《宋宰辅编年录》、《弘治志》改。

天历。上都王禅兵袭,破居庸关。壬午大露,王禅等遁,收集散亡复来战,大败于上都。昆山州获上都颁诏使者及辽东征兵使者,以闻诏诛之。

顺帝初,海盐陈思恭前妻生子曰宝乙,后商于泉州,继娶庄氏,生子曰宝生。思恭浮海溺死,人闻庄贤而有容,求者接迹,誓死不嫁,惟教育宝生为急。且访宝乙在海盐,遗钱四千缗赡之。思恭尝贷其友石章钱五千缗,又负市舶引钱若干。庄曰:"夫之信不可失也。"倾其囊而偿之,人无不义其所为。宝生既长,乃自泉来昆山,家于娄东,筑[1]春草堂以奉母。迎异母兄宝乙归,事之甚谨。宝乙死,复为抚育其孤。太史王彝为作《春草堂记》,且传其事云。

萧墅张汉杰、子伯庸,皆一时豪俊,与赵屯吴氏有姻,张、吴皆元万户府官。吴元年,松江钱鹤皋作乱,遣人诣张,请相结约为应。汉杰父子毅然曰:"此叛贼也!吾从汝叛耶?"大书"叛贼"二字粘诸所遣人之背,反系其两手,叱之去。后鹤皋败,张独无祸。

至正廿有三年,知州偰侯偰斯至官,访三先生之墓而封表之。州人管善既以先志割常稔之田四十五亩,入校官养士,又谓诸贤之墓不可无祭,祭不可无田,于是复割田三十五亩,为祭祀修葺之用。且以其父仲玉之葬亦在马鞍山也,谓附其主于龙洲之祠。偰侯悉为下令如其请。三先生,曰王彦光,墓在南郭新漕里;李乐庵,墓在圆明村;刘改之,墓在马鞍山东斋。殷奎为之记。

朱君璧善画,尝作《紫雾龙宫》《翠蓬神阙》二图,十年始就,人谓其妙入神品。元季,海寇犯境,邑人皆弃家避难,君璧独抱二图坐楼中,家人不能强其去。寇遥望城中虹气贯月[2],踪迹而来,虹自君璧楼中出也。疑有至宝,登楼取观,执不肯与,寇攘臂而得之,乃二图耳。寇怒,裂为碎纸而去。杨铁崖名其楼为"虹月",且记其事。

筛谷浜在县治西,元季豪族曾仲文所居。至正间,运谷至京,农民输纳至此筛净,故名。今讹为师姑浜。

至正己亥,有古墓为筑城所发,其首行题曰:"高府君夫人诏授昆山县信义乡君马氏墓。"其志云:"子玄楷,上柱国,开元二十二年,葬虎丘山西。"盖信义古县名也,今属朱塘乡。

吴松,以父泽赘尤氏,元[时]富埒王侯,故人皆呼为尤家库。松少长外家,擅母氏奇羡,又长于计算,日富厚。至正己亥,朝廷以获张士诚来征土贡物价。昆遭方国珍剽掠之后,东仓州治毁,披荆棘,始复旧,故帑藏一无所储,使者为梧州同知梅英于门。松闻而叹曰:"州官,民父母。父母在患难,忍坐视而不救?"即毅然挟己资三千两代输之,

---

1 筑,底本脱,据《乾隆志》及文意补。

2 月,底本作"日",据《嘉靖志》《〔康熙〕苏州府志》及下文改。

梅英以是得释。人皆交口赞其贤行。即西溪吴瑞五世祖也。

明周寿谊生宋景定，历元至洪武年，年一百十岁。郡守魏观始行乡饮酒礼，昆山周寿谊，又吴县杨茂、林友文皆九十余，特位三老人于众宾之上，众以为荣。越五日，周老人还昆山，观躬出娄门外，再拜以饯。郡之士女，观者快焉，以为幸见。魏观有诗赠之，余见王彝《乡饮酒碑铭》。明太祖尝召寿谊至阙庭，赐酒馔于殿上，蠲其家丁役。寿百十六岁而终。今其家有世寿堂，裔孙震官至广东参议。

卢公武弟公暨，为睢州同知，公武寄以诗，有"齑盐清梦稳，铁石古心存"之句，殷奎作墓志铭。今其家尚存中书舍人告身，高皇圣制也。官署印款，时尚循宋制云。

李无逸，碛碨巨姓，颇尚文学。洪武初，坐累徙[1]云南，发龙江驿，寄亲友诗有"我心无愧怍，天道有时还"之句。乡间往往见无逸家旧物[2]，孙叔英家有洪武初行乡饮酒礼议卷[3]，余熳序，赵丹林龙角凤尾金[4]错刀竹二幅，赵松雪"小蓬莱"三字刻匾。字本顾仲瑛家物，顾一孙赘李氏，因在焉。

余尚书茂本熳，父尝为镊工。茂本既贵，每造，谢邻曲，不遇辄曰："烦为道，余待诏儿来拜也。"盖吴俗称镊工为待诏，人以是贤之。

丁晋仲敏与郡人沈诚庄为倡和友，诗文甚多，仲敏盖吾昆山人也。尝和诚庄韵曰："关塞同为客，王门共曳裾。青云应咫尺，白发竟何如。忽忆吟《梁甫》，长怀赋《子虚》。所嗟衰朽质，多枉故人书。"《水东日记》。

嵇昭，苏州昆山人。正统六年，任知滦州[5]。涉猎古今，莅民得体，尤善楷书。十三年，以外艰去，至今不忘其善。此《永平府志·名宦》所载，然昆山未闻有此人。岂其先流寓他处，出身藉贯犹[6]书所自欤？

《菽园杂记》云："羣"旧作"群"，高皇恶"君"与"羊"并立，移"君"于"羊"上。"昹"旧作"昶"，云文皇为夏中书改书。"崑"旧作"崐"，云昆尹马文炯欲压其民改书。此乡俗相传三字改书之所始。然"群""崐"古字，观韵书可知。"昹"字，尝于山东宪副陈善所观赵松雪墨卷见之。盖偏旁上下，自昔并用。祖宗及文炯所改，或者改其一时所见耳，非始此也。

吾昆范启东暹尝闻之前辈云：士大夫游艺当审轻重。谓学文胜学诗，学诗胜学书，

1　徙，底本作"徒"，据叶盛《水东日记》改。

2　旧物，底本作"旧初"，据叶盛《水东日记》改。

3　行乡饮酒礼议卷，叶盛《水东日记》作"行乡饮礼诗卷"。

4　金，底本作"舍"，据叶盛《水东日记》改。

5　滦州，底本作"涞州"，据陆容《菽园杂记》改。

6　犹，底本作"尤"，据文意改。

学书胜学图画，此可以垂名，可以法后。若琴弈，犹不失为清士，舍此则末技矣。

山阴花溪蒋贵达司训昆庠，郡守况公行部，公严不可近。贵达遽进告曰："顷见郡中新刻《忠经》，大非是，马融何如人，其言何可经也？"众为之惊慄。公待之殊从容，徐曰："偶见此本，改则未敢耳。"

夏忠靖公元吉，德量宽厚，喜怒不形。永乐间，尝以治水至昆山，寓千墩寺。其所居不设仪从。乡民数人入寺游观，公方坐室中观书，不意其为夏公也，杂坐其傍，问僧云："尚书何在？"僧云："室中观书者是也。"民惧，乃奔去。公好食爝猪肝，一日，膳夫供具，公饭尽而肝如故，怪之。已而分食，乃知入盐多，咸不可食也。人服其量。杨东里作公神道碑，记隶污织金赐衣，吏碎所爱研，皆无怒意。谓其有王子明、韩稚圭之度，非过称也。《菽园杂记》。

叶文庄公尝云：试场卷子，榜中榜外，固有相去不甚远者，数尽即止，无如之何。因记周文襄公行部至昆，尝问及举子年少者多遣行，曰："彼[1]气锐利得，且科第自有命耳！"当时甚讶其言，乃知此老曾见此事，敢为此言也。虽然，亦岂止科第为然哉？

余姚陈宾惟寅先生教谕昆山，颇喜谈风鉴。尝曰："举子梁昱当甲科，瞿泰安不失副榜，况家贫，宜急就也。"未几，部檄先生会试同考，昱、泰安治《礼记》，先生本房也。比揭晓，泰安名在第五，昱不第。先生尝谓余曰："吾宦不达，忝预主司，兢兢焉图称任使。榜未出之夕，犹停烛关首卷，加精考焉。以为亦天下士，孰意为吾泰安也？使知为泰安，吾诚避嫌，当弃之矣。拆卷时，尚书以下皆属目。首得岳正，众皆曰得人。次陈鉴，次某，众皆云然。至泰安，吾为之惊愕，且无一人有言。少间，幸而监试白御史圭曰：'此亦当在此，我知之矣。我同官项御史曾推此人。'使无御史言，吾汗流面热，恨不即死也。"噫！名闻不扬，朋友之过，诚然矣。泰安于经学有工夫，但岳、陈等素有声大学，泰安举自乡县，未为都人士所知耳。昱，美丰度，有孝行，学亦纯粹。萧祭酒亦许其文必在甲第，竟以国子生选平定知州。泰安官至刑部郎中。《水东日记》。

吾昆龚钝庵，文章硕德奥学，岿然乡邦之重。景泰中，吴民大饥，乃寄余民风诗数章，有杜荀鹤时世行风致，与流俗辈所为空言无补之诗不同。漫录一二："一经水旱便流离，风景萧条思惨凄。到处唤春空有鸟，连村报晓寂无鸡。颓垣废井荒芜宅，苦调哀音冻饿妻。更有社公同寂寞，年来不复享豚蹄。""锅无粒粟灶无薪，只有松楸可济贫。半卖半烧俱伐尽，可怜流毒到亡人。"《水东日记》。

处士周恭寅之尝拟杜少陵作《八哀诗》，以哀邑人之贤者，卢兖州熊、殷教谕奎、吕

1　彼，底本作"被"，据叶盛《水东日记》改。

沁州昭、王廉宪英、叶文庄盛、张副使和、孙刑部琼、朱评事[1]萱也。

巡抚周文襄公初至昆山，甫登岸，盛怒挞一人。儒学教谕朱冕叱皂隶令止[2]，进白公曰："请息怒，至衙门治之可也。"公从之。至寓府，入见后，公召冕问故，对曰："下车之初，观瞻所系，因怒伤人，恐累盛德耳。"公谢之。未几，太仓开设卫学，公奏保冕为教授，且语二卫武职云："吾为尔子弟得一良师，宜隆重之。"

东里杨士奇，尝于他处见昆山屈昉送行诗有佳句，默识其名。一日，知昆山县罗永年以事上京投谒，东里问："昆山有屈昉，何如人？"罗永年茫然无以对。东里云："士人尚不知耶？"永年愧赧而退。及还任，乃求昉识之。未几，有诏举经明行修之士，永年乃以昉应。诏除南海县丞，卒于官。前辈留心人物若此。

训导吴芳廷实家畦菜得故冢，志石见，题云："高平郁氏之墓。政和六年葬。"常熟医学训科郁鼎智，其家相传先世葬昆山高平桥西，但不知其处耳。至是得墓志拓本[3]，与谱合，欲讼之官，由是墓归郁氏，至今封树蔚然。景泰中进士蓟州钱源者，尝以公事至昆，访其祖垄。钱云："闻之乃祖，吾家坟在学西北，故郁氏姻也。"学西北郁氏墓旁虽多地，据地者以无所考，不可得。沈通理为出其家藏杂录诗文小册，有洪武七年县人卢熊所作《钱瑞妻章氏墓铭》一通，其文曰："葬县治西南，郁氏先茔之东北。"据地者始无可辞。钱且访郁，考其故谱，乃知郁之婿有钱道判官，郁衰，有功于郁，郁因以一子后之，冒钱姓云。两家今通谱。此二事出一家，固甚奇，亦可见墓文之不可无也。《水东日记》。

教谕嘉兴朱士章先生，季考月试，勤而且严。其考二场文字，厌人作诏诰，以字数少不能衬贴，论文必欲其习四六，作表且授以作表之法，曰："起语须切题，不尔[4]，则号大家幞头矣。"昆山科举虽不乏，而未有刊文字者。正统二年[5]，南京所刻《进新唐书表》，为昆山郑文康，六年《敬天图表》为昆山叶盛，后科则太仓军生陈铨，皆刊表，皆先生门人。盖先生自昆升镇海、太仓卫学教授也。凡事皆不可谓之偶然，有志者，其亦可以鉴之哉！《水东日记》。

嘉靖中，汤墩陶氏掘土得石函，内藏赵子昂所书佛经、《千字文》等石刻甚多，完好如故。其题"墨妙亭"书法云：大抵古人用笔之法，略备于此，然着紧处政未道着。盖学书有二：一曰笔法，二曰字形。笔法弗精，虽善犹恶；字形弗妙，虽熟犹生。学书能解此，

1　朱评事，底本作"朱诗事"，据张大复《皇明昆山人物传》改。

2　令止，底本作"止令"，据陆容《菽园杂记》改。

3　拓本，底本作"石本"，据叶盛《水东日记》改。

4　不尔，底本脱"尔"，据叶盛《水东日记》补。

5　正统二年，底本作"正统三年"，据叶盛《水东日记》改。

始可与语书也已。泰定改元仲春十有九日，门生昆山顾信摹勒上石。

邑之南郊有村名曰西溢渎。洪武中，邵吏妻薛氏不受逻卒之污，自经死。其地后为彭馀璋宅。正统中，馀璋病卒，妻郑宜君赴水死。后又为王鸿羽宅。嘉靖中，鸿羽子土病卒，妻陆氏又自经死夫。其地同，其代同，而其死节又无不同，岂地灵而人杰耶！邑士大夫异之，名其里曰"三烈"。

昆山旧有斯文会以宴搢绅，延龄会以宴耆老，甚盛举也。后二会合而为一，且非我士类亦得厕于其间，有不屑者坚辞不出，二会俱废。后之君子必将寻旧盟而复故典[1]矣。近嘉靖中，又有吊古会，月轮一人主之，分祭王文恭公绚、王侍御葆、李乐庵衡、刘改之过、易莲峰斗南[2]、顾尚书礼、龚处士诩之墓[3]，后更名儒绅会。迩来或出仕，或病或亡，虽间举之，不如往日之盛也。

马鞍山南麓有陈泽墓，俗名陈宅花园。明嘉靖中，山氓三人夜发其墓，弓矢交作，惧而止。县令杨逢春知之，命工修葺，而三人不旋踵俱毙。上有四石室，巧妙非常，非今世俗工所能仿其万一也。万历十年，忽倾其一，尚存三座，今悉湮灭矣。相传泽能诗，号半洲，见明初世寿周翁手卷。或云筑马路之陈俊卿，即其子孙。或称陈有常墓，又有传为沈万三者，未知孰是。

弘治乙卯，邑人柴奇读书于清真观之池亭。夏四月既望，夜二鼓，方熟寝，忽有五童子披鹤氅，手挥扇，凌云而下于中庭，翩翩为回波之舞，歌曰："驾而风兮策而霆，乘白鹤兮入苍冥，山青青兮海澄澄。"又曰："月为璧兮珠为星，驾赤虬兮上玄冥，云渺渺兮岳亭亭。"舞罢，一童子持苍玉管碧云笺，置于几，请赓其歌。奇乃歌曰："天之仙，地之仙。摄万灵，空万缘。道可道，不可传。"又曰："道可道兮不可传，玄且默兮天之先。天地皈兮日月悬，历万劫兮遍大千。"歌竟，童子复乘云而去。今观有遇仙房，因此。

方棠陵讳豪，为昆令有声。时值岁祲，作诗上执政，词极酸惨，当事者感焉，因得蠲赈。今林林数百万众，皆公所活也。诗题赵灵寺僧舍壁，天启年间，笔墨如新。

姚士安尝言："穷留行检富饶人。凡人穷则不检细行，以不检故为人所贱，则穷愈不可疗，故当留行检。富者为人所忌，凡事饶人一着，庶可寡怨，而常保其富。"此言极有味。士安，吾邑人，业医，多读书，虽寻常尺牍，皆用史汉句法。年八十余，无疾而终。尝与余祖父交，余少时喜闻其议论。今求此等人，不可得矣。因记其语于此。

万历戊申四五月间，连雨约五十日，吴中七郡田皆陆沉，城中街道皆积水，深者可以

1　故典，底本作"古兴"，据《嘉靖志》改。

2　易莲峰斗南，《嘉靖志》《万历志》等皆作"易莲峰斗元"。据张大复《皇明昆山人物传》，易斗南，或名斗元，字复之，号莲峰，庐陵人。

3　之墓，《嘉靖志》《万历志》《〔康熙〕苏州府志》等前皆有"诸无嗣者"四字。

泛舟。雨后忽生一种虫，状如蚊而大三倍之，朝暮聚空中，望之若烟云，其声如雷，但不嚼人，人亦谓之"荒虫"。凡二十余日，忽无孑遗，竟不知何往。是岁，鱼虾大盛，或言虾是此虫所化，人亦不尽信也。后十六年而为今天启甲子，复大水，较戊申不及三四寸，然无此虫，鱼虾亦少，然则向言虫化为虾者无乃是耶？

郑介庵，有孙名镛，以医行里中，人称为长者。与先奉直公交，三十余年无间言。尝谓奉直曰："先祖介庵，生平守程朱之学，不信佛法。时昆有杨令者，亦不信佛，议废诸寺，而先祖从臾之。昆有慧聚寺，既废，先祖请得寺地数弓，以建三贞祠。自先祖殁，吾屡梦游地府，见先祖在烈焰中，自言吾为废寺，受此恶报。数十年来，凡数见梦矣。吾欲于祠旁构草庵，名曰'悔过'，供一僧焚修于中，以脱先业，未遑也。"镛家贫，卒不克践，其子孙益贫，讫不闻此说。镛为人谨厚，其言定非妄。余少时，闻先中宪说如此。[1]

僧秋月，吾昆乡人也。性狷洁，不能与人同嘉。尝住玄墓旁庵一室之中，洒扫拂拭，似不受一尘者。虽炊爨之所，亦光泽可鉴。性嗜茶，然不乐常品，以其浇灌不洁也。自锄山顶一袈裟地，植茶，惟以水溉之，其茶果香美异常。余尝过之，月烹茶以饮余。其室其器，皆莹洁，但觉吾形秽耳。天启丁卯，年七十余，自往海上进香，所有衣钵皆散与弟子，人颇以为疑。进香毕，归至莲花洋，忽高声诵《大悲咒》，诵毕，举身投洋中。方悟其不留钵，乃预为舍身计也。

郑介庵作《沈孺人墓志》云：孺人，昆山成以昭之配也。以昭先娶浦，生一男一女。浦殁，续孺人。世之不幸失母之子，多受虐于所继，孺人独能一视均育。以昭有藏金若干，孺人至嘱付焉。孺人曰："金之性动，朝东暮西，若浮云然。故人总目物皆曰东西，以见非一家所能有。久闭不祥，或有移失。吾曾大父、大父皆儒者，尝言之，吾能记之。"以昭乃尽发所有，买田十顷，入其租以供岁贡，十年廪无所容。于是以昭悉召佃者减其旧入三之一，逾十年又无所容。孺人曰："多财多累，且敛怨，何不为寡怨释累计乎？"以昭凡故旧、宾客、乡民、村妇来告，事出不意者悉赈之。迨今田至百顷，而食指恒数千焉。介庵直道君子，其言必不妄。嘻！谁谓闺阁间有如此豪杰哉！不独孺人贤，以昭亦贤也。余生长于昆，绝不闻邑有成姓人。据志，以昭有二子四孙，此志天顺元年作，至今才有七十三年，何至靡有孑遗？岂流落他乡，或微而不自见欤？如此贤者，乃不获食报，大可异也。《介庵集》不行于世，余为郡志，著之"列女"中，仍录于此，以为士大夫不如妇人者之诫。

《平桥稿》中自言，童时闻国初邑村人发一古墓，乃宋元时一道士也。剖其棺，里用朱漆，裂而分诸邻家为清桶，其人不久为他事败，籍没家产。又有圆明村人发古墓，得金

1　底本页眉有批语："予友汪君石心，盖学佛而诿果报者。予曾举此事以质之曰：'以郑先生之贤，犹不能免地狱乎？'汪子曰：'当见梦，是其报已尽矣，毋庸再忏也。'"

银珠玉，未久其群小多恶死。介庵直道君子，其言必不妄，故为录而传之。以上六则，王志坚《河渚笔记》。

樊孝介先生与士人论文，一收头明时，签殷实排户在柜收折银，名曰收头。裂襟流血，呼号而进，称为顽户所殴。孝介略不动意，徐谕侍者验其衣带，则皆完，命杖之。语士人曰："识之，世有解衣待殴者乎？"

昆山少司马顾公观海，名章志，万历癸丑进士。有族人居东仓，以赀雄，为伊子图秋闱关节事。脱就，伊子忽剧病，族人因献于观海公，且云不望报效，复希窃余荫而已。观海公峻拒之，族人云："吾子既病，无所用。"观海公不启封，对族人焚之庭中。观海公子学海公名绍芳，来科得隽，中万历丁丑进士，官翰苑。门人某御史巡监浙直，云间富人干宪网，御史示风旨，倩公缓颊其人，难公清操，曲事公亲故，缓喻详譬。数日学海公颔之，其人谓得生，踊跃无已。诘旦，召其亲故，谓曰："我昨熟思，如守节妇，晚年易操，可惜也。"卒不许。学海公子仲从，名同应，家业甚清，岁赖脩脯糊口，而故旧待以举火者甚众。同社某一日为其先讳期，囊洗不能祭，方仰屋簌簌泪下，云："惟仲从或忆及耳。"言未毕，而仲从走杖头过矣，因得易脯果馈其先人。顾氏世有德望，不能尽述，偶各举一遗事以示劝。

予尝从练水过云间，见青浦县北青浦，古由拳地。有孔子庙，时不知何以建庙于此，征之士人，亦茫然无以对也。偶阅《吴中古迹》，云：青浦旧有孔庙，在慧日寺侧。宋淳熙间，寺僧浚渠，得玉璧三、环二、簪一，藏之郡学。唐，孔氏三十四代孙祯宦游过吴，因立家庙，葬衣冠于此，璧、环乃墓中物也。元至正间，里人章弼建书院，以集乡俊之来学者，数年之格，一朝而释。已上三条，俱王志长《贤奕琐词》[1]。

隆庆四年，张虚江先生任金衢守道，延姚江名士邵梦弼以训子。邵深赏次君若虚，临别赠诗，有"文福相齐正未央，他年此地聚星长"之句。天启四年，若虚叔子鲁唯为宁绍海道，迎父就养。邵公以臬大夫里居，闻若虚公在署，鸠状相访，鲁唯放衙延款，谈笑累日。邵复作诗以赠，且云："他年聚星，不觉成谶。"计金衢授经日已五十有五年矣。若虚公归述之，里中以为嘉话。顾锡畴撰《张志美墓志铭》。

康熙十二年五月望之夜，王泂子居室请仙，忽有湘水道人降乩曰："君知本邑清河故状元乎？"泂默然。俄题诗云："曾唱传胪第一人，却因目眚降风尘。只今还忆芙蓉窟，五老峰头已百春。"乃知是筱庵张先生也。盖正统己未，天子已擢和为首，其以目眚置二甲第一。此犹洪武乙丑已定花纶首卷，明祖嫌其年少，又因有巨钉缀白丝悠扬日下之梦，遂改擢丁显然。同榜皆呼纶为花状元，则和亦得称状元也。又诗云："南宫散秩

---

1 《贤奕琐词》，底本作《闲奕琐祠》，据卷十七改。

列群仙,缥渺云山自有天。控鹤来过桑梓地,丁公无恙隔人烟。"又云:"顷过荒烟埋骨地,松楸衰尽石碑存。谁教故里儿童射,不识当年棠棣阴。"又云:"君等现修邑乘,职任表章。迁化之余,本不念北邙片壤,但兄弟埋骨荒烟蔓草,月落霜零,断碑犹在,惟核载是幸。"噫!味其诗,已位涉仙阶,而惓惓不忘一抔土,敢不亟表,以慰先生之灵耶?